国家哲学社会科学成果文库

NATIONAL ACHIEVEMENTS LIBRARY
OF PHILOSOPHY AND SOCIAL SCIENCES

网络环境中公共图书馆和高校图书馆用户需求实证研究

曹树金　杨涛　陈忆金　司徒俊峰　韦景竹　著

学习出版社

曹树金 教授,管理学博士,湖北阳新人。现任中山大学资讯管理学院院长、博士生导师、教授。教育部新世纪优秀人才支持计划入选者。兼任国家社会科学基金学科规划评审组专家,全国科技名词审定委员会图书馆、情报与文献学名词审定委员会专家,教育部高等学校保密管理专业教学指导分委会委员,中国索引学会副理事长及学术研究专业委员会主任,中国图书馆学会理事及信息组织专业委员会副主任,中国科技情报学会理事,广东图书馆学会副理事长及学术委员会主任,广东社会科学情报学会副会长,广东科技情报学会常务理事及情报教育专业委员会主任,《中国图书馆分类法》编委等。主要从事信息组织、用户信息行为、网络信息管理、图书馆战略规划等方面的教学和研究。主持科研课题20多项,如国家社科基金重大项目"基于特定领域的网络信息资源知识组织与导航机制研究";出版(含合作出版)著作10多种,如《情报检索语言与信息组织探微》;发表论文100余篇。

作者简介

杨　涛 1977年生，湖北荆门人，华南师范大学副研究馆员，硕士研究生导师。中山大学研究生毕业，获管理学博士学位。广东图书馆学会学术委员会委员。主持和参与科研项目10多项，发表学术论文30多篇。主要研究方向为：信息资源建设、信息组织、信息行为。

陈忆金 讲师，中山大学图书馆学专业在读博士研究生。中国科学技术情报学会竞争情报分会会员。研究方向为：网络信息资源组织、网络舆情分析。主持国家社会科学基金青年项目"基于情报学方法的网络舆情发现与分析研究"、广东省哲学社会科学规划项目"基于意见挖掘的网络舆情信息分析与利用研究"。参与国家社会科学基金重大项目等多个课题的研究。

《国家哲学社会科学成果文库》
出版说明

为充分发挥哲学社会科学研究优秀成果和优秀人才的示范带动作用，促进我国哲学社会科学繁荣发展，全国哲学社会科学规划领导小组决定自2010年始，设立《国家哲学社会科学成果文库》，每年评审一次。入选成果经过了同行专家严格评审，代表当前相关领域学术研究的前沿水平，体现我国哲学社会科学界的学术创造力，按照"统一标识、统一封面、统一版式、统一标准"的总体要求组织出版。

全国哲学社会科学规划办公室
2011年3月

序

用户需求研究是当代图书馆学研究的重要前沿问题之一，也是晚近时期以来国内外图书馆学界关注的重点问题之一。曹树金教授承担的国家社科基金项目成果《网络环境中公共图书馆和高校图书馆用户需求实证研究》一书正是选择用户需求作为切入点和研究基点，用实证分析和理论概括的方法，探索公共图书馆和高校图书馆全面改善和提升知识服务质量的路径，为优化图书馆资源建设结构和布局提供了有针对性的依据，对图书馆文献信息资源建设具有重要的参考和借鉴意义。

实证研究必须要有大量调查数据做基础，不少所谓的实证性研究，往往是徒有虚名，多是从理论来到理论去，解决不了什么实际问题，但本项成果研究名实相符，实证研究贯穿始终，即使进行理论概括和总结，也是建立在大量实证性研究和调研数据的基础上，这一点是难能可贵的。作者在这方面下了很大功夫，反复进行了大量调研。在问卷调查和大量中外文文献调研的基础上，作者和他的团队围绕图书馆用户需求和用户满意度进行了全方位的探索，全面梳理、分析了国内外相关理论和实践，提出了十个方面的研究结论，并针对图书馆信息资源建设、信息服务及信息系统发展提出了建议。作者通过研究验证了图书馆用户需求的三个基本组成部分（即作者所说的"用户需求三元素"）：信息资源需求、信息服务需求和信息系统需求，并揭示了它们的正相关关系，把传统上人们容易忽视然而却十分重要的

"信息系统需求"展示在人们的视线中,并给予应有地位。与此相应,作者把用户满意也区分为信息资源满意、信息服务满意和信息系统满意。这些思想对于图书馆工作的分类管理,对于树立全面的需求观,有针对性地改善信息及知识服务质量有重要意义。

本书研究过程科学缜密。全书重视理论与实践的结合,既避免了没有结果验证的空洞理论框架搭建,也避免了缺少理论的分析的数据堆砌。在实证研究的基础上,首次构建了包括图书馆用户需求结构模型在内的用户需求研究框架,尝试了从用户需求结构的理论探索到实证研究的转化。在研究过程中,对本领域先前的研究不足有所补正(如修正了先前学术界比较流行的认为用户需求各组成部分之间存在着层次关系的观点等)。这一研究进展也有利于理论探索成果在图书馆服务实践中的应用,窃以为本书是近年来有关图书馆用户需求研究的最全面、最好的成果之一。

特别值得一提的是,本项研究成果结项时就达到了较高水准,得到评审专家一致好评,被鉴定为"优秀",但主持人并不满足于此,对评审专家提出的修改意见不仅一一吸收,而且还克服重重困难,在原有基础上进行了更大样本的补充调研,进一步验证了自己的研究结论,使书稿内容更加完善、更加具有说服力。在后来的文库评审中,本书又被评审专家一致推荐为国家社科基金文库项目,反映了同行专家对作者精益求精态度的充分肯定。

曹树金教授虽然肩负着繁重的教学科研管理任务,但他一直勤奋治学,笔耕不辍,本书是他和他的团队取得的又一重要新成果,我们在庆贺这一成果即将面世的同时,期待着他在科学探索道路上新的攀登。

黄长著[*]
二〇一四年岁末于首都北京

---

[*] 黄长著,中国社会科学院学部委员、研究员,国家哲学社会科学研究专家咨询委员会委员,国家社科基金图书馆·情报与文献学学科规划评审组召集人,中国社会科学情报学会理事长。

目 录

第一章 绪论 ……………………………………………………（ 1 ）
  一、研究背景 …………………………………………………（ 1 ）
  二、研究目的 …………………………………………………（ 2 ）
  三、研究内容与方法 …………………………………………（ 4 ）
  四、研究创新与意义 …………………………………………（ 5 ）
  五、相关概念界定 ……………………………………………（ 6 ）

第二章 我国公共图书馆与高校图书馆建设发展和服务现状 ………（ 10 ）
  一、公共图书馆的建设发展 …………………………………（ 10 ）
  二、基于网站的公共图书馆信息系统与服务调查 …………（ 13 ）
  三、高校图书馆的建设发展 …………………………………（ 18 ）
  四、基于网站的高校图书馆信息系统与服务调查 …………（ 29 ）

第三章 用户需求理论与研究综述 ……………………………（ 32 ）
  一、信息需求和使用研究 ……………………………………（ 33 ）
  二、图书馆需求和使用研究 …………………………………（ 59 ）
  三、网络环境中用户行为的变化 ……………………………（ 72 ）
  四、用户满意研究 ……………………………………………（ 75 ）
  五、研究现状述评 ……………………………………………（ 80 ）

第四章 用户需求和用户满意研究模型与研究方法 …………（83）
- 一、用户需求研究模型构建 ……………………………………（83）
- 二、用户满意模型构建 …………………………………………（92）
- 三、用户需求和满意研究假设 …………………………………（98）
- 四、用户需求和满意的研究变量及其操作性定义 ……………（101）
- 五、用户需求和满意研究问卷的设计与发放 …………………（113）
- 六、数据的统计分析方法和样本基本特征 ……………………（123）

第五章 用户需求结构分析 …………………………………（135）
- 一、用户需求的构成 ……………………………………………（135）
- 二、用户需求强度分析 …………………………………………（140）
- 三、基于聚类分析的用户结构 …………………………………（154）

第六章 用户信息资源需求及影响因素 ……………………（157）
- 一、信息资源类型需求 …………………………………………（157）
- 二、信息资源载体需求 …………………………………………（163）
- 三、信息资源语种需求 …………………………………………（166）
- 四、信息资源年限需求 …………………………………………（170）
- 五、信息资源质量需求 …………………………………………（173）
- 六、信息资源来源需求 …………………………………………（175）
- 七、影响用户信息资源需求的因素 ……………………………（181）

第七章 用户信息服务需求及影响因素 ……………………（203）
- 一、信息服务类型需求 …………………………………………（203）
- 二、信息咨询方式需求 …………………………………………（212）
- 三、信息服务免费需求 …………………………………………（215）
- 四、信息服务质量需求 …………………………………………（218）
- 五、影响用户信息服务需求的因素 ……………………………（222）

第八章　用户信息系统需求及影响因素 (235)
一、信息系统类型需求 (235)
二、信息系统功能需求 (239)
三、信息系统质量需求 (243)
四、影响用户信息系统需求的因素 (246)

第九章　基于需求的用户满意研究 (255)
一、用户满意程度 (255)
二、影响用户满意的因素 (256)
三、用户满意模型检验 (259)

第十章　用户需求和满意第二次调查分析 (268)
一、样本基本特征 (268)
二、基于聚类分析的用户结构 (276)
三、用户信息资源需求 (283)
四、用户信息服务需求 (288)
五、用户信息系统需求 (293)
六、用户满意研究 (296)
七、用户需求和满意的影响因素 (301)

第十一章　用户个性化信息服务需求调查分析 (323)
一、用户个性化信息服务需求调查设计 (323)
二、用户个性化信息服务总体需求 (326)
三、用户个性化服务隐私保护需求 (340)
四、用户个性化信息服务工具需求 (347)
五、用户个性化推荐与检索需求 (355)

第十二章　高校图书馆的信息技术变革需求 (367)
一、高校图书馆的信息技术环境 (368)
二、中山大学图书馆用户信息技术需求及满意度调查 (369)

三、中山大学图书馆数字资源服务系统的利用情况 …………（371）
　　四、中山大学图书馆数字资源系统的用户满意度 …………（379）
　　五、高校图书馆数字资源系统的新需求 ……………………（384）
　　六、高校图书馆的信息技术变革 ……………………………（390）

第十三章　广州图书馆用户需求个案研究 ………………（393）
　　一、城市公共图书馆的变革 …………………………………（393）
　　二、广州图书馆用户需求调查设计 …………………………（395）
　　三、用户对广州图书馆的认知及使用 ………………………（397）
　　四、用户对广州图书馆的资源需求 …………………………（408）
　　五、用户对广州图书馆的服务需求 …………………………（411）
　　六、用户对广州图书馆的信息系统需求 ……………………（421）
　　七、广州市民阅读行为与公共图书馆使用行为 ……………（422）
　　八、构建敏捷的城市公共图书馆 ……………………………（441）

第十四章　广州市南沙区图书馆用户需求个案研究 ……（446）
　　一、南沙区图书馆用户需求调查设计 ………………………（446）
　　二、南沙区图书馆用户行为分析 ……………………………（451）
　　三、用户对南沙区图书馆的服务需求 ………………………（457）
　　四、用户阅读需求和阅读行为 ………………………………（464）
　　五、用户对南沙区图书馆的满意分析 ………………………（466）
　　六、南沙区图书馆发展建议 …………………………………（468）

第十五章　结论与建议 ……………………………………（477）
　　一、研究结论 …………………………………………………（477）
　　二、对图书馆实践的建议 ……………………………………（481）
　　三、研究的创新之处和不足 …………………………………（493）

附录一　网络环境中图书馆用户需求和满意调查问卷 ………（496）
附录二　图书馆用户个性化信息服务与信息组织需求调查问卷 ……（508）

附录三	中山大学图书馆用户数字资源服务系统满意度和需求调查问卷 …… （519）
附录四	市民利用和认识广州图书馆调查问卷 …………… （523）
附录五	广州图书馆读者调查问卷 ……………………… （526）
附录六	广州市民阅读行为与公共图书馆使用调查问卷 ………… （535）
附录七	南沙区图书馆读者调查问卷 ……………………… （542）

参考文献 ……………………………………………………… （551）
索　引 ……………………………………………………… （575）
后　记 ……………………………………………………… （586）

Contents

Chapter One: Introduction (1)
    I . Background (1)
    II . Objective of Study (2)
    III . Scope and Methodology (4)
    IV. Innovation and Significance (5)
    V . Definition of Core Concepts (6)

Chapter Two: Public and Academic Libraries Construction and Service Development (10)
    I . Public Libraries Construction and Development (10)
    II . Survey on Public Libraries Information Systems and Services (13)
    III . Academic Libraries Construction and Development (18)
    IV. Survey on University Libraries Information Systems and Services (29)

Chapter Three: User Needs Theory and Literature Review (32)
    I . Needs and Usage of information (33)
    II . Needs and Usage of library (59)
    III . User Behavior Changes in Network Environment (72)
    IV. User Satisfaction (75)
    V . Commentary (80)

Chapter Four: Research Models and Methods of User Needs and User Satisfaction (83)

I . User Needs Model (83)
II . User Satisfaction Model (92)
III . Research Hypothesis (98)
IV. Operational Definition of Variables (101)
V . Questionnaire Design and Issuance (113)
VI. Statistical Analysis Methods and Basic Characteristics of the Sample (123)

Chapter Five: User Needs Structure (135)

I . Composition of User Needs (135)
II . Strength Analysis of User Needs (140)
III . User Structure Based on Cluster Analysis (154)

Chapter Six: User Information Resource Needs and Influencing Factors (157)

I . Types of Information Resources Needs (157)
II . Formats of Information Resources Needs (163)
III . Languages of Information Resources Needs (166)
IV. Periods of Information Resources Needs (170)
V . Quality of Information Resources Needs (173)
VI. Sources of Information Resources Needs (175)
VII. User Information Resource Needs Influencing Factors (181)

Chapter Seven: Information Services Needs and Influencing Factors (203)

I . Types of Information Services Needs (203)
II . Needs of Information Reference Ways (212)
III . Information Service Charge Identify (215)

Ⅳ. Quality of Information Service Needs ……………………………… (218)
Ⅴ. User Information Service Needs Influencing Factors …………… (222)

Chapter Eight: User Information System Needs and Influencing Factors ……………………………… (235)
Ⅰ. Types of Information System Needs ……………………………… (235)
Ⅱ. Functions of Information System Needs ………………………… (239)
Ⅲ. Quality of Information System Needs …………………………… (243)
Ⅳ. User Information Systems Needs Influencing Factors ………… (246)

Chapter Nine: Satisfaction Research Based on User Needs ………… (255)
Ⅰ. User Satisfaction Overview ………………………………………… (255)
Ⅱ. User Satisfaction Influencing Factors …………………………… (256)
Ⅲ. User Satisfaction Model Test ……………………………………… (259)

Chapter Ten: The Second Survey on User Needs and Satisfaction ……………………………………………………… (268)
Ⅰ. Basic Characteristics of The Sample ……………………………… (268)
Ⅱ. Library Users Structure Based on Cluster Analysis …………… (276)
Ⅲ. Information Resource Needs ……………………………………… (283)
Ⅳ. Information Services Needs ……………………………………… (288)
Ⅴ. Information System Needs ………………………………………… (293)
Ⅵ. User Satisfaction …………………………………………………… (296)
Ⅶ. User Needs and Satisfaction Influencing Factors ……………… (301)

Chapter Eleven: User Personalized Service Needs Analysis ………… (323)
Ⅰ. Personalized Service Needs Survey Design ……………………… (323)
Ⅱ. Users Overall Needs ………………………………………………… (326)
Ⅲ. User Needs of Privacy Protection ………………………………… (340)
Ⅳ. User Needs of Personalized Service Tools ……………………… (347)

Ⅴ. User Needs of Personalized Recommendation
   and Retrieval ………………………………………………… (355)

**Chapter Twelve: Academic Library users needs of Information
   Technology Revolution** ……………………………… (367)
   Ⅰ. Academic Library Information Technology Environment ……… (368)
   Ⅱ. Sun Yat-sen University Library users´ Information
      Technology Needs and Satisfaction Survey ………………………… (369)
   Ⅲ. Sun Yat-sen University Library Digital Resources
      Service System Utilization ……………………………………………… (371)
   Ⅳ. Sun Yat-sen University Library Digital Resources
      System User Satisfaction ……………………………………………… (379)
   Ⅴ. New Needs of Digital Resources System ………………………… (384)
   Ⅵ. Academic Library Information Technology Revolution ………… (390)

Chapter Thirteen: Guangzhou Library User Needs Case Study …… (393)
   Ⅰ. Change of City Public Library ……………………………………… (393)
   Ⅱ. Guangzhou Library User Needs Survey Design ………………… (395)
   Ⅲ. User Awareness and Usage of Guangzhou Library ……………… (397)
   Ⅳ. Guangzhou Library User Information Resources Needs ………… (408)
   Ⅴ. Guangzhou Library User Information Services Needs ………… (411)
   Ⅵ. Guangzhou Library User Information Systems Needs …………… (421)
   Ⅶ. Citizens´ Reading Behavior and Public Library Use …………… (422)
   Ⅷ. Build Agile City Public Library …………………………………… (441)

Chapter Fourteen: Nansha Library User Needs Case Study ………… (446)
   Ⅰ. Nansha Library User Needs Survey Design ……………………… (446)
   Ⅱ. Library Use Behavior ………………………………………………… (451)
   Ⅲ. Nansha Library Users Service Needs ……………………………… (457)
   Ⅳ. Users Reading Behavior and Public library Needs ……………… (464)

Ⅴ. Nansha Library User Satisfaction …………………………… (466)
Ⅵ. Recommendations For Nansha Library ……………………… (468)

Chapter fifteen: Conclusions and Recommendations ……………… (477)
Ⅰ. Conclusions ……………………………………………………… (477)
Ⅱ. Recommendations for Library Practice ……………………… (481)
Ⅲ. Innovation and Limitation Of Research ……………………… (493)

Appendix One: Questionnaire About Library User Needs and
Satisfaction in the Network Environment …………… (496)
Appendix Two: Questionnaire About Library Users Personalized
Service and Information Organization Needs ………… (508)
Appendix Three: Questionnaire About Sun Yat-sen University
Library Digital Resources Service System
Satisfaction and Needs ……………………………… (519)
Appendix Four: Questionnaire About Public Use and Awareness
of Guangzhou Library Questionnaire ………………… (523)
Appendix Five: Guangzhou Library User Survey …………………… (526)
Appendix Six: 2013 Guangzhou City Citizen Reading Behavior
and Public Library Use Survey ……………………… (535)
Appendix Seven: Nansha Library User Survey ……………………… (542)

References ……………………………………………………………… (551)
Index …………………………………………………………………… (575)
Postscript ……………………………………………………………… (586)

第 一 章
绪　　论

围绕网络环境中图书馆的用户需求,我们选择我国公共图书馆和高等院校图书馆(以下简称高校图书馆)这两种主要类型图书馆的用户,进行实证研究。本章将简述研究背景、目的、内容与方法、创新与意义。

一、研究背景

用户是图书馆资源的利用者和图书馆服务的对象。服务用户是图书馆存在的理由,用户的需求推动图书馆发展。迅速发展的信息存储和检索技术及信息爆炸带来了今日图书馆环境的巨大变化[1]。计算机技术和通信技术的结合,为人类创造了一个全新的信息环境——网络环境[2]。网络已经渗透到社会生活的各个方面,深刻地影响着当今社会,图书馆自然也无法置身事外。美国雪城大学信息学院 Nicholson 教授在 2005 年中美数字图书馆高级研讨班上的报告指出:图书馆界过去五年的变化已经超过了以前一百年的变化,而未来五年的变化将使过去五年的变化微不足道[3]。上海图书馆馆长吴建中指

---

[1] 刘燕权、孟楚麟、李桂苏:《变化中的图书馆》,见储荷婷、张茵:《图书馆信息学》,北京,中国人民大学出版社 2007 年版,第 31 页。

[2] OCLC:"Environmental Scan: Pattern Recognition", http://www.oclc.org/reports/escan/downloads/escansummary_ch_OCLC_images.pdf.

[3] OCLC:"Perceptions of Libraries and Information Resources", http://www.oclc.org/reports/pdfs/Percept_all.pdf.

出:在过去的30年中,图书馆经历了三次大的冲击。第一次冲击发生在20世纪80年代中期,有人曾经估计图书馆将随着无纸化社会的来临而走向消亡。但实际情况却与此相反,20世纪末反而出现了空前的新馆建设热潮。第二次冲击发生在20世纪末21世纪初,网络的迅速普及、电子信息迅速膨胀使得人们对图书馆存在的必要性产生怀疑。但是10多年来,图书馆界利用信息技术开发出一批信息服务和产品,尤其是数字图书馆的广泛应用,使得图书馆勉强跟上了时代发展的步伐。第三次冲击发生在今天,数字出版和传播技术的发展使得无纸化社会的幽灵重新出现。图书馆面临着从以纸质资源为主体过渡到全媒体的范式转变[①]。

网络环境对图书馆用户和图书馆自身都产生了深刻的影响。信息的类型从文本发展到整合图形、图像、声音、动画等的多媒体和超媒体。图书馆传统的印刷型文献如图书、期刊、会议论文、学位论文、专利文献等越来越多地以数字化的形态存储在电脑介质中,通过网络进行传播。图书馆用户利用信息的场所不再局限于图书馆内,而是可能在工作场所、实验室、上下班的路上或者家里。图书馆用户逐渐由图书馆员提供中介服务转向自助服务。用户也不再以图书馆为获取信息的唯一渠道,图书馆面临着与搜索引擎、商业信息服务提供者等的竞争。

面对新的信息环境和变化了的用户需求,图书馆必须知晓用户需求的实际变化,洞悉用户需求,才能更好地规划和发展图书馆服务,更有效地发挥出图书馆的作用。

二、研究目的

网络环境中图书馆的整体发展战略和业务发展策略,必须与其他领域尤其是工商管理领域一样,更加以用户需求为导向。为实现图书馆业务活动的用户导向,国内外对图书馆用户需求和行为的研究较为重视。国外有专家估计,国际上有关信息用户及其信息需求、利用行为的文献约占图书情报学文

---

① 吴建中:《30年来图书馆经历的三次冲击》,http://www.wujianzhong.name/? p=1611.

献的8%[①]。因此,有必要全面、确切地了解用户需求,建立切合实际的用户需求理论。

目前有关用户需求的研究主要集中在发现各种用户群的信息资源需求特点上,有时也论证用户对某种或某些图书馆服务、检索系统的具体需求;随着网络时代的来临,用户对数字信息资源和网上服务需求的日益增强受到一些研究的证实。国外和我国台湾地区的相关研究以调查研究为主,且大多数是实证研究。而中国大陆,有关的研究较多处于定性描述阶段,少数研究在调查数据的基础上对用户需要的信息资源种类、服务方式等做了描述性统计分析,但基本没有进行严格意义上的实证研究。关于图书馆用户需求的定性研究是必要的,但是,只有通过调查,对用户需求进行实证分析,研究方可深入,理论才会更加科学、可靠。

图书馆用户需求是一个具有一定内在结构和外部联系的有机整体,其结构是多维度、多层次、动态性的,需要多角度、经常性的研究。影响用户需求的因素具有多样性、影响的效果具有综合性,需要采用多学科的理论和先进的结构分析方法。

因此,我们提出以下研究目的:在全面总结分析国内外图书馆用户需求研究成果的基础上,提出网络环境中图书馆用户需求的研究模型,选择我国公共图书馆和高校图书馆用户,通过抽样调查获得原始数据,经分析后回答以下问题:网络环境中用户需求是怎样的,哪些因素对用户需求有显著影响,用户认为自己的各种需求已经或可能被满足的程度。在研究整体需求的基础上,再选择一些个案,对具体图书馆用户的具体需求,如个性化信息服务需求、高校图书馆用户信息系统需求、公共图书馆用户需求等分别做专题研究,以使研究更深入细致,更紧密结合具体实践,提高研究成果的实用价值。

公共图书馆和高校图书馆是最主要的两种类型图书馆,公共图书馆用户和高校图书馆用户是图书馆用户的主要构成部分。本研究以公共图书馆和高校图书馆用户为对象,对其需求进行实证分析,一方面是为了突出研究重

[①] Jarvelin K., Pertti V., 1990:"Content analysis of research articles in library and information science", *Library and Information Science Research*, 12(4), 395–421.

点，另一方面是为了对两类图书馆用户需求的一致性和差异性进行全面、深入的实证研究。虽然从理论上说，公共图书馆用户和高校图书馆用户的需求既有相同之点，也有差异之处，但是对比性的实证研究成果很少见，本研究力争在这方面有所弥补。

三、研究内容与方法

网络环境和数字信息资源的发展给图书馆带来了机遇和挑战，我们拟对图书馆用户的需求结构、信息资源需求、信息服务需求和信息系统需求进行实证研究，并深入分析影响图书馆用户需求的各种因素，验证图书馆用户满意度模型。此外，为了使研究更深入具体，对图书馆个性化信息服务、公共图书馆的用户需求、高校图书馆的信息系统需求分别作专题和个案研究。以期在理论上，为图书馆用户服务、用户需求研究、图书馆服务质量评价、图书馆集成系统和资源整合等领域增添更加体现人文关怀的新内容；在实践上，为我国图书馆在制定发展战略和多项业务（资源建设、用户服务、系统设计、信息组织等）策略时，为实现真正的用户导向提供参考。主要研究内容与方法如下：

一是图书馆用户需求相关理论与研究进展，对国内外关于图书馆用户需求、用户满意等方面的研究进行总结和归纳。图书馆用户需求的研究涉及内涵和层次两个方面。图书馆用户信息资源需求的研究主要涉及目的、信息资源类型、获取途径和方法、信息资源特征、需求障碍、满意度、影响因素等方面。图书馆用户信息服务需求研究主要涉及服务种类、特定服务形式、服务质量三个方面。图书馆用户信息系统需求研究主要涉及信息系统功能、界面、系统质量等三个方面。图书馆用户满意研究主要在于构建用户满意模型及其验证。图书馆用户个性化信息服务需求研究主要涉及个性化信息服务使用情况、个性化信息服务内容需求和用户隐私保护需求三个方面。

二是我国主要公共图书馆与高校图书馆建设与服务现状分析。首先使用官方统计数据，对我国主要公共图书馆和高校图书馆的建设现状进行分析，内容包括设施建设、经费投入、现代化设施、服务效果、人力资源等方面。其次通过网站调查法，对我国主要公共图书馆及"985"高校图书馆的门户网站进行调查和统计分析，分析内容包括网站系统和网站服务两个方面。

三是网络环境下图书馆用户需求结构实证研究。为深入研究用户需求，从内容和效用维度构建信息资源需求、信息服务需求、信息系统需求三个元素组成的图书馆用户需求结构模型，通过实证研究予以验证。

四是图书馆用户的信息资源需求、信息服务需求和信息系统需求分析。我们将从信息资源需求、信息服务需求和信息系统需求三个构面，根据采集的数据，分别对图书馆用户需要的信息资源类型、信息资源获取来源和方法、信息服务类型、信息服务形式、信息系统功能、质量特征等方面进行深入分析和研究。

五是图书馆用户个性化信息服务需求实证研究。我们拟采用问卷调查法收集数据，对图书馆提供的个性化信息服务及用户需求进行分析，获取用户对个性化信息环境、个性化信息服务功能、个性化推荐与检索性能、个性化信息服务工具、个性化图书馆社区等的需求，以及影响用户个性化信息服务需求的因素等数据，为图书馆发展与改善个性化信息服务提供参考依据。

六是个案研究。我们拟选择具体图书馆，研究其用户在某个或某些方面的具体需求。

七是基于需求的用户满意研究。我们拟探索用户需求与用户满意度的关系，更具体地分析图书馆用户满意的形成机制。

我们采用的最主要研究方法是实证方法。为此，研究中设计了多份较大篇幅的调查问卷，进行了多次较大样本的抽样调查，特别是对网络环境中图书馆用户需求和满意的调查，分别跨地区实施了两次，采用了多种规范的统计分析方法，以使研究尽可能全面、深入、客观。

四、研究创新与意义

对网络环境中图书馆用户的需求进行研究对于我国图书馆用户需求理论的丰富和拓展，图书馆发展规划的制定，图书馆具体业务的开展都有十分重要的意义。研究创新之处及其意义主要体现在：

一是较全面具体地比较和总结国内外图书馆用户需求的内涵、层次、结构、用户个性化需求及用户满意模型的研究成果，对一些理论观点进行验证，为一些疑问寻求答案，在一定程度上扩展和深化图书馆用户需求理论，具有一定的学术价值。

二是我们对网络环境下图书馆用户需求的研究，从信息资源需求、信息服务需求和信息系统需求三个构面进行模型构建和实证，既可以深入了解用户需求结构的特点，又可以回答用户需要哪些信息资源，用户需要什么样的信息服务，用户需要怎样的信息系统，用户需求受到哪些因素的影响，用户对图书馆的信息资源、服务和系统的满意程度如何等具体问题。这对于正在发展中的图书馆根据用户需求进行相应的资源建设、服务提供和系统设计等都有重要的参考和实用价值。

三是对图书馆个性化信息服务的用户需求做实证研究。图书馆正致力于将新技术应用于个性化信息服务中，从早期的电子邮件图书到期提醒，到RSS（Really Simple Syndication，简易信息聚合）、SNS（Social Networking Services，社会性网络服务）、博客、图书馆工具条、标签等工具，图书馆一直在努力。然而用户对个性化信息服务的需求到底怎样，用户需求又会受到哪些因素的影响等问题对图书馆按照用户需求进行个性化信息服务工具的开发和使用都非常重要。因此，我们进行用户个性化信息服务需求实证研究，既有创新性，又对图书馆实践具有一定的参考价值。

四是以用户为中心是图书馆的发展方向，我们以中山大学图书馆为个案，专题研究高校图书馆用户的信息系统需求如何推动高校图书馆信息技术创新和变革。再以广州图书馆、南沙区图书馆为个案，专题研究公共图书馆用户需求的特点及其与认知、满意度的关系。据此提出缩小图书馆用户感知与需求之间的差异、提高用户满意度的图书馆发展策略。实证研究成果对图书馆如何建设用户满意的图书馆具有较大的实用价值。

五、相关概念界定

为了厘清本研究中的主要相关概念，现将网络环境、图书馆用户、图书馆用户需求、图书馆资源、图书馆服务和图书馆信息系统等概念界定如下：

（一）网络环境

尽管网络环境这一概念已经被广泛应用，但是对其却没有一个广泛认同的定义。龚花萍指出，网络环境是在计算机技术和通信技术结合的基础上构建的宽带、高速、综合、广域型数字式电信网络①。张怀涛等认为，网络环境是指高速信息网及其效应为社会发展带来的情况与条件②。许淑君和江志斌认为对于网络环境要从技术和结构层面去把握。技术层面的网络环境主要是由信息技术及网络技术所引起。结构层面的网络环境除了技术层面的网络环境外，还包括组织之间在信息、技术、物质、人才、资金等方面所形成的相互依赖相互作用的影响③。

本研究所指的网络环境，是图书馆所处的以互联网为基础的信息环境。

(二) 图书馆用户

"读者"和"用户"是图书馆学情报学领域中经常使用的两个术语。在我国，图书馆界常使用"读者"这一术语，情报学界常使用"用户"这一术语，国外则将这两个术语混用。从图书情报服务的角度看，二者为同义语④。本研究对这两个术语不做区分，统一使用用户这一术语。

1990年出版的《图书情报词典》对图书馆用户这一概念做了如下界定：图书馆用户是需要利用图书情报机构服务的个人或者团体。它不仅指直接阅读馆藏文献的读者，而且包括利用现代图书情报机构中其他各类文献和各种服务形式的服务对象⑤。《中国大百科全书·图书馆学·情报学·档案学卷》将图书馆读者定义为图书馆的服务对象。即利用图书馆服务的个人和社会团体⑥。

本研究所指的图书馆用户，是指使用过图书馆（包括到馆使用和远程使用）的个人。

(三) 图书馆资源

图书馆资源的含义有广义和狭义之分。《中国百科大辞典》指出：广义

---

① 龚花萍:《网络环境下国家社科信息政策与法规的内容研究》,《情报杂志》2002年第9期,第2—4页。
② 张怀涛、索传军、代根兴:《网络环境与图书馆信息资源》,郑州,郑州大学出版社2002年版,第2页。
③ 许淑君、江志斌:《网络环境对组织创新的影响研究》,《工业工程与管理》2005年第1期,第64—67页。
④ 国家教委高教司:《读者服务与研究教学大纲》,北京,高等教育出版社1996年版,第5页。
⑤ 王邵平:《图书情报词典》,上海,汉语大词典出版社1990年版,第245页。
⑥ 张涵:《图书馆读者》,见中国大百科全书总编辑委员会:《中国大百科全书·图书馆学·情报学·档案学卷》,北京,中国大百科全书出版社1993年版,第765页。

的图书馆资源指图书馆的藏书、资金、设备、文献数据系统及人员等资源；狭义的图书馆资源指图书馆的藏书资源①。严永康认为图书馆资源是指图书馆为了资源利用而组织起来的相互联系的多种资源的动态有机整体。图书馆资源由三个方面构成：信息资源、人力资源、设施资源②。王翠萍、张莹认同严永康的信息资源定义，但认为图书馆资源的构成包括信息资源、人力资源、馆舍、设备、技术、资金等，他们同时指出，狭义的图书馆资源仅指馆藏的信息资源③。

本研究采用狭义的图书馆资源的定义，将图书馆资源界定为图书馆信息资源。

（四）图书馆服务

《中国大百科全书·图书馆学·情报学·档案学卷》指出，图书馆服务有时也被称为图书馆读者工作，它是图书馆利用馆藏及设施向读者提供文献和信息的一系列活动。现代图书馆服务不仅包括外借服务和阅览服务，而且还包括参考咨询服务、信息检索服务、定题服务、缩微复制服务、讲座展览服务等④。袁琳认为图书馆服务是指图书馆根据用户的文献需求，利用图书馆资源直接向用户提供文献和信息等的活动⑤。毕九江指出图书馆服务就是为满足用户的信息需求而开展的各项工作，分为信息资源提供服务和信息咨询服务两大类⑥。也有研究者着眼于用户的多元需求来定义图书馆服务，如鲁黎明提出，图书馆服务就是图书馆为了满足社会及用户的文献信息等多方面的需求，利用自身的资源，采用多种方法开展的一系列服务活动⑦。

本研究所指的图书馆服务，以图书馆信息服务为主，也就是主要是以用户对图书馆信息资源利用为核心的图书馆服务。

---

① 袁世全、冯涛：《中国百科大辞典》，北京，华夏出版社1990年版，第420页。
② 严永康：《图书馆资源的概念及构成辨析》，《情报资料工作》2003年第5期，第22—23页。
③ 王翠萍、张莹：《国内外图书馆资源及其利用研究综述》，《情报资料工作》2009年第1期，第48—51页。
④ 辛希孟：《图书馆服务》，见中国大百科全书总编辑委员会：《中国大百科全书·图书馆学·情报学·档案学卷》，北京，中国大百科全书出版社1993年版，第423页。
⑤ 袁琳：《读者服务的组织与管理》，武汉，武汉大学出版社1998年版，第1页。
⑥ 毕九江：《新世纪图书馆服务论》，《图书馆》2000年第6期，第46—48、第51页。
⑦ 鲁黎明：《图书馆服务理论与实践》，北京，北京图书馆出版社2005年版，第16页。

（五）图书馆信息系统

图书馆信息系统是一种基于计算机网络的数字化信息资源管理和服务系统。从功能角度看，一套完整的图书馆信息系统包括资源建设、资源服务、自动化管理三个部分[1]。用户通过资源服务系统利用图书馆的各种服务和获取图书馆馆内信息资源、馆外信息资源及网络信息资源。

本研究所指的图书馆信息系统为图书馆资源服务系统。

（六）图书馆用户需求

在《图书馆学情报学词典》中，图书馆用户需求是图书馆用户对图书馆各类文献、服务和设施的要求的总和[2]。

姚新如等认为图书馆用户需求是图书馆用户对图书馆文献资源、物质资源和人力资源等的需求。图书馆用户不仅需要图书馆为他们提供文献资源，也需要图书馆提供优雅、安静的阅读环境和先进的服务设备，同时还要求图书馆员提供热情周到的服务，这三方面是相互联系的[3]。

本研究将图书馆用户需求定义为图书馆用户对图书馆信息资源、信息服务和信息系统需求的总和。

---

[1] 李广建：《数字时代的图书馆网络信息系统》，北京，北京图书馆出版社2006年版，第1页。
[2] 周文骏：《图书馆学情报学词典》，北京，书目文献出版社1991年版，第97页。
[3] 姚新如、刘迅芳：《现代图书馆读者服务》，北京，海洋出版社2006年版，第39页。

第 二 章
我国公共图书馆与高校图书馆建设发展和服务现状

研究图书馆用户需求与用户行为需要先了解目前图书馆的发展现状,因此,在进行用户需求的深入研究之前,我们对历年《中国文化文物统计年鉴》及"教育部高校图书馆事实数据库系统"中与公共图书馆、高校图书馆发展有关的数据进行分析,并采用网站调查法,对主要公共图书馆和高校图书馆网站提供的信息系统和服务进行调查与分析。

一、公共图书馆的建设发展

加强公共文化服务体系建设、提升公共文化服务职能是构建社会主义和谐社会的基本要求。公共图书馆是国家公共文化服务体系的重要组成部分与基本实现形式。公共图书馆是政府履行公共服务职能的重要文化设施,是政府保障公民基本文化权益的重要途径,是政府面向公众实施文化关怀、文化享有、文化提高、文化创造的重要方式。2006年发布的《国家"十一五"时期文化发展纲要》指出,国家将大力完善公共图书馆等公共文化设施网络布局。以人民群众基本文化需求为目标,坚持公共服务普遍均等原则,兼顾城乡之间、地区之间的协调发展,统筹规划,合理安排,形成实用、便捷、高效的公共文化服务网络①。在此背景下，建设完善的公共图书馆服务体系、提高公共图书馆服务能力成为社会发展的必然要求。近十年来，国家大力推进公共文化服务体系建设，通过实施县级图书馆和文化馆的建设、县级图书馆和文化馆的修缮、文化信息资源共享工程等重大文化项目，全国公共图书馆设施条件不断改善，公共文化产品日益丰富，服务能力有所提高，社会效益显著增强。以下将主要依据《中国文化文物统计年鉴（2013）》分别从设施与投入、现代化设施与服务效果两个方面对截至2012年年底我国公共图书馆的发展现状进行分析。

（一）设施与投入

截至2012年年底，全国县级以上共有公共图书馆3076个②。其中，国家图书馆1个，省级公共图书馆38个，地市级公共图书馆354个，县级公共图书馆2683个。按照全国行政区划，公共图书馆已基本实现全覆盖，基层图书馆建设取得较大发展。2012年，全国公共图书馆建筑总面积达到1058.42万平方米，比2011年增加88.82万平方米，增长9.16%③。建筑面积连续5年呈现逐步增长趋势，说明国家对图书馆基础设施建设的重视，但基层图书馆面积不足，占公共图书馆数量87%的县级图书馆面积只占总建筑面积的55%。

截至2012年，各级财政对公共图书馆财政拨款达到93.4890亿元，比2011年增长23.6%④。随着各级财政对图书馆购书经费投入的增加，公共图书馆文献资源更加丰富，总藏量和新增藏量逐年增长。2012年，全国公共图书馆总藏量为78852万件（套），比2011年增加13.1%。各级公共图书馆也更加注重图书更新，新增藏量占总藏量的比重有所提高。2012年，全国公共图书馆新增藏量5826万件（套），比2011年增加46.2%⑤。全国公

---

① 新华网：《国家"十一五"时期文化发展规划纲要》，http://news.xinhuanet.com/politics/2006-09/13/content_5087533.htm.

② 中华人民共和国文化部：《中国文化文物统计年鉴（2013）》，北京，国家图书馆出版社2013年版，第2页。

③ 中华人民共和国文化部：《中国文化文物统计年鉴（2013）》，北京，国家图书馆出版社2013年版，第72页。

④ 中华人民共和国文化部：《中国文化文物统计年鉴（2013）》，北京，国家图书馆出版社2013年版，第62页。

⑤ 中华人民共和国文化部：《中国文化文物统计年鉴（2013）》，北京，国家图书馆出版社2013年版，第67页。

共图书馆文献总藏量持续上升，尤其 2012 年增长幅度创 5 年新高。但是文献资源在各级图书馆的分配不均衡，占公共图书馆数量仅 1.2% 的省级图书馆文献藏量占总藏量的 25%，而占公共图书馆数量 87% 的县级图书馆文献藏量只占总藏量的 43%。

截至 2012 年，全国公共图书馆共有从业人员 54997 人，比 2011 年增加 522 人。平均每个公共图书馆 17.9 人。其中中级职称 17833 人，占比 32.4%；高级职称 4962 人，占比 9.0%[①]。从人员结构来看，中高级职称人员占从业人员总数的比重逐年提高，公共图书馆从业人员的整体素质进一步提高。

（二）现代化设施与服务效益

随着信息技术的广泛应用，公共图书馆的信息化装备水平显著提升，计算机台数、电子阅览室终端数均大幅增加。截至 2012 年，全国公共图书馆共有计算机 173313 台，比 2011 年增加 15785 台，平均每馆 56.3 台；电子阅览室面积 46.95 万平方米，比 2011 年增加 15.55 万平方米，平均每馆 152.6 平方米，比 2011 年增加 7.4 平方米；电子阅览室终端数 101433 个，比 2011 年增加 8784 个，平均每馆 32.9 个[②]。公共图书馆电子阅览室建设步伐加快，电子阅览室占阅览室总面积的比重逐年增加。

随着服务条件的改善，公共图书馆社会服务效益也显著增强，流通人次、书刊外借人次及册次都明显增加。2012 年，全国公共图书馆总流通人次达到 43437 万人次，比 2011 年增加 5734 万人次，增长 15.20%。书刊文献外借册次为 33191 万册次，累计发放借书证 2484 万个，比 2011 年增加 403 万个，增长 19.3%[③]。近五年我国公共图书馆流通人次和书刊外借册次都呈现上涨趋势，说明公众对文献的需求仍然较强。2012 年的明显增长与该年全国公共图书馆实行全面免费开放有很大的关系。

综上所述，我国公共图书馆设施状况已有较大程度改善，但从整体上来

[①] 中华人民共和国文化部：《中国文化文物统计年鉴（2013）》，北京，国家图书馆出版社 2013 年版，第 23 页。

[②] 中华人民共和国文化部：《中国文化文物统计年鉴（2013）》，北京，国家图书馆出版社 2013 年版，第 3 页。

[③] 中华人民共和国文化部：《中国文化文物统计年鉴（2013）》，北京，国家图书馆出版社 2013 年版，第 2 页。

看,仍然比较落后。从国际标准来看,国际图书馆协会联合会20世纪70年代颁布的《公共图书馆标准》规定,每5万人拥有一所图书馆,一座图书馆服务半径通常标准为4公里[①]。此外,由于我国人口基数大,处于经济增长期,国家对公共图书馆的经费投入有限,公共图书馆为基层群众提供文化服务的资源总量偏少,质量不高。

受经济发展水平影响,公共图书馆建设和发展过程中也存在明显的地区差异。经济发达地区的公共图书馆覆盖率、达标率普遍较高,建设规模和投资数额较大,文献资源较为丰富;而经济欠发达地区公共图书馆建设水平普遍较低,设施条件十分简陋,文献资源也相对匮乏。

二、基于网站的公共图书馆信息系统与服务调查

在用户需求、技术变革与财政投入等三种动力的推动下,互联网技术逐渐走进图书馆,网站服务成为图书馆延伸服务的一种重要途径。为了摸清目前公共图书馆门户网站所提供的信息系统与服务现状,我们采用网站调查法,对我国主要公共图书馆门户网站所提供的系统、服务分别进行调查统计,以了解网络环境下,用户可以从互联网途径访问的系统及获得的服务具体有哪些。

公共图书馆网站调查的样本主要选择了国家图书馆、31个省市自治区的公共图书馆、15个副省级城市图书馆的门户网站,它们的系统及服务现状对于公共图书馆建立网站时提供面向用户的系统及服务具有一定参考意义。数据采集方法为网站调查法,数据分析采用 SPSS(Statistical Product and Service Solutions "统计产品与服务解决方案") 21 的描述统计法。调查的时间为 2014 年 4 月至 5 月。

(一) 公共图书馆网站信息系统调查

根据调查结果,国家图书馆网站面向用户的系统共5种。省级图书馆网站提供系统数最多的为7种(1所),最少的为1种(3所)。15个副省级城市图书馆网站提供系统数最多为6种(1所),最少为1种(2所)。其余分布情况如表2-1所示。

---

① Christie K, Barbara G: "IFLA Public Library Service Guidelines", Walter de Gruyter, 2010, 35-66.

表 2-1 公共图书馆网站信息系统种类

公共馆类型		频率	百分比(%)	有效百分比(%)	累积百分比(%)
国家图书馆	有效 5	1	100.0	100.0	100.0
省级图书馆	有效 1	3	9.7	9.7	9.7
	2	3	9.7	9.7	19.4
	3	5	16.1	16.1	35.5
	4	8	25.8	25.8	61.3
	5	9	29.0	29.0	90.3
	6	2	6.5	6.5	96.8
	7	1	3.2	3.2	100.0
	合计	31	100.0	100.0	
城市图书馆	有效 1	2	13.3	13.3	13.3
	2	3	20.0	20.0	33.3
	3	3	20.0	20.0	53.3
	4	3	20.0	20.0	73.3
	5	3	20.0	20.0	93.3
	6	1	6.7	6.7	100.0
	合计	15	100.0	100.0	

再由表 2-2 可知，省级公共图书馆网站提供系统种类均值为 3.97，将近 4 种，城市图书馆网站提供系统种类均值为 3.33，两种图书馆的标准差与方差较小，说明各图书馆网站系统种类数量较为集中。省级图书馆的数据分布偏度为 -0.302，说明偏向均值左边，峰度为 -0.139，说明数量分布比正态分布要平缓一点。城市图书馆的数据分布偏度为 0.025，说明轻度偏向均值右边，峰度为 -0.995，说明数据分布比正态分布平缓。

表 2-2 公共图书馆网站信息系统种类描述统计量

公共馆系统种类	N 统计量	极小值 统计量	极大值 统计量	均值 统计量	标准差 统计量	方差 统计量	偏度 统计量	峰度 统计量
国家图书馆	1	5	5	5.00	—	—	—	—
省级图书馆	31	1	7	3.97	1.450	2.102	-0.302	-0.139
城市图书馆	15	1	6	3.33	1.543	2.381	0.025	-0.995

在省级公共图书馆和国家图书馆网站（共32个）上，面向用户的系统种类多达30余种，其中OPAC（Online Public Access Catalogue，"联机公共目录查询系统"）系统出现频率为32次，即全部调查对象均提供OPAC系统。其次为网上展厅系统，出现频次为14，占43.75%。在门户网站上的导航系统主要分为三种：网络资源导航系统，出现频次为6；数字资源导航系统，出现频次为7；联合知识导航系统，出现频次为2。联合目录和文献传递系统出现频次各为10，一站式检索系统出现频次为9，地方特色资源系统（如河南地方戏曲数据库等并入此类）出现频次为7，共享平台系统出现频次为7。网络参考咨询系统、手机图书馆系统、虚拟图书馆系统、数字资源远程访问系统、数字图书馆系统等出现的频次均为5。此外，情报服务平台系统、社科知识门户系统、工具书在线、自建资源系统、我的图书馆系统等出现频率均在2以下，不一一列举。

在15个副省级城市图书馆网站上面向用户的系统种类有18种。其中，联合参考咨询系统出现频次最高，10次。其次为联合目录系统，出现9次。检索系统有两大类：数字资源统一检索系统，出现频次为7；馆藏书目检索系统，出现频次为8。共享工程系统出现频次为6，数字资源远程访问系统出现频次为4，数字图书馆系统出现频次为4，流动图书馆出现频次为3。此外，我的图书馆、城市街区自助图书馆、汽车图书馆、网上联合导航系统、专题导航系统等出现频率均在2以下，不一一列举。

可见，我国主要公共图书馆网站上提供的系统种类较多，以资源检索系统、资源导航系统、展厅及共享平台为主。各地还根据自身资源特点，建设了地方特色资源系统。不但使传统服务在网络环境下具有了延伸的渠道，还充分体现了各地区资源建设的文化特色。

（二）公共图书馆网站服务调查

由调查数据中体现的公共图书馆网站服务种类频率分布可知，国家图书馆网站提供的服务种类共8种。省级公共馆网站提供的服务种类最多16种（1所），最少2种（3所）。副省级城市图书馆网站提供的服务种类最多15种（1所），最少2种（2所）。其余分布情况如表2-3所示。

表2-3 公共图书馆服务种类

公共馆类型		频率	百分比(%)	有效百分比(%)	累积百分比(%)
国家图书馆	有效 8	1	100.0	100.0	100.0
省级图书馆	有效 2	3	9.7	9.7	9.7
	3	2	6.5	6.5	16.2
	4	3	9.7	9.7	25.9
	5	3	9.7	9.7	35.6
	6	3	9.7	9.7	45.3
	7	3	9.7	9.7	55.0
	8	3	9.7	9.7	64.7
	9	1	3.2	3.2	67.9
	10	2	6.5	6.5	74.4
	11	3	9.7	9.7	84.1
	12	2	6.5	6.5	90.6
	13	1	3.2	3.2	93.8
	15	1	3.2	3.2	97.0
	16	1	3.2	3.2	100.0
	合计	31	100.0	100.0	
城市图书馆	有效 2	2	13.3	13.3	13.3
	3	2	13.3	13.3	26.7
	4	3	20.0	20.0	46.7
	5	2	13.3	13.3	60.0
	6	2	13.3	13.3	73.3
	7	2	13.3	13.3	86.7
	9	1	6.7	6.7	93.3
	15	1	6.7	6.7	100.0
	合计	15	100.0	100.0	

再由表2-4可知，省级公共图书馆网站提供的服务种类均值为7.67，将近8种，副省级城市图书馆网站提供的服务种类均值为5.47，与省级公共馆的均值相差2。两种图书馆的标准差与方差都比较大，说明各网站系统种类数量分布不集中，这从频率分布表中可以看出。省级图书馆的数据分布偏度为0.437，说明偏向均值左边，峰度为-0.559，说明数量分布比正态分布要平缓，馆际差异较小。副省级城市图书馆的数据分布偏度为1.836，说明种类分布向右偏离均值较多，峰度为4.467，说明数据分布比正态分布较为陡峭，馆际差

异较大。在省级图书馆和国家图书馆网站上提供的用户服务种类多达 50 余种，充分体现了各地地方特色，例如夏都讲坛、长白讲坛、文澜讲坛、湘图讲坛、八桂讲座、上图展览、辽图讲座、冀图展览等。我们对同类服务进行归并，出现频次最多的服务是网上参考咨询，31 次，占 100%，可以看出省级图书馆和国家图书馆对网上参考咨询服务的重视。其次为馆藏书目查询服务，出现频次为 30 次，占 93.75%。各图书馆的在线讲座与论坛服务共计出现 28 次，占 87.5%；在线展览共计出现 6 次，占 18.75%。数字资源统一检索服务出现频次为 15，政府信息公开、新书推荐服务出现频次各为 13，联合目录与文献传递服务出现频次为 11，读者荐购、读者俱乐部、特殊读者服务、网络资源导航、教育培训等服务出现频次均为 6，在线读书服务、剪报服务出现的频次各为 5。此外，如报刊推荐、书碟推荐、专题资料推荐、集体外借、续借电话服务、课题代检等服务出现频次均在 2 以下，不一一列举。

表 2-4　公共图书馆网站服务种类描述统计量

公共馆系统种类	N	极小值	极大值	均值	标准差	方差	偏度	峰度
	统计量	统计量	统计量	统计量	统计量	统计量	统计量	统计量
国家图书馆	1	8	8	8.00	—	—	—	—
省级图书馆	31	2	16	7.67	3.781	14.299	0.437	-0.559
城市图书馆	15	2	15	5.47	3.292	10.838	1.836	4.467

副省级城市图书馆网站上提供的用户服务种类有 20 余种，也具有充分体现城市历史文化特色的服务，如深圳记忆、厦门记忆、西安文化、冰城文化等。我们对同类服务进行归并，出现频次最多的服务是馆藏书目查询服务，15 次，占 100%，可以体现出副省级城市图书馆对书目信息服务的重视。其次为讲座展览，出现频次为 14 次，占 93.33%。而省级和国家级图书馆网站的在线讲座、展览服务也占了较高比重，可见在公共文化大繁荣背景下，图书馆的功能已经从传统的图书信息管理和咨询等文化功能扩展到兼具讲座讲坛展览等更多形式服务的文化娱乐功能。在线咨询服务出现的频次为 9，占 60%。在线培训教育服务出现频次为 8，占 53.33%。政府信息公开服务、新书推荐服务出现频次各为 7，专题信息服务、资源导航服务、短信服务、自建资源服务等出现的频次各为 4，在线服务出现频次为 3。其他服务

如期刊导读服务、电话服务、原文传递服务、定题服务、影视速递服务、读者荐购服务等出现频次均在 2 以下，不一一列举。

从以上关于公共图书馆网站提供的系统和服务调查可知，单个样本提供的系统和服务种类还存在较大差异，可能是由于各馆可支配资源差异较大等因素引起的。总体来看，公共图书馆的系统和服务种类多样，覆盖范围包括书目查询、资源导航、参考咨询、讲座讲坛、在线展览、教育培训、新书推荐、政府信息公开、特色馆藏资源建设、手机服务、短信服务、文化共享等方面，传统的图书馆功能得到了扩展，文化娱乐功能在公共图书馆得到了很好的推广，在加快公共文化服务方面起到了积极的推动作用。各地图书馆还结合地区文化和传统，在服务种类上也充分体现了地方文化特色。

三、高校图书馆的建设发展

根据教育部 2004 年 8 月颁布的《普通高等学校本科教学工作水平评估方案（试行）》（以下简称《评估方案》），图书馆属于一级指标"教学条件与利用"下的一个三级观测点，权重为 0.2 分。它的 A 级标准为"管理手段先进，使用效果好"；C 级标准为"生均图书和生均年进书量（册）达到附表要求"，即综合、师范、民族、语文、财经、政法类院校要求生均图书 100 册，其他学校生均图书 70—80 册；年进新书量 4 册（工科、农林、医学和体育院校为 3 册，凡折合在校生数超过 30000 人的高校，当年进书量超过 9 万册，该项指标即为合格）[①]。《评估方案》的出台和执行，以行政手段介入高校图书馆建设，成为撬动高校图书馆发展的有力的政策杠杆。高校图书馆的文献资源建设受到了《评估方案》的深刻影响，许多高校为保证图书馆在评估中达标，加大了图书馆经费的投入。以下将从经费投入、馆舍建设、人力资源、数字化设施等四个维度分析高校图书馆的发展概况。

（一）经费投入

高校图书馆稳定发展的重要条件之一是经费的持续投入。根据"教育

---

① 中华人民共和国教育部：《普通高等学校本科教学工作水平评估方案（试行）》，http://www.moe.edu.cn/publicfiles/business/htmlfiles/moe/moe_307/200505/7463.html。

部高校图书馆事实数据库系统"①,2006 年至 2012 年高校图书馆的经费投入概况如表 2-5 所示。

2006 年,297 所高校图书馆的文献资源购置费平均值约为 388 万元,用于购买纸质文献的馆平均值约为 288 万元,最大值约为 2480 万元②。

表 2-5 高校图书馆经费投入概况

年　份	2006	2007	2008	2009	2010	2011	2012
高校图书馆文献资源购置均值(万元)	388	327	309	344	396	408	418.1
高校图书馆购买纸质文献经费均值(万元)	288	257	233	230	259	253	250
高校图书馆采购电子资源均值(万元)	78	82	94.4	106.5	124	172	180

2007 年,521 所高校图书馆文献资源购置费总计约为 17 亿元,馆均约为 327 万元,略低于 2006 年的均值 388 万元。528 所高校图书馆的纸质文献采购费总计约为 13.5 亿元,馆均约为 257 万元,略低于 2006 年的均值 288 万元。这些数据表明,国家 2007 年对高校图书馆的投入,基本和 2006 年持平,略低于 2006 年,平均各个馆用于采购电子资源的经费,约是用于采购纸质资源的经费的 1/3③。

2008 年国家对高校图书馆的经费投入稳定,均值低于 2007 年和 2006 年,但差距不大。高校图书馆在经费的使用方面,用于采购纸质文献的经费约是采购电子资源的 2.5 倍,但采购纸质文献的经费是连年走低,而采购电子资源的经费是连年走高。2008 年,511 所高校图书馆的文献资源购置费总计约为 15.8 亿元,馆均约为 309 万元,低于 2007 年的 327 万元和 2006 年的 388 万元。其中,文献资源购置费用最高的为中山大学图书馆,共计投入 3646.7 万元,最低的高校图书馆仅 1 万元,可见馆际差距极大。623 所高校图书馆的中文纸质图书购置费为 8.59 亿元,馆均约为 137 万元;624 所高校图书馆的纸质文献采购费总额约为 14.6 亿元,馆均约为 233 万元,低于

---

① 教育部高等学校图书情报工作指导委员会:《教育部高校图书馆事实数据库系统》,http://libdata.scal.edu.cn/.

② 王波:《2006 年高校图书馆发展报告》,http://www.scal.edu.cn/sites/default/files/attachment/tjpg/20111209084814.pdf.

③ 王波:《2007 年高校图书馆发展报告》,http://www.scal.edu.cn/sites/default/files/attachment/tjpg/20111209084841.pdf.

2007年的257万元和2006年的288万元;563所高校图书馆的电子资源采购费总额约为5.31亿元,馆均约为94.4万元,超过2007年的82万元,这些数据表明,国家2008年对高校图书馆的投入,基本和2007年持平,略低于2007年,平均各个馆用于采购电子资源的经费,约是用于采购纸质资源的经费的1/3[①]。

2009年国家对高校图书馆的经费投入稳定,均值略高于前两年,但差距不大。高校图书馆在经费的使用方面,用于采购纸质文献的经费约是采购电子资源的2.16倍,但采购纸质文献的经费连年走低,采购电子资源的经费连年走高。2009年,466所高校图书馆的文献资源购置及相关费用总计约为16亿元,馆均约为344万元,高于2008年的309万元和2007年的327万元,低于2006年的388万元。466所高校图书馆的纸质文献采购费总额约为10.7亿元,低于2008年的14.6亿元,馆均约为230万元,低于2008年的233万元、2007年的257万元和2006年的288万元。468所高校图书馆的电子资源采购费总额约为4.98亿元,馆均约为106.5万元,约占馆均文献资源购置费的32%,高于2008年的94.4万元和2007年的82万元[②]。

2010年,504所高校图书馆的文献资源购置费总额约为19.98亿元,馆均约为396万元,高于往年。国家对高校图书馆的经费投入稳定,均值创造新高。高校图书馆在经费的使用方面,用于采购纸质文献的馆均经费约是采购电子资源的1.7倍,低于2009年的2.16倍,采购纸质文献的经费走势平稳,采购电子资源的经费连年走高[③]。

2011年,共有516所高校图书馆提交了数据,其中501所高校图书馆所提交的数据为有效数据,样本的有效率为97.1%。2011年,高校图书馆的文献资源购置费的平均值为408万元,高于往年,在经费使用方面,用于采购纸质文献的馆均经费约是采购电子资源的1.6倍,低于2010年的1.7倍,这也

---

① 王波:《2008年高校图书馆发展报告》,http://www.scal.edu.cn/sites/default/files/attachment/tjpg/20111209084900.pdf.
② 王波:《2009年高校图书馆发展报告》,http://www.scal.edu.cn/sites/default/files/attachment/tjpg/20111209084930.pdf.
③ 王波:《2010年高校图书馆发展报告》,http://www.scal.edu.cn/sites/default/files/attachment/tjpg/20111212163935.doc.

表明了高校图书馆采购电子资源的经费仍在继续走高。这些数据表明高校图书馆纸质资源的采购保持稳定,纸质资源仍在图书馆文献资源中占据主体地位。有些高校图书馆因经费等因素限制,还没有采购任何电子资源①。

共有549所高校图书馆提交了2012年文献资源购置费数据,其中504所的数据为有效数据,样本的有效率为91.8%。文献资源购置费的平均值为418.1万元,明显高于往年,延续2008年以来的持续走高趋势。543所高校图书馆提交了纸质文献资源购置费,501所的数据为有效数据,总数约为12.5亿元,均值约为250万元(2011年约为253万元),延续2010年以来的持续走低趋势②。

(二)馆舍建设

高校图书馆稳定发展的重要条件之二是独立馆舍的建设。根据"教育部高校图书馆事实数据库系统",2006年至2012年高校图书馆的馆舍建设概况如表2-6所示。

表2-6 高校图书馆馆舍建设概况

年 份	2006年	2007年	2008年	2009年	2010年	2011年	2012年
高校图书馆现有馆舍均面积(万平方米)	1.75	1.68	1.79	1.98	2.19	2.04	2.23
上报在建新图书馆的高校数(所)	300	24	157	103	112	83	318
高校在建新图书馆的均建筑面积(万平方米)	0.5999	2	2	2.1	2.44	2.2	2.2

2006年,据对300所高校图书馆已建馆舍面积所作的调查,总面积约为524万平方米,平均值约为1.75万平方米。从已建成的高校图书馆的使用效果看,它们一般给人留下开放舒适、通透宽敞、网络化程度高、馆藏布

---

① 王波等:《2011年高校图书馆发展报告》,http://www.scal.edu.cn/sites/default/files/attachment/tjpg/20130109081426.pdf。
② 王波等:《2012年高校图书馆发展报告》,http://www.scal.edu.cn/sites/default/files/attachment/tjpg/2012fazhanbaogao.pdf。

局和机构调整自由灵活的印象①。

2007 年，531 所高校图书馆的现有建筑面积总计约为 891 万平方米，馆均约为 1.68 万平方米。2006 年，共有 300 所高校图书馆上报了在建新馆的建筑面积，而 2007 年只有 24 所高校图书馆上报了在建新馆的建筑面积，总计约为 97 万平方米，馆均约为 2 万平方米，大于 2006 年的馆均约 5999 平方米②。

2008 年，随着一批新建图书馆的投入使用，高校图书馆的总建筑面积持续增长，在建新馆建筑面积的平均值和 2007 年持平，628 所高校图书馆的现有建筑面积总计约为 1124.1 万平方米，馆均约为 1.79 万平方米，比 2007 年的 1.68 万平方米又有所增加。有 157 所高校图书馆上报在建新馆的建筑面积，远多于 2007 年的 24 所，但少于 2006 年的 300 所。在建新馆的建筑面积总和约为 315.7 万平方米，馆均约为 2 万平方米，和 2007 年的平均数持平③。

2009 年，随着一批新建图书馆的投入使用，高校图书馆的总建筑面积持续增长，在建新馆建筑面积的平均值高于 2008 年、2007 年。2009 年，468 所高校图书馆的现有建筑面积总计约为 925 万平方米，馆均约为 1.98 万平方米，比 2008 年的 1.79 万平方米、2007 年的 1.68 万平方米又有所增加。有 103 所高校图书馆上报在建馆舍设计建筑面积，总和约为 213 万平方米，馆均约为 2.1 万平方米，略高于 2008 年的 2 万平方米，仍处于连年增长状态④。

2010 年，506 所高校图书馆的馆均建筑面积约为 2.19 万平方米。有 112 所高校图书馆上报在建馆舍，设计建筑面积总和约为 273 万平方米，馆均约

---

① 王波：《2006 年高校图书馆发展报告》，http://www.scal.edu.cn/sites/default/files/attachment/tjpg/20111209084814.pdf.

② 王波：《2007 年高校图书馆发展报告》，http://www.scal.edu.cn/sites/default/files/attachment/tjpg/20111209084841.pdf.

③ 王波：《2008 年高校图书馆发展报告》，http://www.scal.edu.cn/sites/default/files/attachment/tjpg/20111209084900.pdf.

④ 王波：《2009 年高校图书馆发展报告》，http://www.scal.edu.cn/sites/default/files/attachment/tjpg/20111209084930.pdf.

为 2.44 万平方米①。

2011 年，501 所高校图书馆的馆均建筑面积约为 2.04 万平方米，有 83 所高校图书馆上报在建馆舍，设计建筑面积总和约为 169 万平方米，馆均约为 2.2 万平方米②。

共有 557 所高校图书馆提交了 2012 年馆舍面积数据，其中 512 所填报的数据有效，建筑总面积约为 1144 万平方米，馆均约为 2.23 万平方米，共有 318 所高校图书馆上报在建馆舍数据，数据有效的为 87 所，设计建筑面积总和约为 190.6 万平方米，馆均约为 2.2 万平方米。从 2006 年到 2010 年，高校图书馆馆均在建新馆设计建筑面积呈递增趋势，2010 年以来略有下降，最近两年持平③。

（三）人力资源

高校图书馆的人力资源管理变革的成功在各高校的最显著表现是：图书馆的建筑面积有了大幅度增长，而图书馆的职工人数却没有增长，服务质量反比以前有了很大提高。

2006 年，据对 300 所高校图书馆抽样调查，建筑总面积为 5238551 平方米，正式职工总人数为 15629 人，平均每名职工管理的面积为 355 平方米。而 2000 年，据对 274 所高校图书馆的抽样调查，建筑总面积为 2548047 平方米，正式职工总人数为 13279 人，平均每名职工管理的面积为 192 平方米。6 年时间，每名职工管理的面积多了 163 平方米④。

2007 年，532 所高校图书馆的正式职工总人数约为 2.55 万人，平均每个馆的职工约为 48 人。102 所高校图书馆拥有获得博士学位的职工，共 166 人，馆均 1.6 人，最多的是清华大学图书馆，有 9 名博士，其次是复旦大学图书馆，有 7 名博士。393 所高校图书馆拥有获得硕士学位的职工，共 2424

---

① 王波：《2010 年高校图书馆发展报告》，http://www.scal.edu.cn/sites/default/files/attachment/tjpg/20111212163935.doc.
② 王波等：《2011 年高校图书馆发展报告》，http://www.scal.edu.cn/sites/default/files/attachment/tjpg/20130109081426.pdf.
③ 王波等：《2012 年高校图书馆发展报告》，http://www.scal.edu.cn/sites/default/files/attachment/tjpg/2012fazhanbaogao.pdf.
④ 王波：《2006 年高校图书馆发展报告》，http://www.scal.edu.cn/sites/default/files/attachment/tjpg/20111209084814.pdf.

人，馆均6.17人，武汉大学图书馆、北京大学图书馆、清华大学图书馆、复旦大学图书馆分别以拥有58、50、48、47名硕士职工，在排行榜中居前4位。这些数据表明，高校图书馆的职工队伍建设正在向知识化、专业化、高学历化方向快速发展[①]。

2008年，随着馆舍面积和馆藏数量的持续增长，在临时聘用人员数量略低于2007年的情况下，高校图书馆的馆均正式职工人数也在减少，意味工作效率的提高和服务成本的降低，但在工作量不断增加的情况下也存在工作压力日益加大的隐忧。在学历结构上，大专以下学历职工人数逐年减少，本科学历职工成为人力资源的主体，硕士毕业生成为高校图书馆引进人才的主要对象，拥有博士学位的高校图书馆馆长越来越多，高校图书馆的人力资源正在向知识化、专业化、高学历化方向快速发展。在性别结构上，男性职工约占职工总数的三分之一，图书馆工作的女性化特征更趋明显。628所高校图书馆的正式职工总人数为2.9万人，馆均正式职工人数约为46人，少于2007年的48人。报送统计数据的629所高校图书馆中，109所的正馆长拥有博士学位，150所的正馆长拥有硕士学位。147所高校图书馆拥有获得博士学位的职工，共250人，馆均1.69人。473所高校图书馆拥有获得硕士学位的职工，共3335人，馆均7人，高于2007年的6.17人。535所高校图书馆的大专以下学历职工人数为3974人，馆均7.42人，少于2007年的8.7人。438所高校图书馆的临时聘用人员为5928人，馆均13.5人，略少于2007年的馆均13.7人[②]。

2009年，尽管馆舍面积和馆藏数量持续增长，馆均正式职工人数却保持稳定，这意味工作效率的提高和服务成本的降低，高校图书馆员的工作压力日益加大。在学历结构上，大专以下学历职工人数逐年减少，本科学历职工成为人力资源的主体，硕士毕业生成为高校图书馆引进人才的主要对象，拥有博士学位的职工越来越多，高校图书馆的人力资源正在向知识化、专业化、高学历化方向快速发展。在性别结构上，男性职工约占职工总数的三分

---

① 王波：《2007年高校图书馆发展报告》，http://www.scal.edu.cn/sites/default/files/attachment/tjpg/20111209084841.pdf。

② 王波：《2008年高校图书馆发展报告》，http://www.scal.edu.cn/sites/default/files/attachment/tjpg/20111209084900.pdf。

之一，图书馆职业的女性化特征相当明显。468 所图书馆的男职工为 7408 人，馆均约为 16 人，略高于 2008 年的 15 人，470 所高校图书馆的女职工为 15071 人，馆均 32.07 人，是馆均男职工数的 2 倍，略高于 2008 年的 31.4 人。468 所高校图书馆的正式职工总人数为 2.23 万人，馆均正式职工人数约为 47.63 人，略高于 2008 年的 46.7 人，少于 2007 年的 48 人。468 所高校图书馆的临时聘用人员为 4894 人，馆均 10.46 人，少于 2008 年的 13.5 人、2007 年的 13.7 人。468 所高校图书馆中，123 所拥有获得博士学位的职工，共 233 人；375 所高校图书馆拥有获得硕士学位的职工，共 3053 人；本科学历职工 10502 人，馆均 22.44 人，第二学士学位职工 133.00 人，馆均 0.28 人，大专学历职工 5579 人，馆均 11.92 人，大专以下学历职工人数为 2793 人，馆均 5.97 人，少于 2008 年的 7.42 人、2007 年的 8.7 人[①]。

2010 年，523 所高校图书馆的在编职工总人数为 2.61 万人，馆均在编职工人数约为 50 人，略高于往年。449 所高校图书馆中，295 所拥有合同制职工，总数为 3584 人，平均到 449 所，馆均约 8 人。419 所高校图书馆中，162 所拥有获得博士学位的职工，共 340 人，平均到 419 所，馆均 0.8 人。488 所高校图书馆中，442 所拥有获得硕士学位的职工，共 4194 人，平均到 488 所，馆均 9 人。527 所高校图书馆拥有本科学历职工 12338 人，馆均 23 人；518 所高校图书馆拥有大专学历职工 6330 人，馆均 12 人；487 所高校图书馆的大专以下学历职工人数为 2996 人，馆均 6 人[②]。

2011 年，在学历结构上，501 所高校图书馆拥有在编博士学历馆员 340 名，平均每馆拥有博士的平均值为 0.71 人，501 所高校图书馆所拥有的在编硕士馆员为 3896 名，平均每馆拥有硕士 8.1 人，在 501 所高校图书馆中，拥有本科学历和本科双学位的馆员达到 12527 人，这也表明了本科馆员仍然是高校图书馆服务工作的主力。有 34.4% 的高校图书馆拥有 1—10 名本科馆员，有 25.8% 的高校图书馆拥有 11—20 名本科馆员，有 16.1% 的高校图书馆拥有 21—30 名本科馆员，有 15.8% 的高校图书馆拥有 31—50 名本科馆

---

① 王波：《2009 年高校图书馆发展报告》，http://www.scal.edu.cn/sites/default/files/attachment/tjpg/20111209084930.pdf.

② 王波：《2010 年高校图书馆发展报告》，http://www.scal.edu.cn/sites/default/files/attachment/tjpg/20111212163935.doc.

员,仅有 6.9% 的高校拥有本科馆员超过 50 名,其中拥有本科馆员最多的达到 142 人。在 501 所高校图书馆中,在编大专馆员达到 5521 人。其中有 61.5% 的高校图书馆拥有 1—10 名在编大专馆员,有 19.8% 的高校图书馆拥有 11—20 名在编大专馆员,有 9.1% 的高校图书馆拥有 21—30 名在编大专馆员,仅有 4.6% 的高校拥有在编大专馆员超过 30 人。在编馆员人数的图书馆为 480 所,总人数为 2.15 万人,馆均在编职工人数约为 45 人,略低于 2010 年的 50 人。在 501 所高校图书馆中,有 470 所填写了合同制职工人数,总数为 3176 人,平均每所高校图书馆有合同制职工 6.8 人[①]。

  2012 年,尽管馆舍面积和馆藏数量持续增长,馆均在编职工人数基本保持稳定,这意味着工作效率的提高和服务成本的降低,高校图书馆员的工作压力日益加大。2012 年,共有 544 所高校图书馆提交了在编馆员的数据,数据有效的为 541 所,在编馆员为零的按无效数据计算。在编馆员总人数为 22930 人,馆均约为 42 人。共有 459 所高校图书馆提交了职工学历数据,其中 170 所高校图书馆拥有博士学历的馆员,拥有博士学历馆员的总数为 410 人,平均每馆拥有博士 0.89 人。在提交数据的图书馆中,有 63% 的高校图书馆没有博士馆员,有 17.4% 的高校图书馆仅拥有 1 名博士馆员,有 8.1% 的高校图书馆拥有 2 名博士馆员,仅有 7.2% 的高校图书馆拥有 3—4 名博士馆员,仅 4.36% 的高校图书馆拥有博士馆员在 5 名及以上。514 所高校图书馆所拥有的在编硕士馆员为 4507 人,平均每馆拥有硕士 8.8 人。有 11.1% 的高校图书馆没有硕士馆员,有 23.6% 的高校图书馆仅拥有 1—2 名硕士馆员,有 19.3% 的高校图书馆拥有 3—5 名硕士馆员,有 18.8% 的高校图书馆拥有 6—10 名硕士馆员,有 12% 的高校图书馆拥有 11—16 名硕士馆员,拥有硕士馆员在 17 人及以上的图书馆占 14.8%。这些表明了硕士学历的馆员正在成为高校图书馆开展知识服务的生力军,高校图书馆对硕士馆员的需求量还非常大,硕士研究生正在成为高校图书馆引进人才的主要对象。在 554 所高校图书馆中,拥有本科学历的馆员总数为 11365 人,本科双学位的馆员为 153 人,本科馆员的总数为 11518 人(2011 年为 12527 人),是硕士馆员

---

① 王波等:《2011 年高校图书馆发展报告》,http://www.scal.edu.cn/sites/default/files/attachment/tjpg/20130109081426.pdf。

的 2.56 倍，平均每所高校图书馆拥有 20.7 名本科馆员，这也表明了本科馆员仍然是高校图书馆的主力。有 37% 的高校图书馆拥有 1—10 名本科馆员，有 25.8% 的高校图书馆拥有 11—20 名本科馆员，有 15.9% 的高校图书馆拥有 21—30 名本科馆员，有 14.6% 的高校图书馆拥有 31—50 名本科馆员，仅有 6.7% 的高校拥有本科馆员超过 50 名。拥有本科馆员最多的图书馆为武汉大学图书馆，总人数达到 143 人。在 495 所高校图书馆中，在编大专馆员达到 2173 人。有 20.8% 的高校图书馆不拥有在编大专学历馆员，拥有 1—2 名在编大专学历馆员的高校图书馆占 31.1%，拥有 3—7 名在编大专学历馆员的高校图书馆占 31.1%，拥有 8—15 名在编大专学历馆员的高校图书馆占 11.7%，拥有在编大专学历馆员超过 15 人的仅占 5.3%[①]。

从整体上看，高校图书馆的人力资源结构，正在向高学历化、多学科化和专业化的方向发展，在入选"985 计划"、"211 工程"的高校的图书馆表现得相当明显，985 高校图书馆的在编馆员，学历层次总体上高于非"985"的"211"高校，馆员的学科背景更多元。从总体情况看，我国高校图书馆人力资源结构正在朝高学历的方向转型，但发达城市重点高校图书馆的人力资源结构的转型速度明显快于西北部落后城市非重点高校图书馆。

（四）数字化设施与服务

在网络环境下，数字化设施的装备情况和数字化、网络化服务水平，已经成为图书馆的核心能力之一，读者关注度高，期望值大，各校也十分重视。

"教育部高校图书馆事实数据库"中各馆自报的数据表明，2012 年，全国普通高校图书馆均已装备电脑、服务器等数字化、网络化设施，但是整体服务绩效有待提高，馆际服务水平差距极大，仍有一些馆在数字化、网络化服务方面毫无作为。

共有 522 所高校图书馆提交了电脑拥有量，数据有效的为 520 所，共有电脑（含笔记本电脑）约 13.4 万台，馆均为 257 台，少于 2011 年的 259 台，也少于 2010 年的 267 台。共有 519 所高校图书馆提交了服务器台数，数据有效的为 515 所，总台数为 7261 台，馆均 14 台。中位值为 8 台，众值

---

① 王波等：《2012 年高校图书馆发展报告》，http://www.scal.edu.cn/sites/default/files/attachment/tjpg/2012fazhanbaogao.pdf.

为 3 台，标准差是 17.6 台。429 所高校图书馆填写了向外传递文献的数据，数据有效的为 194 所，总量约为 51 万篇，平均每馆传递 2632 篇，标准差为 6682 篇，表明各馆向外传递文献的数量差别很大。有 8.2% 的高校图书馆向外传递文献超过 1 万篇，有 19.6% 的高校图书馆向外传递文献在 1000 篇到 1 万篇之间[①]。

截至 2012 年，高校图书馆在经费投入和数字设施建设均取得长足发展的背景下，服务实现了多项突破，服务数量和质量得到大幅提升。

一是增加了各种服务措施和服务手段。包括：把单纯的文献传递服务发展成为包括书目查询、期刊目次检索、图书借阅、原文传递、全文下载、文献代查代检、参考咨询、个性化信息服务等多种服务在内的综合性服务体系。

二是加强服务管理，提升服务质量，包括：保证 7 天/24 小时开机服务；提高文献传递服务满足率，最大限度地满足用户需求；降低服务完成时间，尽可能为读者提供快捷的服务；服务规范化：如假期统一提供服务、提高文献扫描质量、慎重采用零运送等。其中，馆际互借与文献传递服务是 2009 年 CALIS（China Academic Library & Information System，中国高等教育文献保障系统）管理中心继续推广的主要服务之一，同时也寻求与多方文献传递服务源合作，建立长期伙伴关系。完成的主要工作包括：推动馆际互借与文献传递系统共享版的开发、测试和完善；推动馆际互借与文献传递系统共享版在部分省中心的部署运行；CALIS 馆际互借中心的开通和试运行；推动 CALIS 馆际互借系统在国家图书馆的正式应用；加强对外合作，建立多条文献获取渠道。截至 2012 年 11 月 30 日，联合目录用户已达 1010 家，在"九五"和"十五"的基础上增长了 74%；数据建设队伍扩充了 135 家，增长 131%。目前承担数据建设工作的成员单位共计 238 家，约占总数的 24%，这意味着 76% 的成员单位可以比较轻松地共享高质量的书目数据。联合目录建库以来已提供下载服务 7600 余万次，月均 80 余万次，已形成较为高效良性的共享机制。比如通过大量的宣传工作、文献资源建设以及各类服务措施的实施，CASHL（China Academic Social Sciences and Humanities Li-

---

① 王波等：《2012 年高校图书馆发展报告》，http://www.scal.edu.cn/sites/default/files/attachment/tjpg/2012fazhanbaogao.pdf。

brary，中国高校人文社会科学文献中心）的服务实现多项突破。2012年，CASHL 各中心馆的文献传递服务总量达到 131421 笔（其中中心系统直接收到的申请为 68439 笔），累计服务量突破 70 万篇。跨区域借书服务在全国 84 家高校全面铺开，完成图书借阅 1810 笔，较 2011 年有所增加。服务质量进一步提升，文献满足率达到 95.02%；完成时间为次均 1.64 天。4774 位用户参与用户满意度调查，90.6% 的用户表示非常满意 CASHL 的服务。CASHL 8 种电子资源库的使用保持稳定，电子期刊全文下载 240 万篇，电子书下载 35 万页。累计全文下载量超过 1500 万件。综上所述，截至 2012 年，高校图书馆在大部分业务工作和资源共享活动、行业协调活动逐渐显示出制度化、常态化和有序推进的基础上，紧密跟踪信息技术的发展和用户需求的变化，不断优化和推出新服务，及时、大胆地进行服务创新，在保证服务质量的前提下，保持图书馆服务与时俱进和稳健发展，在经费、资源、服务等方面均已走上了新的台阶。

四、基于网站的高校图书馆信息系统与服务调查

"985 计划"是我国政府为建设若干所世界一流大学和一批国际知名的高水平研究型大学而实施的高等教育建设工程，目前共有 39 所 "985 计划"大学，这些大学在图书馆网站系统及服务方面的发展现状对于高校图书馆建立网站时提供面向用户的系统及服务具有一定的参考意义，因此选为本研究网站调查的对象，数据采集方法为网站调查法，数据分析采用 SPSS 21 的描述统计法。

（一）高校图书馆网站系统调查

根据调查结果，39 所高校图书馆网站均已建立门户系统作为用户访问图书馆网站的入口，提供的网络服务系统种类平均 9 种，其中最少的有 4 种（1 所），最多的共 13 种（3 所），其余分布如下：5 种（1 所）、6 种（5 所）、7 种（5 所）、8 种（4 所）、9 种（4 所）、10 种（5 所）、11 种（7 所）、12 种（3 所）。如表 2 - 7 所示，标准差和方差较小，系统种类分布较为集中；系统种类呈一定的左偏分布（偏度统计量为 - 0.104），偏斜程度较小；同时，系统种类呈平峰分布（峰度统计量为 - 0.929），即系统种类

分布比正态分布更平缓。

表2-7 高校馆网站系统种类描述统计量

	N	极小值	极大值	均值	标准差	方差	偏度		峰度	
	统计量	统计量	统计量	统计量	统计量	统计量	统计量	标准误	统计量	标准误
系统种类	39	4	13	9.03	2.401	5.762	-0.104	0.378	-0.929	0.741

我们对各个图书馆的系统进行类型识别和归并后，累计出现的系统共49种，其中OPAC系统出现频率最高，为39次。导航系统共四大类：数据库导航系统出现频率为15次、网站导航系统出现频率为18次、电子期刊导航系统出现频率为7次、学科导航系统出现频率为32次、会议导航系统出现频率为1次。图书馆资源远程访问系统出现频率为19次。资源整合检索系统出现频率为15次。CALIS文献传递和馆际互借系统出现频率为20次，CALIS学科导航系统出现频率为2次，CASHL系统出现频率为7次。虚拟参考咨询系统出现频率为18次。随书光盘系统出现频率为11次，非书资料系统出现频率为7次，多媒体资源系统出现频率为2次，机构典藏系统出现频率为2次，教学参考书系统和机构仓储系统分别出现1次。学位论文服务系统出现频率为25次。图书推荐系统出现频率为7次，图书捐赠系统、新书通报系统各出现2次。网络培训系统出现3次，视频点播系统和讲座信息网各出现1次，短信服务系统出现频率为3次，手机服务系统出现频率为5次，读者网上预约系统出现2次，RSS订阅系统出现2次，"我的图书馆"系统出现3次，图书馆工具条出现3次，留言本出现8次。

（二）高校图书馆网站服务调查

39所"985"高校网站提供的服务种类描述统计如表2-8所示，图书馆网站服务均数为9，即平均每所提供的网站服务种类为9种，其中最少有6种（7所），最多有20种（1所），其余分布如下：7种（5所）、8种（8所）、9种（7所）、10种（1所）、11种（5所）、12种（2所）、15种（2所）、19种（1所）。描述统计结果中，方差较大，说明提供服务种类数量差异较大。偏度为1.710，说明整体数据分布偏向均值右边。峰度为3.153，说明数据分布比正态分布陡峭，即数据大小差异较大。

表2-8 高校图书馆网站服务种类描述统计量

	N	极小值	极大值	均值	标准差	方差	偏度		峰度	
	统计量	统计量	统计量	统计量	统计量	统计量	统计量	标准误	统计量	标准误
服务种类	39	6	20	9.28	3.324	11.050	1.710	0.378	3.153	0.741

通过对各种服务种类及名称进行辨别和归并同类，39所高校图书馆网站提供的服务种类多达64种，以下对出现次数较多的服务种类进行频率统计。在所有样本中，科技查新服务、馆际互借服务、借还书服务三种出现的频率都为33，各占总体样本的84.62%，是出现频率最高的三种服务。读者培训服务出现频率为30，占总体样本的76.92%。参考咨询服务出现频率为29，占总体样本的74.36%。查收查引服务出现频率为22，占总体样本的56.41%。学科服务出现频率为16，占总体样本的41.03%。定题服务、图书荐购服务、视听服务各出现9次，指南服务、短信服务、多媒体服务各出现4次。出现频率低于3次的服务种类较多，如：书刊导读服务、常见问题服务、缩微资料应用服务、会议服务、古籍文献修复服务、提供专利全文服务等，在此不一一列举。

从以上各类型系统和服务出现频率可以看出，高校图书馆网站系统和服务种类多样、齐全，提供的服务基本上是传统服务方式在网络环境下的延伸，系统则因应用户服务而生。不同图书馆所提供的网站系统和服务种类差异较大，各馆根据自身资源特点，提供给用户的系统与服务类型也呈现出不同的特色。

第 三 章
用户需求理论与研究综述

　　图书馆学情报学研究中，用户研究包括图书馆用户研究和信息系统用户研究两种类型。图书馆用户研究主要是调查图书馆用户对图书馆提供的信息、设备与服务的需求和利用状况、满意程度及期望等。信息系统用户研究，一般是指信息系统的用户如何与系统互动，包括用户如何表达、转换自己的信息需求、信息检索的方式和策略、如何判断及使用检索的结果。信息系统用户研究的成果也可以应用于图书馆的利用指导及用户的教育培训中[1]。Menzel 指出，用户研究、信息需求研究、信息行为研究、使用研究、信息传递研究、沟通行为研究、信息传播和利用研究等概念紧密相关[2]。

　　为了更好地服务用户，图书馆有必要了解用户需要什么信息，怎么样去查找信息，也就是必须了解用户的信息需求和使用行为。Coyle 指出，图书馆的重点不是图书馆的资源而是图书馆向用户提供的服务，服务将图书馆与出版社及代理商等机构区分开来[3]，因此知晓用户的服务需求和使用对于图书馆按照用户需求提供服务非常重要。网络环境中图书馆用户行为变化是图书馆做出相应改变的基础。在信息服务面临着激烈竞争的今天，图书馆必须有着良好的绩效才能获得用户和社会的肯定，进而支持图书馆的可持续发

---

[1] 林珊如：《资讯行为》，见赖鼎铭等：《图书资讯学导论》，台北，空中大学，2001 年，第 227 页。
[2] Menzel H: "Information needs and uses". In: Carlos A C, 《Annual review of information science and technology》, New York, 1966, 41-69.
[3] Coyle K, 1999: "Libraries and the future: A talk for the 8th Asia Pacific health and law librarians conference", http://conferences.alia.org.au/shllc1999/papers/coyle.html.

展,因此图书馆用户满意研究具有重要的价值。基于上述原因,本研究从信息需求和使用、图书馆需求和使用、图书馆用户行为的变化和图书馆用户满意等方面总结相关研究成果。

一、信息需求和使用研究

信息需求和使用的研究是图书馆学情报学领域的热点研究主题之一,1990年Jarvelin和Vakkari估计图书馆学情报学研究文献中大约有8%是信息需求和使用的研究[1]。信息需求和使用研究涉及用户的信息需求、信息使用和信息查寻等议题[2]。信息需求和使用的研究对象包括图书馆和其他信息服务机构的用户,或者是有着特定信息需求的个人或者群体[3]。本研究将信息需求和使用的研究对象限定为图书馆用户。

(一) 信息需求和使用的目的

了解用户信息需求和使用的目的是分析其信息需求的第一步。

袁琳、林城龙指出,图书馆用户信息需求的目的主要有研究性需求、求知性需求、证实性需求、解疑性需求、娱乐性需求等[4]。

教师、研究生和科研人员等群体利用信息的目的大多为研究性需求。如福建省卫生防疫站各级专业人员信息需求的目的主要是科研,其次是增长知识[5]。87%的浙江省农业科学院图书馆用户利用信息的目的是了解动向,86%的是解决问题,62%的是更新知识[6]。江苏省部分卫生管理干部均以知

---

[1] Jarvelin K, Pertti V, 1990: "Content analysis of research articles in library and information science", *Library and Information Science Research*, 12(4), 395–421.
[2] Julien H, Duggan L J, 2000: "A longitudinal analysis of the information needs and uses literature", *Library and Information Science Research*, 22(3), 291–309.
[3] Julien H, 1996: "A Content Analysis of the Recent Information Needs and Uses Literature", *Library and Information Science Research*, 18(1), 53–65.
[4] 袁琳、林城龙:《信息需求多元化与图书馆藏书发展政策》,《图书情报工作》1999年第4期,第43—45页。
[5] 包家元:《我院临床医师情报需求的调查分析》,《中国医院管理》1992年第10期,第37—39页。
[6] 徐立群:《科研人员的情报需求与情报行为——浙江省农业科学院图书馆用户调查分析》,《农业图书情报学刊》1989年第4期,第21—25页。

识更新和了解国内外医学科技动态进展为利用信息的主要目的[1]。财政部财政科学研究所图书馆用户信息需求的主要目的是满足工作学习中的研究需求；其次是更新知识，提高业务水平；再次是开阔知识眼界，提高文化素养和了解动向，掌握信息[2]。南通师专教师信息需求的主要目的是满足教学科研之需，其次是更新知识提高教学业务水平，再次是开阔眼界[3]。湖南农业大学教师利用信息的主要目的是科研，其次是教学；研究生和大学生利用信息的主要目的是拓宽知识和学习参考[4]。四川省卫生系统中医疗人员、科技人员和管理人员信息需求的主要目的是了解专业动态[5]。佛山科技学院师生利用信息的主要目的是关注学科现状及发展趋势，其次是完成教学任务。学生利用图书馆信息资源的主要目的是开阔视野和丰富业余生活，其次是完成学业[6]。云南大学学生群体利用信息的主要目的是专业学习，教师群体的主要目的是教学科研[7]。网络环境中，83.31%的东部地区、80.63%的中部地区和69.06%的西部地区图书馆用户获取信息的主要目的是满足学习或工作需要[8]。清华大学自然科学类专业的用户使用电子资源的主要目的是科学研究，人文社科类专业用户主要目的是撰写论文，有相当比例的本科生和研究生利用信息资源的目的是为了完成作业[9]。浙江省高校、公共、党校和社科

---

[1] 徐身新、戴惠珍：《卫生管理干部情报需求调查与分析》，《医学情报工作》1993年第6期，第31—34页。

[2] 王石生：《科研人员文献需求的调查与分析》，《中国图书馆学报》1996年第2期，第11—13页。

[3] 张天俊：《高校教师文献需求的调查与分析》，《情报资料工作》1997年第4期，第16—18页。

[4] 周带娣、常青：《高校图书馆读者文献需求的调查与分析》，《图书馆》1998年第4期，第69—72页。

[5] 力晓蓉等：《四川省卫生系统中医疗科研管理人员医学情报需求的调查分析及对策》，《医学情报工作》1998年第2期，第7—10页。

[6] 黄连庆、黄海岩、段巧云：《地方院校图书馆读者信息需求与利用》，《图书馆论坛》2004年第2期，第65—67页。

[7] 昌建纳等：《综合性大学图书馆用户文献信息需求调查分析》，《图书情报工作》2004年第8期，第44—47页。

[8] 王红玲、张齐增、林宁：《网络环境下图书馆用户信息需求调查分析》，《图书馆论坛》2005年第2期，第29—34页。

[9] 杨毅等：《电子资源建设与利用的读者调查——由读者调查结果分析读者利用电子资源的方式与倾向》，《大学图书馆学报》2006年第6期，第39—48、第60页。

院系统 48 所图书馆 3800 多名用户使用社科信息的主要目的是增长知识[①]。湖北省图书馆用户利用信息的目的主要是提高个人知识和涵养[②]。

学生和民众利用信息的目的涉及休闲性需求。如消遣是湖南农业大学的大学生利用信息的重要目的之一[③]。生活娱乐是浙江省高校、公共、党校和社科院图书馆用户使用社科信息的第二目的[④]。休闲和消遣是湖北省图书馆用户利用信息的第二目的[⑤]。南京图书馆用户获取信息的第三目的是消磨时间[⑥]。生活、休闲娱乐等日常生活信息是台湾大汉技术学院图书馆用户的主要信息需求[⑦]。

(二) 需求和使用的文献类型

文献类型可以从出版形式和载体形态等角度进行划分。

文献按照出版形式可以划分为图书、连续出版物、特种文献等。图书又分为专著、教科书、丛书、工具书。连续出版物包括期刊、报纸、年度出版物。特种文献包括会议文献、学位论文、专利文献、标准、产品样本、政府出版物、档案等[⑧]。图书馆用户常用的文献有图书、期刊、学位论文、会议文献、专利文献、标准文献、科技报告、政府出版物、产品样本、档案文献等十大类型[⑨]。

---

① 徐璞英:《按照用户需求调整社科信息服务策略——浙江省四大系统图书馆读者信息需求调查》,《大学图书馆学报》2007 年第 2 期, 第 56—63 页。

② 桂胜、田北海:《读者阅读需求与公共图书馆馆藏建设——以湖北省图书馆的读者调查为例》,《中国图书馆学报》2006 年第 3 期, 第 103—107 页。

③ 周带娣、常青:《高校图书馆读者文献需求的调查与分析》,《图书馆》1998 年第 4 期, 第 69—72 页。

④ 徐璞英:《按照用户需求调整社科信息服务策略——浙江省四大系统图书馆读者信息需求调查》,《大学图书馆学报》2007 年第 2 期, 第 56—63 页。

⑤ 桂胜、田北海:《读者阅读需求与公共图书馆馆藏建设——以湖北省图书馆的读者调查为例》,《中国图书馆学报》2006 年第 3 期, 第 103—107 页。

⑥ 陈熠、袁曦临、刘忠斌:《南京图书馆用户信息需求和信息行为调研》,《新世纪图书馆》2013 年第 3 期, 第 87—91 页。

⑦ 许美惠:《技专院校图书馆网站使用者资讯需求与使用研究》,《大学图书馆》2007 年第 2 期, 第 125—142 页。

⑧ 孟连生:《科技文献信息溯源——科技文献信息检索教程与学科资源实用指南》, 北京, 高等教育出版社 2006 年版, 第 12—16 页。

⑨ 叶鹰:《情报学基础教程》, 北京, 科学出版社 2006 年版, 第 55—78 页。

1. 各出版形式文献的需求和使用

期刊是图书馆用户经常使用的文献类型。按照使用频率或者是需求的比例，期刊是大学师生最常利用的文献类型之一。教师和研究生对期刊的需求较强烈。如天津大学副教授以上教师最常使用的文献类型是外文期刊，其次是中文期刊[①]。北京大学、清华大学、中国人民大学、北京师范大学、北京政法学院、南开大学及天津大学的近40个专业的1980—1982级研究生中，理工科研究生利用最多的是外文期刊，文科研究生利用第二多的是中文期刊[②]。期刊是台湾大学农学院教授和研究生最常使用的文献类型[③]。92.3%的中国科技大学物理化学专业受访教师和研究生主要使用外文期刊，60%的受访教师和研究生主要使用中文期刊[④]。兰州大学生物系博士研究生学位论文引文的统计分析表明，期刊是生物系博士研究生最常用、最重要的信息资源[⑤]。82.3%的安徽工学院受访师生需要中文期刊，54.9%的受访师生需要外文期刊[⑥]。100%的南通师专教师利用中文期刊[⑦]。湖南农业大学师生最多用户利用的信息资源是中文期刊[⑧]。对《化学进展》1999年度出版的40篇文章的2309条文后参考文献的分析显示，我国化学家对期刊的需求最多[⑨]。80%的集美大学教师和100%的学生需要期刊[⑩]。佛山科技学院教学、科研

[①] 范铮：《工科教授图书、情报需求的调查研究》，《大学图书馆通讯》1984年第1期，第18—24、第10页。

[②] 刘兹恒、王植：《对研究生读者的调查与分析》，《大学图书馆通讯》1984年第1期，第25—29页。

[③] 宋琼玲：《从使用者需求探讨大学图书馆之发展——以台大农学院为例》，《大学图书馆》1990年第1期，第147—164页。

[④] 费业昆：《高校情报用户需求调查与初步分析》，《情报学刊》1991年第3期，第192—196、第22页。

[⑤] 陈乐明、王瑞菊：《从博士生学位论文的引文看其文献需求》，《图书馆理论与实践》1995年第1期，第18—21页。

[⑥] 李力：《对工科高校图书馆主要用户群文献需求与利用的调查与研究——安徽工学院图书馆用户调查报告摘选》，《图书馆》1996年第5期，第48—50页。

[⑦] 张天俊：《高校教师文献需求的调查与分析》，《情报资料工作》1997年第4期，第16—18页。

[⑧] 周聪娣、常青：《高校图书馆读者文献需求的调查与分析》，《图书馆》1998年第4期，第69—72页。

[⑨] 马建华、夏文正：《从文后参考文献看我国化学家的文献需求》，《图书情报工作》2001年第7期，第55—56页。

[⑩] 贺培燕：《网络环境下高校读者阅读需求研究》，《江西图书馆学刊》2004年第1期，第27—29页。

人员使用最多的资源是中文期刊①。云南大学理科博士生主要利用期刊，特别是外文期刊，87.88%的高学历理科教师使用外文期刊②。期刊是辅仁大学餐旅管理学系学生第二常用的资源③。同行评审期刊是爱荷华州立大学学者使用的主要资源之一④。山西六所大学的教师、研究生和本科生都是对期刊的需求最多⑤。爱荷华州立大学农业和生物学学者使用的主要资源是学术期刊⑥。湖南环境生物职业技术学院教师使用最多的资源是中文期刊⑦。83%的复旦大学江湾校区图书馆用户希望在信息共享空间中放置专业期刊⑧。超过98%的中国科学院受访研究生在科研中使用期刊，其中将近82%的受访者经常使用⑨。

期刊也是专业技术人员最常利用的文献类型之一。兵器工业科研和教学人员使用最多的是外文期刊⑩。59%的北京市某电子器件工业公司专业技术人员主要使用中文期刊⑪。91.78%的福建省卫生防疫站专业人员使用中文

---

① 黄连庆、黄海岩、段巧云：《地方院校图书馆读者信息需求与利用》，《图书馆论坛》2004年第2期，第65—67页。

② 昌建纳等：《综合性大学图书馆用户文献信息需求调查分析》，《图书情报工作》2004年第8期，第44—47页。

③ 李惠萍、苏谚：《餐旅管理领域学生的资讯寻求行为探讨》，《大学图书馆》2004年第1期，第147—166页。

④ Jankowska M A, 2004: "Identifying university professors' information needs in the challenging environment of information and communication technologies", *The Journal of Academic Librarianship*, 30(1), 51–66.

⑤ 朱丹：《高校文献资源现状与用户需求调查分析》，《山东商业职业技术学院学报》2005年第3期，第93—96页。

⑥ Kuruppu U P, Gruber M A, 2006: "Understanding the information needs of academic scholars in agricultural and biological sciences", *The Journal of Academic Librarianship*, 32(6), 609–623.

⑦ 张玉辉：《高职院校图书馆读者文献信息需求调查与思考》，《湖南环境生物职业技术学院学报》2007年第2期，第67—70页。

⑧ 郝群等：《基于用户调查的研究型高校IC构建设想——以复旦大学江湾校区图书馆为例》，《图书情报工作》2007年第11期，第114—116、第14页。

⑨ 卢小莉：《研究生科研信息需求与信息行为研究——以中国科学院研究生为例》，安徽大学硕士学位论文，2010年，第24页。

⑩ 张力治、陆忠正：《对兵器工业科研、教学人员科技文献需求的初步调查》，《兵工情报工作》1984年第2期，第13—26页。

⑪ 郭献民、林守一：《企业科技人员情报需求状况的调查》，《图书情报工作》1984年第4期，第7—11页。

期刊①。中文期刊是天津市 29 个医疗、科研、教学机构科技人员获取关键性文献的信息来源②。中文期刊是浙江省农业科学院图书馆用户利用率最高的资源，93%的用户经常使用③。99%的石河子地区农业科研人员利用期刊④。大连硅酸盐行业科技人员中，63.3%的高级职称用户、82.5%的中级职称用户、82.6%的初级职称用户主要使用中文期刊，66.7%的高级职称用户、75%的中级职称用户、26.1%的初级职称用户主要使用外文期刊⑤。山西省农科院农业科技人员中使用中文期刊的人数最多⑥。莱阳农学院教学科研人员中，高级职称和中级职称人员利用最多的文献均为中文期刊，初级职称人员利用第二多的文献是中文期刊⑦。对大陆 30 所省级农科院（含畜牧科学研究院）科研人员的调查显示，100%的受访者使用中外文期刊⑧。93.2%的财政部财政科学研究所科研人员利用中文期刊，36.4%的利用外文期刊⑨。期刊是四川省卫生系统中的医疗、科研、管理人员这三类用户共同认为最需要的资源⑩。89.7%的甘肃省科技用户主要信息来源是期刊⑪。

---

① 朱凯、翁燕令、王瑞芳：《我站部分科技人员情报需求调查报告》，《医学情报工作》1988 年第 3 期，第 23—26 页。

② 齐军、曹福年：《天津市医药科技人员情报需求调查分析》，《情报学刊》1989 年第 3 期，第 42—46 页。

③ 徐立群：《科研人员的情报需求与情报行为——浙江省农业科学院图书馆用户调查分析》，《农业图书情报学刊》1989 年第 4 期，第 21—25 页。

④ 马慧琴、吴家瑛、左开银：《石河子地区农业科研人员情报需求与情报行为的调查分析》，《情报杂志》1990 年第 4 期，第 97—100、第 46 页。

⑤ 李传海：《大连硅酸盐行业科技人员情报需求初步调查分析》，《情报学刊》1992 年第 3 期，第 190—196 页。

⑥ 郝素梅等：《山西省农科院农业科技人员情报需求调查》，《农业图书情报学刊》1992 年第 1 期，第 34—37 页。

⑦ 陈玉珍、苏洪泰、鲁少玲：《莱阳农学院教学科研人员情报需求状况的调查报告》，《莱阳农学院学报（社会科学版）》1993 年第 1 期，第 91—95 页。

⑧ 谢坤生：《农业科研人员的情报需求调查及其分析》，《上海农业学报》1994 年第 4 期，第 69—74 页。

⑨ 王石生：《科研人员文献需求的调查与分析》，《中国图书馆学报》1996 年第 2 期，第 11—13 页。

⑩ 力晓蓉：《四川省卫生系统中医疗科研管理人员医学情报需求的调查分析及对策》，《医学情报工作》1998 年第 2 期，第 7—10 页。

⑪ 王楠等：《甘肃省科技文献需求调查与分析》，《情报杂志》2005 年第 10 期，第 125—126、第 129 页。

95.7%的地方社科院图书馆用户需要期刊[1]。

涉及多种用户群体的调查也发现,期刊是图书馆用户最常利用的文献类型之一。如中文期刊是农业用户最常利用的资源[2]。期刊是台北市立图书馆用户使用第二多的文献类型[3]。

电子期刊出现之后,图书馆用户对电子期刊的需求在不断增长。台湾五所大学农学院师生常用的资源中,电子期刊排在第一位,纸本期刊排在第五位[4]。在各类电子文献类型中,武汉大学教师和研究生最常利用的是电子期刊[5]。第三军医大学图书馆各年龄段用户对电子期刊的需求程度均为最高[6]。北京大学教师和研究生最常使用的电子资源是电子期刊[7]。对中山大学化学学科的师生论文以及引文数据的整理分析发现,全文期刊数据库是他们需求最多的信息资源[8]。对南京地区"211"高校的专业研究人员、科研管理人员及图书馆从事信息服务的专职人员的调查发现,85.9%的用户使用过电子期刊[9]。

图书也是图书馆用户经常使用的文献类型。图书是大学图书馆师生使用最常利用的文献类型之一。如同济医科大学本科生需求最多的资源是中文图

---

[1] 何东红、王超湘:《了解读者需求 提高服务水平——地方社科院图书馆读者调查问卷分析》,《情报资料工作》2006年第6期,第96—99、第107页。

[2] 蔡捷:《我国农业图书情报用户需求调查与分析》,《中国图书馆学报》1994年第1期,第14—21页。

[3] 吴敏萱:《公共图书馆使用者对电子资源需求及寻求行为研究——以台北市立图书馆为例》,辅仁大学硕士学位论文,2010年,第82页。

[4] 周欣茑:《农学院师生使用实体图书馆与图书馆网站服务比较研究》,中兴大学硕士学位论文,2002年,第56—59页。

[5] 涂文波:《大学图书馆数字资源需求与服务的读者调查及分析》,《大学图书馆学报》2008年第5期,第82—89页。

[6] 连丽红、李彭元、唐德羽:《第三军医大学不同年龄段读者信息需求调查》,《预防医学情报杂志》2008年第10期,第808—811页。

[7] 李晓东、刘素清、肖珑:《高校研究人员学术信息资源利用及信息查寻行为的调查与分析——以北京大学图书馆用户调查为例》,《数字图书馆论坛》2009年第1期,第25—42页。

[8] 徐志玮、郑建瑜:《高校化学学科用户对纸本/电子期刊需求研究——以中山大学化学学科用户为例》,《图书情报知识》2010年第4期,第44—50页。

[9] 高荣华、郑德俊、张友华:《面向科研创新的高校图书馆信息服务需求调查与分析》,《情报杂志》2010年第4期,第173—177、184页。

书[1]。中国科技大学物理化学专业的教师和研究生，主要使用的资源中就有专著[2]。图书是安徽工学院各类图书馆用户常用的资源[3]。100%的南通师专教师会利用中文图书[4]。湖南农业大学受访师生中，65.2%的教师、66.7%的研究生和60.5%的大学生使用中文图书[5]。图书是中央党校图书馆用户需求最多的资源[6]。87%的集美大学受访教师、92%的受访学生需要图书[7]。中文图书是佛山科技学院图书馆用户使用最多的资源之一[8]。云南大学师生中，文科学生和理科学生最常用的都是中文图书，文科教师最常用的资源之一为中文图书[9]。沃特福德理工学院的本科生和职员的主要信息来源是图书[10]。图书是清华大学图书馆用户使用最多的信息资源之一[11]。超过95%的受访中国科学院研究生获取科研信息时使用图书，其中52.5%的受访者经常使用[12]。

专业技术人员最常利用的文献类型里面也包括图书。81%的北京市某电

---

[1] 陈敏：《医科学生情报需求的现况与对策——同济医大85—88级学生利用图书馆的调查》，《同济医科大学学报（社会科学版）》1990年第1期，第79—83页。

[2] 费业昆：《高校情报用户需求调查与初步分析》，《情报学刊》1991年第3期，第192—196、第22页。

[3] 李力：《对工科高校图书馆主要用户群文献需求与利用的调查与研究——安徽工学院图书馆用户调查报告摘选》，《图书馆》1996年第5期，第48—50页。

[4] 张天俊：《高校教师文献需求的调查与分析》，《情报资料工作》1997年第4期，第16—18页。

[5] 周带娣、常青：《高校图书馆读者文献需求的调查与分析》，《图书馆》1998年第4期，第69—72页。

[6] 史小平：《中央党校图书馆读者信息需求调查》，《中共中央党校学报》2000年第1期，第122—127页。

[7] 贺培燕：《网络环境下高校读者阅读需求研究》，《江西图书馆学刊》2004年第1期，第27—29页。

[8] 黄连庆、黄海岩、段巧云：《地方院校图书馆读者信息需求与利用》，《图书馆论坛》2004年第2期，第65—67页。

[9] 昌建纳等：《综合性大学图书馆用户文献信息需求调查分析》，《图书情报工作》2004年第8期，第44—47页。

[10] Hayden H, Obrien T, Rathaille O M, 2005: "User survey at Waterford Institute of Technology Libraries: How a traditional approach to surveys can inform library service delivery", *New Library World*, 106(1/2), 43-57.

[11] 杨毅：《电子资源建设与利用的读者调查——由读者调查结果分析读者利用电子资源的方式与倾向》，《大学图书馆学报》2006年第6期，第39—48、第60页。

[12] 卢小莉：《研究生科研信息需求与信息行为研究——以中国科学院研究生为例》，安徽大学硕士学位论文，2010年，第24页。

子器件工业公司专业技术人员主要使用专著①。89%的浙江省农业科学院图书馆用户经常使用中文图书②。81%的石河子地区农业科研人员使用图书③。大连硅酸盐行业科技人员使用中文图书较多④。100%的省级农科院（含畜牧院）科研人员使用中外文图书⑤。93.2%的财政部财政科学研究所研究人员使用中文图书⑥。图书是四川省卫生系统中的医疗、科研、管理人员第二需要的文献类型⑦。68.3%的甘肃科技用户主要使用中文图书⑧。100%的地方社科院图书馆使用图书⑨。

图书也是农民较常利用的文献类型。如蔡捷对农业图书情报用户的调查表明，中文图书是农民最常利用的信息资源⑩。

对包括多种用户群体在内的图书馆用户的调查结果也表明，图书是用户最常利用的文献类型之一。如吴敏萱的调查发现，图书是台北市立图书馆用户使用最多的文献类型⑪。

除了图书和期刊外，用户使用较多的文献类型还有学位论文、会议文献、专利文献、标准文献、科技报告等。如卢小莉的调查发现，96.25%的受访中科院研究生经常使用和偶尔使用学位论文，87.5%的受访中科院研究

---

① 张力治、陆忠正：《对兵器工业科研、教学人员科技文献需求的初步调查》，《兵工情报工作》1984年第2期，第13—26页。
② 徐立群：《科研人员的情报需求与情报行为——浙江省农业科学院图书馆用户调查分析》，《农业图书情报学刊》1989年第4期，第21—25页。
③ 马慧琴、吴家瑛、左开银：《石河子地区农业科研人员情报需求与情报行为的调查分析》，《情报杂志》1990年第4期，第97—100、第46页。
④ 李传海：《大连硅酸盐行业科技人员情报需求初步调查分析》，《情报学刊》1992年第3期，第190—196页。
⑤ 谢坤生：《农业科研人员的情报需求调查及其分析》，《上海农业学报》1994年第4期，第69—74页。
⑥ 王石生：《科研人员文献需求的调查与分析》，《中国图书馆学报》1996年第2期，第11—13页。
⑦ 力晓蓉等：《四川省卫生系统中医疗科研管理人员医学情报需求的调查分析及对策》，《医学情报工作》1998年第2期，第7—10页。
⑧ 王楠等：《甘肃省科技文献需求调查与分析》，《情报杂志》2005年第10期，第125—126、第129页。
⑨ 何东红、王超湘：《了解读者需求 提高服务水平——地方社科院图书馆读者调查问卷分析》，《情报资料工作》2006年第6期，第96—99、第107页。
⑩ 蔡捷：《我国农业图书情报用户需求调查与分析》，《中国图书馆学报》1994年第1期，第14—21页。
⑪ 吴敏萱：《公共图书馆使用者对电子资源需求及寻求行为研究——以台北市立图书馆为例》，辅仁大学硕士学位论文，2010年，第82页。

生经常使用和偶尔使用会议论文[①]。产品样本、档案文献除了特定的专业人员外，图书馆用户很少使用，甚至还有一些用户根本就没有听说过这些类型的文献。

2. 各载体形式文献的需求和使用

文献的载体形态主要有印刷型、缩微型、视听型、电子型等[②]。

图书馆用户文献载体需求方面，印刷型一直是图书馆用户需求的主要载体形式，但是随着电子型资源的出现和发展，印刷型资源的地位受到了冲击。

用户对文献载体的需求逐渐发展成纸质型和电子型并存，并且对电子型文献的需求还在增长。如 Lapitus 的调查发现，制药和健康行业学生中，58.7%的受访者希望在线使用保存本，36.5%的受访者仍然偏好印刷本[③]。贺培燕对集美大学师生的调查发现，虽然师生需要的主要还是印刷型资源，但是他们对电子书刊的需求程度也相当高。80%的教师需要电子书刊，60%的教师需要联机网络数据库，53%的教师需要光盘数据库。58%的学生需要电子书刊，56%的学生需要联机网络数据库，12%的学生需要光盘数据库[④]。黄连庆等对佛山科技学院图书馆用户的调查表明，61%的受访用户希望印刷型文献和电子型文献二者兼备，34%的受访用户希望使用印刷型文献，10%的受访用户希望使用电子型文献。在不同类型用户的需求上，教学科研人员对电子资源的需求较多，学生对纸本资源的需求较多[⑤]。香港大学图书馆2004年的用户调查发现，超过三分之二的受访者偏好使用电子期刊，超过7成的受访者偏好使用纸本图书[⑥]。王红玲等对图书馆用户的调查发

[①] 卢小莉：《研究生科研信息需求与信息行为研究——以中国科学院研究生为例》，安徽大学硕士学位论文，2010年，第24页。

[②] 陈雅芝：《信息检索》，北京，清华大学出版社2005年版，第4—5页。

[③] Lapidus M, 2003: "Library Services for Pharmacy and Health Sciences Students: Results of a Survey", *The Journal of Academic Librarianship*, 29(4), 237–244.

[④] 贺培燕：《网络环境下高校读者阅读需求研究》，《江西图书馆学刊》2004年第1期，第27—29页。

[⑤] 黄连庆、黄海岩、段巧云：《地方院校图书馆读者信息需求与利用》，《图书馆论坛》2004年第2期，第65—67页。

[⑥] Woo H, 2005: "The 2004 user survey at the University of Hong Kong libraries", *College and Research Libraries*, 66(2), 115–135.

现，大多数受访用户希望图书馆同时提供印刷型文献和电子型文献①。王楠等对甘肃省科技用户的调查表明，在同等获得性条件下，46.9%的受访用户优先选择电子版，26.8%的受访用户优先选择印刷版，还有23.2%的受访用户觉得电子版印刷版都可以，还有部分受访用户无法确定自己的选择②。朱丹对山西6所大学师生的调查显示，受访师生目前偏向于印刷型信息资源，但随着网络技术的发展逐渐向电子型转变，教师与研究生对印刷性载体与电子型载体信息资源的需求几乎持平③。Yi对得州女子大学国际学生的调查表明，49.2%的受访者需要印刷型的资源，40.9%的受访者需要在线型（online format）资源，8.2%的受访者需要光盘型的资源④。涂文波对武汉大学教师和研究生的调查发现，用户在网络环境中利用信息资源的习惯，已逐步从单纯利用纸本资源向既利用电子资源又利用纸本资源发展，甚至只利用电子文献⑤。Byrne和Bates对都柏林大学商学院远程教育学生信息行为的研究发现，受访者偏好电子载体的资源⑥。Shelburne 2008年对伊利诺伊大学图书馆用户的调查发现，用户在休闲阅读时偏好纸本图书，但是在进行研究时较多地使用电子图书⑦。张志平等对国家图书馆用户的调查显示，用户对网络资源的利用率目前已明显高于其他资源，达到76%；专业数据库的需求量为51%，已经接近纸本文献的需求量（57%）；而光盘的需求量仅为9%⑧。冀宪武等对山西省农科院图书馆的调查表明，用户利用信息资源的

---

① 王红玲、张齐增、林宁：《网络环境下图书馆用户信息需求调查分析》，《图书馆论坛》2005年第2期，第29—34页。
② 王楠等：《甘肃省科技文献需求调查与分析》，《情报杂志》2005年第10期，第125—126、第129页。
③ 朱丹：《高校文献资源现状与用户需求调查分析》，《山东商业职业技术学院学报》2005年第3期，第93—96页。
④ Yi Z, 2007: "International student perceptions of information needs and use", *The Journal of Academic Librarianship*, 33(6), 666–673.
⑤ 涂文波：《大学图书馆数字资源需求与服务的读者调查及分析》，《大学图书馆学报》2008年第5期，第82—89页。
⑥ Byrne S, Bates J, 2009: "Use of the University Library, Elibrary, VLE, and Other Information Sources by Distance Learning Students in University College Dublin: Implications for Academic Librarianship", *New Review of Academic Librarianship*, 15(1), 120–141.
⑦ Shelburne W A, 2009: "E-book usage in an academic library: User attitudes and behaviors", *Library Collections, Acquisitions and Technical Services*, 33(2), 59–72.
⑧ 张志平、邵燕：《试论网络环境下音视频数据库的配置建设——从读者的现实需求谈音视频资源服务》，《图书馆理论与实践》2010年第2期，第11—14页。

载体类型，不再是单一的传统纸本印刷型文献，而更多的是网络电子资源①。田雅娟等对科研人员的调查发现，无论是浏览还是阅读，绝大部分用户偏爱电子版文献②。吴敏萱对台北市立图书馆用户的调查显示，尽管纸本资源仍然是受访者最常用的文献类型，但是半数以上的受访者已经开始使用甚至已经习惯于经常利用电子资源③。北爱荷华大学图书馆用户对图书载体的偏好取决于阅读目的。课程研究和项目方面，偏好纸本图书和电子图书用户的比例差别不大，休闲阅读方面，超过3/4的用户偏好纸本图书④。

不同专业背景的图书馆用户对信息资源载体的需求存在差异。如加州大学洛杉矶分校历史学研究生主要使用纸本资源，没有多少人知道存在相关的电子资源⑤。清华大学图书馆用户中，自然科学方面的用户使用电子资源的比例高于人文社科方面的用户⑥。爱荷华州立大学农业和生物学学者以使用电子资源为主，只有电子资源没有时才会到图书馆去找纸本资源⑦。对印度卡纳塔克邦6所大学教师的调查发现，即使是在网络和数字信息时代，人文科学和社会科学学者仍然偏好纸本资源⑧。对西北师范大学教师和研究生的调查表明，文史专业的师生对电子资源的态度和其他专业有很大的区别，54%的文史专业师生利用电子资源所占的比例低于50%⑨。

---

① 冀宪武等：《山西省农科院图书馆读者调查分析》，《农业图书情报学刊》2010年第5期，第181—184页。

② 田雅娟等：《利用变异系数概念比较分析图书馆服务的不同用户群差异》，《图书情报知识》2010年第1期，第90—94页。

③ 吴敏萱：《公共图书馆使用者对电子资源需求及寻求行为研究——以台北市立图书馆为例》，辅仁大学硕士学位论文，2010年，第109页。

④ Rod - Welch L J, Weeg B E, Caswell J V, Kessler T L, 2013: "Relative Preferences for Paper and for Electronic Books: Implications for Reference Services, Library Instruction, and Collection Management", *Internet Reference Services Quarterly*, 18 (3 - 4), 281 - 303.

⑤ Delgadillo R, Lynch P B, 1999: "Future historians: their quest for information", *College and Research Libraries*, 60 (3), 245 - 259.

⑥ 杨毅等：《电子资源建设与利用的读者调查——由读者调查结果分析读者利用电子资源的方式与倾向》，《大学图书馆学报》2006年第6期，第39—48、第60页。

⑦ Kuruppu U P, Gruber M A, 2006: "Understanding the information needs of academic scholars in agricultural and biological sciences", *The Journal of Academic Librarianship*, 32(6):609 - 623.

⑧ Gowda V, Shivalingaiah D, 2009: "Attitude of research scholars towards usage of electronic information resources: A survey of university libraries in karnataka", *Annals of Library and Information Studies*, 56(3),184 - 191.

⑨ 乔冬敏、于丽萍：《新信息环境下高校图书馆用户信息需求调查分析》，《图书与情报》2010年第4期，第91—93、第99页。

不同类型图书馆的用户对于载体的需求也存在差异。如何东红和王超湘调查发现，35.8%的地方社科院图书馆用户喜欢网络电子型信息资源，21.63%的喜欢光盘电子型，而喜欢印刷型的多达87.28%[①]。徐璞英的调查表明，高校图书馆用户对于信息资源的载体，首选是网络型，其次是印刷型，但是选择二者的比例差别不大，只有0.72个百分点；公共图书馆用户的情况恰好相反，把印刷型列在第一位的比第二位的网络型多17.47个百分点[②]。赵瑾等对中国科学院国家科学图书馆研究生用户群体的调查，受访用户对数字资源的需求比纸本资源强烈[③]。

不同教育程度的用户对于载体的需求也存在差异。如清华大学图书馆用户调查结果显示，本科生使用纸本资源的比例高于教师和研究生[④]。

在目前所见的研究中，图书馆用户对印刷型和电子型之外其他载体类型的需求不多。如蔡捷的调查发现，17.2%的用户需要视听型信息资源；10.9%的用户需要实物型信息资源[⑤]。谢坤生的调查表明，农科院（含畜牧院）科研人员对缩微型和声像型资料的需求都较少[⑥]。Yi的调查中，11.5%的受访国际学生需要视听型信息资源[⑦]。

（三）文献语种需求

图书馆用户文献语种需求方面，中文和英文是中国内地图书馆用户使用最多的两种文种，但是不同学科、不同职称、不同学历、不同行业人员对于中文和英文的偏好存在差异。如刘兹恒和王植的调查中，文科研究生第一常

---

① 蔡捷：《我国农业图书情报用户需求调查与分析》，《中国图书馆学报》1994年第1期，第14—21页。

② 徐璞英：《按照用户需求调整社科信息服务策略——浙江省四大系统图书馆读者信息需求调查》，《大学图书馆学报》2007年第2期，第56—63页。

③ 赵瑾、厉莉、孙玉玲：《研究生用户群体图书馆利用情况的调查分析——以中国科学院国家科学图书馆为例》，《图书馆建设》2007年第6期，第93—96页。

④ 杨毅等：《电子资源建设与利用的读者调查——由读者调查结果分析读者利用电子资源的方式与倾向》，《大学图书馆学报》2006年第6期，第39—48页、第60页。

⑤ 蔡捷：《我国农业图书情报用户需求调查与分析》，《中国图书馆学报》1994年第1期，第14—21页。

⑥ 谢坤生：《农业科研人员的情报需求调查及其分析》，《上海农业学报》1994年第4期，第69—74页。

⑦ Yi Z, 2007: "International student perceptions of information needs and use", *The Journal of Academic Librarianship*, 33 (6), 666–673.

用的语种是中文、第二常用的语种是英文。理工科研究生的情况恰好相反①。张力治和陆忠正的调查中，兵器工业科研、教学人员经常使用的外文文献中，英文文献占44.9%，俄文占26.3%，日文占18.7%，德文占6.7%，法文占3.4%②。天津大学副教授以上教师最常使用的是英文文献，其次是中文文献③。齐军和曹福年的调查中，天津市医药科技人员获取情报时使用最多的语种是英文，其比例远远高于其他语种，日文占第二位④。徐立群的调查中，浙江省农业科学院绝大多数科研人员使用中文文献，经常使用率为95%，在外文文献中主要以英文为主，它的经常使用率为61%，一般使用的用户也达34%，其次是日文，经常使用占16%，一般使用有11%，其余文种的一般使用率均很少。不同职称的人员使用文献语种的存在差异⑤。马慧琴等的调查中，石河子地区农业科研人员使用的外语主要是英、日、俄三种，其中使用最多的外语是英语⑥。费业昆的调查中，中国科技大学物理化学专业的教师几乎经常使用英文文献，而研究生绝大多数则常使用中文文献⑦。李传海的调查中，英语是大连硅酸盐行业科技高、中、初级人员获取情报时使用最多的语种，职称不同的人员对文献语种需求序位不同⑧。郝素梅等的调查中，山西省农科院农业科技人员需求的文献以中文为主⑨。包家元的调查中，浙江医科大学附属妇产科医院具有住院医师以上职称的各科临床医师使

---

① 刘兹恒、王植:《对研究生读者的调查与分析》，《大学图书馆通讯》1984年第1期，第25—29页。

② 张力治、陆忠正:《对兵器工业科研、教学人员科技文献需求的初步调查》，《兵工情报工作》1984年第2期，第13—26页。

③ 范铮:《工科教授图书、情报需求的调查研究》，《大学图书馆通讯》1984年第1期，第18—24、第10页。

④ 齐军、曹福年:《天津市医药科技人员情报需求调查分析》，《情报学刊》1989年第3期，第42—46页。

⑤ 徐立群:《科研人员的情报需求与情报行为——浙江省农业科学院图书馆用户调查分析》，《农业图书情报学刊》1989年第4期，第21—25页。

⑥ 马慧琴、吴家瑛、左开银:《石河子地区农业科研人员情报需求与情报行为的调查分析》，《情报杂志》1990年第4期，第97—100、第46页。

⑦ 费业昆:《高校情报用户需求调查与初步分析》，《情报学刊》1991年第3期，第192—196、第224页。

⑧ 朱凯、翁燕令、王瑞芳:《我站部分科技人员情报需求调查报告》，《医学情报工作》1988年第3期，第23—26页。

⑨ 郝素梅等:《山西省农科院农业科技人员情报需求调查》，《农业图书情报学刊》1992年第1期，第34—37页。

用最多的是中文文献，其次是英文文献①。陈玉珍等的调查中，莱阳农学院教学科研人员各级人员利用中文文献的比例最高，其次是英文和日文，其他文种很少有人使用②。陈乐明和王瑞菊的调查中，生物系博士研究生最常使用的是英文文献③。王石生的调查中，财政部财政科学研究所科研人员使用最多的是中文文献，其次是英文文献，俄文文献居第三位④。周带娣和常青的调查中，湖南农业大学教师、研究生、大学生主要利用中文文献，外文文献的使用率不是很高⑤。马建华和夏文正的研究表明，我国化学家对外文文献的需求远远超出对中文文献的需求⑥。田雅娟等的调查显示，英文文献是目前科研用户查阅最多的文献，而中文文献的使用比例较少⑦。李哲等对西京医院图书馆用户的问卷调查发现，用户更习惯母语，偏好使用中文语种的书刊⑧。

（四）获取信息的途径

用户获取信息的基本途径可以概括为正式渠道（即用户利用图书馆等信息机构的各种服务项目获取信息）、非正式渠道（即用户从同行、同事、同学或其他熟人那里获取信息）、网络和自己的收藏⑨。

用户一般通过多种渠道获取自己所需的信息。包括图书馆在内的信息机构在图书馆用户的信息获取中一直扮演着非常重要的角色，是用户获取信息的重要途径。但是随着数字化和网络化的发展，图书馆的地位受到了极大的

---

① 包家元：《我院临床医师情报需求的调查分析》，《中国医院管理》1992年第10期，第37—39页。
② 陈玉珍、苏洪泰、鲁少玲：《莱阳农学院教学科研人员情报需求状况的调查报告》，《莱阳农学院学报（社会科学版）》1993年第1期，第91—95页。
③ 陈乐明、王瑞菊：《从博士生学位论文的引文看其文献需求》，《图书馆理论与实践》1995年第1期，第18—21页。
④ 王石生：《科研人员文献需求的调查与分析》，《中国图书馆学报》1996年第2期，第11—13页。
⑤ 周带娣、常青：《高校图书馆读者文献需求的调查与分析》，《图书馆》1998年第4期，第69—72页。
⑥ 马建华、夏文正：《从文后参考文献看我国化学家的文献需求》，《图书情报工作》2001年第7期，第55—56页。
⑦ 田雅娟等：《利用变异系数概念比较分析图书馆服务的不同用户群差异》，《图书情报知识》2010年第1期，第90—94页。
⑧ 李哲等：《西京医院图书馆读者信息行为和需求调查》，《中华医学图书情报杂志》2013年第4期，第45—49页。
⑨ 娄策群：《信息管理学基础》，北京，科学出版社2005年版，第88页。

冲击，网络成了用户获取信息的主要途径甚至是唯一的途径。如 Ithaka S + R 于 2009 年对美国大学本科以上院校教职员工的调查指出，过去学者几乎是完全依靠图书馆来获取他们教学和研究所用的学术资料，但是随着越来越多他们所需的资料能够直接从网上获取，图书馆在科研过程中的作用也在逐渐下降[①]。

就中国内地的情况而言，20 世纪 90 年代前图书馆在用户的信息获取中占据着非常重要的地位。如内蒙古农牧学院图书馆用户主要依靠图书馆获取信息，其次是系资料室[②]。90.14% 福建省卫生防疫站各级专业人员通过图书资料室获取信息[③]。石河子地区农业科研人员获取信息的途径主要是图书馆，包括本单位的图书馆和外单位图书馆[④]。大连硅酸盐行业科技人员获取信息的渠道依次为本单位图书资料室—本地（大连）公共图书馆—情报所—学校—其他（主要是外地图书情报部门）[⑤]。卫生部门院所站长和科主任所使用信息资源主要靠本单位图书馆提供[⑥]。农科院（含畜牧院）科研人员获取信息资源的渠道，依次是本单位图书馆、本地情报所和其他图书情报机构，分别占 90%、73.7% 和 70%[⑦]。财政部财政科学研究所研究人员获取信息的渠道，第一是本单位图书馆或资料室（83.2%），其中，68.2% 的用户将其作为首要途径；第三是公共图书馆（66.0%），9.1% 的用户将其作为首选途径[⑧]。南通师专教师获取信息的途径主要是本校图书馆[⑨]。图书馆情报所是四川省卫生系统中的医疗、科研、管理人员排在第二位的获取信息

---

① Schonfeld C R, Ross H, 2009: "Faculty Survey 2009: Key Strategic Insights for Libraries, Publishers, and Societies", http://www.ithaka.org/ithaka-s-r/research/faculty-surveys-2000 – 2009/Faculty%20Study%202009.pdf.

② 李树春、刘文俊：《内蒙古农牧学院师生情报需求情况的调查研究》，《内蒙古农牧学院学报》1986 年第 4 期，第 113—125 页。

③ 朱凯、翁燕令、王瑞芳：《我站部分科技人员情报需求调查报告》，《医学情报工作》1988 年第 3 期，第 23—26 页。

④ 齐军、曹福年：《天津市医药科技人员情报需求调查分析》，《情报学刊》1989 年第 3 期，第 42—46 页。

⑤ 李传海：《大连硅酸盐行业科技人员情报需求初步调查分析》，《情报学刊》1992 年第 3 期，第 190—196 页。

⑥ 徐身新、戴惠珍：《卫生管理干部情报需求调查与分析》，《医学情报工作》1993 年第 6 期，第 31—34 页。

⑦ 谢坤生：《农业科研人员的情报需求调查及其分析》，《上海农业学报》1994 年第 4 期，第 69—74 页。

⑧ 王石生：《科研人员文献需求的调查与分析》，《中国图书馆学报》1996 年第 2 期，第 11—13 页。

⑨ 张天俊：《高校教师文献需求的调查与分析》，《情报资料工作》1997 年第 4 期，第 16—18 页。

的渠道①。同为发展中国家的泰国的情况与中国内地相似。如 Premsmit 的调查发现,校园中的图书馆/信息中心是泰国曼谷朱拉隆功大学医学家最主要的信息来源②。

  网络环境中图书馆在用户信息获取中的地位受到了冲击。尽管有一些研究结果表明,图书馆在用户信息资源获取中依然发挥着重要的作用。如黄连庆等的调查表明,佛山科技学院教学科研人员获取专业信息的主要途径是图书馆和网络,学生获取专业信息的主要途径是图书馆,其次是课堂和网络③。昌建纳等调查发现,云南大学的本科生、研究生获取信息的主要途径是本馆借阅,其次为上网查询,而且从网上获取信息明显呈现随年级升高而增加的趋势。理科博士生获取信息的途径以上网查询为主。教师获取文献信息的主要途径也以本馆借阅和上网查询为主,理科教师上网查询比例高于本馆借阅④。杨毅等的调查显示,清华大学图书馆用户主要通过图书馆来获取工作和学习所需的学术信息,其次是搜索引擎⑤。何东红和王超湘的调查发现,本馆借阅、网络(非数据库类)是地方社科图书馆用户获取信息资源排在前两位的途径⑥。Liew 和 Ng 的研究表明,新西兰学术机构中民族音乐家主要从图书馆获取自己所需的信息⑦。徐璞英的调查表明,图书馆是用户获得社科信息的首选途径,其次是网络⑧。默秀红对河北政法职业学院和铁路职业技术学院师生的调查发现,高校图书馆仍是用户获取信息的首选。但

---

  ① 力晓蓉等:《四川省卫生系统中医疗科研管理人员医学情报需求的调查分析及对策》,《医学情报工作》1998 年第 2 期,第 7—10 页。
  ② Premsmit P, 1990: "Information needs of academic medical scientists at Chulalongkorn University", *Bulletin of the Medical Library Association*, 78(4), 383 – 387.
  ③ 黄连庆、黄海岩、段巧云:《地方院校图书馆读者信息需求与利用》,《图书馆论坛》2004 年第 2 期,第 65—67 页。
  ④ 昌建纳等:《综合性大学图书馆用户文献信息需求调查分析》,《图书情报工作》2004 年第 8 期,第 44—47 页。
  ⑤ 杨毅等:《电子资源建设与利用的读者调查——由读者调查结果分析读者利用电子资源的方式与倾向》,《大学图书馆学报》2006 年第 6 期,第 39—48、第 60 页。
  ⑥ 何东红、王超湘:《了解读者需求 提高服务水平——地方社科院图书馆读者调查问卷分析》,《情报资料工作》2006 年第 6 期,第 96—99、第 107 页。
  ⑦ Liew L C, Ng N S, 2006: "Beyond the notes: A qualitative study of the information – seeking behavior of ethnomusicologists", *The Journal of Academic Librarianship*, 32(1), 60 – 68.
  ⑧ 徐璞英:《按照用户需求调整社科信息服务策略——浙江省四大系统图书馆读者信息需求调查》,《大学图书馆学报》2007 年第 2 期,第 56—63 页。

是有 42.2% 的用户选择了利用搜索引擎获取信息[①]。胡丽荣的调查表明,中山大学医学图书馆用户获取网络信息的渠道以图书馆为主,其次是搜索引擎[②]。南京图书馆用户获取信息的渠道是最多的是互联网,其次是书籍、报纸杂志。第三是手机等移动设备[③]。Oladokun 和 Aina 对博茨瓦纳接受继续教育学生的调查显示,图书馆是受访者排在第三位的获取信息的途径[④]。

但是更多的研究结果显示,网络渐渐取代图书馆,成为用户获取信息最重要的渠道。如董小英 1999 年的调查发现,20 岁以下的青年人把网络作为获取信息最主要的途径,其他年龄段用户仍把图书馆作为获取信息的主要途径[⑤]。于第和王秀惠的调查发现,网络和图书馆分别是景文技术学院餐旅专业学生获得信息第二和第三常用的渠道[⑥]。林玲君的调查表明,图书馆是艺术教师获取信息的渠道之一,但不是必要和首要的[⑦]。李逸文的调查显示,图书馆和网络分别是实践大学设计学院学生获取信息排在第一位和第三位的途径[⑧]。李慧萍和苏谖对餐旅管理领域学生的调查表明,他们获取信息最常利用的渠道是网络,其次是图书馆[⑨]。王红玲等的调查发现,东部和中部图书馆用户获取信息的主要渠道是网络,西部图书馆用户获取信息的主要渠道

---

① 默秀红:《高校图书馆文献信息服务需求调查分析》,《情报理论与实践》2008 年第 5 期,第 751—752、第 755 页。

② 胡丽荣:《高校医学生对图书馆的网络信息需求调查与分析》,《图书馆论坛》2009 年第 3 期,第 134—136、第 172 页。

③ 陈熠、袁曦临、刘忠斌:《南京图书馆用户信息需求和信息行为调研》,《新世纪图书馆》2013 年第 3 期,第 87—91 页。

④ Oladokun S O, Aina O L, 2009: "Library and Information Needs and Barriers to the Use of Information Sources by Continuing Education Students at the University of Botswana", *Information Development*, 25(1), 43 – 50.

⑤ 董小英:《教育科技用户对互联网使用情况的调查分析》,《大学图书馆学报》1999 年第 5 期,第 38—45 页。

⑥ 于第、王秀惠:《技术学院餐旅类类学生资讯需求及资讯寻求行为之研究——以景文技术学院为例》,《景文技术学院学报》2001 年第 11 期,第 1—13 页。

⑦ 林玲君:《艺术教师资讯行为之研究:以国立艺术学院为例》,《大学图书馆》2000 年第 2 期,第 115—131 页。

⑧ 李逸文:《资讯寻求行为研究:以实践大学设计学院学生为例》,淡江大学硕士学位论文,2000 年,第 61 页。

⑨ 李惠萍、苏谖:《餐旅管理领域学生的资讯寻求行为探讨》,《大学图书馆》2004 年第 1 期,第 147—166 页。

是图书馆[①]。王楠等的调查发现，甘肃省科技用户获取信息的渠道，主要是网络，其次是图书馆[②]。朱丹的调查表明，教师和研究生主要通过网络获取信息，其次是本校图书馆，本科生恰好是相反，主要通过本校图书馆获取信息，其次是网络[③]。徐佩君的调查表明，网络是澎湖民众获取信息的第一渠道，利用图书馆是排在第三位的渠道[④]。束漫和刘洪辉的调查发现，84.41%的广州图书馆用户日常生活中获取信息和信息服务的主要途径是网络，37.63%的用户是图书馆[⑤]。林彩凤的调查发现，网络（包括数据库）是台湾中山科学研究院航空研究所科技人员获取信息资源最主要的渠道[⑥]。连丽红等的调查显示，第三军医大学图书馆的用户获取学术信息的主要途径是网络，其次是图书馆[⑦]。黄长著的调查表明，网络是用户获取信息最主要的渠道，图书馆依然是仅次于网络的信息渠道[⑧]。陈维和阮海红的调查发现，浙江传媒学院师生获取信息的主要途径是网络（39.4%的用户选择）；其次是图书馆（30%的用户选择），再次是数据库资源（16.7%的用户选择）[⑨]。谭振坤的调查表明，网络是深圳南山图书馆用户获取学习工作所需信息的首选途径，其次是图书馆[⑩]。冀宪武等的调查显示，山西农科院图书

[①] 王红玲、张齐增、林宁：《网络环境下图书馆用户信息需求调查分析》，《图书馆论坛》2005年第2期，第29—34页。

[②] 王楠等：《甘肃省科技文献需求调查与分析》，《情报杂志》2005年第10期，第125—126、第129页。

[③] 朱丹：《高校文献资源现状与用户需求调查分析》，《山东商业职业技术学院学报》2005年第3期，第93—96页。

[④] 徐佩君：《澎湖地区民众资讯需求与图书资讯服务之分析与评估》，台湾大学硕士学位论文，2005年，第187—192页。

[⑤] 束漫、刘洪辉：《广州图书馆用户调查分析》，《现代情报》2007年第1期，第138—141页。

[⑥] 林彩凤：《国防科技人员资讯寻求之研究》，中兴大学硕士学位论文，2007年，第52—56页。

[⑦] 连丽红、李彭元、唐德羽：《第三军医大学不同年龄段读者信息需求调查》，《预防医学情报杂志》2008年第10期，第808—811页。

[⑧] 黄长著：《网络环境下图书情报学科与实践的发展趋势》，北京，社会科学文献出版社2010年版，第102页。

[⑨] 陈维、阮海红：《基于读者需求的高校图书馆信息共享空间构建研究——以浙江传媒学院图书馆为例》，《情报杂志》2010年第2期，第148—152页。

[⑩] 谭振坤：《深圳公共图书馆读者需求调查报告——以深圳南山图书馆为例》，《图书馆》2010年第3期，第68—71页。

馆用户获取信息最主要的渠道是网络，其次是图书馆（资料室）①。吴耀庭对"中华电信"基层从业人员信息需求的研究发现，受访者最常使用的信息来源是网络，其次是人际渠道②。

人际渠道是部分图书馆用户获取信息的重要途径之一，有时候其是某些图书馆用户最重要的信息获取渠道。如 Tiratel 的研究发现，阿根廷布宜诺斯艾利斯大学人文科学和社会科学学者获取信息的主要渠道是同事③。林玲君的调查表明，艺术教师获取信息的渠道居首的就是人际网络④。Premsmit 的调查表明，"该行业的专家/其他同事"是泰国曼谷朱拉隆功大学医学家第二重要的信息来源⑤。于第和王秀惠的调查表明，同学朋友是景文技术学院餐旅专业学生获得信息最常用的渠道⑥。李惠萍和苏谂对餐旅管理领域学生的调查显示，同学、学长或朋友是他们排在第三位的获取信息的渠道⑦。徐佩君的调查发现，请教他人、利用相关人际资源是台湾澎湖地区民众获取信息的第二渠道⑧。张玫的调查表明，亲友是目前农民工获取信息第二常用的渠道⑨。朱凯等的调查发现，45.21%的福建省卫生防疫站专业人员通过同行私下交流获取信息，19.18%的专业人员通过向专家请教获取信息⑩。王石生的调查显示，59.1%的财政部财政科学研究所研究人员会通过同事朋友

---

① 冀宪武等：《山西省农科院图书馆读者调查分析》，《农业图书情报学刊》2010 年第 5 期，第 181—184 页。

② 吴耀庭：《中华电信基层从业人员资讯需求之研究》，玄奘大学硕士学位论文，2007 年，第 103 页。

③ Tiratel D R S, 2000: "Accessing information use by humanists and social scientists: A study at the Universidad de Buenos Aires, Argentina", *The Journal of Academic Librarianship*, 26(5), 346–354.

④ 林玲君：《艺术教师资讯行为之研究：以国立艺术学院为例》，《大学图书馆》2000 年第 2 期，第 115—131 页。

⑤ Premsmit P, 1990: "Information needs of academic medical scientists at Chulalongkorn University", *Bulletin of the Medical Library Association*, 78(4), 383–387.

⑥ 于第、王秀惠：《技术学院餐旅类学生资讯需求及资讯寻求行为之研究——以景文技术学院为例》，《景文技术学院学报》2001 年第 11 期，第 1—13 页。

⑦ 李惠萍、苏谂：《餐旅管理领域学生的资讯寻求行为探讨》，《大学图书馆》2004 年第 1 期，第 147—166 页。

⑧ 徐佩君：《澎湖地区民众资讯需求与图书资讯服务之分析与评估》，台湾大学硕士学位论文，2005 年，第 187—192 页。

⑨ 张玫：《广州市公共图书馆为农民工服务研究》，《图书馆杂志》2007 年第 1 期，第 34—38、第 9 页。

⑩ 朱凯、翁燕令、王瑞芳：《我站部分科技人员情报需求调查报告》，《医学情报工作》1988 年第 3 期，第 23—26 页。

获取信息①。力晓蓉等的调查发现，本行业专家和同事是四川省卫生系统中的医疗、科研、管理人员第四位和第五位获取信息的渠道②。王楠等的调查发现，45.7%的甘肃省科技用户会通过同行交流的方式获取专业信息③。杨毅等的调查显示，同事/同行/同学等是清华大学图书馆用户排在第三位的获取学术信息的途径④。何东红和王超湘的调查表明，约55%的地方社科图书馆用户通过与同行交流的方式获取信息⑤。Liew 和 Ng 的研究显示，包括自己的学生、同事、该领域的专家、权威及音乐图书馆员在内的人际网络是新西兰学术机构中民族音乐家获取信息的渠道之一⑥。林彩凤的调查发现，与同行的口头交流是台湾中山科学研究院航空研究所科技人员获取信息的渠道之一⑦。Oladokun 和 Aina 的调查显示，博茨瓦纳继续教育学生获取信息的主要来源是老师和同事⑧。原小玲等的调查发现，亲友邻里是农民获取信息的主要渠道之一⑨。简莉婷的研究发现，哲学领域学者学术信息的主要来源是人际网络，特别是自己的同行或者同事⑩。谭振坤的调查显示，朋友是深圳南山图书馆用户获取信息的主要途径之一⑪。冀宪武等的调查表明，山西农

---

① 王石生：《科研人员文献需求的调查与分析》，《中国图书馆学报》1996 年第 2 期，第 11—13 页。

② 力晓蓉等：《四川省卫生系统中医疗科研管理人员医学情报需求的调查分析及对策》，《医学情报工作》1998 年第 2 期，第 7—10 页。

③ 王楠等：《甘肃省科技文献需求调查与分析》，《情报杂志》2005 年第 10 期，第 125—126、第 129 页。

④ 杨毅：《电子资源建设与利用的读者调查——由读者调查结果分析读者利用电子资源的方式与倾向》，《大学图书馆学报》2006 年第 6 期，第 39—48、第 60 页。

⑤ 何东红、王超湘：《了解读者需求 提高服务水平——地方社科院图书馆读者调查问卷分析》，《情报资料工作》2006 年第 6 期，第 96—99、107 页。

⑥ Liew L C, Ng N S, 2006: "Beyond the notes: A qualitative study of the information - seeking behavior of ethnomusicologists", *The Journal of Academic Librarianship*, 32(1), 60 - 68.

⑦ 林彩凤：《国防科技人员资讯寻求之研究》，中兴大学硕士学位论文，2007 年，第 52—56 页。

⑧ Oladokun S O, Aina O L, 2009: "Library and Information Needs and Barriers to the Use of Information Sources by Continuing Education Students at the University of Botswana", *Information Development*, 25(1), 43 - 50.

⑨ 原小玲、贾君枝、朱丹：《山西省农民信息需求调查研究》，《情报科学》2009 年第 8 期，第 1194—1198 页。

⑩ 简莉婷：《台湾地区哲学领域学者资讯行为之研究》，辅仁大学硕士学位论文，2009 年，第 109—124 页。

⑪ 谭振坤：《深圳公共图书馆读者需求调查报告——以深圳南山图书馆为例》，《图书馆》2010 年第 3 期，第 68—71 页。

科院图书馆用户获取信息排在第四位的途径是与专家、学者交流①。

　　大众媒体是部分图书馆用户群体获取信息的重要途径。广播、电视等大众媒体是部分图书馆用户信息的主要来源。如张天俊的调查发现，广播、电视等是南通师专教师第三位获取信息的途径②。王红玲等的调查表明，广播电视是用户获取信息的渠道之一，40.60%的东部地区受访者、40.63%的中部地区受访者和42.00%的西部地区受访者会通过这种渠道获取信息③。何东红和王超湘的调查显示，广播、电视是地方社科图书馆用户排在第二位获取信息的途径④。张玫的调查表明，电视是目前农民工获取信息最常用的渠道之一⑤。束漫和刘洪辉的调查发现，广播、电视和报纸等大众媒体是广州图书馆用户获取日常生活信息的主要途径之一⑥。原小玲等的调查显示，电视、广播都是农民获取信息的主要渠道，95.2%的受访者将电视作为主要的信息获取渠道⑦。

　　书店也是部分图书馆用户信息的重要来源之一，甚至有时候是用户的主要来源。如张天俊的调查表明，书店或书市是南通师专教师排在第二位的获取信息的途径⑧。李逸文的调查显示，书店是实践大学设计学院学生获取信息排第二位的渠道⑨。王石生的调查发现，财政部财政科学研究所研究人员获取信息第二位的渠道就是书店书摊（80.0%），其中，将这项选择作为首选途径的读者占15.7%⑩。王红玲等的调查发现，书店是图书馆用户获取信

---

　　① 冀宪武等：《山西省农科院图书馆读者调查分析》，《农业图书情报学刊》2010年第5期，第181—184页。
　　② 张天俊：《高校教师文献需求的调查与分析》，《情报资料工作》1997年第4期，第16—18页。
　　③ 王红玲、张齐增、林宁：《网络环境下图书馆用户信息需求调查分析》，《图书馆论坛》2005年第2期，第29—34页。
　　④ 何东红、王超湘：《了解读者需求　提高服务水平——地方社科院图书馆读者调查问卷分析》，《情报资料工作》2006年第6期，第96—99、第107页。
　　⑤ 张玫：《广州市公共图书馆为农民工服务研究》，《图书馆杂志》2007年第1期，第34—38、第9页。
　　⑥ 束漫、刘洪辉：《广州图书馆用户调查分析》，《现代情报》2007年第1期，第138—141页。
　　⑦ 原小玲、贾君枝、朱丹：《山西省农民信息需求调查研究》，《情报科学》2009年第8期，第1194—1198页。
　　⑧ 张天俊：《高校教师文献需求的调查与分析》，《情报资料工作》1997年第4期，第16—18页。
　　⑨ 李逸文：《资讯寻求行为研究：以实践大学设计学院学生为例》，淡江大学硕士学位论文，2000年，第61页。
　　⑩ 王石生：《科研人员文献需求的调查与分析》，《中国图书馆学报》1996年第2期，第11—13页。

息的重要途径，45.48%的东北地区受访者、53.13%的中部地区受访者、41.55%的西部地区受访者通过书店获取信息①。徐璞英的调查表明，书店和报摊是图书馆用户排在第三位和第四位的用户获取社科信息的渠道②。

目前的研究中提到的用户获取信息的途径还有会议、个人收藏、信息咨询机构、电话、实地调查等，但是这些方式用户使用得并不普遍。

（五）信息特性需求

信息的特性包括准确性、及时性、权威性、经济性、新颖性、获得的便利性、相关性和广泛性等。获得的便利性是很多图书馆用户最为看重的信息特性。如 Premsmit 的研究表明，泰国曼谷朱拉隆功大学医学家最重视的是获得的便利性③。李惠萍、苏谚对辅仁大学餐旅管理学系学生的调查④，傅雅秀对台湾"中央研究院"生命科学专家的调查⑤，林彩凤对台湾中山科学研究院航空研究所科技人员的调查⑥，张乃贞对大同工学院研究生的调查⑦都得出了类似的结论。也有一些研究得到与上述研究不同的结果，如高荣华等对南京地区"211"高校的专业研究人员、科研管理人员及图书馆从事信息服务的专职人员的调查结果显示，用户最重视的是信息的权威性，其次是信息的相关性⑧。卢秀婷对台湾地区医师的调查发现，他们首先考虑的也是信息的权威性，其次是经济性、新颖性，获取的便利性也是重要的考虑因

---

① 王红玲、张齐增、林宁：《网络环境下图书馆用户信息需求调查分析》，《图书馆论坛》2005年第2期，第29—34页。

② 徐璞英：《按照用户需求调整社科信息服务策略——浙江省四大系统图书馆读者信息需求调查》，《大学图书馆学报》2007年第2期，第56—63页。

③ Premsmit P, 1990: "Information needs of academic medical scientists at Chulalongkorn University", *Bulletin of the Medical Library Association*, 78(4), 383-387.

④ 李惠萍、苏谚：《餐旅管理领域学生的资讯寻求行为探讨》，《大学图书馆》2004年第1期，第147—166页。

⑤ 傅雅秀：《从科学传播的观点探讨"中央研究院"生命科学专家的资讯寻求行为》，《图书馆学刊》1996年第11期，第133—163页。

⑥ 林彩凤：《国防科技人员资讯寻求之研究》，中兴大学硕士学位论文，2007年，第52—56页。

⑦ 张乃贞：《大同工学院研究生资讯寻求行为调查研究》，《大同学报》1998年第28期，第403—411页。

⑧ 高荣华、郑德俊、张友华：《面向科研创新的高校图书馆信息服务需求调查与分析》，《情报杂志》2010年第4期，第173—177、第184页。

素[1]。Rupp-Serrano 和 Robbins 的调查结果表明，美国教育学院的教师也是最重视信息的权威性，其次是信息的可获得性，再次是便利性[2]。胡丽荣的调查表明，医学图书馆用户认为比较重要的网络信息特性依次是准确性、权威性、时效性、广泛性和新颖性[3]。王红玲等对我国东部、中部和西部公共图书馆、高校图书馆和党校图书馆用户的调查发现，受访用户比较重视信息的时效性、权威性和新颖性，分别有 47.61%、43.60% 和 38.15% 的用户重视[4]。甘肃省科技用户在对网络信息特性的需求方面，67.2% 的用户关心信息的准确性和及时性，41.3% 的用户关心信息的权威性，37.6% 的用户关心信息的便利性[5]。中国科学院研究生最重视信息的准确性，其次是信息的可获得性，再次是信息的完整性，最后是信息的时效性[6]。

（六）影响信息需求和使用的因素

影响图书馆用户信息需求和使用的研究主要包括两个方面的内容：一是从理论上总结和概括有哪些因素会对用户的需求存在影响；二是通过实证研究来说明具体的影响因素。

1. 信息需求和使用影响因素理论研究

国内外相关研究表明，图书馆用户的信息需求会受到用户自身因素和外部环境因素的影响。1980 年 Mick 等回顾了过去 30 年的信息需求与信息查寻行为的研究历史，归纳出影响用户信息需求的三项因素：个人特征、工作环境特征与任务特征。个人特征包括人口统计学特征、训练与专业背景、工作与专业的相关态度、对工作和专业的相关态度。工作环境特征包括组织的人口统计学特征、工作团队、沟通网络。任务特征包括基础与应用性、任务

---

[1] 卢秀婷：《区域及地区医院医师资讯需求与资讯需求之探讨：以 HINT 使用者为例》，《中国图书馆学会会报》2003 年第 12 期，第 109—124 页。

[2] Rupp-Serrano K, Robbins S, 2013: "Information-seeking habits of education faculty", *College and Research Libraries*, 74(2), 131-142.

[3] 胡丽荣：《高校医学生对图书馆的网络信息需求调查与分析》，《图书馆论坛》2009 年第 3 期，第 134—136、第 172 页。

[4] 王红玲、张齐增、林宁：《网络环境下图书馆用户信息需求调查分析》，《图书馆论坛》2005 年第 2 期，第 29—34 页。

[5] 王楠等：《甘肃省科技文献需求调查与分析》，《情报杂志》2005 年第 10 期，第 125—126、第 129 页。

[6] 卢小莉：《研究生科研信息需求与信息行为研究——以中国科学院研究生为例》，安徽大学硕士学位论文，2010 年，第 28 页。

的扩散性、信息老化的速度、项目进行的阶段、成功完成任务的标准。不同的人受到的影响不一样,导致个体对信息需求的程度也会不一样[1]。1981年,Wilson 指出影响信息需求的因素为个人特质、人际关系及环境因素。个人特质包括心理因素、情感因素和认知因素;人际关系包括个人角色、工作参与和参与层次;环境因素包括工作环境、社会文化环境、政治经济环境及物质环境[2]。2004 年,郑德俊提出,影响用户信息需求的因素有:①用户的自身因素,包括知识结构与信息素质、思维方式与外界交往、用户心理与行为等。这些因素影响到用户信息需求的广度、深度、范围、形式以及质和量。②外界因素,包括信息源因素、信息检索工具和系统因素、信息服务等因素[3]。2009 年,Nicholas 和 Herman 将影响用户信息需求的因素总结为:①工作角色和任务;②人格特质;③性别;④年龄;⑤国家和文化背景;⑥信息的可获得性和可及性;⑦信息的欲望和门槛;⑧可用的时间;⑨资源的可获得性和花费[4]。

2. 信息需求和使用影响因素实证研究

实证研究的结果表明,图书馆用户的专业背景、职称、身份、年龄、学历、所在的地区、图书馆类型等因素都可能对其信息需求存在显著影响。张力治、陆忠正[5],刘兹恒、王植[6]的调查都显示,不同专业背景的图书馆用

---

[1] Mick K C, Lindsey N G, Callahan D, 1980: "Toward usable user studies", *Journal of the American Society for Information Science*, 31(5), 347-356.

[2] Wilson D T, 1981: "On user studies and information needs", *Journal of Documentation*, 37(1), 3-15.

[3] 郑德俊:《网络环境下信息用户需求满足分析》,《情报杂志》2004 年第 8 期,第 124—125、第 127 页。

[4] Nicholas D, Herman E: "Assessing information needs in the age of the digital consumer", London, Routledge, 2009, 11.

[5] 张力治、陆忠正:《对兵器工业科研、教学人员科技文献需求的初步调查》,《兵工情报工作》1984 年第 2 期,第 13—26 页。

[6] 刘兹恒、王植:《对研究生读者的调查与分析》,《大学图书馆通讯》1984 年第 1 期,第 25—29 页。

户使用信息的情况不同。徐立群①，齐军、曹福年②，李传海③，陈玉珍等④的调查都表明，职称不同的用户的信息需求存在差别。费业昆⑤，李力⑥的调查中，不同身份的用户有着不同的信息需求。董小英的调查表明，不同年龄的用户获取信息的渠道存在差异⑦。昌建纳等的调查表明，不同专业、不同学历用户的信息需求存在差异⑧。王红玲等的调查表明，不同地区的图书馆用户的信息需求存在差异⑨。杨毅等的调查表明，自然科学方面的用户使用电子资源的比例高于人文社科方面的用户，本科生使用纸本资源的比例高于教师和研究生⑩。徐璞英的调查表明，不同类型图书馆用户的信息资源载体需求存在差异⑪。

Al-Saleh 对沙特阿拉伯毕业生电子资源需求的研究发现，性别、年龄、学历、专业、英语水平、网络经验和所在学校这些因素都对用户的信息需求存在影响⑫。Al-Suqri 对阿曼苏丹卡布斯大学社会科学学者的研究表明，年

---

① 徐立群：《科研人员的情报需求与情报行为——浙江省农业科学院图书馆用户调查分析》，《农业图书情报学刊》1989 年第 4 期，第 21—25 页。

② 齐军、曹福年：《天津市医药科技人员情报需求调查分析》，《情报学刊》1989 年第 3 期，第 42—46 页。

③ 李传海：《大连硅酸盐行业科技人员情报需求初步调查分析》，《情报学刊》1992 年第 3 期，第 190—196 页。

④ 陈玉珍、苏洪泰、鲁少玲：《莱阳农学院教学科研人员情报需求状况的调查报告》，《莱阳农学院学报（社会科学版）》1993 年第 1 期，第 91—95 页。

⑤ 费业昆：《高校情报用户需求调查与初步分析》，《情报学刊》1991 年第 3 期，第 192—196、第 224 页。

⑥ 李力：《对工科高校图书馆主要用户群文献需求与利用的调查与研究——安徽工学院图书馆用户调查报告摘选》，《图书馆》1996 年第 5 期，第 48—50 页。

⑦ 董小英：《教育科技用户对互联网使用情况的调查分析》，《大学图书馆学报》1999 年第 5 期，第 38—45 页。

⑧ 昌建纳等：《综合性大学图书馆用户文献信息需求调查分析》，《图书情报工作》2004 年第 8 期，第 44—47 页。

⑨ 王红玲、张齐增、林宁：《网络环境下图书馆用户信息需求调查分析》，《图书馆论坛》2005 年第 2 期，第 29—34 页。

⑩ 杨毅等：《电子资源建设与利用的读者调查——由读者调查结果分析读者利用电子资源的方式与倾向》，《大学图书馆学报》2006 年第 6 期，第 39—48、第 60 页。

⑪ 徐璞英：《按照用户需求调整社科信息服务策略——浙江省四大系统图书馆读者信息需求调查》，《大学图书馆学报》2007 年第 2 期，第 56—63 页。

⑫ Yasir Nasser Al-Saleh, "Graduate students' information needs from electronic information resources in Saudi Arabia", Florida State University Ph. D Dissertation, 2004, 56 – 71.

龄、职称、专业和检索时偏好使用的语种对用户的信息需求存在影响①。叶庆玲的研究表明，工作职级、学历、工作年限会对护理人员的信息需求产生影响②。林玲君认为，外在的情景因素会影响艺术教师的信息需求③。林颂坚的研究结果显示，年龄、性别、教育程度、婚姻状况、个人平均月收入、全家平均月收入等因素会影响用户的信息需求④。

二、图书馆需求和使用研究

图书馆用户研究往往是识别和分析各种类型的用户群体如何使用图书馆。图书馆用户研究的内容包括用户使用文献资源的情况，使用图书馆各种服务的情况，各类型用户和用户群体使用或者不使用图书馆的因素，用户对图书馆文献资源、服务、人员和物质的满意程度⑤。资源的需求和使用已经在本章第一节涉及，这一节主要概述图书馆服务需求和使用方面的研究成果。

（一）图书馆使用和需求的总括性研究

此类研究一般是列举图书馆提供的各种服务类型，供受访者从中选择使用过的服务或者是对各种服务的使用频率，或者是通过访谈等方式获得用户对图书馆各项服务的使用频率或者需求程度。

1. 流通服务和阅览服务一直是用户需求最多的服务类型

流通阅览服务是 20 世纪 80 年代和 90 年代教师和学生需求最多的服务类型。如刘兹恒和王植 1984 年的调查显示，外借阅览是研究生需求率最高的图书馆服务形式⑥。李树春和刘文俊 1986 年的研究发现，阅览和外借服务

---

① Mohammed Nasser Al-Suqri, "Information needs and seeking behavior of social science scholars at Sultan Qaboos University in Oman: A mixed-method approach", Emporia State University Ph. D Dissertation, 2007, 86 - 90.
② 叶庆玲：《护理人员资讯寻求行为研究》，《大学图书馆》2000 年第 2 期，第 93—114 页。
③ 林玲君：《艺术教师资讯行为之研究：以艺术学院为例》，《大学图书馆》2000 年第 2 期，第 115—131 页。
④ 林颂坚：《信息需求与信息科技的拥有与使用之关联分析》，《图书馆学与资讯科学》2006 年第 2 期，第 42—54 页。
⑤ [美] Charles H B, Stephen P H：《图书馆学研究方法：技术与阐释》，吴彭鹏译，北京，书目文献出版社 1987 年版，第 210 页。
⑥ 刘兹恒、王植：《对研究生读者的调查与分析》，《大学图书馆通讯》1984 年第 1 期，第 25—29 页。

是内蒙古农牧学院师生最需要的服务[1]。赵勇戈1990年的调查表明，80%以上的武汉体育学院教师和研究生喜欢外借服务，50%以上的喜欢阅览服务[2]。陈敏1990年的调查显示，同济医科大学本科生需要的服务主要是外借，其次是阅览[3]。费业昆1991年的调查表明，中国科技大学物理化学专业教师和研究生需求最多的是阅览和借阅服务[4]。陈玉珍等1993年的研究发现，莱阳农学院教学科研人员对借阅服务的需求最高[5]。李力1996年的调查显示，安徽工学院图书馆用户最重视阅览服务和借阅服务[6]。张天俊1997年的研究发现，外借服务和阅览服务是南通师专教师最需要的服务项目[7]。周带娣和常青1998年的调查显示，借阅服务是最受湖南农业大学图书馆用户欢迎的服务[8]。1999年，Majid，Eisenschitz和Anwar对马来西亚236位农业科学家图书馆使用模式的调查发现，浏览期刊是受访者到图书馆使用的主要服务之一[9]。

进入21世纪以后，流通服务和阅览服务依然是教师和学生需求最多的图书馆服务类型。史小平2000年的调查表明，中央党校图书馆用户需求的服务中排在前两位的是阅览服务和外借服务[10]。周欣莺2002年对台湾大学、中兴大学、屏东科技大学、嘉义大学、东海大学等6所大学农学院师生的调

---

[1] 李树春、刘文俊：《内蒙古农牧学院师生情报需求情况的调查研究》，《内蒙古农牧学院学报》1986年第4期，第113—125页。

[2] 赵勇戈：《我院教师研究生读者需求状况的调查分析》，《武汉体育学院学报》1990年第2期，第81—84页。

[3] 陈敏：《医科学生情报需求的现况与对策——同济医大85—88级学生利用图书馆的调查》，《同济医科大学学报（社会科学版）》1990年第1期，第79—83页。

[4] 费业昆：《高校情报用户需求调查与初步分析》，《情报学刊》1991年第3期，第192—196、224页。

[5] 陈玉珍、苏洪泰、鲁少玲：《莱阳农学院教学科研人员情报需求状况的调查报告》，《莱阳农学院学报（社会科学版）》1993年第1期，第91—95页。

[6] 李力：《对工科高校图书馆主要用户群文献需求与利用的调查与研究——安徽工学院图书馆用户调查报告摘选》，《图书馆》1996年第5期，第48—50页。

[7] 张天俊：《高校教师文献需求的调查与分析》，《情报资料工作》1997年第4期，第16—18页。

[8] 周带娣、常青：《高校图书馆读者文献需求的调查与分析》，《图书馆》1998年第4期，第69—72页。

[9] Shaheen M, Eisenschitz T S, Anwar M A, 1999: "Library use pattern of Malaysian agricultural scientists", *Libri*, 49(4), 225–235.

[10] 史小平：《中央党校图书馆读者信息需求调查》，《中共中央党校学报》2000年第1期，第122—127页。

查发现，教师和研究生较常利用的服务项目排在前两位的是借还书服务、馆内图书/期刊阅读①。昌建纳等 2004 年的研究表明，云南大学师生最希望图书馆加强的服务是文献外借服务，除此之外，高年级学生还希望图书馆加强文献阅览服务②。康思本 2008 年对广东理工职业学院和番禺职业技术学院师生的调查显示，受访用户最需要的服务还是书刊外借和书刊阅览③。李晓东等 2009 年的调查发现，北京大学不同学科用户到中心馆使用的服务排在前三位的都是图书借还、图书阅览和期刊阅览④。Pinto 和 Fernández-Ramos 2010 年的研究表明，63.2% 的西班牙科学和技术领域受访教师使用书刊外借服务⑤。郭瑞芳和张昳 2010 年对肇庆学院图书馆用户的研究显示，书刊借阅是用户最需要的服务形式⑥。

流通服务和阅览服务也是专业技术人员使用最多的服务类型。张力治和陆忠正 1984 年的调查发现，阅览服务和借阅服务是高达 82.9% 的兵工科教人员主要使用的图书馆服务形式⑦。郭献民和林守一 1984 年的研究显示，借阅服务是企业技术人员最欢迎的服务形式⑧。朱凯等 1988 年的调查发现，福建省卫生防疫站各级专业人员最欢迎的服务是阅览借阅⑨。齐军和曹福年 1989 年的研究表明，天津地区医药科技人员评价最高的服务是阅览服务和

---

① 周欣莺：《农学院师生使用实体图书馆与图书馆网站服务比较研究》，中兴大学硕士学位论文，2002 年，第 63—65 页。
② 昌建纳等：《综合性大学图书馆用户文献信息需求调查分析》，《图书情报工作》2004 年第 8 期，第 44—47 页。
③ 康思本：《网络环境下广东高职读者信息需求调查与分析》，《图书馆论坛》2008 年第 3 期，第 170—173 页。
④ 李晓东、刘素清、肖珑：《高校研究人员学术信息资源利用及信息查寻行为的调查与分析——以北京大学图书馆用户调查为例》，《数字图书馆论坛》2009 年第 1 期，第 25—42 页。
⑤ Pinto M, Fernández-Ramos A, 2010: "Spanish Faculty Preferences and Usage of Library Services in the Field of Science and Technology", Portal: Libraries and the Academy, 10(2), 215–239.
⑥ 郭瑞芳、张昳：《网络环境下高校图书馆读者信息需求调查分析与对策研究》，《情报探索》2010 年第 7 期，第 127—129 页。
⑦ 张力治、陆忠正：《对兵器工业科研、教学人员科技文献需求的初步调查》，《兵工情报工作》1984 年第 2 期，第 13—26 页。
⑧ 郭献民、林守一：《企业科技人员情报需求状况的调查》，《图书情报工作》1984 年第 4 期，第 7—11 页。
⑨ 朱凯、翁燕令、王瑞芳：《我站部分科技人员情报需求调查报告》，《医学情报工作》1988 年第 3 期，第 23—26 页。

借阅服务①。徐立群1989年的调查显示，外借服务和阅览服务最受浙江农业科学院科研人员的欢迎②。李传海1992年的研究发现，阅览借阅受到四分之三以上大连硅酸盐行业科技人员的青睐③。王石生1996年的调查表明，外借服务和阅览服务是财政部财政科学研究所研究人员最需要的服务④。力晓蓉等1998年的研究表明，四川省卫生系统中的医疗、科研、管理人员共同最感兴趣的服务是阅览借阅服务⑤。吕俊生2002年的研究显示，借阅服务依然是中科院兰州地区科技用户接受图书馆服务的主要方式⑥。王楠等2005年的调查表明，甘肃省科技用户最常使用的服务是书刊借阅服务⑦。

公共图书馆用户使用最多的服务还是流通服务和阅览服务。吴政叡2003年对台湾板桥市文化局图书馆附近区域社区居民的调查发现，流通服务和阅览服务是受访者第二和第三常用的服务⑧。束漫和刘洪辉2007年的调查显示，广州图书馆用户使用最多的是阅览服务，其次是借阅服务⑨。谭振坤2010年的研究发现，深圳南山区图书馆用户到图书馆使用的服务项目主要是阅览和借书⑩。李桂华2010年的研究显示，四川省图书馆、浙江省图书馆、厦门市图书馆、成都市图书馆和西安市图书馆等5所公共图书馆受访

---

① 齐军、曹福年：《天津市医药科技人员情报需求调查分析》，《情报学刊》1989年第3期，第42—46页。

② 徐立群：《科研人员的情报需求与情报行为——浙江省农业科学院图书馆用户调查分析》，《农业图书情报学刊》1989年第4期，第21—25页。

③ 李传海：《大连硅酸盐行业科技人员情报需求初步调查分析》，《情报学刊》1992年第3期，第190—196页。

④ 王石生：《科研人员文献需求的调查与分析》，《中国图书馆学报》1996年第2期，第11—13页。

⑤ 力晓蓉等：《四川省卫生系统中医疗科研管理人员医学情报需求的调查分析及对策》，《医学情报工作》1998年第2期，第7—10页。

⑥ 吕俊生：《科技用户信息需求及服务模式研究》，《图书馆建设》2002年第6期，第25—28页。

⑦ 王楠等：《甘肃省科技文献需求调查与分析》，《情报杂志》2005年第10期，第125—126、第129页。

⑧ 吴政叡：《社区居民图书馆需求调查：以板桥市文化局图书馆附近区域为例》，《书艺》2003年第5期，第1—11页。

⑨ 束漫、刘洪辉：《广州图书馆用户调查分析》，《现代情报》2007年第1期，第138—141页。

⑩ 谭振坤：《深圳公共图书馆读者需求调查报告——以深圳南山图书馆为例》，《图书馆》2010年第3期，第68—71页。

用户使用外借服务和阅览服务的频率较高①。

涵盖多种类型图书馆用户的研究也发现，外借服务和阅览服务是图书馆用户需求最多的服务类型。如王红玲等对我国东部、中部和西部地区高校图书馆、公共图书馆和党校图书馆的调查表明，图书馆用户需求最多的服务是外借服务②。黄长著等对四大图书馆系统的用户调查发现，图书馆用户主要需要的服务是阅览服务，其次是外借服务③。

2. 网络环境中用户对网络信息服务也有较强烈的需求

网络环境中，用户对数据库检索、网络导航等网络信息服务也有较强烈的需求。如林瑞玉对台湾东海大学图书馆用户的调查显示，图书馆网站浏览/检索、电子资料库检索/查询、馆藏目录查询分别是用户利用率排在第一位、第三位和第四位的项目④。黄连庆等的调查发现，佛山科技学院图书馆用户对数据库检索、网上咨询、馆际互借、报刊或网络信息集萃等服务的需求较多⑤。王楠等的研究发现，甘肃省科技用户第二常用的服务是电子资源在线浏览、检索及下载⑥。许美惠的调查发现，大汉技术学院图书馆用户需求较高的服务项目包括馆藏查询、数据库检索、电子参考工具书服务等⑦。方胜华等的调查表明，中外文数据库服务是浙江高校教师的首选的服务项目，其次是书目数据库检索服务⑧。王冰的调查发现，延边大学医学院教师、科研人员及附属医院的医疗骨干、研究生最希望图书馆提供的服务是介

---

① 李桂华：《当代公共图书馆用户：需求、行为与结构》，成都，四川大学出版社2010年版，第122页。

② 王红玲、张齐增、林宁：《网络环境下图书馆用户信息需求调查分析》，《图书馆论坛》2005年第2期，第29—34页。

③ 黄长著：《网络环境下图书情报学科与实践的发展趋势》，北京，社会科学文献出版社2010年版，第165页。

④ 林瑞玉：《以顾客使用和满意度的观点探讨传统图书馆与电子图书馆服务比较之实证研究》，东海大学硕士学位论文，2002年，第49页。

⑤ 黄连庆、黄海岩、段巧云：《地方院校图书馆读者信息需求与利用》，《图书馆论坛》2004年第2期，第65—67页。

⑥ 王楠等：《甘肃省科技文献需求调查与分析》，《情报杂志》2005年第10期，第125—126、129页。

⑦ 许美惠：《技专院校图书馆网站使用者资讯需求与使用研究》，《大学图书馆》2007年第2期，第125—142页。

⑧ 方胜华、王俊杰、韩真：《高校教师对现代图书馆信息服务需求及利用现状调查分析》，《图书馆杂志》2008年第11期，第45—48页。

绍专业数据库和网络资源①。冀宪武等的调查显示，山西省农科院图书馆用户最希望图书馆提供的服务是网上全文数据库检索服务②。Pinto 和 Fernández-Ramos 的调查表明，61.5%的西班牙科学和技术领域受访教师使用数据库服务，52.2%的受访者使用图书馆网站，40.3%的受访者使用馆藏目录查询服务③。陆峻波和夏惠芸对云南农业大学 492 位农科类师生的调查表明，大多数受访者希望提供网络信息查寻和电子文献借阅服务④。

（二）特定图书馆服务需求和使用研究

此类研究一般是专门针对图书馆的某种服务来了解用户的需求和使用情况。参考咨询服务、个性化信息服务、移动服务等是受到较多关注的服务类型。

1. 参考咨询服务需求和使用研究

主要内容包括用户对各种咨询方式的需求，用户对咨询地点的需求和用户对虚拟参考咨询服务的需求。

（1）咨询方式需求。目前的研究表明，面对面的咨询仍然是大多数图书馆用户偏好的信息咨询方式，但是用户的咨询方式也趋于多样化，越来越多的用户开始使用虚拟参考咨询。如 Clougherty 等对爱荷华大学本科生的调查发现，56%的受访者使用当面咨询，19%的受访者使用电话咨询，6%的受访者使用电子邮件咨询⑤。Lapidus 对 211 位药剂学和健康科学学生的调查显示，77%的受访者偏好面对面咨询，11%的受访者偏好电话咨询，11%的受访者偏好电子邮件咨询⑥。续玉红等的调查发现，国家农业科学图书馆用户最喜欢的咨询方式是到馆面对面咨询，其次是通过电子邮件咨询，再次是

---

① 王冰：《数字信息资源的需求及利用调查分析》，《时珍国医国药》2009 年第 12 期，第 3183—3185 页。

② 冀宪武等：《山西省农科院图书馆读者调查分析》，《农业图书情报学刊》2010 年第 5 期，第 181—184 页。

③ Pinto M, Fernández - Ramos A, 2010: "Spanish Faculty Preferences and Usage of Library Services in the Field of Science and Technology", *Portal：Libraries and the Academy*, 10(2), 215 - 239.

④ 陆峻波、夏惠芸：《在网络环境下不同信息用户群信息需求与教育研究》，《云南农业大学学报（社会科学版）》2011 年第 6 期，第 65—68 页。

⑤ Clougherty L, Forys J, Lyles T, et al., 1998: "The University of Iowa Libraries' undergraduate user needs assessment", *College and Research Libraries*, 59(6), 571 - 583.

⑥ Lapidus M, 2003: "Library Services for Pharmacy and Health Sciences Students: Results of a Survey", *The Journal of Academic Librarianship*, 29(4), 237 - 244.

通过电话咨询,第四是利用 chat 软件实时咨询,第五是图书馆员到现场服务①。刘绍荣和朱莉对复旦大学图书馆用户的调查显示,受访者喜欢的咨询方式依次是当面咨询、BBS 咨询、电子邮件咨询、网页留言簿咨询、电话咨询和实时咨询②。默秀红的调查表明,河北政法职业学院和铁路职业技术学院的受访师生中,71.1%选择到馆面对面咨询,39.1%选择图书馆员到现场服务,32%选择常见问题解答,28.1%选择通过电子邮件咨询,24.5%选择通过电话咨询,12.8%选择通过其他方式咨询③。闫静波和李玉玲的调查发现,受访的吉林大学医学部的学生、教师及附属医院医务人员中,68.38%选择亲自到图书馆咨询,21.37%选择电话咨询,23.08%选择电子邮件咨询,15.38%选择通过留言板或 BBS 咨询,16.24%选择网上实时咨询④。冀宪武等的调查表明,山西省农科院图书馆用户最喜欢的咨询方式是通过电子邮件咨询,其次是通过电话咨询,再次是传统的到馆面对面咨询。还有一部分用户希望馆员到现场服务⑤。

(2) 参考咨询服务地点和服务制度需求。刘绍荣和朱莉对复旦大学图书馆用户的调查发现,超过八成的受访者需要参考咨询馆员直接面对用户,其中超过一半的受访者认为参考咨询馆员应该在各阅览室或者书库的服务台,超过三成的受访者认为应该在图书馆大厅服务台;只有不到一成的用户认为参考咨询馆员不必直接面对用户,只要能够通过电话或者网络随时联络到就行。对于咨询制度,将近五成五的受访者需要首问负责制、超过三成五的受访者需要引荐专家,只有不到一成的受访者需要专家轮流坐堂⑥。

---

① 绩玉红、盛玲玉、王玉芹:《掌握读者需求 提高服务质量——2004 年国家农业图书馆读者调查报告》,《农业图书情报学刊》2005 年第 12 期,第 59—63 页。
② 刘绍荣、朱莉:《高校图书馆读者咨询服务的现状调查与对策分析——以复旦大学图书馆为例》,《图书情报知识》2005 年第 2 期,第 37—39 页。
③ 默秀红:《高校图书馆文献信息服务需求调查分析》,《情报理论与实践》2008 年第 5 期,第 751—752、755 页。
④ 闫静波、李玉玲:《适应用户需求的图书馆知识服务》,《图书馆学研究》2010 年第 11 期,第 68—71 页。
⑤ 冀宪武等:《山西省农科院图书馆读者调查分析》,《农业图书情报学刊》2010 年第 5 期,第 181—184 页。
⑥ 绩玉红、盛玲玉、王玉芹:《掌握读者需求 提高服务质量——2004 年国家农业图书馆读者调查报告》,《农业图书情报学刊》2005 年第 12 期,第 59—63 页。

（3）虚拟参考咨询服务需求。苏小凤对台湾地区三所大学学生的调查表明，绝大多数受访者都有使用实时数字参考咨询服务的意愿。他们非常重视答案的正确性、馆员服务态度和花费的时间。他们也非常重视个人隐私的保护。苏小凤认为图书馆实时参考咨询服务在服务的提供时间上要配合用户的网络使用习惯，并且要做好虚拟参考咨询的宣传和推广工作[①]。

2. 个性化信息服务需求和使用

图书馆个性化信息服务是指图书馆在数字信息环境下，主要利用网络和信息技术，获取并分析各个用户的信息使用习惯、偏好、背景和要求，从而为用户提供充分满足其个体信息需要的一种集成性信息服务[②]。

目前图书馆用户个性化信息服务需求的研究主要有两种类型。一种是从个性化信息服务的使用情况来推测用户的需求，另外一种就是列出个性化信息服务的内容，通过调查来了解用户的需求状况。Nobel 和 Ghaphery 的研究就属于前一种类型。Nobel 使用访问日志分析和问卷调查两种方法对由英国高等教育和信息系统委员会所支持的 HeadLine 项目的用户进行了研究。HeadLine 提供了个性化的信息环境 PIE（Personal Information Environment），使得用户能够使用统一的界面去使用图书馆传统和电子的资源和服务。在开发 PIE 的过程中，HeadLine 共进行了两次用户评估研究。第一次评估收集了 2000 年 5 月—2001 年 1 月之间 PIE 系统日志资料，发现这期间 PIE 的用户为 352 位。然后从这 352 位中抽样取出 153 位进行问卷调查，发现 PIE 的使用率并不高，但是使用者仍然认同 PIE 的功能，但是也有 3 成多的使用者感到使用困难。第二次评估以 guest 用户为主。HeadLine PIE 在 2000 年 10 月开放了 guest 权限，用户可以通过网上申请的方式获得账号和密码。这次用户评估首先分析了 PIE 系统日志和 guest 注册资料。然后从使用过 PIE 的申请注册者中找出真正使用过 PIE 的 94 位用户，对这些用户进行问卷调查，结果显示 PIE 的使用率仍然不高，但是使用者对于目前 PIE 的功能评价很高，只不过他们仍然希望能尽量降低使用资源的不便性，同时加快系统的反

---

① 苏小凤：《大学图书馆即时数位参考咨询服务之使用者需求与态度》，《图书馆学与资讯科学》2007 年第 2 期，第 48—63 页。

② 曹树金、罗春荣、马利霞：《论图书馆个性化服务的几个基本问题》，《大学图书馆学报》2005 年第 6 期，第 33—39 页。

应速度①。Ghaphery 使用访问日志分析方法对弗吉尼亚联邦大学图书馆开发的 My Library 系统使用情况的调查结果发现，整体而言，弗吉尼亚联邦大学图书馆网站的个性化信息服务的使用频率不高。少部分的用户占了将近一半的网站使用次数。Ghaphery 指出，可以通过课堂或者图书馆利用教育来推广图书馆个性化信息服务②。

林明宏、施毓琦等、徐嘉侨和白榕等的研究属于后一种类型。林明宏对台中技术学院教师的调查表明，受访者对个性化信息服务的赞成度非常高③。施毓琦、吴明德对台湾大学学生的调查显示：①用户倾向于需要个性化信息服务；②个性化信息服务必须建立在保障用户的个人隐私的基础上；③用户对个性化信息环境及相关功能的需求高于其他个性化信息服务功能；④用户较重视馆藏目录和数据库检索的个性化；⑤不同身份的用户对个性化信息服务功能的需求存在显著差异④。徐嘉侨对台北荣民总医院医务人员（包括医师、护理人员、药师、医事技术人员、基础医学研究人员）的调查表明，受访者非常重视个性化信息环境和个人隐私保护；身份、年龄、学历等因素对个性化信息服务需求产生了显著影响⑤。白榕的调查发现，天津科技大学的教师和研究生希望图书馆提供的个性化信息服务依次为：信息推送服务、推荐可能感兴趣的信息、网络信息资源导航、帮助用户建立一个实时更新的个人图书馆、开展有针对性的图书馆利用教育、提供检索帮助服务、开展用户导读活动、根据用户需要而进行的课题跟踪服务⑥。肖玥、蒋楠等对南京地区 6 所高校用户调查表明，用户对个性化推送的借阅服务（包括借阅

---

① Noble I：" Evaluation report：PIE evaluation phase two "，http://www.headline.ac.uk/public/ph2guestreport.pdf.

② Ghaphery J，2002："My Library at Virginia Commonwealth University：Third Year Evaluation"，*D-Lib Magazine*，8(7/8).

③ 林明宏：《技专校院图书馆个人化资讯服务之研究——以台中技术学院图书馆为例》，中兴大学硕士学位论文，2001 年，第 78 页。

④ 施毓琦、吴明德：《大学图书馆网站个人化服务之使用者需求研究》，《大学图书馆》2005 年第 2 期，第 2—25 页。

⑤ 徐嘉侨：《医学图书馆个人化资讯服务需求之研究——以台北荣民总医院图书馆为例》，政治大学硕士学位论文，2004 年，第 135—150 页。

⑥ 白榕：《高校图书馆开展个性化信息服务的调查研究——以天津科技大学图书馆为例》，《图书馆建设》2009 年第 4 期，第 54—58 页。

提醒、新书推荐）的需求最高，需求率均在60%以上，对个性化推送的信息查询服务（包括影视娱乐信息、新闻、就业信息、生活信息）的需求度较低，对个性化推送的参考咨询服务需求度低。用户需求程度较为强烈的个性化服务方式依次为电子邮件、短信、即时通信工具、个人空间和浏览器消息①。

3. 移动服务需求和使用

图书馆用户移动服务需求涉及的内容包括用户对移动服务终端和服务项目等的需求。如林惠美和陈昭珍对台湾师范大学中大学生群体的图书馆移动服务需求与认知的调查显示，受访学生在馆藏查询方面偏向于需要提供手机查询界面去查询馆藏和查询数据库；在移动服务项目方面偏向于需要手机短信通知预约图书到馆，将要到期通知、续借服务、预约服务、查询个人借阅服务记录、手机缴过期罚款和手续费等；在图书馆空间与设备使用方面，倾向于需要使用手机预约图书馆研修室；在馆藏下载功能方面，偏向是需要下载电子音乐及多媒体影音资料。调查还显示，如果图书馆真的提供移动服务，学生的偏向是实际使用②。茆意宏等对南京地区16—35岁的用户对图书馆手机服务需求调查的结果表明，用户最需要图书馆通过手机提供的服务是查询图书信息、查询个人借阅情况和续借服务③。邵长远等对大连地区6所高校300名大学生的调查发现，手机图书馆服务模式方面，大学生对客户端和WAP网站服务模式的需求最高。大学生最感兴趣的手机图书馆服务功能是电子资源下载及阅读，以及书刊检索和借阅状况查询④。赵雅馨的调查表明，用户对于移动图书馆服务，尤其是基于移动客户端的图书馆服务具有很强烈的需求。借阅服务与查询服务是用户所需的重要移动服务内容⑤。

---

① 肖玥、蒋楠：《泛在图书馆读者需求调查分析——以南京地区高校图书馆为例》，《图书馆学研究》2013年第6期，第66—72页。

② 林惠美、陈昭珍：《大学生对图书馆行动服务需求之研究》，《图书与资讯学刊》2010年第5期，第36—46页。

③ 茆意宏、武立斌、黄水清：《图书馆手机服务系统的建设：需求调查与分析——以南京地区图书馆为例》，《图书馆工作与研究》2008年第12期，第55—58页。

④ 邵长远、李睿、李永先：《基于用户需求分析的高校手机图书馆建设策略》，《图书馆学研究》2013年第12期，第19—22页。

⑤ 赵雅馨：《微信息环境下的图书馆用户需求调研》，《图书情报工作》2013年第8期，第17—21、第39页。

(三) 对特定信息系统的需求

此类研究大多通过文献分析等方法形成图书馆信息系统的功能构面和具体功能，然后通过问卷调查、访谈等方式获取用户对功能的需求。有的研究还会获取用户对图书馆信息系统目前功能的认知情况，将其与用户需求对比，用于指导图书馆信息系统的开发和改进。

1. 图书馆门户网站需求

陈澄瑞将台湾"国家图书馆"网站功能分为"网站内容"、"网站架构与导览"、"网站设计"和"网站服务与推广"等四大构面41项指标，同时分析国内外 library 2.0 在图书馆应用的文献及美国国会图书馆提供的 library 2.0 服务项目，整理出图书馆网站 library 2.0 建议服务项目，包括博客、RSS、即时通信及维基等4类服务功能10种业务项目。他以台湾"国家图书馆"网站使用者为调查对象，调查他们对"国家图书馆"网站各项功能的重视程度与实际使用网站之后的认知符合程度，以及如果"国家图书馆"提供 library 2.0 服务功能时用户的重视程度与需求程度。研究结果显示，台湾"国家图书馆"用户比较重视网站内容质量、资源检索和内容获取效率等功能指标，台湾"国家图书馆"网站目前的功能与用户的实际需求相比存在较大差距。如果台湾"国家图书馆"提供 library 2.0 服务功能，用户是重视并且存在需求的，其中用户对"使用博客作为图书馆与用户之间的学术交流渠道"这一 library 2.0 功能的重视程度与需求程度最高[1]。

2. OPAC 需求

李杉对中国国家图书馆用户对 OPAC 功能需求的调查表明，在检索方式上，62%的用户喜欢用简单检索；在检索字段上，主要使用题名、关键词和著者这三个字段[2]。赵荣等对北京师范大学图书馆用户的调查发现，受访用户认为 OPAC 系统提供的检索途径无法满足他们对专业资料的检索需求，用户需要使用学科分类浏览检索、书刊参考文献、资料类型等途径来进行检

---

[1] 陈澄瑞：《图书馆网站功能需求与服务研究——以国家图书馆为例》，大同大学硕士学位论文，2008年，第94—108页。

[2] 李杉：《国家图书馆 Web OPAC 用户调查分析》，《国家图书馆学刊》2005年第4期，第42—45页。

索①。李睿和邵长远对汇文 OPAC 用户的调查表明，84% 的受访者需要 OPAC 提供搜索建议，87% 的受访者需要 OPAC 提供检索词输入纠错功能，88% 的受访者需要能以图形化方式揭示馆藏地址，76% 的受访者需要 OPAC 提供馆际互借功能，89% 的读者需要 OPAC 提供馆藏电子资源的检索入口②。王海英等对贵州大学图书馆用户的调查结果显示，81.26% 的受访者需要 OPAC 提供布尔逻辑检索、精确检索、模糊检索、多语种检索等多种检索方式；78.45% 的受访者需要 OPAC 提供检索结果的相关度排序，37.83% 的受访者需要按借阅次数多少排序，25.69% 的用户需要按出版时间逆序排序；所有的受访者都需要 OPAC 提供文献的深层次内容信息，几乎所有的受访者都需要 OPAC 与馆外的大型书目数据库及互联网链接来扩大检索范围；所有的受访者都需要 OPAC 系统在检索的过程中提供智能化的帮助；几乎所有的受访者都需要 OPAC 系统提供交流平台供用户参与书目的评论、推荐等③。

3. 电子资源检索系统需求

电子资源检索系统功能的评估可以部分体现用户需求。肖珑和张宇红指出，评估电子资源检索系统评估涉及检索功能、检索技术、检索结果、用户服务等方面的评估。检索功能主要是指系统提供给用户的各种检索途径和检索入口，他们认为，可供选择检索途径和检索入口越多，相对用户就越方便。检索技术主要是指布尔逻辑检索、组配检索等技术，可应用的检索技术越多，越说明系统设计的合理和科学化④。

（四）影响图书馆需求和使用的因素

陆峻波和夏惠芸的调查发现，用户所属的类型对其图书馆需求产生了影响。教师、研究生和本科生对网络信息查询、电子文献借阅、纸本文献借

---

① 赵荣、王妍、魏晨：《OPAC 用户专业学科需求调研及其改进途径》，《图书馆建设》2009 年第 8 期，第 24—28 页。
② 李睿、邵长远：《以读者为中心的 OPAC 现状及发展方向——以汇文系统 4.0 版本为例》，《山东图书馆学刊》2010 年第 1 期，第 48—50 页。
③ 王海英、张晓苗、汪其英：《高校图书馆升级 OPAC 之探讨——基于贵州大学图书馆 OPAC 用户调查分析的个案研究》，《贵州师范学院学报》2011 年第 1 期，第 42—44 页。
④ 肖珑、张宇红：《电子资源评价指标体系的建立初探》，《大学图书馆学报》2002 年第 3 期，第 35—42、第 91 页。

阅、馆际互借、数据库介绍和定题服务等的需求存在显著差异①。

Omehia、Obi 和 Okon 对尼日利亚乌约大学三四年级学生的调查表明，受访者的学科背景、所在年级、社会经济状况等对其图书馆使用存在影响，社会科学和人文科学的学生比自然科学的学生更多地使用图书馆服务；四年级的学生比三年级的学生更多地使用图书馆服务；社会经济状况差的学生比社会经济状况中等、好的学生更多地使用图书馆服务②。

图书馆类型对用户的图书馆需求和使用存在显著影响。社科院图书馆和科技图书馆用户对图书馆服务的需求呈现出与其他类型图书馆用户不同的特点。如何东红和王超湘的调查发现，地方社科院图书馆用户最希望图书馆提供较为便利的馆际互借服务，其次是原文传递服务。希望图书馆提供"报刊及网络集萃服务"、"网上全文数据库检索服务"的用户也较多。还有相当多的用户希望图书馆提供"引文检索"和"学术评价"等方面的服务③。赵瑾等的调查表明，研究生用户群体到馆使用的图书馆服务中，网络数据库的利用排在首位，图书借阅服务排在第三位，他们也强烈需要中国科学院国家科学图书馆提供专题讲座、图书馆服务与资源的网络推广和建立学习讨论区④。杨木容和黄如花的调查显示，中国科学院文献情报中心提供的服务中，受访用户用得最多的是科技查新，其次是跨库检索、原文传递、馆际互借。受访者认为中国科学院国家科学图书馆最需要加强的服务是原文传递服务；其次是科技情报服务⑤。

---

① 陆峻波、夏惠芸：《在网络环境下不同信息用户群信息需求与教育研究》，《云南农业大学学报（社会科学版）》2011 年第 6 期，第 65—68 页。

② Omehia A E, Obi B B, Okon H I: "Student Characteristics and Use of Library Services in the University of Uyo", http://www.webpages.uidaho.edu/~mbolin/omehia-obi-okon.htm.

③ 何东红、王超湘：《了解读者需求 提高服务水平——地方社科院图书馆读者调查问卷分析》，《情报资料工作》2006 年第 6 期，第 96—99、第 107 页。

④ 赵瑾、厉莉、孙玉玲：《研究生用户群体图书馆利用情况的调查分析——以中国科学院国家科学图书馆为例》，《图书馆建设》2007 年第 6 期，第 93—96 页。

⑤ 杨木容、黄如花：《面向科技创新的科研人员信息需求的调查与分析》，《图书馆论坛》2009 年第 5 期，第 144—146、第 45 页。

三、网络环境中用户行为的变化

网络的兴起和普及、电子资源的发展使得用户越来越容易从网络获取自己所需的资源和服务,用户使用图书馆的行为和模式也发生了变化。

OCLC(Online Computer Library Center,联机计算机图书馆中心)于2004年2月发表的《2003年OCLC环境扫描:认清发展趋势》(The 2003 OCLC Environmental Scan:Pattern Recognition)描述了虚拟世界中信息用户的三个趋势:自助服务、用户满意和无缝性。信息用户在获取信息时经常选择网络而不是图书馆。信息用户利用搜索引擎作为通向事实和答案的用户。像Google Answers和Ask Jeeves这类的"Ask a"这样的自助服务取代了传统的图书馆参考服务[1]。

2005年年底,OCLC推出的研究报告《对图书馆与信息资源的认知》(Perceptions of Libraries and Information Resources)总结了信息用户的图书馆使用特征及认知与习惯特征。图书馆使用方面,自从网络出现之后,信息用户越来越少使用图书馆。用户使用最多的是纸本图书,"书"是图书馆的品牌,没有别的东西可以取代"书"在图书馆中的地位。绝大多数信息用户没有意识到图书馆拥有大量的电子资源,也没有用过这些资源。大学生是图书馆用户中使用率最高的群体。认知与习惯方面,84%的用户信息查寻的起点是搜索引擎,只有1%以图书馆网页为信息查寻的起点。信息用户对搜索引擎的评价高于图书馆员。大多数信息用户最重视信息资源的价值。信息用户喜欢自助服务,大多数用户在使用图书馆时不会去寻求帮助[2]。

2007年10月,OCLC发布的研究报告《网络世界的共享、隐私和信任》(Sharing,Privacy and Trust in Our Networked World)显示,使用图书馆网站用户的比例呈持续下降的趋势。在加拿大、英国和美国,2005年还有30%的受访者使用图书馆网站,到2007年,同样的国家里只有20%的公众使用

---

[1] OCLC:"Environmental Scan:Pattern Recognition",http://www.oclc.org/reports/escan/downloads/escansummary_ch_OCLC_images.pdf.

[2] OCLC:"Perceptions of Libraries and Information Resources",http://www.oclc.org/reports/pdfs/Percept_all.pdf.

了图书馆网站,降低了33%。在线网民不但将继续扩展活动范围,而且他们在越来越多的地方寻找自己需要的信息,对需求自给自足[①]。

2007年,Hemminager等人指出,过去10年科学家信息查寻行为的研究结果表明了这样的趋势:科学家对电子资源的接受程度逐渐加深,科学家也更加频繁地利用电子资源。现在科学家通常使用个人电脑去查找信息,然后打印一部分内容出来阅读。学者去实体图书馆查找信息的频率在下降[②]。而在十年前科学家要么是去图书馆阅读和复印他们需要的资料[③],要么是主要依靠个人订购的期刊[④]。即使是到了2002年,还是有一些科学家因为电子版本信息资源的文本和图像的精度达不到要求而只是通过电子的方式检索,阅读和复印还是依靠纸本资源[⑤]。

非盈利组织Ithaka自2000年起,每三年就进行一次教师调查,以了解新技术对教师行为的影响。他们的调查对象是美国至少拥有学士学位授予权的学院和大学中的教师。最近的一次调查是在2009年,此次调查发出问卷35184份,回收完整问卷3025份。对比2003年、2006年和2009年的三次调查结果,研究者发现教师中将图书馆物理空间和在线目录作为研究起点的比例稳定下降,他们更多地转向网络,包括面向大众的搜索引擎和专门面向学术的服务。Ithaka的调查将图书馆的功能总结为三个方面:门户功能(图书馆作为查找研究所需信息的起点),购买者功能(图书馆为用户需要的资源付费,包括学术期刊、电子图书、电子数据库等),保存功能。每次调查都询问受访者对这三个功能重要性的认知。调查显示,受访者对图书馆门户功能重要性的认知逐次下降,对购买者功能重要性的认知逐次上升。2009年的调查增加了两个功能:教学支持功能和研究支持功能,将近6成的受访者认为这两个功能非常重

---

① OCLC:"Sharing, Privacy and Trust in Our Networked World", http://www.oclc.org/reports/pdfs/sharing.pdf.

② Hemminger M B, LU D, Vaughan K, et al., 2007:"Information seeking behavior of academic scientists", *Journal of the American Society for Information Science and technology*, 58(14),2205 – 2225.

③ Hurd M J:"Models of scientific communications systems", Medford, Information Today, 1996, 9 – 33.

④ Curtis K L, Weller A C, Hurd J M, 1997:"Information – seeking behavior of health sciences faculty: the impact of new information technologies", *Bulletin of the Medical Library Association*, 85(4), 402 – 410.

⑤ Sathe N A, Grady J L, Giuse N B, 2002:"Print versus electronic journals: a preliminary investigation into the effect of journal format on research processes", *Journal of the Medical Library Association*, 90(2), 235 – 243.

要①。2012年的调查结果表明，搜索引擎在学术资源发现上的作用继续提高，但是图书馆目录在资源发现中作用的下降趋势已经停止，甚至有所逆转。与2009年的调查相比，受访者对大学图书馆各项功能的认同程度降低，只有门户（网关）功能，用户的认同程度经历了温和的复苏。总体来说，图书馆在教师心目中的地位是一次比一次低②。

Head和Eisenberg于2011年对美国10所大学和学院图书馆560位图书馆用户进行的访谈发现，在学期的最后一个星期这段时间内，信息资源利用方面，只有11%的受访者使用过学术数据库，9%使用过图书，3%使用过纸质期刊；信息系统利用方面，21%使用过图书馆门户网站，5%使用过OPAC系统。他们的研究结果表明，对于大学生而言，图书馆不再是信息空间，这个结论颠覆了图书馆一直以来的功能定位。虽然他们解释原因有可能是在这个时间段内，大学生在准备期末考试而不是为写论文而查找信息及进行研究③。

上海交通大学图书馆的调查表明，图书馆用户的信息行为发生了本质的变化，越来越多的大学师生习惯利用类似Google的商业搜索引擎查找资源。图书馆实际到馆率在下降；图书馆订购了大量电子资源，但是图书馆用户仍然不断在抱怨没有他们想要的信息；图书馆用户习惯使用非图书馆网站查询信息，更习惯于简单明了的信息查寻方式；图书馆用户习惯在自己的网络空间从事各种活动，但是网络空间中很少有数字图书馆④。

黄长著的课题组对11个省市的高校图书馆、公共图书馆、专业图书馆和党校图书馆等四大系统、34家图书馆用户的调查结果显示，网络环境中图书馆用户到馆使用的服务依然还是外借服务、阅览服务和工具书使用。电子资源利用服务、馆内上网服务和参考咨询服务的使用不多，研究者分析原

---

① Schonfeld C R, Ross H: "Faculty Survey 2009: Key Strategic Insights for Libraries, Publishers, and Societies", http://www.ithaka.org/ithaka-s-r/research/faculty-surveys-2000—2009/Faculty%20Study%202009.pdf.

② Housewright R, Schonfeld R C, Wulfson K: "Ithaka S+R US faculty survey 2012", http://www.sr.ithaka.org/sites/default/files/reports/Ithaka_SR_US_Faculty_Survey_2012_FINAL.pdf.

③ Head A J, Eisenberg M B: "Balancing Act: How College Students Manage Technology While in the Library during Crunch Time", http://projectinfolit.org/pdfs/PIL_Fall2011_TechStudy_FullReport1.1.pdf.

④ 孙翌：《图书馆资源探索与获取平台的思考与选择》，http://flytechnews.blogspot.com/2011/05/blog-post_16.html.

因可能是对用户的调查是在图书馆内进行，调查对象可能代表了对图书馆依赖程度更高和对图书馆传统服务更适应的用户群体。用户对图书馆的期望方面，虽然书刊和阅览空间需求仍然是用户的首选，但是用户对网络信息资源和网络信息服务需求显著增强。黄长著课题组的调查还发现，图书馆仍然是仅次于互联网的信息渠道，其重要性不比互联网差①。

从以上研究可知，网络环境中图书馆的重要性在下降，用户使用图书馆的频率也在降低，用户对网络的依赖性日渐增强，越来越多的活动通过网络完成。用户对电子资源的接受和依赖程度逐渐加深，对图书馆服务的利用低于图书馆员的预期，对图书馆的功能需求也发生了变化。可能是因为调查地点和调查对象不同，各研究所得到的结论并不完全一致。

四、用户满意研究

对于用户满意常见的定义有两种。第一种是将用户满意定义为用户通过对产品或者服务的感知绩效与期望绩效进行对比之后形成的一种心理状态。当感知绩效高于或者等于期望值时，用户就会满意，当感知绩效低于期望值时，用户就不满意②。第二种将用户满意定义为用户需求得到满足后的一种心理反应，是用户对产品或服务满足自己需求程度的一种判断③。目前所见的图书馆满意的研究大多属于第二种。

在对图书馆满意的研究中，有的研究是具体研究用户对图书馆的整体满意情况或者是对图书馆具体资源、服务等的满意情况，为图书馆实际工作提供具体的指导。也有的研究着眼于构建模型从多个角度测量用户对图书馆的满意情况。

（一）个案研究

图书馆用户满意研究中，一部分研究直接了解图书馆用户的整体满意情

---

① 黄长著：《网络环境下图书情报学科与实践的发展趋势》，北京，社会科学文献出版社 2010 年版，第 102 页。
② Oliver L R, 1980: "A cognitive model of the antecedents and consequences of satisfaction decisions", *Journal of Marketing Research*, 17(6), 460-469.
③ Oliver L R, Rust T R, Varki S, 1997: "Customer delight: Foundations, findings, and managerial insight", *Journal of Retailing*, 73(3), 311-336.

况或者是对资源、服务等的整体满意情况。如徐璞英用"从未满足过需要"、"极少满足"、"基本可以满足"、"每次都能满足"这四个尺度来衡量用户对图书馆资源的满意情况,发现各类图书馆的社科类文献基本可以满足用户的需要,但仍有一部分用户感到需求"极少满足"和"从未满足过"[①]。时月娇等利用"非常满足"、"满足"、"一般"、"不满足"、"非常不满足"这五点量表来衡量南京地区高校图书馆用户资源的满意度,发现用户对本校资源的满足率总体上处于"一般"和"满足"的水平上[②]。白榕用"能满足"和"不能满足"这两点来测量天津科技大学师生对图书馆资源的满意度,发现只有36.17%的受访者表示图书馆现有的资源可以满足其需求;而认为图书馆现有资源不能满足其需求的受访者比例高达46.8%[③]。

还有一些研究根据一定的标准对图书馆资源和服务等进行细分来了解用户具体的满意情况。如李力按照语种对文献进行分类,将图书馆用户的满足程度分为30%以下、30%—50%、50%—70%和70%以上四个档次,发现49.1%的受访安徽工学院图书馆用户认为图书馆的中文文献满足他们需求程度在50%以下;55.5%的受访用户认为图书馆的外文文献满足他们需求程度在50%以下[④]。力晓蓉等只用基本满足这个尺度来测量四川卫生系统中的医疗、科研、管理人员不同类型文献的满意程度,结果显示仅期刊才有超过一半的受访者认为其基本满足他们需求,认为文摘、图书、内部资料、报纸、会议论文、机检文献、专利文献、标准文献基本满足他们需求的用户的比例分别只有47.1%、43.7%、37.5%、36.9%、24.2%、18.4%、14.0%、12.6%[⑤]。林玏瑾使用"非常不同意"、"不同意"、"无意见"、"同意"、"非常同意"等五点量表测量台湾乡镇图书馆和文化中心用户信息需求的满意度,52.9%

---

① 王红玲、张齐增、林宁:《网络环境下图书馆用户信息需求调查分析》,《图书馆论坛》2005年第2期,第29—34页。
② 时月娇、穆丽娜、刘磊:《网络环境下影响高校用户信息需求满足率的因素与对策——对南京高校图书馆用户调查的分析思考》,《农业图书情报学刊》2008年第5期,第13—16页。
③ 白榕:《高校图书馆开展个性化信息服务的调查研究——以天津科技大学图书馆为例》,《图书馆建设》2009年第4期,第54—58页。
④ 李力:《对工科高校图书馆主要用户群文献需求与利用的调查与研究——安徽工学院图书馆用户调查报告摘选》,《图书馆》1996年第5期,第48—50页。
⑤ 力晓蓉等:《四川省卫生系统中医疗科研管理人员医学情报需求的调查分析及对策》,《医学情报工作》1998年第2期,第7—10页。

的受访用户同意或者非常同意馆藏资源能够满足工作或者研究需求,69.2%的受访用户同意或者非常同意馆藏资源能够满足休闲需求,34.9%的受访用户同意或者非常同意期刊种类丰富[①]。何晓萍等用"非常满意"、"满意"、"基本满意"和"不满意"这四点量表对南昌大学图书馆用户信息需求的满意度进行了调查。结果表明,用户对现有的图书、期刊报纸和电子文献总体上是"满意"和"基本满意",平均满意率达到91.54%。用户对期刊报纸的满意度最高,达94.88%;其次是电子文献,满意率为91.47%,对图书的满意率偏低,仅为88.27%[②]。张凯使用了"满意"、"一般"和"不满意"这三点量表调查了上海交通大学师生信息需求的满意度。他将图书馆信息资源首先分为印刷型文献资源和电子型文献资源,印刷型文献资源又按照文献类型分为图书、报纸、期刊,每一种文献类型按照内容分为公共类、社科类、专业类,电子型文献又分为中文数据库、英文数据库和电子图书这三类,最后得到了用户对13种图书馆资源的满意度,发现除了中文数据库外,对其他类型资源表示满意的用户比例都在50%以下[③]。

Clougherty 等的研究发现,爱荷华大学本科生受访者中,使用过某项图书馆服务的受访者对该项服务的满意度均较高。如97%使用过公共服务台服务的受访者满意此项服务,94%使用过参考咨询服务的受访者满意此项服务,88%使用过培训服务的受访者满意此项服务[④]。Rehman 等对旁遮普大学图书馆458位用户的调查显示,受访者对图书馆的开放时间、流通系统、文献复制设施、图书馆员的态度和图书馆环境满意,对参考资料、图书馆员的知识和能力、互联网设施等不太满意[⑤]。Harwood 和 Bydder 对新西兰怀卡托大学图书馆用户的调查表明,馆际互借服务和馆外资源服务这两项服务用

[①] 林彣瑾:《公共图书馆使用者对信息需求及寻求行为之研究》,彰化师范大学硕士学位论文,2002年,第79—84页。

[②] 何晓萍、胡小飞、王敏:《加强图书馆内涵建设 提高信息服务水平——南昌大学图书馆读者问卷调查分析》,《现代情报》2008年第4期,第118—122页。

[③] 张凯:《高校图书馆用户满意度研究》,河南大学硕士学位论文,2009年,第29—31页。

[④] Clougherty L, Forys J, Lyles T, et al., 1998:"The University of Iowa Libraries' undergraduate user needs assessment", *College and Research Libraries*, 59(6),571 – 583.

[⑤] Rehman S U, Mahmood K, Arif M, et al., 2009:"Are users satisfied with library services The case of Punjab University Library", *Pakistan Journal of Library and Information Science*, 40(1),22 – 28.

户最不满意①。Maughan 对加州大学伯克利分校教师和研究生研究发现,受访的多数师生对于参考服务和流通服务比较满意②。

(二) 满意模型研究

此类研究通过构建图书馆用户满意模型,分析图书馆用户满意的形成过程并且通过问卷、访谈等方式收集数据来检验研究模型和假设。

Shi、Holahan 和 Jurkat 研究了不一致理论 (disconfirmation theory) 是否能够解释图书馆用户满意的形成过程。在他们的研究中,信息被当作是可以消费的商品,信息搜索和检索活动被视作图书馆用户的购买体验。信息包括信息产品本身和图书馆用户用于获取和检索信息产品的信息系统和服务。他们认为,图书馆用户的满意来源于用户对信息产品的满意和用于获取信息产品的信息系统和服务的满意两方面作用的结果,并且这两方面相互独立。他们建立的满意模型如图 3-1 所示。他们以美国西北部 8 个大学和学院的 105

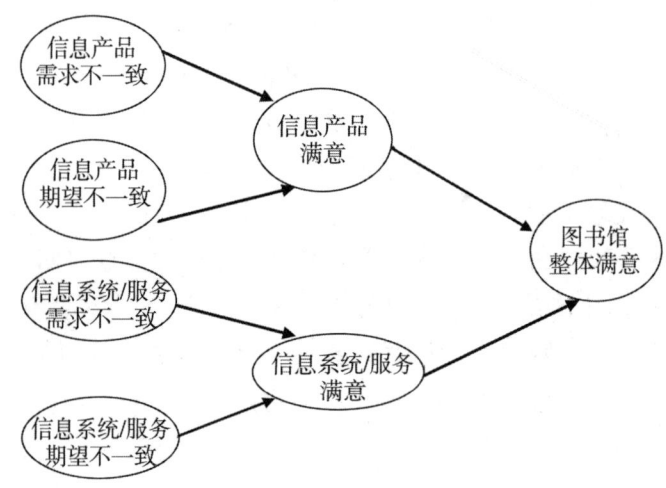

图 3-1 Shi、Holahan 和 Jurkat 的图书馆用户满意模型

资料来源:Shi、Holahan、Jurkat,2004。

---

① Harwood N, Bydder J, 1998: "Student expectations of, and satisfaction with, the university library", *The Journal of Academic Librarianship*, 24(2),161–171.

② Maughan P D, 1999: "Library resources and services: a cross–disciplinary survey of faculty and graduate student use and satisfaction", *The Journal of Academic Librarianship*, 25(5),354–366.

位教职员工为研究对象。研究者发现用户对信息产品的满意和对信息产品/服务的满意之间存在极强的相关性。用户对信息产品的满意要比对信息系统/服务的满意更适合作为用户整体满意的预测指标。用户的需求和期望都可作为不一致标准,用于预测对信息产品的满意。与期望不一致相比,需求不一致能够更好地预测信息系统/服务的满意①。

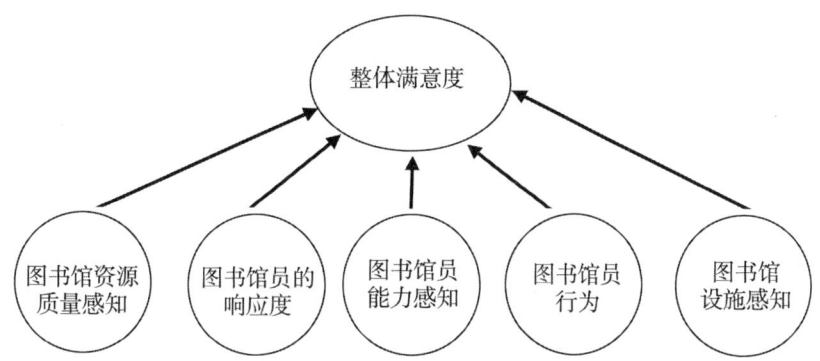

图 3-2　Andaleeb 和 Simmonds 的图书馆满意构成模型

资料来源:Andaleeb、Simmonds,1998。

Andaleeb 和 Simmonds 建立了如图 3-2 所示的模型来解释用户对学术图书馆的满意。他们以美国宾夕法尼亚州 3 个学术图书馆的 188 位用户为研究对象。研究发现,图书馆的资源和图书馆员的行为及能力对用户的满意产生了很大的影响;图书馆员的响应度对用户的满意不存在影响;图书馆的设施对用户的满意也会有影响,但是相对较小②。

Martensen 和 Grønholdt 设计了一个结构方程模型去衡量图书馆用户感知的图书馆质量、对图书馆的满意和忠诚,以及图书馆服务的特定元素如馆藏和环境等对这些感知的贡献程度(见图 3-3)。该模型中包括九个潜变量。他们以哥本哈根商学院图书馆用户为调查对象,结果表明,用户满意是纸本资源、

---

① Shi X, Holahan J P, Jurkat P M, 2004: "Satisfaction formation processes in library users: understanding multisource effects", *The Journal of Academic Librarianship*, 30(2), 122-131.

② Andaleeb S S, Simmonds P L, 1998: "Explaining user satisfaction with academic libraries: strategic implications", *College and Research Libraries*, 59(2), 156-167.

电子资源、图书馆环境、技术设施、馆员服务和用户价值这六个因素相互作用的结果。没有发现其他图书馆服务对用户满意的直接影响。通过对驱动用户满意的影响—绩效的优先图分析,研究者指出,如果哥本哈根商学院图书馆的管理者想要显著地提高用户满意,他们必须优先考虑提高纸本资源的质量[①]。

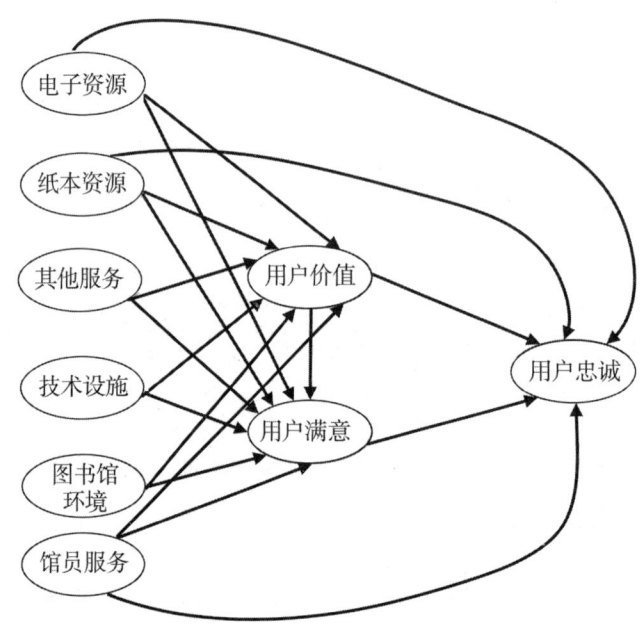

图3-3　Martensen 和 Grønholdt 的结构方程模型

资料来源：Martensen、Grønholdt, 2003。

五、研究现状述评

图书馆用户信息需求和使用方面的研究,主要内容可以归纳为:一是信息需求的目的:图书馆用户出于什么目的产生对信息的需求;二是需求的信息类型:用户需要哪些类型、哪些载体、哪些语种、哪些年限的信息;三是

---

① Martensen A, Grønholdt L, 2003: "Improving library users' perceived quality, satisfaction and loyalty: an integrated measurement and management system", *The Journal of Academic Librarianship*, 29(3), 140-147.

获取信息的途径：用户从哪些渠道获得自己所需的信息；四是信息特性的需求：图书馆用户对信息的完整性、正确性、权威性、及时性、新颖性等质量特征的需求；五是影响信息需求和使用的因素：哪些因素会对用户的信息需求和满意产生影响，影响到什么程度。

图书馆需求和使用方面的研究，主要内容包括：一是各类型服务和系统的需求：通过调查或者访谈等形式获取研究对象对图书馆提供的各项信息服务的需求和使用情况，有时候也会涉及图书馆信息系统。二是特定类型服务和系统的需求：着重在于了解图书馆用户对某项图书馆服务或者某个系统的需求。三是影响图书馆需求和使用的因素：哪些因素对图书馆需求和使用存在影响，影响到什么程度。

图书馆用户满意研究包括具体的满意研究和满意模型研究。

从研究对象上看，现有的研究对象多数只是某一特定图书馆或者特定类型图书馆的用户。对多个图书馆和多种类型图书馆的用户研究并不多见。研究样本的范围和数量有限。

从研究内容看，多数研究只是针对图书馆用户的特定需求或者某一方面的需求进行研究。信息需求的研究最为常见和普遍，服务需求多是用户对特定服务项目的需求。对图书馆信息系统的需求研究所见不多，大多是对特定信息系统如图书馆门户网站系统和 OPAC 需求的研究。这样就不能把握图书馆用户需求的全貌。

图书馆用户信息需求方面，现有研究对与用户工作和学习相关的研究性需求比较关注，对用户的休闲性需求关注不够。对图书、期刊以外的文献类型需求涉及不多。文献载体需求上，一般只是笼统地区分为纸质资源和电子资源，即使是区分了文献类型，也主要是涉及图书和期刊这两种文献类型。信息来源需求上，较少将信息区分为学术性信息和日常生活信息；一般没有将网络资源区分为图书馆提供的网络资源和网上免费提供的网络资源。信息特性需求上，现有的研究大多只是简单地描述用户对哪些特性较为重视或者是用户对特性重视的优先顺序。影响用户信息需求和使用的因素上，现有研究大多只是涉及少数几种因素。

图书馆需求和使用方面，现有的研究一般只是让用户勾选其使用过的服务类型，有些研究对用户特定类型的服务需求进行了深入的探讨。用户对图书馆信息系统类型需求的全面研究较为少见。对影响图书馆需求和使用因素的研究不够深入。

正如 Shi 等指出的那样，在图书馆用户满意模型构建中，图书馆学情报学研究文献对于图书馆用户满意的研究通常并没有将用户对信息产品的满意和对信息系统/服务的满意区分开来。或者是评估用户对信息产品的满意，或者是评估用户对用于获取信息产品的信息系统/服务质量的满意，或者是将满意作为一个全局概念来构建，混淆用户对信息产品和信息系统/服务的满意[①]。也就是图书馆用户满意模型的构建中，通常没有将用户对图书馆信息资源的满意与用户对图书馆信息系统/服务的满意进行区分。

[①] Shi X, Holahan J P, Jurkat P M, 2004: "Satisfaction formation processes in library users: understanding multisource effects", *The Journal of Academic Librarianship*, 30(2), 122 – 131.

第 四 章
用户需求和用户满意研究模型与研究方法

在前文的基础上,本章将构建图书馆用户需求研究模型和用户满意模型,并说明研究的主要环节、工具和方法。

一、用户需求研究模型构建

本节将从用户需求结构分析入手,构建用户需求研究模型。"结构"一词源于拉丁文 structura,原意为"构成"、"建造",它是系统中各组成元素之间相对稳定的联结关系的总和[①]。图书馆用户需求结构涉及图书馆用户需求的构成元素及其相互关系。

(一) 信息需求结构划分

信息需求结构的划分可以作为图书馆用户需求结构划分的参考。对于信息需求,可以从不同的维度进行划分。常见的有内容维度、认知维度或者综合多个维度进行划分,形成多维结构。

如胡昌平从内容维度划分信息需求的结构,认为信息需求包括对信息本身(即信息客体)的需求以及为了满足这一需求而产生的对信息检索工具和信息服务方面的需求[②]。

Taylor 从信息需求的认知维度将信息需求划分为:①内藏式需求(Vis-

[①] 金炳华:《马克思主义哲学大辞典》,上海,上海辞书出版社 2003 年版,第 178 页。
[②] 胡昌平:《信息服务与用户》,武汉,武汉大学出版社 2007 年版,第 132—133 页。

ceral Need),它是存在于个人心中,真实但无法用语言陈述的信息需求。它会随着外在信息及内在认知过程而改变需求的内容。②意识化需求(Conscious Need),它是大脑中可以意识到但是无法用语言明确表达出来的信息需求,需求者可能会通过与他人的沟通了解问题所在,使问题更加清楚。③正式的需求(Formalized Need),它是能够用语言文字的形式具体表达出来的信息需求,同时知道以何种方式来查寻信息,如通过图书馆馆藏目录、在书架上浏览和从在线数据库中检索等。④妥协后的需求。它是根据信息系统的限制、特色而加以修改的信息需求,使其成为系统能够接受的陈述[①]。

Macevičiūtė也是从信息需求的认知维度将信息需求划分为不明确的需求、形成的需求和要满足的需求[②](见图4-1)。开始出现的信息需求是不明确的需求,需要直觉或者实践经验才能感知到。在事情发展的过程中,不明确的需求能够被巩固并且被准确地表达。最后以请求等方式表达出来的信息需求从诸如图书馆之类的信息服务机构中得到满足。

图4-1 kandens 的信息需求结构

资料来源:Macevičiūtė,2006。

齐虹从认知维度、效用维度和内容维度等三个维度对信息需求进行划分,认为可以形成信息需求的三维立体结构(见图4-2)。认知结构指用户信息需求的三个层次,即从客观状态到认识状态再到表达状态。信息需求的效用结构指用户需求构成中对信息效用和价值的判断。信息需求的内容结构包括两个部分,一部分是对信息本身的需求,另外一部分是信息服务过程的需求。齐虹指出,信息服务机构在用户具体的信息需求满足过程中,应该重

---

① Taylor S R,1968:"Question - negotiation an information - seeking in libraries",*College and Research Libries*,29(3),178 - 194.

② Macevičiūtė E,2006:"Information needs research in Russia and Lithuania,1965—2003",*Information Research:an International Electronic*,11(3).

点关注信息需求的内容结构①。

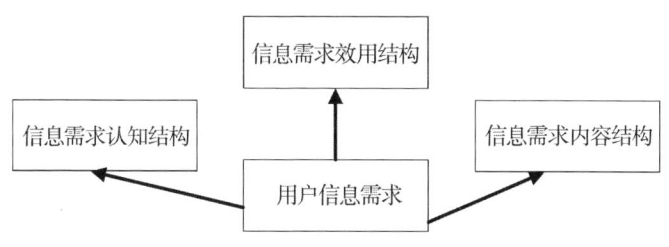

图 4-2 信息需求立体三维结构图示

资料来源：齐虹，2009。

信息需求结构的研究一般都只是提出信息需求由哪些要素组成，但是对这些要素之间的相互关系很少进行深入的探讨。

（二）用户需求结构划分

与信息需求结构研究类似，现有图书馆用户需求结构研究一般都只是剖析图书馆用户需求由哪些元素构成，即使涉及这些元素之间的关系，也很少进行论证。目前的研究大多从内容维度或者从认知维度对图书馆用户需求结构进行划分。如《图书馆学情报学词典》从内容维度将图书馆用户需求分为用户对图书馆各类文献的需求、对图书馆各类服务和对各类设施的要求②。陈冠年首先从内容角度将图书馆用户需求分为信息需求、设备需求、人员需求和其他需求四大类。信息需求包括对图书期刊、电子资源、馆际互借、非书媒体、馆藏政策、目录质量、采购捐赠、委托代寻等的需求；设备需求包括阅览桌椅、书框书架、电脑网络、灯光空调、非书仪器、影印器材、饮水洗手、流通工具等的需求；人员需求包括对专业技术、人际态度、馆员数量、组织规模、分工合作、细心耐心、素质整齐、保持学习等的需求；其他需求包括对馆舍建筑、地理环境、使用规范、活动安排、空间利用、清洁维持、管理执行、其他读者等的需求。陈冠年同时也从认知维度将图书馆用户需求分为负需求、无需求、潜在需求、衰退需求、不规则需求、

---

① 齐虹：《用户信息需求立体结构模型探讨》，《档案学通讯》2009 年第 2 期，第 32—35 页。
② 周文骏：《图书馆学情报学词典》，北京，书目文献出版社 1991 年版，第 97 页。

不足需求、饱和需求、过量需求、病态需求和全新需求①。姚新如和刘迅芳从内容维度将图书馆用户需求划分为对图书馆文献资源的需求、对图书馆物质资源的需求和对图书馆人力资源等的需求。他们认为图书馆用户不仅需要图书馆为他们提供文献资源，也需要图书馆提供优雅、安静的阅读环境和先进的服务设备，同时还要求图书馆员提供热情周到的服务，这三方面相互联系②。

金更达和高跃新不仅从内容维度提出图书馆用户需求由信息需求、环境需求、情感需求、教育需求和个性化需求等五个元素组成，而且还指出这五个元素之间的关系是层次关系③。他认为信息需求是图书馆用户的基本需求。如果信息需求相对充分地得到了满足，接下来将会出现对包括图书馆环境、设备以及资源有序性的环境需求。当信息需求和环境需求都很好地得到满足之后就会产生情感需求。在信息需求、环境需求和情感需求得到满足的情况下，要求得到图书馆系统培训、指导的教育需求将成为用户的优势需求。在信息爆炸的背景下和前面所有需求都得到长期满足的情况下产生了个性化需求。但是他们没有证明图书馆用户需求的这五个构成元素之间的关系为什么是层次关系，并且他们的观点与图书馆用户的实际需求状况不一致，例如有些用户到图书馆来并不是来查找和获取信息，而只是利用图书馆空间来自习，因此将信息需求作为图书馆用户的基本需求过于绝对化。

在 2009 年数字环境下图书馆前沿问题研讨班上，郑巧英从内容维度将数字图书馆用户服务体系分为资源、服务和技术三个组成部分。她认为资源是图书馆服务的基础条件，服务是图书馆永恒的主题，技术是图书馆服务的重要支撑④。

（三）用户需求研究模型

由胡昌平和郑巧英等人的研究可知，图书馆用户需求的构成要素包括信息资源需求、信息服务需求和信息系统需求。

本研究从内容和效用两个维度对图书馆用户需求进行深入探讨。

---

① 陈冠年：《论读者需求》，《大学图书馆》2004 年第 2 期，第 100—121 页。
② 姚新如、刘迅芳：《现代图书馆读者服务》，北京，海洋出版社 2006 年版，第 39 页。
③ 金更达、高跃新：《图书馆用户需求层次研究》，《图书杂志》2004 年第 6 期，第 24—26、第 23 页。
④ 郑巧英：《构筑数字图书馆互动立体化服务环境》，http://202.114.9.60/dl6/pdf/22.pdf。

文献类型、载体类型、语种、时期等文献收藏范围是图书馆馆藏发展政策中的重要内容①，图书馆用户的载体需求、文献类型需求等问题也是研究的热点问题，对于图书馆信息资源建设具有重要的意义。信息来源问题的研究可以帮助确定网络环境中图书馆在用户信息获取中的地位。

因此，图书馆用户信息资源内容需求从信息资源类型需求、信息资源载体需求、信息资源语种需求、信息资源年限需求和信息资源来源需求等角度进一步细分。

图书馆服务类型的研究有助于图书馆按照用户需求提供服务。参考咨询服务有时又被称为参考和信息服务（Reference and Information Services），是参考咨询馆员在用户寻求信息时提供个别的帮助②。提供参考咨询服务是图书馆和信息职业的中心主题③。参考咨询服务也是图书馆服务的主要组成部分之一④。随着数字化和网络化的发展，越来越多的信息可以由图书馆用户自己获取。图书馆参考咨询服务的使用量在下降，美国大学和研究图书馆协会发布的统计数据表明，从1998年到2008年，参考咨询请求在美国所有类型的大学图书馆都显著下降，如拥有博士学位授予权的美国高校1998年平均每周的参考咨询请求是2031件，2008年为592件，下降了71%；拥有硕士学位授予权的美国高校1998年平均每周的参考咨询请求是375件，2008年为186件，下降了51%；拥有学士学位授予权的美国高校1998年平均每周的参考咨询请求是184件，2008年为146件，下降了21%⑤。同时图书馆参考咨询服务也面临着诸如雅虎知识堂、百度知道、新浪爱问知识人等网上免费咨询服务的挑战。网络环境中，用户对图书馆参考咨询服务还存在需求吗？用户希望图书馆以什么样的方式提供参考咨询服务？这些问题的答案对

---

① 戴龙基：《文献资源发展政策研究》，北京，北京大学出版社2007年版，第7页。
② Bunge A C, 1999: "Reference Services", *The Reference Librarian*, 31(66), 185 - 199.
③ Chowdhury G G, 2002: "Digital libraries and reference services: Present and future", *Journal of Documentation*, 58(3), 258 - 283.
④ Han L, Goulding A, 2003: "Information and reference services in the digital library", *Information Services and Use*, 23(4), 251 - 262.
⑤ The Advisory Board Company: "Redefining the Academic Library: Managing the Migration to Digital Information Services", http://www.infotodayblog.com/tcc - images/Provosts - Report-on-Academic-Libraries2. pdf.

于图书馆参考咨询服务的走向具有重要的价值。因此,用户信息咨询方式需求的研究非常有必要。

图书馆收费,是指在国家财政拨款和社会捐助之外图书馆向公众收取的一切费用[①]。自20世纪70年代以来,有关图书馆收费的问题就成为国内外图书馆学研究的热点问题,我国自20世纪80年代起就展开过激烈争论的"图书馆有偿服务"、"一馆两业"、"多业助文"、"图书馆经营"等论题,均可视为图书馆收费问题的不同表现形式[②]。进入21世纪以来,随着公众权利意识的苏醒,图书馆的收费及由收费引起了图书馆和用户的冲突已经多次引起舆论的关注,成为公众批评的焦点[③]。2004年10月14日《南方周末》发表的《国家图书馆借书记》讲述了暨南大学出版社副总编辑周继武在国家图书馆借书的经历,指出国家图书馆将国家藏书变成奇货可居的垄断资源,将图书借阅演变成"租书""抵押",限制或剥夺低收入者、低职位者、低职称者、低学历者、无职业者和外地人的阅览权或外借权,这无疑是对公共图书馆理念的践踏和对中国图书馆事业的误导[④]。2004年12月11日新华网以《大学图书馆向学生"卖"座位 学生投诉其乱收费》为题报道,信阳师范学院图书馆以阅览座位紧张,不能满足学生需求为由,用管理费的名义收取学生一个学期60元或者30元的座位使用费[⑤]。《河南日报》就此事发表的评论指出,此举明显不当,其实质是利用管理方的优势地位,想方设法揩被管理者的油[⑥]。2005年3月22日,《中国青年报》以《国家图书馆怎么成了"经济特区"》为题指出,在国家图书馆要看保存本,需要付出每本3元的费用,复印保存本图书每页2元,善本书的缩微胶卷复制价格是每页数十元。典藏书阅览室阅览费每册5元,复制(扫描)每页5元。国家图

[①] 王子舟:《图书馆如何重塑自身的公益形象——有关图书馆收费问题的讨论》,《图书馆建设》2005年第6期,第5—11页。

[②] 雷永立:《图书馆收费:历史、现实和理性的思考》,《图书馆论坛》2002年第6期,第18—20、第35页。

[③] 范并思:《论公共图书馆的收费服务》,《图书馆》2011年第3期,第6—8页。

[④] 周继武:《国家图书馆借书记》,http://www.southcn.com/weekend/culture/200410150013.htm.

[⑤] 何正权:《大学图书馆向学生"卖"座位 学生投诉其乱收费》,http://www.ha.xinhuanet.com/add/meiti/2004—12/11/content_3371697.htm.

[⑥] 李兵:《提醒:警惕披着"管理"外衣的"霸王行为"》,http://www.ha.xinhuanet.com/add/wssf/2004—12/15/content_ 3391299.htm.

书馆复印、打印和扫描价格居高不下,凸显出国家图书馆淡漠了公益原则①。2011年3月8日,《楚天都市报》以《华中农业大学图书馆明码标价出租自习室》为题披露,华中农业大学图书馆以一个月40元一间的价格向学生出租自修室②。随着图书馆学理论界对国内外公共图书馆历史的研究,对图书馆精神的倡导,对平等服务和免费服务的宣传,公共图书馆应该免费服务逐渐成为图书馆学理论界和实践界的共识。从2006年开始,公共图书馆的免费服务逐步在全国推广。2011年2月10日发布的《文化部、财政部关于推进全国美术馆、公共图书馆、文化馆(站)免费开放工作的意见》(文财务发〔2011〕5号),对推进公共图书馆进一步免费开放提出具体意见,公共图书馆免费服务成为国家政策。在公共图书馆免费开放的背景下,图书馆免费似乎不应该再存在问题,其实不然。如有研究者认为用户普遍期望公共图书馆所有对外服务项目均能免费,因此公共图书馆免费开放的过程中,始终应该遵循公益免费的原则,所有服务均不能出现收费的现象③。但也有研究者指出,提出公共图书馆的所有服务都免费是免费泛化,免费泛化是从一个极端走向了另一个极端,同样需要加以防止④。用户对图书馆免费服务的认识,用户对图书馆目前的免费服务认同程度如何是值得关注的问题。个性化信息服务是近年来图书馆界研究的热点问题之一,但是目前对用户到底要不要个性化信息服务,需要哪些个性化信息服务,需求到什么程度,除了理论上的推理外,大多缺少具体的回答。

因此,图书馆用户信息服务内容需求从信息服务类型需求、信息咨询方式需求、信息服务免费需求、个性化信息服务需求等角度进一步细分。

图书馆用户信息系统类型需求的研究,有助于图书馆全面了解用户对图书馆各类信息系统的需求状况。网络环境中,包括OPAC在内的图书馆信息

---

① 周宇:《国家图书馆怎么成了经济特区》,http://zqb.cyol.com/content/2005—03/22/content_1053481.htm。

② 彭一苇:《华中农业大学图书馆明码标价出租自习室》,http://news.cnhubei.com/ctdsb/ctdsb-sgk/ctdsb18/201103/t1633939.shtml。

③ 黄兆奎:《西部公共图书馆免费开放研究———以泸州市公共图书馆系统为例》,《图书馆》2011年第2期,第114—116页。

④ 李国新:《公共图书馆"免费开放"的内容、范围与边界》,《图书馆》2011年第6期,第59—61页。

系统面临着诸多挑战。以 OPAC 为例，其面临着与以 Google 等为代表的搜索引擎的竞争，也受到亚马逊、当当等网上书店的冲击，并且 OPAC 本身在技术上也存在一些缺陷。为了应对挑战，有相当多的研究提出了 OPAC 的发展前景和改进思路，也有一些新的 OPAC 系统面世。如胡小菁将新型 OPAC 的实践总结为简单的界面、输入提示、分面浏览和导航、排序和推荐、输出选择、地图和位置显示、FRBR（Functional Requirements of Bibliographic Records，书目记录功能需求）化显示、用户参与、RSS 推送等九个方面[①]。余春以深圳大学图书馆使用的 SULCMIS（Shenzhen University Library Computer Managent Integrated System，深圳大学图书馆信息管理集成系统）和厦门大学图书馆使用汇文系统的 OPAC 为范例，从检索功能、书目信息、输出结果、个性化服务、用户参与等方面总结了我国图书馆新型 OPAC 的实践。检索功能方面包括一站式检索、单一检索框式的任意字段关键词检索方式、条件检索、高级检索、分类浏览、分面浏览、建立内链以实现进一步检索、检索辅助功能等。书目信息方面提供了封面信息、在结果列表处提供简单的馆藏信息及可借阅状态信息、提供电子全文的链接、提供到互联网的链接、提供其他用户的评论信息、相关借阅信息和热门信息。输出结果方面提供对检索结果的多种排序方式和书目信息的多种输出格式。个性化服务方面提供记录个人的检索历史、收藏夹、新书通报、书目信息定制和 RSS 推送等功能。用户参与方面提供为用户开发的图书评论的平台[②]。图书馆信息系统提供的这些功能与用户的需求相符吗？用户对这些功能需求的优先顺序如何？这些问题都亟须得到解答。除了从整体对图书馆用户的信息系统内容需求进行研究之外，我们还以中山大学图书馆用户为例，对图书馆用户的信息系统需求进行深入的分析。因此，图书馆用户信息系统内容需求从信息系统类型需求和信息系统功能需求这两个角度进行细分。

国际标准化组织在 ISO9004 中将质量定义为产品或者服务满足用户明确或者隐含需求的特征和特性的总和[③]。质量需求中包括对效用和价值的判

---

① 胡小菁：《论新一代 OPAC 的理念与实践》，《中国图书馆学报》2006 年第 5 期，第 67—70、第 75 页。
② 余春：《国内图书馆新型 OPAC 的实践与思考——以深圳大学、厦门大学图书馆为例》，《图书馆学研究》2010 年第 8 期，第 59—62 页。
③ 唐少清：《项目评估与管理》，北京，清华大学出版社 2005 年版，第 331 页。

断。因此,本研究通过质量需求来体现用户的效用需求,信息资源效用需求用信息资源质量需求来表示,信息服务效用需求用信息服务质量需求来表示,信息系统效用需求用信息系统质量需求来表示。

图书馆用户内容需求结构通过图书馆用户信息资源类型需求、信息服务类型需求和信息系统类型需求之间的相互关系来体现。图书馆用户需求效用结构通过图书馆用户信息资源质量需求、信息服务质量需求和信息系统质量需求之间的相互关系来体现。

本研究构建的图书馆用户需求研究模型见图4-3。

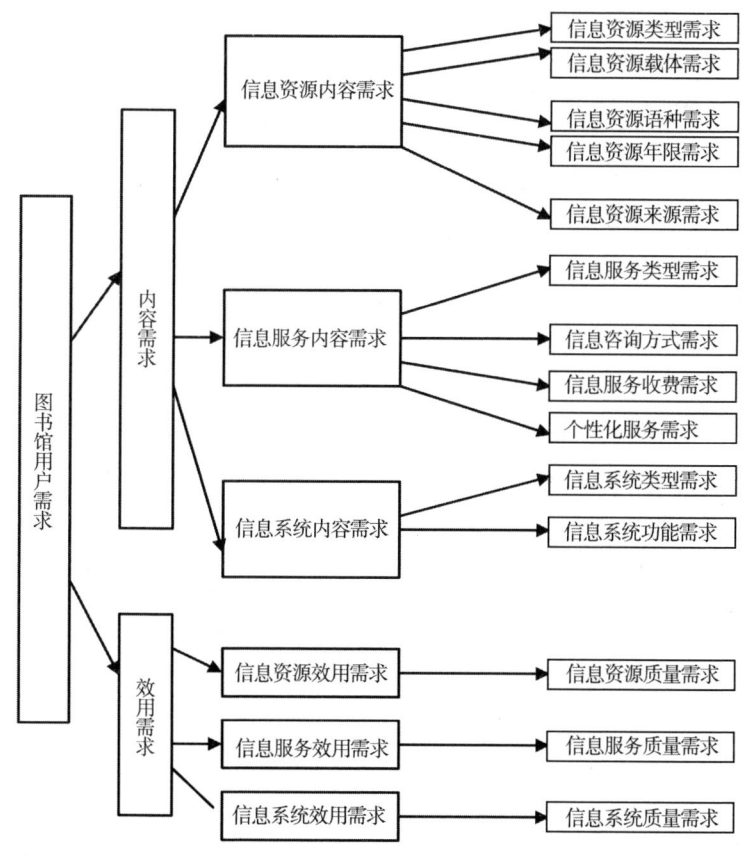

图4-3　图书馆用户需求研究模型

二、用户满意模型构建

信息系统成功模型包含了图书馆用户需求结构中的信息、系统和服务三个构面,并且图书馆本身也可以被视为一个信息系统,因此信息系统成功模型可供图书馆用户满意模型参考。构建图书馆用户满意模型同时也涉及用户满意形成理论,期望一致理论和差异理论是其中的两种用户满意形成理论。本研究将图书馆用户满意区分为对图书馆信息资源的满意、对图书馆信息服务的满意和对图书馆信息系统的满意,以图书馆信息系统成功模型为基础,应用期望一致理论和差异理论构建图书馆用户满意模型。

(一) 信息系统成功模型

信息系统成功模型最初是由 DeLone 和 McLean 于 1992 年提出(见图 4-4)[①]。该模型包括六个构面,分别为系统质量(System Quality)、信息质量(Information Quality)、系统使用(System Use)、用户满意(User Satisfaction)、个人的影响(Individual Impact)、组织的影响(Organizational Impact)。系统质量是对信息系统本身的评估,信息质量是对信息系统输出信息的评估,系统使用是信息系统的使用情形,用户满意是用户对信息系统的满意情况,个人的影响是信息系统对个人产生的影响,组织的影响是信息系统对组织产生的影响。DeLone 和 McLean 认为,信息质量和系统质量对信息系统的使用和用户满意存在影响。

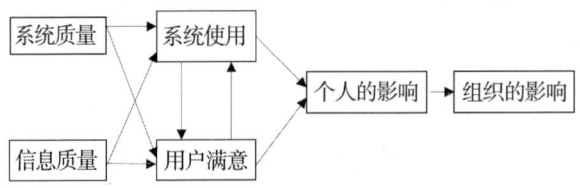

图 4-4 DeLone 和 McLean 的信息系统成功模型

资料来源:DeLone、McLean,1992。

---

① DeLone H W, McLean E R,1992:"Information systems success:the quest for the dependent variable", *Information Systems Research*,3(1),60-95.

DeLone 和 McLean 的 1992 年版信息系统成功模型中没有包括服务质量在内,但是其后相当多的研究者认为服务质量是信息系统成功的重要因素之一。如 Magal 在研究信息中心成功时,就将服务质量作为影响信息中心成功的重要因素[1]。Pitt、Watson 和 Kavan 也认为服务质量会影响信息系统用户的满意和使用,他们在 DeLone 和 McLean 模型的基础上增加了服务质量这一构面形成新的信息系统成功模型[2]。2003 年,DeLone 和 McLean 总结了过去十年信息系统成功模型的研究成果,提出了信息系统成功模型的更新版,在这个模型中也加入了服务质量这一构面。信息系统成功模型更新版由系统质量、信息质量、服务质量、用户满意度、使用(或使用意愿)以及净利益等六个构面构成(见图 4 - 5)。考虑到系统使用有时难以进行有效的测量,DeLone 和 McLean 建议在某些情况下可以换成使用意愿作为替代构面。此外,更新的信息系统成功模型还简化了个人的影响和组织的影响这两个构面,以净利益代表信息系统带来的影响或者利益[3]。

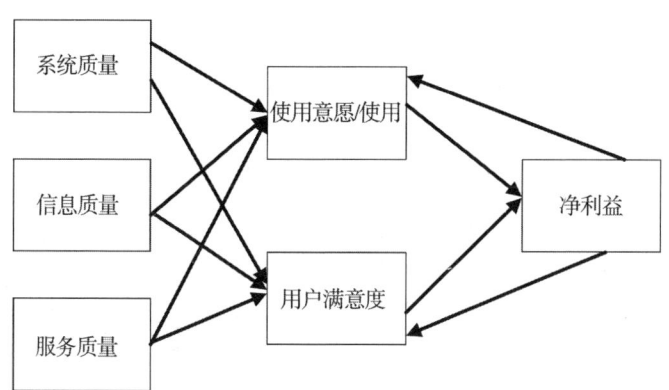

图 4 - 5　DeLone 和 McLean 更新的信息系统成功模型

资料来源:DeLone、McLean,2003

---

[1] Magal R S, 1991: "A model for evaluating information center success", *Journal of Management Information Systems*, 8(1), 91 - 106.

[2] Pitt L F, Watson R T, Kavan C B, 1995: "Service quality: a measure of information systems effectiveness", *MIS Quarterly*, 19(2), 173 - 187.

[3] DeLone W H, McLean E R, 2003: "The DeLone and McLean model of information systems success: A ten-year update", *Journal of Management Information Systems*, 19(4), 9 - 30.

Landrum 和 Prybutok 在对图书馆用户的满意研究中参考了信息系统成功模型，他们认为，信息质量、服务质量和系统质量都会影响图书馆用户对图书馆有用性的认知和对图书馆的满意，他们建立的图书馆成功模型见图 4-6[①]。

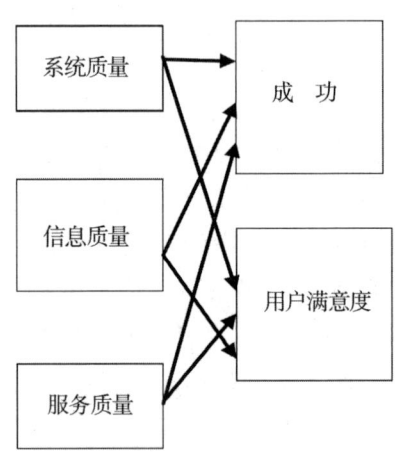

图 4-6　图书馆成功模型

资料来源：Landrum、Prybutok，2004。

Landrum 和 Prybutok 以两个美国陆军工程图书馆的 385 位用户为实证研究的对象，研究结果显示，SERVQUAL 量表中的绩效感知部分可以很好地测量服务质量，服务质量、信息质量和系统质量都是影响图书馆成功的重要因素，其中信息质量的影响最强，服务质量的影响次之，最弱的是系统质量。

（二）用户满意的形成

差异理论是 Locke 于 1969 年提出的，用于解释工作满意度的形成原因。差异理论的基本假设为：个体对工作的满意与否，取决于个体在工作中"实际获得的"与"希望获得的"这二者之间的差异。如果"实际获得的"与"希望获得的"之间没有差异，那么个体不会感到不满意，如果"实际获得的"对于个人有利的（如报酬的增加）大于"希望获得的"，那么个人

[①] Landrum H, Prybutok R V, 2004: "A service quality and success model for the information service industry", *European Journal of Operational Research*, 156(3), 628-642.

会感到满意,反之如果是对个体不利的(如工作量的增加),那么个体会感到不满意。如果"实际获得的"少于"希望获得的",那么个体将会感到不满意[①]。Michalos 对应用差异理论的相关研究的调查发现,约有 90% 的文献都发现个体满意度和一些他们认为"应该拥有"和"现在拥有"之间的认知差异具有显著的关系,说明差异理论能够解释个人满意度的决定因素[②]。

Oliver 于 1980 年提出的期望一致理论(Expectation Confirmation Theory),又称为期望不一致理论(Expectation Disconfirmation Theory),将差异理论扩展到消费者背景中去。期望一致理论现在已经成为一般消费者满意度的基本理论。这个理论认为,消费者以购前期望(Expectation)与购后绩效(Perceived Performance)表现的比较结果(Confirmation),来判断是否对产品或者服务满意(Satisfaction),而满意度成为下次再次购买或者使用的参考[③](见图 4-7)。Oliver 认为消费者的再次购买意愿的形成过程如下:消费者在购买某种商品或者服务之前,会对该商品或者服务的表现形成一个购买前期望,该期望会影响消费者对产品或者服务的态度和购买倾向。购买或者使用之后,消费者会根据实际经历,产生对产品或者服务绩效的认知。当产品或者服务感知绩效超过期望时,会产生正向不一致(Positive Disconfirmation),当产品或者服务感知绩效等于期望时,会产生一致(Confirmation),当期望超过产品或者服务绩效时,会产生负向不一致(Negative Disconfirmation)。消费者购买前期望与购买后一致或者不一致将会影响到消费者的满意程度。消费者的满意度会影响到消费者是否再次使用的意愿。消费者的满意度越高,继续使用的意愿也就会更高。

在期望一致理论中,期望是消费者在购买和使用产品或者服务之前对产品或者服务将要出现情况的预测,期望建立在消费者之前的购买经验或者亲朋好友的转述或者营销人员提供的信息与承诺事项的基础上。对于感知绩效,Cadotte、Woodruff 和 Jenkins 将其定义为消费者对产品绩效是否能符合

[①] Locke E A, 1969: "What is job satisfaction?", *Organizational Behavior and Human Performance*, 4(4), 309-336.

[②] Michalos C A: "Essays on the Quality of Life", Berlin, Springer, 2003, 123-144.

[③] Oliver L R, 1980: "A cognitive model of the antecedents and consequences of satisfaction decisions", *Journal of Marketing Research*, 17(6), 460-469.

消费者的需要、欲望和需求的感觉[1]。Churchill 和 Surprenant 的研究发现,感知绩效对满意度的直接关联性解释了88%的满意度变异程度,一致是感知绩效和期望之间产生的差异(Discrepancies),也就是一致是由期望和感知绩效所共同决定的[2]。Chiu 等人认为感知绩效包括感知有用性、感知易用性和感知一致性这三个方面[3]。对于满意度,Tse 和 Wilton (1988) 认为满意度是消费者使用产品或者服务前的期望与使用之后的感知绩效之间的差距评估[4]。Oliver 在对消费者满意文献的总结的基础上指出满意度是用户满足状态的体现,它是用户对产品或服务特征的判断,是与消费相关的满足状态,而这种满足状态需要用相关的标准来加以比较。判断的标准包括期望、需求、公平性等[5]。Kotler 和 Keller 指出,满意度是一个人感觉愉悦或者失望的程度,源于其对产品或者服务的期望或者结果。如果感知绩效不如期望,消费者就会感到不满意,如果感知绩效符合期望,消费者就会感到满意,如果感知绩效超过期望,消费者就会感到高度的满意[6]。

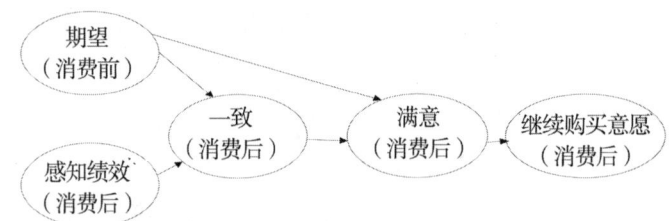

图4-7 期望一致理论

资料来源:Oliver, 1980。

---

[1] Cadotte E R, Woodruff R B, Jenkins R , 1987:"Expectations and Norms in Models of Consumer Satisfaction", *Journal of Marketing Research*, 24(3),305-314.

[2] Churchill G A, Surprenant C, 1982: "An Investigation into the Determinants of Customer Satisfaction", *Journal of Marketing Research*, 19(4),491-504.

[3] Chiu M C, Hsu H M, Sun S Y, et al., 2005: "Usability, quality, value and e-learning continuance decisions", *Computers and Education*, 45(4),399-416.

[4] Tse D K, Wilton P C, 1988:"Models of Consumer Satisfaction Formation: An Extension", *Journal of Marketing Research*, 25(2),204-212.

[5] Oliver L R, Swan E J, 1989:"Consumer perceptions of interpersonal equity and satisfaction in transactions: a field survey approach", *The Journal of Marketing*, 53(2),21-35.

[6] Kotler P, Keller K L:" Marketing Management", New Jersey, Prentice Hall, 2006 12th ed.

(三) 图书馆用户满意模型

在对用户满意度的研究中，可以综合信息系统成功模型和期望一致理论或者综合信息系统成功模型和差异理论来形成用户满意模型。如 Mckinney、Yoon 和 Zahedi 在对网站消费者满意度的研究就综合了 DeLone 和 McLean 的信息系统成功模型和期望一致模型，构建出如图 4-8 所示的网站消费者的满意模型[①]。他们认为，消费者网上购物会经历信息与系统两个阶段，因此在期望一致模型中的期望、感知绩效、一致和满意度都各自解构为信息质量与系统质量两个层面来一并讨论。网站消费者的满意受到网站信息质量满意和网站系统质量满意的影响。

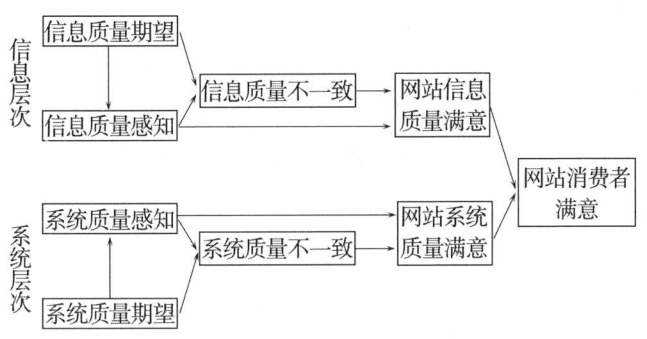

图 4-8　网站消费者满意模型

资料来源：Mckinney、Yoon、Zahedi，2002。

在期望一致理论中，信息质量不一致、系统质量不一致和服务质量不一致等的测量需要设计专门的量表，而在差异理论中差异的测量不需要专门的量表，可以直接采用期望和感知的比较。为了节省问卷的篇幅，本研究采用差异理论。

参考信息系统成功模型，Mckinney、Yoon、Zahedi 的网站消费者满意模型和差异理论，本研究构建出如图 4-9 所示的图书馆用户满意模型。本研究认为，图书馆用户的信息资源满意与他们的信息资源质量感知和信息资源质量

[①] Mckinney V，Yoon K，Zahedi F，2002："The Measurement of Web-Customer Satisfaction：An Expectation and Disconfirmation Approach"，*Information Systems Research*，13(3)，296-315.

需求之间的差异相关；图书馆用户的信息服务满意与他们的信息服务质量感知和信息服务质量需求之间的差异相关；图书馆用户的信息系统满意与他们的信息系统质量感知和信息系统质量需求之间的差异相关。图书馆用户的整体满意与图书馆用户的信息资源满意、信息服务满意和信息系统满意相关。

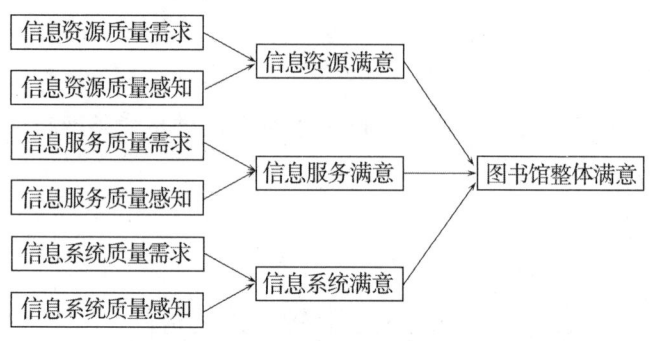

图4-9　图书馆用户满意模型

资料来源：本研究整理。

三、用户需求和满意研究假设

差异理论最初主要用于工作满意度的衡量，后来逐渐应用在其他领域。

Tesch、Jiang 和 Klein 应用差异理论从信息系统的不同利益相关者的角度（信息系统用户、信息系统专家和信息系统主管），审视了信息系统专家的技能需求。根据差异理论，不同利益相关者对信息系统专家的技能有着不同的期待，对信息系统专家的实际技能也有着不同的感知。研究结果发现，信息系统用户对信息系统专家技能感知与期望的正向差异和信息用户的高满意度相关。信息系统用户对信息系统专家感知与期望差异的大小和用户的满意度正相关[①]。

钟心瑜也使用了差异理论去探讨用户对网站的满意度和持续使用意图。研

[①] Tesch D, Jiang J J, Klein G, 2003: "The Impact of Information System Personnel Skill Discrepancies on Stakeholder Satisfaction", *Decision Sciences*, 34(1), 107 – 129.

究结果表明，用户质量感知与期望之间的正向差异与其对网站的满意度有正向关系，用户质量感知与质量期望之间差异的大小与对网站的满意度正相关①。

蔡松益在研究放射线部门用户对医学影像存储系统的满意因素中应用了差异理论和信息系统成功模型，将用户对医学影像存储系统的满意分为信息质量满意、系统质量满意和服务质量满意。实证研究的结果发现，用户质量感知与期望之间的正向差异与其质量满意有正向关系，用户质量感知与质量期望之间差异的大小与其质量满意正相关。用户的信息质量满意、系统质量满意和服务质量满意与用户满意均有正向关系②。

在差异理论和期望一致理论中，期望往往作为差异的标准。但是 Shi 认为在对信息产品的评估中，需求更适合做差异的标准，其以图书馆用户为实证研究对象的研究结果也支持了这个观点。因此，本研究以需求作为差异的标准③。研究假设包括三方面的内容：差异的方向对用户满意的影响；差异的大小对用户满意的影响以及信息资源满意、信息服务满意和信息系统满意对用户整体满意的影响。

（一）差异的方向对于用户满意的影响

根据差异理论，当用户对图书馆信息资源质量、信息服务质量、信息系统质量的实际感知和需求之间是相等的，或者是实际感知高于需求时，表示图书馆提供的图书馆信息资源、信息服务、信息系统的质量符合或者超过用户的需求，因此用户对各项的满意程度会比较高。正向差异越大，用户的满意程度就越高，相对而言只要是负向差异，不管大小，用户的满意程度就会较低。据此，本研究提出以下研究假设：

研究假设 H1a：图书馆用户信息资源质量感知和需求之间的正向差异与信息资源满意存在正向关系。

研究假设 H2a：图书馆用户信息服务质量感知和需求之间的正向差异与

---

① 钟心瑜：《应用差异理论探讨使用者持续使用网站之行为意图》，中正大学硕士学位论文，2006年，第74—75页。
② 蔡松益：《应用差异理论来探讨影响放射线部门使用 PACS 系统之满意度——以台湾区域级以上医院实际建置经验为例》，中正大学硕士学位论文，2008年，第74—76页。
③ Shi X："An examination of information user satisfaction formation process"，*Stevens Institute of Technology Doctor Thesis*，2000，104 – 106.

信息服务满意存在正向关系。

研究假设 H3a：图书馆用户信息系统质量感知和需求之间的正向差异与信息系统满意存在正向关系。

（二）差异的大小对于用户满意的影响

用户对图书馆信息资源质量、信息服务质量、信息系统质量的实际感知与需求之间的差异越大，表示图书馆提供的信息资源、信息服务、信息系统质量远远地高于或者低于用户的需求，当远高于用户的需求时，用户相应的满意度会较高；当远低于用户的需求时，用户相应的满意程度会较低。据此，提出以下研究假设：

研究假设 H1b：用户对信息资源质量感知和需求差异的大小和用户的信息资源满意呈现正相关关系。

研究假设 H2b：用户对信息服务质量感知和需求差异的大小和用户的信息服务满意呈现正相关关系。

研究假设 H3b：用户对信息系统质量感知和需求差异的大小和用户的信息系统满意呈现正相关关系。

（三）用户信息资源满意、信息服务满意、信息系统满意与整体满意之间的关系

图书馆用户的信息资源满意、信息服务满意及信息系统满意程度越高，表示图书馆提供的信息资源、信息服务、信息系统符合或者超过用户的需求，因此用户对图书馆的整体满意程度就越高。

据此，提出以下研究假设：

研究假设 H4：用户的图书馆信息资源满意对图书馆整体满意存在正向影响。

研究假设 H5：用户的图书馆信息服务满意对图书馆整体满意存在正向影响。

研究假设 H6：用户的图书馆信息系统满意对图书馆整体满意存在正向影响。

四、用户需求和满意的研究变量及其操作性定义

操作性定义是指根据可观察、可测量或可操作的特征来界定研究变量的定义,即将研究变量的抽象化形式转变为可以观察、测量和操作的具体形式[①]。

本研究构架包括图书馆用户信息资源质量需求和感知、信息服务质量需求和感知、信息系统质量需求和感知、信息资源满意、信息服务满意、信息系统满意、整体满意等研究变量。本研究在对图书馆信息资源质量、图书馆信息服务质量、图书馆信息系统变量、图书馆满意的衡量指标分析的基础上给出研究变量的操作性定义。

(一) 图书馆信息资源质量

图书馆信息资源质量涉及信息资源质量评估和图书馆馆藏评估等问题。信息资源质量评估是用户对信息资源好坏、优劣的测度与评价,它包含用户主观价值取向因素在内[②]。叶鹰等认为,对于任何载体、任何类型的信息资源,都可以用以下通用基本指标来考察其质量。叶鹰等主要是从内容的角度去评估信息资源的价值[③]。叶鹰等提出的信息资源质量评估指标体系见表4-1。

表4-1 叶鹰的信息资源质量评估指标体系

指标	指标释义
覆盖范围	信息资源所涉及的广度(如信息类型、语种、国家和地区、时间跨度等方面的覆盖范围)、深度等
内容的准确性	信息资源的内容是否与事实相符、信息的内容是否被核实过、语义表述是否清晰、是否有语法或拼写错误、信息内容所表达的观点是否可观
内容的权威性	信息资源来源的可靠性和影响程度
内容的适用性	信息资源是否与信息使用者的实际需要符合
内容的时效性	信息资源是否能够反映最新的发展状况,所利用数据的新旧
内容的独特性	是否从别的信息源中无法获得的信息

---

① 朱德全:《教育研究方法》,重庆,重庆出版社2006年版,第36页。
② 周旖:《试析"信息资源评估"与"信息资源质量评估"》,《图书馆建设》2006年第3期,第40—43页。
③ 叶鹰等:《情报学基础教程》,北京,科学出版社2006年版,第109页。

续表

指　标	指标释义
获取的便利性	非常方便地获取信息资源
使用的经济性	获取信息资源花费的成本

查先进和陈明红则从内容、表达形式、系统和效用四个维度来对信息资源质量进行全面的评估。这个评估体系中，信息资源内容的评估是最根本、适用性最广的评估方式；信息资源表达形式的优劣在一定程度上代表了信息资源质量的高低；各类信息活动要素组成的信息资源系统性能的好坏是衡量信息资源质量高低的一个重要标准；信息资源效用的评估可以识别出目标用户和找出信息资源内容与用户期望之间的直接差距[①]。他们提出的信息资源质量评估体系见表4－2。也有些图书馆用户满意和图书馆服务质量的研究涉及

表4－2　查先进、陈明红的信息资源质量评估指标体系

一级指标	二级指标	指标释义
内容	正确性	反映事物或者系统属性的客观程度
	完整性	信息资源内容的广度和深度
	相关性	信息资源与用户需求间的匹配程度
	新颖性	是否具有独创性、更新是否及时
表达形式	准确性	信息符号值与真实信息值相符合的程度
	易用性	信息符号是否简单、使用方便
	精简性	信息符号使用简单明了
	标准化程度	信息表达技术、表达符合的形式和意义的统一程度
信息资源系统	完备性	信息资源的系统性和体系结构的完备程度
	可获取性	易得性、易操作性和共享性
	快速响应性	系统是否反应敏捷、能否迅速实现信息资源价值增值
	可靠性	系统的稳定性和安全性
信息资源效用	可用性	是否具有信息资源的使用权
	适量性	信息资源数量是否适当
	利用率	统计分析信息资源利用的数量指标
	价值增殖性	经济效益和社会效益的总量

① 查先进、陈明红：《信息资源质量评估研究》，《中国图书馆学报》2010年第2期，第46—55页。

图书馆信息资源质量评估。如 Shi 等在研究图书馆用户满意的形成因素中，使用准确性（Accuracy）、精确性（Precision）、相关性（Relevancy）、详尽性（Details）、适当性（Appropriateness）来衡量图书馆信息资源的质量[①]。Landrum 和 Prybutok 在对图书馆服务质量的研究中，使用了接收到信息的准确性（Accuracy of information received）、接收到信息的精确性（Precision of information received）、接收到信息的可靠性（Reliability of information received）、接收到信息的完整性（Completeness of information received）、接收到信息的相关性（Relevance of information received）、接收到信息的新颖性（Currency of information received）来测量图书馆信息资源质量[②]。张新兴和杨志刚对高校图书馆数据库的用户满意研究中，使用了信息专业性、信息全面性、信息科学性、信息新颖性等来衡量用户感知的信息质量[③]。雷顺利用于衡量图书馆资源的用户满意度的指标中，涉及的信息资源质量包括数量适当性（外文纸质图书复本适当、中文纸质图书复本适当）、种类丰富性（外文纸质书刊种类丰富、中文纸质书刊种类丰富）、易于获取性（图书馆资源易于访问与获取）等[④]。施国洪等在图书馆服务质量评估量表中也使用了可获取性来衡量图书馆信息资源质量[⑤]。

图书馆馆藏评估是有系统、有组织地描述某一特定时间内图书馆资源及其效用的过程，即依据一定的标准对馆藏的相关度、规模、质量及其利用进行测度、分析与判断[⑥]。馆藏评估有以馆藏为中心的评估和以用户为中心的评估两种角度。以馆藏为中心的评估，是以图书馆为主体，通过专家评价、

[①] Shi X, Holahan J P, Jurkat P M, 2004: "Satisfaction formation processes in library users: understanding multisource effects", *The Journal of Academic Librarianship*, 30(2), 122–131.

[②] Landrum H, Prybutok R V, 2004: "A service quality and success model for the information service industry", *European Journal of Operational Research*, 156(3), 628–642.

[③] 张新兴、杨志刚：《高校图书馆数据库用户满意指数模型——假设与检验》，《图书情报工作》2010 年第 3 期，第 76—80 页。

[④] 雷顺利：《基于用户满意度的高校图书馆馆藏资源评价模型构建》，《情报科学》2010 年第 1 期，第 76—80 页。

[⑤] 施国洪、岳江君、陈敬贤：《我国图书馆服务质量测评量表构建及实证研究》，《中国图书馆学报》2010 年第 4 期，第 37—46 页。

[⑥] Gregory L V: "Selecting and managing electronic resources: A how–to–do–it manual for librarians", NewYork, Neal Schuman Publishers, 2000, 65.

核心书目比对等方法，对整体馆藏或学科文献进行评估；以用户为中心的评估，是从用户需求的角度审视和评价馆藏，通过用户调查、用户借阅数据分析、论文引文数据分析、馆际互借数据分析等方法，了解用户需求，发现馆藏与用户需求之间的差距，进而实现对馆藏的评价[①]。国内目前有相当多的以"信息资源评估/评价"的研究，内容实际上是有关图书馆馆藏评估。无论是纸本馆藏还是电子馆藏，都可以从馆藏数量、馆藏质量、馆藏结构和馆藏利用等方面进行评价[②]。馆藏数量、馆藏质量、馆藏结构这三个方面都可以分别从以馆藏为中心的角度和以用户为中心这两种角度来进行评价。

在信息系统成功模型的相关研究中，针对不同的研究对象，研究者提出了很多信息质量的评价指标（见表4-3），这些衡量指标大多得到了实证研究的支持，虽然这些研究不是在图书情报领域进行的，并且都是面向信息系统输出的信息，但是也可以供图书馆信息资源质量需求和感知量表的设计参考。

表4-3 信息质量衡量指标

信息质量衡量指标	提出者
正确性(Accuracy)	Bailey & Pearson（1983）[③]；DeLone & McLean（1992）[④]；Goodhue（1998）[⑤]；Bharati & Chaudhury（2004）[⑥]
及时性(Timeliness)	Bailey & Pearson（1983）；DeLone & McLean（1992）；Mckinney、Yoon & Zahedi（2002）[⑦]；Bharati & Chaudhury（2004）
精确性（Precision）	Bailey & Pearson（1983）；DeLone & McLean（1992）
可靠性（Reliability）	Bailey & Pearson（1983）；DeLone & McLean（1992）；Mckinney、Yoon & Zahedi（2002）

[①] 魏育辉、刘健：《馆藏评价方法研究概述》，《图书馆建设》2010年第9期，第16—18页。

[②] 罗春荣：《电子馆藏评估：内容与方法》，《图书馆论坛》2006年第1期，第5—8页。

[③] Bailey E J, Pearson W S,1983:"Development of a tool for measuring and analyzing computer user satisfaction", *Management Science*,29(5),530–545.

[④] DeLone H W, McLean R E, 1992："Information systems success: the quest for the dependent variable", *Information Systems Research*, 3(1),60–95.

[⑤] Goodhue L D, 1998："Development and Measurement Validity of a Task - Technology Fit Instrument for User Evaluations of Information System", *Decision Sciences*, 29(1),105–138.

[⑥] Bharati P, Chaudhury A, 2004："An empirical investigation of decision–making satisfaction in web–based decision support systems", *Decision Support Systems*, 37(2),187–197.

[⑦] Mckinney V, Yoon K, Zahedi F,2002:"The measurement of web-customer satisfaction:An expectation and disconfirmation approach", *Information Systems Research*,13(3),296–315.

续表

信息质量衡量指标	提出者
新颖性(Currency)	Bailey & Pearson (1983); DeLone & McLean(1992); Goodhue (1998)
完整性(Completeness)	Bailey & Pearson (1983); DeLone & McLean (1992); Bharati & Chaudhury (2004)
输出格式(Format of output)	Bailey & Pearson (1983)
重要性(Importance)	DeLone & McLean (1992)
相关性(Relevance)	DeLone & McLean (1992); Mckinney、Yoon & Zahedi (2002)
有用性(Usefulness)	DeLone & McLean (1992)
信息价值(Informativeness)	DeLone & McLean (1992)
易懂性(Understandability)	DeLone & McLean (1992)
易读性(Readability)	DeLone & McLean (1992)
清楚性(Clarity)	DeLone & McLean (1992)
简洁性(Conciseness)	DeLone & McLean (1992)
充足性(Sufficiency)	DeLone & McLean (1992)
独特性(Uniqueness)	DeLone & McLean (1992)
呈现(Appearance)	DeLone & McLean (1992)
内容(Content)	DeLone & McLean (1992); Devaraj、Fan、Kohli(2002)[1]
可比性 (Comparability)	DeLone & McLean (1992)
定量性 (Quantitativeness)	DeLone & McLean (1992)
无偏差性 (Freedom from bias)	DeLone & McLean (1992)
格式的简洁性 (Format)	DeLone & McLean (1992)
详细的层次性 (Level of detail)	Goodhue (1998)
信息的呈现 (Presentation)	Goodhue (1998)
一致性 (Compatibility)	Goodhue (1998)
意义性 (Meaning)	Goodhue (1998)
范围 (Scope)	Mckinney、Yoon & Zahedi (2002)
感知有用性 (Perceived usefulness)	Mckinney、Yoon & Zahedi (2002)

---

[1] Devaraj S, Fan M, Kohli R, 2002: "Antecedents of B2C channel satisfaction and preference: validating e-commerce metrics", *Information Systems Research*, 13(3), 316–333.

参考 Landrum 和 Prybutok，Shi，Holahan 和 Jurkat，施国洪等，甘利人等及 LibQUAL+™等研究中衡量图书馆信息资源质量的量表，结合信息质量研究、图书馆信息资源质量评估和图书馆馆藏评估等方面的研究成果，本研究从相关性、丰富性、完整性、权威性、新颖性、可获取性、经济性等方面去测量图书馆信息资源质量。

（二）图书馆信息服务质量

国内外专家学者对于服务质量的含义有着不同的看法。美国质量管理协会和欧洲质量管理组织将服务质量定义为：能够满足既定需求的服务的整体特征及特性[①]。Parasuraman 等认为服务质量是服务传递的过程中，服务提供者和用户交互中所产生服务差异程度。

1985 年，Parasuraman 等提出了服务质量的十大构面：①有形性：指实体的服务设施和服务人员的仪容仪表。②可靠性：指服务水准的一致性和可靠性。③反应性：指服务人员提供服务给用户的意愿与提供服务的快速程度。④胜任性：服务人员具有提供服务所需要的知识与技能。⑤礼貌性：服务人员的亲切友善态度，能为他人着想。⑥可信性：服务人员诚实可信的态度。⑦安全性：服务是无危险、风险和任何不良后果的。⑧易接近性：用户容易接近和获得服务。⑨沟通性：服务人员采取用户能够理解的语言与其沟通，并倾听用户意见。⑩了解性：服务人员尽心尽力去了解用户的需求，针对不同的情况提供个性化或者特定的服务[②]。

1988 年，Parasuraman 等将服务质量的十大构面浓缩成五大构面，有形性、可靠性和反应性三个构面没有变化，胜任性、礼貌性、可信性和安全性合并成保证性，易接近性、沟通性和了解性合并成关怀性。他们还提出了测度服务质量五个维度的 22 项指标，称为 SERVQUAL 量表工具[③]（见表 4-4）。SERVQUAL 量表工具已经被学校、医院、旅游行业、零售业、图书馆等服务行业采用，作为服务质量评估的实证基础。

---

① 李瑞霖：《台湾会计师事务所服务品质缺口实证分析》，暨南大学博士学位论文，2006 年，第 7 页。
② Parasuraman A, Zeithaml A V, Berry L L, 1985: "A conceptual model of service quality and its implications for future research", *The Journal of Marketing*, 49(4), 41–50.
③ Parasuraman A, Zeithaml A V, Berry L L, 1988: "SERVQUAL: A multiple-item scale for measuring consumer perceptions of service quality", *Journal of Retailing*, 64(1), 13–40.

表 4-4 SERVQUAL 量表工具

维　度	服务质量指标
有形性:硬件设备、设施、服务人员的代表	1. 有现代化的服务设施 2. 服务设施有吸引力 3. 员工应有整洁的服装和外表 4. 服务设施能与提供的服务相匹配
可靠性:可信任地和正确地执行所承诺服务的能力	5. 向顾客承诺的事情都能及时完成 6. 顾客遇到困难时,都能尽力协助解决 7. 公司是可信赖的 8. 能准时地提供所承诺的服务 9. 保持记录的正确性
响应性:服务人员帮助用户和提供及时服务的意愿	10. 向用户提供准确的业务或服务说明 11. 员工应迅速地向用户提供服务 12. 员工应有帮助用户的意愿 13. 员工不会因太忙而疏于响应顾客
保证性:服务人员的知识、礼貌及能力足以赢得用户的信赖	14. 员工是值得信赖的 15. 用户与该公司交易有安全感 16. 员工应该保持对用户的礼貌性 17. 员工有充分的专业知识,以响应用户的问题
关怀性:企业对用户的关心与个别照料	18. 公司会给予用户个别的注意 19. 员工会给予用户个别性的关照 20. 员工应能了解用户的需求 21. 公司应以用户的利益为先 22. 公司提供的服务时间符合所有顾客的需求

　　SERVQUAL 量表工具在图书馆服务质量评价上的应用主要有以下几种方式:(1) 直接应用 SERVQUAL 量表工具,只是根据图书馆的特色改写衡量指标。如李思薇等以科技大学图书馆的学生用户为研究对象,应用 SE-RVQUAL 量表对图书馆服务质量进行了研究。结果表明,SERVQUAL 量表在图书馆服务质量评估上具备良好的信度和效度。(2) 以 SERVQUAL 量表为基础,根据图书馆服务的特色,对衡量指标进行增删,形成专门的图书馆服务质量评估量表。这其中影响较大的就是 LibQUAL+™。LibQUAL+™ 是根据图书馆界需求发展出来的服务质量评估工具,在评估指标项目上,能够实际地反映图书馆的服务特性。LibQUAL+™ 量表目前包括 22 个核心问题

(见表 4-5)，包括服务影响、图书馆实体环境和信息控制等 3 个维度[①]。

表 4-5　LibQUAL+™ 量表

构面名称	服务质量指标
服务影响	1. 馆员让用户更有信心利用图书馆 2. 馆员可以随时回答用户的问题 3. 馆员乐于协助用户 4. 馆员的服务值得信赖 5. 馆员给予用户个别的关注 6. 馆员具备足够的知识回答用户的问题 7. 馆员保持礼貌的服务态度 8. 馆员关心用户 9. 馆员了解用户的需求
图书馆实体环境	10. 提供安静的个人活动空间 11. 提供舒适且吸引人的环境 12. 提供激发研究和学习的图书馆环境 13. 提供团体学习和研究的环境 14. 提供研读、学习或者研究的静修之处
信息控制	15. 纸本和/或电子期刊馆藏能满足需求 16. 纸本资源能够满足需求 17. 电子资源能够满足需求 18. 检索工具易于使用，能让用户自行找到需要的信息 19. 图书馆网站能够让用户自行找到需要的信息 20. 现代化设施让用户易于检索到需要的信息 21. 用户容易独立获取使用信息 22. 电子资源可于家中或者办公室获得

表 4-6　LibQUAL+™ 量表与 SERVQUAL 量表维度对照

服务质量维度	LibQUAL+™ 中的相关指标
有形性	10. 提供安静的个人活动空间 11. 提供舒适且吸引人的环境 12. 提供激发研究和学习的图书馆环境 13. 提供团体学习和研究的环境 14. 提供研读、学习或者研究的静修之处

---

① 林钰雯:《从 LibQUAL+™ 探讨我国大学图书馆服务品质评量》，中兴大学硕士学位论文，2006 年，第 27—31 页。

续表

服务质量维度	LibQUAL+™中的相关指标
可靠性	4. 馆员的服务值得信赖
反应性	2. 馆员可以随时回答用户的问题 3. 馆员乐于协助用户
保证性	1. 馆员让用户更有信心利用图书馆 6. 馆员具备足够的知识回答用户的问题 7. 馆员保持礼貌的服务态度
关怀性	5. 馆员给予用户个别的关注 8. 馆员关心用户 9. 馆员了解用户的需求

LibQUAL+™量表中"服务的影响"和"图书馆的实体环境"的14个核心问题与SERVQUAL量表维度的对照关系见表4-6。

施国洪等认为现有图书馆服务质量评价的方法大多局限于对功能质量的评价,对于技术质量的评价重视不够。他们在文献研究、用户访谈和专家访谈的基础上,形成了由服务保证、服务魅力和服务情感这三个功能质量维度加上图书馆环境、资源的可获性这两个技术质量维度,一共是5个维度和26个测量指标形成的本土化的感知服务质量测评量表(见表4-7)。他们以本科或以上文化程度的大学生为研究对象进行了实证研究。实证研究的结果表明这份量表具有较高可靠性和有效性[①]。

表4-7 施国洪等的图书馆服务质量评估指标体系

服务质量维度	衡量指标
图书馆环境	1. 有安静的学习空间 2. 环境整洁舒适 3. 有适合开展小组学习和讨论的空间 4. 设施布局合理 5. 设备/技术现代化 6. 图书馆员有统一的着装或服务标识

---

① 施国洪、岳江君、陈敬贤:《我国图书馆服务质量测评量表构建及实证研究》,《中国图书馆学报》2010年第4期,第37—46页。

续表

服务质量维度	衡量指标
资源可获取性	7. 读者能从家/办公室获取图书馆电子资源 8. 为读者提供打印/复印/拷贝资料的服务 9. 图书馆网站可以让读者方便地检索到所需信息 10. 文献信息资源能满足读者的需求 11. 有简明易懂的指引/标识使读者轻松获取所需资源
服务保证	12. 图书馆员言行举止职业规范 13. 为读者提供及时的服务 14. 实体文献及时准确归架 15. 及时更新文献信息资源 16. 读者的个人信息和借阅记录准确保密
服务情感	17. 真诚地解决读者问题 18. 乐意帮助读者 19. 快速响应读者要求 20. 始终有礼貌地对待读者 21. 具备解答读者问题的知识和技能 22. 理解读者的需求
服务魅力	23. 有方便的开放时间 24. 关注读者的个性化需求 25. 及时有效地处理读者的意见和建议 26. 开展对读者有帮助的培训课程和知识讲座

参考 Parasuraman、Zeithaml 和 Berry 的 SERVQUAL 量表、LibQUAL +™ 量表和施国洪等的量表，本研究从有形性、响应性、保证性、关怀性等方面测量图书馆信息服务质量。

（三）信息系统质量

欧阳崇荣采用系统易于使用、系统反应时间、系统稳定性、工作的配合度及系统使用手册等指标来评价图书馆自动化系统的系统质量[①]。Landrum 和 Prybutok 使用了易于使用、易于学习、能够以清晰和容易理解的方式进行互动、容易变成熟练用户等来衡量图书馆在线目录的质量[②]。Hernon 和 Cal-

---

① 欧阳崇荣：《图书馆自动化系统评估模式之建立与应用》，中央大学博士学位论文，2001 年，第 54 页。

② Landrum H, Prybutok R V, 2004: "A service quality and success model for the information service industry", European Journal of Operational Research, 156(3), 628 – 642.

vert 对图书馆电子服务质量的研究中，易于使用（导航、搜索、找到、下载、速度和远程访问）、网站美观（颜色、图像、大小等）、链接（与相关信息的链接性、避免断链、链接的定期维护等）、可靠性（经常更新、网站或者电子产品适当的技术功能）、支持（帮助网页、提供常见问题解答、如果存在问题提供技术帮助）、安全/隐私/信任（相信网站的安全性、个人信息得到了保护）、易于获取（登入/登出迅速等）、灵活性（提供简单检索和高级检索功能等）等指标实际上涉及信息系统的质量[1]。Sagar 认为元搜索系统的系统质量可以从易于使用、乐于使用、支持性（用户可能需要帮助去进行特定的操作，这些帮助的可用性和质量是决定信息系统质量的重要因素）、响应性（包括主页的加载时间和提交检索请求之后的响应时间）、选择性（用户可能希望在与系统的交互中有更多的选择）等方面进行衡量[2]。曾繁绢和李宗翰等从问题解决的支持、系统功能的易于使用、用户界面的美观舒适、系统用语的易懂性等方面来对图书馆电子资源整合查询系统的质量进行衡量[3]。甘利人等从资源整合性、系统响应性和系统易用性这三个维度来对图书馆网站的系统质量进行评价。资源整合性就是通过一个平台用户就可以搜索图书馆提供的所有资源。系统响应性是指用户访问网站时的系统响应时间，包括页面打开速度、资源检索速度、文献下载速度、是否经常出错等。系统易用性指系统用户界面功能是否易于识别、学习和操作[4]。

参考欧阳崇荣、马彪、甘利人等对图书馆信息系统质量评价的研究，并且结合其他学科中信息系统成功模型中信息系统质量的研究，本研究从整合性、响应性、可靠性、易用性、支持性、适当性、安全性等方面测量图书馆信息系统质量。

---

[1] Hernon P, Calvert P, 2005: "E-service quality in libraries: Exploring its features and dimensions", *Library and Information Science Research*, 27(3), 377-404.

[2] Sagar V V: "A digital library success model for computer science student use of a meta-search system", Virginia Polytechnic Institute and State University Master Thesis, 2006, 31-32.

[3] 曾繁绢、李宗翰:《图书馆电子资源整合查询系统评估之研究》,《图书资讯学刊》2008 年第 1/2 合期，第 111—142 页。

[4] 甘利人、李莉、谢兆霞:《图书馆网站用户满意度模型的构建与应用》,《情报学报》2010 年第 1 期，第 159—168 页。

(四) 图书馆用户满意

Oliver 指出多数研究者都认为满意是一种态度，是消费者比较他们对产品或者服务之前的期望与使用过之后的感知绩效形成的评估[①]。对于信息系统而言，满意就是用户使用系统后的体验和感受。基于此，本研究从用户使用过图书馆后体验和感受的态度来测量图书馆用户的信息资源满意、信息服务满意、信息系统满意和整体满意。

(五) 研究变量的操作性定义

根据上文对图书馆信息资源质量、图书馆服务质量、图书馆系统质量衡量指标的界定和图书馆用户满意的定义，本研究中各研究变量的操作性定义见表4-8。

表4-8 研究变量的操作性定义

研究变量	操作性定义
信息资源质量需求	图书馆用户对图书馆信息资源相关性、丰富性、完整性、权威性、新颖性、可获取性、经济性的重视程度
信息资源质量感知	图书馆用户对图书馆信息资源相关性、丰富性、完整性、权威性、新颖性、可获取性、经济性的实际感受
信息服务质量需求	图书馆用户对图书馆服务有形性、响应性、保证性、关怀性的重视程度
信息服务质量感知	图书馆用户对图书馆服务有形性、响应性、保证性、关怀性的实际感受
信息系统质量需求	图书馆用户对图书馆信息系统整合性、响应性、可靠性、易用性、支持性、适当性等的重视程度
信息系统质量感知	图书馆用户对图书馆信息系统整合性、响应性、可靠性、易用性、支持性、适当性等的实际感知
信息资源满意	用户使用过图书馆信息资源后体验和感受
信息服务满意	用户接受过图书馆信息服务后体验和感受
信息系统满意	用户使用过图书馆信息系统后体验和感受
整体满意	用户使用图书馆后对图书馆整体的体验和感受

[①] Cadotte E R, Woodruff R B, Jenkins R, 1987: "Expectations and Norms in Models of Consumer Satisfaction", *Journal of Marketing Research*, 24(3), 305–314.

五、用户需求和满意研究问卷的设计与发放

我们采用结构化问卷来收集资料。问卷共有5份,分别为主问卷"网络环境中图书馆用户需求和满意调查问卷",用于调查用户个性化信息服务需求的"图书馆用户个性化信息服务与信息组织需求调查问卷",用于图书馆用户需求个案分析的"广州图书馆读者调查问卷"、"市民利用和认识广州图书馆的调查问卷"和"南沙区图书馆读者调查问卷"以及对图书馆用户信息系统需求进行个案研究的"中山大学图书馆数字资源服务系统满意度和需求调查问卷"。

此处只对主问卷"网络环境中图书馆用户需求和满意调查问卷"的设计情况进行说明,"图书馆用户个性化信息服务与信息组织需求调查问卷"的设计情况将在第十一章论述,"中山大学图书馆数字资源服务系统满意度和需求调查问卷"的设计情况将在第十二章阐述,"广州图书馆读者调查问卷"和"市民利用和认识广州图书馆的调查问卷"的设计情况将在第十三章说明,"南沙区图书馆读者调查问卷"的设计情况将在第十四章论述。

(一)问卷设计

"网络环境中图书馆用户需求和满意调查问卷"(本章以下简称为问卷)的初稿以相关理论及文献为依据,经过业内专家学者的修改之后,在一所大学图书馆和一所公共图书馆选择了200多位图书馆用户进行了前测,前测的主要目的是看受访者是否可以理解问卷的题项,对问卷表述和长度等的感受及意见,根据前测结果对问卷修改,形成最后的问卷。

问卷分为五个部分,第一部分是个人信息,共12个问题,涉及人口统计特征以及用户对网络和图书馆的使用情况。第二部分是用户的信息资源需求和感知,设计了7个问题。第三部分是用户的信息服务需求和感知,设计了5个问题。第四部分是用户的信息系统需求与感知,设计了4个问题。第五部分是用户的满意情况,设计了1个问题。

为了缩短问卷的篇幅,参考类似的研究,图书馆用户信息资源质量需求量表和感知量表、信息服务质量需求量表和感知量表、信息系统质量需求量表和感知量表使用了同样的问项。以上量表的构面、衡量问项和参考文献见

表4-9、表4-10和表4-11。问卷采用里克特五点等距测度量表,每一问项有5个选项。

表4-9 信息资源质量需求和感知量表

构面	衡量问项	参考文献
丰富性	1. 我没有遇到过需要的书刊被全部借出的情况 2. 我没有遇到过因为最大用户数已满而导致我无法使用数据库的情况 3. 在我需要的学科/主题上,图书馆能够提供多种资源给我(如不同语种的资源,不同载体的资源)	甘利人等(2010);雷顺利(2010)
完整性	4. 图书馆信息资源内容的广度能够满足我的需求 5. 图书馆信息资源内容的深度能够满足我的需求	Landrum 和 Prybutok(2004);查先进、陈明红(2010)
权威性	6. 图书馆提供的信息资源是权威可信的	甘利人等(2010)
相关性	7. 图书馆提供的信息资源是我需要的	Landrum 和 Prybutok(2004);Shi、Holahan 和 Jurkat(2004)
新颖性	8. 图书馆能够提供最新的信息资源给我	Landrum 和 Prybutok(2004)
可获取性	9. 图书馆能够让我获取我查找资料的全文 10. 图书馆能够让我家中/办公室获取信息资源 11. 图书馆提供简明易懂的指引/标识让我能够轻松获取所需资源	甘利人等(2010);施国洪等(2010);LibQUAL+™
经济性	12. 图书馆能够让我免费或者以很低的价格获得信息资源	叶鹰(2006)

表4-10 信息服务质量需求和感知量表

构面	衡量问项	参考文献
有形性	1. 提供安静的学习空间 2. 环境整洁舒适 3. 提供激发研究和学习的环境 4. 提供团体学习和研究的环境 5. 提供足够且完善的现代化服务设备和配套设施 6. 各种指引和标识设置明确、美观 7. 馆员有统一的着装或服务标识	LibQUAL+™;林钰雯(2006);张艳芳(2010)[①];施国洪等(2010)

---

① 张艳芳:《神秘顾客法:突破 LibQUAL+™本土化制约因素的对策》,《图书情报工作》2010年第9期,第35—38页。

续表

构面	衡量问项	参考文献
响应性	8. 馆员真诚地解决用户问题 9. 馆员乐意帮助用户 10. 馆员快速响应用户要求 11. 馆员始终有礼貌地对待用户 12. 馆员具备解答用户问题的知识和技能 13. 馆员了解用户的需求	LibQUAL+™;施国洪等(2010)
保证性	14. 馆员言行举止职业、规范 15. 为读者提供及时的服务 16. 图书、杂志、报纸等及时准确归架 17. 用户的个人信息和借阅记录准确、保密	LibQUAL+™;施国洪等(2010)
关怀性	18. 有便于每位用户使用的开放时间 19. 关注用户的个性化需求 20. 及时有效地处理用户的意见和建议 21. 开展对用户有帮助的培训课程和讲座	LibQUAL+™;施国洪等(2010)

表4-11 信息系统质量需求和感知量表

构面	衡量问项	参考文献
整合性	我可以从一个检索界面就搜索到来自不同数据库或不同网站的文献	甘利人等(2010)
响应性	我能够快速地打开图书馆信息系统的用户界面,即使是使用拨号上网的时候 图书馆信息系统能够快速地返回结果给我 我能够快速地从图书馆信息系统中下载到我需要的文献	Mckinney、Yoon 和 Zahedi(2002);Spreng、Mackenzie 和 Olshavsky(1996)[1];欧阳崇荣(2001);马彪(2006);甘利人等(2010)
可靠性	在使用过程中,我没有遇到或者很少遇到图书馆信息系统发生故障的情况	DeLone 和 McLean(1992);Spreng、Mackenzie 和 Olshavsky(1996);欧阳崇荣(2001);甘利人等(2010)
易用性	图书馆信息系统的操作容易掌握 图书馆信息系统的各项功能(如浏览功能/检索功能等)容易了解和使用 图书馆信息系统的用户界面清楚明白 图书馆信息系统的使用说明简明易懂	Tse 和 Wilton(1988)[2];DeLone 和 McLean(1992);欧阳崇荣(2001);甘利人等(2010)

---

[1] Spreng R A, Mackenzie S B, Olshavsky R W, 1996: "A Reexamination of the Determinants of Consumer Satisfaction", *The Journal of Marketing*, 60(3), 15-32.

[2] Tse D K, Wilton P C, 1988: "Models of Consumer Satisfaction Formation: An Extension", *Journal of Marketing Research*, 25(2), 204-212.

续表

构面	衡量问项	参考文献
支持性	图书馆信息系统提供使用教程，我可以在使用之前进行自我培训 在我使用的过程中，我可以非常方便地从图书馆信息系统中获得指示和帮助。	Sagar(2006)①
适当性	图书馆信息系统的各项功能适合我的需求，我没有觉得太多或者太少 图书馆信息系统的默认检索途径符合我的需求 图书馆信息系统的默认排序结果符合我的需求	
安全性	图书馆信息系统的使用是安全的，不会泄露我的个人隐私信息	Hernon 和 Calvert（2005）②；曾繁绢、李宗翰（2008）

信息资源质量需求量表、信息服务质量需求量表和信息系统质量需求量表的1为"极不重要"，2为"不重要"，3为"无所谓"，4为"重要"，5为"非常重要"。信息资源质量感知量表、信息服务质量感知量表、信息系统质量感知量表和满意量表的1为"极不同意"，2为"不同意"，3为"一般"，4为"同意"，5为"非常同意"。

参考 Patterson、Johnson 和 Spreng③，Bhattacherjee④，Wang⑤，邱敏鉴⑥等的研究，形成用户需求和满意研究使用的满意度量表。满意量表的衡量问项和参考文献见表4－12。

---

① Sagar V V："A digital library success model for computer science student use of a meta-search system"，Virginia Polytechnic Institute and State University Master Thesis,2006,31－32.
② Hernon P, Calvert P, 2005: "E-service quality in libraries: Exploring its features and dimensions"，Library and Information Science Research，27(3),377－404.
③ Patterson G P, Johnson W L, Spreng A R, 1997: "Modeling the determinants of customer satisfaction for business-to-business professional services"，Journal of the Academy of Marketing Science，25(1),4－17.
④ Bhattacherjee A, 2001: "An empirical analysis of the antecedents of electronic commerce"，Decision Support Systems，32(2),201－214.
⑤ Wang Y S, 2003: "Assessment of learner satisfaction with asynchronous electronic learning systems"，Information and Management，41(1),75－86.
⑥ 邱敏鉴：《数位学习网站满意度情景因素及影响因素之研究》，台湾科技大学硕士学位论文，2009年，第24页。

表 4-12　图书馆用户满意量表

构面	衡量问项	参考文献
信息资源满意	我对图书馆的信息资源感到满意 我很高兴从图书馆找到了我需要的信息资源 图书馆的信息资源正好可以解决我的问题 图书馆的信息资源对我帮助很大	Patterson、Johnson 和 Spreng(1997)
信息服务满意	图书馆的服务让我觉得满意 图书馆的服务让我觉得高兴 图书馆的服务让我觉得满足 图书馆的服务让我觉得快乐	Bhattacherjee(2001)
信息系统满意	图书馆的信息系统让我觉得满意 图书馆的信息系统让我觉得高兴 图书馆的信息系统让我觉得满足 图书馆的信息系统让我觉得快乐	Bhattacherjee(2001)
图书馆整体满意	整体来说,我对图书馆感到满意 我使用图书馆的经历是愉快的 我使用图书馆的决定是明智的	Wang(2003);邱敏鉴(2009)

参考图书馆目前的主要文献类型,本研究将信息资源类型分为图书、期刊、报纸、工具书(包括字典、辞典和年鉴等)、会议论文、学位论文、专利文献、标准文献、政府出版物等。根据目前的主要载体形态和研究目的,本研究将信息资源载体需求分为只需要纸本、只需要电子和纸本电子都需要。将信息资源语种需求分为只需要中文、只需要外文和中外文都需要。信息资源年限分为当年内、5 年内、10 年内、15 年内和 15 年以上。信息资源来源分为书店、网络、大众媒体、图书馆、人际渠道和其他,为了将图书馆纸本资源和电子资源区分开,也为了将图书馆电子资源和网络上的电子资源区分开,图书馆信息资源分为纸本资源和电子资源,网络这个选项加一个括号,注明是图书馆电子资源之外的。

《图书馆管理词典》指出图书馆服务形式主要有:①外借服务。包括个人外借、集体外借、预约借书、馆际互借;②阅览服务。包括教师阅览室、学生阅览室、普通阅览室、科技人员阅览室服务等;③文献复制、复印及视听服务;④馆外流动服务。包括图书流动站、汽车图书馆、专题书展及送书上门等;⑤参考咨询服务。包括文献咨询、知识咨询等。⑥图书宣传和阅读辅导服务。包括报刊的导读栏目、新书通报、报刊索引目录、科技文摘报道、情报检索专题报告等；⑦文献检索服务。包括手工检索、计算机检索、联机检索等①。Colborne 等将图书馆信息服务分为传统服务（tradition services）和电子服务（electronic services）。传统服务包括书刊流通、馆内期刊阅览、馆员面对面或者电话咨询服务、参考馆藏使用等。电子服务包括电子期刊、期刊目次、光盘数据库、网上目录查询、电子文献传递、馆员通过 E-mail 提供的服务以及网络资源的提供②。顾文佳指出，图书馆信息服务可以分为传统服务和网上服务。传统服务包括外借服务、阅览服务、参考咨询服务、馆际互借服务、用户教育和培训服务、电子信息利用服务、文献复制服务。网上服务包括馆藏书目数据检索服务、网上文献信息传递服务、网上信息共享服务和网络资源信息导航服务③。周欣莺认为传统图书馆用户服务包括流通、阅览、典藏、参考服务、馆藏目录查询、图书馆利用教育、复印与馆际互借④。鲁黎明认为，图书馆的服务形式包括外借和阅览服务、视听和复制服务、参考咨询服务、文献检索服务、导读服务、文献报导与学科导航服务、情报调研和编译服务、定题服务、查新服务、文献传递服务、展览服务等⑤。刘云鹏提出，公共图书馆网络服务的基本模式包括馆藏书目检索、网络知识导航、网上参考咨询和网络培训课堂，高级模式为联合数字参考咨询服务⑥。蒋亚琳按照图书馆服务借助的手段和特点，将高校图书馆服务分为常规的传统服务、网络化的传统服务和新型的网络服务。常规的传统服务包括文献借阅、文献复制和传递、二三次文献的开发和提供、参考咨询、定题服务、新到书刊报道、专题书刊展览等。网络化的传统服务包括基于网络的信息检索服务、基于图书馆自动化集成系统的信息服务、基于图书馆网站的信息交流服务、数字参考咨询服务、基于网络的信息传递服务、网

---

① 黄方正、王可权：《图书馆管理词典》，北京，知识出版社 1994 年版，第 39 页。
② Colborne D, Summers A, Desjardins J, 1999: "Client satisfaction and utilization of electronic and traditional library services", *Bibliotheca Medica Canadiana*, 20(4), 173-177.
③ 顾文佳：《信息检索与利用》，北京，经济科学出版社 2001 年版，第 14—17 页。
④ 周欣莺：《农学院师生使用实体图书馆与图书馆网站服务比较研究》，中兴大学硕士学位论文，2002 年，第 14 页。
⑤ 鲁黎明：《图书馆服务理论与实践》，北京，北京图书馆出版社 2005 年版，第 16 页。
⑥ 刘云鹏：《互联网时代公共图书馆网络服务模式探究》，《情报资料工作》2009 年第 2 期，第 100—102 页。

络环境下的用户教育服务、个性化信息服务、教学与科研支持服务。新型的网络信息服务包括信息门户（数字图书馆门户、学科信息门户、数字资源门户等）、网络信息资源导航服务、搜索引擎服务（自主开发或购买的站内搜索软件、嵌入图书馆网站的商业搜索引擎、Google scholar 的图书馆链接等）、图书馆桌面终端和工具条[1]。

综上所述，图书馆信息服务可以分为传统服务和网络服务两大类型。传统服务包括外借服务、阅览服务、参考咨询服务（包括到馆咨询、电话咨询等）、用户教育和培训服务（包括信息素养培训课程和专题培训等）、科技查新服务、馆际互借、文献复制服务（复印打印等）、查收查引服务等。网络服务有基础服务（包括网上续借、网上预约、新书通报、书刊荐购等）、信息检索服务（包括馆藏书目检索、电子资源检索和下载、随书光盘检索和下载等）、参考咨询服务（包括常见问题解答、留言板、电子邮件咨询、表单咨询、实时咨询、多馆参与的联合虚拟参考咨询等）、导航服务（电子期刊导航、网络导航、学科导航等）、原文传递、在线培训服务和视频点播服务等。

本研究通过对国内 39 所"985"大学图书馆网站和部分省级图书馆网站列举的图书馆服务项目的调查，结合上述图书馆服务类型的研究成果形成问卷中的 20 种图书馆信息服务项目。

信息咨询方式包括搜索引擎、互助式问答网站等自助式信息咨询和当面咨询、电话咨询、表单咨询、实时咨询等图书馆咨询方式，此外还包括人际渠道等。图书馆用户信息服务免费需求通过用户对免费情况描述语句的认同程度来体现。对于办理借书证、借阅书刊、馆内上网服务、自习采用否定性描述，问项是不应该收费，对于超期罚款、丢失书刊、文献复制服务、代查代检代译服务、科技查新服务、馆际互借/文献传递服务、决策咨询服务等采用肯定性描述，问项是可以适当收费。

李广建认为，图书馆资源服务系统包括门户网站系统、信息资源检索系统、馆际互借与文献传递系统、虚拟参考咨询系统、信息导航系统等[2]。图书馆门户网站是图书馆与用户进行交流，开展服务的重要平台。图书馆信息

---

[1] 蒋亚琳：《美国研究型大学图书馆的信息服务研究》，成都，西南大学硕士学位论文，2009 年，第 8—10 页。

[2] 李广建：《小型专业图书馆的数字图书馆建设》，《图书情报工作》2008 年第 1 期，第 100—104 页。

资源检索系统主要包括：（1）图书馆自动化系统的 OPAC 发展而来的 WEB-PAC，用户通过它来检索馆藏书目等信息。（2）图书馆购买电子资源自带的检索系统（如电子图书检索系统、电子期刊检索系统）。（3）用于检索自建数据库的检索系统。（4）跨库检索系统。它使得用户可以通过单一的检索界面实现对多个分布式、异构信息资源的统一检索[①]。馆际互借和文献传递系统是调动各馆馆藏资源，通过网络将用户需要的信息资源从数据库或者链接的其他网络传输到用户的计算机终端，提供给用户使用的一种系统[②]。虚拟参考咨询系统的主要功能是充当读者、馆员、咨询专家之间的沟通桥梁，促进问题在用户、馆员、咨询专家之间科学、合理地流动和转换，最终使用户获得满意的答案[③]。信息导航系统的功能是引导用户了解并使用图书馆及其网络信息系统或者获得专题信息。信息导航系统包括专题门户网站、电子资源导航系统等。图书馆可以将与某一专题有关的所有信息资源与服务功能通过专题网站的形式展现出来并为用户服务。图书馆可以使用电子资源导航系统来组织和揭示馆藏电子资源的导航系统。

  参考李广建的研究以及对国内 39 所 985 大学图书馆和部分省级图书馆目前使用信息系统的调查，形成"网络环境中图书馆用户需求和满意调查问卷"的 12 种信息系统。从图书馆信息系统研究的相关文献中形成问卷的 21 种信息系统功能。

  本研究的调查对象涉及各种类型图书馆的用户，这些用户的水平参差不齐，为了使问卷更容易理解，问卷中外语水平问项参考了 2006 年全国综合社会调查问卷城市卷 A6 问项[④]。

  为了衡量用户的网络使用能力，也为了解用户对各种网络应用的使用情况，设计了用户对搜索引擎、电子邮件、即时通信、博客、微博、社交网站、论坛/BBS、在线百科全书等网络应用的使用频率的问题，通过用户的平均使用频率来测度（问题 9.4—9.11）网络使用能力。

[①] 李广建：《数字时代的图书馆网络信息系统》，北京，北京图书馆出版社 2006 年版，第 3 页。
[②] 李广建：《数字时代的图书馆网络信息系统》，北京，北京图书馆出版社 2006 年版，第 210 页。
[③] 李广建：《数字时代的图书馆网络信息系统》，北京，北京图书馆出版社 2006 年版，第 201 页。
[④] 中国社会科学数据库：《2006 年全国综合社会调查问卷（城市卷/S030600950)》，http：//www.cssod.org/download.php? FileId＝92。

为了探寻网络环境中图书馆用户使用图书馆方式的变化，将用户使用图书馆的频率分为两个问题，一个问题是使用实体图书馆的频率（问题10），另外一个问题是远程使用图书馆的频率（问题11）。通过用户使用实体图书馆和远程使用图书馆的频率的平均值来测度用户的图书馆使用频率。通过用户使用实体图书馆和远程使用图书馆频率的对比来测度图书馆使用习惯。

对于用户使用的图书馆类型，设计了由用户填写自己最常使用图书馆名称的问题，根据用户填写的内容，研究者再对图书馆类型进行分析。而不是列出图书馆类型，让用户进行选择，因为根据问卷前测的结果来看，有一部分用户不了解自己使用图书馆的类型。

为了区分图书馆用户使用资源的目的，将图书分为休闲类图书和学术类图书，将期刊分为了休闲类期刊和学术类期刊。为了便于问卷填答者理解，在问卷中，将学位论文表述为博硕士论文，将查收查引服务表述为查论文被收录/引用情况，将图书馆门户网站系统表述为图书馆网站。

问卷设计了两个版本，一个是供纸本问卷调查使用的 word 版本（见附录一），一个是供网络调查使用的网络版。网络版调查问卷中，除了第二部分"信息资源需求和感知"中第 14 题"载体需求"、第 15 题"语种需求"、第 16 题"时间跨度需求"外，其他问题都设为必答题。本节描述用户需求和满意问卷的发放、回收情况和样本的基本特征。

（二）问卷发放和回收情况

由于各方面条件的限制，用户需求和满意第一次调查的发放对象以广东地区的图书馆用户为主。对高校图书馆用户的调查采用的方式包括：到馆发放问卷、请教师在课堂帮忙发放问卷、请图书馆信息检索课教师帮忙发放问卷、通过 QQ 群、电子邮件、论坛等推送网络版问卷网址等。对公共图书馆用户的调查采用了派调查员到图书馆，在馆员的协助下进行纸质问卷的发放，并且当场回收。问卷的发放对象尽可能包括各年龄段的用户，调查员及时地解答用户对问卷的疑问，在回收问卷的时候对问卷进行检查，对用户没有按照要求进行作答的地方（如答案要求是单选但是用户多选了的）请用户澄清，以保证问卷的有效性。

此次调查的广东地区高校图书馆用户主要包括中山大学、华南师范大学、华南农业大学、广东外语外贸大学、南方医科大学、广州大学和电子科技大学中山学院等院校的图书馆用户。中山大学是综合类大学,华南师范大学是师范类大学,华南农业大学是农业类大学,广东外语外贸大学是外语类大学,南方医科大学是医科类大学,广州大学是地方综合性大学,电子科技大学中山学院是教育部直属高校的独立学院。因此此次调查涉及多种类型高校图书馆的用户。

  此次调查广东地区的公共图书馆包括广州图书馆、深圳市南山区图书馆这样位于经济社会发展水平较高的珠三角地区的大型公共图书馆,也包括了新兴县图书馆这样位于粤西经济社会发展水平相对落后的基层图书馆,还包括了面向外来劳务工服务的深圳市宝安区劳务工图书馆。广州图书馆是广州市政府主办的大型公共图书馆,2011年接待读者326万人次,文献流通1119万册次[①]。深圳市南山区图书馆是深圳市南山区政府投资兴建的公共图书馆,2010年到馆读者达1167010人次[②]。新兴县图书馆是"全国服务农民服务基层文化建设先进基层图书馆",该馆2010年接待读者35.8万人次,外借图书13.1万册次,咨询解答读者信息5126条,上网查找资料3211人次,举办读者活动50次[③]。为了实现劳务工的文化权利,满足他们的精神文化需求,深圳市宝安区先后建成10家区图书馆直属的劳务工图书馆。2011年这10家劳务工直属分馆共接待读者78万人次,接待读者电子阅览超过15万人次,办理有效借书证6812个,外借图书11.6万册次,举办读者活动101场次[④]。此次问卷调查的时间为2011年4—8月。

  对于回收的问卷,首先判断问卷是否属于有效问卷。参考李晔、刘华山提出的识别无效问卷的方法[⑤],本研究将出现以下情况之一的问卷判定为无效问卷:一是漏答问题超过必答问题1/3及以上;二是所有的问题都选择单一选项;三是随意作答;四是问题的回答存在逻辑矛盾,如在图书馆中发放

---

① 广州图书馆:《广图概况》,http://www.gzlib.gov.cn/aboutus/profile.jsp.
② 南山区图书馆:《南图简介》,http://www.sznslib.com.cn/about/.
③ 新兴县委宣传部:《新兴县图书馆:为读者搭建进步的阶梯》,http://www.xinxing.gov.cn/issue-FileShow.ifs?issueId=148174&filePath=/website/html/100/002/148174_0.htm&keyWords=%7C%CD%BC%CA%E9%B9%DD%20%BD%D7%CC%DD%7C&msgType=0&jsecuKeyNumberStr=1294931209000.
④ 宝安区图书馆:《宝图简介》,http://www.balib.com.cn/balib/web/listview?newsClassID=103&newsID=6276.
⑤ 李晔、刘华山:《问卷调查过程中的常见问题与解决办法》,《教育研究与实验》2006年第2期,第61—64页。

的问卷回答没有到过图书馆的。

对于有效的纸本问卷进行编号,然后根据事先设定编码表,将问卷中的所有问题转换为可辨识的文字或者数字录入 excel 文档。数据录入完成之后导入 IBM SPSS Statistics 20.0。在对数据进行分析之前,首先对录入的数据进行检查,方法是通过分析菜单中的描述性统计来查看,对于有问题的地方根据问卷的编号来查找纸本问卷进行核实。

此次调查共发放纸质问卷 1940 份,回收 1621 份,其中有效问卷 1386 份。网络问卷回收 628 份,剔除重复提交的问卷和无效问卷,有效问卷共 578 份。综合起来此次调查共回收有效问卷 1964 份。问卷发放和回收的详细情况见表 4-13。

表 4-13 问卷发放和回收情况

发放地点	发放数量(份)	回收数量(份)	有效数量(份)
高校图书馆	1110	908	842
公共图书馆	830	713	544
网　　络		628	578

六、数据的统计分析方法和样本基本特征

用户需求和满意研究使用的统计分析方法、用户需求和满意第一次调查获得的样本基本特征如下:

(一) 统计分析方法

本研究采用的主要统计方法如下:

1. 描述性统计

以此方法对样本的发放和回收情况、个人特征、图书馆使用特征、用户需求等进行描述。

2. 相关分析

以此方法分析用户信息资源类型需求、信息服务类型需求和信息系统类型需求之间的关系以及用户信息资源质量需求、信息服务质量需求和信息系统质量需求之间的关系。

3. 独立样本 T 检验

以此方法检验性别、图书馆类型在用户信息资源类型需求、信息服务类型需求、信息系统类型需求、信息资源质量需求和感知、信息服务质量需求和感知、信息系统质量需求和感知、信息资源满意、信息服务满意、信息系统满意和整体满意等方面的差异情况。

4. 单因子方差分析

以此方法检验年龄、学历、身份、地区、专业、职称、外语水平、网络使用能力、图书馆使用习惯等在用户需求、感知和满意等方面的差异情况。进行方差分析时，首先进行样本方差同质性检验检查样本的方差是否具有同质性，之后再进行方差整体检验。如果方差分析整体检验的 F 值达到显著性水平，则进行事后分析以找出差异的具体所在，样本方差具备同质性的使用适合方差同质用的 Scheffe 事后分析法，样本方差不具备同质性的使用 SPSS 提供的适合方差异质用的 Tamhane's T2 事后分析法。

因为 Scheffe 事后分析法是各种事后分析方法中最严格的方法，其事后比较较为保守，有时会发生整体检验的 F 值达到显著，但事后比较均不显著情形，此时改用 Tukey 检验法作为事后比较方法，以便和整体检验 F 值的显著性相呼应[①]。

5. 卡方分析

以此方法检验性别、年龄、学历、身份、地区、专业、职称、外语水平、网络使用能力、图书馆使用习惯、图书馆类型等在用户信息资源载体需求、信息资源语种需求、信息资源来源需求等方面的差异情况。

6. 因子分析

以此方法缩减信息资源类型需求、信息资源年限需求、信息资源质量需求、信息资源质量感知、信息服务类型需求、信息咨询方式需求、信息服务质量需求、信息服务质量感知、信息系统类型需求、信息系统功能需求、信息系统质量需求、信息系统质量感知、信息资源满意、信息服务满意、信息系统满意和图书馆整体满意等变量，并以因子得分（Factor scores）来代表各样本在缩减之后所产生的新变量的得分。

---

① 吴明隆：《问卷统计分析实务——SPSS 操作与应用》，重庆，重庆大学出版社 2010 年版，第 343 页。

7. 回归分析

以此方法对本研究构建的用户满意模型进行检验，找出用户满意的形成机制。

（二）样本基本特征

样本的基本特征包括人口统计特征、专业、职称情况、外语水平等特征，上网设备的使用情况，网络应用的使用情况，图书馆使用特征等。

1. 人口统计特征

用户需求和满意问卷对人口统计特征的调查，包括性别、年龄、所在地区、学历和身份五个方面，样本的人口统计特征分别见表4-14。

表4-14 样本的人口统计特征

		频率	百分比（%）	有效百分比（%）	累积百分比（%）
性别	男	913	46.5	46.7	46.7
	女	1042	53.1	53.3	100.0
	合计	1955	99.5	100.0	
年龄	14岁以下	36	1.8	1.8	1.8
	14—17岁	81	4.1	4.1	6.0
	18—24岁	1327	67.6	67.8	73.7
	25—45岁	481	24.5	24.6	98.3
	46岁及以上	33	1.7	1.7	100.0
	合计	1958	99.7	100.0	
地区	东部	1513	77.0	77.2	77.2
	中部	208	10.6	10.6	87.8
	西部	211	10.7	10.8	98.6
	东北	28	1.4	1.4	100.0
	合计	1960	99.8	100.0	
学历	初中及以下	75	3.8	3.8	3.8
	高中/中专/技校	141	7.2	7.2	11.0
	大专	136	6.9	6.9	18.0
	本科	1364	69.5	69.6	87.5
	研究生及以上	245	12.5	12.5	100.0
	合计	1961	99.8	100.0	

续表

		频率	百分比(%)	有效百分比(%)	累积百分比(%)
身份	学生	1413	71.9	72.0	72.0
	教师	87	4.4	4.4	76.4
	专业技术人员	95	4.8	4.8	81.3
	公务员	18	0.9	0.9	82.2
	公司企业员工	233	11.9	11.9	94.0
	农民	15	0.8	0.8	94.8
	自由职业者	38	1.9	1.9	96.7
	离退休人员	5	0.3	0.3	97.0
	无业/下岗/失业	7	0.4	0.4	97.4
	其他	52	2.6	2.6	100.0
	合计	1963	99.9	100.0	

　　从性别上看，男女比例比较适中，分别为46.7%和53.3%，女性所占比例比男性高6.6%。但是通过网络和纸本两种方式回收的问卷的性别比例存在很大的差别。通过网络方式回收的问卷中，男性的比例高达六成，通过纸本方式回收的问卷中，女性的比例是接近六成（58.9%）。

　　从年龄上看，18—24岁的所占比例最高，为67.6%；其次是25—45岁的，为24.5%；再次是14—17岁的，为4.1%；年龄在14岁以下和46岁及以上的比较少，分别为1.8%和1.7%。通过网络回收的问卷的年龄更是集中分别在18—24岁和25—45岁，比例分别为64.4%和34.3%，14岁以下、14—17岁的有效样本数均为0个，46岁及以上的有效样本数也只有8个。本研究样本中46岁及以上的用户较少，原因可能是高校图书馆用户中，这一年龄段的用户较少到图书馆来，较难对他们进行调查；公共图书馆用户中，这一年龄段用户因为问卷篇幅较长的原因，拒答率较高。

　　从地区来看，此次调查的受访对象以东部为主，所占比例为77.2%，中部地区和西部地区所占的比例大致相当，分别为10.6%和10.8%，东北地区所占的比例最低，只有1.4%。样本的省份分布见表4-15。表中的其他省区市包括云南、北京、浙江、湖北、江苏、湖南、四川、上海、辽宁、天津、安徽、重庆、河北、陕西、河南、吉林、福建、江西、甘肃、广西、黑龙江、海南、宁夏、新疆等。此次调查以广东地区的图书馆用户为主，因此来自广东的样本数量最多，所占比例为61.2%。

从学历上看，本科学历者所占比例最高，为69.6%，研究生及以上学历者的比例为12.5%，大专学历者的比例为6.9%，高中/中专/技校学历者的比例为7.2%，初中及以下学历者的比例最少，为3.8%。由此可见，此次调查受访者的学历普遍较高。通过网络回收的问卷的学历分布虽然也是以本科为主，所占比例为59.2%，但是研究生及以上学历者的比例高达37.2%，没有高中/中专/技校学历和初中及以下学历者。

从身份和职业来看，学生所占的比例最高，为71.9%；其次是公司企业员工，比例为11.9%；再次是医生、律师、科研人员等专业技术人员，比例为4.8%；排在第四位的是教师，比例为4.4%；公务员、农民、无业/下岗/失业者的数量都较少。在组别平均数的差异比较方面，各组的样本数至少要20个以上，如果要求很低也要15个以上，较理想的数目为30个以上。如果背景数据中某些变量的组别人数少于20，可以把部分组别合并①。本研究中，公务员、农民、离退休人员、无业/下岗/失业的数量都低于30个，在进行差异分析时，将公务员、离退休人员、无业/下岗/失业这三个组别合并到"其他"这个组别，此次调查获得的样本中，农民实际上是在城市务工的农民工，所以将农民这个组别合并到公司企业员工这个组别去。

表4-15 样本的省份分布

省(自治区、直辖市)名称	有效样本份数	百分比(%)
广东	1201	61.2
山西	123	6.3
山东	122	6.2
贵州	103	5.2
其他省(自治区、直辖市)	411	21.1

2. 其他特征

本地调查还涉及样本的专业、职称情况、外语水平等特征（见表4-16）。

从样本的专业分布情况来看，受访用户目前从事/学习的专业中经济管

---

① 吴明隆：《问卷统计分析实务——SPSS操作与应用》，重庆，重庆大学出版社2010年版，第60页。

理类最多,比例为30.7%;其次是工程技术类,比例为17.6%;排在第三位的是人文社科类,比例为15.5%;排在第四位的是其他门类,比例为15.1%;最少的是自然科学类,比例只有9.2%。

从样本的职称分布情况来看,无职称的情况最多,比例高达82.2%;其次是中级职称,比例为8.7%;再次是初级职称,比例为6.8%;拥有副高级职称者较少,比例为1.7%;拥有正高级职称者最少,比例只有0.5%。因为正高职称的用户较少,所以进行差异分析时,将副高级职称用户和正高级职称用户合并统称为高级职称用户。

从外语水平来看,外语水平熟练的受访者最多,比例为43.1%。外语水平非常熟练、一般、不熟练的受访者的比例都差不多,分别是19.1%、18.5%和18.4%,只有1%的受访者的外语水平为极不熟练。

表4-16 样本的学科门类、职称情况、外语水平分布

		频率	百分比(%)	有效百分比(%)	累积百分比(%)
专业	人文社科类	288	14.7	15.5	15.5
	经济管理类	569	29.0	30.7	46.2
	自然科学类	171	8.7	9.2	55.4
	工程技术类	327	16.6	17.6	73.0
	医药卫生类	220	11.2	11.9	84.9
	其他门类	281	14.3	15.1	100.0
	合计	1856	94.5	100.0	
职称	无职称	1563	79.6	82.2	82.2
	初级	130	6.6	6.8	89.0
	中级	166	8.5	8.7	97.7
	副高级	33	1.7	1.7	99.5
	正高级	10	0.5	0.5	100.0
	合计	1902	96.8	98.9	
外语水平	极不熟练	19	1.0	1.0	1.0
	不熟练	357	18.2	18.4	19.3
	一般	360	18.3	18.5	37.8
	熟练	838	42.7	43.1	80.9
	非常熟练	371	18.9	19.1	100.0
	合计	1945	99.0	100.0	

3. 上网设备使用情况

在上网设备的使用上，电脑使用最多，99.8%的受访者都使用电脑上网，其中65.2%的受访者几乎每天都使用电脑上网，23.2%的受访者经常使用电脑上网，9.6%的受访者有时会使用电脑上网，只有1.9%的受访者很少使用电脑上网。在使用电脑上网的频率上，不同性别、不同地区、不同年龄的受访者之间存在显著差异。具体而言，男性比女性使用电脑上网的频率高，中部地区、东部地区的受访者使用电脑上网的频率比西部地区高，18—24岁、25—45岁、46岁及以上的受访者使用电脑上网的频率比14岁以下的高，18—24岁、25—45岁、46岁及以上的受访者使用电脑上网的频率比14—17岁的高，25—45岁的受访者使用电脑上网的频率比18—24岁的高。

有84.3%的受访者使用智能手机上网，其中29.8%的受访者几乎每天用，18.4%的受访者经常使用，18%的受访者有时使用，18.1%的受访者很少使用。中国互联网信息中心2012年1月发布的《中国互联网络发展状况统计报告》显示，2011年有69.3%的网民使用手机上网[1]。此次调查中使用手机上网受访者的比例高于中国互联网信息中心的调查，可能是与样本的年龄和学历分布有关。不同年龄和不同学历的受访者使用智能手机上网的频率存在显著差异。具体而言，18—24岁的受访者使用智能手机上网的频率比14岁以下、25—45岁、46岁及以上的高，14—17岁、18—24岁、25—45岁的受访者使用智能手机上网的频率比46岁及以上的高。学历为本科的受访者使用智能手机上网的频率比初中及以下、研究生及以上的高。本研究样本的年龄以18—24岁为主，以本科学历者为主，因此此次调查样本中使用智能手机上网的用户的比例高于《中国互联网络发展状况统计报告》的调查结果就不足为奇。

以iPad为代表的平板电脑已经成为非常重要的上网设备，调查显示，34.2%的受访者使用平板电脑上网，其中3.6%的受访者几乎每天用，3.4%的受访者经常使用，7.2%的受访者有时使用，20%的受访者很少使用。不同年龄、不同地区、不同学历的受访者使用平板电脑上网的频率存在

---

[1] 中国互联网络信息中心：《第29次中国互联网络发展状况统计报告》，http://www.cnnic.cn/dtygg/dtgg/201201/W020120116337628870651.pdf。

显著差异。25—45岁的受访者使用平板电脑上网的频率比18—24岁的高，东部地区受访者使用平板电脑上网的频率比西部地区的高。学历为大专的受访者使用平板电脑上网的频率比初中及以下、本科、研究生及以上学历者高。上网设备的使用情况见表4-17。

表4-17 上网设备的使用情况

		频率	百分比(%)	有效百分比(%)	累积百分比(%)
电脑上网	从不使用	4	0.2	0.2	0.2
	很少使用	37	1.9	1.9	2.1
	有时使用	188	9.6	9.6	11.7
	经常使用	454	23.1	23.2	34.8
	几乎每天用	1278	65.1	65.2	100.0
	合计	1961	99.8	100.0	
智能手机上网	从不使用	305	15.5	15.7	15.7
	很少使用	352	17.9	18.1	33.8
	有时使用	349	17.8	18.0	51.8
	经常使用	358	18.2	18.4	70.2
	几乎每天用	578	29.4	29.8	100.0
	合计	1942	98.9	100.0	
平板电脑上网	从不使用	1260	64.2	65.8	65.8
	很少使用	383	19.5	20.0	85.8
	有时使用	138	7.0	7.2	93.0
	经常使用	66	3.4	3.4	96.4
	几乎每天用	68	3.5	3.6	100.0
	合计	1915	97.5	100.0	

4. 网络应用使用情况

如表4-18所示，在各种网络应用的使用上，受访者使用即时通信的频率最高，98.6%的受访者使用过，其中62.9%的受访者几乎每天用，24.7%的经常使用。使用频率排在第二位的是搜索引擎，96.2%的受访者使用过，其中52%的受访者几乎每天用，29%的经常使用。使用频率排在第三位的是电子邮件，98.1%的受访者使用过，其中37.1%的受访者几乎每天用，32.8%的经常使用。百度百科、维基百科等在线百科全书的使用频率也不低，93.2%的受访者使用过，其中18.6%的受访者几乎每天用，30.5%的经常使用。相对于其他网络应用，微博出现的时间较短，但是从调查中发现，79%受访者使用过微博，微博的使用频率已经超过了论坛/BBS、社交网站和博客，足以体现微博的影响力。78.1%的受访者使用过社交网站，76.3%的受访者使用过博客，70.9%受访者使用过论坛/BBS。2012年1月发布的第29次中国互联网络发展状况统计报告显示，2011年中国网民即时通信使用率为80.9%，电子邮件使用率为47.9%，论坛/BBS的使用率为28.2%，微博的使用率为48.7%，博客的使用率62.1%，社交网站的使用率47.6%[①]。样本中各项网络应用的使用率都高于中国网民的平均数据，原因可能是此次样本以18—24岁年轻人为主。

表4-18　网络应用的使用情况

网络应用	有效	缺失	平均使用频率	中值	众数
即时通信	1948	16	4.45	5	5
搜索引擎	1940	24	4.2	5	5
电子邮件	1950	14	3.96	4	5
在线百科全书	1951	13	3.39	3	4
微博	1943	21	2.94	3	2
论坛/BBS	1938	26	2.8	3	2
社交网站	1936	28	2.67	2	2
博客	1939	25	2.6	2	2

如前文所述，用户需求和满意调查以用户对以上8种网络应用的平均使用频率为用户网络使用能力的衡量指标，其中0＜平均使用频率≤1定义为"很不好"；1＜平均使用频率≤2定义为"不好"；2＜平均使用频率≤3定义为"一般"，3＜平均使用频率≤4定义为"经常使用"；4＜平均使用频≤5定义为"很好"。调查结果显示，17.1%的受访者网络使用能力为很好，49.9%的受访者网络使用能力为较好，33.3%的受访者网络使用能力为一般，4%的受访者网络使用能力为不好。

---

① 中国互联网络信息中心：《第29次中国互联网络发展状况统计报告》，http://www.cnnic.cn/dtygg/dtgg/201201/W020120116337628870651.pdf。

5. 图书馆使用频率和使用图书馆的类型

97.1%的受访者到过实体图书馆。其中15.3%的受访者图书馆的频率为半年1—3次，32.3%的受访者为每月1—3次，34.2%的受访者为每周1—3次，15.4%的受访者为几乎每天去。75.8%的受访者远程使用过图书馆，几乎每天远程使用图书馆的只有6.7%，每周1—3次的有19.3%，每月1—3次的有29%，半年1—3次的有20.8%（见表4-19）。

取受访者使用实体图书馆和远程使用图书馆频率的平均值，将1＜平均使用频率≤2定义为"很少使用"；2＜平均使用频率≤3定义为"有时使用"，3＜平均使用频率≤4定义为"经常使用"；4＜平均使用频率≤5定义为"几乎每天用"。此次调查的样本中，20.3%的受访者很少使用图书馆，39.7%的受访者有时使用图书馆，31.2%的受访者经常使用图书馆，8.8%的受访者几乎每天使用图书馆。由此可见此次调查样本中的图书馆用户使用图书馆的频率相对较高。

表4-19 图书馆使用频率

		频率	百分比(%)	有效百分比(%)	累积百分比(%)
到图书馆的频率	没有去过	56	2.9	2.9	2.9
	半年1—3次	300	15.3	15.3	18.1
	每月1—3次	635	32.3	32.3	50.5
	每周1—3次	671	34.2	34.2	84.6
	几乎每天去	302	15.4	15.4	100.0
	合计	1964	100.0	100.0	
远程使用图书馆的频率	没有用过	470	23.9	24.2	24.2
	半年1—3次	405	20.6	20.8	45.0
	每月1—3次	563	28.7	29.0	74.0
	每周1—3次	375	19.1	19.3	93.3
	几乎每天用	130	6.6	6.7	100.0
	合计	1943	98.9	100.0	

根据受访者使用实体图书馆和远程使用图书馆的频率，将受访者的图书馆使用习惯分为仅使用实体图书馆、使用实体图书馆为主、使用实体图书馆和网上图书馆的频率一样、使用网上图书馆为主、仅使用网上图书馆5种类型。受访者中，仅使用实体图书馆的用户的比例最高，为34.7%，其次是

使用实体图书馆和网上图书馆频率一样的，比例为 25.1%；再次是仅使用实体图书馆的，比例为 23.9%，第四是使用网上图书馆为主的，比例为 13.4%；排在最后的是仅使用网上图书馆的，占 2.9%。用户的图书馆使用习惯仍然是以使用实体图书馆的频率最高，可能是因为此次调查大部分样本是通过馆内调查获取的缘故。

就受访用户最常使用的图书馆类型而言，67.5% 的受访用户最常使用的是高校图书馆，31% 的最常使用的是公共图书馆，最常使用科技图书馆的用户非常少，只有 0.2%，还有 1.2% 的对此问题没有作出回答或者是没有按照要求填写答案。

（四）信度和效度分析

调查问卷的信度是指问卷调查结果所具有的一致性或稳定性的程度。本研究利用内部一致信度，通过 Cronbach's Alpha 系数值来分析量表的信度。一般认为 Cronbach's Alpha 值 ≥ 0.70 时，属于高信度；0.35 ≤ Cronbach's Alpha 值 < 0.70 时，属于尚可；Cronbach's Alpha 值 < 0.35，则为低信度[①]。

表 4-20 量表的信度分析

量表名称	Cronbach's Alpha	项数	删除问项	删除问项后 Cronbach's Alpha
总体	0.965	111	17A、17B、18A、18B、23G	0.966
信息资源质量需求量表	0.905	12	17A、17B	0.912
信息资源质量感知量表	0.868	12	18A、18B	0.892
信息服务质量需求量表	0.940	21	23G	0.942
信息服务质量感知量表	0.954	21		
信息系统质量需求量表	0.942	15		
信息系统质量感知量表	0.923	15		
图书馆满意量表	0.942	15		
其中:信息资源满意量表	0.841	4		
信息服务满意量表	0.929	4		
信息系统满意量表	0.920	4		
图书馆整体满意量表	0.820	3		

---

① 曾五一、黄炳艺：《调查问卷的可信度和有效度分析》，《统计与信息论坛》2005 年第 6 期，第 11—15 页。

由表 4-20 可知，本问卷使用的所有量表的 Cronbach's Alpha 均大于 0.7，说明本研究使用的量表具备了很高的信度。

量表的效度是指量表测量结果的有效性或正确性，即一个量表能够测量出研究者想要测量的概念或者特性的程度。效度分为内容效度、效标效度和结构效度[①]。实证研究中，效度主要以内容效度和结构效度来检测。本研究采用内容效度。内容效度是指量表的内容反映出切合研究主题的程度。本研究中量表各变量的测量项目都是以国内外学者的研究问卷及相关文献为基础构建的，问卷产生后参考了专家的意见进行了反复修改，并进行了前测，因此本问卷具有一定的内容效度。

---

① ［美］Devellis R F:《量表编制理论与应用》，魏勇刚、龙长权、李武译，重庆，重庆大学出版社 2004 年版。

第 五 章
用户需求结构分析

为了探讨图书馆用户需求结构，首先使用因子分析来确定图书馆用户需求的构成元素，然后使用相关分析对图书馆用户需求构成元素之间的关系进行研究。接下来对不同用户群体的需求强度进行总结和归纳，展现出图书馆用户需求的整体图景。最后依据图书馆用户需求强度的聚类分析形成图书馆的用户结构。

一、用户需求的构成

使用探索性因子分析（exploratory factor analysis）来分析图书馆用户需求由哪些元素构成。用于探索性因子分析的量表为信息资源质量需求量表、信息服务质量需求量表、信息系统质量需求量表、信息资源质量感知量表、信息服务质量感知量表和信息系统质量需求量表。

（一）用户需求的构成元素

因子分析结果的可靠性与样本数量的多少有着紧密的联系。虽然学术界对于样本数应该是多少才能使结果可靠没有一致的结论，但是多数学者都认为因子分析要有可靠的结果，样本数量要远远多于量表题项数。Gorsuch 对样本数量的观点为样本数至少为题项数的 5 倍，样本总数不得少于 100 个。此外，量表是否适合进行因子分析，可以从 KMO（Kaiser-Meyer-Olkin measure of sampling adequacy）值的大小来判别，KMO 值 > 0.90 以上极适合进行因子分析，0.80 < KMO 值 ≤ 0.90 适合做因子分析，0.70 < KMO 值 ≤ 0.80 尚

可进行因子分析，0.60＜KMO 值≤0.70 勉强可以进行因子分析，0.50＜KMO 值≤0.60 不适合做因子分析，KMO 值≤0.50 非常不适合进行因子分析[①]。

本研究先根据信度分析的结果，删除了问项 17A、17B、18A、18B 和 23G 之后将信息资源质量需求量表、信息资源质量感知量表、信息服务质量需求量表、信息服务质量感知量表、信息系统质量需求量表和信息系统质量感知量表放在一起进行因子分析。进行因子分析的量表有 91 个问项，问卷样本数为 1964 个，问卷样本数是问项数的 20 倍以上，表明因子分析的结果非常可靠。采用主成分分析法进行因子的提取，利用最大方差法进行因子矩阵的旋转。本研究使用简单因子构面，即删除因子负荷量低于 0.5 以及横跨两个构面且因子负荷量大于 0.5 的问项，反复进行因子分析，以找出最合适的因子变量。因子分析的过程见表 5-1。三次分析的 KMO 值都在 0.96 以上，说明非常适合进行因子分析。

表 5-1　需求和感知量表的因子分析过程

分析过程	得到的因子数量	解释总变异量(%)	KMO 值	Bartleet 球形检验的显著性	删除的问项	公因子方差范围
第一次因子分析	13	62.133	0.964	0.000	18J、18K、18L、23B、23D、23P、23Q、23R、23S、23U、24C、24D、24E、28A、28B、28C、28D、24R	0.474—0.757
第二次因子分析	9	60.292	0.962	0.000	23A、23C、24A、24B、27A、27B	0.414—0.743
第三次因子分析	6	57.096	0.961	0.000		0.412—0.732

---

① 吴明隆：《SPSS 统计应用学习实务：问卷分析与应用统计》，加桦国际 2007 年版，第 3—10 页。

经过三次因子分析得到六个因子项目，解释的总变异量为57.096%（见表5-2）。根据因子含义对因子分析之后得到的因子项目进行命名。研究设计的量表经过因子分析之后没有发生交叉（如一个量表中的问项与另外一个量表中的问项形成新的因子），因此图书馆用户需求可视为由信息资源需求、信息服务需求和信息系统需求三个元素构成。选择使用回归法将因子得分保存为变量用于后续的回归分析和差异分析。

表5-2 需求和感知量表的因子分析结果

因子项目	问项	因子负荷量	解释总变异量(%)	因子项目	问项	因子负荷量	解释总变异量(%)
信息服务质量感知	24F	0.616	13.776	信息资源质量需求	17C	0.674	8.681
	24G	0.698			17D	0.750	
	24H	0.815			17E	0.759	
	24I	0.814			17F	0.747	
	24J	0.819			17G	0.742	
	24K	0.814			17H	0.0759	
	24L	0.774			17I	0.0739	
	24M	0.775			17J	0.580	
	24N	0.806			17K	0.628	
	24O	0.783			17L	0.637	
	24P	0.606					
	24R	0.546					
	24S	0.686					
	24T	0.722					
	24U	0.585					
信息系统质量需求	27C	0.660	10.703	信息系统质量感知	28E	0.566	8.117
	27D	0.637			28F	0.570	
	27E	0.702			28G	0.707	
	27F	0.755			28H	0.711	
	27G	0.750			28I	0.687	
	27H	0.756			28J	0.607	
	27I	0.730			28K	0.659	
	27J	0.621			28L	0.623	
	27K	0.684			28M	0.683	
	27L	0.661			28N	0.658	
	27M	0.705			28O	0.640	
	27N	0.700					
	27O	0.635					

续表

因子项目	问项	因子负荷量	解释总变异量(%)	因子项目	问项	因子负荷量	解释总变异量(%)
信息服务质量需求	23E	0.561	9.856	信息资源质量感知	18C	0.696	5.963
	23F	0.606			18D	0.763	
	23H	0.748			18E	0.777	
	23I	0.781			18F	0.729	
	23J	0.802			18G	0.642	
	23K	0.790			18H	0.680	
	23L	0.738			18I	0.654	
	23M	0.730					
	23N	0.746					
	23O	0.735					
	23T	0.647					

(二) 用户需求构成元素之间的关系

通过对图书馆用户信息资源类型需求、信息服务类型需求和信息系统类型需求之间的相关分析及图书馆用户信息资源质量需求、信息服务质量需求和信息系统质量需求之间的相关分析来探讨图书馆用户需求构成元素之间的关系。Spearman 相关系数又称为秩相关系数，它是利用两个变量的秩次大小进行相关分析[①]。Spearman 相关系数对数据条件的要求没有 Pearson 相关系数严格，不需要两个变量的总体成正态分布，对样本的数量也没有要求，只需要两个变量的观测值是成对的等级评定资料，或者是由连续变量观测资料转化得到的等级资料。因此，本研究使用 Spearman 相关系数来分析图书馆用户需求构成元素之间的相关关系。

相关系数为正数表示变量之间存在正相关关系，相关系数为负数表示变量之间存在负相关关系。一般认为，相关系数的绝对值在 0.8 到 1.0 之间为极强相关，相关系数的绝对值在 0.6 到 0.8 之间为强相关，相关系数的绝对值在 0.4 到 0.6 之间为中等程度相关，相关系数的绝对值在 0.2 和 0.4 之间为弱相关，相关系数的绝对值在 0 和 0.2 之间为极弱相关或不相关[②]。

---

① 张文彤、邝春伟：《SPSS 统计分析基础教程》，北京，高等教育出版社 2011 年版，第 335 页。
② 吴薇：《中荷研究型大学教师信念比较研究》，广州，广东高等教育出版社 2012 年版，第 211 页。

表 5-3 类型需求相关分析

			信息资源 类型需求	信息服务 类型需求	信息系统 类型需求
Spearman 的 rho	信息资源类型需求	相关系数	1.000	0.509**	0.453**
		Sig.（双侧）	—	0.000	0.000
		N	1866	1821	1848
	信息服务类型需求	相关系数	0.509**	1.000	0.742**
		Sig.（双侧）	0.000	—	0.000
		N	1821	1916	1895
	信息系统类型需求	相关系数	0.453**	0.742**	1.000
		Sig.（双侧）	0.000	0.000	—
		N	1848	1895	1940

** 在置信度（双测）为 0.01 时，相关性是显著的。

如表 5-3 所示，图书馆用户的信息资源类型需求与其信息服务类型需求和信息系统需求存在中等程度正相关关系；图书馆用户的信息服务类型需求与其信息系统类型需求存在强正相关关系。并且信息资源类型需求与信息服务类型需求的相关程度略高于信息资源类型需求与信息系统类型需求的相关程度。信息服务类型需求与信息系统类型需求的相关程度显著高于信息服务类型需求与信息资源类型需求的相关程度。分析原因可能是用户要获取图书馆信息资源，不可避免地要使用图书馆服务，但是这个过程中不一定要使用图书馆信息系统（如用户要在图书馆找书可以通过 OPAC，这需要图书馆信息系统，但是用户也可以在图书馆书架上浏览，这个过程就不需要图书馆信息系统）或者是只使用部分图书馆信息系统。图书馆的很多服务，用户在使用的过程中不可避免地涉及图书馆信息系统的使用，如借书一般都要通过图书馆自动化系统，使用图书馆购买的数据库一般要通过图书馆门户网站，使用图书馆虚拟参考咨询服务一般要通过图书馆虚拟参考咨询系统；使用自助图书馆等自助服务系统更是离不开图书馆信息系统。

由表 5-4 可知，图书馆用户的信息资源质量需求与其信息服务质量需求和信息系统质量需求之间存在中等程度的正相关关系，图书馆用户的信息服务质量需求与其信息系统质量需求也存在中等程度的正相关关系。并且信息资源质量需求与信息系统质量需求的相关程度、信息服务质量需求与信息系统质量需求的相关程度均高于信息资源质量需求与信息服务质量需求的相关程度。也就是信息系统质量需求对信息资源质量需求、信息服务质量需求的影响高于信息资源质量与信息服务质量之间的相互影响。

表 5-4 质量需求相关分析

			信息资源质量需求	信息服务质量需求	信息系统质量需求
Spearman 的 rho	信息资源质量需求	相关系数	1.000	0.467**	0.508**
		Sig.（双侧）	—	0.000	0.000
		N	1923	1884	1855
	信息服务质量需求	相关系数	0.467**	1.000	0.570**
		Sig.（双侧）	0.000	—	0.000
		N	1884	1908	1853
	信息系统质量需求	相关系数	0.508**	0.570**	1.000
		Sig.（双侧）	0.000	0.000	—
		N	1855	1853	1880

**在置信度（双测）为 0.01 时，相关性是显著的。

综合类型需求相关分析和质量需求相关分析的结果可知，图书馆用户信息需求构成元素信息资源需求、信息服务需求和信息系统需求之间存在正相关关系。信息系统与信息服务、信息系统与信息资源的相互影响高于信息服务与信息资源的相互影响。

二、用户需求强度分析

参考市场营销中的相关概念，本研究引入需求强度来表示用户对图书馆信息资源、信息服务和信息系统需求的迫切程度。以图书馆用户的信息资源类型需求、信息服务类型需求和信息系统类型需求分别体现其需求强度。需求强度值为用户需求的算术平均值。总体而言，此次调查样本对图书馆各种资源、服务和系统的需求均值不高，仅为 2.47。按需求大小进行排序之后，可将用户需求强度划分为三种：强需求、中需求和弱需求。

需求强度划分标准在图书馆学情报学文献中较为少见，根据研究目的，本研究采用自定标准，强需求项目指需求水平在 3.0 及以上的项目，中需求项目指需求水平在 2.47—2.99（含 2.47 和 2.99）的项目，弱需求项目则是指需求水平在 2.47 以下的项目。

1. 强需求项目

用户总体需求中属于强需求的项目共 8 项，占全部项目数的 18.6%。按均值大小排序分别为书刊阅览服务、自习服务、书刊外借服务、休闲类图书、报纸、馆藏书刊目录检索系统、图书馆门户网站系统和学术类图书。

2. 中需求项目

用户总体需求里面属于中需求的项目共 9 项，占全部项目数的 20.9%。按均值大小排序分别是电子资源检索、工具书、休闲类期刊、馆藏书刊目录查询服务、电子资源/数据库检索/服务系统、电子资源统一检索系统、电子资源导航、学术类期刊、网络信息导航服务。

3. 弱需求项目

用户总体需求中属于弱需求项目的共 26 项，占全部项目数的 60.5%。

由此可见，图书馆用户总体需求强度不高。图书馆用户总体需求中弱需求项目占了较大比重。按照人口统计学变量（包括性别、年龄、学历和身份）、图书馆使用经验（包括使用图书馆的频率、使用图书馆的习惯、去实体图书馆的频率和远程使用图书馆的频率）、图书馆类型等对用户进行分群，以便深入了解各用户群体对图书馆提供的信息资源、信息服务和信息系统的需求强度。

在进行用户分群之前，对用户的信息资源类型需求、信息服务类型需求和信息系统类型需求进行因子分析。以主成分法进行因子特征的抽取，以最大方差法进行因子旋转。

信息资源类型需求第一次因子分析的 KMO 系数为 0.801，Bartlett 的球形度检验 p 值为 0.000，累计解释的总方差为 62.833%，提取的公因子方差为 0.294—0.792。删除提取公因子方差在 0.4 以下的"工具书需求"这一问项之后继续进行因子分析。第二次因子分析的 KMO 系数为 0.792，Bartlett 的球形度检验 p 值为 0.000，累计解释的总方差为 67.094%，提取的公因子方差为 0.445—0.793。因子 1 包括专利文献需求、标准文献需求、政府出版物需求、会议论文需求和学位论文需求等问项，解释的总方差为

31.264%，将其命名为特种文献需求；因子2包括休闲类期刊需求、休闲类图书需求和报纸需求，解释的总方差为18.915%，将其命名为休闲类资源需求；因子3包括学术类图书需求和学术类期刊需求，解释的总方差为16.915%，将其命名为学术书刊需求。图书馆用户信息资源类型需求因子分析的结果见表5-5。

表5-5 信息资源类型需求因子分析旋转矩阵

	成分		
	1	2	3
专利文献需求	0.853	0.022	0.120
标准文献需求	0.820	0.016	0.159
政府出版物需求	0.747	0.213	0.072
会议论文需求	0.728	0.056	0.259
学位论文需求	0.668	-0.128	0.431
休闲类期刊需求	0.050	0.865	0.026
休闲类图书需求	-0.101	0.813	0.036
报纸需求	0.180	0.642	-0.010
学术类图书需求	0.138	0.017	0.879
学术类期刊需求	0.361	0.063	0.786

注：同一背景的数字就属于同一因子。以下同。

图书馆用户信息服务类型需求第一次因子分析的KMO值为0.923，Bartlett的球形度检验p值为0.000，提取的公因子方差为0.404—0.762，解释的总方差为54.618%，得到三个因子变量。删除因子负荷量小于0.5的问项"新书通报服务需求"之后再进行因子分析。第二次因子分析的KMO值为0.918，Bartlett的球形度检验p值为0.000，提取的公因子方差为0.414—0.771，解释的总方差为55.231%，得到三个因子变量。因子1包括参考咨询服务需求、馆际互借/文献传递服务需求、用户培训服务需求、讲座/展览服务需求、文献复制服务需求、视听服务需求、科技查新服务需求、查收查引服务需求和馆内上网服务需求等问项，解释的总方差为23.551%，将其命名为高级信息服务需求；因子2包括电子资源导航服务需求、电子资源检索服务需求、网络信息导航服务需求、电子资源远程访问服务需求、电话/网上续借服务需求、馆藏书刊目录查询服务需求、电话/网上预约服务需求等问项,解释的总方差为 22.325%,将其命名为网络信息服务需求;因子 3 包括书刊阅览服务需求、书刊外借服务需求和自习服务需求等问项,解释的总方差为 9.355%,将其命名为基础信息服务需求。图书馆用户信息服务类型需求因子分析结果见表 5-6。

表 5-6 信息服务类型需求因子分析旋转矩阵表

	成分		
	1	2	3
参考咨询服务需求	0.742	0.133	0.147
馆际互借/文献传递服务需求	0.713	0.236	-0.047
用户培训服务需求	0.701	0.191	0.052
讲座/展览服务需求	0.696	0.126	0.221
文献复制服务需求	0.674	0.256	0.036
视听服务需求	0.665	0.192	0.102
科技查新服务需求	0.593	0.375	-0.018
查收查引服务需求	0.567	0.449	-0.029
馆内上网服务需求	0.559	0.137	0.323
电子资源导航服务需求	0.181	0.855	0.080
电子资源检索服务需求	0.113	0.838	0.163
网络信息导航服务需求	0.293	0.786	0.057
电子资源远程访问服务需求	0.360	0.677	-0.057
电话/网上续借服务需求	0.247	0.633	0.121
馆藏书刊目录查询服务需求	0.151	0.614	0.293
电话/网上预约服务需求	0.411	0.550	0.067
书刊阅览服务需求	0.090	-0.004	0.794
书刊外借服务需求	-0.026	0.240	0.662
自习服务需求	0.187	0.074	0.611

图书馆用户信息系统类型需求第一次因子分析的 KMO 值为 0.898,Bartlett 的球形度检验 p 值为 0.000,因子分析获得了两个因子,解释的总方差为 65.394%,提取的公因子方差为 0.378—0.779。去掉提取公因子方差小于 0.4 的问项"自助借还机/自助图书馆需求"后再进行因子分析。第二次因子分析的 KMO 值为 0.889,Bartlett 的球形度检验 p 值为 0.000,第二次因子分析获得了两个因子,解释的方差为 68.292%,提取的公因子方差为

0.497—0.798。因子1包括虚拟参考咨询系统需求、合作参考咨询系统需求、原文传递系统需求、手机图书馆需求、多媒体资源点播系统需求、图书馆工具条需求和随书光盘/非书资料系统需求等问项，解释的总方差为39.555%，将其命名为高级信息系统需求；因子2包括图书馆门户网站系统需求、电子资源/数据库检索/服务系统需求、电子资源统一检索系统需求和馆藏书刊目录检索系统需求等问项，解释的总方差为28.737%，将其命名为基本信息系统需求。图书馆用户信息系统类型需求因子分析结果见表5-7。

表5-7 信息系统类型需求因子旋转矩阵

	成分	
	1	2
虚拟参考咨询系统需求	0.865	0.222
合作参考咨询系统需求	0.860	0.179
原文传递系统需求	0.849	0.216
手机图书馆需求	0.821	-0.008
多媒体资源点播系统需求	0.730	0.314
图书馆工具条需求	0.722	0.166
随书光盘/非书资料系统需求	0.511	0.485
图书馆门户网站系统需求	0.110	0.848
电子资源/数据库检索/服务系统需求	0.249	0.830
电子资源统一检索系统需求	0.275	0.818
馆藏书刊目录检索系统需求	0.060	0.772

（一）不同年龄段用户需求强度分析

按照年龄对用户进行分组，用户需求强度的特征为：

1. 17岁以下用户的总体需求很弱

14岁以下用户对全部项目的总体需求很弱，均值仅为1.74。强需求项目为书刊阅览服务、休闲类图书、工具书，共3项。中需求项目为休闲类期刊、书刊外借服务、报纸、自习服务，共4项。14—17岁用户对全部项目的总体需求也很弱，均值仅为2.02，略高于14岁以下的受访者。14—17岁用户的强需求项目为休闲类图书、书刊阅览服务、工具书、报纸、自习服务、休闲类期刊，共6项。中需求项目为学术类图书、书刊外借服务、馆藏书刊目录检索系统，共3项。

2. 18—24 岁用户的总体需求强度最高

18—24 岁用户对全部项目的总体需求强度是所有年龄段里最强的，均值为 2.50。强需求项目较多，分别是自习服务、书刊阅览服务、书刊外借服务、馆藏书刊目录检索系统、休闲类图书、图书馆门户网站系统、学术类图书、电子资源检索、报纸、馆藏书刊目录查询服务、工具书，共 11 项。中需求项目有休闲类期刊、电子资源/数据库检索/服务系统、电子资源统一检索系统、电子资源导航、学术类期刊、网络信息导航服务、馆内上网服务，共 7 项。

3. 25—45 岁用户的总体需求强度排在第 2 位

25—45 岁用户对全部项目的总体需求强度稍弱于 18—24 岁的用户，均值为 2.49。强需求项目为书刊阅览服务、报纸、书刊外借服务、学术类图书、图书馆门户网站系统、馆藏书刊目录检索系统、休闲类图书、电子资源检索，共 8 项。中需求项目为学术类期刊、电子资源检索、馆藏书刊目录查询服务、电子资源统一检索系统、电子资源/数据库检索/服务系统、休闲类期刊、电子资源导航、工具书、自习服务、网络信息导航服务、电话/网上续借服务、新书通报服务，共 12 项。

4. 46 岁以上用户的总体需求强度为弱需求

46 岁以上用户对全部项目的总体需求强度为 2.39。强需求项目为报纸、书刊阅览服务、休闲类期刊、书刊外借服务、工具书、休闲类图书、学术类期刊和学术类图书，共 8 项。中需求项目为馆藏书刊目录查询服务、图书馆门户网站系统、馆藏书刊目录检索系统、讲座展览服务、政府出版物、电子资源统一检索系统，共 6 项。

5. 部分项目的需求随着年龄的增长而增强

随着用户年龄的增长，其对学术类期刊、会议论文、政府出版物、讲座/展览服务、科技查新服务、原文传递服务、合作参考咨询系统等项目的需求强度均呈现递增趋势。

（二）不同性别用户的需求强度分析

按照性别对用户进行分组，用户的需求强度呈现如下特点：

1. 男性的总体需求强度高于女性

男性对全部项目的总体需求强度均值为 2.52，女性对全部项目的总体需求强度为 2.40，男性的需求强度高于女性。男性的强需求项目为书刊阅览服务、自习服务、书刊外借服务、报纸、馆藏书刊目录检索系统、图书馆门户网站系统、学术类图书、电子资源检索，共 8 项。中需求项目为电子资源统一检索系统、休闲类图书、电子资源/数据库检索/服务系统、工具书、馆藏书刊目录查询服务、学术类期刊、电子资源导航、休闲类期刊、网络信息导航服务、电话/网上续借服务，共 10 项。女性的强需求项目为书刊阅览服务、自习服务、休闲类图书、书刊外借服务、馆藏书刊目录检索系统、报纸、休闲类期刊、图书馆门户网站系统、学术类图书、工具书，共 10 项。中需求项目为馆藏书刊目录查询服务、电子资源检索、电子资源/数据库检索/服务系统、电子资源统一检索系统、电子资源导航、学术类期刊、网络信息导航服务，共 7 项。

2. 不同性别的用户对图书馆基础服务、基本信息系统、学术类图书、报纸等项目均具有较强的需求

男女用户均对书刊阅览服务、自习服务、书刊外借服务等图书馆基础服务、馆藏书刊目录检索系统和图书馆门户网站系统等图书馆基本信息系统、学术类图书、报纸等的需求强烈。

（三）不同学历用户的需求强度分析

按照学历对用户进行分组，用户需求强度的特点是：

1. 学历越高，总体需求就越强

初中及以下学历用户对全部项目的总体需求强度最低，均值为 1.87。高中/中专/技校学历用户对全部项目的总体需求强度为 2.08。大专学历用户对全部项目的总体需求强度为 2.29。本科学历用户对全部项目的总体需求强度为 2.48。研究生及以上学历用户对全部项目的总体需求强度最高，均值为 2.86。由此可见，学历越高，用户的总体需求就越强。

2. 大多数项目的需求强度随着学历的上升而提高，书刊阅览服务除外

从各个项目来看，随着学历的上升，用户对学术类图书、学术类期刊、会议论文、学位论文、专利文献、标准文献、讲座/展览服务、用户培训服务、馆际互借/文献传递服务、文献复制服务、查收查引服务、馆藏书刊目录查询服务、新书通报服务、电话/网上续借服务、电话/网上预约服务、电子资源检索、电子资源导航、网络信息导航服务、电子资源远程访问服务、

图书馆门户网站系统、随书光盘/非书资料系统、电子资源/数据库检索/服务系统、电子资源统一检索系统、多媒体资源点播系统、虚拟参考咨询系统、原文传递系统、合作参考咨询系统、图书馆工具条等的需求强度都表现出明显的递增趋势。只有书刊阅览服务项目的需求强度随着学历的提高而逐渐减弱。

3. 研究生及以上学历者对大多数项目都有较强的需求

研究生及以上学历用户对大多数图书馆信息资源、信息服务和信息系统项目均有较强的需求。研究生及以上学历用户的强需求项目有电子资源检索、电子资源/数据库检索/服务系统、学术类期刊、图书馆门户网站系统、学术类图书、电子资源导航、电子资源统一检索系统、馆藏书刊目录检索系统、书刊外借服务、馆藏书刊目录查询服务、学位论文、网络信息导航服务、书刊阅览服务、电子资源远程访问服务、自习服务、电话/网上续借服务,共16项。中需求项目有报纸、工具书、休闲类图书、查收查引服务、会议论文、随书光盘/非书资料系统、休闲类期刊、讲座/展览服务、新书通报服务、馆内上网服务、文献复制服务、参考咨询服务、自助借还机/自助图书馆、多媒体资源点播系统、电话/网上预约服务、科技查新服务,共15项。

研究生及以上学历者的强需求项目以基本信息系统、学术书刊、远程信息服务、基础信息服务为主,中需求项目中则以高级信息服务、休闲类资源为主。由此可知该用户群对信息技术涉入程度较高,需求的信息资源类型和信息服务类型较多。

(四) 不同身份用户的需求强度分析

按照身份对用户进行分组,不同身份用户的需求强度呈现如下的特点:

1. 公务员的总体需求最强

公务员对全部项目的总体需求强度是所有身份用户中最高的,均值为2.77。教师对全部项目的总体需求强度均值为2.70。无业/下岗/失业人员对全部项目的总体需求强度均值为2.52。专业技术人员对全部项目的总体需求强度均值为2.50。学生对全部项目的总体需求强度均值为2.49。公司企业员工对全部项目的总体需求强度均值为2.32。离退休人员对全部项目的总体需求强度均值为2.27。农民对全部项目的总体需求强度均值为2.17。自由职业者对全部项目的总体需求强度均值仅为1.92。

公务员的强需求项目有报纸、书刊阅览服务、书刊外借服务、学术类期刊、馆藏书刊目录查询服务、休闲类图书、馆藏书刊目录检索系统、学术类图书、电子资源检索、政府出版物、新书通报服务、工具书、电子资源导航、网络信息导航服务、讲座/展览服务、参考咨询服务,共16项。中需求项目有图书馆门户网站系统、随书光盘/非书资料系统、休闲类期刊、会议论文、电子资源统一检索系统、自习服务、电话/网上续借服务、科技查新服务、自助借还机/自助图书馆、查收查引服务、电子资源/数据库检索/服务系统、文献复制服务、馆内上网服务、电话/网上预约服务、标准文献、多媒体资源点播系统、视听服务,共17项。可见公务员对图书馆资源、服务和系统强需求项目和中需求项目占全部项目的76.7%,在公务员的强需求和中需求项目里面,除了基本信息系统、基础信息服务、休闲类资源、学术类书刊项目以外,对特种文献和高级信息服务的需求项目也多。

2. 教师、专业技术人员和学生的总体需求较强

教师对全部项目的总体需求强度排在第2位,仅次于公务员。教师的强需求项目有学术类期刊、电子资源/数据库检索/服务系统、报纸、图书馆门户网站系统、学术类图书、电子资源检索、电子资源统一检索系统、书刊外借服务、电子资源导航、馆藏书刊目录检索系统、书刊阅览服务、馆藏书刊目录查询服务、工具书,共13项。中需求项目有网络信息导航服务、学位论文、休闲类期刊、休闲类图书、电子资源远程访问服务、会议论文、新书通报服务、讲座/展览服务、电话/网上续借服务、随书光盘/非书资料系统、参考咨询服务、查收查引服务,共12项。可见,教师强需求和中需求项目占全部项目的58.1%,以学术书刊为首,其次为特种文献、基础信息服务、高级信息服务、基本信息系统等项目。教师对信息技术涉入程度较高,高级信息服务和远程信息服务需求较多。

专业技术人员对全部项目的总体需求排在第4位。专业技术人员的强需求项目为书刊阅览服务、馆藏书刊目录检索系统、学术类图书、报纸、图书馆门户网站系统、休闲类图书、电子资源统一检索系统、电子资源检索、馆藏书刊目录查询服务,共10项。中需求项目有电子资源/数据库检索/服务系统、学术类期刊、休闲类期刊、工具书、电子资源导航、网络信息导航服务、自习服务、电话/网上续借服务、随书光盘/非书资料系统,共9项。专

业技术人员的特种文献需求和高级信息服务需求都较弱。

学生对全部项目的总体需求排在第 5 位。学生的强需求项目为自习服务、书刊阅览服务、书刊外借服务、馆藏书刊目录检索系统、休闲类图书、图书馆门户网站系统、学术类图书、电子资源检索、工具书、报纸，共 10 项。中需求项目有馆藏书刊目录查询服务、休闲类期刊、电子资源/数据库检索/服务系统、电子资源统一检索系统、电子资源导航、学术类期刊、网络信息导航服务、馆内上网服务，共 8 项。学生的强需求项目以基础信息服务和基本信息系统为主。

3. 无业/下岗/失业人员的总体需求也较强

无业/下岗/失业人员对全部项目的总体需求强度排在第 3 位。无业/下岗/失业人员的强需求项目有书刊阅览服务、休闲类图书、工具书、自习服务、报纸、书刊外借服务、休闲类期刊、参考咨询服务、馆藏书刊目录检索系统，共 9 项。中需求项目有馆藏书刊目录检索系统、图书馆门户网站系统、电子资源统一检索系统、自助借还机/自助图书馆、电子资源/数据库检索/服务系统、学术类图书、学术类期刊、馆藏书刊目录查询服务、文献复制服务、网络信息导航服务、新书通报服务、查收查引服务、多媒体资源点播系统，共 12 项。由此可见，无业/下岗/失业人员对图书馆提供的基础信息服务、休闲类资源、学术书刊、基本信息系统及部分高级信息服务项目需求较强。

4. 农民、离退休人员和自由职业者的总体需求较弱

离退休人员对全部项目的总体需求强度较弱。农民的强需求项目为报纸、书刊阅览服务、休闲类图书、书刊外借服务、休闲类期刊、工具书、政府出版物，共 7 项。中需求项目有标准文献、学术类图书、学术类期刊、馆藏书刊目录查询服务、新书通报服务，共 5 项。离退休人员需求强的项目以休闲类资源、基础信息服务和学术类书刊为主，需要部分特种文献。

农民对全部项目的总体需求强度也较弱。农民的强需求项目只有 4 项：书刊阅览服务、报纸、自习服务、书刊外借服务。中需求项目有休闲类期刊、工具书、新书通报服务、休闲类图书、学术类图书、学术类期刊、馆藏书刊目录查询服务，共 7 项。可见农民对图书馆需求强的项目以基础信息服务和休闲类资源为主。

自由职业者对全部项目的总体需求强度最弱，均值仅为 1.92。自由职

业者的强需求项目有 4 项：报纸、书刊阅览服务、休闲类期刊、休闲类图书。中需求项目有书刊外借服务、工具书、自习服务、学术类图书，共 4 项。自由职业者的强需求项目以休闲类资源和基础信息服务为主。

（五）不同类型图书馆用户需求强度分析

按照图书馆类型对用户分组，不同类型图书馆用户的需求强度的特点有：

1. 高校图书馆用户总体需求强度高于公共图书馆用户

高校图书馆用户对全部项目的总体需求强度均值为 2.55，公共图书馆用户对全部项目的总体需求强度为 2.25。高校图书馆用户的总体需求强度高于公共图书馆用户。

高校图书馆用户的强需求项目为自习服务、书刊阅览服务、书刊外借服务、馆藏书刊目录检索系统、图书馆门户网站系统、电子资源检索、学术类图书、休闲类图书、电子资源/数据库检索/服务系统、馆藏书刊目录查询服务、电子资源统一检索系统、报纸、电子资源导航，共 13 项。中需求项目为工具书、休闲类期刊、学术类期刊、网络信息导航服务、馆内上网服务、电话/网上续借服务、新书通报服务，共 7 项。可见高校图书馆用户需求较强的项目以基础信息服务、基本信息系统、学术书刊、休闲类资源为主。高校图书馆用户对信息技术涉入程度较高，需求的信息系统类型较多。

公共图书馆用户的强需求项目为书刊阅览服务、报纸、休闲类图书、书刊外借服务、休闲类期刊，共 5 项。中需求项目为工具书、自习服务、学术类图书、馆藏书刊目录检索系统、图书馆门户网站系统、馆藏书刊目录查询服务、学术类期刊，共 7 项。可见公共图书馆用户需求较强的项目以基础信息服务、休闲类资源、基本信息系统为主。相对而言，公共图书馆用户对信息技术涉入程度不高，需求的图书馆信息系统类型较少。

2. 高校图书馆用户的强需求项目的比例远远高于公共图书馆用户

高校图书馆用户的整体需求中强需求项目占 30.2%，公共图书馆用户的这一比例为 11.7%，高校图书馆用户的强需求项目的比例将近是公共图书馆用户的 3 倍。高校图书馆用户需求里面中需求项目的占 14%，公共图书馆用户的这一比例为 16.3%；高校图书馆用户需求里面弱需求项目占 55.8%，公共图书馆用户的这一比例为 72%（见图 5-1）。

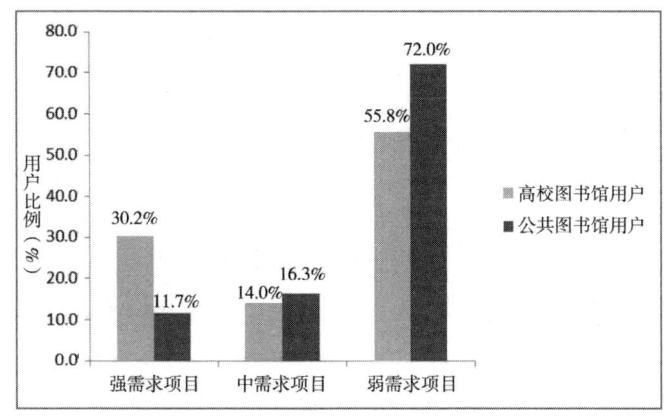

图 5-1 图书馆用户强中弱需求的比例

(六) 图书馆使用经验不同用户的需求强度分析

用户的图书馆使用经验在本研究中分为四个变量来测量,包括去实体图书馆的频率、远程使用图书馆的频率、图书馆使用频率和图书馆使用习惯。以下分别进行分析。

1. 去实体图书馆的频率

通过调查用户去图书馆的频率及其需求,本研究发现,几乎每天都去实体图书馆的用户对图书馆各项目的总体需求最强烈,其次为半年里没有去过实体图书馆的用户。

几乎每天都去实体图书馆的用户的强需求和中需求项目共23项,其中强需求15项,中需求8项。其中需求最强的项目为自习服务,均值高达4.06,其次为书刊阅览服务、馆藏书刊目录检索系统、书刊外借服务、图书馆门户网站系统。可见这类用户对图书馆基础信息服务需求强,满足需求的方式为到实体图书馆获取相关服务。

半年里没有去过实体图书馆的用户的强需求和中需求项目共20项,其中强需求7项,中需求13项。其中需求强度排在前5位的项目分别为电子资源检索、电子资源/数据库检索/服务系统、图书馆门户网站系统、电子资源统一检索系统和电子资源导航。可见,这类用户对图书馆电子资源的需求强度最高,通过图书馆提供的远程服务项目即可满足其需求。

半年到馆1—3次的用户的强需求项目仅1项:休闲类图书。中需求项目共 16 项。

每月到馆 1—3 次的用户的强需求项目共 6 项，分别为书刊阅览服务、书刊外借服务、报纸、休闲类图书、馆藏书刊目录检索系统、学术类图书。中需求项目共 10 项。

每周到馆 1—3 次的用户的强需求项目共 10 项，分别为书刊阅览服务、自习服务、书刊外借服务、休闲类图书、馆藏书刊目录检索系统、报纸、图书馆门户网站系统、学术类图书、工具书、馆藏书刊目录查询服务。此类用户的需求项目共 9 项。

随着到馆频率增加，用户对休闲类图书、休闲类期刊、书刊外借服务、书刊阅览服务等的需求强度都呈递增趋势，但是自习服务对于半年里从未到馆的用户来说需求强于半年里到馆 1—3 次的用户，可见，无论对于哪类用户群体，对实体图书馆的需求主要集中在休闲类资源和基础信息服务两大类项目。

2. 远程使用图书馆的频率

随着远程使用图书馆频率的增加，用户对图书馆总体需求强度呈现递增趋势，即远程使用图书馆频率越高，用户对各项目的总体需求越强。除了休闲类图书、休闲类期刊、报纸、自习服务、自助借还机／自助图书馆、手机图书馆这 6 个项目外，其余项目的用户需求强度都随着远程使用图书馆频率的增加而不断增强。

其中，没有远程使用过图书馆的用户的强需求和中需求项目有 9 项：书刊阅览服务、休闲类图书、报纸、自习服务、书刊外借服务、休闲类期刊、工具书、学术类图书、馆藏书刊目录检索系统，与"仅使用实体图书馆"用户的强需求和中需求项目类型一致，只是需求强度排序有所差异，可将这两类用户视为同一群体。

3. 图书馆使用频率

随着图书馆使用频率增加，用户对图书馆各种项目的需求强度呈递增趋势，即图书馆使用频率越高，用户对各项目的总体需求就越强。随着使用频率提高而需求增强的具体项目有学术类图书、学术类期刊、书刊外借服务、馆藏书刊目录查询服务、新书通报服务、馆藏书刊目录检索系统和图书馆门户网站系统。

4. 图书馆使用习惯

用户的图书馆使用习惯分为仅使用实体图书馆、使用实体图书馆为主、使用实体图书馆和网上图书馆频率一样、使用网上图书馆为主、仅使用网上图书馆五种类型，使用网上图书馆为主的用户对图书馆各类项目的总体需求最强，仅使用实体图书馆的用户总体需求最弱。

仅使用实体图书馆的用户的需求均值仅为 2.10，强需求项目共 4 项：书刊阅览服务、休闲类图书、报纸和自习服务。中需求共 5 项：书刊外借服务、休闲类期刊、工具书、学术类图书、馆藏书刊目录检索系统。可见，图书馆的休闲类资源和基础信息服务项目是此类用户需求较为强烈的项目，用户到馆即可满足其需求，此类用户的信息技术涉入程度很低。

仅使用网上图书馆的用户的总体需求略高于仅使用实体图书馆的用户，均值为 2.51。强需求项目共 7 项：电子资源检索、电子资源/数据库检索/服务系统、图书馆门户网站系统、电子资源统一检索系统、电子资源导航、报纸、学术类图书。可见前 5 项与"半年里从未到过实体图书馆"的用户需求强度相似，说明这两种用户群体可以归为同一类型用户。

仅使用实体图书馆和仅使用网上图书馆用户以外的其余三个用户群体，对实体图书馆使用频率递减，对网上图书馆使用频率递增时，其对休闲类图书、休闲类期刊、书刊外借服务、书刊阅览服务、自习服务、讲座/展览服务、参考咨询服务、新书通报服务等项目的需求强度呈递减趋势，而对学术类图书、学术类期刊、会议论文、学位论文、标准文献、政府出版物、查收查引服务、馆藏书刊目录查询服务、电话/网上续借服务、电子资源检索、电子资源导航、网络信息导航服务、电子资源远程访问服务、馆藏书刊目录检索系统、图书馆门户网站系统、随书光盘/非书资料系统、电子资源/数据库检索/服务系统、电子资源统一检索系统、原文传递系统等项目的需求则呈现递增趋势。

可见，当用户从使用实体图书馆为主，过渡到实体图书馆和网上图书馆并重，再过渡到以网上图书馆为主时，其对网络信息服务、高级信息服务、学术书刊等项目的需求强度在不断增强，而对基础信息服务、休闲类资源等项目的需求强度在不断减弱。

三、基于聚类分析的用户结构

在对图书馆用户信息资源类型需求、信息服务类型需求和信息系统类型需求因子分析的基础上，使用因子分析后得到各样本的因子得分作为新的样本观测值，对样本进行聚类分析。以系统聚类法（Hierarchical Cluster Analysis）进行聚类，聚类方法使用因子分析离差平方和法（Ward's Method），使用欧氏距离平方（Squared Euclidean Distance）来衡量样本间的亲疏程度。

对于最佳聚类数的判定，在目前的研究中并没有一个客观的判断原则，本研究根据聚合系数随分类数的变化曲线选择样本聚类数为4，也就是根据聚类的结果，可将图书馆用户分为四种类型（见表5-8）。

表5-8 信息资源、信息服务和信息系统类型需求聚类分析结果

	类 型			
	1	2	3	4
特种文献需求	0.7851	-0.5582	-0.3055	0.3500
休闲类资源需求	0.0342	0.1778	0.1753	-0.6452
学术书刊需求	-0.1402	-0.4334	-0.0600	0.8246
高级信息服务需求	1.1198	-0.3508	-0.3905	-0.1095
网络信息服务需求	0.1151	-1.1005	0.1525	1.0047
基础信息服务需求	-0.2766	-0.1494	0.3979	-0.2562
高级信息系统需求	1.0430	-0.3432	-0.3595	-0.0831
基本信息系统需求	-0.0777	-1.0663	0.2835	0.9618

第一类用户的需求特征是对特种文献、高级信息系统和高级信息服务需求最高，基础信息服务需求最低，休闲类资源、学术书刊、网络信息服务、基本信息系统等的需求较低。这类用户对图书馆信息资源、信息服务和信息系统的需求较深，要求较高，对图书馆的黏性较强，可视为高级用户。

第二类用户的需求特征是对休闲类资源的需求最高，对学术书刊、特种文献、网络信息服务、基本信息系统等的需求最低，对高级信息服务、基础服务和高级信息系统的需求较低。这类用户对图书馆信息资源、信息服务和信息系统的需求都不高，他们主要需求休闲类资源。此类用户对图书馆的依

赖性不强，如果他们有足够的经济条件，他们的需求完全可以自己解决而不需要图书馆，这类用户可视为边缘用户。

第三类用户的需求特征是对基础信息服务的需求最高，对高级信息服务、高级信息系统的需求最低，对休闲类资源、网络信息服务和基本信息系统的需求较高，对特种文献、学术书刊的需求较低。这类用户主要使用图书馆基础服务，需要的主要是休闲类资源，使用的主要是基本信息系统，这类用户可视为普通用户。

第四类用户的需求特征是对学术书刊、网络信息服务和基本信息系统的需求最高，对休闲类资源的需求最低，对特种文献的需求较高，对高级信息服务和基础信息服务等需求等较低。这类用户主要通过网络使用图书馆服务，需求的主要是学术书刊，使用的主要是基本信息系统。这些用户可视为远程用户。

此次调查样本中的图书馆用户，以普通用户的比例最高，为36.9%；其次是边缘用户，比例为22.5%。高级用户和远程用户的比例都在20%以下。

由图5-2可知，样本中的高校图书馆的用户类型以普通用户为主，比例将近4成；公共图书馆的用户类型以边缘用户为主，比例超过4成。高校图书馆的第二大用户类型为远程用户，比例超过2成，公共图书馆的第二大用户类型为普通用户，比例超过3成。高校图书馆和公共图书馆各有超过2成的高级用户。公共图书馆的远程用户的比例较低，可能是公共图书馆较少提供远程服务或者是虽然提供了远程服务，但是用户不知晓的缘故。

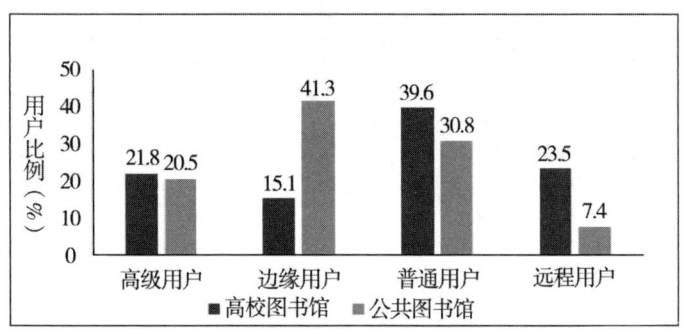

图5-2 高校图书馆和公共图书馆的用户结构

如图 5-3 所示，样本中初中及以下、高中/中专/技校和大专学历的图书馆用户大多属于边缘用户，本科学历的图书馆用户以普通用户为主，研究生及以上学历的图书馆用户主要是远程用户。

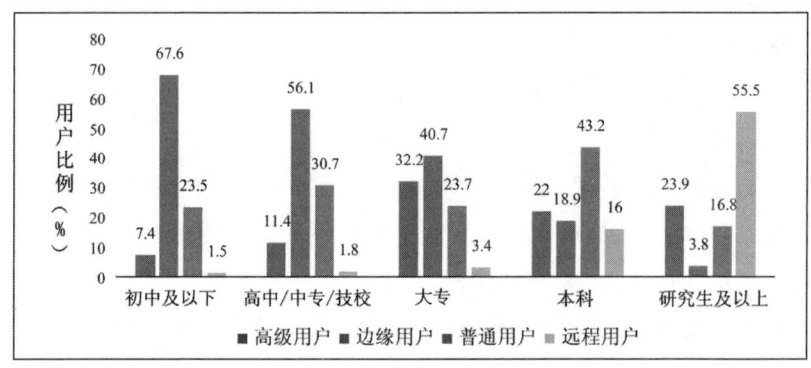

图 5-3 不同学历用户的结构分布

注：图中从左到右依次为高级用户、边缘用户、普通用户和远程用户。

农民、自由职业者、离退休人员和无业/下岗/失业等身份的图书馆用户大多属于边缘用户。专业技术人员和学生大多属于普通用户。教师以远程用户为主（见图 5-4）。

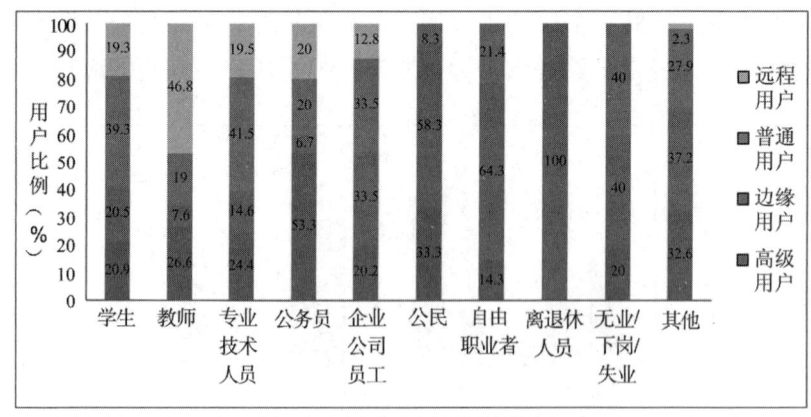

图 5-4 不同身份用户的结构分布

注：图中从上到下依次为远程用户、普通用户、边缘用户和高级用户。

第六章 用户信息资源需求及影响因素

根据图书馆用户需求研究框架，本章以问卷调查获得的数据为基础，对受访用户的信息资源类型需求、载体需求、语种需求和质量需求等进行具体分析，获得用户信息资源需求的详细情况，并深入分析影响图书馆用户信息资源需求的因素。

一、信息资源类型需求

本研究通过受访者使用各种类型信息资源的频率来了解图书馆用户的信息资源类型需求。图书馆用户各类型信息资源使用频率统计表见表6-1。

表6-1 各类型信息资源使用频率统计表

信息资源类型	频数及比例(%)					均值	排序
	几乎每天使用	经常使用	有时使用	很少使用	从不使用		
休闲类图书	191	506	661	430	161	3.15	1
	5.4	31.0	40.4	19.6	3.7		
报纸	104	603	785	380	71	3.14	2
	12.5	25.5	32.4	23.4	6.5		
学术类图书	100	376	645	581	217	3.07	3
	9.8	26.0	33.9	22.1	8.3		
工具书	92	478	714	514	129	2.97	4
	6.4	24.1	36.6	26.3	6.9		

续表

信息资源类型	频数及比例(%)					均值	排序
	几乎每天使用	经常使用	有时使用	很少使用	从不使用		
休闲类期刊	241	486	626	453	126	2.94	5
	4.8	24.8	37.1	26.7	6.7		
学术类期刊	124	465	701	509	134	2.77	6
	5.2	19.6	33.6	30.3	11.3		
标准文献	30	142	365	696	690	2.05	7
	2.4	7.9	19.0	33.4	37.4		
会议论文	31	199	342	528	818	2.03	8
	1.6	7.4	19.0	36.2	35.9		
学位论文	29	97	298	631	865	2.01	9
	1.6	10.4	17.8	27.5	42.6		
政府出版物	46	151	364	641	717	1.99	10
	1.8	6.4	17.3	38.2	36.4		
专利文献	34	122	332	734	698	1.85	11
	1.5	5.1	15.5	32.9	45.1		

（一）信息资源需求的目的

1. 休闲性需求是部分图书馆用户信息资源需求的主要目的

平均需求程度超过3的强需求信息资源分别为休闲类图书、报纸和学术类图书。其中前两种信息资源属于休闲类信息资源；平均需求程度排在前五位的信息资源中有三种属于休闲类信息资源。这说明休闲性需求是部分图书馆用户信息资源需求的重要目的，甚至是某些图书馆用户的主要目的。以往的研究大多关注图书馆用户的研究性需求，此次调查的结果表明，整体而言，休闲性需求已经超过研究性需求成为部分图书馆用户信息资源需求的主要目的。

就身份而言，休闲性需求在公司企业员工、公务员、农民、自由职业者、离退休人员和无业/下岗/失业人员、学生中的大专生、本科生等群体中表现得特别明显。

公司企业员工最常用的信息资源是报纸，几乎每天阅读、经常阅读和有时阅读报纸的公司企业员工的比例分别是19.7%、30.1%和26.2%。休闲类图书是公司企业员工第二常用的信息资源，几乎每天阅读、经常阅读和有时阅读休闲类图书的公司企业员工的比例分别是6.1%、34.9%和34.9%。休闲类期刊的使用频率排在第三,几乎每天阅读、经常阅读和有时阅读休闲类期刊的公司企业员工的比例分别是4.9%、23.5%和38.5%。

与公司企业员工类似的是,自由职业者和离退休人员最常使用的信息资源是报纸,第二常用的信息资源是休闲类图书,第三常用的信息资源是休闲类期刊。几乎每天阅读、经常阅读和有时阅读报纸的自由职业者的比例分别是41.7%、27.8%和13.9%。几乎每天阅读和经常阅读报纸的离退休人员的比例都是50%。几乎每天阅读、经常阅读和有时阅读休闲类图书的自由职业者的比例分别是8.3%、36.1%和22.2%。几乎每天阅读、经常阅读和有时阅读休闲类图书的离退休人员的比例分别是20%、60%和20%。几乎每天阅读、经常阅读和有时阅读休闲类期刊的自由职业者的比例分别是10.8%、29.7%和24.3%。经常阅读和有时阅读休闲类期刊的离退休人员的比例分别是60%和40%。

公务员最常利用的信息资源也是报纸,几乎每天阅读、经常阅读和有时阅读报纸的公务员的比例分别是33.3%、44.4%和5.6%。公务员第三常用的信息资源是休闲类图书,几乎每天阅读、经常阅读和有时阅读休闲类图书的公务员的比例分别是11.1%、22.2%和44.4%。

农民最常使用的信息资源是报纸,几乎每天阅读、经常阅读和有时阅读报纸的农民的比例分别是21.4%、50%和21.4%。农民第二常用的信息资源是休闲类期刊,经常阅读、有时阅读休闲类期刊用户的比例分别是40%和20%。

无业/下岗/失业人员最常使用的信息资源是休闲类图书,几乎每天阅读、经常阅读和有时阅读休闲类图书的无业/下岗/失业人员的比例分别为14.3%、42.9%和28.6%。报纸是无业/下岗/失业人员第三常用的信息资源,几乎每天阅读、经常阅读和有时阅读报纸的无业/下岗/失业人员的比例分别是14.3%、28.6%和28.6%。

学生群体中的本科生最常使用的信息资源是休闲类图书,35.5%的本科生每天使用或者是经常使用;第四常用的信息资源是报纸,31.6%的本科生几乎每天使用或者是经常使用;第五常用的是休闲类期刊,29%的本科生几乎每天使用或者是经常使用。学生群体中的大专生最常使用的信息资源是休闲类期刊，47%的大专生每天使用或者是经常使用；第二是报纸，44.1%的大专生几乎每天使用或者是经常使用；第三是休闲类图书，38.3%的大专生几乎每天使用或者是经常使用。

就年龄而言，休闲性需求是各个年龄段用户的首要需求。

14岁以下的受访者最常使用的是休闲类图书，分别有19.4%和30.6%的14岁以下的受访者几乎每天阅读和经常阅读休闲类图书。

与14岁以下的受访者一样，14—17岁的受访者最常使用的也是休闲类图书，其中几乎每天阅读、经常阅读休闲类图书的14—17岁受访者的比例分别为10.1%和44.3%。14—17岁的受访者第二常用的信息资源是报纸，其中几乎每天阅读、经常阅读报纸的14—17岁受访者的比例分别为17.5%和27.5%。14—17岁的受访者第三常用的信息资源是休闲类期刊，其中几乎每天阅读、经常阅读休闲类期刊的14—17岁受访者的比例分别为12.8%和32.1%。

18—24岁的受访者使用频率最高的同样也是休闲类图书。其中几乎每天阅读、经常阅读休闲类图书的18—24岁受访者的比例分别为4.9%和30.4%。18—24岁的受访者第三常用的是报纸，其中每天阅读、经常阅读报纸的18—24岁受访者的比例分别为8%和24.7%。

25—45岁的受访者最常使用的信息资源是报纸，其中几乎每天阅读、经常阅读报纸的25—45岁受访者的比例分别为22%和25.8%。

46岁及以上的受访者最常使用的信息资源也是报纸，其中几乎每天阅读、经常阅读报纸的46岁及以上受访者的比例分别为37.5%和46.9%。46岁及以上的受访者第二常用的信息资源是休闲类期刊，其中几乎每天阅读、经常阅读休闲类期刊的46岁及以上受访者的比例分别为15.6%和28.1%。

2. 教师、研究生和专业技术人员以研究性需求为主，但是休闲性需求在这些群体中也占有重要的地位

教师最常使用的信息资源是学术性期刊。教师群体中几乎每天利用、经常利用和有时利用学术类期刊的比例分别为20.9%、40.7%和24.4%，这个结果与相关研究的结论基本一致。教师第三常用的信息资源是学术类图书，几乎每天利用、经常利用和有时利用学术类图书的教师的比例分别是20.7%、33.3%和25.3%。教师第四常用的信息资源是工具书，几乎每天利

用、经常利用和有时利用工具书的教师的比例分别是4.6%、35.6%和29.9%。教师利用学位论文的频率也较高,几乎每天利用、经常利用和有时利用学位论文的教师的比例分别是4.6%、32.2%和26.4%。学生群体中,学历为研究生的用户最常使用的信息资源是学术类图书,73.3%的研究生几乎每天使用或者经常使用;第二是学术类期刊,67.5%的研究生几乎每天使用或者经常使用;第三是学位论文,53.3%的研究生几乎每天使用或者经常使用。专业技术人员最常使用的信息资源是学术类图书,几乎每天利用、经常利用和有时利用学术类图书的专业技术人员的比例分别是13%、34.8%和30.4%。

教师第二常用的信息资源是报纸,几乎每天阅读、经常阅读和有时阅读报纸的教师的比例分别是27.1%、27.1%和21.2%。专业技术人员第二常用的也是报纸,几乎每天阅读、经常阅读和有时阅读报纸的专业技术人员的比例分别是22%、23.1%和30.8%。专业技术人员第三常用的是休闲类图书,几乎每天阅读、经常阅读和有时阅读休闲类图书的专业技术人员的比例分别是8.8%、34.1%和29.7%。

3. 公共图书馆用户以休闲性需求为重点,高校图书馆用户以研究性需求为重点

受访的公共图书馆用户最常利用的信息资源是报纸,几乎每天阅读、经常阅读和有时阅读报纸的公共图书馆用户的比例分别为22.8%、27.2%和25.8%。公共图书馆用户第二常用的信息资源是休闲类图书,几乎每天阅读、经常阅读和有时阅读休闲类图书的受访公共图书馆用户的比例分别为8.2%、36.2%和36.2%。公共图书馆用户第三常用的信息资源是休闲类期刊,几乎每天阅读、经常阅读和有时阅读休闲类期刊的公共图书馆用户的比例分别为6.3%、29.5%和33.4%。

学术类图书是受访高校图书馆用户最常使用的信息资源,几乎每天利用、经常利用和有时利用学术类图书的高校图书馆用户的比例分别是10.6%、28.5%和35.2%。使用频率排在第六位的是学术类期刊,几乎每天阅读、经常阅读和有时阅读学术类期刊的高校图书馆用户的比例分别是5.6%、21.9%和33.9%。

(二) 信息资源类型需求的特点

1. 图书仍然是用户主要需求的信息资源类型

按照平均需求程度，休闲类图书和学术类图书分别排在第一位和第三位。36.4%的受访者几乎每天使用和经常使用休闲类图书，35.8%的受访者几乎每天使用和经常使用学术类图书。这个结果表明，即使是在网络环境中，图书仍然是用户主要需求的信息资源类型。

就身份而言，35.1%的受访学生、25.3%的受访教师、42.9%的受访专业技术人员、33.3%的受访公务员、41%的受访企业公司员工、20%的受访农民、44.4%的受访自由职业者、80%的离退休人员和57.1%的受访无业/下岗/失业人员经常或者是几乎每天都阅读休闲类图书。37.3%的受访学生、54%的受访教师、47.8%的受访专业技术人员、33.3%的受访公务员、21%的受访企业公司员工、26.7%的受访农民、18.9%的受访自由职业者、20%的离退休人员和28.6%的受访无业/下岗/失业人员经常或者是几乎每天都阅读休闲类图书。

2. 报纸是图书馆用户重点需求的信息资源类型

报纸是指名称固定、版式相同、出版周期较期刊更短的连续出版物。它的特点是传递信息速度更快，报道迅速、及时，信息量大[①]。此次调查中报纸的平均需求程度为3.14，排在第二位，37.7%的用户几乎每天使用和经常使用报纸。表明网络环境中报纸是图书馆用户重点需求的信息资源类型。

就性别而言，报纸是男性受访者最常使用的信息资源，是女性受访者第二常用的信息资源。

就年龄而言，报纸是25—45岁和46岁及以上受访者最常使用的信息资源，是14—17岁和18—24岁受访者第二常用的信息资源，是14岁以下受访者第四常用的信息资源。

就地区而言，报纸是东部、中部和西部地区受访者第二常用的信息资源。

就学历而言，报纸是高中/中专/技校和大专学历用户最常使用的信息资源，是本科学历受访者第二常用的信息资源，是初中及以下学历受访者第三

---

① 王岩：《社会科学信息资源检索与利用》，北京，海洋出版社2008年版，第58页。

常用的信息资源,是研究生及以上学历者第四常用的信息资源。

3. 部分类型信息资源虽然总体上用户需求强度不高,但是特定类型的用户对其需求强度较高

用户对学位论文总体平均需求只有 2.01,但是学历为研究生及以上的用户对其平均需求为 3.32。原因可能是学历为研究生及以上用户很多要承担科研任务,而学位论文对于科研人员了解最新学术动态和学科前沿等都可以起到一定的参考作用。用户对政府出版物的总体平均需求只有 1.99,但是公务员对其平均需求为 3.17。可能是政府出版物中涉及较多的政府信息,这些信息对于公务员的工作有较高的参考价值,所以公务员就较多地利用政府出版物。

二、信息资源载体需求

本研究重点考察用户对纸质载体和电子载体的需求情况。如图 6-1 所示,图书馆用户信息资源载体需求呈现出如下特点。

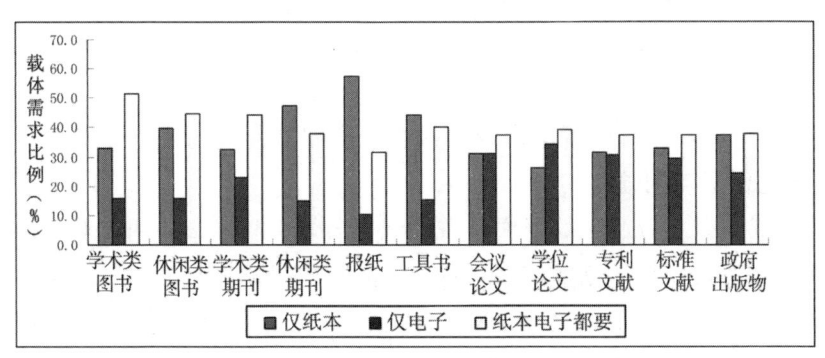

图 6-1 图书馆用户的信息资源载体需求

注:图中从左到右依次为仅需要纸质载体用户的比例、仅需要电子载体用户的比例和纸本电子载体都需要的用户比例。

(一)网络环境中纸质载体依然占据着非常重要的地位

对于所有类型的信息资源,样本中的图书馆用户仅需要电子载体的比例都在 35% 以下。其中有五种类型的信息资源,仅需要电子载体用户的比例

在 20% 以下，它们是报纸（10.6%）、工具书（15.5%）、休闲类期刊（14.9%）、学术类图书（15.6%）和休闲类图书（15.8%）。网络环境中纸质载体的重要性由此可见一斑。

（二）学术类信息资源的载体需求以纸质载体和电子载体兼要为主

用户在对学术类图书、学术类期刊、会议论文、学位论文、专利文献和标准文献等学术类信息资源的载体需求上，纸质载体和电子载体兼要的比例高于仅需要纸本载体和仅需要电子载体的比例。

学术类图书，51.5% 的用户对纸质载体和电子载体都需要，32.9% 的用户仅需要纸质载体，只需要电子载体用户比例为 15.6%。学术类期刊，44.4% 的用户对纸质载体和电子载体都需要，仅需要纸质载体的用户的比例为 32.5%，只需要电子载体的用户比例为 15.6%。会议论文，37.5% 的用户对纸质载体和电子载体都需要，31.3% 的用户只需要纸质载体，31.1% 的用户仅需要电子载体。学位论文，39.5% 的用户对纸质载体和电子载体都需要，34.5% 的用户只需要电子载体，仅需要纸质载体的用户比例是 26.0%。专利文献，37.3% 的用户对纸质载体和电子载体都需要，31.8% 的用户只需要纸质载体，30.9% 的用户仅需要电子载体。标准文献，37.5% 的用户对纸质载体和电子载体都需要，33.1% 的用户只需要纸质载体，29.4% 的用户只需要电子载体。

（三）休闲类信息资源的需求虽然以纸质载体需求为主，但是对于电子载体的需求也不容小觑

就报纸而言，57.5% 的用户只需要纸质载体，31.8% 的用户对纸质载体和电子载体都需要；休闲类期刊，47.2% 的用户只需要纸质载体；37.9% 的用户对纸质载体和电子载体都需要。休闲类图书，只需要纸质载体和纸质载体及电子载体都需要用户的比例较为接近，纸质载体电子载体都需要用户的比例为 44.5%，只需要纸质载体用户的比例为 40.5%。

（四）男性偏好电子载体

如表 6-2 所示，男性在所有类型信息资源的载体需求上，仅需要电子载体的比例都高于女性。在除了休闲类图书、会议论文和学位论文外的其他类型信息资源的载体需求上，仅需要纸本载体的比例都低于女性。由此可见，相对于女性而言，男性偏好电子载体。

表6-2 男性和女性用户信息资源载体需求对比

	仅需要电子载体的比例(%)		仅需要纸本载体的比例(%)	
	男性	女性	男性	女性
学术类图书	17.8	13.5	31.3	34.3
休闲类图书	19.0	12.8	39.9	39.8
学术类期刊	27.8	18.8	31.0	33.7
休闲类期刊	17.3	12.7	46.2	48.2
报纸	12.2	9.0	55.4	59.5
工具书	18.2	13.0	42.4	46.2
会议论文	32.0	30.3	31.4	31.3
学位论文	35.9	33.2	26.3	25.6
专利文献	33.2	28.8	30.6	32.8
标准文献	32.6	26.2	30.6	35.4
政府出版物	26.1	22.8	34.7	41.0

（五）高校图书馆用户比公共图书馆用户更倾向电子载体

高校图书馆用户在所有类型信息资源的载体需求上，只需要电子载体的比例都高于公共图书馆用户，在除了报纸和休闲类图书之外的信息资源的载体需求上，只需要纸本载体的比例都低于公共图书馆用户（见表6-3）。所以相对于公共图书馆用户而言，高校图书馆用户更倾向于需要电子载体的信息资源。出现这种现象的原因可能是高校图书馆相对公共图书馆而言，拥有的各类型电子资源更多，用户也更习惯使用电子载体的信息资源。

表6-3 高校图书馆用户和公共图书馆用户信息资源载体需求对比

	仅需要电子载体的比例(%)		仅需要纸本载体的比例(%)	
	高校图书馆用户	公共图书馆用户	高校图书馆用户	公共图书馆用户
学术类图书	16.6	12.4	32.2	35.3
休闲类图书	15.8	14.9	41.8	35.5
学术类期刊	25.6	14.3	30.4	38.9
休闲类期刊	16.5	15.4	46.9	48.4
报纸	10.8	9.7	58.8	54.6
工具书	16.4	12.7	44.0	45.4
会议论文	33.7	23.2	29.1	38.0
学位论文	37.7	23.9	21.9	38.5

续表

	仅需要电子载体的比例(%)		仅需要纸本载体的比例(%)	
	高校图书馆用户	公共图书馆用户	高校图书馆用户	公共图书馆用户
专利文献	33.1	23.1	28.4	42.4
标准文献	31.9	21.1	29.5	44.0
政府出版物	26.5	18.8	35.3	44.3

三、信息资源语种需求

本研究主要探究用户对中文语种和外文语种信息资源的需求情况，因为问卷篇幅的限制，所以对于外文没有按照语种进一步展开。兹将样本用户在信息资源语种需求方面的特点总结如下。

（一）用户主要需要中文语种的信息资源

在所有类型信息资源上，受访用户都是只需要中文语种的比例最高。学术类图书，59.6%的受访者只需要中文语种。休闲类图书，67.6%的受访者只需要中文语种。学术类期刊，51.2%的受访者只需要中文语种。休闲类期刊，66.9%的受访者只需要中文语种。报纸，61.7%的受访者只需要中文语种。工具书，50.8%的受访者只需要中文语种。会议论文，65.3%的受访者只需要中文语种。学位论文，61.8%的受访者只需要中文语种。专利文献，65.8%的受访者只需要中文语种。标准文献，65.9%的受访者只需要中文语种。政府出版物，73.3%的受访者只需要中文语种。

（二）用户对外文语种信息资源也存在相当程度的需求

在所有类型的信息资源上，都有超过20%的受访图书馆用户中外文语种都需要。大部分学术类信息资源，中外文都需要的用户的比例超过了30%。如学术类图书，有36.6%的受访者中外文都要，3.8%的受访者只需要外文语种的。学术类期刊，有34.2%的受访者中外文都要，还有3%的受访者只需要外文语种的。会议论文，30%的受访者中外文都要，4.7%的受访者只需要外文语种的。学位论文，有34.2%的受访者中外文都要，4%的受访者只需要外文语种的。专利文献，有30.5%的受访者中外文都要，3.7%的受访者只需要外文语种的。工具书，50.8%的受访者只需要中文语种的，5.4%的受访者只需要外文语种的。

休闲类信息资源上，休闲类图书，22.1%的受访者中外文都要，2.9%的受访者只需要外文语种的。休闲类期刊，21.5%的受访者中外文都要，2.6%的受访者只需要外文语种的。报纸，26.7%的受访者中外文都要，3.1%的受访者只需要外文语种的。

（三）高校图书馆用户更倾向于需要外文资源

在所有类型信息资源上，只需要中文语种的高校图书馆用户的比例都低于公共图书馆用户的比例。除了休闲类期刊、学位论文和政府出版物外，只需要外文语种的高校图书馆用户的比例都高于公共图书馆用户的比例。因此，在信息资源语种需求上，高校图书馆用户呈现出更需要外文的倾向（见表6-4）。

表6-4 高校图书馆用户和公共图书馆用户信息资源语种需求对比

	只需要中文的比例（%）		仅需要外文的比例（%）	
	高校图书馆用户	公共图书馆用户	高校图书馆用户	公共图书馆用户
学术类图书	57.80	64.30	3.90	3.40
休闲类图书	72.30	74.50	3.10	3.00
学术类期刊	55.20	65.90	3.70	2.20
休闲类期刊	73.10	74.60	2.80	2.90
报纸	65.80	71.50	3.50	2.70
工具书	46.10	62.50	5.90	3.90
会议论文	63.70	71.20	4.90	4.00
学位论文	59.50	69.40	3.90	4.00
专利文献	63.30	73.50	4.00	2.80
标准文献	63.50	73.50	4.40	3.90
政府出版物	72.50	75.20	4.20	5.10

（四）教师、研究生和专业技术人员非常重视外文学术类资源

样本中，有相当高比例教师、研究生和专业技术人员中外文学术类信息资源都需要或者是只需要外文语种学术类信息资源。教师和研究生对于外文学术期刊的需求高于外文学术图书。

对于学术类信息资源，有超过四成的教师中外文都需要。学术类图书，46.4%的受访教师中外文都要；学术类期刊，57.3%的受访教师中外文都需

要；工具书，44.2%的受访教师中外文都要；学位论文，50%的受访教师中外文都要；会议论文，45.5%的受访教师中外文都要；专利文献，41.2%的受访教师中外文都要；标准文献，42.0%的受访教师中外文都要。

专业技术人员的情况与教师的情况类似，但是中外文都需要的比例稍低一些。学术类图书，41.0%的受访专业技术人员中外文都要；学术类期刊，34.9%的受访专业技术人员中外文都需要；工具书，32.9%的受访专业技术人员中外文都要；学位论文，31.9%的受访专业技术人员中外文都要；会议论文，26.3%的受访专业技术人员中外文都要；专利文献，33.3%的受访专业技术人员中外文都要；标准文献，26.7%的受访专业技术人员中外文都要。

学生中的研究生对外文信息资源的需求不亚于教师。学术类图书，63.6%的受访研究生中外文都要；学术类期刊，71.0%的受访研究生中外文都需要；工具书，40.5%的受访研究生中外文都要；学位论文，53.4%的受访研究生中外文都要；会议论文，47.7%的受访研究生中外文都要；专利文献，35.5%的受访研究生中外文都要；标准文献，39.7%的受访研究生中外文都要；政府出版物，26.7%的受访研究生中外文都要。

（五）用户使用学术类信息资源越频繁，其对外文学术资源的需求就越高

随着用户对学术类图书、学术类期刊、会议论文、学位论文、专利文献、标准文献等学术类信息资源使用频率的增高，其对这些资源外文语种的需求也随之增长。原因可能是对学术类信息资源的需求主要是出于学术研究的目的，而要想进行深入的学术研究，了解国外的研究状况非常必要，这就必然少不了利用外文语种的信息资源。

学术类图书方面，3.3%很少使用学术类图书的用户只需要外文学术图书，3.4%有时使用学术类图书的用户只需要外文学术类图书，4.3%经常使用学术类图书的用户只需要外文学术图书，5.4%几乎每天使用学术类图书的用户只需要外文学术图书。24%很少使用学术类图书的用户中外文学术图书都需要，33.7%有时使用学术类图书的用户中外文学术图书都需要，46.4%经常使用学术类图书的用户中外文学术图书都需要，54.1%几乎每天使用学术类图书的用户中外文学术图书都需要。

学术类期刊方面，2.4%很少使用学术类期刊的用户只需要外文学术期刊，3.2%有时使用学术类期刊的用户只需要外文学术期刊，3.6%经常使用学术类期刊的用户只需要外文学术期刊,5.1%几乎每天使用学术类期刊的用户只需要外文学术期刊。23.8%很少使用学术类期刊的用户中外文学术期刊都需要,36.4%有时使用学术类期刊的用户中外文学术期刊都需要,48.6%经常使用学术类期刊的用户中外文学术期刊都需要,57.9%几乎每天使用学术类期刊的用户中外文学术期刊都需要。

会议论文方面,3%很少使用会议论文的用户只需要外文会议论文,6.4%有时使用会议论文的用户只需要外文会议论文,15.5%经常使用会议论文的用户只需要外文会议论文,17.9%几乎每天使用会议论文的用户只需要外文会议论文。28.5%很少使用会议论文的用户中外文会议论文都需要,33.5%有时使用会议论文的用户中外文会议论文都需要,47.3%经常使用会议论文的用户中外文会议论文都需要,46.4%几乎每天使用会议论文的用户中外文会议论文都需要。

学位论文方面,3.6%很少使用学位论文的用户只需要外文学位论文,4.3%有时使用学位论文的用户只需要外文学位论文,7.5%经常使用学位论文的用户只需要外文学位论文,6.7%几乎每天使用学位论文的用户只需要外文学位论文。28.6%很少使用学位论文的用户中外文学位论文都需要,47.4%有时使用学位论文的用户中外文学位论文都需要,48.9%经常使用学位论文的用户中外文学位论文都需要,63.3%几乎每天使用学位论文的用户中外文学位论文都需要。

专利文献方面,2.5%很少使用专利文献的用户只需要外文专利文献,6.9%有时使用专利文献的用户只需要外文专利文献,6.8%经常使用专利文献的用户只需要外文专利文献,18.5%几乎每天使用专利文献的用户只需要外文专利文献。28.5%很少使用专利文献的用户中外文专利文献都需要,41.5%有时使用专利文献的用户中外文专利文献都需要,46.6%经常使用专利文献的用户中外文专利文献都需要,59.3%几乎每天使用专利文献的用户中外文专利文献都需要。

标准文献方面,3.3%很少使用标准文献的用户只需要外文标准文献,6.3%有时使用标准文献的用户只需要外文标准文献,9.2%经常使用标准文献的用户只需要外文标准文献,11.9%几乎每天使用标准文献的用户只需要外文标准文献。28.4%很少使用标准文献的用户中外文标准文献都需要,

39.7%有时使用标准文献的用户中外文标准文献都需要,38%经常使用标准文献的用户中外文标准文献都需要,50%几乎每天使用标准文献的用户中外文标准文献都需要。

(六) 只需要电子载体的用户更倾向于仅需要外文信息资源

如表6-5所示,对于每一类型的信息资源,只需要电子载体的用户中,仅需要外文语种信息资源用户的比例都远高于只需要纸质载体、纸质载体和电子载体都需要用户中仅需要外文语种信息资源用户的比例。如只需要电子载体的用户中,10.5%的只需要电子载体学术类图书的用户也只需要外文语种的学术类图书,只需要纸质载体学术类图书和纸质载体和电子载体学术类图书都需要的用户的这一比例分别是2.4%和2.7%。原因可能是只需要电子载体的用户,其外语水平相对较高,所以其对外文语种信息资源的需求也相对较强。

表6-5 不同载体需求用户仅需要外文信息资源的情况统计

	只需要外文语种的比例(%)		
	只需要纸质载体	只需要电子载体	纸质载体和电子载体都需要
学术类图书	2.4	10.5	2.7
休闲类图书	2.0	8.9	2.0
学术类期刊	2.9	7.2	1.7
休闲类期刊	1.8	7.5	2.1
报纸	1.8	12.2	2.9
工具书	4.2	14.7	3.3
会议论文	2.5	9.3	2.4
学位论文	3.5	6.3	2.3
专利文献	2.9	5.9	1.8
标准文献	2.4	9.0	2.6
政府出版物	3.5	8.9	2.4

四、信息资源年限需求

网络的普及、数字出版的发展和数字资源服务的深入使得信息资源从产生、发现、获取和利用的时间缩短。这自然就引发了研究者对于信息资源老化速度将加速的猜测;但是另外的观点认为,资源商、图书馆等对旧有信息资源的数字化加工和服务将方便用户对这些旧有信息资源的利用,这就在一定程度上延缓了信息资源的老化[①]。网络环境中的实际情况是怎么样呢?用户对信息资源年限的需求可以在一定程度上体现信息资源的老化速度。受访用户的信息资源年限需求呈现以下几个方面的特征:

(一) 网络环境中信息资源老化的速度减慢

对图书馆用户信息资源载体需求和年限需求进行卡方分析,结果发现所有卡方值的显著性概率值都为 $p = 0.000$,达到 0.05 显著水平,表明不同载体需求(仅需要纸质载体、纸质载体和电子载体都需要)的用户在信息资源年限需求的 5 个反应变量上(当年内、5 年以内、10 年以内、15 年以内和 15 年以上),至少有一个选项选择次数的百分比之间存在显著差异。

在所有类型的信息资源上,纸质载体和电子载体都需要的受访者需求 15 年及以上的比例都高于其他载体需求受访者的这一比例。学术类期刊和特种文献表现得特别明显。如对于学术类期刊,10.4% 的纸质载体和电子载体都需要的受访者需求的年限长于 15 年,而仅需要纸质载体的受访者的这一比例为 3.1%。对于会议论文,8.3% 的纸质载体和电子载体都需要的受访者需求的年限长于 15 年,而仅需要纸质载体的受访者的这一比例为 2.9%。对于学位论文,9% 的纸质载体和电子载体都需要的受访者需求的年限长于 15 年,而仅需要纸质载体的受访者的这一比例为 3.3%。对于专利文献,13.1% 的纸质载体和电子载体都需要的受访者需求的年限长于 15 年,而仅需要纸质载体的受访者的这一比例为 6.5%。对于标准文献,13.6% 的纸质载体和电子载体都需要的受访者需求的年限长于 15 年,而仅需要纸质载体的受访者的这一比例为 6.2%。对于政府出版物,11.7% 的纸质载体和电子载体都需要的受访者需求的年限长于 15 年,而仅需要纸质载体的受访者的这一比例为 5.6%。

根据以上数据,我们可以看出网络环境中图书馆用户对信息资源年限需求在变长,也就是说信息资源老化的速度在减慢。产生这种现象的原因可能是电子资源的出现和发展,使得用户能够更容易获得年代久远一点的信息资源。

[①] 钟晶晶、游毅、索传军:《新信息环境下数学文献老化趋势及影响因素新探》,《情报杂志》2011 年第 12 期,第 36—42 页。

（二）休闲类信息资源的年限需求较短

对于报纸、休闲类期刊、休闲类图书等休闲类信息资源，大部分用户都是要求当年出版的。如报纸，76.2%的受访者需要当年出版的；休闲类期刊，67.2%的受访者需要当年出版的；休闲类图书，54.6%的受访者需要当年出版的。说明用户对这些资源的时效性要求较高。

（三）学术类期刊的年限需求短于学术类图书

对于学术类期刊，37.8%的受访者需要当年出版的，33.1%的受访者需要5年之内出版的，15.1%的受访者需要10年之内出版的，6.8%的受访者需要15年之内出版的，7.2%的受访者需要15年以上出版的。对于学术类图书，26.7%的受访者需要当年出版的，38.9%的受访者需要5年之内出版的，18.5%的受访者需要10年之内出版的，6.8%的受访者需要15年之内出版的，9.1%的受访者需要15年以上出版的。

（四）学术类书刊使用的频率越高，需求的年限就越长

对于学术类图书，36.5%很少使用、26.9%有时使用、20.3%经常使用和17.2%几乎每天都用的受访者只需要当年出版的；3.5%很少使用、6.7%有时使用、9.9%经常使用和8.6%几乎每天都用的受访者需要15年内出版的；7.8%很少使用、6.2%有时使用、10.5%经常使用和18.8%几乎每天都用的受访者需要15年内出版的。

对于学术类期刊，41.6%很少使用、39.7%有时使用、30%经常使用和16.3%几乎每天都用的受访者只需要当年出版的；4.4%很少使用、6.2%有时使用、10.5%经常使用和14.3%几乎每天都用的受访者需要15年内出版的；4.3%很少使用、5.7%有时使用、9.9%经常使用和22.4%几乎每天都用的受访者需要15年内出版的。

（五）中外文语种都需要的用户学术类书刊需求年限长

对受访用户的信息资源语种需求和信息资源年限需求进行交叉分析，发现学术类图书方面，中外文都要的受访者的年限需求最长，其次是只要中文的，最后是只要外文的。学术类期刊方面，也是中外文都要的受访者的年限需求最长，其次是只要外文的，最后是只要中文的。出现这种现象的原因有可能是中外文语种都需要的受访者对学术书刊的全面性和完整性要求较高，因此对信息资源的年限需求较长。

五、信息资源质量需求

用户对图书馆信息资源质量的需求中,平均需求程度最高的是"图书馆能够让我免费或者以很低的价格获得信息资源",达到 4.30,平均需求程度最低的是"我没有遇到过因为最大用户数已满而导致我无法使用数据库的情况",为 3.85(见表 6-6)。

表 6-6 信息资源质量需求统计

信息资源质量	有效	缺失	极小值	极大值	均值	标准差
图书馆能够让我免费或者以很低的价格获得信息资源	1948	16	1	5	4.30	0.768
图书馆提供的信息资源是权威可信的	1945	19	1	5	4.27	0.773
图书馆信息资源内容的广度能够满足我的需求	1942	22	1	5	4.25	0.720
图书馆能够让我获取需要资料的全文	1937	27	1	5	4.25	0.766
图书馆能够提供最新的信息资源给我	1945	19	1	5	4.23	0.765
图书馆提供的信息资源与我的需求相关	1944	20	1	5	4.21	0.758
图书馆信息资源内容的深度能够满足我的需求	1945	19	1	5	4.21	0.741
图书馆提供简明易懂的指引/标识让我能够轻松获取所需资源	1948	16	1	5	4.20	0.735
在我需要的学科/主题上,图书馆能够提供多种资源给我	1949	15	1	5	4.20	0.788
我没有遇到过我需要的书刊被全部借出的情况	1948	16	1	5	4.04	0.808
图书馆能够让我家中/办公室获取信息资源	1945	19	1	5	3.92	0.874
我没有遇到过因为最大用户数已满而导致我无法使用数据库的情况	1927	37	1	5	3.85	0.879

表6-7是受访图书馆用户对信息资源各项特征需求的统计表。由此表可知,用户对图书馆信息资源质量的各项特征都有较高的需求。

表6-7 信息资源质量特征统计

信息资源质量特征	有效	缺失	极小值	极大值	均值	标准差
经济性	1948	16	1	5	4.30	0.768
权威性	1945	19	1	5	4.27	0.773
新颖性	1945	19	1	5	4.23	0.765
相关性	1944	20	1	5	4.21	0.758
完整性	1934	30	1	5	4.13	0.644
可获取性	1919	45	1	5	4.03	0.647
丰富性	1950	14	1	5	3.56	0.820

图书馆用户信息资源质量特征需求的特点为:

(一) 经济性取代可获取性成为用户最为重视的质量特征

总体上看,用户对图书馆信息资源的经济性最为重视。

就性别而言,男性用户和女性用户都对信息资源的经济性最为重视。就年龄而言,14岁以下用户的经济性需求排在第二位,其他年龄用户的经济性需求都是排在第一位。就地区而言,东部地区和中部地区用户的经济性需求排在第一位,西部地区和东北地区用户的经济性需求排在第四位。就学历而言,初中及以下、高中/中专/技校、大专和本科的用户均为最重视信息资源的经济性,研究生及以上学历用户的经济性需求排在第四位。就身份而言,学生、教师、公务员、企业公司员工、农民、自由职业者、离退休人员的信息资源经济性需求都是排在第一位,专业技术人员和无业/下岗/失业人员对信息资源经济性的需求均排在第四位。

以往的研究中,可获取性往往是用户最重视的信息资源质量特征,在本研究中,图书馆信息资源的可获取性的平均需求程度排在第六位。原因可能是网络环境中,信息资源的获取变得比以往容易。

(二) 女性对信息资源质量的需求高于男性

女性受访者对图书馆信息资源质量的需求为4.18,男性为4.03。并且在每一种质量特征上,都是女性的需求程度高于男性。

（三）使用图书馆频率越频繁，对图书馆信息资源质量的需求越高

随着用户使用图书馆频率的增加，其对图书馆信息资源质量的需求也在提高。没有到过实体图书馆的受访者，其对信息资源质量平均需求程度为4.03，半年1—3次去图书馆的为4.04，每月1—3次去图书馆的为4.07，每周1—3次去图书馆的为4.13，几乎每天去的为4.23。

没有远程使用过图书馆的受访者，其对信息资源质量平均需求程度为3.99，半年1—3次远程使用图书馆的为4.04，每月1—3次去图书馆的为4.13，每周1—3次去图书馆的为4.22，几乎每天去的为4.37。

（四）仅通过一种方式使用图书馆的用户，对图书馆信息资源质量需求较低

使用图书馆方式不同的用户中，仅使用实体图书馆的用户或者是仅使用网上图书馆的用户，其对图书馆信息资源质量的需求较低。使用网上图书馆为主的受访者，其对图书馆信息资源质量的需求为4.24。以使用实体图书馆为主的受访者，其对图书馆信息资源质量的需求为4.14，使用实体图书馆和网上图书馆频率一样的受访者，其对图书馆信息资源质量的需求为4.12。仅使用网上图书馆的受访者，其对图书馆信息资源质量的需求为4.03，仅使用实体图书馆的受访者，其对图书馆信息资源质量的需求为3.99。

六、信息资源来源需求

用户需要从一定的渠道获取信息来满足自己的需求。为了考察网络环境中图书馆在用户信息获取中的地位和作用，本研究对用户的学术信息主要来源和日常生活信息主要来源进行剖析。

（一）学术信息主要来源

网络环境中，图书馆用户学术信息主要来源的特征如下：

1. 图书馆仍然是用户学术信息的主要来源

整体而言，将近五成的受访者将图书馆作为学术信息的主要来源，并且无论是在馆内调查还是在网络调查都得到了类似的结果。这凸显出网络环境中，图书馆在用户的学术信息获取中仍然扮演着重要的角色。25.6%的受访者以图书馆纸本资源作为学术信息的主要来源，23.8%的受访者以图书馆电

子资源作为学术信息的主要来源,这说明图书馆纸本资源仍然发挥着重要作用,同时电子资源的影响也不可低估。出现这个结果的原因有可能是因为大部分样本是在馆内调查获取。通过网络调查获取的样本中,38.2%的受访者以图书馆电子资源为学术信息主要来源,而只有15.2%的受访者以图书馆纸本资源为学术信息主要来源。

就学历而言,学历为本科和研究生及以上的受访者以图书馆为学术信息主要来源的比例最高。并且学历为研究生的受访者中以图书馆电子资源为学术信息主要来源的比例高达56.3%,以图书馆纸本资源为学术信息主要来源的比例为11.3%。学历为本科的受访者以图书馆作为学术信息的主要来源的比例为49.3%(其中以图书馆纸本资源为学术信息主要来源的比例为27.6%,以图书馆电子资源为学术信息主要来源的比例是21.7%)。学历为大专的受访者以图书馆为学术信息的主要来源的比例为36.4%(其中以图书馆纸本资源为学术信息主要来源的比例为27.5%,以图书馆电子资源为学术信息主要来源的比例是6.9%)。学历为高中/中专/技校的受访者以图书馆纸本资源作为学术信息主要来源的比例最高,为36.7%。学历为初中及以下的受访者中以图书馆为学术信息的主要来源的比例为30.4%。

就身份而言,除了公务员外,其他身份的受访者将图书馆作为学术信息主要来源的比例最高,50.6%的学生、53.6%的教师、47.1%的专业技术人员、46.4%的公司企业员工、45.5%的农民、37.2%的自由职业者、80%的离退休人员、42.9%的无业/下岗/失业人员、42.9%的其他人员将图书馆作为学术信息的主要来源,其中学生和教师以图书馆电子资源为学术信息主要来源的比例高于以图书馆纸本资源为学术信息主要来源的比例,专业技术人员、企业公司员工、农民、自由职业者、离退休人员、无业/下岗/失业人员、其他人员的情况恰好相反,他们中以图书馆纸本资源为学术信息主要来源的比例高于以图书馆电子资源为学术信息主要来源的比例,农民、自由职业者、离退休人员中以图书馆电子资源为学术信息主要来源的比例更是低于10%。

就专业而言,各专业受访者中以图书馆作为学术信息主要来源的比例都是最高,57.6%的人文社科类、55.7%的经济管理类、60%的自然科学类、41.5%的工程技术类、39.5%的医药卫生类受访者以图书馆作为学术信息的主要来源,其中人文社科类、工程技术类的受访者以图书馆纸本资源为学术信息主要来源的比例高于以图书馆电子资源为学术信息主要来源的比例，经济管理类、自然科学类、医药卫生类的受访者以图书馆纸本资源为学术信息主要来源的比例低于以图书馆电子资源为学术信息主要来源的比例。

就职称而言，不同职称的受访者中，以图书馆作为学术信息主要来源的比例都是最高，46%的初级职称、55.1%的中级职称、45.1%的副高级职称、55.5%的高级职称的受访者以图书馆为学术信息的主要来源，其中初级职称、中级职称、高级职称的受访者以图书馆纸本资源为学术信息主要来源的比例高于以图书馆电子资源为学术信息主要来源的比例，副高级职称的受访者以图书馆纸本资源为学术信息主要来源的比例低于以图书馆电子资源为学术信息主要来源的比例。

就图书馆类型而言，高校图书馆和公共图书馆受访者，以图书馆作为学术信息主要来源的比例都是最高，53.4%的高校图书馆受访者和40.8%的公共图书馆受访者以图书馆作为学术信息的主要来源，其中29.3%的高校图书馆受访者和11.4%公共图书馆受访者以图书馆电子资源为学术信息的主要来源，24.1%的高校图书馆受访者和29.4%的公共图书馆受访者以图书馆纸本资源作为学术信息的主要来源。

2. 网络是图书馆用户学术信息的重要来源

图书馆电子资源之外的网络是受访者学术信息的一个重要来源，31.1%的受访者将其作为学术信息的主要来源，表明网络在图书馆用户的学术信息获取中扮演着较为重要的角色。

学历为大专的受访者和学历为初中及以下的受访者中以图书馆电子资源之外的网络为学术信息主要来源的比例最高。学历为大专的受访者以图书馆电子资源之外的网络为学术信息的主要来源的比例为37.4%。

不同专业的受访者中，以图书馆电子资源之外的网络作为学术信息主要来源的比例都是第二高，24.6%的人文社科类、31.3%的经济管理类、26.2%的自然科学类、39%的工程技术类、38.4%的医药卫生类受访者以图书馆电子资源之外的网络作为学术信息的主要来源。

不同职称的受访者中，以图书馆电子资源之外的网络作为学术信息主要来源的比例都是第二高，40.3%的初级职称、26.9%的中级职称、38.7%的副高级职称、33.3%的正高级职称的受访者以图书馆电子资源之外的网络作为学术信息的主要来源。

高校图书馆和公共图书馆的受访者中,以图书馆电子资源之外的网络作为学术信息主要来源的比例都是第二高,31.6%的高校图书馆受访者和29.7%的公共图书馆受访者以图书馆电子资源之外的网络作为学术信息主要来源。

3. 书店也是部分图书馆用户学术信息的主要来源

总体而言,书店是受访用户排在第三位的学术信息主要来源,6.6%的受访用户将其作为学术信息的主要来源。学历越低的用户以书店为学术信息主要来源的比例就越高。2.1%的研究生学历受访者、5.4%本科学历受访者、8.4%大专学历受访者、16.7%的高中/中专/技校学历受访者和26.1%初中及以下学历受访者将书店作为其学术信息的主要来源。书店也是相当一部分公共图书馆受访者的学术信息的主要来源,这一比例高达12.5%。

学术信息主要来源排在第四位和第五位的分别是大众媒体和人际渠道。6.2%的受访者将大众媒体作为学术信息的主要来源。5.1%的受访者将人际渠道作为学术信息的主要来源。

受访者学术信息主要来源的统计分析见表6-8。

表6-8 图书馆用户学术信息主要来源

来　　源	频　　率	百分比(%)	累积百分比(%)
书店	109	6.6	6.6
网络(图书馆电子资源除外)	518	31.1	37.7
大众媒体	103	6.2	43.9
图书馆纸本资源	426	25.6	69.5
图书馆电子资源	395	23.8	93.3
人际渠道	85	5.1	98.4
其他	27	1.6	100.0
合　　计	1663	100.0	

(二) 日常生活信息主要来源

图书馆用户日常生活信息主要来源见表6-9。网络环境中,图书馆用户日常生活信息主要来源具有以下特点:

1. 网络已经成为图书馆用户日常生活信息非常重要的来源

总括而言,有超过1/3的受访者以图书馆电子资源除外的网络为日常生活信息主要来源。

就年龄而言,18—24 岁和 25—45 岁的受访者中以网络为日常生活信息主要来源的比例最高,分别为 41.1% 和 46.2%。14 岁以下、46 岁及以上的受访者中以网络为日常生活信息主要来源的比例排在第二,分别为 14.3% 和 25.8%。

表 6-9 图书馆用户日常生活信息的主要来源

	频率	百分比(%)	累积百分比(%)
书店	45	2.6	2.6
网络(图书馆电子资源除外)	698	41.0	43.6
大众媒体	592	34.8	78.4
图书馆纸本资源	111	6.5	84.9
图书馆电子资源	39	2.3	87.2
人际渠道	188	11.0	98.2
其他	30	1.8	100.0
合计	1703	100.0	

就身份而言,学生、教师、专业技术人员、公司企业员工中以网络为日常生活信息主要来源的比例最高,分别为 40.1%、48.2% 和 46.6%。公务员、农民、自由职业者和离退休人员中以网络为日常生活信息主要来源的比例排在第二,分别为 29.4%、26.7%、37.1% 和 20%。

2. 大众媒体也是图书馆用户日常生活信息的来源之一

整体上看,大众媒体是图书馆用户排在第二位的日常生活信息主要来源。

就年龄而言,14 岁以下、14—17 岁和 46 岁及以上的受访者以大众媒体为日常生活信息主要来源的比例最高,分别为 34.3%、36.8% 和 61.3%。18—24 岁和 25—45 岁的受访者也是以大众媒体为日常生活信息主要来源的比例排在第二,分别为 35.1% 和 31.9%。

就身份而言,公务员、农民、自由职业者、离退休人员中,以大众媒体为日常生活信息主要来源的比例最高,分别为 52.9%、40%、40% 和 80%。学生、教师、专业技术人员、公司企业员工中以大众媒体为日常生活信息主要来源的比例都排在第二,分别为 35.5%、31.3%、34.9% 和 26.7%。

3. 图书馆在用户的日常生活信息获取中所起的作用不大

综合起来，只有5.7%的受访者以图书馆纸本资源为日常生活信息主要来源，以图书馆电子资源为日常生活信息主要来源的受访者的比例更是低到2%，二者合计也只有7.7%。由此可见，图书馆在图书馆用户日常生活信息获取发挥的作用不明显。

就年龄而言，11.4%的14岁以下的受访者以图书馆为日常生活信息的主要来源，以图书馆纸本资源和图书馆电子资源为日常生活信息主要来源的比例均为5.7%。9.2%的14—17岁的受访者以图书馆为日常生活信息的主要来源，其中7.9%以图书馆纸本资源为日常生活信息的主要来源，1.3%以图书馆电子资源为日常生活信息的主要来源。7.8%的18—24岁的受访者以图书馆为日常生活信息的主要来源，其中5.4%以图书馆纸本资源为日常生活信息的主要来源，2.3%以图书馆电子资源为日常生活信息的主要来源。10.9%的25—45岁的受访者以图书馆为日常生活信息主要来源，其中8.9%以图书馆纸本资源为日常生活信息主要来源，2%以图书馆电子资源为日常生活信息主要来源。6.5%的46岁及以上的受访者以图书馆纸本资源为日常生活信息主要来源。

就身份而言，6.9%的学生将图书馆作为日常生活信息的主要来源，其中4.6%以图书馆纸本资源为日常生活信息的主要来源，2.3%以图书馆电子资源为日常生活信息的主要来源。8.4%的教师以图书馆为日常生活信息主要来源，这个比例高于学生，其中7.2%以图书馆纸本资源为主要信息来源，1.2%以图书馆电子资源为主要信息来源。12.8%的专业技术人员将图书馆作为日常生活信息主要来源，其中11.6%的专业技术人员以图书馆纸本资源为日常生活信息来源，1.2%以图书馆电子资源为日常生活信息主要来源。11.8%的公务员以图书馆为日常生活信息主要来源，其中5.9%以图书馆纸本资源为日常生活信息主要来源，5.9%以图书馆电子资源为日常生活信息主要来源。14.9%的公司企业员工以图书馆为日常生活信息的主要来源，其中11.3%以图书馆纸本资源为日常生活信息主要来源，3.6%以图书馆电子资源为日常生活信息主要来源。26.7%的农民以图书馆纸本资源为日常生活信息主要来源，没有农民以图书馆电子资源为日常生活信息主要来源。17.2%的自由职业者以图书馆为日常生活信息的主要来源，其中14.3%以图书馆纸本资源为日常生活信息的主要来源,2.9%以图书馆电子资源为日常生活信息的主要来源。离退休人员没有以图书馆为日常生活主要来源的。

国内图书馆在用户日常生活信息获取中所发挥的作用与国外图书馆相比,有着相当大的差距。原因有可能是国内图书馆的服务网络覆盖范围有限,社区图书馆较少,用户使用起来不是非常方便。另外一个可能的原因是受到网络的冲击,因为日常生活信息较容易从网络免费获取。

七、影响用户信息资源需求的因素

本研究通过独立样本 T 检验来探讨性别和图书馆类型对用户信息资源需求的影响;通过单因子方差分析来探讨年龄、身份、所在地区、学历、专业、职称、外语水平、网络使用能力、图书馆使用习惯等对用户信息资源需求的影响;通过卡方分析来探讨性别、年龄、所在地区、学历、专业、职称、外语水平、网络使用能力和图书馆类型等对用户信息资源载体需求、语种需求和来源需求的影响。因为职称不是每一位用户必备的,所以在考察职称对用户需求的影响时,限定在提供了职称信息的用户中。

在进行方差分析之前,先对用户的信息资源年限需求进行因子分析,将因子分析得到的因子得分用于方差分析。用户信息资源年限需求第一次因子分析的 KMO 值为 0.920,Bartlett 的球形度检验 p 值为 0.000,提取的公因子方差介于 0.472—0.801,解释的总方差为 68.729%。去掉因子负荷量在 0.5 以下的"工具书年限需求"这一问项之后进行第二次因子分析。第二次因子分析的 KMO 值 0.911,Bartlett 的球形度检验 p 值为 0.000,提取的公因子方差介于 0.525—0.803,解释的总方差为 71.371%。因子 1 包括专利文献年限需求、学位论文年限需求、标准文献年限需求、会议论文年限需求、政府出版物年限需求、学术类期刊年限需求和学术类图书年限需求,解释的总方差为 43.449%,将其命名为学术类信息资源年限需求;因子 2 包括休闲类图书年限需求、休闲类期刊年限需求和报纸年限需求,解释的总方差为 27.922%,将其命名为休闲类信息资源年限需求。图书馆用户信息资源年限需求因子分析结果见表 6-10。

表6-10 信息资源年限需求因子分析旋转成分矩阵

信息资源年限需求	成分	
	1	2
专利文献年限需求	0.869	0.220
学位论文年限需求	0.859	0.218
标准文献年限需求	0.856	0.235
会议论文年限需求	0.77	0.323
政府出版物年限需求	0.751	0.323
学术类期刊年限需求	0.652	0.445
学术类图书年限需求	0.564	0.455
休闲类图书年限需求	0.212	0.861
休闲类期刊年限需求	0.274	0.849
报纸年限需求	0.317	0.751

（一）不同性别用户信息资源需求的差异

性别对图书馆用户的多数信息资源需求存在影响，女性的需求在多数情况下高于男性。

如表6-11所示，不同性别用户的特种文献需求、休闲类资源年限需求、学术类信息资源年限需求和信息资源质量需求存在显著差异。男性对特种文献的需求高于女性，女性对休闲类资源的需求高于男性。无论是休闲类信息资源年限需求、学术类信息资源年限需求还是信息资源质量需求，女性均高于男性。

表6-11 不同性别用户信息资源需求的平均值和t检验统计

性别	特种文献需求	休闲类资源需求	学术书刊需求	学术类信息资源年限需求	休闲类信息资源年限需求	信息资源质量需求
男	0.165	-0.157	-0.002	-0.069	-0.012	-0.1397
女	-0.148	0.138	0.004	0.063	0.011	0.1179
t值	6.834**	-6.416**	-0.145	-2.492*	-0.439	-5.480**

注：特种文献需求、休闲类资源需求、学术书刊需求、学术类信息资源年限需求、休闲类资源年限需求、信息资源质量需求等通过因子分析得到的变量值，其平均值为因子得分的平均值。*表示显著性水平小于0.05，**表示显著性水平小于0.01。本章以下的表格同。

由表 6-12 可知，除政府出版物之外，不同性别用户的信息资源载体需求均存在显著差异。一般来说，女性更偏向需要纸质载体的信息资源。男性和女性对休闲类图书、休闲类期刊、报纸和工具书等类型信息资源的语种需求也存在显著差异，对于这些类型的信息资源，男性更偏向于只需要中文语种的。

性别对图书馆用户的学术信息主要来源和日常生活信息主要来源都存在显著影响。男性更倾向于从网络获取学术信息和日常生活信息，女性更倾向从图书馆获取学术信息，女性对从人际渠道获得日常生活信息的依赖程度也高于男性。以图书馆电子资源之外的网络为学术信息主要来源的男性的比例比女性多 6.1%，以图书馆纸本资源为学术信息主要来源的男性的比例比女性少 3.1%。以图书馆电子资源之外的网络为日常生活信息主要来源的男性的比例比女性高 5%，以人际渠道为日常生活信息主要来源的男性的比例比女性少 5.3%。

表 6-12　不同性别用户的信息资源需求卡方分析

信息资源载体需求	卡方值	信息资源语种需求	卡方值
学术类图书	6.779*	学术类图书	5.980
休闲类图书	15.029**	休闲类图书	23.341**
学术类期刊	19.873**	学术类期刊	7.251*
休闲类期刊	7.264*	休闲类期刊	10.022**
报纸	24.814**	报纸	8.460*
工具书	9.495**	工具书	22.157**
会议论文	95.795**	会议论文	3.745
学位论文	24.719**	学位论文	2.270
专利文献	13.819*	专利文献	3.947
标准文献	8.425*	标准文献	2.602
政府出版物	5.235	政府出版物	2.916
学术信息主要来源	14.286*	日常生活信息主要来源	13.866*

（二）不同年龄用户信息资源需求的差异

年龄是影响图书馆用户信息资源需求的重要因素，不同年龄用户的信息资源类型需求、年限需求、载体需求、来源需求等都存在显著差异。

由表 6-13 可知，不同年龄图书馆用户的特种文献需求、休闲类资源需求、学术书刊需求存在显著差异。14 岁以下、14—17 岁的用户需要的主要是休闲类的信息资源，因此其对包括学术书刊和特种文献在内的学术类信息资源的需求低于其他年龄段的用户，其对休闲类资源的需求高于其他年龄段的用户。

表6-13 不同年龄用户信息资源需求的平均值和方差检验统计

年龄	特种文献需求	休闲类资源需求	学术书刊需求	学术类信息资源年限需求	休闲类信息资源年限需求	信息资源质量需求
14岁以下	-0.825	0.024	-1.781			-0.176
14—17岁	-0.539	0.376	-0.271	-0.187	-0.100	-0.162
18—24岁	-0.005	-0.013	0.027	0.061	0.032	0.039
25—45岁	0.140	-0.043	0.122	-0.154	-0.079	-0.018
46岁及以上	0.477	0.367	-0.142	-0.106	-0.103	-0.811
F值	15.299**	3.716**	33.34**	3.946**	1.225	3.130*
Levene统计量	12.666**	6.675**	27.61**	3.946**	5.873**	2.207

年龄对图书馆用户的学术类信息资源年限需求存在显著影响，对图书馆用户的休闲类信息资源年限需求没有显著影响。18—24岁的用户对学术类信息资源年限需求长于25—45岁的用户。

年龄对图书馆用户的信息资源质量需求也存在显著影响。14—17岁、18—24岁和25—45岁的用户对图书馆信息资源质量的需求都高于46岁及以上的用户。其中25—45岁的用户对图书馆信息资源质量的需求最高。

如表6-14所示，年龄对用户的学术类图书、学术类期刊、学位论文、专利文献和标准文献等部分学术类信息资源的载体需求产生了显著影响。14—17岁的用户对这些类型信息资源的载体需求以纸质为主，原因有可能是这一年龄段的用户对这些学术类信息资源较少使用，使用过的也可能大多数是利用纸质载体，不太了解电子载体，甚至是对电子载体一所无知。一般来说，17岁以下的用户和46岁及以上的用户更偏向于纸质载体。

年龄对用户的休闲类图书、休闲类期刊、报纸、工具书等类型信息资源的语种需求存在显著影响。这些类型的信息资源以休闲类为主。对于这些类型的信息资源，14—17 岁的用户倾向于中外文都需要，14 岁以下的用户倾向于仅需要中文，这可能是与他们的外语水平相关，14—17 岁用户的平均外语水平为 3.57，14 岁以下用户的平均外语水平为 2.72，14—17 岁用户的外语水平显著高于 14 岁及以下用户。14—24 岁的用户需要中外文休闲类图书的比例高于 46 岁及以上的用户。14—17 岁的用户仅需要中文休闲类期刊和工具书的比例低于 14 岁以下的用户，14—17 岁的用户需要中外文休闲类期刊和工具书的比例高于 14 岁以下的用户。14—17 岁的用户仅需要中文报纸的比例低于 14 岁以下、45 岁及以上的用户，14—17 岁的用户需要中外文报纸的比例高于 14 岁以下、45 岁及以上的用户。

表 6 – 14 不同年龄用户信息资源需求卡方分析

信息资源载体需求	卡方值	信息资源语种需求	卡方值
学术类图书	14.580*	学术类图书	5.980
休闲类图书	11.850	休闲类图书	40.027**
学术类期刊	94.422**	学术类期刊	6.193
休闲类期刊	15.143	休闲类期刊	20.334**
报纸	6.886	报纸	32.405**
工具书	12.014	工具书	63.999**
会议论文	9.482	会议论文	7.108
学位论文	24.719**	学位论文	4.657
专利文献	13.819*	专利文献	5.411
标准文献	16.068*	标准文献	8.398
信息资源载体需求	卡方值	信息资源语种需求	卡方值
政府出版物	5.931	政府出版物	2.933
学术信息主要来源	161.993**	日常生活信息主要来源	114.223**

年龄对图书馆用户的学术信息主要来源和日常生活信息主要来源都存在显著影响。46 岁及以上的用户和 14 岁及以下用户的学术信息主要来源及日常生活信息主要来源与其他年龄段用户存在显著差异。46 岁及以上用户以图书馆纸本资源为学术信息主要来源的比例达到 39.4%，高于其他年龄段的用户。14 岁及以下用户以书店为学术信息主要来源的比例为 41.2%，远高于其他年龄段的用户。46 岁及以上用户以大众媒体为日常生活信息主要来源的比例为 61.3%，差不多是其他年龄段这一比例的两倍。14 岁及以下

用户以书店为日常生活信息主要来源的比例为 22.9%，远远高于其他年龄的用户。14 岁及以下的样本全部是通过馆内调查获取的，在这样的情况下，这部分用户的日常生活信息主要来源还是以书店和大众媒体为主，而不是以图书馆为主，原因有可能是他们利用图书馆没有书店和大众媒体方便。

（三）不同学历用户信息资源需求的差异

学历是影响图书馆用户信息资源需求的重要因素，其对图书馆用户的信息资源类型需求、年限需求、载体需求、语种需求、质量需求和来源需求都产生了显著影响。

如表 6-15 所示，学历对用户的特种文献需求、休闲类资源需求和学术书刊需求都存在显著影响。用户的学历与学术类资源需求之间存在正相关关系，学历越高的用户对学术类信息资源的需求越强烈。学历与用户的休闲类资源需求存在负相关关系，学历越低的用户对休闲类信息资源的需求越高。

表 6-15　不同学历用户信息资源需求的平均值和方差检验统计

学历	特种文献需求	休闲类资源需求	学术书刊需求	学术类信息资源年限需求	休闲类信息资源年限需求	信息资源质量需求
初中及以下	-0.565	0.118	-1.145	-0.311	0.229	-0.214
高中/中专/技校	-0.532	0.304	-0.390	-0.285	-0.115	-0.302
大专	-0.149	0.147	-0.252	-0.370	0.064	-0.364
本科	-0.010	0.023	-0.040	0.008	0.007	0.004
研究生及以上	0.563	-0.394	0.878	0.248	-0.046	0.358
F 值	36.934**	13.692**	92.49**	7.581**	0.698	15.141**
Levene 统计量	6.447**	3.656**	7.275**	0.231	2.123	1.345

学历对用户的学术类信息资源年限需求存在显著影响，对用户的休闲类信息资源年限需求不存在显著影响。学历与用户的学术类信息资源年限需求之间存在正相关关系，学历越高的用户其对学术类信息资源的年限需求就越长。研究生及以上学历的用户对学术类信息资源年限需求长于学历为高中/中专/技校和大专的用户；本科学历的用户对学术类信息资源年限需求长于学历为大专的用户。

不同学历用户的信息资源质量需求也存在显著差异。研究生及以上学历的用户对图书馆信息资源质量的需求高于初中及以下、高中/中专/技校、大专、本科学历的用户,本科学历的用户对图书馆信息资源质量的需求高于高中/中专/技校、大专学历的用户。

由表6-16可知,不同学历的用户之间存在着明显的数字鸿沟。学历高的用户偏向于需要电子载体的信息资源,学历低的用户偏向于需要纸质载体的信息资源。不仅是学术类信息资源是这样,休闲类信息资源也出现同样的情况。在所有类型的信息资源上,研究生及以上学历者仅需要电子载体的比例均高于初中及以下、高中/中专/技校学历者,研究生及以上学历者仅需要纸本载体的比例均低于初中及以下、高中/中专/技校学历者。

表6-16 不同学历用户信息资源需求卡方分析

信息资源载体需求	卡方值	信息资源语种需求	卡方值
学术类图书	46.226**	学术类图书	100.345**
休闲类图书	26.309**	休闲类图书	15.673*
学术类期刊	94.422**	学术类期刊	141.576*
休闲类期刊	37.972**	休闲类期刊	8.108
报纸	18.596*	报纸	17.832*
工具书	20.135*	工具书	42.126**
会议论文	95.795**	会议论文	79.643**
学位论文	132.360**	学位论文	70.013**
专利文献	71.149**	专利文献	25.052**
标准文献	69.445**	标准文献	47.624**
政府出版物	38.532**	政府出版物	20.039*
学术信息主要来源	331.897**	日常生活信息主要来源	139.304**

除了休闲类期刊之外,不同学历用户的信息资源语种需求存在显著差异。学历高的用户的外语水平高,相应其对外语语种的信息资源的需求也强。研究生及以上学历者需要中外文学术类图书的比例高于大专学历者,研究生及以上学历者仅需要中文学术类图书的比例低于大专学历者。对于休闲类图书、学术类期刊、报纸、工具书、会议论文、学位论文、专利文献和标准文献,初中及以下的用户没有仅需要外文语种的。

不同学历用户的学术信息主要来源和日常生活信息主要来源都存在显著差异。研究生及以上学历者和初中及以下学历者的学术信息主要来源及日常生活信息资源来源与其他学历的用户不同。研究生及以上学历者学术类信息的主要来源是图书馆电子资源，日常生活信息主要来源是图书馆电子资源之外的网络。学历为初中及以下用户的学术信息主要来源和日常生活信息主要来源都是书店。学历为研究生及以上用户以图书馆电子资源为学术信息主要来源的比例为56.2%，远高于其他学历的用户。学历为初中及以下的用户以书店为学术信息主要来源的比例为26.1%，高于其他学历的用户。学历为研究生及以上的用户以图书馆电子资源之外的网络为日常生活信息主要来源的比例为54.6%，高于其他学历的用户。学历为初中及以下的受访者以书店为日常生活信息主要来源的比例为13.9%，高于其他学历的用户。

（四）不同身份用户信息资源需求的差异

身份也是影响用户信息资源需求的重要因素，不同身份用户的信息资源类型需求、年限需求、载体需求、语种需求、质量需求都存在显著差异（见表6-17）。

表6-17 不同身份用户信息资源需求的平均值和方差检验统计

身份	特种文献需求	休闲类资源需求	学术书刊需求	学术类信息资源年限需求	休闲类信息资源年限需求	信息资源质量需求
学生	-0.023	-0.039	0.033	0.067	0.035	0.050
教师	0.483	-0.124	0.715	0.167	-0.098	0.065
专业技术人员	0.173	-0.003	0.133	-0.150	-0.062	-0.200
公司企业员工	-0.090	0.117	-0.325	-0.264	-0.150	-0.147
自由职业者	-0.248	0.186	-0.663	-0.741	-0.441	-0.527
F值	5.352**	4.170**	18.27**	7.378**	0.102	4.344**
Levene 统计量	1.373	4.695**	1.607	2.500*	5.873**	3.647**

身份对图书馆用户的信息资源类型需求产生了显著影响。教师对学术类信息资源的需求较高。教师的特种文献需求和学术书刊需求都高于其他身份的用户。自由职业者、公司企业员工的休闲类资源需求高于学生、教师和专业技术人员。

不同身份的用户对学术类信息资源的年限需求存在显著差异，对休闲类信息资源的需求不存在显著差异。教师、学生和专业技术人员对学术类信息资源的年限需求较长。

身份对图书馆用户的信息资源质量需求也存在显著影响。教师和学生对信息资源质量的需求高于其他身份的用户。

由表6-18可知,在对学术类图书、工具书、会议论文、学位论文、专利文献等类型信息资源的需求上,不同身份的用户存在数字鸿沟现象。农民、离退休人员等弱势群体利用计算机和网络的机会相对较少,其需要的信息资源以纸质载体为主。农民仅需要纸本学术类图书的比例高于教师、专业技术人员和公务员,农民仅需要电子学术类图书的比例远低于教师、专业技术人员、公务员、公司企业员工和无业/下岗/失业人员。离退休人员、农民仅需要纸本工具书的比例远高于教师、公务员。自由职业者仅需要纸本会议论文的比例远高于身份为教师和公务员。农民和自由职业者仅需要纸本学位论文和专利文献的比例远高于教师、专业技术人员、公务员。

表6-18 不同身份用户信息资源需求卡方分析

信息资源载体需求	卡方值	信息资源语种需求	卡方值
学术类图书	25.763**	学术类图书	27.320**
休闲类图书	10.737	休闲类图书	22.859*
学术类期刊	17.264	学术类期刊	40.442*
休闲类期刊	11.726	休闲类期刊	16.886
报纸	14.259	报纸	34.042**
工具书	18.614*	工具书	70.265**
会议论文	29.610**	会议论文	34.094**
学位论文	44.250**	学位论文	30.715**
专利文献	25.016**	专利文献	33.033**
标准文献	20.134*	标准文献	28.206**
政府出版物	16.927	政府出版物	18.040
学术信息主要来源	87.112**	日常生活信息主要来源	64.375**

除休闲类期刊外,身份对用户的信息资源语种需求存在显著影响。农民、自由职业者、离退休人员等大多只需要中文语种的信息资源,教师、学生、专业技术人员等大多中外文语种都需要,产生这种现象的原因主要还是外语水平的差异。学生、教师、专业技术人员的平均外语水平分别为3.72、3.83和3.39,而农民、自由职业者、离退休人员的平均外语水平分别为

2.53、2.53 和 2.20。

不同身份用户的学术信息主要来源和日常生活信息主要来源都存在显著差异。不论是学术信息来源还是日常生活信息来源，教师对网络的依赖性均高于其他身份的用户。教师以图书馆电子资源为学术信息主要来源的比例为36.9%，高于其他身份的受访者，教师以图书馆电子资源之外的网络为日常生活信息主要来源的比例为48.2%，也高于其他身份的用户。

（五）不同专业用户信息资源需求的差异

用户从事或者学习的专业同样也是影响信息资源需求的重要因素，其对用户的信息资源类型需求、载体需求、语种需求、来源需求和质量需求都存在显著影响。

由表6-19可知，图书馆用户从事或者学习的专业对其特种文献需求、休闲类资源需求、学术书刊需求均存在显著影响。人文社科类和经济管理类的用户对特种文献的需求高于医药卫生类的用户。人文社科类的用户对休闲类资源的需求高于工程技术类的用户。人文社科类、经济管理类的用户对学术书刊的需求高于医药卫生类的用户。

表6-19 不同专业用户信息资源需求的平均值和方差检验统计

专业	特种文献需求	休闲类资源需求	学术书刊需求	学术类信息资源年限需求	休闲类信息资源年限需求	信息资源质量需求
人文社科类	0.151	0.131	0.220	0.066	0.108	0.019
经济管理类	0.187	-0.063	0.186	0.065	-0.060	0.077
自然科学类	0.028	-0.115	0.134	0.243	0.031	0.203
工程技术类	0.051	-0.272	-0.011	-0.180	-0.049	-0.168
医药卫生类	-0.252	-0.032	-0.098	0.131	0.037	0.113
F 值	9.708**	14.578**	9.902**	6.347**	1.055	5.119**
Levene 统计量	1.920	1.891	0.620	4.437**	2.353*	2.292*

用户从事或者学习的专业对其学术类信息资源的年限需求产生了显著影响，对其休闲类信息资源年限需求没有产生显著影响。此次调查中，自然科学类的用户对学术类信息资源的年限需求最长，其次是医药卫生类的用户，再次是人文社科类的用户，经济管理类用户的学术信息资源年限需求排在第

四位，工程技术类用户的学术信息资源年限需求排在第五位。这个结果与以往的研究不太一致，以往的研究中一般认为人文社科类的用户对信息资源的年限需求长于自然科学类的用户。造成这种差异的原因有可能与此次调查样本的结构有关。

从事或者学习专业不同用户的信息资源质量需求也存在显著差异。自然科学类的用户对图书馆信息资源质量的需求最高。

如表6-20所示，图书馆用户从事或者学习的专业对其所有类型信息资源的载体需求存在显著影响。以往的研究认为，文科类用户比理工类用户更倾向于需要纸质载体的信息资源。此次调查的结果显示，这个结果依然大体成立，但是文科类的用户不是在每一种信息资源载体需求上都是偏向纸质载体。人文社科类用户仅需要纸本学术类期刊、纸本工具书、纸本会议论文、纸本标准文献的比例高于其他专业的用户，经济管理类用户仅需要纸本休闲类期刊、纸本报纸、纸本专利文献和纸本政府出版物的比例高于其他专业的用户，但是自然科学类的用户仅需要纸本休闲类图书的比例高于其他专业的用户，工程技术类的用户仅需要纸本学位论文的比例高于其他专业的用户。经济管理类用户仅需要电子学术类图书、电子休闲类、电子报纸、电子工具书、电子会议论文、电子学位论文的比例高于其他专业的用户。

表6-20 不同专业用户信息资源需求卡方分析

信息资源载体需求	卡方值	信息资源语种需求	卡方值
学术类图书	30.259**	学术类图书	34.483**
休闲类图书	30.042**	休闲类图书	16.773
学术类期刊	38.684**	学术类期刊	44.380**
休闲类期刊	36.069**	休闲类期刊	11.250
报纸	35.225**	报纸	8.301
工具书	25.367**	工具书	31.090**
会议论文	42.906**	会议论文	30.952**
学位论文	43.774**	学位论文	30.655**
专利文献	49.322**	专利文献	48.783**
标准文献	63.244**	标准文献	38.346**
政府出版物	36.293**	政府出版物	9.382
学术信息主要来源	132.133**	日常生活信息主要来源	57.000**

用户从事或者学习的专业对其学术类图书、学术类期刊、工具书、会议论文、学位论文、专利文献和标准文献等部分学术类信息资源的语种需求产生了显著影响。经济管理类用户中外文学术类图书都需要的比例高于人文社科类用户。

从事或者学习的专业不同用户的学术信息主要来源和日常生活信息主要来源都存在显著差异。人文社科类的用户倾向于以图书馆纸本资源为学术信息主要来源，自然科学类的用户倾向于以图书馆电子资源为学术信息主要来源。人文社科类用户以图书馆纸本资源为学术信息主要来源的比例为31.2%，经济管理类、自然科学类、工程技术类、医药卫生类受访者的这一比例分别为 22.3%、20%、28.5% 和 18.6%。自然科学类用户以图书馆电子资源为学术信息主要来源的比例为 40%。

工程技术类和自然科学类用户倾向于以图书馆电子资源之外的网络为日常生活信息主要来源。工程技术类用户以图书馆电子资源之外的网络为日常生活信息主要来源的比例为 47.1%，自然科学类用户这一比例为 33.8%。

（六）不同职称用户信息资源需求的差异

不同职称用户的信息资源类型需求、部分类型信息资源的载体需求、部分类型信息资源的语种需求产生了影响。

如表 6 - 21 所示，不同职称用户的特种文献需求、休闲类资源需求和学术书刊需求存在显著差异。事后分析的结果发现，初级职称用户与中级职称用户对休闲类资源的需求存在显著差异，初级职称的用户对休闲类资源的需求高于中级职称的用户；初级职称的用户与中级职称和高级职称的用户对学

表 6 - 21 不同职称用户信息资源需求的平均值和方差检验统计

职称	特种文献需求	休闲类资源需求	学术书刊需求	学术类信息资源年限需求	休闲类信息资源年限需求	信息资源质量需求
初级	0.105	0.284	-0.231	-0.242	-0.095	-0.125
中级	0.365	-0.070	0.317	-0.077	-0.108	-0.155
高级	0.501	-0.005	0.526	0.111	-0.044	0.115
F 值	3.099*	3.765*	13.425**	1572.000	0.069	0.935
Levene 统计量	0.554	2.709	2.650	0.871	0.775	2.897

术类书刊的需求存在显著差异，初级职称的用户对学术类书刊的需求低于中级职称和高级职称的用户。出现这个结果的原因可能是职称越高，用户需要投入学术研究的精力就越多，因此用户对学术类书刊的需求就越强。事后分析没有找出具体是哪些职称的用户对特种文献的需求存在显著差异。

由表6-22可知，职称对用户的学术类图书、会议论文的载体需求产生了显著影响。对于学术类图书，纸本载体和电子载体都需要的高级职称用户的比例远远高于中级职称用户和初级职称用户；仅需要纸本载体的初级职称用户的比例远高于高级职称用户。对于会议论文，只需要纸本载体的初级职称用户的比例远高于高级职称用户；仅需要电子载体高级职称用户的比例远高于初级职称用户。

表6-22 不同职称用户信息资源需求卡方分析

信息资源载体需求	卡方值	信息资源语种需求	卡方值
学术类图书	19.964**	学术类图书	10.587*
休闲类图书	3.477	休闲类图书	2.001
学术类期刊	6.492	学术类期刊	9.297
休闲类期刊	2.497	休闲类期刊	10.687*
报纸	4.810	报纸	10.165*
工具书	5.348	工具书	7.643
会议论文	12.266*	会议论文	10.210*
学位论文	3.859	学位论文	15.063*
专利文献	5.532	专利文献	9.272
标准文献	3.564	标准文献	9.312
政府出版物	5.029	政府出版物	12.558*
学术信息主要来源	12.273	日常生活信息主要来源	11.964

职称对用户的学术类图书、休闲类期刊、报纸、会议论文、学位论文和政府出版物的语种需求产生了显著影响。对于这些类型的资源，均是初级职称的用户仅需要中文的比例远高于高级职称用户，高级职称用户中外文都需要的比例远高于初级职称用户。究其原因，可能是高级职称用户的外语水平显著高于初级职称用户，初级职称用户的平均外语水平为3.30，高级职称用户的平均外语水平为3.95。

职称对用户的学术信息主要来源和日常生活信息主要来源都没有显著

影响。

(七) 不同外语水平用户信息资源需求的差异

外语水平对用户的信息资源类型需求、年限需求、语种需求、来源需求和质量需求存在显著影响，对用户的部分类型信息资源的载体需求存在显著影响。

如表6-23所示，外语水平不同的用户对特种文献、学术书刊、休闲类资源的需求均存在显著差异。用户的外语水平对其学术类信息资源的需求存在正向影响。外语水平熟练和一般的用户对特种文献的需求高于外语水平不熟练的用户。外语水平非常熟练的用户对学术书刊的需求高于外语水平极不熟练、不熟练、一般和熟练的用户；外语水平一般和熟练的用户对学术类信息资源的需求高于外语水平极不熟练、不熟练的用户。用户的外语水平对其休闲类信息资源的需求存在负向影响。外语水平熟练、非常熟练的用户对休闲类信息资源的需求低于外语水平一般的用户。

表6-23 不同外语水平用户信息资源需求的平均值和方差检验统计

外语水平	特种文献需求	休闲类资源需求	学术书刊需求	学术类信息资源年限需求	休闲类信息资源年限需求	信息资源质量需求
极不熟练	-0.520	0.155	-0.832	-0.206	0.662	-0.311
不熟练	-0.115	0.000	-0.445	-0.282	0.085	-0.321
一般	0.113	0.185	-0.055	-0.076	0.032	-0.048
熟练	-0.042	-0.069	0.065	0.111	-0.050	0.053
非常熟练	0.142	-0.040	0.375	0.045	0.027	0.253
F值	5.528**	4.116**	35.60**	7.017**	1.568	15.157**
Levene统计量	6.225**	3.772**	1.724	0.756	2.597*	0.896

用户的外语水平对其学术类信息资源年限的需求产生了显著影响，对其休闲类信息资源年限的需求没有显著影响。外语水平熟练、非常熟练的用户对学术类信息资源年限需求长于外语水平不熟练的用户。

用户的外语水平也对其信息资源质量需求存在显著影响。大致是用户的外语水平越熟练，其对图书馆信息资源质量的需求也就越高。外语水平非常熟练的用户对图书馆信息资源的质量需求高于外语水平极不熟练、不熟练、一般和熟练的用户，外语水平熟练和一般的用户对图书馆信息资源的质量需求高于外语水平极不熟练的用户。

由表6-24可知，用户的外语水平对其学术类图书、学术类期刊、会议论文、学位论文和专利文献等学术类信息资源的载体需求存在显著影响。外语水平低的用户更倾向于只需要纸质载体的信息资源。

外语水平不同的用户对所有类型信息资源的语种需求都存在显著差异。对于学术类图书、学术类期刊、工具书、报纸、会议论文、学位论文、专利文献和标准文献，外语水平极不熟练的用户只需要中文语种的，外语水平越熟练，就越偏向于只需要外文语种的和中外文都要。对于休闲类图书、休闲类期刊和政府出版物，外语水平非常熟练的用户只需要中文的比例远低于外语水平极不熟练的用户，外语水平非常熟练的用户中外文都需要的比例远高于外语水平极不熟练的用户。

表6-24 不同外语水平用户信息资源需求卡方分析

信息资源载体需求	卡方值	信息资源语种需求	卡方值
学术类图书	24.696**	学术类图书	185.341**
休闲类图书	8.422	休闲类图书	63.035**
学术类期刊	49.671**	学术类期刊	174.073**
休闲类期刊	3.247	休闲类期刊	75.955**
报纸	6.891	报纸	105.631**
工具书	15.396	工具书	130.381**
会议论文	26.787**	会议论文	94.195**
学位论文	30.552**	学位论文	105.67**
专利文献	25.749**	专利文献	56.822**
标准文献	12.577	标准文献	68.975**
政府出版物	12.296	政府出版物	47.351**
学术信息主要来源	90.734**	日常生活信息主要来源	94.256**

外语水平不同，用户的学术信息主要来源和日常生活信息主要来源都存在显著差异。外语水平高的用户倾向于以图书馆电子资源为学术信息主要来源，以图书馆电子资源之外的网络为日常生活信息主要来源。外语水平低的用户倾向于以书店为日常生活信息主要来源。外语水平非常熟练的用户以图书馆电子资源为学术信息主要来源的比例为34.7%，外语水平为极不熟练、

不熟练、一般、熟练的受访者的这一比例分别是 5.6%、13.5%、23.8% 和 23.9%。外语水平极不熟练的用户以书店为日常生活信息主要来源的比例为 11.8%，高于外语水平不熟练、一般、熟练和非常熟练的用户。外语水平熟练、非常熟练的用户以图书馆电子资源之外的网络为日常生活信息主要来源的比例分别为 44.5%、48.8%，远远高于外语水平极不熟练的用户，外语水平极不熟练用户的这一比例为 17.6%。

（八）不同网络使用能力用户信息资源需求的差异

网络使用能力是影响用户信息资源需求非常重要的因素，网络使用能力对用户的信息资源类型需求、年限需求、载体需求、语种需求和来源需求都产生了显著影响。

表 6-25　不同网络使用能力用户信息资源需求的平均值和方差检验统计

网络使用能力	特种文献需求	休闲类资源需求	学术书刊需求	学术类信息资源年限需求	休闲类信息资源年限需求	信息资源质量需求
不好	-0.367	-0.474	-0.755	-0.493	0.055	-0.568
一般	-0.219	-0.064	-0.288	-0.099	0.041	-0.133
较好	0.038	-0.006	0.097	0.049	-0.054	0.084
很好	0.366	0.181	0.391	0.104	0.093	0.170
F 值	27.057**	9.409**	50.03**	5.707**	1.711	15.128**
Levene 统计量	13.676**	3.064*	2.016	0.863	0.995	4.302**

如表 6-25 所示，网络使用能力不同的用户对特种文献、休闲类资源和学术书刊的需求存在显著差异。网络使用能力与用户的学术类信息资源需求和休闲类信息资源需求之间都存在正相关关系。网络使用能力好的用户，其学术类信息资源和休闲类信息资源的需求均高于网络使用能力差的用户。

网络使用能力不同用户的学术类信息资源年限需求存在显著差异，休闲类信息资源年限需求不存在显著差异。网络使用能力好的用户对学术类信息资源年限需求长。网络使用能力很好和较好的用户对学术类信息资源年限需求长于网络使用能力不好的用户。

网络使用能力对用户的信息资源质量需求也产生了显著影响。网络使用能力越好，其对图书馆信息资源质量的需求也就越高。网络使用能力很好的用户对图书馆信息资源的质量需求高于网络使用能力不好、一般和较好的用户，网络使用能力较好的用户对图书馆信息资源的质量需求高于网络使用能力不好和一般的用户，网络使用能力一般的用户对图书馆信息资源的质量需求高于网络使用能力不好的用户。

网络使用能力对用户所有类型信息资源的载体需求都存在显著影响（见表6-26）。网络使用能力好的用户倾向于仅需要电子载体的信息资源或者电子载体纸本载体都需要；网络使用能力不好的用户倾向于需要纸质载体的信息资源。

网络使用能力对用户所有类型信息资源的语种需求均产生了显著影响。网络使用能力越不好，用户则越倾向于仅需要中文语种的信息资源。

不同网络使用能力用户的学术信息主要来源和日常生活信息主要来源都存在显著差异。网络使用能力越好的用户，以图书馆电子资源为学术信息主要来源的比例就越高；网络使用能力越不好的用户，以图书馆纸本资源为学术信息主要来源的比例就越高。网络使用能力越好的用户，以图书馆电子资源之外的网络为日常生活信息主要来源的比例就越高。

表6-26 不同网络使用能力用户信息资源需求卡方分析

信息资源载体需求	卡方值	信息资源语种需求	卡方值
学术类图书	51.634**	学术类图书	54.515**
休闲类图书	40.170**	休闲类图书	28.774**
学术类期刊	63.503**	学术类期刊	71.525**
休闲类期刊	34.902**	休闲类期刊	30.336**
报纸	16.706*	报纸	41.181**
工具书	40.986**	工具书	28.175**
会议论文	61.657**	会议论文	41.933**
学位论文	62.830**	学位论文	51.117**
专利文献	63.027**	专利文献	30.668**
标准文献	55.664**	标准文献	68.975**
政府出版物	59.744**	政府出版物	32.837**

（九）不同图书馆使用习惯用户信息资源需求的差异

图书馆使用习惯不同用户的信息资源类型需求、年限需求、载体需求、语种需求、来源需求和质量需求都存在显著差异。

由表6-27可知，用户的图书馆使用习惯对其特种文献需求、休闲类资源需求和学术书刊需求产生了显著影响。倾向于远程使用图书馆的用户对学术类信息资源的需求高于倾向于使用实体图书馆的用户。仅使用网上图书馆的用户对特种文献的需求高于仅使用实体图书馆的用户；使用网上图书馆为主、使用实体图书馆和网上图书馆频率一样的用户对特种文献的需求高于仅使用实体图书馆、使用实体图书馆为主的用户；使用实体图书馆为主的用户对特种文献的需求高于仅使用实体图书馆的用户。使用网上图书馆为主的用户对学术类信息资源的需求高于仅使用实体图书馆、使用实体图书馆为主、使用实体图书馆和网上图书馆频率一样的用户，使用实体图书馆和网上图书馆频率一样、使用实体图书馆为主的用户对学术类信息资源的需求高于仅使用实体图书馆的用户。

表6-27 图书馆使用习惯不同用户的信息资源需求平均值和方差检验统计

图书馆使用习惯	特种文献需求	休闲类资源需求	学术书刊需求	学术类信息资源年限需求	休闲类信息资源年限需求	信息资源质量需求
A	-0.388	0.007	-0.338	-0.246	0.002	-0.216
B	-0.023	0.145	-0.033	-0.018	-0.005	0.010
C	0.189	-0.047	0.103	0.077	0.026	0.004
D	0.297	-0.234	0.463	0.167	-0.004	0.310
E	0.310	-0.265	-0.002	0.268	-0.181	0.013
F值	29.325**	8.335**	29.34**	7.003**	0.393	10.950**
Levene统计量	2.242	1.063	5.382**	2.876*	0.689	1.430

倾向于使用实体图书馆的用户对休闲类信息资源的需求高于倾向于远程使用图书馆的用户。仅使用实体图书馆的用户对休闲类信息资源的需求高于使用网上图书馆为主的用户；使用实体图书馆为主的用户对休闲类信息资源的需求高于使用实体图书馆和网上图书馆频率一样、使用网上图书馆为主的用户。

图书馆使用习惯不同的用户对学术类信息资源的年限需求存在显著差异，对休闲类信息资源年限需求没有显著差异。使用实体图书馆为主、使用实体图书馆和网上图书馆频率一样、使用网上图书馆为主的用户对学术类信息资源的年限需求长于仅使用实体图书馆的用户。

用户的图书馆使用习惯也对其信息资源质量需求产生了显著影响。使用网上图书馆为主的用户对图书馆信息资源的质量需求高于仅使用实体图书馆、使用实体图书馆为主、使用实体图书馆和网上图书馆频率一样的用户，使用实体图书馆和网上图书馆频率一样、使用实体图书馆为主的用户对图书馆信息资源质量的需求高于仅使用实体图书馆的用户。

图书馆使用习惯不同的用户信息资源需求的平均值和方差分析统计表见表6-28，表中A代表"仅使用实体图书馆"，B代表"使用实体图书馆为主"，C代表"使用实体图书馆和网上图书馆频率一样"，D代表"使用网上图书馆为主"，E代表"仅使用网上图书馆"。

图书馆使用习惯不同的用户对所有类型信息资源的载体需求均存在显著差异（见表6-28）。偏向于远程使用图书馆的用户倾向于需要电子载体的信息资源，偏向于使用实体图书馆的用户倾向于需要纸质载体的信息资源。

表6-28　图书馆使用习惯不同用户信息资源需求卡方分析

信息资源载体需求	卡方值	信息资源语种需求	卡方值
学术类图书	68.222**	学术类图书	23.140**
休闲类图书	22.553**	休闲类图书	12.671
学术类期刊	123.944**	学术类期刊	37.612**
休闲类期刊	56.236**	休闲类期刊	11.771
报纸	18.721*	报纸	7.930
工具书	33.296**	工具书	9.074
会议论文	89.091**	会议论文	25.702**
学位论文	84.719**	学位论文	23.902**
专利文献	85.170**	专利文献	15.012
标准文献	55.727**	标准文献	17.582*
政府出版物	57.372**	政府出版物	7.492
学术信息主要来源	223.991**	日常生活信息主要来源	44.426**

图书馆使用习惯不同对用户的学术类图书、学术类期刊、会议论文、学位论文、标准文献等信息资源的语种需求产生了显著影响。偏向于使用实体图书馆的用户倾向于仅需要中文语种的信息资源。

图书馆使用习惯不同的用户的学术信息主要来源和日常生活信息主要来源存在显著差异。使用实体图书馆为主的用户,偏向于以图书馆纸本资源为学术信息的主要来源;使用网上图书馆为主的用户,偏向于以图书馆电子资源为学术信息的主要来源。仅使用实体图书馆、使用实体图书馆为主、使用实体图书馆和网上图书馆频率一样、使用网上图书馆为主、仅使用网上图书馆的用户以图书馆纸本资源为学术信息主要来源的比例分别为 31.9%、31.6%、21.9%、11.6%、5.6% 和 25.6%,以图书馆电子资源为学术信息主要来源的比例分别为 8.2%、18.7%、28.7%、49.8% 和 42.6%。仅使用网上图书馆的用户以图书馆电子资源之外的网络为日常生活信息主要来源的比例为 51.9%,而仅使用实体图书馆的用户的这一比例为 33%。

(十)信息资源需求的图书馆类型差异

高校图书馆用户和公共图书馆用户的信息资源类型需求、信息资源年限需求、部分类型信息资源载体需求、部分类型信息资源语种需求、信息来源需求和信息资源质量需求存在显著差异。

由表 6-29 可知,高校图书馆用户和公共图书馆用户的特种文献需求、休闲类资源需求和学术书刊需求均存在显著差异。高校图书馆用户对学术类信息资源的需求高于公共图书馆用户。公共图书馆用户对休闲类信息资源的需求高于高校图书馆用户。

表 6-29 不同类型图书馆用户信息资源需求的平均值和 t 检验统计

图书馆类型	特种文献需求	休闲类资源需求	学术书刊需求	学术类信息资源年限需求	休闲类信息资源年限需求	信息资源质量需求
高校图书馆	0.056	-0.084	0.135	0.079	0.024	0.081
公共图书馆	-0.165	0.212	-0.314	-0.241	-0.058	-0.202
t 值	4.348**	-5.557**	8.631**	5.197**	1.313	5.426**

高校图书馆用户和公共图书馆用户的学术类信息资源年限需求存在显著差异,休闲类信息资源年限需求不存在显著差异。高校图书馆用户对学术类信息资源的年限需求长于公共图书馆用户。

高校图书馆用户对图书馆信息资源质量的需求也高于公共图书馆用户。

除学术类图书、报纸和工具书外,高校图书馆用户和公共图书馆用户对其他类型信息资源的载体需求存在显著差异(见表6-30)。高校图书馆用户仅需要电子载体、电子载体和纸本载体都需要的比例高于公共图书馆用户。公共图书馆用户仅需要纸质载体的比例高于高校图书馆用户。

表6-30 不同类型图书馆用户信息资源需求卡方分析

信息资源载体需求	卡方值	信息资源语种需求	卡方值
学术类图书	5.345	学术类图书	6.429*
休闲类图书	8.460*	休闲类图书	1.060
学术类期刊	23.631**	学术类期刊	16.722**
休闲类期刊	11.016*	休闲类期刊	0.584
报纸	4.627	报纸	5.781
工具书	3.795	工具书	38.283**
会议论文	18.971**	会议论文	7.891*
学位论文	46.746**	学位论文	12.957**
专利文献	28.850**	专利文献	12.977**
标准文献	31.484**	标准文献	13.782**
政府出版物	14.304**	政府出版物	2.652
学术信息主要来源	136.949*	日常生活信息主要来源	73.661**

高校图书馆和公共图书馆用户对学术类期刊、工具书和学位论文等类型信息资源的语种需求存在显著差异。公共图书馆用户仅需要中文语种的比例高于高校图书馆用户,中外文都需要的比例低于高校图书馆用户。

高校图书馆用户和公共图书馆用户的学术信息主要来源和日常生活信息主要来源存在显著差异。高校图书馆用户以图书馆电子资源为学术信息主要来源的比例远高于公共图书馆用户。高校图书馆的用户以图书馆电子资源之外的网络为日常生活信息主要来源的比例高于公共图书馆的用户。

总括而言,不同用户群体信息资源需求的目的存在差异,休闲性需求在公司企业员工、公务员、农民、自由职业者、离退休人员和无业/下岗/失业人员、学生中的大专生、本科生等群体中表现得特别明显。教师、研究生和专业技术人员等群体的信息资源需求目的还是以研究性需求为主。公共图书馆用户以休闲性需求为主,高校图书馆用户以研究性需求为主。网络环境中纸质载体依然占据着非常重要的地位,学术类信息资源的载体需求以纸质载体和电子载体兼要为主，休闲类信息资源以纸质载体为主。中文语种是用户主要需求的语种，但是用户对外文语种信息资源也存在相当程度的需求。图书馆用户对休闲类信息资源的年限需求较短。网络环境中文献老化的速度在减慢。大多数用户最重视信息资源的经济性。使用图书馆频率越频繁，对图书馆信息资源质量的需求就越高。图书馆的纸质资源和电子资源仍然是用户学术信息的主要来源，但是图书馆电子资源外的网络已经成为用户学术信息的重要来源，书店、大众媒体等也是部分用户学术信息的主要来源。网络已经成为用户日常生活信息非常重要的来源，大众媒体也是用户日常生活信息的来源之一，图书馆在用户日常生活信息的获取中所起的作用不大。年龄、学历、身份、从事或者学习的专业、网络使用能力等是影响图书馆用户信息资源需求的重要因素，这些因素对图书馆用户的信息资源类型需求、年限需求、载体需求、质量需求和来源需求等都存在显著影响。性别、所在地区、职称、外语水平等个人特征也对图书馆用户的部分信息资源需求产生了显著影响。图书馆使用习惯是影响用户信息资源需求的重要因素，图书馆使用习惯对用户的信息资源类型需求、年限需求、载体需求、语种需求、来源需求和质量需求都产生了显著影响。图书馆类型对用户的部分信息资源需求存在显著影响。

第 七 章
用户信息服务需求及影响因素

以调查获得的数据为基础,在内容维度上,本章对图书馆用户信息服务需求、信息咨询方式需求、信息服务免费需求进行详细的分析,获得图书馆用户信息服务需求的具体情况。在效用维度上,探讨图书馆用户信息服务质量需求。最后利用独立样本 T 检验和单因子方差分析等方法探讨影响图书馆用户信息服务需求的因素。

一、信息服务类型需求

本研究还是通过图书馆用户使用各种信息服务项目的频率来体现其对图书馆信息服务的需求。网络环境中,图书馆用户信息服务需求呈现以下特征:

(一)流通阅览等基础性服务仍然非常重要,但其地位受到了挑战

与以往研究结论类似的是,整体而言,流通阅览等基础性服务仍然是图书馆用户需求的重点。书刊阅览服务是受访者平均使用频率最高的服务,6.6%的受访者几乎每天使用这项服务,44.4%的受访者经常使用这项服务,35.0%的受访者有时使用这项服务,12.5%的受访者很少使用这项服务,只有1.5%的受访者从不使用这项服务。书刊外借是受访者平均使用频率第三高的图书馆服务项目,3.1%的受访者几乎每天使用这项服务,44.6%的受访者经常使用这项服务,31.5%的受访者有时使用这项服务,15.1%的受访者很少使用这项服务,只有5.8%的受访者从不使用这项服务。

就不同身份的受访者而言，书刊阅览服务是专业技术人员、公务员、公司企业员工、农民、自由职业者、离退休人员和无业/下岗/失业人员最常使用的服务，是学生第二常用的服务。书刊外借服务是教师、专业技术人员、公务员、公司企业员工、农民、自由职业者、离退休人员、无业/下岗/失业人员和学生第三常用的服务。

就不同学历的受访者而言，书刊阅览服务是初中及以下、高中/中专/技校和大专学历受访者最常使用的服务，是本科学历受访者第二常用的服务项目，书刊外借服务是初中及以下、大专学历受访者第二常用的服务，是高中/中专/技校、本科、研究生第三常用的服务。

就不同年龄的受访者而言，书刊阅览服务是 14 岁以下、14—17 岁、25—45 岁和 46 岁及以上年龄受访者最常使用的服务，是 18—24 岁受访者第二常用的服务。书刊外借服务是 14 岁以下、25—45 岁和 46 岁及以上年龄受访者第二常用的服务，是 14—17 岁和 18—24 岁年龄受访者第三常用的服务。

就图书馆类型而言，书刊阅览服务是公共图书馆受访者最常用的服务，是高校图书馆第二常用的服务。书刊外借服务是公共图书馆受访者第二常用的服务，是高校图书馆受访者第三常用的服务。

以上结果都显示出流通阅览等图书馆基础服务在网络环境中仍然占据着非常重要的作用。但是同样需要关注的是，在部分图书馆用户群体中，流通阅览服务的基础性地位受到了挑战，流通阅览服务不再是他们主要使用的服务。如身份为教师的受访者最常使用的服务是电子资源检索，第三常用的服务是电子资源导航。这与国外的类似研究结果一致。如 Rupp-Serrano 和 Robbins 的调查中，教育学院教师最重视的服务是学术期刊（包括现刊和过刊）的电子获取，98% 的受访者认为重要或者是非常重要；图书馆数据库的获取是教育学院教师第二重视的服务，94% 的受访者认为重要或者非常重要[①]。学历为研究生及以上的受访者与教师一样，最常使用的服务是电子资源检索和电子资源导航而不是流通阅览服务。

---

① Rupp-Serrano K, Robbins S, 2013: "Information-seeking habits of education faculty", *College and Research Libraries*, 74(2), 131–142.

(二) 图书馆空间依然具备非常重要的价值

网络环境中，很多图书馆服务都可以通过网络提供，用户不用到图书馆就可以享受到图书馆提供的便利服务。这是不是意味着图书馆实体空间不再重要，甚至是像某些研究者断言的那样"我们不再需要一栋栋高大的建筑物"了[1]？答案是否定的。一方面，图书馆依然有一些服务是要求到实体图书馆来完成的，如纸本书刊阅览服务和自习服务等。另一方面，图书馆也可以开发出新的馆内服务项目，如现在公共图书馆普遍开展的公益性讲座和展览等。

图书馆能够提供安静的空间，这是吸引用户使用实体图书馆的重要原因之一。Hemminger 等的研究发现，图书馆是一个安静的学习空间是科学家使用实体图书馆第三位的原因[2]。Demas 和 Scherer 指出，很多学生去图书馆是因为来自同辈的压力和图书馆整体氛围使他们在图书馆能够兴致勃勃地投入学习[3]。本研究的结果发现，按照平均使用频率进行排序，自习服务是受访者第二常用的服务项目。14.4% 的受访者几乎每天用这项服务，34.5% 的受访者经常使用这项服务，26.9% 的受访者有时会用这项服务，其平均使用频率为 3.30。

不同身份受访者方面，自习服务是受访学生最常使用的服务，其中 96.9% 的本科学历和研究生学历及以上者使用过自习服务，这个结果与其他的一些调查结果相吻合。如 2010 年 6 月 2 日《解放日报》的一篇报道引用上海一所高校对学生阅读习惯的调查显示，71% 的大学生去图书馆的目的是自习[4]。2012 年 2 月 23 日《新华日报》的报道，根据江苏技术师范学院教育学院大学生戚文丰等人完成的《江苏省大学生图书馆资源使用情况调查报告》显示，大学图书馆功能呈现"自修室化"，45.9% 的学生认为图书馆已经成为"期末复习的自习教室"[5]。自习服务是受访农民第二常用的服务，

---

[1] 陆文桢、黄信贸、陆铭宪：《数位图书馆概念与技术简介》，《电子月刊》1992 年第 12 期，第 92 页。

[2] Hemminger B M, Lu D, Vaughan K T L, Adams S J, 2007: "Information seeking behavior of academic scientists", *Journal of the American Society for Information Science and Technology*, 58(14), 2205-2225.

[3] Demas S, Scherer J A, 2002: "Esprit de Place: Maintaining and Designing Library Buildings To Provide Transcendent Spaces", *American Libraries*, 33(4), 65-68.

[4] 彭德倩：《高校图书馆"沦为"自修室》，http://newspaper.jfdaily.com/jfrb/html/2010-06/02/content_343557.htm.

[5] 杨文生、靳婷婷、蔡炜：《高校图书馆多成了自修室》，http://xh.xhby.net/newxh/html/2012-02/23/content_513780.htm.

是受访公司企业员工和自由职业者第三常用的服务。

不同学历的受访者方面，自习服务是本科学历受访者最常使用的服务，是高中/中专/技校学历受访者第二常用的服务，是受访大专学历用户第三常用的服务。

就图书馆类型而言，自习服务是高校图书馆受访者最常使用的服务，是公共图书馆受访者第三常用的服务。由此可见书刊阅览服务和自习服务是受访者较为频繁使用的服务。

使用过图书馆举办的公益性讲座/展览服务的受访者的比例将近八成，其中29.1%的受访者有时会使用，7.4%的受访者经常使用，1.4%的受访者几乎每天使用。可见公益性讲座/展览服务已经产生了一定的影响力。

以上都显示出网络环境中图书馆空间依然具有非常重要的价值。

（三）馆藏资源发现服务是重要的服务项目

为了便于用户查找和发现图书馆信息资源，图书馆提供了馆藏书刊目录检索服务。从调查的结果来看，馆藏书刊目录查询服务是用户使用频率较高的信息服务项目之一。馆藏书刊目录查询服务的平均使用频率排在第五位，4.2%的受访者几乎每天用这项服务，30.6%的受访者经常使用这项服务，31.8%的受访者有时会用这项服务。

按照平均使用频率进行排序，不同身份受访者使用馆藏书刊目录查询服务的频率都排在前六位。馆藏书刊目录查询服务是公务员和离退休人员第三常用的信息服务项目，是专业技术人员、公司企业员工和自由职业者第四常用的信息服务项目，是学生、教师和农民第五常用的信息服务项目，是无业/下岗/失业人员第六常用的信息服务项目。

按照平均使用频率进行排序，不同学历受访者使用馆藏书刊目录查询服务的频率都排在前五位。馆藏书刊目录查询服务是初中及以下、高中/中专/技校、大专学历和研究生及以上学历受访者第四常用的信息服务项目，是本科学历受访者第五常用的信息服务项目。

按照平均使用频率进行排序，不同年龄受访者使用馆藏书刊目录查询服务都排在前六位。馆藏书刊目录查询服务是46岁及以上受访者第三常用的信息服务项目，是14—17岁和25—45岁受访者第四常用的信息服务项目，是18—24岁受访者第五常用的信息服务项目，是14岁以下受访者第六常用的信息服务项目。

按照平均使用频率进行排序，不同类型图书馆受访者使用馆藏书刊目录查询服务的频率都排在前五位。馆藏书刊目录查询服务是受访公共图书馆用户第四常用的信息服务项目，是受访高校图书馆用户第五常用的信息服务项目。

（四）网络信息服务受到多数用户的关注，但存在信息鸿沟现象

整体而言，受访用户比较关注电子资源检索服务、电子资源导航和网络信息导航等网络信息服务。电子资源检索服务的平均使用频率排在第四位，6.6%的受访者几乎每天使用这项服务，31.1%的受访者经常使用这项服务，29.1%的受访者有时使用这项服务，说明图书馆电子资源的使用受到图书馆用户的高度重视。包括电子期刊导航、数据库导航等在内的电子资源导航的平均使用频率排在第六位，6.1%的受访者几乎每天使用这项服务，24.3%的受访者经常使用这项服务，28.1%的受访者有时使用这项服务，表明图书馆用户经常通过资源导航来查找自己所需的电子资源。网络信息分布广泛、内容庞杂、质量良莠不齐，为了让用户更有效地利用网络信息，图书馆对网络信息资源进行筛选和组织，提供网络信息导航服务。此次调查发现，网络信息导航服务的平均使用频率排在第七位，3.7%的受访者几乎每天使用这项服务，19.3%的受访者经常使用这项服务，28.8%的受访者有时会用这项服务。

就不同身份的受访者而言，教师、专业技术人员、公务员、学生、企业公司员工等身份的受访者使用网络信息服务的频率较高。而农民、自由职业者、离退休人员、无业/下岗/失业人员等身份的受访者使用网络信息服务的频率较低。网络信息服务涉及计算机和网络的使用，网络使用能力的高低会对网络信息服务的使用产生影响。本研究中学生、教师、专业技术人员、公务员和企业公司员工的平均网络使用能力分别为3.83、3.76、3.83、3.88和3.81，农民、自由职业者、离退休人员等的平均网络使用能力分别为3.2、3.3和2.25，他们的网络使用能力存在差异，因此这些身份的受访者之间的网络信息服务需求也存在较大的差异，也就是说在不同身份的图书馆用户之间存在数字鸿沟现象。

电子资源检索是教师最常使用的信息服务项目，是专业技术人员第三常用的信息服务项目,是学生、公务员第四常用的信息服务项目。电子资源导航是教师第三常用的信息服务项目,是专业技术人员第五常用的信息服务项目,是学生和企业公司员工第六常用的信息服务项目。网络信息导航服务是教师和专业技术人员第六常用的信息服务项目,是学生第七常用的信息服务项目。与此相对照的是,电子资源检索是自由职业者第八常用的信息服务项目,是农民第九常用的信息服务项目,是无业/下岗/失业人员第十二常用的信息服务项目,是离退休人员第十五常用的信息服务项目。电子资源导航是自由职业者第十二常用的信息服务项目,是无业/下岗/失业人员第十三常用的信息服务项目,是离退休人员第十六常用的信息服务项目,是农民第十七常用的信息服务项目。网络信息导航服务是农民第十常用的信息服务项目,是自由职业者第十三常用的信息服务项目,是离退休人员倒数第三常用的信息服务项目。

就不同学历的受访者而言,大专及以上学历的受访者使用网络信息服务的频率高于大专以下学历的受访者。电子资源检索是研究生及以上学历受访者最常使用的信息服务项目,是本科学历受访者第四常用的信息服务项目,是大专学历受访者第五常用的信息服务项目。电子资源导航是研究生及以上学历者第二常用的信息服务项目,是本科学历受访者第六常用的信息服务项目。网络信息导航服务是研究生及以上学历者第五常用的信息服务项目,是本科学历受访者第六常用的信息服务项目。

(五) 用户较为重视电子资源远程服务,特别是教师和研究生

因为电子资源容易复制和传播,出版商为了保护他们的利益,一般都会通过 IP 地址限制、用户名/密码等方式来控制电子资源的访问,使得用户只有在校园网访问或者图书馆内才能使用电子资源。为了方便用户利用电子资源,提高电子资源的利用率,很多图书馆(或者学校)提供了电子资源远程访问服务。Franklin 和 Plum 曾对 2001 年到 2003 年间美国大学图书馆用户利用图书馆电子资源情况进行调查,发现已经有 14.69% 的用户开始在校外使用电子资源[1]。本调查中,68.8% 的受访者使用过电子资源远程访问服

---

[1] Franklin B, Plum T, 2004: "Library usage patterns in the electronic information environment", *Information Research*, 9(4).

务,其中3%的受访者几乎每天使用这项服务,14.2%的受访者经常使用这项服务,22.8%的受访者有时使用这项服务。使用过电子资源远程访问服务用户的比例远远高于 Franklin 和 Plum 的调查结果。究其原因,可能是在2001年的时候,电子资源远程访问服务的开展并不普遍,而到了10多年后的今天,电子资源远程访问服务已经成为诸多图书馆或者学校的常规服务。

就不同类型的图书馆而言,73.7%的高校图书馆受访者使用过电子资源远程访问服务,公共图书馆受访者使用过电子资源远程访问服务的比例也不低,为57.9%。

图书馆用户中,教师群体和研究生群体特别重视电子资源的远程访问服务。82.8%的受访教师使用过电子资源远程访问服务,其中10.3%的教师几乎每天使用,26.4%的教师经常使用,19.50%的教师有时会用,26.4%的教师很少使用。83.7%的受访研究生使用过电子资源远程访问服务,其中8.1%的研究生几乎每天使用,34.1%的研究生经常使用,22.20%的研究生有时会用,19.3%的研究生很少使用。

(六) 用户培训服务亟须变革

图书馆用户培训是指图书馆对用户进行的各种形式的教育培训,目的是培养用户的信息意识,提升用户的信息素养,提高图书馆信息资源和信息服务的利用率[1]。用户培训服务是图书馆非常重视的服务项目之一,但是此次调查中受访者很少使用这项服务,平均使用频率只有2.01。35.1%的受访者从不使用,37.2%的受访者很少使用,19.9%的受访者有时会用。吴礼志2013年对华中师范大学图书馆用户的调查也显示用户很少参加培训,他的调查中只有18.6%的用户参加过图书馆的用户培训[2]。

不同身份的受访者使用图书馆用户培训服务的频率都较低。学生、教师、专业技术人员、公司企业员工、农民、自由职业者和离退休人员使用用户培训服务的平均频率分别为2.04、2.25、1.96、2、2、1.73、1.5、1.4和2.29。

不同学历的受访者使用图书馆用户培训服务的频率也都较低,不过学历

---

[1] 习万球:《中美大学图书馆用户教育的发展研究》,《图书馆论坛》2005年第3期,第4—7页。
[2] 吴礼志:《高校图书馆读者培训需求的调查与分析——以华中师范大学为例》,《图书馆界》2014年第1期,第71—75页。

越高的受访者使用图书馆用户培训服务的频率也越高,学历为初中及以下、高中/中专/技校、大专、本科和研究生及以上受访者使用用户培训服务的平均频率分别为1.51、1.78、1.87、2.03和2.27。

不同年龄的受访者使用图书馆用户培训服务的频率同样非常低。18—24岁和46岁及以上受访者图书馆用户培训的平均使用频率超过了2.0,分别为2.06和2.03,14岁以下、14—17岁和25—45岁受访者图书馆用户培训的平均使用频率都在2.0以下,分别是1.56、1.6和1.99。

用户对图书馆培训服务的使用频率较低,原因有可能是目前的用户培训服务离用户的需求还有相当大的差距,不能满足用户的需求和引发用户的兴趣。还有可能是用户对图书馆培训服务不太了解。图书馆应该在弄清楚具体的原因之后采取针对性的措施来改善用户培训服务,让其发挥出应有的作用。

(七) 使用图书馆越频繁,对各项信息服务的需求就越高

由图7-1和续图7-1可知,用户对图书馆各项信息服务的需求都随着其图书馆使用频率的上升而增长。如很少使用、有时使用、经常使用和几乎每天使用图书馆的受访者,对书刊外借服务的平均需求程度分别为2.86、3.18、3.48和3.60,对书刊阅览服务的平均需求程度分别为3.10、3.37、3.57和3.87。因此,要提高图书馆各项信息服务的利用率,就必须加强图书馆营销,通过各种方法吸引用户到图书馆来或者是远程使用图书馆。

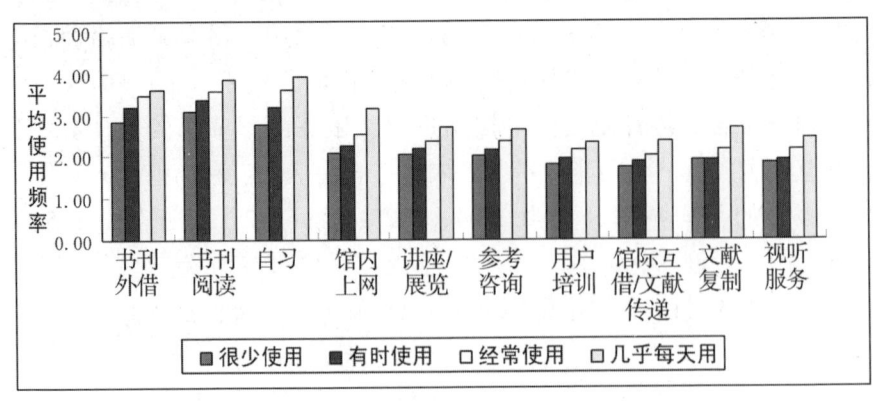

图7-1 信息服务类型需求随图书馆使用频率变化图

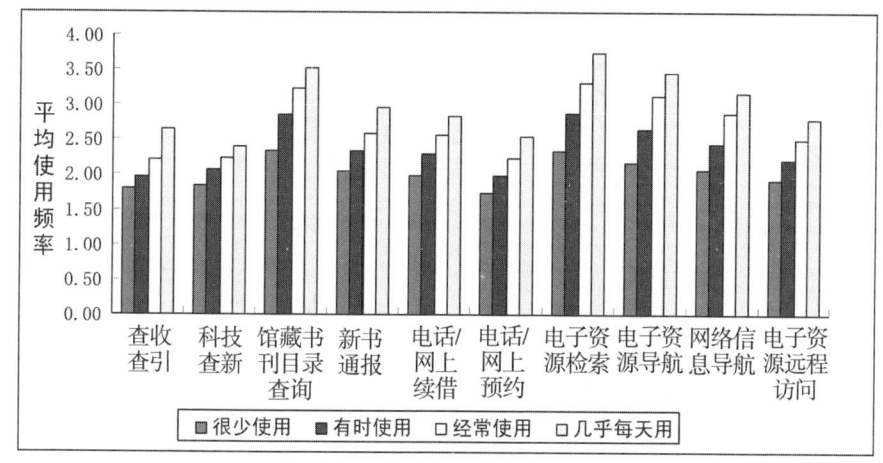

续图 7-1　信息服务类型需求随图书馆使用频率变化图

注：图中从左到右依次为很少使用图书馆、有时使用图书馆、经常使用图书馆和几乎不用图书馆用户平均使用某项服务的频率。

（八）高校图书馆用户对信息服务的涉入度高于公共图书馆用户

由表 7-1 可知，在任何一项信息服务项目上，样本中的高校图书馆用户使用过该项目的比例都高于公共图书馆用户。使用过网络服务的高校图书馆用户的比例明显高于公共图书馆。例如电子资源检索，94% 的高校图书馆用户使用过，而公共图书馆用户中使用过这项服务的比例为 71.8%；电子资源导航服务，88.9% 的高校图书馆用户使用过，公共图书馆的这一比例为 68.3%；馆藏书刊目录查询服务，92.7% 的高校图书馆用户使用过，公共图书馆的这一比例为 77.6%；电子资源远程访问服务，73.7% 的高校图书馆用户使用过，公共图书馆的这一比例为 57.9%。出现这样情况的原因可能是高校图书馆用户的网络使用能力高于公共图书馆用户，他们对网络信息服务的需求就更强，本研究中高校图书馆用户的网络使用能力平均为 3.86，公共图书馆用户的网络使用能力平均值为 3.65。

此外，在科技查新服务和查收查引服务上，高校图书馆用户使用过的比例也远远高于公共图书馆用户。这可能是高校图书馆用户群体和公共图书馆用户群体的差异造成的。教师和科研人员因为申报项目、评奖等对科技查新服务和查收查引服务有着较高的需求，他们主要是高校图书馆用户。公共图书馆用户群体中这样的用户较少。

表7-1 不同类型图书馆用户服务类型需求对照表

服务项目	公共图书馆用户使用频率	公共图书馆用户使用率(%)	高校图书馆用户使用频率	高校图书馆用户使用率(%)
书刊阅览	3.50	98.3	3.39	98.6
书刊外借	3.07	89.6	3.33	96.5
自习	2.81	81.6	3.53	95.4
馆藏书刊目录查询	2.61	77.6	3.09	92.7
电子资源检索	2.42	71.8	3.23	94
电子资源导航	2.26	68.3	3.00	88.9
新书通报	2.25	69.9	2.49	80.7
网络信息导航	2.19	65.2	2.74	84.9
馆内上网	2.14	66.2	2.51	82
讲座/展览	2.14	69.9	2.31	81.4
参考咨询	2.10	67.7	2.30	78.8
电话/网上续借	2.10	59.7	2.50	74.3
电子资源远程访问	2.00	57.7	2.42	73.7
视听服务	1.94	56.9	2.03	65.3
科技查新	1.91	53.2	2.17	70.3
电话/网上预约	1.88	54	2.14	63.8
文献复制	1.82	50.7	2.17	66.5
用户培训	1.81	52.6	2.11	70.5
馆际互借/文献传递	1.80	50.7	2.00	61.5
查收查引	1.74	46.4	2.21	70.4

二、信息咨询方式需求

本研究将图书馆用户的信息咨询方式分为两种类型。一种是馆员辅助式信息咨询，包括当面咨询、实时咨询、表单咨询、留言板咨询和电话咨询等方式；一种是自助式信息咨询，包括使用搜索引擎寻找答案、求助同学/朋友/老师和到互助式问答网站求助等，通过调查来了解用户对各种信息咨询方式的需求。用户对各种信息咨询方式的需求见表 7-2。用户信息咨询方式需求的特征为：

表 7-2　用户对各种信息咨询方式的需求

咨询方式	有效	缺失	均值	标准差
使用搜索引擎去寻找答案	1954	10	3.79	0.926
当面咨询	1963	1	3.67	0.964
到互助式问答网站求助	1957	7	3.63	1.034
实时咨询	1953	11	3.53	0.943
求助同学/朋友/老师	1953	11	3.40	0.969
表单咨询	1955	9	3.01	1.000
电话咨询	1957	7	2.96	1.006
留言本咨询	1959	5	2.95	0.958

（一）用户对自助式咨询服务的需求高于对图书馆信息咨询服务的需求，但是自助式咨询服务并没有取代图书馆信息咨询服务

自助式信息咨询方式中，使用搜索引擎去寻找答案的平均需求程度为 3.79，排在本研究列出的 8 种信息咨询方式的第 1 位；到互助式问答网站求助的平均需求程度为 3.63，排在第 3 位；求助同学/朋友/老师的平均需求程度为 3.40，排在第 5 位。馆员辅助式信息咨询方式中，当面咨询的平均需求程度为 3.67，排在本研究列出的 8 种信息咨询方式的第 2 位；实时咨询的平均需求程度为 3.53，排在第 4 位；表单咨询的平均需求程度为 3.01，电话咨询的平均需求程度为 2.96，留言本咨询的平均需求程度为 2.95。从整体上来说，用户对自助式咨询服务的需求已经超过了对图书馆信息咨询服务的需求，但是用户对图书馆信息咨询服务仍然存在较高的需求，自助式咨询服务并没有取代图书馆信息咨询服务。

（二）自助式咨询服务并不是所有用户群体的第一选择

虽然使用搜索引擎去寻找答案这样的自助式咨询服务整体上是受访用户的第一选择，但是需要注意的是，并不是所有用户群体都是这样。

就身份而言，公务员、公司企业员工、自由职业者、离退休人员和无业/下岗/失业人员解决问题的第一途径是当面咨询。就学历而言，高中/中专/技校和大专学历者解决问题的第一途径也是当面咨询。初中及以下学历者解决问题的第一途径则是到互助式问答网站求助。就年龄而言，14—17 岁受访者解决问题的第一途径是当面咨询，14 岁以下受访者解决问题的第一途径是到互助式问答网站求助。

（三）网络环境中馆员与用户的面对面交流仍然非常重要

在 5 种图书馆信息咨询方式中，当面咨询的需求程度排在第 1 位，对于这种方式，17.9% 的受访者非常需要，45.2% 的受访者需要，25.8% 的受访者需求程度为一般，不需要和极不需要的受访者的比例为 11.1%。当面咨询是公共图书馆受访者解决使用图书馆问题时平均需求程度最高的途径。这个结果说明即使是在网络的环境中，图书馆员和用户的面对面交流还是非常重要。这个研究结果与以往的研究基本一致，如 Head 和 Eisenberg 的研究中，5% 的受访者使用过图书馆的当面咨询服务，而只有 2% 的使用过在线咨询服务[1]。

使用实体图书馆越频繁，就越需要当面咨询。没有去过图书馆的受访者，对当面咨询的需求程度为 3.54；半年去图书馆 1—3 次的用户，对当面咨询的需求程度为 3.56；每月 1—3 次和每周 1—3 次去图书馆的用户，对当面咨询的需求程度为 3.66；几乎每天去图书馆的用户，对当面咨询的需求程度为 3.82。

（四）实时咨询服务应当受到重视，特别是高校图书馆

实时咨询在 5 种图书馆信息咨询方式中排在第 2 位，对于这种方式，12.6% 的受访者非常需要，44.4% 的受访者需要，29% 的受访者需求程度为一般，14% 的受访者不需要或者极不需要。也就是超过 50% 的受访者都需要图书馆提供实时咨询服务，因此实时咨询服务应当受到图书馆的重视。

不同的用户群体方面，18—24 岁受访者对实时咨询的需求较高，为 3.58。本科学历受访者和研究生及以上学历受访者对实时咨询的需求较高，分别为 3.59 和 3.51。学生和教师对实时咨询的需求较高，分别为 3.55 和 3.61。

不同类型图书馆方面，高校图书馆受访者对实时咨询的需求较高，为 3.58，公共图书馆受访者对实时咨询的需求稍低，为 3.42。

---

[1] Head A J, Eisenberg M B: "Balancing Act: How College Students Manage Technology While in the Library during Crunch Time", http://projectinfolit.org/pdfs/PIL_Fall2011_TechStudy_FullReport1.1.pdf.

三、信息服务免费需求

本研究通过用户对图书馆各项免费的认同情况来体现其对图书馆信息服务免费需求。以平均认同程度达到 3.5 及以上为受访者对此存在共识的标准[①]，按照此标准，本研究列出的 12 项图书馆收费情况中，有 8 项用户存在共识（见表 7-3）。

表 7-3 图书馆收费情况认同情况统计

图书馆收费情况	有效	缺失	平均认同程度	排序
自修室不应该收费	1962	2	4.31	1
丢失书刊可适当收取赔偿款	1961	3	4.06	2
馆内上网服务不应该收费	1958	6	3.95	3
办理借书证不应该收费	1961	3	3.85	4
超期可适当收取违约金	1960	4	3.85	4
打印复印等可适当收费	1962	2	3.67	6
借阅书刊不应该收取押金	1958	6	3.61	7
补办借书证可适当收费	1962	2	3.59	8
代查、代检、代译服务可适当收费	1956	8	3.22	9
馆际互借/文献传递服务可适当收费	1957	7	2.99	10
科技查新服务可适当收费	1960	4	2.93	11
决策咨询服务可适当收取费用	1961	3	2.87	12

（一）用户非常认同图书馆基础服务免费

用户对自修、馆内上网、办证和免押金借阅书刊等图书馆基础服务的免费存在共识。"自修室不应该收费"的平均认同程度最高，为 4.31，将近五成（48.6%）的受访者非常同意，将近四成（39.2%）的受访者同意。此结果说明大多数用户对自修室收费持鲜明的反对态度。"馆内上网服务不应该收费"的平均认同程度排在第三位，为 3.95，33.9% 的受访者非常同意

---

① 柯君仪、王梅玲：《台湾图书资讯学硕士生就业与能力需求之研究》，《大学图书馆》2007 年第 1 期，第 97—116 页。

此观点，38.9%的受访者同意此观点，说明大多数用户都希望图书馆能够在馆内提供免费的上网服务。"办理借书证不应该收费"的平均认同程度排在第四位，为3.85，对此观点，32.5%的受访者非常同意，36.2%的受访者同意，表明大多数用户希望免费就可以办理借书证。"借阅书刊不应该收取押金"的平均认同程度排在第七位，为3.61，对此观点，26.9%的受访者非常同意，32.3%的受访者同意，表明多数图书馆用户希望降低图书馆使用的门槛。

（二）用户不太认同图书馆增值服务收费，但是使用过增值服务的用户对收费的认同度高于未使用过的

对于"代查、代检、代译服务"、"馆际互借/文献传递服务"、"科技查新服务"、"决策咨询服务"等图书馆增值服务收费，受访者并没有共识。"代查、代检、代译服务可适当收费"的平均认同程度为3.22，只有不到一成（9.1%）的受访者非常同意，有将近四成（38%）的受访者同意，高达两成（21.6%）的受访者不同意，6.2%的受访者极不同意。"馆际互借/文献传递服务可适当收费"的平均认同程度为2.99，6.5%的受访者非常同意，28.9%的受访者同意，26.1%的受访者不同意，83%的受访者极不同意。"科技查新服务可适当收费"的平均认同程度为2.93，6.4%的受访者非常同意，26.7%的受访者同意，29.8%的受访者不同意，8.6%的受访者极不同意。"决策咨询服务可适当收取费用"的平均认同程度为2.87，6.3%的受访者非常同意，26.7%的受访者同意，30.5%的受访者不同意，10.7%的受访者极不同意。

但是使用图书馆增值服务较为频繁（经常使用和几乎每天用）的用户对图书馆增值服务收费的认同要显著高于没有用过图书馆增值服务的用户。32%经常使用和40.6%几乎每天使用科技查新服务的用户同意"科技查新服务可适当收取费用"；9.3%经常使用和18.8%几乎每天使用科技查新服务的用户非常同意"科技查新服务可适当收取费用"；没有使用过科技查新服务的用户中，分别只有21.9%和6%的用户同意和非常同意"科技查新服务可适当收取费用"。32.2%经常使用和21.7%几乎每天使用馆际互借/文献传递服务的用户同意"馆际互借/文献传递服务可适当收费"；14%经常使用和13%几乎每天使用馆际互借/文献传递服务的用户非常同意"馆际互借/文献传递服务可适当收费"；没有使用过馆际互借/文献传递服务的用户中，分别只有25.3%和5.8%的用户同意和非常同意"馆际互借/文献传递服务可适当收费"。34.8%经常使用和18.2%几乎每天使用参考咨询服务的用户同意"决策咨询服务可适当收取费用";10.5%经常使用和27.3%几乎每天使用参考咨询服务的用户非常同意"决策咨询服务可适当收取费用";没有使用过参考咨询服务的用户中,分别只有20%和5.6%的用户同意和非常同意"决策咨询服务可适当收取费用"。由此可见,图书馆用户对图书馆增值服务收费不存在共识的原因可能是用户对这些服务不太了解,用户使用之后才会逐渐认识到这些服务的价值,对有关的收费才不会太抵触。

(三) 用户认同部分图书馆收费

对于丢书赔偿和超期罚款等赔偿性收费、打印复印和补证等成本性收费,受访者存在共识。"丢失书刊可适当收取赔偿款"的平均认同程度排在第二位,为4.06,13.6%的受访者非常同意此观点,55.5%的受访者同意此观点,不同意此观点的受访者的比例为9.8%,极不同意此观点的受访者的比例为2.7%,这显示大多数用户都认同丢失图书馆书刊应该赔偿。"办理借书证不应该收费"、"超期可适当收取违约金"这两个观点的平均认同程度排在并列第四位,为3.85,对于"超期可适当收取违约金",17.9%的受访者非常同意,58.9%的受访者同意,4.8%的受访者不同意,2.2%的受访者极不同意,该结果说明大多数用户认同超期收取违约金,只是希望违约金要适当。"打印复印等可适当收费"的平均认同程度排在第六位,为3.67,对于此观点,13.6%的受访者非常同意,55%的受访者同意,12.5%的受访者不同意,2.7%的受访者极不同意,这说明多数图书馆用户认同图书馆对打印复印等文献复制服务收取适当的费用。"补办借书证可适当收费"的平均认同程度排在第八位,为3.59,对此观点,12.3%的受访者非常同意,52.3%的受访者同意,10.4%的受访者不同意,3.8%的受访者极不同意,这说明大多数用户认同免费办理借书证,但是如果是补办的话,可以适当收费。

(四) 已经享受到免费服务的用户更加认同免费服务

对比公共图书馆和高校图书馆受访者对图书馆收费情况的认同情况(见表7-4),可以发现,在"办理借书证不应该收费"、"借阅书刊不应该收取押金"、"自修室不应该收费"这三项观点上,高校图书馆受访者的平均认同程度高于公共图书馆受访者,而这三项服务在多数高校图书馆中是免费的,在相当多的公共图书馆中是收费的,分析高校图书馆和公共图书馆差异产生的原因可能是高校图书馆本身就不收费,因此在高校图书馆的受访者看来,不收费理所当然,公共图书馆本身就在收费,公共图书馆用户或者是觉得收费对其影响不大,或者是对此收费不太关注,就没有太大的反对声音。

表7-4 公共图书馆和高校图书馆用户对图书馆收费认同对比

图书馆收费情况	公共图书馆受访者平均认同程度	高校图书馆受访者平均认同程度
办理借书证不应该收费	3.48	4.03
借阅书刊不应该收取押金	3.03	3.89
馆内上网服务不应该收费	3.81	4.02
自修室不应该收费	4.08	4.43
补办借书证可适当收费	3.54	3.61
超期可适当收取违约金	3.74	3.91
丢失书刊可适当收取赔偿款	4.00	4.09
打印复印等可适当收费	3.61	3.70
代查、代检、代译服务可适当收费	3.27	3.20
科技查新服务可适当收费	2.97	2.90
馆际互借/文献传递服务可适当收费	3.03	2.97
决策咨询服务可适当收取费用	3.01	2.80

四、信息服务质量需求

总体而言,用户对图书馆信息服务质量有着非常高的需求。现在其信息服务质量需求的特点进行如下归纳。

(一) 用户高度重视信息服务质量

受访者对信息服务质量的平均需求程度为4.23。不同用户群体对信息服务质量都有较高的需求。就性别而言,男性受访者对信息服务质量的平均需求程度为4.15,女性为4.29。就年龄而言,14岁以下受访者对信息服务质量的平均需求程度为4.20,14—17岁为4.31,18—24岁为4.24,25—45岁为4.14,46岁及以上为4.03。就地区而言,东部地区受访者对信息服务质量的平均需求程度为4.24,中部为4.15,西部为4.21,东北为4.23。就学历而言，初中及以下受访者对信息服务质量的平均需求程度为 4.27，高中/中专/技校为 4.19，大专为 4.21，本科为 4.23，研究生及以上为 4.29。就身份而言，学生受访者对信息服务质量的平均需求程度为 4.24，教师为 4.26，专业技术人员为 4.20，公务员为 4.05，公司企业员工为 4.22，农民为 3.96，自由职业者为 4.05，离退休人员为 4.04。

（二）使用图书馆越频繁，对图书馆信息服务质量就越重视

如图 7-2 所示，用户使用图书馆越频繁，其对信息服务质量和信息服务的有形性、响应性、保证性和关怀性等维度的重视程度就越高。如很少使用图书馆的用户对服务有形性的重视程度为 4.16，有时使用图书馆的用户对服务有形性的重视程度为 4.19，经常使用图书馆的用户对服务有形性的重视程度为 4.24，几乎每天用图书馆的用户对服务有形性的重视程度为 4.33。

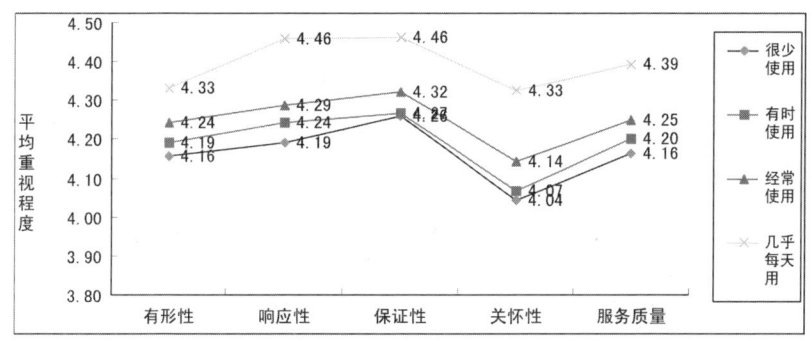

图 7-2　信息服务质量需求随使用频率变化图

注：图中从上到下依次为几乎每天用、经常使用、有时使用、很少使用图书馆的用户对信息服务质量及各质量特征的重视程度。

（三）大多数用户最重视服务的保证性，其次是响应性

整体而言，用户最重视信息服务的保证性，其次是响应性，第三是有形性，最后是关怀性。受访者对信息服务保证性的平均需求程度为 4.30，对响应性的平均需求程度为 4.27，对有形性的平均需求程度为 4.21，对关怀性的平均需求程度为 4.11。

在保证性中，受访者对"图书、杂志、报纸等及时准确归架"的平均需求程度达到 4.41，51% 的受访者认为其非常重要，40.3% 的受访者认为其

重要，认为其不重要和极不重要的受访者的比例都低于1%，显示出用户非常重视图书资料的有序性，希望图书、杂志、报纸等资料能在其应在的架位，以方便用户查找和获取。受访者对"用户的个人信息和借阅记录准确、保密"的平均需求程度达到4.40，53.0%的受访者认为其非常重要，35.9%的受访者认为其重要，只有1.4%的受访者认为其不重要，认为其极不重要的比例更是低到0.2%，说明图书馆用户非常重视个人信息的准确性及个人隐私保护，图书馆应该通过各种措施来保障用户的隐私。

不同性别、不同年龄的受访者都是最重视信息服务的保证性，其次是响应性。东部地区和中部地区的受访者也是最重视保证性，其次是响应性；西部地区的受访者同样也是最重视保证性，其次是有形性。东北地区的受访者最重视有形性，其次是保证性。初中及以下大专、本科和研究生及以上学历的受访者最重视保证性，其次是响应性；高中/中专/技校学历的受访者最重视响应性，其次是保证性。学生、教师、公司企业员工、农民、自由职业者等受访者的受访者最重视保证性，其次是响应性；专业技术人员、离退休人员最重视响应性，其次是保证性；公务员最重视有形性，其次是保证性；无业/下岗/失业人员最重视保证性，其次是关怀性。人文社科类、自然科学类、工程技术类和医药卫生类的受访者均为最重视保证性，其次是响应性；经济管理类的受访者最重视有形性，其次是响应性。

（四）用户对馆员服务态度的重视程度高于服务能力

受访者对"馆员真诚地解决用户问题"、"馆员乐意帮助用户"和"馆员始终有礼貌地对待用户"的平均需求程度为4.33、4.31和4.29，而对"馆员具备解答用户问题的知识和技能"和"馆员了解用户的需求"的平均需求程度分别为4.26和4.08，这说明受访者对馆员服务态度的重视程度高于对服务能力的重视程度。因此，图书馆员不仅要重视提高自己的专业知识和技能，而且还要具备良好的服务态度。

（五）用户非常重视图书馆环境

虽然整体而言，用户对服务质量的有形性的重视程度排在第3位，但是用户对有形性中的图书馆环境的需求非常高。

"图书馆提供安静的学习空间"的平均需求程度为4.59，66.8%的受访者认为其非常重要，27.1%的受访者认为其重要，认为其不重要和极不重要的受访者的比例分别为0.9%和0.6%，这说明在图书馆用户看来，图书馆就应该是个安静的学习场所。"环境整洁舒适"的平均需求程度为4.55，62.1%的受访者认为其非常重要，32%的受访者认为其重要，认为其不重要的受访者的比例只有1%，认为其极不重要的受访者的比例更是低到0.2%。"提供激发研究和学习的环境"的平均需求程度为4.30，47.1%的受访者认为其非常重要，38.2%的受访者认为其重要，认为其不重要和极不重要的受访者的比例分别只有1.7%和0.3%。"提供提供团体学习和研究的环境"的平均需求程度为4.03，35.4%的受访者认为其非常重要，37.2%的受访者认为其重要，认为其不重要和极不重要的比例分别只有4.3%和0.7%。

受访者对信息服务质量需求的详细情况见表7-5。

表7-5 信息服务质量需求统计

图书馆收费情况	有效	缺失	平均认同程度	排序
提供安静的学习空间	1921	43	4.59	1
环境整洁舒适	1922	42	4.55	2
图书、杂志、报纸等及时准确归架	1919	45	4.41	3
用户的个人信息和借阅记录准确、保密	1918	46	4.40	4
馆员真诚地解决用户问题	1921	43	4.33	5
馆员乐意帮助用户	1921	43	4.31	6
提供激发研究和学习的环境	1921	43	4.3	7
馆员快速响应用户要求	1918	46	4.29	8
馆员始终有礼貌地对待用户	1919	45	4.29	8
有便于每位用户使用的开放时间	1919	45	4.29	8
提供足够且完善的现代化设备和配套设施	1920	44	4.28	11
馆员具备解答用户问题的知识和技能	1921	43	4.27	12
为用户提供及时的服务	1918	46	4.26	13
及时有效地处理用户的意见和建议	1921	43	4.24	14
各种指引和标识设置明确、美观	1920	44	4.16	15
馆员言行举止职业、规范	1920	44	4.13	16
馆员了解用户的需求	1920	44	4.08	17
提供团体学习和研究的环境	1921	43	4.03	18
关注用户的个性化需求	1920	44	3.95	19
开展对用户有帮助的培训和讲座	1921	43	3.93	20
馆员有统一的着装或服务标识	1921	43	3.58	21

五、影响用户信息服务需求的因素

与分析用户信息资源需求影响因素一样，本研究使用单因子方差分析、独立样本T检验等来探讨用户个人特征、图书馆使用特征等对其信息服务类型需求、信息咨询方式需求和信息服务免费需求等的影响。

在进行差异分析之前，先对图书馆用户信息咨询方式需求和信息服务免费需求进行因子分析。

图书馆用户信息咨询方式需求的因子分析的KMO值为0.781，Bartlett的球形度检验p值为0.000，提取的公因子方差为0.404—0.705，解释的总方差为55.988%，得到两个因子。因子1包括电话咨询、留言本留言咨询、表单咨询、实时咨询、当面咨询等问项，解释的总方差为32.527%，将其命名为馆员辅助型信息咨询需求；因子2包括使用搜索引擎去寻找答案、到互助式问答网站求助、求助同学/朋友/老师等问项，解释的总变异量为23.461%，将其命名为自助型信息咨询需求。图书馆用户信息咨询方式需求因子分析结果见表7-6。

表7-6 信息咨询方式需求旋转成分矩阵

信息咨询方式	成分	
	1	2
电话咨询	0.776	0.102
留言板留言咨询	0.755	0.076
表单咨询	0.734	0.167
实时咨询	0.659	0.268
当面咨询	0.633	0.057
使用搜索引擎去寻找答案	0.089	0.835
到互助式问答网站求助	0.090	0.817
求助同学/朋友/老师	0.202	0.628

图书馆信息服务收费认同的因子分析的KMO值为0.813，Bartlett的球形度检验p值为0.000，提取的公因子方差为0.449—0.771，解释的总方差为62.385%，因子分析得到三个因子。因子1包括科技查新服务可适当收

费、决策咨询服务可适当收取费用、馆际互借/文献传递服务可适当收费、代查代检代译服务可适当收费等问项，解释的总方差为 23.571%，将其命名为增值服务收费认同；因子 2 包括丢失书刊可适当收取赔偿款、超期可适当收取违约金、补办借书证可适当收费、打印复印等可适当收费等问项，解释的总方差为 20.302%，将其命名为成本性收费认同；因子 3 包括办理借书证不应该收费、馆内上网服务不应该收费、借阅书刊不应该收取押金、自修室不应该收费等问项，解释的总方差为 18.512%，将其命名为基础服务免费认同。图书馆用户信息服务收费认同的因子分析结果见表 7-7。

表 7-7 信息服务收费认同情况旋转成分矩阵

信息服务收费认同情况	成分		
	1	2	3
科技查新服务可适当收费	0.865	0.151	-0.014
决策咨询服务可适当收取费用	0.835	0.072	-0.064
馆际互借/文献传递服务可适当收费	0.834	0.175	-0.036
代查代检代译服务可适当收费	0.691	0.332	0.022
丢失书刊可适当收取赔偿款	0.053	0.838	0.103
超期可适当收取违约金	0.162	0.820	0.050
补办借书证可适当收费	0.182	0.639	0.092
打印复印等可适当收费	0.348	0.611	0.018
办理借书证不应该收费	-0.013	0.066	0.774
馆内上网服务不应该收费	-0.019	0.056	0.757
借阅书刊不应该收取押金	0.057	-0.072	0.745
自修室不应该收费	-0.149	0.318	0.682

（一）不同性别用户信息服务需求的差异

性别是影响图书馆用户信息服务需求的重要因素。由表 7-8 可知，性别不同的用户除了成本性收费认同外，其他的信息服务需求都存在显著差异。

男性对网络信息服务和高级信息服务的需求高于女性，说明男性更倾向通过网络方式接受图书馆信息服务，更需要高层次的图书馆信息服务。男性对增值服务收费的认同高于女性，对基础服务免费的认同低于女性，显示男性对图书馆收费没有女性敏感。

女性对基础信息服务需求、馆员辅助型信息咨询需求、自助型信息咨询需求和信息服务质量需求均高于男性。显示出女性更偏向于图书馆基础服务，通过馆员辅助和自助方式解决图书馆使用过程中的问题，更重视图书馆信息服务质量。

表7-8　不同性别用户信息服务需求的平均值和t检验统计

性别	基础信息服务需求	网络信息服务需求	高级信息服务需求	馆员辅助型信息咨询需求	自助型信息咨询需求	增值服务收费认同	成本性收费认同	基础服务免费认同	信息服务质量需求
男性	-0.113	0.052	0.153	-0.078	-0.098	0.102	-0.027	-0.077	-0.090
女性	0.103	-0.045	-0.137	0.069	0.092	-0.092	0.025	0.072	0.081
t值	-4.742**	2.128*	6.363**	-3.201**	-4.148**	4.268**	-1.115	-3.250**	-3.629**

注：基础信息服务需求、网络信息服务需求、高级信息服务需求、馆员辅助型信息咨询需求、自助型信息咨询需求、增值服务收费认同、成本性收费认同、基础服务免费认同和信息服务质量需求等通过因子分析得到的变量值，其平均值为因子得分的平均值。*表示显著性水平小于0.05，**表示显著性水平小于0.01。本章以下的表格同。

（二）不同年龄用户信息服务需求的差异

如表7-9所示，用户的大多数信息服务需求存在年龄差异。年龄对用户的信息服务类型需求、馆员辅助型信息咨询需求、自助型信息咨询需求、增值服务收费认同、基础服务免费认同和信息服务质量需求存在显著影响，对用户的成本性收费认同不存在显著影响。

表7-9　不同年龄用户信息服务需求的平均值和方差分析统计

年龄	基础信息服务需求	网络信息服务需求	高级信息服务需求	馆员辅助型信息咨询需求	自助型信息咨询需求	增值服务收费认同	成本性收费认同	基础服务免费认同	信息服务质量需求
14岁以下	-0.097	-1.057	-0.515	-0.546	-0.314	-0.261	-0.271	-0.292	0.486
14—17岁	0.047	-0.877	-0.456	0.022	-0.054	-0.256	-0.016	-0.540	0.189
18—24岁	0.102	0.062	0.007	0.033	0.039	-0.085	0.003	0.155	0.007
25—45岁	-0.273	0.100	0.082	-0.017	-0.063	0.276	0.038	-0.281	-0.060
46岁及以上	-0.170	-0.543	0.236	-0.542	-0.379	0.451	-0.411	-0.584	-0.191
F值	12.547**	31.974**	7.832**	5.044**	2.879*	12.341**	2.007	27.327**	2.452*
Levene统计量	1.210	5.713**	4.486**	1.367	4.464**	1.849	4.035**	1.148	1.219

信息服务类型需求方面，18—24 岁的用户对图书馆各类型服务的需求均较高。18—24 岁的用户对基础信息服务的需求高于 25—45 岁的用户。18—24 岁、25—45 岁和 46 岁及以上的用户对高级信息服务的需求高于 14 岁以下、14—17 岁的用户。18—24 岁、25—45 岁的用户对网络信息服务的需求高于 14 岁以下、14—17 岁和 46 岁及以上的用户，说明 18—24 岁、25—45 岁的用户更希望通过网络的方式远程使用图书馆信息服务。

信息咨询方式需求上，18—24 岁的用户无论是对自助型信息咨询方式还是对馆员辅助型信息咨询方式，其需求都高于其他年龄段的用户。

信息服务免费需求上，25—45 岁、46 岁及以上的用户对图书馆增值服务的认同高于 14—17 岁、18—24 岁的用户；18—24 岁的用户对图书馆基础服务免费的认同高于 14—17 岁、25—45 岁、46 岁及以上的用户。

信息服务质量的需求上，随着年龄的增长，用户对信息服务质量的需求在降低。14 岁以下的用户最为重视信息服务质量，46 岁及以上用户最不重视信息服务质量。

（三）不同身份用户信息服务需求的差异

由表 7-10 可知，身份是影响图书馆用户信息服务需求的重要因素。身

表 7-10 不同身份用户信息服务需求的平均值和方差分析统计

身份	基础信息服务需求	网络信息服务需求	高级信息服务需求	馆员辅助型信息咨询需求	自助型信息咨询需求	增值服务收费认同	成本性收费认同	基础服务免费认同	信息服务质量需求
学生	0.104	0.050	-0.012	-0.003	0.070	-0.093	0.004	0.148	-0.004
教师	-0.580	0.446	0.279	0.036	0.142	0.570	-0.048	-0.227	0.075
专业技术人员	-0.242	0.104	-0.012	-0.010	-0.147	0.375	0.026	-0.388	0.035
公司企业员工	-0.207	-0.211	-0.055	0.038	-0.228	0.151	0.012	-0.405	0.011
自由职业者	-0.244	-0.912	-0.362	-0.320	-0.618	0.110	0.027	-0.548	-0.064
其他	-0.213	-0.457	0.277	0.041	-0.225	0.086	-0.110	-0.391	-0.059
F 值	13.351**	16.258**	3.650**	0.861	8.295**	12.341**	0.261	23.718**	0.198
Levene 统计量	2.024	3.079**	2.769*	1.899	5.308**	1.849	1.848	0.383	0.550

份对用户的信息服务类型需求、自助型信息咨询需求、增值服务收费认同、基础服务免费认同等存在显著影响，身份对用户的馆员辅助型信息咨询需求、成本性收费认同和信息服务质量需求不存在显著影响。

信息服务类型需求上，学生对基础信息服务的需求最高，教师对高级信息服务和网络信息服务的需求最高。说明学生偏向于到馆使用图书馆基础信息服务，教师偏向于通过网络使用图书馆信息服务，教师对图书馆高层次信息服务也存在较高需求。

信息咨询方式需求上，学生和教师对自助型信息咨询的需求高于其他身份的用户，换言之学生和教师更偏向于通过自助服务来解决使用图书馆过程中遇到的问题。

信息服务免费需求上，学生对图书馆基础信息服务免费的认同程度高于教师、专业技术人员、公司企业员工和自由职业者，说明学生更倾向于图书馆基础信息服务免费。这可能与他们的经济状况有关，如果基础信息服务收费，就给学生使用图书馆制造了障碍。教师、专业技术人员和公司企业员工对增值服务收费的认同程度高于学生，可能是这些用户群中较多的用户使用过增值服务。

（四）不同学历用户信息服务需求的差异

如表 7-11 所示，学历是影响用户信息服务需求的重要因素。不同学历用户的图书馆基础信息服务需求、高级信息服务需求、网络信息服务需求、馆员辅助型信息咨询需求、自助型信息咨询需求、增值服务免费需求、基础服务免费需求和信息服务质量需求存在显著差异，而学历因素对用户的成本性收费认同不存在显著影响。

信息服务类型需求上，本科学历者对基础信息服务的需求最高。初中及以下学历者对高级信息服务的需求最低。学历越高，对网络信息服务的需求就越强，研究生及以上学历者对网络信息服务的需求高于初中及以下、高中/中专/技校、大专和本科学历者；本科学历者对网络信息服务的需求高于初中及以下、高中/中专/技校、大专学历者；大专学历者对网络信息服务的需求高于初中及以下、高中/中专/技校学历者。

信息咨询方式需求上，研究生及以上学历者对自助型信息咨询的需求最高，本科学历者对馆员辅助型信息咨询的需求最高。也就是研究生及学历者倾向于自助服务，本科学历者倾向于馆员服务。

信息服务免费需求上，研究生及以上学历者对增值服务收费的认同程度高于初中及以下、高中/中专/技校和本科学历者，原因可能是研究生及以上学历者对这些服务使用较多，对这些服务有一定的了解，而初中及以下、高中/中专/技校和本科学历者本身就很少利用这些服务甚至是不知道这些服务的含义，所以对其收费的认同程度自然不高。研究生及以上学历者对基础服务免费的认同程度高于高中/中专/技校学历者；本科学历者对基础服务免费的需求高于初中及以下、高中/中专/技校和大专学历者，原因可能是研究生及以上和本科学历者的权利意识强，所以对借还书、馆内自修和阅览等在内的基础服务应该免费的认同程度高。

信息服务质量需求上，初中及以下学历者对信息服务质量需求最高，其次是大专学历者，研究生及以上学历者对信息服务质量的需求最低。

表7-11 不同学历用户信息服务需求的平均值和方差分析统计

学历	基础信息服务需求	网络信息服务需求	高级信息服务需求	馆员辅助型信息咨询需求	自助型信息咨询需求	增值服务收费认同	成本性收费认同	基础服务免费认同	信息服务质量需求
初中及以下	-0.092	-0.976	-0.508	-0.356	-0.166	-0.195	-0.203	-0.386	0.442
高中/中专/技校	-0.079	-0.822	-0.151	-0.099	-0.406	-0.073	-0.063	-0.648	-0.033
大专	-0.165	-0.408	0.085	-0.043	-0.337	0.104	-0.088	-0.279	0.096
本科	0.078	0.028	-0.019	0.057	0.038	-0.055	0.004	0.125	-0.003
研究生及以上	-0.273	0.820	0.294	-0.134	0.247	0.341	0.133	-0.052	-0.118
F值	7.858**	11.216**	104.619**	4.820**	14.381**	9.500**	2.205	26.271**	3.801**
Levene统计量	2.005	7.194**	1.818	0.755	7.145**	0.139	1.677	0.976	0.082

（五）不同专业用户信息服务需求的差异

用户从事或者学习的专业是影响其信息服务需求的重要因素（见表7-12）。除了信息服务质量需求外，用户从事或者学习的专业对用户的其他信息服务需求都存在显著影响。

图书馆信息服务类型需求方面，医药卫生类用户对基础信息服务的需求高于工程技术类用户。经济管理类用户对高级信息服务的需求高于工程技术类、医药卫生类用户。人文社科类、经济管理类、自然科学类、工程技术类用户对网络信息服务的需求高于医药卫生类和其他学科门类用户。

信息咨询方式需求方面，医药卫生类用户对馆员辅助型信息咨询的需求高于经济管理类、工程技术类用户；经济管理类用户对自助型信息咨询的需求高于工程技术类、医药卫生类、其他学科门类用户。

图书馆信息服务免费需求方面，经济管理类用户对增值服务收费的认同程度高于医药卫生类用户。经济管理类用户对基础服务收费的认同程度高于其他学科门类用户。医药卫生类用户对基础服务免费的认同程度高于人文社科类、经济管理类、工程技术类和其他学科门类用户。

表7-12 不同专业用户信息服务需求的平均值和方差分析统计

专业	基础信息服务需求	网络信息服务需求	高级信息服务需求	馆员辅助型信息咨询需求	自助型信息咨询需求	增值服务收费认同	成本性收费认同	基础服务免费认同	信息服务质量需求
人文社科	0.039	0.221	0.056	0.016	0.120	0.096	-0.044	0.008	0.048
经济管理	0.012	0.226	0.177	-0.049	0.137	0.083	0.134	-0.005	-0.052
自然科学	0.012	0.244	-0.046	0.049	0.098	0.045	0.040	0.089	-0.067
工程技术	-0.170	0.075	-0.093	-0.085	-0.134	0.001	-0.034	-0.029	-0.055
医药卫生	0.169	-0.247	-0.177	0.178	-0.208	-0.175	-0.062	0.296	0.036
其他	0.020	-0.366	0.021	0.085	-0.103	-0.110	-0.107	-0.064	0.044
F值	3.246**	21.586**	5.466**	2.599*	7.088**	3.356*	3.052*	4.158**	0.826
Levene统计量	1.957	1.069	7.429	1.384	1.631	2.632*	0.667	1.318	0.705

注：*表示显著性水平小于0.05，**表示显著性水平小于0.01。

（六）不同职称用户信息服务需求的差异

如表7-13所示，职称只对图书馆用户的基础信息服务需求存在显著影响。初级职称的用户对图书馆基础信息服务的需求与高级职称的用户存在显著差异。

表7-13 不同职称用户信息服务需求的平均值和方差分析统计

职称	基础信息服务需求	网络信息服务需求	高级信息服务需求	馆员辅助型信息咨询需求	自助型信息咨询需求	增值服务收费认同	成本性收费认同	基础服务免费认同	信息服务质量需求
初级	-0.126	-0.029	0.134	0.111	-0.077	0.243	-0.027	-0.460	-0.055
中级	-0.365	0.034	0.262	-0.071	-0.042	0.398	-0.114	-0.304	0.029
高级	-0.574	0.104	0.182	0.033	-0.202	0.591	-0.013	-0.110	0.162
F值	4.055*	0.261	0.568	1.071	0.364	2.459	0.397	2.114	0.768
Levene统计量	1.167	2.410	1.530	4.051*	0.227	0.506	0.629	0.566	1.472

初级职称用户的基础信息服务需求要比高级职称用户高。虽然不同职称的用户对图书馆网络信息服务的需求没有显著差异，但是我们据表可知，高级职称的用户对网络信息服务的需求高于中级职称和初级职称的用户，说明高级职称的用户可能更多地通过网络而不是到实体图书馆来利用图书馆信息服务。

（七）不同外语水平用户信息服务需求的差异

由表7-14可知，外语水平对用户的部分信息服务需求产生了显著影响。外语水平不同用户的图书馆基础信息服务需求、网络信息服务需求、自助型信息咨询需求、成本性收费认同、基础服务免费认同存在差异；外语水平不同用户的图书馆高级信息服务需求、馆员辅助型信息咨询需求、增值服务收费认同和信息服务质量需求不存在显著差异。

表7-14 不同外语水平用户信息服务需求的平均值和方差分析统计

外语水平	基础信息服务需求	网络信息服务需求	高级信息服务需求	馆员辅助型信息咨询需求	自助型信息咨询需求	增值服务收费认同	成本性收费认同	基础服务免费认同	信息服务质量需求
极不熟练	-0.045	-0.775	-0.168	-0.369	-0.786	0.357	0.001	-0.499	0.114
不熟练	-0.229	-0.393	-0.007	-0.079	-0.210	0.054	-0.203	-0.200	-0.007
一般	0.030	0.023	0.122	0.042	0.006	0.016	-0.041	-0.045	-0.037
熟练	0.025	0.042	-0.055	0.038	0.052	-0.056	0.065	0.083	-0.013
非常熟练	0.153	0.325	0.039	-0.023	0.117	0.032	0.094	0.086	0.069
F值	6.957**	27.365**	2.207	1.670	8.536**	1.634	5.479**	7.050**	0.601
Levene统计量	2.593*	1.162	2.715*	0.559	1.515	1.693	2.208	5.396**	3.347

信息服务类型需求方面，外语水平一般、熟练和非常熟练的用户对基础信息服务的需求高于外语水平不熟练的用户。外语水平一般、熟练的用户对网络信息服务的需求高于外语水平极不熟练、不熟练的用户；外语水平非常熟练的用户对网络信息服务的需求高于外语水平极不熟练、不熟练、一般和熟练的用户。

信息咨询方式需求方面，外语水平熟练、非常熟练的用户对自助型信息咨询的需求高于外语水平极不熟练、不熟练的受访者。外语水平一般的用户对自助型信息咨询的需求高于外语水平极不熟练的用户。

图书馆信息服务免费需求方面，外语水平熟练、非常熟练的用户对基础服务收费、基础服务免费的认同程度高于外语水平不熟练的用户。

（八）不同网络使用能力用户信息服务需求的差异

如表 7-15 所示，网络使用能力对用户的大多数信息服务需求存在显著的影响。网络使用能力不同的用户除信息服务质量需求外，其他的信息服务需求均存在显著差异。这体现出网络环境对图书馆信息服务的深刻影响。

表 7-15 不同网络使用能力用户信息服务需求的平均值和方差分析统计

网络能力	基础信息服务需求	网络信息服务需求	高级信息服务需求	馆员辅助型信息咨询需求	自助型信息咨询需求	增值服务收费认同	成本性收费认同	基础服务免费认同	信息服务质量需求
不好	-0.312	-1.062	-0.045	-0.622	-0.559	-0.032	-0.208	-0.366	-0.054
一般	-0.130	-0.313	-0.070	-0.025	-0.158	-0.114	-0.113	-0.088	-0.072
较好	0.063	0.157	-0.055	0.047	0.066	-0.003	0.048	0.052	0.000
很好	0.134	0.445	0.267	0.034	0.277	0.183	0.087	0.151	0.109
F 值	8.697**	84.208**	9.646**	10.536**	22.757**	5.962**	4.875**	7.969**	2.134
Levene 统计量	1.409	3.128*	9.184**	1.178	2.515	1.653	1.567	1.366	3.826

信息服务类型需求方面，尽管借还书、馆内阅览和自修等图书馆基础信息服务与网络的关联不是特别紧密，但是研究发现，网络使用能力很好和较好的用户对基础信息服务的需求高于网络使用能力不好和一般的用户。在可以通过网络提供服务，也可以不需要通过网络就可以提供的高级信息服务上，网络使用能力很好的用户对高级信息服务的需求高于网络使用能力不

好、一般和较好的用户。涉及网络应用的网络信息服务上，网络使用能力更是产生了重要的影响。网络使用能力很好的用户对网络信息服务的需求高于网络使用能力不好、一般和较好的用户；网络使用能力较好的用户对网络信息服务的需求高于网络使用能力不好和一般的用户；网络使用能力一般的用户对网络信息服务的需求高于网络使用能力不好的用户。

信息咨询方式需求方面，越来越多的馆员辅助型信息咨询需求是通过网络提供，因此网络使用能力对用户的馆员辅助型信息咨询需求存在显著影响就不难理解。网络使用能力一般、较好和很好的用户对馆员辅助型信息咨询的需求高于网络使用能力不好的用户。本研究提及的大多数自助型信息咨询需求也与网络相关，网络使用能力自然对用户的自助型信息咨询需求会产生显著影响。网络使用能力很好的用户对自助型信息咨询需求高于网络使用能力不好、一般和较好的用户；网络使用能力较好的用户对自助型信息咨询的需求高于网络使用能力不好和一般的用户；网络使用能力一般的用户对自助型信息咨询的需求高于网络使用能力不好的用户。

信息服务免费需求方面，网络使用能力很好的用户对增值服务收费的认同程度高于网络使用能力一般和较好的用户，这可能与网络使用能力强的用户更多的使用增值服务有关。网络使用能力很好的用户对参考咨询服务、查收查引服务和科技查新服务等使用频率显著高于网络能力一般和较好的用户。网络使用能力很好和较好的用户对基础服务收费的认同程度高于网络使用能力一般的用户。网络使用能力很好的用户对基础服务免费的认同程度高于网络使用能力不好和一般的用户；网络使用能力较好的用户对图书馆基础服务免费的认同程度高于网络使用能力不好的用户，出现这个结果的原因有可能是网络使用能力强的用户，个人的权利意识相对较高。

（九）不同图书馆使用习惯用户信息服务需求的差异

用户的图书馆使用习惯是影响其信息服务需求的重要因素。图书馆使用习惯不同的用户，其信息服务质量需求之外的各项信息服务需求均存在显著差异。

图书馆信息服务类型需求方面，图书馆基础信息服务大多需要到馆才能使用，因此使用实体图书馆的用户比使用网上图书馆的用户对基础信息服务的需求高顺理成章。具体而言，仅使用实体图书馆的用户对基础信息服务的需求高于仅使用网上图书馆的用户；使用实体图书馆为主的用户对基础信息服务的需求高于仅使用实体图书馆、使用实体图书馆和网上图书馆频率一样、使用网上图书馆为主、仅使用网上图书馆的用户；使用网上图书馆为主的用户对基础信息服务的需求高于仅使用网上图书馆的用户。网络信息服务涉及网络的使用，所以使用网上图书馆的用户对网络信息服务的需求高于使用实体图书馆的用户。使用实体图书馆为主、使用实体图书馆和网上图书馆频率一样、使用网上图书馆为主和仅使用网上图书馆的用户对网络信息服务的需求高于仅使用实体图书馆的用户；使用实体图书馆和网上图书馆频率一样、使用网上图书馆为主的用户对网络信息服务的需求高于使用实体图书馆为主的用户；使用网上图书馆为主的用户对网络信息服务的需求高于使用实体图书馆和网上图书馆频率一样的用户。对于图书馆高级信息服务，使用实体图书馆为主、使用实体图书馆和网上图书馆频率一样的用户对其的需求高于仅使用实体图书馆的用户。

信息咨询方式需求方面，使用实体图书馆频率高的用户对馆员辅助型信息咨询需求高于使用网上图书馆的用户，具体而言就是使用实体图书馆为主的用户对馆员辅助型信息咨询需求的需求高于使用网上图书馆为主的用户。对于自助型信息咨询的需求，仅使用实体图书馆的用户显著低于其他用户，使用实体图书馆为主、使用实体图书馆和网上图书馆频率一样、使用网上图书馆为主的用户对自助型信息咨询的需求高于仅使用实体图书馆的用户。

表 7-16 图书馆使用习惯不同用户信息服务需求的平均值和方差分析统计

图书馆使用习惯	基础信息服务需求	网络信息服务需求	高级信息服务需求	馆员辅助型信息咨询需求	自助型信息咨询需求	增值服务收费认同	成本性收费认同	基础服务免费认同	信息服务质量需求
A	-0.171	-0.697	-0.148	-0.093	-0.290	-0.050	-0.030	-0.157	-0.035
B	0.357	-0.008	0.052	0.072	0.032	-0.103	0.010	0.100	0.034
C	-0.043	0.255	0.105	0.069	0.088	0.101	-0.078	0.013	0.006
D	-0.344	0.687	-0.093	-0.154	0.271	0.076	0.133	0.046	-0.033
E	-0.876	0.307	0.113	0.023	-0.028	0.405	0.193	-0.226	-0.042
F 值	47.170**	118.403**	5.062**	4.027**	16.046**	6.045**	2.533*	5.420	0.403
Levene 统计量	5.826**	1.716	5.188**	1.867	7.734**	0.907	1.809	1.459	1.864

信息服务免费需求方面，偏向于使用实体图书馆的用户对增值服务收费的认同程度低，仅使用网上图书馆的用户对增值服务收费的认同程度高于仅使用实体图书馆、使用实体图书馆为主的用户；使用实体图书馆和网上图书馆频率一样的用户对增值信息服务收费的认同程度高于使用实体图书馆为主的用户。使用实体图书馆和网上图书馆频率一样的用户对基础服务收费的认同程度高于使用网上图书馆为主的用户。使用实体图书馆为主的用户对基础服务免费的认同程度高于仅使用实体图书馆的用户。

图书馆使用习惯不同用户信息服务需求的平均值和方差分析统计见表7-16，表中A代表仅使用实体图书馆，B代表使用实体图书馆为主，C代表使用实体图书馆和网上图书馆频率一样，D代表使用网上图书馆为主，E代表仅使用网上图书馆。

（十）不同类型图书馆用户信息服务需求的差异

从表7-17可知，图书馆类型对用户的多数信息服务需求产生了显著影响。高校图书馆用户和公共图书馆用户的信息服务类型需求、信息咨询方式需求、增值服务认同和基础服务免费认同存在显著差异。高校图书馆用户和公共图书馆用户的基础服务免费认同和信息服务质量需求不存在显著差异。

信息服务类型需求方面，高校图书馆用户的图书馆基础信息服务需求、高级信息服务需求和网络信息服务需求均高于公共图书馆用户。

信息咨询方式需求方面，高校图书馆用户对自助型信息咨询的需求和馆员辅助性信息咨询的需求均高于公共图书馆用户。

表7-17 不同类型图书馆用户信息服务需求的平均值和方差分析统计

	基础信息服务需求	网络信息服务需求	高级信息服务需求	馆员辅助型信息咨询需求	自助型信息咨询需求	增值服务收费认同	成本性收费认同	基础服务免费认同	信息服务质量需求
高校图书馆	0.085	0.181	0.041	0.003	0.107	-0.037	0.033	0.201	-0.006
公共图书馆	-0.167	-0.429	-0.111	-0.004	-0.238	0.067	-0.074	-0.421	0.021
t值	47.170**	118.403**	5.062**	4.027**	16.046**	6.045**	2.533*	5.420	-0.509

信息服务免费需求上，高校图书馆用户对增值服务收费的认同程度低于

公共图书馆用户,高校图书馆用户对基础服务收费的认同程度高于公共图书馆用户,高校图书馆用户对基础服务免费的认同程度高于公共图书馆用户。

概括而言,网络环境中,流通阅览等基础性服务仍然具有非常重要的地位,但是网络信息服务也已经受到大多数用户的关注,部分用户群体的服务需求转向以网络信息服务为主。图书馆实体空间仍然具备非常重要的价值。用户使用图书馆的频率越高,其对图书馆各项服务的需求也就越强。用户倾向于自助式咨询服务,但是其并没有取代图书馆信息咨询服务。与馆员的面对面咨询依然是用户最需要的咨询方式。用户非常认同自习、馆内上网、办证和借阅书刊等图书馆基础服务免费;不太认同科技查新、决策咨询、馆际互借/文献传递等增值服务收费,但是使用过增值服务的用户对收费的认同度高于未使用过的;用户认同部分赔偿性收费、文献复制收费等图书馆成本性收费;已经享受到免费服务的用户更加认同免费服务。图书馆要做好环境建设,营造出良好的氛围来满足用户对环境的需求。图书馆在重视馆员服务能力培养的同时也要重视馆员服务态度的规范。图书馆也要注意提升服务质量来满足用户的需求。用户的性别、年龄、学历、专业和网络使用能力等个人特征是影响其信息服务需求的重要因素。图书馆使用习惯和图书馆类型等图书馆使用特征对用户的信息服务需求有着显著的影响。高校图书馆用户对各项信息服务的需求均高于公共图书馆用户。

第八章 用户信息系统需求及影响因素

根据本研究建立的图书馆用户需求研究模型，本章基于调查获得的数据，对图书馆用户信息系统类型需求、功能需求和质量需求进行深入的分析，探讨人口统计特征和图书馆使用特征等因素对用户信息系统需求的影响。

一、信息系统类型需求

本研究以用户对图书馆信息系统使用的频率来体现其对信息系统的需求。样本中图书馆用户信息系统的使用频率见表8-1。

表8-1 信息系统使用频率

图书馆信息系统	有效	缺失	平均认同程度	标准差	排序
馆藏书刊目录检索系统	1961	3	3.13	1.016	1
图书馆门户网站系统	1958	6	3.08	1.016	2
电子资源/数据库检索服务系统	1956	8	2.86	1.087	3
电子资源统一检索系统	1959	5	2.85	1.081	4
随书光盘/非书资料系统	1961	3	2.33	0.975	5
自助借还机/自助图书馆	1956	8	2.29	1.139	6
多媒体资源点播系统	1958	6	2.16	1.000	7
图书馆工具条	1959	5	2.11	1.068	8
虚拟参考咨询系统	1958	6	1.95	0.932	9
原文传递系统	1955	9	1.92	0.952	10

续表

图书馆信息系统	有效	缺失	平均认同程度	标准差	排序
合作参考咨询系统	1956	8	1.90	0.970	11
手机图书馆	1958	6	1.78	0.961	12

现将样本中图书馆用户信息系统类型需求的特点总结如下：

（一）用户对图书馆信息系统的需求不强烈，研究生及以上学历者除外

按照本研究制定的需求强度标准，用户对列出的 12 种图书馆信息系统的需求，属于强需求项目的只有 2 种：馆藏书刊目录检索系统和图书馆门户网站系统，属于中需求项目的也只有 2 种：电子资源/数据库检索服务系统和电子资源统一检索系统，其余的 8 种都属于弱需求项目。所以从整体上看，用户对图书馆信息系统的需求并不强烈。

不同用户群体方面，初中及以下和高中/中专/技校学历的受访者对图书馆各类信息系统的需求都属于弱需求；大专学历的受访者对馆藏书刊目录检索系统和图书馆门户网站系统的需求属于中需求，对其他 10 种图书馆信息系统的需求属于弱需求；本科学历的受访者对馆藏书刊目录检索系统和图书馆门户网站系统的需求属于强需求，对电子资源/数据库检索/服务系统和电子资源统一检索系统的需求属于中需求，对其他 8 种图书馆信息系统的需求属于弱需求；研究生及以上学历的受访者对馆藏书刊目录检索系统、图书馆门户网站系统、电子资源/数据库检索/服务系统和电子资源统一检索系统的需求属于强需求，对随书光盘/非书资料系统、自助借还机/自助图书馆和多媒体资源点播系统需求属于中需求，对其他 5 种图书馆信息系统的需求属于弱需求。

（二）用户对图书馆信息系统的需求可能被低估

可能有相当多的用户并不能区分图书馆信息服务和图书馆信息系统，所以用户对图书馆信息系统的需求可能会被低估。以馆藏书刊目录查询服务和馆藏书刊目录检索系统为例，馆藏书刊目录查询服务涉及馆藏书刊目录检索系统，理论上这两个问题的答案应该基本一致，但实际上只有 49% 的受访者对这两个问题的回答一致，有 19% 的受访者的答案是使用馆藏书刊目录查询服务的频率高于使用馆藏书刊目录检索系统的频率，有 32% 的受访者

的答案是使用馆藏书刊目录检索系统的频率高于使用馆藏书刊目录检索服务的频率。又如电子资源检索服务和电子资源/数据库检索服务系统也存在关联，有48.7%的受访者对这两个问题的回答一致，29.7%的受访者的答案是使用电子资源检索服务的频率高于电子资源/数据库检索服务系统的频率，21.6%的受访者的答案是使用电子资源/数据库检索服务系统的频率高于使用电子资源检索服务的频率。

（三）使用图书馆越频繁，对图书馆各种信息系统的需求就越强烈

如图8-1所示，用户使用图书馆越频繁，其对图书馆各种信息系统的需求就越强烈。以馆藏书刊目录检索系统为例，很少使用图书馆的用户对其的平均需求程度为2.56，有时使用图书馆的用户对其的平均需求程度为3.02，经常使用图书馆的用户对其的平均需求程度为3.45，几乎每天使用图书馆的用户对其的平均需求程度为3.81。

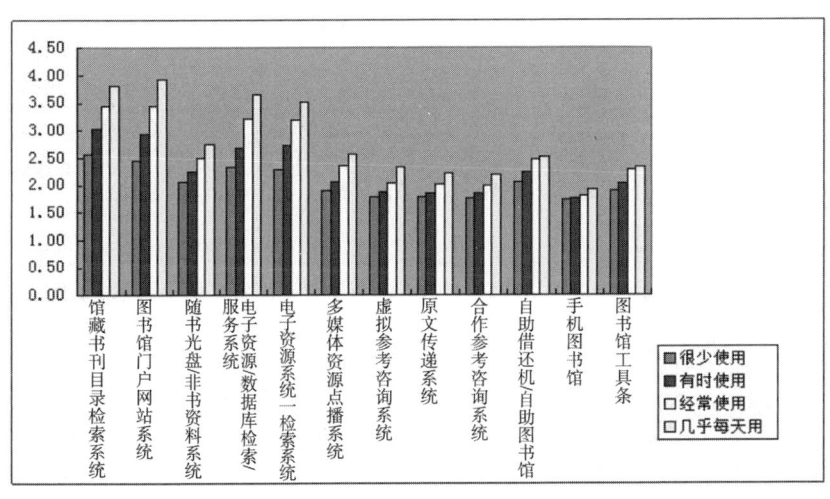

图8-1 信息系统类型需求随图书馆使用频率变化图

（四）馆藏资源发现仍然是用户信息系统需求的重要目的

馆藏书刊目录检索系统的平均需求程度为3.13，排在列出的12种图书馆信息系统的第一位。5.1%的用户几乎每天用，36.4%的用户经常使用，31.9%的用户有时使用，19.5%的用户很少使用。说明查找馆藏资源是用户使用信图书馆息系统的主要用途之一，馆藏资源发现仍然是图书馆用户信息

系统需求的重要目的。

(五) 图书馆门户网站的重要性不可低估

图书馆门户网站系统的平均需求程度为 3.08，排在列出的 12 种图书馆信息系统的第二位。5.3% 的用户几乎每天使用，32.5% 的用户经常使用，34.6% 的用户有时使用，很少使用的用户的比例为 20.1%，没有用过的用户的比例只有 7.5%。这个数据说明图书馆门户网站对于用户来说仍然具有非常重要的价值。不同学历的用户方面，学历越高的用户，对图书馆门户网站系统的需求就越高，这一点与 Head 和 Eisenberg 的调查一致，97.6% 的研究生及以上学历用户使用过图书馆门户网站，95.8% 的本科学历用户使用过图书馆门户网站，84.6% 的大专学历用户使用过图书馆门户网站，74.1% 的高中/中专/技校用户使用过图书馆门户网站，63.5% 的初中及以下学历用户使用过图书馆门户网站。Head 和 Eisenberg 的调查中，21% 的用户访问过图书馆门户网站，排在图书馆资源和服务使用率的第二位。其中 23% 的四年制大学的用户使用过图书馆门户网站，14% 的社区学院用户使用过图书馆门户网站[①]。

(六) 电子资源的利用成为用户信息系统使用的重要内容

电子资源/数据库检索服务系统的平均需求程度为 2.86，排在列出的 12 种图书馆信息系统的第三位。5.2% 的用户几乎每天使用，25.4% 的用户经常使用，31.6% 的用户有时使用，25.8% 的用户很少使用，从不使用的用户的比例为 12%，对电子资源/数据库检索服务系统的使用频率较高说明用户较为频繁地使用图书馆提供的电子资源。为了更好地组织和揭示馆藏的电子资源，便于用户的使用，相当多图书馆都开发或者购买了电子资源统一检索系统，对这样的系统，用户的平均需求程度排在第四位，4.6% 的用户几乎每天用，25.3% 的用户经常使用，33.1% 的用户有时使用，很少使用和从不使用的用户比例分别是 24.1% 和 12.8%，显示出图书馆用户对电子资源统一检索系统需求程度也较高。

(七) 高校图书馆用户对图书馆信息系统的需求高于公共图书馆用户

如表 8-2 所示，样本中高校图书馆用户对列出的 12 种图书馆信息系统

---

① Head A J, Eisenberg M B: "Balancing Act: How College Students Manage Technology While in the Library during Crunch Time", http://projectinfolit.org/pdfs/PIL_Fall2011_TechStudy_FullReport1.1.pdf.

的使用频率都高于公共图书馆用户。特别是与电子资源使用相关的图书馆系统，高校图书馆用户的需求比公共图书馆用户高出很多。

表8-2 高校图书馆和公共图书馆用户信息系统使用频率对比

图书馆信息系统	高校图书馆用户使用频率	公共图书馆用户使用频率
馆藏书刊目录检索系统	3.32	2.72
图书馆门户网站系统	3.30	2.61
电子资源/数据库检索服务系统	3.09	2.34
电子资源统一检索系统	3.05	2.39
随书光盘/非书资料系统	2.41	2.12
自助借还机/自助图书馆	2.40	2.05
多媒体资源点播系统	2.25	1.95
图书馆工具条	2.19	1.91
虚拟参考咨询系统	2.03	1.76
原文传递系统	2.00	1.74
合作参考咨询系统	1.97	1.74
手机图书馆	1.78	1.77

二、信息系统功能需求

样本中，用户对列出的21项功能的平均认同程度都是3.5以上，表明用户对这些功能的需求存在共识（见表8-3）。

（一）用户最重视书目信息的丰富化

用户对"提供丰富的书目信息"平均认同程度最高，达到4.12。对此观点，30.3%的受访者非常同意，52.8%的受访者同意，15.5%的受访者无所谓，不同意的受访者的比例只有1.2%，极不同意的受访者的比例更是低到0.1%。书目信息是OPAC的核心内容，丰富的书目信息有助于用户判断是否是其所需内容。受访者希望图书馆OPAC除了提供题名、作者、出版社等基本信息外，还要提供书刊的封面、目录、内容摘要、作者介绍等信息，说明用户希望图书馆OPAC能够跟网上书店一样，提供更丰富的内容，对此功能的强烈需求也体现出用户对图书馆OPAC的高度重视。

表8-3 信息系统功能需求

信息系统功能需求	有效	缺失	平均认同程度	排序
提供丰富的书目信息	1959	5	4.12	1
提供尽可能多的检索途径	1960	4	4.06	2
在不能直接提供全文时,链接到馆际互借和文献传递系统去获取全文	1960	4	4.05	3
提供检索结果的二次检索功能	1957	7	4.04	4
提供多种检索结果排序方式	1958	6	4.03	5
提供检索结果的分面浏览功能	1956	8	4.00	6
使用多个条件组合检索	1960	4	3.97	7
使用简单检索	1960	4	3.95	8
提供多种资源推荐方式	1960	4	3.94	9
提供智能检索功能	1957	7	3.94	9
不但能检索本馆的信息资源,还能同时检索馆外和互联网的相关信息资源	1959	5	3.94	9
一站式检索多个数据库/馆藏目录	1955	9	3.91	12
使用自定义标签对检索结果进行分类和标记	1955	9	3.87	13
使用类似Google或百度的检索界面	1962	2	3.85	14
使用资源导航浏览信息资源	1959	5	3.84	15
提供评价功能	1957	7	3.82	16
提供用户互动功能	1950	14	3.77	17
提供信息分享功能	1957	7	3.74	18
提供网上培训教程,便于用户自我培训	1960	4	3.72	19
提供个性化推荐功能	1960	4	3.72	19
提供个性化空间	1957	7	3.60	21

(二) 强化检索功能是用户的重点需求

用户对"提供尽可能多的检索途径"的认同程度排在第二位,为4.06。对此观点,25.1%的受访者非常同意,58.3%的受访者同意,14.7%的受访者无所谓,不同意的受访者的比例为1.7%,极不同意的受访者的比例只有0.3%,说明受访者希望图书馆信息系统能够从多个角度来组织和揭示信息,帮助用户从多种途径来发现其需要的信息。

"提供检索结果的二次检索功能"的平均认同程度为4.04,排在第四位。对此观点,24.3%的受访者非常同意,56.9%的受访者同意,17.4%的受访者无所谓，1.2%的受访者不同意，极不同意的受访者的比例只有0.2%，说明用户对加入作者、出版社、主题词、分类号等的超链接，以便用户点击后能再次进行相关的检索，扩大检索途径功能存在较强的需求。

"使用多个条件组合检索"和"使用简单检索"的平均认同程度分别为3.97和3.95，说明受访者既希望图书馆信息系统提供组合检索功能，也希望提供简单功能。

"提供智能检索功能"的平均认同程度为3.94。对此观点，21.3%的受访者非常同意，54.1%的受访者同意，22.0%的受访者无所谓，2.3%的受访者不同意，只有0.3%的受访者极不同意，显示图书馆用户对检索词纠错、检索词建议和相关检索等智能检索功能的需求程度较高。

"使用资源导航浏览信息资源"的平均需求程度为3.84。对此观点，17.4%的受访者非常同意，52.0%的受访者同意，28.3%的受访者无所谓，只有2%的受访者不同意，极不同意的受访者的比例是0.3%，说明用户也需要图书馆信息系统提供多种导航功能，帮助用户快速准确地定位到其所需资源。

"提供网上培训教程，便于用户自我培训"的平均认同程度为3.72，对此观点，18.2%的受访者非常同意，43.8%的受访者同意，31.2%的受访者无所谓，5.2%的受访者不同意，还有1.6%的受访者极不同意，说明用户希望图书馆信息系统提供比较实用的帮助，让用户能够尽快掌握其使用方法。

（三）用户强烈需求信息系统的集成化

对于图书馆信息系统，用户希望能够集成化，提供一站式服务。如用户对"在不能直接提供全文时，链接到馆际互借和文献传递系统去获取全文"的平均认同程度排在第三位，为4.05。对此观点，28.7%的受访者非常同意，50.2%的受访者同意，18.9%的受访者一般，1.9%的受访者不同意，极不同意的受访者的比例只有0.4%，这一结果显示用户希望图书馆信息系统能够自动转向馆际互借和文献传递系统去，而不是用户自己去馆际互借和文献传递系统中处理。"不但能检索本馆的信息资源，还能同时检索馆外和互联网的相关信息资源"和"希望一站式检索多个数据库/馆藏目录"的平均认同程度分别为3.94和3.91，说明图书馆用户希望图书馆信息系统能够整合包括图书馆书目信息、电子资源、网络资源等在内的资源，为用户提供一站式服务。

（四）检索结果的多层次组织和揭示也是用户的需求重点

对检索结果的组织与揭示关系到用户能否有效地发现和识别信息，这也是用户的需求重点。用户对"提供多种检索结果排序方式"的平均认同程度为4.03，排在第五位，对此观点，24.1%的受访者非常同意，56.2%的受访者同意，18.3%的受访者一般，不同意的受访者的比例只有1.4%，极不同意的受访者的比例为0.1%，这一结果说明用户非常重视图书馆信息系统检索结果排序功能，希望图书馆信息系统能提供多种途径对检索结果进行排序。

用户对"提供检索结果的分面浏览功能"的平均认同程度为4.0，排在第六位，对此观点，22.6%的受访者非常同意，57%的受访者同意，18.6%的受访者无所谓，1.5%的受访者不同意，只有0.3%的受访者极不同意，说明图书馆用户非常希望图书馆信息系统能够从不同的角度对检索结果进行整合，帮助用户进行分析和判断，以便用户能够快速找到自己所需要的信息。

（五）用户对个性化信息服务存在较强的需求

用户对"提供多种资源推荐方式"的平均需求认同程度为3.94，排在并列第9位，对此观点，23.1%的受访者非常同意，51.4%的受访者同意，23.0%的受访者无所谓，2%的受访者不同意，0.6%的受访者极不同意，这一结果说明用户不仅希望图书馆信息系统提供检索功能，而且也要通过提供热门检索、热门下载、热门收藏等方式向用户推荐资源。

用户对"使用自定义标签对检索结果进行分类和标记"、"提供评价功能"、"提供用户互动功能"、"提供信息分享功能"、"提供个性化推荐功能"、"提供个性化空间"等功能的平均认同程度为3.87、3.82、3.77、3.74、3.72、3.60，表明用户对图书馆信息系统个性化信息服务功能也存在强烈的需求。

（六）用户认同简单的检索界面

Google和百度等搜索引擎的用户界面非常简洁，符合用户的使用习惯，成为普遍模仿的对象。用户对"使用类似Google或百度的检索界面"的平均认同程度为3.85。对此观点，21.3%的受访者非常同意，48.7%的受访者同意，25.0%的受访者无所谓，不同意和极不同意的受访者的比例分别只有4.2%和0.9%，说明用户也希望图书馆信息系统使用简洁的用户界面。这与其他类似研究的结果相呼应。北京大学图书馆的调查表明，受访者倾向于需要简洁易用的资源发现系统用户界面①。OCLC 与 JISC（Joint Information Systems Committee，英国联合信息系统委员会）的一项调查也显示，图书馆需要拥有类似网络搜索引擎的界面②。Hemminger 等人的研究中，更多的科学家偏好使用类似 Google 搜索引擎页面作为检索界面③。

而且网络使用能力越强的用户，对"使用类似 Google 或百度的检索界面"的认同程度就越高。使用网络不熟练、一般、熟练和非常熟练的受访者，对"使用类似 Google 或百度的检索界面"的认同程度分别为 3.55、3.81、3.85 和 4.01。

三、信息系统质量需求

如表 8-4 所示，用户对图书馆信息系统质量需求有着较强的需求。用户对图书馆信息系统的质量需求表现如下：

表 8-4　信息系统质量需求

信息系统质量	有效	缺失	平均需求程度	排序
使用图书馆信息系统是安全的,不会泄露个人隐私信息	1903	61	4.26	1
能够快速地从图书馆信息系统下载需要的文献	1900	64	4.21	2
图书馆信息系统能够快速地返回结果	1900	64	4.16	3
图书馆信息系统的操作容易掌握	1902	62	4.15	4
图书馆信息系统的各项功能容易了解和使用	1900	64	4.12	5
图书馆信息系统的用户界面清楚明白	1898	66	4.12	5
图书馆信息系统的使用说明简明易懂	1902	62	4.12	5
在使用过程中,没有遇到或者很少遇到图书馆信息系统发生故障的情况	1904	60	4.10	8

---

① 聂华、朱玲：《网络级发现服务——通向深度整合与便捷获取的路径》，《大学图书馆学报》2011 年第 6 期，第 5—10、第 25 页。

② Connaway L S, Dickey T J："The Digital Information Seeker: Report of the Findings from Selected OCLC, RIN, and JISC User Behaviour Projects"，http://www.jisc.ac.uk/media/documents/publications/reports/2010/digitalinformationseekerreport.pdf.

③ Hemminger B M, Lu D, Vaughan K T L, Adams S J, 2007："Information seeking behavior of academic scientists"，Journal of the American Society for Information Science and Technology, 58(14), 2205-2225.

续表

信息系统质量	有效	缺失	平均需求程度	排序
能够快速打开图书馆信息系统的用户界面,即使是使用拨号上网的时候	1905	59	4.07	9
在使用的过程中,可以非常方便地从图书馆信息系统中获得指示和帮助	1901	63	4.06	10
可以从一个检索界面就搜索到来自不同数据库或不同网站的文献	1905	59	4.05	11
图书馆信息系统的默认排序结果符合需求	1901	63	3.97	12
图书馆信息系统的默认检索途径符合需求	1902	62	3.97	12
图书馆信息系统的各项功能适合需求	1901	63	3.96	14
图书馆信息系统提供使用教程,可以在使用之前进行自我培训	1901	63	3.88	15

(一) 用户最为重视个人隐私保护

用户对"使用图书馆信息系统是安全的,不会泄露个人隐私信息"的平均需求程度高达4.26,排在所列出的15个信息系统质量需求问项的第1位。44.1%的受访者认为其非常重要,39.9%的受访者认为其重要,认为其不重要的受访者的比例为1.8%,认为其极不重要的受访者的比例只有0.2%。这个调查结果显示,网络环境中图书馆用户非常重视个人隐私的保护。

(二) 用户高度重视信息系统的响应性

用户对信息系统响应性的平均需求程度达到4.15,体现出对该特征的高度重视。信息系统响应性的问项中,用户对"能够快速地从图书馆信息系统下载需要的文献"的平均需求程度为4.21,39.5%的受访者认为其非常重要,44.3%的受访者认为其重要,认为其不重要的受访者的比例为1.7%,认为其极不重要的受访者的比例只有0.3%。用户对"图书馆信息系统能够快速地返回结果"的平均需求程度为4.16,35.3%的受访者认为其非常重要,47.7%的受访者认为其重要,认为其不重要的受访者的比例为1.9%,认为其极不重要的受访者的比例也只有0.3%。用户对"能够快速打开图书馆信息系统的用户界面,即使是使用拨号上网的时候"的平均需求程度为4.07,31.3%的受访者认为其非常重要,46.4%的受访者认为其重要,认为其不重要的受访者的比例为2%,认为其极不重要的受访者的比例低至 0.2%。

（三）用户非常重视信息系统的易用性

易用性对于信息系统的设计越来越重要，这一点也得到此次调查的结果证实。用户对信息系统易用性的平均需求程度为 4.13，说明用户对信息系统这一特征也非常重视。这个与李杉对国家图书馆用户调查的结果一致，在他的调查中认为 OPAC 最应当体现的特征是易用性的用户的比例排在第二位[①]。

信息系统易用性的问项中，用户对"图书馆信息系统的操作容易掌握"的平均需求程度为 4.15，排在 15 项图书馆信息系统质量需求问项的第 4 位。用户对"图书馆信息系统的各项功能（如浏览功能/检索功能等）容易了解和使用"、"图书馆信息系统的用户界面清楚明白"和"图书馆信息系统的使用说明简明易懂"的平均需求程度都为 4.12，排在并列第 5 位。

（四）用户对信息系统的整合性也有较强的需求

用户对信息系统的整合性的平均需求程度为 4.05，表明用户对其也有着较强的需求。对信息系统的整合性，29.2% 的受访者认为其非常重要，48.9% 的受访者认为其重要，只有 1.6% 的受访者认为其不重要，认为其极不重要的受访者的比例只有 0.3%。教育程度越高，对信息系统整合性的需求也越高。初中及以下、高中/中专/技校、大专、本科和研究生及以上受访者对信息系统整合性的需求分别为 3.77、3.90、3.93、4.08 和 4.13。网络熟练程度越高，对信息系统整合性的需求也越高。网络熟练程度为不熟练、一般、熟练和非常熟练的受访者对信息系统整合性的需求分别为 3.61、3.97、4.09 和 4.21。

（五）使用图书馆越频繁，对信息系统质量的需求越高

很少使用、有时使用、经常使用和几乎每天使用图书馆的受访者对信息系统的质量需求分别为 3.97、4.06、4.14 和 4.25，表明使用图书馆越频繁，对图书馆信息系统的质量需求也就越高。

[①] 李杉：《国家图书馆 Web OPAC 用户调查分析》，《国家图书馆学刊》2005 年第 4 期，第 42—45 页。

四、影响用户信息系统需求的因素

与研究影响用户信息资源需求和信息系统需求影响因素一样，本研究通过独立样本 T 检验和单因子方差分析来研究用户的性别、年龄、身份、学历、地区、职称、专业、外语水平、网络使用能力、图书馆使用习惯和图书馆类型等因素对图书馆用户信息系统需求的影响。在进行方差分析之前，先对图书馆用户信息系统功能需求进行因子分析，使用因子分析得到的因子得分进行后续的方差分析。

表 8-5　信息系统功能需求因子旋转矩阵

信息系统功能	成分		
	1	2	3
提供丰富的书目信息	0.706	0.115	0.272
提供检索结果的二次检索功能	0.692	0.094	0.374
在不能直接提供全文时，链接到馆际互借和文献传递系统去获取全文	0.664	0.367	0.051
提供检索结果的分面浏览功能	0.652	0.124	0.393
一站式检索多个数据库/馆藏目录	0.612	0.454	0.079
使用自定义标签对检索结果进行分类和标记	0.583	0.292	0.236
提供多种检索结果排序方式	0.580	0.089	0.502
提供智能检索功能	0.579	0.405	0.161
不但能检索本馆的信息资源，还能同时检索馆外和互联网的相关信息资源	0.560	0.464	0.070
提供个性化空间	0.108	0.795	0.161
提供个性化推荐功能	0.211	0.783	0.185
提供网上培训教程，便于用户自我培训	0.164	0.707	0.102
提供信息分享功能	0.211	0.633	0.218
使用资源导航浏览信息资源	0.428	0.550	0.184
使用类似 Google 或百度的检索界面	0.067	0.292	0.735
使用简单检索	0.182	0.175	0.725
提供尽可能多的检索途径	0.312	0.201	0.720
使用多个条件组合检索	0.449	0.044	0.601

图书馆用户信息系统功能需求第一次因子分析的 KMO 值为 0.945,

Bartlett 的球形度检验 p 值为 0.000，因子分析得到 3 个因子，解释的总方差为 55.027%，提取的公因子方差为 0.340—0.647。去掉提取公因子方差小于 0.4 的问项之后进行第二次因子分析。第二次因子分析的 KMO 值 0.945，Bartlett 的球形度检验 p 值为 0.000，说明非常适合进行因子分析。第二次因子分析得到 3 个因子，解释的总变异量为 56.502%，提取的公因子方差为 0.431—0.678。删除因子负荷量 0.5 以下或者在多个因子项目上因子负荷量都在 0.5 以上的问项之后继续进行因子分析。第三次因子分析的 KMO 值为 0.937，Bartlett 的球形度检验 p 值为 0.000，说明非常适合进行因子分析。第三次因子分析得到 3 个因子，解释的总变异量为 58.124%，提取的公因子方差为 0.481—0.692。根据因子包括问项的含义，将因子 1 命名为结果处理功能需求，因子 2 命名为个性化功能需求，因子 3 命名为检索功能需求。信息系统功能需求因子分析结果见表 8-5。

（一）不同性别用户信息系统需求的差异

由表 8-6 可知，性别对用户的部分信息系统需求存在显著影响。不同性别用户的高级信息系统需求、检索结果处理需求、个性化功能需求和信息系统功能需求存在显著差异。不同性别用户的基本信息系统需求、检索功能需求不存在显著差异。

男性对高级信息系统的需求高于女性，女性对检索结果处理的需求、个性化功能的需求和信息系统质量的需求高于男性。说明男性更愿意尝试使用多种图书馆信息系统，但是女性更重视信息系统的功能和信息系统的质量。

表 8-6 不同性别用户信息系统需求的平均值和 t 检验统计

性别	高级信息系统需求	基本信息系统需求	检索结果处理需求	个性化功能需求	检索功能需求	信息系统质量需求
男性	0.1635	0.0397	-0.0841	-0.0563	-0.0291	-0.0548
女性	-0.1474	-0.0310	0.0733	0.0495	0.0226	0.0473
t 值	6.848**	1.552	-3.440**	-2.309*	-1.127	-2.160*

注：高级信息系统需求、基本信息系统需求、检索结果处理需求、个性化功能需求、检索功能需求和信息系统质量需求等通过因子分析得到的变量值，其平均值为因子得分的平均值。* 表示显著性水平小于 0.05，** 表示显著性水平小于 0.01。本章以下的表格同。

(二) 不同年龄用户信息系统需求的差异

如表 8-7 所示，年龄对用户的多数信息系统需求产生了显著影响。年龄不同用户的基本信息系统需求、检索结果处理需求、个性化功能需求、检索功能需求和信息系统质量需求存在显著差异。年龄不同用户的高级信息系统需求不存在显著差异。

14 岁以下和 14—17 岁的用户对图书馆信息系统的需求不强。18—24 岁、25—45 岁和 46 岁及以上用户对基本信息系统的需求高于 14 岁以下的用户，18—24 岁、25—45 岁的用户对基本信息系统的需求高于 14—17 岁的用户。但是 14 岁以下和 14—17 岁的用户对图书馆信息系统的个性化功能需求要高于其他年龄段的用户。14 岁以下和 46 岁及以上用户对图书馆信息系统检索结果处理的需求要低于其他年龄段的用户。14—17 岁的用户对图书馆信息系统检索功能的需求也高于其他年龄段的用户。14—17 岁和 18—24 岁的用户对图书馆信息系统质量的需求高于其他年龄段的用户。

这些结果表明，14 岁以下和 14—17 岁虽然对目前图书馆信息系统的需求不高，其原因有可能是目前的图书馆信息系统不太适合他们使用，图书馆可以考虑面向这些低年龄段的用户开发专门的图书馆信息系统。

表 8-7 不同年龄用户信息系统需求的平均值和方差分析统计

年龄	高级信息系统需求	基本信息系统需求	检索结果处理需求	个性化功能需求	检索功能需求	信息系统质量需求
14 岁以下	-0.331	-1.122	-0.428	0.213	-0.253	-0.333
14—17 岁	-0.213	-0.911	-0.051	0.203	0.296	0.025
18—24 岁	0.018	0.077	0.018	0.035	-0.010	0.040
25—45 岁	0.008	0.052	0.021	-0.135	0.015	-0.076
46 岁及以上	0.009	-0.394	-0.405	-0.066	-0.160	-0.453
F 值	1.992	33.057**	3.143*	3.758**	2.471*	6.747**
Levene 统计量	1.504	11.851**	1.206	0.827	0.566	3.356*

(三) 不同身份用户信息系统需求的差异

从表 8-8 可知，身份也对用户的多数信息系统需求存在影响。不同身份用户的高级信息系统需求、基本信息系统需求、个性化功能需求和信息系统质量需求存在显著差异。不同身份用户的检索结果处理和检索功能需求不存在显著差异。

学生的高级信息系统需求最高，学生、教师、专业技术人员和公司企业员工对高级信息系统的需求高于自由职业者。教师的基本信息系统需求最高，学生、教师和专业技术人员对基本信息系统的需求高于公司企业员工和自由职业者。教师对图书馆信息系统质量的需求最高。

表 8-8 不同身份用户信息系统需求的平均值和方差分析统计

身份	高级信息系统需求	基本信息系统需求	检索结果处理需求	个性化功能需求	检索功能需求	信息系统质量需求
学生	0.003	0.069	0.025	0.027	-0.012	0.039
教师	0.169	0.419	0.047	-0.117	-0.045	0.063
专业技术人员	-0.048	0.219	-0.009	-0.232	0.208	-0.112
企业公司员工	-0.019	-0.385	-0.086	-0.051	0.048	-0.077
自由职业者	-0.580	-1.072	-0.352	-0.200	-0.195	-0.392
其他	0.147	-0.274	-0.065	0.166	-0.040	-0.268
F 值	3.333**	23.168**	1.532	2.296*	1.289	4.945**
Levene 统计量	3.665**	1.266	2.857*	1.785	1.641	1.853

（四）不同学历用户信息系统需求的差异

如表 8-9 所示，学历是影响用户信息系统需求的重要因素。不同学历用户的高级信息系统需求、基本信息系统需求、检索结果处理需求、个性化功能需求存在显著差异。不同学历用户的检索功能需求和信息系统功能需求不存在显著差异。

研究生及以上学历者对高级信息系统的需求最高。对于基本信息系统，随着学历的上升，用户对其需求也在增长。学历为研究生及以上的用户对高级信息系统的需求高于学历为初中及以下和高中/中专/技校的用户。学历为研究生及以上的用户对基本信息系统的需求高于学历为初中及以下、高中/中专/技校、大专和本科的用户，学历为本科的用户对基本信息系统的需求高于学历为初中及以下、高中/中专/技校和大专的用户，学历为大专的用户对基本信息系统的需求高于学历为初中及以下和高中/中专/技校的用户。

研究生及以上学历的用户对检索结果处理的需求最高，其次是本科学历者。学历为研究生及以上的用户对检索结果处理的需求高于学历为初中及以下、高中/中专/技校和大专的用户；学历为本科的用户对检索结果处理的需求高于学历为高中/中专/技校的用户。随着学历的上升，图书馆用户的个性化信息服务功能需求也随之在下降。研究生及以上的学历者对个性化信息服务功能的需求低于学历为初中及以下、高中/中专/技校、大专和本科的用户。

表8-9 不同学历用户信息系统需求的平均值和方差分析统计

学历	高级信息系统需求	基本信息系统需求	检索结果处理需求	个性化功能需求	检索功能需求	信息系统质量需求
初中及以下	-0.212	-1.081	-0.218	0.221	-0.058	-0.325
高中/中专/技校	-0.163	-0.882	-0.245	0.102	0.072	0.004
大专	0.052	-0.525	-0.183	0.079	-0.015	-0.096
本科	-0.012	0.057	0.014	0.020	0.019	0.022
研究生及以上	0.191	0.786	0.220	-0.278	-0.122	-0.021
F值	4.124**	119.372**	7.070**	6.324**	1.270	1.832
Levene 统计量	7.226**	0.701	3.964**	3.629**	3.085*	1.607

（五）不同职称用户信息系统需求的差异

职称只对图书馆用户的检索结果处理需求产生了显著影响（见表8-10）。中级职称用户与高级职称用户对检索结果处理的需求存在显著差异。中级职称用户对检索结果处理的需求高于高级职称的用户。

表8-10 不同职称用户信息系统需求的平均值和方差分析统计

职称	高级信息系统需求	基本信息系统需求	检索结果处理需求	个性化功能需求	检索功能需求	信息系统质量需求
初级	0.135	-0.016	-0.135	-0.050	0.049	-0.298
中级	0.163	0.051	0.080	-0.085	-0.029	-0.045
高级	-0.028	0.035	-0.404	-0.114	0.040	-0.121
F值	0.606	0.138	4.418*	0.080	0.217	1.801
Levene 统计量	0.134	0.981	1.455	0.515	0.024	1.668

（六）不同学科专业用户信息系统需求的差异

从表8-11可知，用户从事或者学习的专业是影响其信息系统需求的重要因素。从事或者学习专业不同的用户的信息系统类型需求、信息系统功能需求和信息系统质量需求都存在显著差异。

人文社科类、经济管理类和自然科学类的用户对基本信息系统的需求高于工程技术类和医药卫生类的用户。经济管理类用户对高级信息系统的需求最高。人文社科类、经济管理类的用户对检索结果处理的需求高于"其他"门类的用户。医药卫生类的用户对个性化功能的需求高于经济管理类的用户。人文社科类用户对检索功能的需求高于自然科学类的用户。

表8-11　不同专业用户信息系统需求的平均值和方差分析统计

专业	高级信息系统需求	基本信息系统需求	检索结果处理需求	个性化功能需求	检索功能需求	信息系统质量需求
人文社科	-0.042	0.265	0.072	0.073	0.099	0.147
经济管理	0.106	0.241	0.044	-0.132	-0.010	-0.085
自然科学	-0.050	0.269	0.090	0.087	-0.263	0.100
工程技术	0.051	-0.027	-0.065	-0.113	-0.005	-0.050
医药卫生	-0.105	-0.143	0.121	0.163	0.002	0.119
其他	-0.044	-0.384	-0.172	0.053	0.052	-0.029
F值	2.158	23.393**	3.302**	4.560**	3.002*	4.477**
Levene统计量	5.386**	3.747**	3.839**	1.972	1.769	1.854

(七) 不同外语水平用户信息系统需求的差异

外语水平也是影响用户信息系统需求的重要因素（见表8-12）。外语水平不同用户的高级信息系统需求、基本信息系统需求、检索结果处理需求、检索功能需求和信息系统质量需求均存在显著差异。不同外语水平用户的个性化功能需求不存在显著差异。

表8-12　不同外语水平用户信息系统需求的平均值和方差分析统计

外语水平	高级信息系统需求	基本信息系统需求	检索结果处理需求	个性化功能需求	检索功能需求	信息系统质量需求
极不熟练	-0.132	-0.837	-0.111	0.118	0.011	-0.055
不熟练	0.039	-0.450	-0.164	0.076	-0.146	-0.099
一般	0.108	0.049	-0.095	-0.117	0.001	-0.122
熟练	-0.094	0.060	0.064	0.022	0.010	0.056
非常熟练	0.104	0.314	0.131	-0.020	0.090	0.084
F值	4.065**	32.818**	5.626**	1.888	2.594*	8.200**
Levene统计量	2.523*	4.136**	1.822	4.775**	0.547	0.403

注：*表示显著性水平小于0.05，**表示显著性水平小于0.01。

外语水平一般和非常熟练的用户对高级信息系统的需求高于外语水平熟练的用户。随着用户外语水平的提高，其对图书馆基本信息系统的需求也在增长。外语水平非常熟练的用户对基本信息系统的需求高于外语水平极不熟练、不熟练、一般和熟练的用户，外语水平熟练和一般的用户对基本信息系统的需求高于外语水平不熟练的用户。外语水平非常熟练和熟练的用户对检索结果处理的需求高于外语水平不熟练的用户。外语水平非常熟练的用户对图书馆信息系统质量的需求最高。

（八）不同网络使用能力用户信息系统需求的差异

由表 8-13 可知，网络使用能力是影响用户信息系统需求的重要因素。网络使用能力不同的用户的高级信息系统需求、基本信息系统需求、检索结果处理需求、检索功能需求和信息系统质量需求存在显著差异。网络使用能力不同的用户的个性化功能需求不存在显著差异。

用户的高级信息系统需求、基本信息系统需求、检索结果处理需求、检索功能需求和信息系统质量需求随着用户网络使用能力的提高而增长。

表 8-13 不同网络使用能力用户信息系统需求的平均值和方差分析统计

网络使用能力	高级信息系统需求	基本信息系统需求	检索结果处理需求	个性化功能需求	检索功能需求	信息系统质量需求
不好	-0.329	-1.013	-0.460	-0.008	-0.289	-0.297
一般	-0.088	-0.313	-0.118	-0.048	-0.084	-0.073
较好	-0.021	0.141	0.061	-0.020	0.011	0.012
很好	0.306	0.453	0.172	0.121	0.199	0.164
F 值	14.253**	80.565**	12.033**	2.064	7.520**	16.342**
Levene 统计量	10.070**	2.079	2.380	7.330	2.812	1.213

（九）不同图书馆使用习惯用户信息系统需求的差异

如表 8-14 所示，用户的图书馆使用习惯同样也是影响其信息系统需求的重要因素。图书馆使用习惯不同用户的高级信息系统需求、基本信息系统需求、检索结果处理需求、个性化功能需求和信息系统质量需求存在显著差异。图书馆使用习惯不同的用户的检索功能需求不存在显著差异。

仅使用网上图书馆的用户对高级信息系统的需求最高，使用网上图书馆为主的用户对基本信息系统的需求最高，仅使用实体图书馆的用户对高级信息系统的需求和基本信息系统的需求都是最低。使用网上图书馆的用户必然要通过图书馆信息系统才能获取图书馆资源和服务，因此其对图书馆信息系统的需求较高是理所当然的。使用网上图书馆为主的用户对检索结果处理的需求最高，使用实体图书馆为主的用户对个性化信息服务功能和信息系统质量的需求最高。说明这一部分用户虽然是以使用实体图书馆为主，但是对于图书馆信息系统的功能和质量需求并不低。

图书馆使用习惯不同用户信息系统需求的平均值和方差分析统计表见表8-14，表中 A 代表仅使用实体图书馆，B 代表使用实体图书馆为主，C 代表使用实体图书馆和网上图书馆频率一样，D 代表使用网上图书馆为主，E 代表仅使用网上图书馆。

表8-14 图书馆使用习惯不同用户信息系统需求的平均值和方差分析统计

图书馆使用习惯	高级信息系统需求	基本信息系统需求	检索结果处理需求	个性化功能需求	检索功能需求	信息系统质量需求
A	-0.166	-0.773	-0.165	-0.016	-0.034	-0.131
B	-0.005	0.071	-0.007	0.074	0.025	0.074
C	0.134	0.285	0.062	0.007	-0.011	0.047
D	0.012	0.620	0.231	-0.153	0.028	-0.054
E	0.207	0.115	-0.181	-0.100	-0.064	-0.059
F 值	6.057**	134.308**	7.602**	2.613*	0.360	3.078*
Levene 统计量	4.227**	3.735**	3.418**	2.703*	1.618	0.184

（十）不同类型图书馆用户信息系统需求的差异

从表8-15可知，图书馆类型对用户的部分信息系统需求产生了显著影响。高校图书馆和公共图书馆用户的高级信息系统需求、基本信息系统需求、检索结果处理需求和信息系统质量需求存在显著差异，高校图书馆和公共图书馆用户的个性化功能需求和检索功能需求不存在显著差异。

高校图书馆用户的高级信息系统需求、基本信息系统需求、检索结果处理需求和信息系统质量需求都高于公共图书馆用户。

表8-15 不同类型用户信息系统需求的平均值和t检验统计

图书馆类型	高级信息系统需求	基本信息系统需求	检索结果处理需求	个性化功能需求	检索功能需求	信息系统质量需求
高校图书馆	0.022	0.233	0.052	-0.006	-0.011	0.049
公共图书馆	-0.077	-0.511	-0.107	0.024	0.029	-0.124
t值	2.117*	15.314**	3.199**	-0.613	-0.808	3.258**

总括而言，虽然整体上用户对信息系统的需求并不强烈，只有馆藏书刊目录检索系统和图书馆用户网站系统属于强需求项目，但是部分用户群体如研究生及以上学历者对信息系统的需求却较高。馆藏资源的发现和电子资源的利用是用户使用图书馆信息系统的重要目的和内容。图书馆门户网站仍然发挥着重要的作用。图书馆信息系统应当在丰富书目信息、强化检索功能、多层次组织和揭示检索结果等方面继续加强，图书馆信息系统也要实现集成化，方便用户的无缝使用。图书馆信息系统宜采用简单的用户界面，提供个性化信息服务。图书馆用户信息系统应当高度重视用户个人隐私的保护，加强整合性和响应性。个人特征方面，专业、外语水平和网络使用能力是影响用户信息系统需求的重要因素。图书馆使用特征方面，用户的图书馆使用习惯和用户所属的图书馆类型都是影响其信息系统需求的重要因素。高校图书馆和公共图书馆的用户对个性化功能需求和检索功能需求之外的信息系统需求存在显著差异。

第 九 章
基于需求的用户满意研究

依据调查获得的数据,本章首先说明调查获得的用户满意程度,之后利用单因子方差分析和回归分析检验研究建立的用户满意模型,最后解释研究得到的意义。

一、用户满意程度

样本中图书馆用户对信息资源、信息服务、信息系统和图书馆整体的满意情况见表9-1。

(一) 用户的整体满意程度较高

受访者对图书馆的整体满意程度最高,达到3.86,显示用户对图书馆整体上感到满意。图书馆用户整体满意的3个问项中,"我使用图书馆的决定是明智的"平均认同程度为4.01,排在15个满意问项的第1位。"整体来说,我对图书馆感到满意"的平均认同程度为3.80,"我使用图书馆的经历是愉快的"平均认同程度为3.77。

(二) 用户对信息资源较为满意

受访者对图书馆信息资源的满意程度为3.66,表明用户对图书馆信息资源较为满意。图书馆用户信息资源满意的4个问项中,"图书馆的信息资源对我帮助很大"的平均认同程度为3.83,"我很高兴从图书馆找到了我需要的信息资源"的平均认同程度为3.73,"我对图书馆提供的信息资源感到满意"和"图书馆的信息资源正好可以解决我的问题"的平均认同程度均为 3.54。

(三) 用户对信息服务、信息系统不太满意

受访者对图书馆信息服务的满意程度为 3.45，对图书馆信息系统的满意程度为 3.43。这个结果显示出用户对图书馆信息服务和信息系统的满意不存在共识。

表 9-1 用户满意概况

统计量	信息资源满意	信息服务满意	信息系统满意	图书馆整体满意
有效	1963	1961	1960	1961
缺失	1	3	4	3
均值	3.66	3.45	3.43	3.86
标准差	0.657	0.780	0.786	0.653

二、影响用户满意的因素

与前文需求影响因素研究一样，这里同样使用独立样本 T 检验和单因子方差分析来分析用户的个人特征和图书馆使用特征对其满意的影响。

(一) 不同性别用户的满意差异

独立样本 T 检验的结果显示，性别对用户的信息资源满意、信息服务满意、信息系统满意和整体满意都没有产生显著的影响。

(二) 不同年龄用户的满意差异

年龄是影响图书馆用户满意的重要因素。年龄不同用户的信息资源满意、信息服务满意、信息系统满意和整体满意都存在显著差异。

14—17 岁的受访者对信息资源满意高于 18—24 岁的受访者，14 岁以下、14—17 岁、25—45 岁和 46 岁及以上的受访者对信息服务的满意高于 18—24 岁的受访者。14 岁以下、14—17 岁受访者的整体满意高于 18—24 岁、25—45 岁的受访者。事后分析没有找出具体是哪些年龄段的受访者对图书馆信息系统的满意存在显著差异。

(三) 不同地区用户的满意差异

用户的大部分满意都存在地区差异。受访者所在的地区对其信息资源满

意、信息服务满意和整体满意等都存在显著影响。

东部、中部的受访者对信息资源、信息服务的满意高于东北地区的受访者。东部、中部地区的受访者对图书馆的整体满意高于西部、东北部的受访者。

(四) 不同学历用户的满意差异

学历是影响图书馆用户满意的重要因素。学历不同受访者的信息资源满意、信息服务满意、信息系统满意和整体满意都存在显著差异。

学历为初中及以下、高中/中专/技校、大专的受访者对信息资源的满意高于学历为本科的受访者，学历为初中及以下的受访者对信息资源的满意高于学历为研究生及以上的受访者。学历为初中及以下、高中/中专/技校、大专的受访者对信息服务的满意度高于学历为本科、研究生及以上的受访者。学历为大专的受访者对信息系统的满意高于学历为本科、研究生及以上的受访者。学历为初中及以下、高中/中专/技校的受访者对图书馆的整体满意高于学历为本科的受访者，学历为初中及以下、高中/中专/技校、大专的受访者对图书馆的整体满意高于学历为研究生及以上的受访者。

(五) 不同身份用户的满意差异

身份也是影响图书馆用户满意的重要因素。身份不同用户的信息资源满意、信息服务满意、信息系统满意和整体满意等都存在显著差异。

身份为"其他"的受访者对信息资源的满意高于身份为教师的受访者。身份为专业技术人员、公司企业员工的受访者对信息系统的满意高于身份为学生的受访者。身份为自由职业者的受访者对图书馆的整体满意高于身份为教师的受访者。事后分析没有找出具体是哪些身份的受访者对图书馆信息系统的需求存在显著的差异。

(六) 专业不同用户的满意差异

受访者从事或学习的专业对其信息资源满意、信息服务满意存在显著影响。

经济管理类、"其他门类"的受访者对图书馆信息资源的满意高于医药卫生类的受访者。"其他门类"的受访者对信息服务的满意高于人文社科类、自然科学类的受访者。

(七) 职称不同用户的满意差异

单因子方差分析的结果表明，职称对用户的信息资源满意、信息服务满意、信息系统满意和整体满意都没有产生显著的影响。

(八) 外语水平不同用户的满意差异

受访者的外语水平对其信息服务满意、整体满意存在显著影响。

外语水平极不熟练、不熟练、非常熟练的受访者对信息服务的满意高于外语水平熟练的受访者,外语水平极不熟练的受访者对信息服务的满意高于外语水平一般的受访者。外语水平非常熟练的受访者对信息服务的整体满意高于外语水平熟练的受访者。

(九) 网络使用能力不同用户的满意差异

网络使用能力不同受访者的信息资源满意、信息服务满意和信息系统满意存在显著差异。

网络使用能力很好的受访者对信息资源、信息系统的满意高于网络使用能力一般的受访者。网络使用能力很好的受访者对信息服务的满意高于网络使用能力较好的受访者。

(十) 图书馆使用习惯不同用户的满意差异

受访者使用图书馆的习惯对其信息资源满意、信息服务满意和整体满意等存在显著影响。

仅使用网上图书馆的受访者对信息资源、信息服务和整体的满意程度都较低。仅使用实体图书馆、使用实体图书馆为主、使用实体图书馆和网上图书馆频率一样的受访者对信息资源的满意高于仅使用网上图书馆的受访者。仅使用实体图书馆、使用实体图书馆为主的受访者对信息服务的满意高于使用网上图书馆为主的受访者,仅使用实体图书馆的受访者对信息服务的满意高于仅使用网上图书馆的受访者。仅使用实体图书馆、使用实体图书馆为主、使用实体图书馆和网上图书馆频率一样、使用网上图书馆为主的受访者对图书馆的整体满意高于仅使用网上图书馆的受访者,仅使用实体图书馆、使用实体图书馆为主的受访者对图书馆的整体满意高于使用网上图书馆为主的受访者。

(十一) 不同类型图书馆用户的满意差异

受访者所属的图书馆类型对其信息资源满意、信息服务满意、图书馆信息系统满意存在显著影响,均为高校图书馆的受访者的满意程度比公共图书馆的低。

三、用户满意模型检验

图书馆用户满意模型的假设检验分为两个部分，第一部分使用单因子方差分析来检验假设 H1a、H2a 和 H3a，第二部分使用回归分析检验 H1b、H2b、H3b、H4、H5 和 H6，在完成假设检验之后再对假设检验的结果进行总结和分析。

在对研究假设进行检验之前，先对用户的信息资源满意、信息服务满意、信息系统满意、整体满意量表进行因子分析，将因子分析所得的因子得分用于回归分析。此外，还需要对参与回归分析的变量进行多重共线性检验和残差独立性检验。

满意量表因子分析的结果见表 9-2。信息资源满意、信息服务满意、信息系统满意和整体满意各自获得了一个因子，解释的总方差都在 65% 以上。

表 9-2 满意量表的因子分析结果

量表名称	KMO 值	Bartleet 球形检验的显著性	解释的总方差(%)	得到的因子数量
信息资源满意	0.804	0.000	67.789	1
信息服务满意	0.847	0.000	82.491	1
信息系统满意	0.842	0.000	80.604	1
图书馆整体满意	0.708	0.000	73.508	1

在线性回归模型中，如果解释变量存在多重共线性，将对参数估计、统计检验及模型估计值的可靠性、稳定性产生不利影响，检验解释变量之间是否存在严重多重共线性的方法之一为相关系数检验法。样本中任何两个不同解释变量求简单相关系数，如果相关系数 r 的绝对值比较大，例如 |r| > 0.8，或 |r| > 0.9，就可以认为这两个变量之间高度相关，因而样本存在多重共线性[①]。表 9-3 中没有任何两个变量之间的相关系数大于 0.8 或者 0.9 以上，其相关系数最高为 0.657，表明本研究变量之间并没有显著的复

---

① 孙敬水：《中级计量经济学》，上海，上海财经大学出版社 2009 年版，第 127 页。

共线性存在。

表9-3 满意的多重共线性检验统计表

	信息资源质量需求	信息服务质量需求	信息系统质量需求	信息资源质量感知	信息服务质量感知	信息系统质量感知	信息资源满意	信息服务满意	信息系统满意	整体满意
信息资源质量需求	1.000									
信息服务质量需求	0.041	1.000								
信息系统质量需求	0.057*	0.061**	1.000							
信息资源质量感知	-0.026	-0.012	0.008	1.000						
信息服务质量感知	-0.015	0.013	0.002	0.018	1.000					
信息系统质量感知	-0.004	-0.015	-0.014	0.031	0.024	1.000				
信息资源满意	0.068**	0.018	0.065**	0.333**	0.354**	0.319**	1.000			
信息服务满意	0.018	0.027	0.037	0.159**	0.540**	0.258**	0.531**	1.000		

续表

	信息资源质量需求	信息服务质量需求	信息系统质量需求	信息资源质量感知	信息服务质量感知	信息系统质量感知	信息资源满意	信息服务满意	信息系统满意	整体满意
信息系统满意	0.003	0.026	0.038	0.205**	0.402**	0.349**	0.591**	0.657**	1.000	
整体满意	0.072**	0.051*	0.098**	0.220**	0.386**	0.271**	0.577**	0.622**	0.596**	1.000

* 表示在置信度（双测）为 0.05 时，相关性是显著的，** 表示在置信度（双测）为 0.01 时，相关性是显著的。

残差独立是指每一个自变量的残差项都是独立的，也就是和任何其他的自变量无关。线性回归中，总是假设残差是彼此独立的。如果违反相互独立假设，一些模型的拟合结果就会成问题。误差项之间的正相关往往会放大系数 t 值，从而使预测变量显得重要，而事实上它们可能并不重要。本研究采用 Durbin-Watson 统计量来检验残差项是否独立，其参数称为 DW 或 D。D 的取值范围是 0 < D < 4。其统计学意义为：D ≈ 2，残差与自变量相互独立；D < 2，残差与自变量正相关；D > 2，残差与自变量负相关[①]。本研究中的 D 值为 1.875—1.9805，比较接近 2（见表 9-4），因此可以认为回归模型的残差具备独立性。

表 9-4 残差独立性检验统计表

因变量	自变量	D-W 值
信息资源满意	信息资源质量感知，信息资源质量需求	1.905
信息资源满意	信息资源质量感知	1.901
信息服务满意	信息服务质量感知，信息服务质量需求	1.893
信息服务满意	信息服务质量感知	1.895
信息系统满意	信息系统质量感知，信息系统质量需求	1.885
信息系统满意	信息系统质量感知	1.886
图书馆整体满意	信息资源满意，信息服务满意，信息系统满意	1.875

① 孙敬水：《中级计量经济学》，上海，上海财经大学出版社 2009 年版，第 127 页。

(一) 单因子方差分析

如表 9-5 所示，样本中信息资源质量正向差异（信息资源质量感知高于或者等于信息资源需求）的用户有 454 位，平均满意程度为 3.8333，负向差异（信息资源质量感知低于信息资源质量需求）的用户为 1452 位，平均满意程度为 3.5987。信息资源质量正向差异的用户与负向差异的用户对信息资源的满意程度存在显著差异（p=0.000<0.01），并且是正向差异的用户对信息资源的满意程度高于负向差异的用户，也就是说在信息资源质量的感知与需求之间的正向差异与信息资源较高的满意程度之间相关，研究假设 H1a 得到支持。

表 9-5 差异方向与满意方差分析

	正向差异	负向差异	F 值	显著性
信息资源满意 （信息资源质量）- H1a	3.8333(N=454)	3.5987(N=1452)	44.933	0.000**
信息服务满意 （信息服务质量）- H2a	3.8553(N=312)	3.3654(N=1582)	110.956	0.000**
信息系统满意 （信息系统质量）- H3a	3.7402(N=411)	3.3678(N=1447)	88.571	0.000**

** 表示在 0.01 水平（双侧）上显著。

信息服务质量正向差异（信息服务质量感知高于或者等于信息服务质量需求）的用户有 312 位，平均满意程度为 3.8553，负向差异（信息服务质量感知低于信息服务质量需求）的用户为 1582 位，平均满意程度为 3.3654。信息服务质量正向差异的用户与负向差异的用户对信息服务质量的满意程度存在显著差异（p=0.000<0.01），并且是正向差异的用户对信息服务的满意程度高于负向差异的用户，也就是说在信息服务质量感知与信息服务质量需求之间的正向差异与信息服务较高的满意程度之间相关，研究假设 H2a 得到支持。

信息系统质量正向差异（信息系统质量感知高于或者等于信息系统质量需求）的用户有 411 位，平均满意程度为 3.7402，负向差异（信息系统质量感知低于信息系统质量需求）的用户有 1447 位，平均满意程度为

3.3687。信息系统质量正向差异的用户与负向差异的用户对信息系统的满意程度存在显著差异（p=0.000<0.01），并且是正向差异的用户对信息系统的满意程度高于负向差异的用户，也就是说信息系统质量感知与信息系统质量需求之间的正向差异与信息系统较高的满意程度之间相关，研究假设 H3a 得到支持。

（二）回归分析

Tesch、Jiang 和 Klein 指出，在检验质量感知与需求之间的差异对满意程度影响的回归模型中，首先将质量需求变量作为独立变量，将满意变量作为因变量，进行一次回归分析，将感知质量加入再进行一次回归，感知质量的显著结果来源于质量差异，也就是可以用感知质量的显著性来判断质量差异对满意度的影响[①]。

本研究检验假设 H1b-H3b 使用的回归模式如下：将用户对图书馆的信息资源质量需求、信息服务质量需求、信息系统质量需求（$X1$）及信息资源质量感知、信息服务质量感知、信息系统质量感知（$X2$）作为两个自变量，将信息资源满意、信息服务满意、信息系统满意作为因变量来得到回归方程式：

$$Y = b0 + b1 * X1 + b2 * X2 + \varepsilon$$

利用 $b1$、$b2$ 的相关系数显著性来判断图书馆用户对信息资源质量、信息服务质量、信息系统质量的正向差异大小与满意程度是否存在正相关关系。

如表 9-6 所示，在模型 1 中，信息资源质量需求对信息资源满意的有效解释能力（调整 R 方）为 1.3%，但是在模型 2 中增加了信息资源质量感知这个变量之后，对信息资源满意的有效解释能力增加到 12.5%，增加了 11.2%；在标准化的回归系数中，信息资源质量需求的标准化系数与信息资源质量感知的标准化系数都为正数，表明信息资源质量需求和信息资源质量感知与信息资源满意正相关。信息资源质量感知的检验结果具有显著性（p=0.000），证明信息资源质量感知与信息资源质量需求之间的差异大小与信息资源满意之间存在显著性，假设 H1b 得到支持。

[①] Tesch D, Jiang J J, Klein G, 2003: "The Impact of Information System Personnel Skill Discrepancies on Stakeholder Satisfaction", *Decision Sciences*, 34(1), 107-129.

表9-6　信息资源满意模型回归分析

因变量:信息资源满意

模型		非标准化系数		标准系数	t	Sig.
		B	标准误差	Beta		
1	(常量)	-0.005	0.023		-0.217	0.828
	信息资源质量需求	0.113	0.023	0.115	4.89	0.000
2	(常量)	-0.005	0.022		-0.227	0.821
	信息资源质量感知	0.113	0.022	0.115	5.195	0.000
	信息资源质量需求	0.33	0.022	0.334	15.149	0.000
模型	均方	F	Sig.	R	R方	调整R方
1	22.938	23.910	0.000b	0.115	0.013	0.013
2	109.131	128.221	0.000b	0.353	0.125	0.124

表9-7　信息服务满意模型回归分析

因变量:信息服务满意

模型		非标准化系数		标准系数	t	Sig.
		B	标准误差	Beta		
1	(常量)	2.907	0.133		21.931	0.000
	信息服务质量需求	0.128	0.031	0.094	4.121	0.000
2	(常量)	-0.022	0.019		-1.121	0.262
	信息服务质量感知	0.033	0.019	0.033	1.689	0.091
	信息服务质量需求	0.548	0.019	0.555	28.264	0.000
模型	均方	F	Sig.	R	R方	调整R方
1	10.110	16.984	0.000	0.094	0.009	0.008
2	212.940	574.533	0.000	0.615	0.378	0.377

由表9-7可知,在模型1中,信息服务质量需求对信息服务满意的有效解释能力(调整R方)为0.8%,但是在模型2中增加了信息服务质量感知这个变量之后,对信息服务满意度的有效解释能力增加到37.7%,增加了36.9%;在标准化的回归系数中,信息服务质量需求的标准化系数与信息服务质量感知的标准化系数都为正数,表明信息服务质量需求和信息服务质量感知与信息服务满意正相关。信息服务质量感知的检验结果具有显著性(p=0.000),证明信息服务质量感知与信息服务质量需求之间的差异大小

和信息服务满意之间存在显著性,假设 H2b 得到支持。

如表 9-8 所示,信息系统质量需求和信息系统满意之间不存在因果关系,信息系统质量感知对信息系统满意度的有效解释能力为 13.3%;在标准化的回归系数中,信息系统质量需求的标准化系数为正数,但是不显著,信息系统质量认知的标准化系数为正数,表明信息系统质量感知与信息资源满意正相关。信息系统质量感知的检验结果具有显著性($p = 0.000$),证明信息系统质量感知与信息系统质量需求之间的差异大小与信息系统满意之间存在显著性,假设 H3b 得到支持。

表 9-8 信息系统满意方差分析

因变量:信息系统满意

模型		非标准化系数		标准系数	t	Sig.
		B	标准误差	Beta		
1	(常量)	-0.015	0.023		-0.645	0.519
	信息系统质量需求	0.029	0.023	0.029	1.224	0.221
2	(常量)	-0.015	0.022		-0.688	0.492
	信息系统质量感知	0.030	0.022	0.030	1.354	0.176
	信息系统质量需求	0.362	0.022	0.364	16.576	0.000
模型	均方	F	Sig.	R	R 方	调整 R 方
1	1.480	1.498	0.221	0.029	0.001	0.000
2	118.525	138.253	0.000	0.366	0.134	0.133

本研究对 H4—H6 进行检验的回归模型如下:信息资源满意($X3$)、信息服务满意($X4$)、信息系统满意($X5$)为三个自变量,整体满意为因变量,回归方程式为:

$$Y = b0 + b3 * X3 + b4 * X4 + b5 * X5 + \varepsilon$$

从表 9-9 中的统计数据可知,在标准化的回归系数中,信息资源满意、信息服务满意、信息系统满意的标准化系数分别为 0.275、0.306 和 0.263,均为正数,表示它们对因变量的影响均为正向,三者的回归系数显著性检验的 t 值分别为 13.480($p = 0.000 < 0.05$)、13.890($p = 0.000 < 0.05$)、11.362($p = 0.000 < 0.05$),回归系数均达到显著性水平,说明信息资源满意、信息服务满意、信息系统满意对整体满意的影响为显著正向。研究假设

H4—H6 得到支持。

表 9-9 图书馆用户整体满意回归分析

因变量:图书馆用户整体满意

模型		非标准化系数		标准系数	t	Sig.
		B	标准误差	Beta		
1	（常量）	-0.002	0.016		-0.116	0.908
	信息资源满意	0.276	0.020	0.275	13.480	0.000
	信息服务满意	0.306	0.022	0.306	13.890	0.000
	信息系统满意	0.264	0.023	0.263	11.362	0.000
模型	均方	F	Sig.	R	R 方	调整 R 方
1	344.422	734.452	0.000	0.730	0.532	0.532

经过单因子方差分析和回归分析，本研究的假设检验结果见表 9-10。由此表可知，所有的研究假设都得到了支持。

表 9-10 各研究假设检验结果

假设	内容	检验结果
H1a	用户信息资源质量感知与需求之间的正向差异和信息资源满意存在正向关系	成立
H2a	用户信息服务质量感知与需求之间的正向差异和信息服务满意存在正向关系	成立
H3a	用户信息系统质量感知与需求之间的正向差异和信息系统满意存在正向关系	成立
H1b	用户信息资源质量感知与需求差异的大小与用户的信息资源满意呈现正相关关系	成立
H2b	用户信息服务质量感知与需求差异的大小与用户的信息服务满意呈现正相关关系	成立
H3b	用户信息系统质量感知与需求差异的大小与用户的信息系统满意呈现正相关关系	成立
H4	用户的信息资源满意对图书馆整体满意存在正向影响	成立
H5	用户的信息服务满意对图书馆整体满意存在正向影响	成立
H6	用户的信息系统满意对图书馆整体满意存在正向影响	成立

(三) 结果解释与说明

从表 9-5 可知，图书馆用户的正向差异对满意的影响中以信息系统质量最低，其次是信息资源质量，最高为信息服务质量。图书馆用户的负向差异对满意的影响中以信息服务质量最高，其次是信息系统质量，最低是信息资源质量。这样的结果表明，当质量感知 ≥ 质量需求时，图书馆用户满意受信息服务质量的影响最大；当质量感知 < 质量需求时，图书馆用户的满意受信息服务质量的影响也是最大。在正向差异中，信息服务的满意最高，代表用户最重视信息服务质量，在负向差异中，信息服务的满意最低，说明图书馆连信息服务质量的基本要求都达不到，则用户会很不满意。

在正向差异中，信息服务质量差异的人数最少，这表示图书馆最应该提高信息服务质量。在负向差异中，信息系统质量差异的人数最少，代表相对于信息服务质量和信息资源质量，图书馆用户对信息系统质量的感觉较好。

在回归分析中，研究假设 H1b、H2b、H3b、H4、H5 和 H6 都得到支持，并且也是以服务质量的解释能力最强，代表服务质量的差异最能影响图书馆用户的满意程度，因为图书馆属于服务行业，所以信息服务质量会对用户的满意程度影响最深。Shi 的研究中，信息用户的满意在很大程度上取决于信息产品满意[①]。本研究的结论与 Shi 的不太一致。原因有可能是在 Shi 的研究中将信息服务和信息系统合在一起，而本研究对信息服务和信息系统进行了区分。

用户对图书馆的整体满意程度较高，对图书馆信息资源较为满意，但是对图书馆信息服务和信息系统不太满意。影响用户满意的因素方面，年龄、学历和身份是影响图书馆用户满意的重要因素。图书馆用户满意模型方面，用户信息资源质量感知和信息资源质量需求之间差异的方向和大小对其信息资源满意都存在显著影响，用户信息服务质量感知和信息服务质量需求之间差异的方向和大小对其信息资源满意都存在显著影响，用户信息系统质量感知和信息系统质量需求之间差异的方向和大小对其信息资源满意都存在显著影响。用户信息资源满意、信息服务满意、信息系统满意对整体满意都存在正向影响。图书馆用户最重视信息服务质量，对信息系统质量的感知较好。

---

① Shi X, Holahan J P, Jurkat P M, 2004: "Satisfaction formation processes in library users: multi source effects", *The Journal of Academic Librarianship*, 30(2), 122-131.

第 十 章
用户需求和满意第二次调查分析

由于时间和人力物力的限制，2011年进行的"网络环境中图书馆用户需求和满意"问卷调查的对象以广东地区的高校图书馆用户和公共图书馆用户为主，其他地区的用户所占比例较少。为了弥补2011年问卷调查的缺憾，同时，因为图书馆用户需求是发展变化的，也需要进行持续研究，我们在2013年3—5月又进行了一次问卷调查。东部地区，选择了广州、北京、上海等地的部分图书馆；中部地区，选择了湖南、湖北等地的部分图书馆；西部地区，选择了云南、甘肃和四川等地的部分图书馆；东北地区，选择吉林的部分图书馆，对其用户发放纸本问卷进行问卷调查。我们同时也在网络上发布了问卷，邀请感兴趣的用户来回答。纸本问卷调查，高校图书馆共回收有效问卷725份，公共图书馆共回收有效问卷680份。网络调查回收有效问卷124份。用户需求和满意第二次调查共回收有效问卷1529份。

一、样本基本特征

样本的基本特征包括人口统计特征、专业、职称情况、外语水平等特征，上网设备的使用情况，网络应用的使用情况，图书馆使用特征等。

（一）人口统计特征

人口统计特征包括性别、年龄、所在地区、学历和身份五个方面，样本的人口统计特征见表10-1。

性别方面，男性和女性的比例分别为44.8%和55.2%，女性所占比例比男性高 10.4%。2011 年调查时男性和女性比例分别为 46.7% 和 53.3%，这一次女性的比例有所增加。

表 10-1 样本的人口统计特征

		频率	百分比(%)	有效百分比(%)	累积百分比(%)
性别	男	675	44.1	44.8	44.8
	女	832	54.4	55.2	100.0
	合计	1507	98.6	100.0	
年龄	14 岁以下	25	1.6	1.7	1.7
	14—17 岁	72	4.7	4.8	6.4
	18—24 岁	863	56.4	57.0	63.4
	25—45 岁	484	31.7	31.9	95.3
	46 岁及以上	71	4.6	4.7	100.0
	合计	1515	99.1	100.0	
地区	东部	853	55.8	55.9	55.9
	中部	137	9.0	9.0	64.9
	西部	471	30.8	30.9	95.8
	东北	64	4.2	4.2	100.0
	合计	1525	99.7	100.0	
学历	初中及以下	51	3.3	3.3	3.3
	高中/中专/技校	149	9.7	9.8	13.1
	大专	100	6.5	6.6	19.7
	本科	818	53.5	53.6	73.3
	研究生及以上	407	26.6	26.7	100.0
	合计	1525	99.7	100.0	
身份	学生	1001	65.5	65.6	65.6
	教师	117	7.7	7.7	73.2
	专业技术人员	120	7.8	7.9	81.1
	公务员	27	1.8	1.8	82.8
	公司企业员工	123	8.0	8.1	90.9
	农民	4	0.3	0.3	91.2
	自由职业者	46	3.0	3.0	94.2
	离退休人员	18	1.2	1.2	95.4
	无业/下岗/失业人员	17	1.1	1.1	96.5
	其他	54	3.5	3.5	100.0
	合计	1527	99.9	100.0	

年龄方面，18—24 岁的受访者所占比例最高，为 57.0%（2011 年调查为 67.6%）；其次是 25—45 岁的，比例为 31.9%（2011 年调查为 24.5%）；再次是 14—17 岁的，比例为 4.8%（2011 年调查为 4.1%）；46 岁及以上的所占比例为 4.7%（2011 年调查为 1.7%），年龄在 14 岁以下的最少，比例为 1.7%（2011 年调查 1.8%）。样本还是以 18—45 岁的受访者为主，但是所占比例从 2011 年调查的 92.1% 下降到 88.9%，老年人的比例增加较多，青少年样本的比例有所增加。样本中各个年龄段的分布比 2011 年的调查更加平衡。

地区方面，受访者以东部地区为主，所占比例为 55.9%（2011 年调查为 77.2%），西部地区受访者所占的比例排在第二位，为 30.9%（2011 年调查为 10.8%），中部地区受访者所占的比例为 9.0%（2011 年的调查为 10.6%），东北地区受访者所占的比例最低，只有 4.2%（2011 年调查为 1.4%）。样本的省份分布见表 10-2。2011 年的样本以广东地区为主，广东地区的受访者占样本总数的 61.2%，这次调查广东地区受访者的比例下降到 35.1%。此次调查的地区分布比 2011 年调查更加平衡。

表 10-2　样本的省份分布

省(自治区、直辖市)名称	有效样本份数	百分比(%)
广东	536	35.1
北京	191	12.5
云南	184	12.0
四川	137	9.0
甘肃	136	8.9
上海	93	6.1
湖北	86	5.6
吉林	53	3.5
湖南	51	3.3
其他省(自治区、直辖市)	62	4.1

学历方面，此次调查的样本仍然以本科学历者为主，本科学历者占样本的比例为 53.6%（2011 年调查为 69.6%），研究生及以上学历者的比例为 26.7%（2011 年为 12.5%），大专学历者的比例为 6.6%（2011 年调查为

6.9%），高中/中专/技校学历者的比例为9.8%（2011年调查7.2%），初中及以下学历者的比例最少，为3.3%（2011年调查为3.8%）。此次调查样本的学历本科及以上学历者的比例从2011年调查的82.1%上升到此次的90.3%。此次调查样本的学历比2011年的调查有所提升。

身份方面，此次调查的样本中学生所占的比例仍然是最高，为65.6%（2011年调查为71.9%）；其次是公司企业员工，比例为8.1%（2011年调查为11.9%）；再次是医生、律师、科研人员等专业技术人员，比例为7.9%（2011年调查为4.8%）；排在第四位的是教师，比例为7.7%（2011年调查为4.4%）；排在第五位的是自由职业者，比例为3.0%（2011年调查为1.9%）。公务员、农民、无业/下岗/失业者的数量都较少。此次调查，学生、公司企业员工、专业技术人员、教师等身份的排序没有变化，只是所占比例发生了一定的变化，学生的比例下降了6.3个百分点，公司企业员工的比例下降了3.8个百分点，专业技术人员、教师和自由职业者的比例有所上升。

（二）其他特征

样本的专业、职称情况、外语水平等特征见表10-3。

表10-3 样本的学科门类、职称、外语水平分布

		频率	百分比(%)	有效百分比(%)	累积百分比(%)
专业	人文社科类	353	23.1	23.7	23.7
	经济管理类	433	28.3	29.0	52.7
	自然科学类	188	12.3	12.6	65.3
	工程技术类	199	13.0	13.3	78.7
	医药卫生类	119	7.8	8.0	86.7
	其他门类	199	13.0	13.3	100.0
	合计	1491	97.5	100.0	
职称	无职称	1122	73.4	75.2	75.2
	初级	120	7.8	8.0	83.2
	中级	187	12.2	12.5	95.8
	副高级	51	3.3	3.4	99.2
	正高级	12	0.8	0.8	100.0
	合计	1492	97.6	100.0	

续表

		频率	百分比(%)	有效百分比(%)	累积百分比(%)
外语水平	极不熟练	36	2.4	2.4	2.4
	不熟练	305	19.9	20.2	22.6
	一般	245	16.0	16.2	38.8
	熟练	566	37.0	37.4	76.2
	非常熟练	360	23.5	23.8	100.0
	合计	1512	98.9	100.0	

专业分布方面，样本用户目前从事/学习的专业以经济管理类居多，比例为29.0%（2011年调查为30.7%）；其次是人文社科类，比例为23.7%（2011年为15.5%）；排在并列第三位的是工程技术类和其他门类，比例都为13.3%（2011年调查工程技术类为17.6%，其他门类为15.1%）；第五位的是自然科学类，比例为12.6%（2011年为9.2%），最少的为医药卫生类，比例为8.0%（2011年调查为11.9%）。与2011年的第一次调查相比，样本中经济管理类用户的比例稍有增加，人文社科类用户的比例增加较多，工程技术类、医药卫生类、其他门类用户的比例有所减少，自然科学类用户的比例也有所增加。

职称方面，样本中无职称的受访者最多，比例高达75.2%（2011年调查为82.2%）；其次是中级职称，比例为12.5%（2011年调查为8.7%）；再次是初级职称，比例为8.0%（2011年调查为6.8%）；拥有副高级职称者较少，比例为3.4%（2011年调查为1.7%），拥有正高级职称者最少，比例只有0.8%（上一次为0.5%）。此次调查样本的职称结构也比2011年调查有所提升。

外语水平方面，外语水平熟练的受访者还是最多，占样本的比例为37.4%（2011年为43.1%），外语水平非常熟练、一般、不熟练的受访者占样本的比例都差不多，分别是23.8%（2011年为19.1%）、16.2%（2011年为18.5%）和20.2%（2011年为18.4%）。只有2.4%（2011年为1%）的受访者的外语水平为极不熟练。2011年调查样本的外语水平均值为3.61，本地调查样本的外语水平均值为3.60，二者基本上一致。

（三）上网设备使用

电脑还是使用最多的上网设备，98.5%（2011年为99.8%）的受访者都使用电脑上网,其中 66.7%(2011 年为 65.2%)的受访者几乎每天都使用电脑上网,20.7%(2011 年为 23.2%)的受访者经常使用电脑上网,8%(2011 年为 9.6%)的受访者有时会使用电脑上网,只有 3%(2011 年为 1.9%)的受访者很少使用电脑上网。电脑作为上网设备,使用率稍有下降,这个结果与中国互联网信息中心发布的《第 31 次中国互联网络发展状况统计报告》一致,在这个报告中,2012 年年底网民通过台式电脑上网的比例比 2011 年年底下降了近三个百分点。通过笔记本电脑上网的网民比例与 2011 年年底相比略有降低[1]。

有 92.8%(2011 年调查为 84.3%)的受访者使用智能手机上网,其中 52.5%(2011 年调查为 29.8%)的受访者几乎每天用,18.2%(2011 年调查为 18.4%)的受访者经常使用,13.6%(2011 年调查为 18%)的受访者有时使用,很少使用的受访者的比例是 8.3%(2011 年调查为 18%)。智能手机作为上网终端的平均使用频率从 2011 年调查的 3.28 上升到这次的 4.01,上升比较迅速,这与中国互联网信息中心发布的《第 31 次中国互联网络发展状况统计报告》结果一致。该报告指出,手机上网的比例保持较快增速[2]。

以 iPad 为代表的平板电脑已经成为非常重要的上网设备,调查显示,63.2%(2011 年调查为 34.2%)的受访者使用平板电脑上网,其中 12.3%(2011 年调查为 3.6%)的受访者几乎每天用,9.8%(2011 年调查为 3.4%)的受访者经常使用,16.4%(2011 年调查为 7.2%)的受访者有时使用,24.7%(2011 年调查为 20%)的受访者很少使用。上网设备的使用情况见表 10-4。平板电脑作为上网终端的平均使用频率从 1.59 上升到 2.36,增长也是非常迅速。

---

[1] 中国互联网络信息中心:《第 31 次中国互联网络发展状况统计报告》,http://www.cnnic.cn/hlwfzyj/hlwxzbg/hlwtjbg/201301/P020130122600399530412.pdf。
[2] 中国互联网络信息中心:《第 31 次中国互联网络发展状况统计报告》,http://www.cnnic.cn/hlwfzyj/hlwxzbg/hlwtjbg/201301/P020130122600399530412.pdf。

表 10-4 上网设备的使用统计

		频率	百分比(%)	有效百分比(%)	累积百分比(%)
电脑上网	从不使用	23	1.5	1.5	1.5
	很少使用	46	3.0	3.0	4.5
	有时使用	123	8.0	8.0	12.6
	经常使用	317	20.7	20.7	33.3
	几乎每天用	1019	66.6	66.7	100.0
	合计	1528	99.9	100.0	
智能手机上网	从不使用	109	7.1	7.2	7.2
	很少使用	126	8.2	8.3	15.6
	有时使用	205	13.4	13.6	29.1
	经常使用	275	18.0	18.2	47.4
	几乎每天用	795	52.0	52.6	100.0
	合计	1510	98.8	100.0	
平板电脑上网	从不使用	549	35.9	36.8	36.8
	很少使用	369	24.1	24.7	61.5
	有时使用	245	16.0	16.4	77.9
	经常使用	147	9.6	9.8	87.7
	几乎每天用	183	12.0	12.3	100.0
	合计	1493	97.6	100.0	

（四）网络应用使用

即时通信的平均使用频率有所下降，这可能与样本的年龄结构变化有关，此次调查和 2011 年的调查中都是 18—24 岁的受访者即时通信的平均使用频率最高。搜索引擎的平均使用频率有所增长，电子邮件、在线百科全书的使用率稍有降低。微博的平均使用频率增长较多，说明微博影响力的扩大。社交网站和论坛/BBS 的平均使用频率没有变化。各种网络应用的使用情况见表 10-5。

网络使用能力方面，调查结果显示，25%（2011 年调查为 17.1%）的受访者网络使用能力很好，50.1%（2011 年调查为 49.9%）的受访者网络使用能力较好，20.6%（2011 年调查为 33.3%）的网络使用能力一般，3.1%（2011 年调查为 4%）的受访者网络使用能力不好。样本用户的平均网络使用能力为 3.95，2011 年的调查为 3.80，样本的平均网络使用能力有所增长。

表 10-5 网络应用的使用统计

网络应用	有效	缺失	平均使用频率	2011年平均使用频率
搜索引擎	1510	19	4.42	4.2
即时通信	1513	16	4.31	4.45
电子邮件	1511	18	3.92	3.96
微博	1498	31	3.53	2.94
在线百科全书	1512	17	3.38	3.39
博客	1512	17	3.33	2.6
社交网站	1504	25	2.67	2.67
论坛/BBS	1492	37	2.67	2.67

（五）图书馆使用频率和使用图书馆的类型

图书馆的频率方面，98.8%（2011年调查为97.1%）的受访者到过实体图书馆。其中14.7%（2011年调查为15.3%）的受访者到图书馆的频率为半年1—3次，31.6%（2011年调查为32.3%）的受访者为每月1—3次，34.4%（2011年调查为34.2%）的受访者为每周1—3次，18.1%（2011年调查是15.4%）的受访者为几乎每天去。去图书馆的平均频率为3.54，2011年的调查这一数值为3.44。受访者到图书馆的频率有所增加，可能是这次更大比例的样本是在图书馆调查获得的缘故。

76.8%（2011年是75.8%）的受访者远程使用过图书馆，7.7%（2011年是6.7%）的受访者几乎每天远程使用图书馆，19.6%（2011年是19.3%）的受访者每周1—3次远程使用图书馆，27.4%（2011年是29%）的受访者每月1—3次远程使用图书馆，22.0%的受访者（2011年是20.8%）半年1—3次远程使用图书馆（见表10-6）。此次调查受访者平均远程使用图书馆的频率是2.67，2011年的调查此数据为2.63。用户远程使用图书馆的频率有所增长，并且2013年的调查大多数样本在馆内获得。

研究样本中，18.9%（2011年调查是20.3%）的受访者很少使用图书馆，39.5%（2011年调查是39.7%）的受访者有时使用图书馆，30.5%（2011年是31.2%）的受访者经常使用图书馆，11.1%（2011年是8.8%）的受访者几乎每天使用图书馆。总体来说，两次的调查结果基本一致，用户使用图书馆的频率不高,以低频使用为主。

表10-6 图书馆使用频率

		频率	百分比(%)	有效百分比(%)	累积百分比(%)
到图书馆的频率	没有去过	18	1.2	1.2	1.2
	半年1—3次	223	14.6	14.7	15.9
	每月1—3次	479	31.3	31.6	47.5
	每周1—3次	521	34.1	34.4	81.9
	几乎每天去	275	18.0	18.1	100.0
	合计	1516	99.1	100.0	
远程使用图书馆的频率	没有用过	349	22.8	23.2	23.2
	半年1—3次	331	21.6	22.0	45.3
	每月1—3次	411	26.9	27.4	72.6
	每周1—3次	295	19.3	19.6	92.3
	几乎每天用	116	7.6	7.7	100.0
	合计	1502	98.2	100.0	

受访者中,使用实体图书馆为主的比例最高,为50.1%(2011年是34.7%);其次是使用实体图书馆和网上图书馆频率一样的,为27.5%(2011年是25.1%);再次是使用网上图书馆为主的,为13.2%(2011年是13.4%);第四是仅使用实体图书馆的,为7.8%(2011年是23.9%);排在最后的是仅使用网上图书馆的,占0.5%(2011年是2.9%)。尽管2013年的调查大部分研究样本通过馆内调查获得,但是仅使用实体图书馆受访者的比例还是比2011年大幅度下降,体现出用户使用图书馆习惯的变化。

受访者所属的图书馆类型方面,57.3%(2011年的调查是67.5%)的受访用户是高校图书馆用户,42.0%(2011年的调查是31%)的是公共图书馆用户,还有0.7%的受访者对此问题没有作出回答或者是没有按照要求填写答案。

二、基于聚类分析的用户结构

(一)用户需求强度

总体而言,样本用户对图书馆各种资源、服务和系统的需求均值不高,仅为2.48。这个数值与2011年的调查结果基本一致。2011年调查的这一结果是2.47。参照2011年的调查，此次调查强需求项目指需求水平在3.0及以上的项目；中需求项目指需求水平在2.48—2.99（含2.48和2.99）之间的项目；弱需求是指需求水平在2.48以下的项目。

1. 强需求项目

用户总体需求中属于强需求的项目共7项，占全部项目数的16.3%。按均值大小排序分别为：自习服务（平均需求强度3.39）、书刊阅览服务（平均需求强度3.33）、学术类图书（平均需求强度3.25）、休闲类图书（平均需求强度3.13）、书刊外借服务（平均需求强度3.10）、图书馆门户网站系统（平均需求强度3.07）、馆藏书刊目录检索系统（平均需求强度3.06）。与2011年的调查相比，自习服务需求有所增长，排名也从第二位上升到第一位，报纸需求从强需求项目中退出，产生这样结果的原因可能是与传统报业的衰落有关。

2. 中需求项目

此次调查，用户总体需求里面属于中需求的项目共12项，占全部项目数的27.9%。按均值大小排序分别是电子资源检索服务（平均需求强度2.98）、电子资源/数据库检索/服务系统（平均需求强度2.96）、报纸（平均需求强度2.95）、学术类期刊（平均需求强度2.94）、工具书（平均需求强度2.91）、电子资源统一检索系统（平均需求强度2.90）、休闲类期刊（平均需求强度2.88）、馆藏书刊目录查询服务（平均需求强度2.80）、电子资源导航（平均需求强度2.76）、馆内上网服务（平均需求强度2.65）、网络信息导航服务（平均需求强度2.56）、自助借还机/自助图书馆（平均需求强度2.54）。与2011年的调查相比，中需求项目数有所增加。馆内上网服务、自助借还机/自助图书馆从弱需求项目上升到中需求项目，报纸从强需求项目下降为中需求项目，这反映出用户需求的变迁。

3. 弱需求项目

用户总体需求中属于弱需求项目的共24项，占全部项目数的55.8%。

与2011年调查结果一样，图书馆用户总体需求强度仍然不高，图书馆用户总体需求中弱需求项目占了较大比重。

(二) 图书馆用户结构

先对用户的信息资源类型需求、信息服务类型需求和信息系统类型需求进行因子分析，以主成分法进行因子特征的抽取，以最大方差法进行因子旋转。

用户信息资源类型需求第一次因子分析的 KMO 系数为 0.832，Bartlett 的球形度检验 p 值为 0.000，累计解释的总方差为 66.295%，提取的公因子方差为 0.384—0.822。删除提取公因子方差在 0.4 以下的"工具书需求"这一问项之后继续进行因子分析。第二次因子分析的 KMO 系数为 0.829，Bartlett 的球形度检验 p 值为 0.000，累计解释的总方差为 70.469%，提取的公因子方差为 0.506—0.799。因子 1 包括专利文献需求、标准文献需求、政府出版物需求、会议论文需求和学位论文需求等问项，解释的总方差为 34.580%，将其命名为特种文献需求；因子 2 包括休闲类期刊需求、休闲类图书需求和报纸需求，解释的总方差为 18.914%，将其命名为休闲类资源需求；因子 3 包括学术类图书需求和学术类期刊需求，解释的总方差为 16.975%，将其命名为学术书刊需求。图书馆用户信息资源类型需求因子分析的结果见表 10 - 7。

表 10 - 7　信息资源类型需求因子分析旋转矩阵

	成　分		
	1	2	3
专利文献需求	0.860	0.096	0.145
标准文献需求	0.839	0.066	0.177
政府出版物需求	0.778	0.196	0.025
会议论文需求	0.772	0.034	0.304
学位论文需求	0.726	-0.093	0.443
休闲类期刊需求	0.080	0.865	0.006
休闲类图书需求	-0.101	0.806	0.159
报纸需求	0.255	0.654	-0.115
学术类图书需求	0.144	0.027	0.882
学术类期刊需求	0.430	0.042	0.735

用户信息服务类型需求第一次因子分析的 KMO 值为 0.927，Bartlett 的

球形度检验 p 值为 0.000，提取的公因子方差为 0.504—0.777，解释的总方差为 61.165%，得到四个因子变量。删除因子负荷量小于 0.5 的问项"电话/网上预约服务需求"之后再进行因子分析。第二次因子分析的 KMO 值为 0.926，Bartlett 的球形度检验 p 值为 0.000，提取的公因子方差为 0.500—0.837，解释的总方差为 61.907%，得到四个因子变量。删除因子负荷量小于 0.5 的问项"电话/网上续借服务需求"之后再进行因子分析。第三次因子分析的 KMO 值为 0.921，Bartlett 的球形度检验 p 值为 0.000，提取的公因子方差为 0.398—0.803，解释的总方差为 57.497%，得到三个因子变量。删除提取公因子方差在 0.4 以下的"馆内上网服务需求"这一问项之后继续进行因子分析。第四次因子分析的 KMO 值为 0.919，Bartlett 的球形度检验 p 值为 0.000，提取的公因子方差为 0.368—0.816，解释的总方差为 59.015%，得到三个因子变量。删除提取公因子方差在 0.4 以下的"自习服务需求"这一问项之后继续进行因子分析。第五次因子分析的 KMO 值为 0.920，Bartlett 的球形度检验 p 值为 0.000，提取的公因子方差为 0.482—0.826，解释的总方差为 61.699%，得到三个因子变量。因子 1 包括用户培训服务需求、参考咨询服务需求、讲座/展览服务需求、视听服务需求、文献复制服务需求、馆际互借/文献传递服务需求、科技查新服务需求、查收查引服务需求和新书通报服务需求等问项，解释的总方差为 28.066%，将其命名为高级信息服务需求；因子 2 包括电子资源导航需求、电子资源检索需求、网络信息导航服务需求、电子资源远程访问需求和馆藏书刊目录查询服务需求等问项，解释的总方差为 23.531%，将其命名为图书馆为网络信息服务需求；因子 3 包括书刊阅览服务需求和书刊外借服务需求问项，解释的总方差为 10.102%，将其命名为基础信息服务需求。图书馆用户信息服务类型需求因子分析结果见表 10-8。

表 10-8 信息服务类型需求因子分析旋转矩阵表

	成 分		
	1	2	3
用户培训服务需求	0.780	0.211	0.027
参考咨询服务需求	0.760	0.171	0.118
讲座/展览服务需求	0.745	0.088	0.159

续表

	成分		
	1	2	3
视听服务需求	0.673	0.178	0.195
文献复制服务需求	0.669	0.231	0.135
馆际互借/文献传递服务需求	0.666	0.267	0.081
科技查新服务需求	0.618	0.384	0.018
查收查引服务需求	0.551	0.484	0.067
新书通报服务需求	0.521	0.393	0.237
电子资源导航需求	0.211	0.882	0.061
电子资源检索需求	0.129	0.846	0.207
网络信息导航服务需求	0.324	0.793	0.043
电子资源远程访问需求	0.420	0.667	−0.021
馆藏书刊目录查询服务需求	0.223	0.628	0.353
书刊外借服务需求	0.079	0.147	0.829
书刊阅览服务需求	0.223	0.086	0.769

　　用户信息系统类型需求第一次因子分析的 KMO 值为 0.895，Bartlett 的球形度检验 p 值为 0.000，因子分析获得了两个因子，解释的总方差为 65.595%，提取的公因子方差为 0.352—0.790。去掉提取公因子方差小于 0.4 的问项"自助借还机/自助图书馆需求"后再进行因子分析。第二次因子分析的 KMO 值为 0.889，Bartlett 的球形度检验 p 值为 0.000，第二次因子分析获得了两个因子，解释的方差为 68.643%，提取的公因子方差为 0.513—0.788。因子 1 包括虚拟参考咨询系统需求、合作参考咨询系统需求、原文传递系统需求、手机图书馆需求、多媒体资源点播系统需求、图书馆工具条需求和随书光盘/非书资料系统需求等问项，解释的总方差为 38.673%；将其命名为高级信息系统需求；因子 2 包括图书馆门户网站系统需求、电子资源/数据库检索/服务系统需求、电子资源统一检索系统需求和馆藏书刊目录检索系统需求等问项，解释的总方差为 29.971%，将其命名为基本信息系统需求。图书馆用户信息系统类型需求因子分析结果见表 10-9。

表10-9 信息系统类型需求因子旋转矩阵

	成分	
	1	2
虚拟参考咨询系统需求	0.860	0.220
合作参考咨询系统需求	0.840	0.194
原文传递系统需求	0.809	0.259
手机图书馆需求	0.781	0.018
多媒体资源点播系统需求	0.741	0.306
图书馆工具条需求	0.739	0.139
随书光盘/非书资料系统需求	0.536	0.476
图书馆门户网站系统需求	0.142	0.876
电子资源/数据库检索/服务系统需求	0.228	0.860
电子资源统一检索系统需求	0.285	0.813
馆藏书刊目录检索系统需求	0.092	0.797

在对用户信息资源类型需求、信息服务类型需求和信息系统类型需求因子分析的基础上，使用因子分析后得到各样本的因子得分作为新的样本观测值，对样本进行聚类分析。以系统聚类法（Hierarchical Cluster Analysis）进行聚类，聚类方法使用因子分析离差平方和法（Ward's method），使用欧氏距离平方（Squared Euclidean Distance）来衡量样本间的亲疏程度。

同样是根据聚合系数随分类数的变化曲线选择样本聚类数为4。得到的图书馆用户类型也是四种（见表10-10）。

表10-10 用户聚类分析结果

	类型			
	1	2	3	4
特种文献需求	0.684	0.216	-0.606	-0.641
休闲类资源需求	0.230	-0.248	0.243	-0.320
学术书刊需求	-0.202	0.634	-0.050	-0.990
高级信息服务需求	0.885	-0.285	-0.302	-0.506
网络信息服务需求	0.125	0.854	-0.506	-1.134
基础信息服务需求	-0.201	0.147	0.425	-0.683
高级信息系统需求	0.908	-0.279	-0.276	-0.524
基本信息系统需求	0.003	0.918	-0.383	-1.279

第一类用户的需求特征是他们的特种文献、高级信息系统和高级信息服务需求最高。对休闲类资源、网络信息服务和基本信息需求的需求也较高。他们对图书馆信息资源、信息服务和信息系统的需求较深，要求较高，这类用户对图书馆的黏性较强，可视为高级用户。

第二类用户的需求特征是他们对学术书刊、网络信息服务和基本信息系统的需求最高。对特种文献、基础信息服务的需求也较高。这类用户主要通过网络使用图书馆服务，需求的主要是学术书刊，使用的主要是基本信息系统。这些用户可视为远程用户。

第三类用户的需求特征是对休闲类资源和基础信息服务的需求最高。他们需要的主要是休闲类资源，使用的主要是基础信息服务，这类用户可视为普通用户。

第四类用户的需求特征是对信息资源、信息服务和信息系统的需求都是最低。此类用户对图书馆的依赖性不强，可视为边缘用户。

样本中的图书馆用户，以远程用户的比例最高，为33.2%（2011年调查是18.9%）；高级用户和普通用户的比例都差不多，分别为26.1%（2011年的调查是36.9%）和26%（2011年的调查是21.7%），也有14.6%（2011年的调查是22.5%）的用户属于边缘用户。远程用户的比例显著增加，高级用户的比例下降了10多个百分点，普通用户的比例有所上升，边缘用户的比例有所下降。

样本中高校图书馆的用户类型以远程用户为主，比例为43.7%（2011年调查是23.5%）；高校图书馆的普通用户和高级用户的比例差不多，分别为24.6%（2011年调查是39.6%）和24.5%（2011年调查是21.8%），高校图书馆边缘用户较少，比例只有7.2%（2011年调查是15.1%）。公共图书馆的普通用户和高级用户的比例差不多，分别为28.5%（2011年调查是30.8%）和28.0%（2011年调查是20.5%），公共图书馆边缘用户的比例为25.4%（2011年调查是41.3%），公共图书馆远程用户的比例也有18.1%（2011年调查是7.4%）。

两次调查中图书馆用户结构发生了一些变化，出现这样结果的原因可能是与样本结构有关，也有可能是随着信息环境的变化，用户使用图书馆的方式也发生了改变。

两次调查中，样本中学历为初中及以下、高中/中专/技校的图书馆用户大多属于边缘用户，本科学历的图书馆用户以普通用户为主，研究生及以上学历的图书馆用户主要是远程用户。2011年的调查中学历为大专的用户以边缘用户为主，这次的调查有一些变化，此次调查中，以高级用户为主。

两次调查的结果都显示，农民、自由职业者、离退休人员和无业/下岗/失业者等身份的图书馆用户大多属于边缘用户。教师以远程用户为主。此次调查中，专业技术人员和学生大多属于远程用户，这一点与2011年的调查有所不同，2011年的调查中，他们大多属于普通用户。

三、用户信息资源需求

（一）信息资源类型需求

用户信息资源类型需求统计见表10-11。此次调查，用户对13种类型信息资源的平均需求程度为2.62，比2011年的2.54有所增长。具体到信息资源类型上，学术类图书、学术类期刊等学术书刊，学位论文、会议论文、标准文献、政府出版物、专利文献等特种文献的需求小幅度增长，但是休闲类图书、休闲类期刊、报纸等休闲类资源的需求小幅下降。原因有可能是样本结构的变化。

表10-11 用户信息资源类型需求统计表

排序	需求项目	有效	缺失	平均需求程度	标准差
1	学术类图书	1506	23	3.25	1.112
2	休闲类图书	1493	36	3.13	0.945
3	报纸	1490	39	2.95	1.129
4	学术类期刊	1482	47	2.94	1.115
5	工具书	1489	40	2.91	1.086
6	休闲类期刊	1483	46	2.88	0.986
7	学位论文	1485	44	2.33	1.205
8	会议论文	1481	48	2.22	1.087
9	标准文献	1484	45	2.15	1.110
10	政府出版物	1488	41	2.08	1.035
11	专利文献	1482	47	1.99	1.055

2011 年调查总结的图书馆用户信息资源类型需求的三个特点仍然成立，也就是：（1）图书依然是用户主要需求的信息资源类型。按照平均需求程度，休闲类图书和学术类图书分别排在第 1 位和第 2 位。（2）报纸还是用户重点需求的信息资源类型。尽管其平均需求程度有所下降，但是其仍然排在前三名之内。（3）学位论文、政府出版物等特种文献，虽然总体上用户需求强度不高，但是特定类型的用户对其需求强度较高。如用户对学位论文总体平均需求只有 2.33，但是学历为研究生及以上的用户对其的平均需求为 3.33。用户对政府出版物的总体平均需求只有 2.08，但是公务员对其的平均需求为 3.46。

（二）信息资源载体需求

虽然用户对各类型信息资源的电子载体都有不同程度的增强，但是总体而言，纸质载体依然占据着非常重要的地位。这与郭韫丽等人的研究结果一致，他们的研究发现，传统纸质资源仍然受到江西农业大学图书馆用户的青睐，特别是人文学科的高校教师利用纸质资源最多[①]。学术类信息资源的载体需求仍然是以纸质载体和电子载体兼要为主，休闲类信息资源的需求依旧是以纸质载体需求为主。与 2011 年调查相比，在大多数类型信息资源的载体需求上，还是高校图书馆用户比公共图书馆用户更倾向于电子载体。但是在休闲类图书的载体需求上，公共图书馆用户仅需要电子载体用户的比例已经超过了高校图书馆用户（见表 10-12）。这个可能与公共图书馆近些年对数字阅读的大力宣传和推广有关。如上海图书馆早在 2011 年年底就曾推出"上海市民数字阅读推广计划"，该计划包括了市民数字阅读网站、微博矩阵、阅读终端体验和外借服务、手机图书馆、网上联合知识导航站等，该计划可以给用户提供一个全方位数字阅读和数字服务空间[②]。

[①] 郭韫丽、孔令保、程新：《高校教师信息需求和信息行为相关性研究——以江西农业大学为例》，《情报理论与实践》2012 年第 4 期，第 89—93 页。

[②] 上海图书馆：《上海图书馆推出"市民数字阅读推广计划"》，http://www.libnet.sh.cn/tsgxh/list/list.aspx?id=7030。

表 10-12 两次调查高校图书馆用户和公共图书馆用户信息资源载体需求对比

信息资源类型	仅需要电子载体的比例(%)				仅需要纸本载体的比例(%)			
	高校图书馆用户		公共图书馆用户		高校图书馆用户		公共图书馆用户	
	2013	2011	2013	2011	2013	2011	2013	2011
学术类图书	17.5	16.6	16.5	12.4	27.7	32.2	39.1	35.3
休闲类图书	16.6	15.8	18.1	14.9	40.9	41.8	40.1	35.5
学术类期刊	27.2	25.6	17.4	14.3	22.8	30.4	40.2	38.9
休闲类期刊	17.7	16.5	14.5	15.4	45.7	46.9	44.6	48.4%
报纸	13.4	10.8	13.4	9.7	54.9	58.8	49.2	54.6
工具书	18.2	16.4	13.8	12.7	39.1	44.0	45.9	45.4
会议论文	35	33.7	19.6	23.2	22.1	29.1	37.8	38.0
学位论文	36.2	37.7	23.8	23.9	16.3	21.9	34.5	38.5
专利文献	35.0	33.1	19.6	23.1	19.9	28.4	39.6	42.4
标准文献	33.7	31.9	17.2	21.1	19.7	29.5	41.1	44.0
政府出版物	25.3	26.5	15.6	18.8	32.8	35.3	45.2	44.3

（三）信息资源语种需求

此次调查的结果与 2011 年调查的结果一致，用户仍然主要需求中文语种的信息资源，对外文语种信息资源也存在一定程度的需求。高校图书馆用户更倾向于需要外文资源，教师、研究生和专业技术人员非常重视外文学术类资源，用户使用学术类信息资源越频繁，其对外文学术资源的需求就越高。只需要电子载体的用户更倾向于仅需要外文信息资源。

（四）信息资源年限需求

用户对信息资源年限需求进一步变长，体现出网络环境对用户的影响进一步加深；休闲类信息资源的年限需求短于其他类型的资源；用户对期刊的年限需求短于图书；除了工具书外，其他类型的信息使用的频率越高，需求的年限就越长；中外文语种都需要的用户学术类书刊和特种文献的需求年限长于只需要中文语种的用户。

（五）信息资源质量需求

大多数信息资源质量需求问项的平均值都有所下降或者持平，只有"我没有遇到过我需要的书刊被全部借出的情况"的平均需求程度有增长（见表 10-13）。除了"图书馆能够让我家中/办公室获得信息资源"、"我没有遇到过因为最大用户数已满而导致我无法使用数据库的情况"外，其他的平均需求程度都还是高过 4.0。说明用户对于信息资源质量仍然是有着强烈的需求。

表 10-13　信息资源质量需求统计

问项	有效	缺失	均值	标准差	2011 年调查结果
图书馆提供的信息资源是权威可信的	1485	44	4.24	0.759	4.27
图书馆能够让我免费或者以很低的价格获得信息资源	1488	41	4.21	0.823	4.30
图书馆提供的信息资源与我的需求相关	1486	43	4.21	0.747	4.21
图书馆能够让我获取需要资料的全文	1485	44	4.19	0.804	4.25
图书馆信息资源内容的广度能够满足我的需求	1488	41	4.19	0.737	4.25
在我需要的学科/主题上，图书馆能够提供多种资源给我	1490	39	4.19	0.816	4.20
图书馆信息资源内容的深度能够满足我的需求	1477	52	4.17	0.762	4.21
图书馆能够提供最新的信息资源给我	1482	47	4.15	0.799	4.23
图书馆提供简明易懂的指引/标识让我能够轻松获取所需资源	1490	39	4.14	0.801	4.20
我没有遇到过我需要的书刊被全部借出的情况	1495	34	4.03	0.798	3.85
图书馆能够让我家中/办公室获取信息资源	1489	40	3.90	0.914	3.92
我没有遇到过因为最大用户数已满而导致我无法使用数据库的情况	1472	57	3.89	0.882	4.04

用户对信息资源的可获取性和丰富性的需求上升，相关性、经济性、权威性、完整性和新颖性的需求稍有下降。但是用户对所有的信息资源特征的需求都高于 4.0。说明用户对这些质量特征有着强烈需求。一方面现在图书馆信息资源越来越丰富，另一方面，用户对丰富性的需求也有着较大增长

（见表10-14）。相关性取代经济性排在第一位，说明用户对资源相关性的重视提高。

女性对信息资源质量的需求仍然高于男性；依然是使用图书馆频率越频繁，对图书馆信息资源质量的需求越高；仅通过一种方式使用图书馆的用户，对图书馆信息资源质量的需求也是较低。

表10-14 信息资源质量特征统计

信息资源质量特征	有效	缺失	均值	标准差	2011年调查结果
资源的相关性	1485	44	4.24	0.759	4.21
资源的经济性	1488	41	4.21	0.823	4.30
资源的权威性	1486	43	4.21	0.747	4.27
资源的完整性	1471	58	4.18	0.696	4.13
资源的新颖性	1482	47	4.15	0.799	4.23
资源的可获取性	1478	51	4.08	0.687	4.03
资源的丰富性	1454	75	4.04	0.676	3.56

（六）信息资源来源需求

与2011年的调查相比，以图书馆资源作为学术信息主要来源的比例稍有上升，以图书馆电子资源为学术信息主要来源的比例上升了5个百分点，以图书馆纸本资源为学术信息主要来源的比例下降了1.5个百分点。说明图书馆资源在用户学术信息获取中的地位在增强，特别是电子资源，纸本资源在用户学术信息获取中的地位在下降。书店和大众媒体在用户学术信息来源中的地位有所上升。图书馆电子资源之外的网络在用户学术信息获取中的地位在下降（见表10-15）。这说明图书馆仍然是用户学术信息的主要来源，作用还在增强；网络也还是图书馆用户学术信息的重要来源，但是作用有所下降；书店也是部分图书馆用户特别是低学历用户学术信息的主要来源。

表10-15 用户学术信息主要来源

来源	频率	百分比（%）	2011年的数据
书店	98	7.0	6.6
网络（图书馆电子资源除外）	397	28.2	31.1
大众媒体	92	6.5	6.2
图书馆纸本资源	339	24.1	25.6

续表

来源	频率	百分比(%)	2011年的数据
图书馆电子资源	405	28.8	23.8
人际渠道	53	3.8	5.1
其他	22	1.6	1.6
合计	1406	100.0	

用户的日常生活信息主要来源方面，网络已经成为图书馆用户日常生活信息最重要的来源，大众媒体也是图书馆用户日常生活信息的主要来源，并且这二者的地位都在上升，图书馆资源，不论是纸本资源还是电子资源在用户日常生活信息来源中所起的作用都不大，并且地位在下降，人际渠道和书店的作用也在下降（见表10-16）。

表10-16 用户日常生活信息的主要来源

	频率	百分比(%)	2011年的数据(%)
书店	33	2.3	2.6
网络（图书馆电子资源除外）	629	44.7	41.0
大众媒体	507	36.1	34.8
图书馆纸本资源	81	5.8	6.5
图书馆电子资源	30	2.1	2.3
人际渠道	103	7.3	11.0
其他	23	1.6	1.8
合计	1529	100.0	

四、用户信息服务需求

（一）信息服务类型需求

整体而言，流通阅览等基础性服务仍然是图书馆用户需求的重点。但是重要性进一步下降。用户对自习服务、上网服务、讲座/展览服务等图书馆空间利用的需求增加，显示出图书馆空间的价值进一步增强。用户对馆藏书刊目录查寻服务的需求下降，说明馆藏资源发现服务的重要性降低。电子资源检索服务、电子资源导航和网络信息导航等网络信息服务的需求维持稳定，仍然是教师、专业技术人员、公务员、学生、公司企业员工等身份的受访者使用网络信息服务的频率较高，农民、自由职业者、离退休人员、无业/下岗/失业等身份的受访者使用网络信息服务的频率较低。电子资源远程服务的需求稳定增长。用户培训服务需求持续低迷。图书馆使用频率与用户的信息服务需求之间存在正相关关系，使用图书馆频率越高的用户，其对图书馆各项信息服务的需求也越高，上次调查得到的这个结论这次仍然成立。除了讲座/展览服务和视听服务外，公共图书馆用户的需求都低于高校图书馆用户，这个可能与公共图书馆用户开展这些服务比较普遍有关。图书馆用户信息服务类型需求统计情况见表 10-17。

表 10-17 用户信息服务类型需求统计表

排序	服务项目	有效	缺失	均值	标准差
1	自习服务	1516	13	3.39	1.116
2	书刊阅览服务	1526	3	3.33	0.883
3	书刊外借服务	1523	6	3.1	1.003
4	电子资源检索	1513	16	2.98	1.196
5	馆藏书刊目录查询服务	1515	14	2.8	1.114
6	电子资源导航	1515	14	2.76	1.188
7	馆内上网服务	1519	10	2.65	1.167
8	网络信息导航服务	1514	15	2.56	1.149
9	电子资源远程访问	1516	13	2.32	1.166
10	电话/网上续借服务	1512	17	2.31	1.141
11	新书通报服务	1511	18	2.3	1.015
12	讲座/展览服务	1520	9	2.27	0.968
13	参考咨询服务	1520	9	2.27	0.997
14	查收查引服务	1513	16	2.14	1.067
15	科技查新服务	1513	16	2.12	1.022
16	文献复制服务	1519	10	2.1	1.054
17	电话/网上预约服务	1514	15	2.09	1.078
18	馆际互借/文献传递服务	1513	16	2.01	0.997
19	用户培训服务	1517	12	1.97	0.956
20	视听服务	1517	12	1.96	0.964

(二) 信息咨询方式需求

用户对各种信息咨询方式的需求，与 2011 年调查相比，顺序都没有改变,只是数值略微降低。可能是与样本结构有关。2011年调查得到的结论仍然成立,也就是用户对自助式咨询服务的需求高于对图书馆信息咨询服务的需求,但是自助式咨询服务并没有取代图书馆信息咨询服务;馆员与用户的面对面交流仍然非常重要,这个结果与孟玉梅的调查结论基本一致,她的调查中,80%的用户认为图书馆开展信息咨询服务可采取的方式主要是面对面咨询[1];自助式咨询服务并不是所有用户群体的第一选择,46岁以上的用户的第一选择就是当面咨询,高中/中专/技校和大专学历者解决问题的第一途径也是当面咨询;用户对实时咨询的需求存在共识,图书馆应当考虑开展实时咨询服务。图书馆用户信息咨询方式需求见表10-18。

表10-18 用户信息咨询方式需求统计表

排序	咨询方式	有效	缺失	均值	2011年数值
1	使用搜索引擎去寻找答案	1514	15	3.76	3.79
2	当面咨询	1520	9	3.65	3.67
3	到互助式问答网站求助	1518	11	3.55	3.63
4	实时咨询	1515	14	3.49	3.53
5	求助同学/朋友/老师	1517	12	3.44	3.40
6	电话咨询	1513	16	2.97	2.96
7	表单咨询	1513	16	2.91	3.01
8	留言板留言咨询	1515	14	2.85	2.95

(三)信息服务免费需求

对于自修、馆内上网、办证等图书馆基础服务免费,用户仍然是有强烈的共识。自修室免费和办证免费这两项的平均认同程度变化不大,馆内上网免费的平均认同程度有所上升,但是免押金借书用户的平均认同程度下降得较多,2011年调查用户对此存在共识,但是这一次调查用户对此没有形成共识。高校图书馆用户对免押金借书的平均认同程度为3.76,表明高校图书馆用户对此的认同存在共识。但是公共图书馆用户对此的平均认同程度只有3.05,说明公共图书馆用户对此的认同没有共识,存在较大的意见分歧。

---

[1] 孟玉梅:《基于读者需求的高校图书馆服务水准提升研究——以南京仙林大学城的图书馆为例》,《晋图学刊》2012年第5期,第37—40页。

对比 2011 年的调查结果，公共图书馆对免押金借书的认同程度有小幅度上升，可能是与部分公共图书馆开始推行免押金借书有关。高校图书馆用户对此的认同程度下降得较多，但实际上高校图书馆用户一般是不用押金的。其实，对于图书馆借阅书刊是否免押金，不仅是用户，图书馆业内也是有不同的观点。如有的学者指出，包括免押金借书在内的免费服务是 20 世纪中国图书馆，尤其是公共图书馆事业发展最为重大的进步和最为丰硕的成果。也有观点认为，在公民信用制度远未建立的我国大多数地方，如果不是寻求建立可以取代押金的担保制度，而是不惜损失图书馆的文献收藏，去搞借书证免收押金此类"服务创新"，则于图书馆之宗旨悖之远矣[①]。

对于代查代检代译服务、科技查新服务、馆际互借/文献传递服务、决策咨询服务等图书馆增值服务收费，与 2011 年调查类似的是，用户仍然是没有共识，但是其平均认同程度都有增长。用户能够认同图书馆的成本性收费，认同程度有小幅度增加。已经享受到免费服务的用户更加认同免费服务，这一点从公共图书馆用户对免费办证的认同度大幅度上升也可以体现。使用增值服务频率较高的用户，其对图书馆增值服务使用的认同程度也越高。图书馆用户信息服务收费认同情况见表 10-19。

表 10-19 用户信息服务收费认同统计表

排序	项目	有效	缺失	平均认同程度
1	自修室不应该收费	1516	13	4.29
2	丢失书刊可适当收取赔偿款	1519	10	4.05
3	馆内上网服务不应该收费	1519	10	4.02
4	超期可适当收取违约金	1520	9	3.84
5	办理借书证不应该收费	1522	7	3.81
6	打印复印等可适当收费	1518	11	3.72
7	补办借书证可适当收费	1517	12	3.60
8	借阅书刊不应该收取押金	1521	8	3.48
9	代查、代检、代译服务可适当收费	1521	8	3.46
10	科技查新服务可适当收费	1520	9	3.09
11	馆际互借/文献传递服务可适当收费	1520	9	3.07
12	决策咨询服务可适当收取费用	1518	11	3.00

---

① 般若：《天条、天职及对它的误读》，《图书馆报》2013 年 5 月 10 日。

（四）信息服务质量需求

用户仍然高度重视图书馆信息服务质量，对信息服务质量的平均需求程度为4.18，这个结果只是比2011年的调查稍有下降。

用户对信息服务质量特征的需求方面，仍然是最重视信息服务的保证性，其次是响应性，第三是有形性，最后是关怀性。对信息服务保证性的平均需求程度为4.27，对响应性的平均需求程度为4.23，对有形性的平均需求程度为4.18，对关怀性的平均需求程度为4.02。用户还是对馆员服务态度的重视程度高于服务能力。依然是非常重视图书馆环境。使用图书馆越频繁，对图书馆信息服务质量就越重视，这个结论仍然成立。图书馆用户信息服务质量需求情况见表10-20。

表10-20 用户信息服务质量需求统计表

排序	信息服务质量	有效	缺失	平均需求程度
1	提供安静的学习空间	1482	47	4.52
2	环境整洁舒适	1476	53	4.48
3	图书、杂志、报纸等及时准确归架	1475	54	4.37
4	用户的个人信息和借阅记录准确、保密	1472	57	4.37
5	馆员真诚地解决用户问题	1473	56	4.28
6	馆员乐意帮助用户	1474	55	4.28
7	馆员快速响应用户要求	1473	56	4.27
8	提供激发研究和学习的环境	1470	59	4.26
9	馆员始终有礼貌地对待用户	1474	55	4.25
10	提供足够且完善的现代化设备和配套设施	1471	58	4.24
11	为读者提供及时的服务	1472	57	4.23
12	馆员具备解答用户问题的知识和技能	1472	57	4.22
13	及时有效地处理用户的意见和建议	1476	53	4.20
14	有便于每位用户使用的开放时间	1477	52	4.17
15	各种指引和标识设置明确、美观	1472	57	4.14
16	图书馆员言行举止职业、规范	1474	55	4.12
17	馆员了解用户的需求	1472	57	4.03
18	提供团体学习和研究的环境	1472	57	3.97
19	关注用户的个性化需求	1474	55	3.90
20	开展对用户有帮助的培训和讲座	1478	51	3.81
21	馆员有统一的着装或服务标识	1472	57	3.61

五、用户信息系统需求

(一) 信息系统类型需求

用户信息系统类型需求见表 10-21。跟 2011 年调查相比,排在前两位的仍然是馆藏书刊目录检索系统和图书馆门户网站系统,用户对馆藏书刊目录检索系统的需求程度有小幅下降,对图书馆门户网站系统的需求基本上没变。说明馆藏书刊目录检索系统的重要性有所下降。用户对电子资源/数据库检索/服务系统、电子资源统一检索系统的需求在增长,这些系统与电子资源利用相关,说明用户对电子资源的需求在增长。自助借还机/自助图书馆需求也在增长,体现了用户对自助服务需求的提高。用户对手机图书馆需求也有增长,反映出用户对移动服务需求增加的态势。

表 10-21 用户信息系统需求统计表

排序	信息系统需求	有效	缺失	平均需求程度
1	图书馆门户网站系统	1525	4	3.07
2	馆藏书刊目录检索系统	1528	1	3.06
3	电子资源/数据库检索/服务系统	1524	5	2.96
4	电子资源统一检索系统	1523	6	2.90
5	自助借还机/自助图书馆	1516	13	2.54
6	随书光盘/非书资料系统	1523	6	2.25
7	图书馆工具条	1519	10	2.09
8	多媒体资源点播系统	1522	7	2.06
9	手机图书馆	1519	10	1.97
10	原文传递系统	1522	7	1.92
11	虚拟参考咨询系统	1518	11	1.90
12	合作参考咨询系统	1514	15	1.89

高校图书馆用户仍然是在大多数信息系统的使用频率上高出公共图书馆用户很多(见表 10-22)。高校图书馆用户在虚拟参考咨询系统和手机图书馆的使用频率上低于公共图书馆用户,但是差距不是特别大。

表10-22　高校图书馆和公共图书馆用户信息系统使用频率对比

图书馆信息系统	高校图书馆用户使用频率	公共图书馆用户使用频率
馆藏书刊目录检索系统	3.31	2.72
图书馆门户网站系统	3.32	2.72
随书光盘/非书资料系统	2.31	2.15
电子资源/数据库检索/服务系统	3.26	2.54
电子资源统一检索系统	3.13	2.57
多媒体资源点播系统	2.06	2.05
虚拟参考咨询系统	1.88	1.92
原文传递系统	1.96	1.86
合作参考咨询系统	1.90	1.88
自助借还机/自助图书馆	2.67	2.36
手机图书馆	1.93	2.01
图书馆工具条	2.10	2.08

（二）信息系统功能需求

与2011年的调查相比，提供丰富的书目信息的平均需求程度仍然排在第1位，说明用户仍然是最重视书目信息的丰富化。用户对"在不能直接提供全文时，链接到馆际互借和文献传递系统去获取全文"、"一站式检索多个数据库/馆藏目录"、"不但能检索本馆的信息资源，还能同时检索馆外和互联网的相关信息资源"等的需求程度比2011年的调查有所增长，显示出用户对信息系统集成化的需求进一步增强。"使用类似Google或百度的检索界面"的平均认同程度基本上与2011年调查结果一致，说明用户仍然是认同简单的检索界面。用户对"提供尽可能多的检索途径"、"提供检索结果的二次检索功能"、"使用多个条件组合检索"、"使用简单检索"、"使用资源导航浏览信息资源"、"提供智能检索功能"的需求仍然强烈，表明检索功能的强化也继续是用户的重点需求。用户对"提供多种资源推荐方式"、"使用自定义标签对检索结果进行分类和标记"、"提供评价功能"、"提供用户互动功能"、"提供信息分享功能"、"提供个性化推荐功能"、"提供个性化空间"等个性化信息服务依然存在较强的需求，但是需求程度比2011年的调查有所降低。用户信息系统功能需求见表10-23。

表 10-23 图书馆用户信息系统功能需求

排序	信息系统功能需求	有效	缺失	平均需求程度
1	提供丰富的书目信息	1517	12	4.12
2	在不能直接提供全文时,链接到馆际互借和文献传递系统去获取全文	1516	13	4.08
3	提供尽可能多的检索途径	1515	14	4.06
4	提供检索结果的二次检索功能	1518	11	4.04
5	提供多种检索结果排序方式	1513	16	4.01
6	提供检索结果的分面浏览功能	1517	12	3.99
7	使用简单检索	1516	13	3.99
8	使用多个条件组合检索	1511	18	3.97
9	一站式检索多个数据库/馆藏目录	1514	15	3.97
10	不但能检索本馆的信息资源,还能同时检索馆外和互联网的相关信息资源	1517	12	3.96
11	提供智能检索功能	1515	14	3.94
12	提供多种资源推荐方式	1518	11	3.91
13	使用类似 Google 或百度的检索界面	1518	11	3.86
14	使用自定义标签对检索结果进行分类和标记	1517	12	3.86
15	使用资源导航浏览信息资源	1518	11	3.84
16	提供评价功能	1512	17	3.76
17	提供个性化推荐功能	1515	14	3.74
18	提供网上培训教程,便于用户自我培训	1516	13	3.70
19	提供用户互动功能	1513	16	3.69
20	提供信息分享功能	1516	13	3.68
21	提供个性化空间	1511	18	3.62

(三) 信息系统质量需求

信息系统质量需求方面,与 2011 年调查比较而言,用户对信息系统安全性、响应性、系统易用性、可靠性、整合性、适当性和支持性的需求都有所增长。安全性还是排在第一位,说明用户仍然是最为重视个人隐私保护。使用图书馆越频繁,对信息系统各项质量特征的需求越高,这个研究结论仍然成立。用户信息系统质量需求见表 10-24。

表 10-24 用户信息系统质量需求

排序	信息系统质量需求	有效	缺失	2013 均值	2011 均值
1	能够快速地从图书馆信息系统下载需要的文献	1417	112	4.28	4.21
1	使用图书馆信息系统是安全的,不会泄露个人隐私信息	1429	100	4.28	4.26
3	图书馆信息系统能够快速地返回结果	1425	104	4.2	4.16
4	图书馆信息系统的操作容易掌握	1424	105	4.17	4.15
5	图书馆信息系统的使用说明简明易懂	1429	100	4.16	4.12
6	图书馆信息系统的各项功能容易了解和使用	1428	101	4.15	4.12
7	图书馆信息系统的用户界面清楚明白	1423	106	4.14	4.12
8	在使用过程中,没有遇到或者很少遇到图书馆信息系统发生故障的情况	1424	105	4.13	4.10
9	能够快速打开图书馆信息系统的用户界面,即使是使用拨号上网的时候	1429	100	4.11	4.07
10	可以从一个检索界面就搜索到来自不同数据库或不同网站的文献	1430	99	4.08	4.05
11	在使用的过程中,可以非常方便地从图书馆信息系统中获得指示和帮助	1427	102	4.04	4.06
12	图书馆信息系统的默认检索途径符合需求	1426	103	3.98	3.97
13	图书馆信息系统的默认排序结果符合需求	1425	104	3.96	3.97
14	图书馆信息系统的各项功能适合需求	1426	103	3.95	3.96
15	图书馆信息系统提供使用教程,可以在使用之前进行自我培训	1427	102	3.83	3.88

六、用户满意研究

(一) 用户满意概况

与 2011 年调查一样,仍然是图书馆用户的整体满意程度最高,并且数值也一样,均为 3.86。用户的信息资源满意依然是排在第二位,平均满意程度为 3.67,基本上与 2011 年调查结果一致。用户的信息服务满意、信息系统满意比 2011 年调查有小幅度上涨，平均满意程度分别为 3.51 和 3.50。

（二）基于用户需求的图书馆满意模型

1. 单因子方差分析

表 10-25 差异方向与满意方差分析

	正向差异	负向差异	F 值	显著性
信息资源满意 （信息资源质量）- H1a	3.7474(N=288)	3.6574(N=1076)	4.585	0.032*
信息服务满意 （信息服务质量）- H2a	3.7482(N=423)	3.4031(N=947)	64.131	0.000**
信息系统满意 （信息系统质量）- H3a	3.6687(N=378)	3.3994(N=952)	35.018	0.000**

* 表示在 0.05 水平（双侧）上显著，** 表示在 0.01 水平（双侧）上显著。

如表 10-25 所示，样本中信息资源质量正向差异（信息资源质量感知高于或者等于信息资源需求）的用户有 288 位，平均满意程度为 3.7474，负向差异（信息资源质量感知低于信息资源质量需求）的用户为 1076 位，平均满意程度为 3.6574。信息资源质量正向差异的用户与负向差异的用户对信息资源的满意程度存在显著差异（P=0.032<0.05），并且是正向差异的用户对信息资源的满意程度高于负向差异的用户，也就是说在信息资源质量的感知与需求之间的正向差异与信息资源较高的满意程度之间相关，研究假设 H1a 继续得到支持。

信息服务质量正向差异（信息服务质量感知高于或者等于信息服务质量需求）的用户有 423 位，平均满意程度为 3.7482，负向差异（信息服务质量感知低于信息服务质量需求）的用户为 947 位，平均满意程度为 3.4031。信息服务质量正向差异的用户与负向差异的用户对信息服务质量的满意程度存在显著差异（p=0.000<0.01），并且是正向差异的用户对信息服务的满意程度高于负向差异的用户，也就是说在信息服务质量感知与信息服务质量需求之间的正向差异与信息服务较高的满意程度之间相关，研究假设 H2a 继续得到支持。

信息系统质量正向差异（信息系统质量感知高于或者等于信息系统质

量需求）的用户有 378 位，平均满意程度为 3.6687，负向差异（信息系统质量感知低于信息系统质量需求）的用户有 952 位，平均满意程度为 3.3994。信息系统质量正向差异的用户与负向差异的用户对信息系统的满意程度存在显著差异（p=0.000<0.01），并且是正向差异的用户对信息系统的满意程度高于负向差异的用户，也就是说信息系统质量感知与信息系统质量需求之间的正向差异与信息系统较高的满意程度之间相关，研究假设 H3a 继续得到支持。

2. 回归分析

如表 10-26 所示，在模型 1 中，信息资源质量需求对信息资源满意的有效解释能力（调整 R 方）为 0.35%，但是在模型 2 中增加了信息资源质量感知这个变量之后，对信息资源满意的有效解释能力增加到 22.5%，增加了 22.2%；在标准化的回归系数中，信息资源质量需求的标准化系数与信息资源质量感知的标准化系数都为正数，表明信息资源质量需求和信息资源质量感知与信息资源满意正相关。信息资源质量感知的检验结果具有显著性（p=0.000），证明信息资源质量感知与信息资源质量需求之间的差异大小与信息资源满意之间存在显著性，假设 H1b 也继续得到支持。

表 10-26 信息资源满意模型回归分析

因变量:信息资源满意

模型		非标准化系数		标准系数	t	Sig.
		B	标准误差	Beta		
1	（常量）	2.785	0.125		22.353	0.000
	信息资源质量需求	0.216	0.03	0.189	7.235	0.000
2	（常量）	1.634	0.129		12.679	0.000
	信息资源质量需求	0.079	0.028	0.070	2.841	0.005
	信息资源质量感知	0.489	0.027	0.452	18.272	0.000
模型	均方	F	Sig.	R	R 方	调整 R 方
1	21.881	52.345	0.000	0.189	0.036	0.035
2	65.640	198.484	0.000	0.475	0.226	0.225

由表 10-27 可知，在模型 1 中，信息服务质量需求对信息服务满意的有效解释能力（调整 R 方）为 1.4%，但是在模型 2 中增加了信息服务质量

感知这个变量之后,对信息服务满意度的有效解释能力增加到 23.6%,增加了 22.2%;在标准化的回归系数中,信息服务质量需求的标准化系数与信息服务质量感知的标准化系数都为正数,表明信息服务质量需求和信息服务质量感知与信息服务满意正相关。信息服务质量感知的检验结果具有显著性(p=0.000),证明信息服务质量感知与信息服务质量需求之间的差异大小与信息服务满意之间存在显著性,假设 H2b 也继续得到支持。

表 10-27 信息服务满意模型回归分析

因变量:信息服务满意

模型		非标准化系数		标准系数	t	Sig.
		B	标准误差	Beta		
1	(常量)	2.824	0.153		18.457	0.000
	信息服务质量需求	0.164	0.036	0.120	4.527	0.000
2	(常量)	1.668	0.149		11.218	0.000
	信息服务质量需求	-0.040	0.034	-0.029	-1.165	0.244
	信息服务质量感知	0.550	0.028	0.495	19.971	0.000
模型	均方	F	Sig.	R	R 方	调整 R 方
1	11.511	20.490	0.000	0.120	0.014	0.014
2	92.204	212.452	0.000	0.487	0.237	0.236

表 10-28 信息系统满意方差分析

因变量:信息系统满意

模型		非标准化系数		标准系数	t	Sig.
		B	标准误差	Beta		
1	(常量)	2.872	0.147		19.502	0.000
	信息系统质量需求	0.149	0.036	0.112	4.179	0.000
2	常量)	1.425	0.149		9.551	0.000
	信息系统质量需求	-0.037	0.033	-0.028	-1.115	0.265
	信息系统质量感知	0.621	0.031	0.501	20.153	0.000
模型	均方	F	Sig.	R	R 方	调整 R 方
1	9.912	17.461	0.000	0.112	0.013	0.012
2	93.079	213.992	0.000	0.494	0.244	0.243

如表 10-28 所示，信息系统质量需求和信息系统满意之间不存在因果关系，信息系统质量感知对信息系统满意度的有效解释能力为 24.3%；在标准化的回归系数中，信息系统质量需求的标准化系数为负数，但是不显著，信息系统质量感知的标准化系数为正数，表明信息系统质量感知与信息资源满意正相关。信息系统质量感知的检验结果具有显著性（p = 0.000），证明信息系统质量感知与信息系统质量需求之间的差异大小与信息系统满意之间存在显著性，假设 H3b 也继续得到支持。

表 10-29　图书馆用户整体满意回归分析

因变量:图书馆用户整体满意

模型		非标准化系数		标准系数	t	Sig.
		B	标准误差	Beta		
1	（常量）	0.994	0.068		14.673	0.000
	信息资源满意	0.285	0.023	0.281	12.403	0.000
	信息服务满意	0.289	0.023	0.323	12.655	0.000
	信息系统满意	0.232	0.023	0.261	10.132	0.000
模型	均方	F	Sig.	R	R 方	调整 R 方
1	128.231	656.936	0.000	0.756	0.572	0.571

从表 10-29 中的统计数据可知，在标准化的回归系数中，信息资源满意、信息服务满意、信息系统满意的标准化系数分别为 0.281、0.323 和 0.261，均为正数，表示它们对因变量的影响均为正向，三者的回归系数显著性检验的 t 值分别为 12.403（p = 0.000 < 0.05）、12.655（p = 0.000 < 0.05）、10.132（p = 0.000 < 0.05），回归系数均达到显著性水平，说明信息资源满意、信息服务满意、信息系统满意对整体满意的影响为显著正向。研究假设 H4—H6 同样继续得到支持。

经过单因子方差分析和回归分析，所有的研究假设继续得到支持。通过回归分析，与 2011 年的研究结果一样，也是以服务满意的解释能力最强，说明仍然是服务满意最能影响图书馆用户的满意程度。但是信息资源满意的解释能力有较大程度的提升，信息系统满意的解释能力有较大幅度的下降。

七、用户需求和满意的影响因素

此处重点讨论图书馆类型和所在地区这两个因素对用户需求和满意的影响。

使用独立样本 T 检验来分析图书馆类型对用户信息资源类型需求、信息资源年限需求、信息资源质量需求、信息服务类型需求、信息咨询方式需求、信息服务收费认同、信息服务质量需求、信息系统类型需求、信息系统功能需求、信息系统质量需求的影响。使用单因子方差分析来讨论地区对用户信息资源类型需求、信息资源年限需求、信息资源质量需求、信息服务类型需求、信息咨询方式需求、信息服务收费认同、信息服务质量需求、信息系统类型需求、信息系统功能需求、信息系统质量需求的影响。使用卡方分析来探讨图书馆类型、所在地区这两个因素对用户信息资源载体需求和信息资源语种需求的影响。

为了减少变量的数量，对用户信息资源类型需求、信息资源年限需求、信息服务类型需求、信息咨询方式需求、信息服务收费认同、信息系统类型需求、信息系统功能需求等先进行因子分析，并将因子得分保存为变量值用于后续的差异分析。信息资源类型需求、信息服务类型需求和系统信息类型需求已经在本章第二节进行了因子分析，所以这里只对用户信息资源年限需求、信息咨询方式需求、信息服务收费认同、信息系统功能需求等进行因子分析。

图书馆用户信息资源年限需求因子分析的 KMO 值为 0.913，Bartlett 球形度检验 p 值为 0.000，提取的公因子方差为 0.522—0.808，解释的总方差为 70.863%，得到两个因子。第一个因子包括标准文献年限需求、专利文献年限需求、学位论文年限需求、会议论文年限需求、政府出版物年限需求、学术类期刊年限需求、学术类图书年限需求和工具书年限需求等问项，解释的总方差为 45.628%，将其命名为学术类资源年限需求。第二个因子包括休闲类期刊年限需求、休闲类图书年限需求、报纸年限需求等问项，解释的总方差为 25.235%，将其命名为休闲类资源年限需求。信息资源年限需求的因子分析结果见表 10-30。

表 10 - 30 信息资源年限需求旋转成分矩阵

	成分	
	1	2
标准文献年限需求	0.879	0.189
专利文献年限需求	0.877	0.200
学位论文年限需求	0.855	0.217
会议论文年限需求	0.775	0.339
政府出版物年限需求	0.757	0.279
学术类期刊年限需求	0.706	0.376
学术类图书年限需求	0.678	0.323
工具书年限需求	0.629	0.355
休闲类期刊年限需求	0.241	0.889
休闲类图书年限需求	0.288	0.817
报纸年限需求	0.285	0.795

用户信息咨询方式需求因子分析的 KMO 值为 0.781，Bartlett 球形度检验 p 值为 0.000，提取的公因子方差为 0.383—0.715，解释的总方差为 56.569%。删除提取公因子方差小于 0.4 的当面咨询这一问项之后继续进行因子分析。第二次因子分析的 KMO 值为 0.780，Bartlett 的球形度检验 p 值为 0.000，提取的公因子方差为 0.450—0.715，解释的总方差为 60.710%，得到 2 个因子。因子 1 包括表单咨询、留言本留言咨询、电话咨询和实时咨询等问项，解释的总方差为 33.744%，将其命名为馆员辅助型信息咨询需求；因子 2 包括使用搜索引擎去寻找答案、到互助式问答网站求助、求助同学/朋友/老师等问项，解释的总变异量为 26.966%，将其命名为自助型信息咨询需求。图书馆用户信息咨询方式需求因子分析结果见表 10 - 31。

表 10 - 31 信息咨询方式需求旋转成分矩阵

信息咨询方式	成分	
	1	2
表单咨询	0.817	0.138
留言板留言咨询	0.795	0.069
电话咨询	0.785	0.103
实时咨询	0.622	0.343
使用搜索引擎去寻找答案	0.088	0.841

续表

信息咨询方式	成分	
	1	2
到互助式问答网站求助	0.108	0.786
求助同学/朋友/老师	0.199	0.640

信息服务免费认同因子分析的 KMO 值为 0.816，Bartlett 球形度检验 p 值为 0.000，提取的公因子方差为 0.426—0.730，解释的总方差为 63.480%，因子分析得到三个因子。因子 1 包括科技查新服务可适当收费、决策咨询服务可适当收取费用、馆际互借/文献传递服务可适当收费、代查代检代译服务可适当收费等问项，解释的总方差为 23.208%，将其命名为增值服务收费认同；因子 2 包括丢失书刊可适当收取赔偿款、超期可适当收取违约金、补办借书证可适当收费、打印复印等可适当收费等问项，解释的总方差为 21.099%，将其命名为成本性收费认同；因子 3 包括办理借书证不应该收费、馆内上网服务不应该收费、借阅书刊不应该收取押金、自修室不应该收费等问项，解释的总方差为 19.173%，将其命名为基础服务免费认同。图书馆用户信息服务免费认同的因子分析结果见表 10-32。

表 10-32 信息服务免费认同旋转成分矩阵

信息服务免费认同情况	成分		
	1	2	3
科技查新服务可适当收费	0.855	0.168	-0.005
决策咨询服务可适当收取费用	0.844	0.095	-0.071
馆际互借/文献传递服务可适当收费	0.823	0.162	-0.083
代查、代检、代译服务可适当收费	0.668	0.380	0.038
丢失书刊可适当收取赔偿款	0.079	0.844	0.105
超期可适当收取违约金	0.147	0.824	-0.007
打印复印等可适当收费	0.362	0.632	0.065
补办借书证可适当收费	0.196	0.621	0.046
馆内上网服务不应该收费	-0.066	0.091	0.794
办理借书证不应该收费	-0.006	0.048	0.769
借阅书刊不应该收取押金	0.054	-0.169	0.740
自修室不应该收费	-0.118	0.329	0.708

用户信息系统功能需求第一次因子分析的 KMO 值为 0.948，Bartlett 的球形度检验 p 值为 0.000，因子分析得到 4 个因子，解释的总方差为 62.063%，提取的公因子方差为 0.559—0.693。删除因子负荷量 0.5 以下或者是因子负荷量在 0.5 以上但是跨因子的问项之后反复进行因子分析。最后得到 3 个因子，解释的总变异量为 59.021%，提取的公因子方差为 0.453—0.691。根据因子包括问项的含义，将因子 1 命名为结果处理功能需求，因子 2 命名为个性化功能需求，因子 3 命名为检索功能需求。信息系统功能需求的因子分析结果见表 10 - 33。

表 10 -33　信息系统功能需求因子旋转矩阵

信息系统功能	成分		
	1	2	3
提供检索结果的二次检索功能	0.794	0.139	0.204
提供检索结果的分面浏览功能	0.751	0.172	0.268
提供丰富的书目信息	0.748	0.232	0.087
提供多种检索结果排序方式	0.671	0.154	0.421
使用多个条件组合检索	0.586	0.154	0.462
不能直接提供全文时,链接到馆际互借和文献传递系统去获取全文	0.570	0.275	0.230
使用自定义标签对检索结果进行分类和标记	0.556	0.477	0.085
一站式检索多个数据库/馆藏目录	0.500	0.399	0.249
提供个性化空间	0.073	0.760	0.242
提供用户互动功能	0.266	0.751	-0.007
提供信息分享功能	0.228	0.741	0.073
提供个性化推荐功能	0.188	0.715	0.255
提供网上培训教程,便于用户自我培训	0.025	0.634	0.345
提供评价功能	0.397	0.627	0.033
使用资源导航浏览信息资源	0.382	0.515	0.249
使用类似 Google 或百度的检索界面	0.166	0.240	0.742
使用简单检索	0.290	0.161	0.693
提供尽可能多的检索途径	0.450	0.148	0.675

（一）公共和高校图书馆用户的需求差异

如表 10 -34 所示，公共图书馆用户和高校图书馆用户除了休闲类资源年限需求外，其他类型的信息资源需求都存在显著差异。高校图书馆用户的学术类资源年限需求长于公共图书馆用户，特种文献需求和学术书刊需求高于公共图书馆用户，信息资源质量需求也高于公共图书馆用户。高校图书馆用户的休闲类资源需求低于公共图书馆用户。这个结果与 2011 年的调查结果完全一致。原因可能是高校图书馆用户和公共图书馆用户信息资源需求的目的不同，高校图书馆用户的学术性目的高于公共图书馆用户。

表 10-34 公共和高校图书馆用户信息资源需求的平均值和独立样本 T 检验统计

图书馆类型	学术类资源年限需求	休闲类资源年限需求	特种文献需求	休闲类资源需求	学术类书刊需求	信息资源质量需求
高校图书馆	0.130	0.021	0.070	-0.083	0.185	4.235
公共图书馆	-0.214	-0.045	-0.111	0.119	-0.268	4.007
t 值	5.667**	1.108	3.355*	-3.621**	8.441**	7.262**

注：学术类信息年限需求、休闲类资源年限需求、特种文献需求、学术类书刊需求等通过因子分析得到的变量值，其平均值为因子得分的平均值，信息资源质量需求等不是经过因子分析得到的变量，其平均值为观测值的平均值。* 表示显著性水平小于 0.05，** 表示显著性水平小于 0.01。本章以下表格同。

从表 10-35 可知，除休闲类图书外，高校图书馆和公共图书馆用户的其他类型信息资源载体需求均存在显著差异。高校图书馆和公共图书馆用户的信息资源语种需求存在显著差异。高校图书馆和公共图书馆用户的学术信息主要来源和日常生活信息主要来源都存在显著差异。与 2011 年的调查结果相比，载体需求和语种需求方面存在显著差异的信息资源的类型都增加了。与 2011 年的调查类似的是，在载体需求存在显著差异的信息资源上，除了报纸外，高校图书馆用户仅需要电子载体、电子载体和纸本载体都需要的比例高于公共图书馆用户，报纸的情况恰恰相反，公共图书馆用户仅需要电子载体、电子载体和纸本载体都需要的比例高于高校图书馆用户。此次调查中公共图书馆用户仅需要中文语种的比例高于高校图书馆用户，中外文都需要的比例低于高校图书馆用户。高校图书馆用户以图书馆电子资源为学术信息主要来源的比例远高于公共图书馆用户。高校图书馆的用户以图书馆电子资源之外的网络为日常生活信息主要来源的比例高于公共图书馆的用户。这个结果与 2011 年调查一致。

表 10-35　公共和高校图书馆用户的信息资源需求卡方分析

信息资源载体需求	卡方值	信息资源语种需求	卡方值
学术类图书	29.723**	学术类图书	64.636**
休闲类图书	5.39	休闲类图书	25.473**
学术类期刊	54.843**	学术类期刊	75.332**
休闲类期刊	15.844*	休闲类期刊	42.049**
报纸	15.646*	报纸	43.437**
工具书	11.756*	工具书	71.388**
会议论文	46.186**	会议论文	53.666**
学位论文	59.865**	学位论文	60.046**
专利文献	64.110**	专利文献	62.988**
标准文献	81.594**	标准文献	61.581**
政府出版物	26.950**	政府出版物	28.774**
学术信息主要来源	164.429**	日常生活信息主要来源	83.694**

如表 10-36 所示，高校图书馆用户和公共图书馆用户的信息服务类型需求、自助型信息咨询需求、增值服务收费认同、基础服务免费认同存在显著差异。高校图书馆用户的基础信息服务需求、网络信息服务需求、自助型信息咨询需求、基础服务免费认同高于公共图书馆用户。高校图书馆用户的高级信息服务需求低于公共图书馆用户。与 2011 年的调查相比，高校图书馆用户的高级信息服务需求、馆员辅助型信息咨询需求从高于公共图书馆用户变成了低于公共图书馆用户；成本性收费的认同程度仍然是高于公共图书馆用户，但是高校图书馆用户和公共图书馆用户的差异不显著；基础服务免费认同仍然是高校图书馆用户高于公共图书馆用户，他们之间的差异显著。两次调查结果发生变化的原因有可能与样本结构有关。

表 10-36　公共和高校图书馆用户信息服务需求的平均值和独立样本 T 检验统计

	基础信息服务需求	网络信息服务需求	高级信息服务需求	馆员辅助型信息咨询需求	自助型信息咨询需求	增值服务收费认同	成本性收费认同	基础服务免费认同	信息服务质量需求
高校图书馆	0.085	0.209	-0.048	-0.013	0.126	-0.078	-0.033	0.200	4.182
公共图书馆	-0.107	-0.294	0.059	0.011	-0.168	0.102	0.048	-0.271	4.188
t 值	3.718**	9.613**	-1.996*	-0.456	5.528**	-3.432*	-1.535	9.08**	-0.192

由表 10-37 可知,高校图书馆用户和公共图书馆用户的信息系统类型需求、结果处理功能需求和信息系统质量需求存在显著差异。除了高级信息系统需求外,其他都是高校图书馆用户的需求高于公共图书馆用户。与 2011 年的调查相比,高校图书馆用户的高级信息系统需求从高于公共图书馆用户变成了低于公共图书馆用户。原因可能与样本结构有关。

表 10-37 公共和高校图书馆用户信息系统需求的平均值和独立样本 t 检验统计

地区	高级信息系统需求	基本信息系统需求	结果处理功能需求	个性化功能需求	检索功能需求	信息系统质量需求
高校图书馆	-0.068	0.293	0.101	0.001	-0.026	4.173
公共图书馆	0.079	-0.402	-0.137	-0.009	0.044	4.004
t 值	-2.817*	13.756**	4.534**	0.179	-1.319	5.310**

高校图书馆用户和公共图书馆用户的信息资源满意、信息服务满意、信息系统满意和整体满意都存在显著差异,均为高校图书馆用户的满意程度低于公共图书馆用户。这个结果与 2011 年的调查完全一致。高校图书馆和公共图书馆用户满意的平均值和 t 检验统计情况见表 10-38。

表 10-38 公共和高校图书馆用户满意的平均值和 t 检验统计

地区	信息资源满意	信息服务满意	信息系统满意	整体满意
高校图书馆	3.620	3.397	3.436	3.787
公共图书馆	3.745	3.678	3.576	3.966
t 值	-3.636**	-7.259**	-3.498**	-5.100**

(二) 用户需求的地区差异

不同地区用户的信息资源类型需求、信息资源质量需求和学术类资源年限需求存在显著差异。与 2011 年的调查相比,原来不存在显著地区差异的信息资源质量需求和学术类资源年限需求此次调查存在显著差异。这个可能与样本结构有关,2011 年的样本以东部地区为主,此次调查的样本地区分布更加平衡。事后分析的结果显示,中部地区图书馆用户的特种文献需求显著高于东部地区、西部地区的图书馆用户;中部地区图书馆用户的休闲类资源需求显著高于东部地区、西部地区和东北地区的用户;中部地区的学术类书刊需求显著低于东部地区、西部地区和东北地区的用户。东部地区图书馆用户的学术类年限需求显著高于中部地区的用户。事后分析没有找出具体是哪些地区图书馆用户的信息资源质量需求存在显著差异,但是从表10-39中可知中部地区图书馆用户的信息资源质量需求低于东部地区、西部地区和东北地区的用户。原因有可能是中部地区的样本大多数在公共图书馆获得。不同地区用户信息资源需求的平均值和方差检验情况见表10-39。

表10-39 不同地区用户信息资源需求的平均值和方差检验统计

地区	学术类资源年限需求	休闲类资源年限需求	特种文献需求	休闲类资源需求	学术类书刊需求	信息资源质量需求
东部	0.077	0.003	-0.019	-0.043	0.045	4.175
中部	-0.279	0.098	0.270	0.489	-0.320	4.025
西部	-0.052	-0.013	-0.057	-0.071	-0.015	4.129
东北	0.043	-0.210	0.066	0.089	0.189	4.033
F值	4.601*	1.159	3.811*	11.846**	5.731*	3.475*
Levene统计量	1.746	1.041	2.307	3.797*	1.544	2.088*

用户的学术类期刊、休闲类期刊、报纸、会议论文、学位论文、专利文献、标准文献、政府文献载体需求存在地区差异。用户的学术类图书、学术类期刊、报纸、工具书、会议论文、学位论文、专利文献和标准文献的语种需求存在地区差异。用户的学术信息主要来源也存在地区差异。学术类期刊,东北地区图书馆用户仅需要纸本载体的比例远高于东部地区和西部地区的用户。休闲类期刊,东北地区用户仅需要纸本的比例远高于中部地区的用户,中部地区纸本电子都需要的比例远高于东北地区的用户。报纸,东北地区用户仅需要纸本的比例远高于中部地区的用户,东北地区纸本电子都需要的用户远低于中部地区的用户。会议论文,中部地区用户仅需要纸本的比例远高于东部地区用户。中部地区、西部地区仅需要电子的比例远高于东北地区的用户。学位论文和专利文献,东部地区、西部地区仅需要电子的比例远高于中部地区用户。标准文献,中部地区用户仅需要纸本的比例远高于东北地区用户。政府出版物,中部地区用户仅需要纸本的比例远高于东部地区的用户。学术类图书和学术类期刊,东部地区用户中外文都需要的比例远高于

东北地区用户。报纸，东部地区、西部地区用户中外文都要的比例远高于东北地区的用户，中部地区用户仅需要外文的比例远高于东北地区用户。工具书，东部地区用户中外文都需要的比例远高于中部地区、东北地区的用户。会议论文、学位论文、专利文献、标准文献和政府出版物，东部地区中外文都需要的比例远高于中部地区的用户。中部地区用户以大众媒体为学术信息主要来源的比例远高于西部地区的用户。不同地区用户信息资源载体需求、语种需求、学术信息主要来源需求、日常生活主要信息来源需求的卡方分析结果见表 10 – 40。

表 10 – 40　不同地区用户的信息资源需求卡方分析

信息资源载体需求	卡方值	信息资源语种需求	卡方值
学术类图书	9.354	学术类图书	27.447**
休闲类图书	8.668	休闲类图书	7.384
学术类期刊	15.118*	学术类期刊	35.822**
休闲类期刊	15.050*	休闲类期刊	12.563
报纸	25.707*	报纸	28.876**
工具书	5.643	工具书	36.624**
会议论文	19.751*	会议论文	20.477*
学位论文	18.025*	学位论文	16.291**
专利文献	15.836*	专利文献	24.759**
标准文献	27.797**	标准文献	24.561**
政府出版物	13.574*	政府出版物	11.908
学术信息主要来源	58.471**	日常生活信息主要来源	27.629

如表 10 – 41 所示，不同地区图书馆用户信息服务类型需求中的基础信息服务需求和高级信息服务需求、信息咨询方式需求、信息服务收费认同中的增值服务收费认同、基础服务免费认同以及信息服务质量需求均存在显著差异。与 2011 年的调查相比，用户的网络信息服务需求从存在显著的地区差异变成不存在显著的地区差异，可能是随着信息环境的变化，各个地区的用户对网络信息服务都较为重视。用户的馆员辅助型信息咨询需求、信息服务质量需求从不存在显著地区差异变成存在显著的地区差异。事后分析的结果发现，东北地区的图书馆用户对基础信息服务的需求显著高于其他地区的用户，原因可能是东北地区的样本主要是在高校图书馆获得的，高校图书馆

用户一般对基础信息服务的需求较强；中部地区图书馆用户的高级信息服务需求显著高于东部地区和西部地区用户，东北地区图书馆用户的高级信息服务需求也显著高于东部地区和西部地区用户。

表 10-41　不同地区用户信息服务需求的平均值和方差检验统计

地区	基础信息服务需求	网络信息服务需求	高级信息服务需求	馆员辅助型信息咨询需求	自助型信息咨询需求	增值服务收费认同	成本性收费认同	基础服务免费认同	信息服务质量需求
东部	-0.072	0.046	-0.099	-0.039	-0.024	-0.064	-0.021	0.066	4.221
中部	0.040	-0.057	0.488	0.204	-0.112	0.163	0.011	-0.314	4.117
西部	0.017	-0.039	-0.043	-0.027	0.039	0.069	0.052	-0.016	4.151
东北	0.735	-0.193	0.501	0.222	0.300	-0.037	-0.102	-0.084	4.101
F 值	13.36**	1.752	19.47**	3.449*	2.847*	3.075*	0.747	5.857*	2.870*
Levene 统计量	0.182	0.677	3.675*	0.87	1.76	0.351	2.805*	1.25	1.215

信息咨询方式需求方面，中部地区用户的馆员辅助型信息咨询需求显著高于东部地区用户，东北地区图书馆用户的自助型信息咨询需求显著高于东部地区和中部地区用户。

信息服务收费认同方面，中部地区用户的基础服务免费认同显著低于东部和西部的用户。事后分析没有找出是哪些地区用户的增值服务收费认同存在显著差异，但是从表 10-41 中可知，中部地区用户的增值服务收费认同高于其他地区的用户。

事后分析也没有找出是哪些地区用户的信息服务质量需求存在显著差异。从表 10-41 可知，东部地区用户的信息服务质量需求高于西部、中部和东北地区的用户。

表 10-42　不同地区用户信息系统需求平均值和方差检验统计、

地区	高级信息系统需求	基本信息系统需求	结果处理功能需求	个性化功能需求	检索功能需求	信息系统质量需求
东部	-0.055	0.038	0.069	-0.033	0.061	4.123
中部	0.392	-0.158	-0.237	0.153	-0.084	3.958

续表

地区	高级信息系统需求	基本信息系统需求	结果处理功能需求	个性化功能需求	检索功能需求	信息系统质量需求
西部	-0.057	-0.066	-0.046	0.025	-0.060	4.102
东北	0.229	0.291	-0.063	-0.047	-0.169	4.111
F 值	9.437**	3.994*	4.242*	1.490	2.501	2.907*
Levene 统计量	1.279	2.258	1.647	1.453	1.076	6.917**

由表 10-42 可知，不同地区用户的信息系统类型需求、结果处理功能需求和信息系统功能需求存在显著差异。不同地区用户的个性化功能需求、检索功能需求不存在显著差异。与 2011 年的调查相比，信息系统类型需求仍然存在显著的地区差异，结果处理功能需求和信息系统功能需求从不存在显著的地区差异变成了存在显著的地区差异。

事后分析的结果表明，中部地区用户的信息系统类型需求显著高于东部、西部地区的用户。东部地区用户的结果处理功能需求、信息系统质量需求显著高于中部地区的用户。

不同地区用户的信息服务满意、信息系统满意和整体满意存在显著差异。与 2011 年的调查相比，信息资源满意从存在显著的地区差异变成了不存在显著的地区差异，信息系统满意从不存在显著的地区差异变成了存在显著的地区差异。

西部地区用户的信息服务满意、信息系统满意和整体满意显著低于东部和中部地区的用户。不同地区用户满意的平均值和方差检验统计见表 10-43。

表 10-43 不同地区用户满意的平均值和方差检验统计

	信息资源满意	信息服务满意	信息系统满意	整体满意
东部	3.694	3.592	3.526	3.928
中部	3.664	3.604	3.616	3.795
西部	3.619	3.352	3.388	3.755
东北	3.828	3.512	3.613	3.938
F 值	2.51	11.031**	5.149*	7.366**
Levene 统计量	2.359	4.637*	2.143	1.841

(三) 高校图书馆用户需求和满意的地区差异

如表 10-44 所示，不同地区高校图书馆用户只是在休闲类资源需求和信息资源质量需求上存在显著差异。事后分析没有找出是哪些地区用户的休闲类资源需求存在显著差异，从表 10-44 可知，中部地区高校图书馆用户的休闲类资源需求高于其他地区的用户。东部地区高校图书馆用户的信息资源质量显著需求高于中部地区和东北地区高校图书馆用户。

表 10-44 不同地区高校图书馆用户信息资源需求的平均值和方差检验统计表

地区	学术类资源年限需求	休闲类资源年限需求	特种文献需求	休闲类资源需求	学术书刊需求	信息资源质量需求
东部	0.151	0.008	0.076	-0.073	0.207	4.285
中部	0.036	0.111	0.165	0.279	-0.218	3.978
西部	0.124	0.089	0.053	-0.168	0.183	4.220
东北	0.043	-0.210	0.066	0.089	0.189	4.033
F 值	0.389	1.288	0.118	2.975*	1.691	6.739**
Levene 统计量	1.023	1.088	1.562	2.070	0.973	1.1910

如表 10-45 所示，高校图书馆用户的学术类图书、学术类期刊、报纸、工具书、专利文献的语种需求存在地区差异。与 2011 年的调查相比，高校图书馆用户的学术类图书、学术类期刊语种需求依然存在地区差异，但是会议论文、标准文献的语种需求不存在地区差异。学术类图书、学术类期刊、报纸、工具书，东部地区、西部地区高校图书馆用户中外文都要的比例远高于东北地区的高校图书馆用户。专利文献，东部地区高校图书馆用户中外文都需要的比例远高于中部地区的高校图书馆用户。

表 10-45 不同地区高校图书馆用户信息资源需求卡方分析

信息资源载体需求	卡方值	信息资源语种需求	卡方值
学术类图书	20.753*	学术类图书	26.531**
休闲类图书	7.270	休闲类图书	7.452
学术类期刊	28.602**	学术类期刊	30.702**
休闲类期刊	15.156*	休闲类期刊	11.757

续表

信息资源载体需求	卡方值	信息资源语种需求	卡方值
报纸	19.338*	报纸	20.158*
工具书	8.894	工具书	22.117*
会议论文	14.321*	会议论文	9.822
学位论文	10.258	学位论文	7.585
专利文献	12.886*	专利文献	18.665*
标准文献	8.987	标准文献	10.179
政府出版物	3.753	政府出版物	3.864
学术信息主要来源	37.733*	日常生活信息主要来源	12.318

由表10-45可知，高校图书馆用户的学术信息主要来源也存在地区差异。西部地区高校图书馆用户以图书馆电子资源为学术信息主要来源的比例远高于中部地区的高校图书馆用户。

如表10-46所示，不同地区高校图书馆用户的信息服务类型需求和基础服务免费认同存在显著差异。东北地区高校图书馆用户的基础信息服务需求显著高于其他地区高校图书馆用户。东北地区高校图书馆用户的网络信息服务需求显著低于东部和西部地区高校图书馆用户。东北地区高校图书馆用户的高级信息服务需求显著高于东部和西部地区高校图书馆用户。西部地区高校图书馆用户的基础服务免费认同显著高于其他地区高校图书馆用户。事后分析没有找出是哪几个地区高校图书馆用户的基础服务免费认同存在显著差异。

表10-46 不同地区高校图书馆用户信息服务需求的平均值和方差检验统计表

地区	基础信息服务需求	网络信息服务需求	高级信息服务需求	馆员辅助型信息咨询需求	自助型信息咨询需求	增值服务收费认同	成本性收费认同	基础服务免费认同	信息服务质量需求
东部	0.006	0.274	-0.119	-0.013	0.099	-0.124	-0.057	0.228	4.221
中部	0.062	-0.020	0.165	-0.081	-0.141	-0.385	0.180	-0.155	4.099
西部	0.074	0.212	-0.080	-0.070	0.156	0.015	-0.003	0.244	4.141
东北	0.735	-0.193	0.501	0.222	0.300	-0.037	-0.102	-0.084	4.101
F值	9.652**	5.480*	8.748**	1.5740	1.750	1.980	0.668	3.532*	2.151
Levene统计量	0.373	1.845	0.051	0.136	0.415	0.861	2.805*	4.251*	0.848

由表 10-47 可知，不同地区高校图书馆用户只有在高级信息系统需求、检索功能需求和信息系统功能需求上存在显著差异。事后分析没有找出是哪些地区高校图书馆用户的高级信息系统需求和检索功能需求存在显著差异，但是如表 10-47 所示，中部地区高校图书馆用户的高级信息系统需求高于东部、西部和东北地区的高校图书馆用户，东部地区高校图书馆用户的检索功能需求高于其他地区高校图书馆用户。东部地区高校图书馆用户的信息系统质量需求高于中部地区、东北地区图书馆用户。

表 10-47 不同地区高校图书馆用户信息系统需求的平均值和方差检验统计表

地区	高级信息系统需求	基本信息系统需求	结果处理功能需求	个性化功能需求	检索功能需求	信息系统质量需求	信息系统质量感知
东部	-0.101	0.328	0.188	0.001	0.048	4.204	3.526
中部	0.310	-0.137	-0.085	-0.041	-0.344	3.944	3.523
西部	-0.124	0.269	-0.004	0.020	-0.099	4.152	3.489
东北	0.229	0.291	-0.063	-0.047	-0.169	4.111	3.562
F 值	3.801*	2.383	3.404*	0.093	2.793*	2.697*	0.381
Levene 统计量	1.329	5.247*	0.988	1.063	1.894	4.356*	2.447

如表 10-48 所示，不同地区高校图书馆用户的满意情况都存在显著差异。东北地区高校图书馆用户的信息资源满意显著高于东部地区和西部地区高校图书馆用户。西部地区高校图书馆用户的信息服务满意、信息系统满意和整体满意显著低于东部地区和东北地区高校图书馆用户。

表 10-48 不同地区高校图书馆用户满意的平均值和方差检验统计表

地区	信息资源满意	信息服务满意	信息系统满意	整体满意
东部	3.625	3.488	3.476	3.836
中部	3.667	3.306	3.435	3.840
西部	3.553	3.214	3.320	3.657
东北	3.828	3.512	3.613	3.938
F 值	3.417*	9.338**	4.068*	5.890*
Levene 统计量	3.857*	7.456**	1.2480	4.682*

(四) 公共图书馆用户需求和满意的地区差异

由表 10-49 可知，不同地区公共图书馆用户信息资源类型需求中的特种文献需求、休闲类资源需求和学术类资源年限需求存在显著差异。中部地区公共图书馆用户的特种文献需求、休闲类资源需求显著高于东部地区和西部地区的公共图书馆用户。东部地区公共图书馆用户的学术类资源年限需求显著高于中部地区和西部地区公共图书馆用户。

表 10-49 不同地区公共图书馆用户信息资源需求的平均值和方差检验统计表

地区	学术类资源年限需求	休闲类资源年限需求	特种文献需求	休闲类资源需求	学术书刊需求	信息资源质量需求
东部	-0.054	-0.0153	-0.1766	-0.0034	-0.2047	4.0128
中部	-0.3612	0.0948	0.2973	0.5421	-0.3465	4.0372
西部	-0.3961	-0.2139	-0.2357	0.0865	-0.337	3.9743
F 值	6.242*	2.973	10.161**	9.730**	1.257	0.362
Levene 统计量	3.050*	9.306**	1.688	6.045*	3.162*	0.510

如表 10-50 所示，除了政府出版物外，不同地区公共图书馆用户的政府出版物载体需求存在显著差异，55.2% 和 53.4% 的中部地区、西部地区公共图书馆用户仅需要纸本载体的政府出版物，东部地区的这一比例为 36.5%。此结果与 2011 年的调查情况区别不大。2011 年的调查中，公共图书馆用户的报纸、会议论文、政府出版物载体需求存在地区差异。

表 10-50 不同地区公共图书馆用户信息资源需求卡方分析

信息资源载体需求	卡方值	信息资源语种需求	卡方值
学术类图书	6.499	学术类图书	5.264
休闲类图书	3.012	休闲类图书	3.143
学术类期刊	4.178	学术类期刊	11.694*
休闲类期刊	4.559	休闲类期刊	3.991
报纸	8.524	报纸	11.708*
工具书	8.189	工具书	21.017**
会议论文	6.031	会议论文	19.460*
学位论文	8.946	学位论文	16.857*
专利文献	6.036	专利文献	15.270*

续表

信息资源载体需求	卡方值	信息资源语种需求	卡方值
标准文献	7.662	标准文献	8.264
政府出版物	15.245*	政府出版物	12.735*
学术信息主要来源	29.005*	日常生活信息主要来源	27.229*

由表 10-50 可知，不同地区公共图书馆用户学术类期刊、报纸、工具书、会议论文、学位论文、标准文献、政府出版物等的语种需求存在显著差异。存在语种需求差异的信息资源类型比 2011 年的调查增加了几项。2011 年的调查中，公共图书馆用户对学术类期刊、会议论文、专利文献、标准文献、政府出版物的语种需求存在地区差异。学术类期刊，东部地区公共图书馆用户中外文都需要的比例远高于西部地区公共图书馆用户。报纸，中部地区公共图书馆用户仅需要外文的比例远高于东部和西部地区的公共图书馆用户。工具书，中部地区公共图书馆用户仅需要外文的比例远高于东部和西部地区公共图书馆用户。东部地区中外文都需要的比例远高于中部和西部公共图书馆用户。会议论文，东部地区公共图书馆用户中外文都需要的比例远高于中部和西部地区公共图书馆用户。学位论文，东部地区公共图书馆用户中外文都需要的比例远高于西部地区公共图书馆用户。西部地区公共图书馆用户仅需要中文的比例也远高于东部地区图书馆用户。专利文献，东部地区公共图书馆用户中外文都需要的比例远高于西部地区和中部地区公共图书馆用户。标准文献，东部地区公共图书馆用户中外文都需要的比例远高于西部地区公共图书馆用户。政府出版物，西部地区公共图书馆用户仅需要中文的比例也远高于东部地区图书馆用户。不同地区公共图书馆用户的学术信息主要来源和日常生活信息主要来源都存在显著差异。中部地区以大众媒体为学术信息主要来源的比例远远高于东部地区、西部地区公共图书馆用户。东部地区公共图书馆用户以人际渠道为学术信息主要来源的比例远高于中部地区、西部地区的公共图书馆用户。中部地区公共图书馆以图书馆纸本资源和电子资源为日常生活信息主要来源的比例都远远高于东部地区、西部地区公共图书馆用户。

表 10-51　不同地区公共图书馆用户信息服务需求的平均值和方差检验统计表

地区	基础信息服务需求	网络信息服务需求	高级信息服务需求	馆员辅助型信息咨询需求	自助型信息咨询需求	增值服务收费认同	成本性收费认同	基础服务免费认同	信息服务质量需求
东部	-0.168	-0.289	-0.079	-0.088	-0.199	0.012	0.025	-0.164	4.220
中部	0.034	-0.066	0.568	0.277	-0.105	0.295	-0.029	-0.353	4.121
西部	-0.075	-0.439	0.018	0.041	-0.146	0.154	0.136	-0.424	4.167
F 值	2.013	4.344*	16.15**	5.354*	0.364	3.739*	1.122	4.223*	1.313
Levene 统计量	0.923	1.920	4.894*	2.717	3.905*	0.663	1.040	0.039	0.794

如表 10-51 所示,不同地区公共图书馆用户信息服务类型需求中的网络信息服务需求和高级信息服务需求、信息咨询服务需求中的馆员辅助型信息咨询需求、信息服务免费需求中的增值服务收费认同、基础服务免费认同存在显著差异。中部地区公共图书馆用户的网络信息服务需求显著高于西部地区的公共图书馆用户。中部地区公共图书馆用户的高级信息服务需求显著高于东部地区和西部地区的公共图书馆用户。中部地区公共图书馆用户的馆员辅助型信息咨询需求显著高于东部地区的公共图书馆用户。中部地区公共图书馆用户的增值服务收费认同显著高于东部地区的公共图书馆用户。东部地区公共图书馆用户的基础服务免费认同显著高于西部地区公共图书馆用户。

表 10-52　不同地区公共图书馆用户信息系统需求的平均值和方差检验统计表

地区	高级信息系统需求	基本信息系统需求	结果处理功能需求	个性化功能需求	检索功能需求	信息系统质量需求
东部	-0.008	-0.380	-0.106	-0.098	0.085	4.007
中部	0.412	-0.164	-0.276	0.202	-0.018	3.962
西部	0.047	-0.587	-0.113	0.034	0.003	4.021
F 值	7.249*	6.094*	1.160	3.967*	0.616	0.284
Levene 统计量	4.842*	0.932	1.644	1.605	0.085	3.642*

由表 10-52 可知,不同地区公共图书馆用户信息系统类型需求、信息系统功能需求中的个性化功能需求存在显著差异。中部地区公共图书馆用户的高级信息系统需求显著高于东部地区和西部地区的公共图书馆用户。中部

地区公共图书馆用户的基本信息系统需求显著高于西部地区的公共图书馆用户。中部地区公共图书馆用户的个性化功能需求显著高于东部地区的公共图书馆用户。

如表10-53所示，不同地区公共图书馆用户的信息资源满意、信息服务满意和信息系统满意都不存在显著差异，但是其整体满意存在显著差异。东部地区公共图书馆用户的整体满意显著高于中部地区的用户。

表10-53 不同地区公共图书馆用户满意的平均值和方差检验统计表

地区	信息资源满意	信息服务满意	信息系统满意	整体满意
东部	3.783	3.733	3.591	4.050
中部	3.664	3.681	3.662	3.783
西部	3.721	3.570	3.496	3.911
F值	1.394	2.854	1.634	7.207*
Levene统计量	1.507	0.237	0.978	3.431*

（五）不同级别公共图书馆用户需求和满意的差异

本次调查的公共图书馆包括了国家图书馆、省级图书馆、市级图书馆、县（县级市、区）级图书馆等多个级别的公共图书馆。本研究对各级别公共图书馆用户需求和满意进行差异分析，探讨各级别公共图书馆用户需求和满意的异同。本研究将国家图书馆用户定义为国家级公共图书馆的用户，省（自治区、直辖市）公共图书馆用户定义为省级图书馆的用户，市级、县（县级市、区级）公共图书馆用户定义为市县级公共图书馆的用户。

表10-54 不同级别公共图书馆用户信息资源需求的平均值和方差检验统计表

级别	学术类资源年限需求	休闲类资源年限需求	特种文献需求	休闲类资源需求	学术书刊需求	信息资源质量需求
国家级	0.217	-0.039	0.035	-0.180	0.020	4.191
省级	-0.360	-0.047	-0.132	0.199	-0.341	3.958
市县级	-0.022	-0.045	-0.222	0.125	-0.304	3.963
F值	12.841**	0.002	1.574	5.158*	5.409*	6.855**
Levene统计量	2.149	2.776	1.118	0.120	3.156*	0.369

由表10-54可知，不同级别公共图书馆用户信息资源类型需求中的休

闲类资源需求和学术类资源年限需求存在显著差异,信息资源质量需求、学术类资源年限需求也存在显著差异。省级公共图书馆的用户的休闲类资源需求显著高于国家级公共图书馆的用户。国家级公共图书馆的用户的学术书刊需求显著高于省级公共图书馆用户。国家级公共图书馆用户的信息资源质量需求显著高于省级和市县级公共图书馆的用户。国家级公共图书馆用户的学术类资源年限需求也显著高于省级公共图书馆的用户。

从表10-55可知,不同级别公共图书馆用户的学术类图书、学术类期刊、会议论文、政府出版物的载体需求存在显著差异。学术类图书和学术类期刊,省级公共图书馆的用户仅需要纸本的比例远高于国家级公共图书馆的用户,省级公共图书馆的用户纸本电子都需要的比例也远高于国家级公共图书馆的用户。会议论文,市县级和省级公共图书馆的用户仅需要纸本的比例远高于国家级公共图书馆的用户,市县级公共图书馆的用户纸本电子都需要的比例远低于国家级公共图书馆的用户。政府出版物,市县级公共图书馆的用户纸本电子都需要的比例远低于国家级公共图书馆的用户。

表10-55 不同级别公共图书馆用户信息资源需求卡方分析

信息资源载体需求	卡方值	信息资源语种需求	卡方值
学术类图书	15.940*	学术类图书	10.490*
休闲类图书	0.669	休闲类图书	7.132
学术类期刊	16.541*	学术类期刊	27.810**
休闲类期刊	1.35	休闲类期刊	6.935
报纸	7.68	报纸	10.551*
工具书	5.605	工具书	11.406*
会议论文	16.864*	会议论文	33.497**
学位论文	8.294	学位论文	25.393**
专利文献	6.532	专利文献	24.060**
标准文献	5.741	标准文献	21.371**
政府出版物	16.025*	政府出版物	15.985*
学术信息主要来源	19.317	日常生活信息主要来源	13.623

不同级别公共图书馆用户的学术类图书、学术类期刊、报纸、工具书、会议论文、学位论文、专利文献、标准文献和政府出版物的语种需求存在显著差异。均为国家级公共图书馆的用户纸本电子都需要的比例远高于省级公

共图书馆的用户。不同级别公共图书馆用户的学术信息主要来源和日常生活信息主要来源均不存在显著差异。

不同级别公共图书馆的用户只有信息服务类型需求中的网络信息服务需求存在显著差异。国家级公共图书馆的用户的网络信息服务需求显著高于省级公共图书馆的用户。不同级别公共图书馆用户信息服务需求的平均值和方差情况见表10-56。

表10-56 不同级别公共图书馆用户信息服务需求的平均值和方差检验统计表

级别	基础信息服务需求	网络信息服务需求	高级信息服务需求	馆员辅助型信息咨询需求	自助型信息咨询需求	增值服务收费认同	成本性收费认同	基础服务免费认同	信息服务质量需求
国家级	-0.210	0.104	-0.046	0.036	-0.072	0.160	0.165	-0.152	4.258
省级	-0.087	-0.425	0.123	-0.007	-0.215	0.073	0.003	-0.286	4.163
市县级	-0.049	-0.200	-0.144	0.072	-0.056	0.177	0.107	-0.407	4.213
F值	0.985	13.39**	2.703	0.231	1.309	0.606	1.438	1.510	1.361
Levene统计量	1.325	0.272	0.168	1.709	2.069	0.212	1.030	1.396	0.770

如表10-57所示,不同级别公共图书馆的用户只有在信息系统类型需求中的基本信息系统需求存在显著差异。国家级公共图书馆的用户的基本信息系统需求显著高于省级、市县级公共图书馆的用户。

表10-57 不同级别公共图书馆用户信息系统需求的平均值和方差检验统计表

级别	高级信息系统需求	基本信息系统需求	结果处理功能需求	个性化功能需求	检索功能需求	信息系统质量需求
国家级	-0.003	0.095	-0.040	-0.168	0.063	4.112
省级	0.112	-0.553	-0.178	0.044	0.045	3.980
市县级	0.031	-0.407	-0.066	-0.042	0.005	3.956
F值	0.734	21.649**	1.039	2.255	0.072	2.192
Levene统计量	0.867	1.325	0.872	0.211	1.193	0.160

从表10-58可知,不同级别公共图书馆用户的信息资源满意、信息服务满意、信息系统满意和整体满意都存在显著差异。国家级公共图书馆的用户的信息资源满意、信息服务满意和整体满意显著高于省级和市县级公共图

书馆的用户。国家级公共图书馆的用户的信息系统满意显著高于市县级公共图书馆的用户。

表 10-58　不同级别公共图书馆用户满意的平均值和方差检验统计表

级别	信息资源满意	信息服务满意	信息系统满意	整体满意
国家级	4.004	3.874	3.692	4.125
省级	3.705	3.638	3.572	3.936
市县级	3.496	3.554	3.377	3.850
F 值	15.230**	6.270*	3.769*	5.053*
Levene 统计量	4.991*	1.641	3.847*	2.487

概括而言，此次调查发现，随着信息化网络化的发展，平板电脑和智能手机作为用户上网终端的重要性在增强。图书馆用户总体需求强度仍然不高。图书馆用户还是可以分为高级用户、远程用户、普通用户和边缘用户。但是这几类用户的构成比例发生了变化。图书依然是用户主要需求的信息资源类型。报纸还是用户重点需求的信息资源类型。虽然用户对各类型信息资源的电子载体需求都有不同程度的增强，但是总体而言，纸质载体依然占据着非常重要的地位。用户仍然主要需求中文语种的信息资源，对外文语种信息资源也存在一定程度的需求。用户对信息资源年限需求进一步变长。图书馆资源在用户学术信息获取中的地位在增强，特别是电子资源。网络已经成为图书馆用户日常生活信息最重要的来源，大众媒体也是图书馆用户日常生活信息的主要来源，并且这二者的地位都在上升。流通阅览等基础性服务仍然是图书馆用户需求的重点。但是重要性进一步下降。用户对自习服务、上网服务、讲座/展览服务等图书馆空间利用的需求增加。馆员与用户的面对面交流仍然非常重要。对于自修、馆内上网、办证等图书馆基础服务免费，用户仍然是有强烈的共识。对于图书馆增值服务收费，用户仍然是没有共识。馆藏书刊目录检索系统的重要性有所下降。用户电子资源服务系统、自助服务系统和移动服务的需求在增长。用户对信息资源和信息服务质量的需求在下降，对信息系统质量的需求在增长。仍然是图书馆用户的整体满意程度最高，用户的信息服务满意、信息系统满意有小幅度上涨。仍然是服务满意最能影响图书馆用户的满意程度。但是信息资源满意的解释能力有较大幅

度的提升，信息系统满意的解释能力有较大幅度的下降。

　　高校图书馆用户和公共图书馆用户的多数需求和满意存在显著差异。不同地区图书馆用户的大部分信息资源需求、部分信息服务需求和部分信息系统需求存在显著差异。不同地区用户除了信息资源满意外的其他满意存在地区差异。公共图书馆用户的信息资源需求、信息服务需求和信息系统需求的地区差异超过高校图书馆用户。但是高校图书馆用户满意的地区差异超过公共图书馆用户。不同级别公共图书馆用户的部分信息资源需求存在显著差异。不同级别公共图书馆用户的大部分信息服务需求、信息系统需求不存在显著差异。不同级别公共图书馆用户的满意存在显著差异。

第十一章
用户个性化信息服务需求调查分析

图书馆个性化信息服务是指图书馆在数字信息环境下,主要利用网络和信息技术,获取并分析各个用户的信息使用习惯、偏好、背景和要求,从而为用户提供充分满足其个体信息需要的一种集成性信息服务[1]。图书馆只有了解用户的需求之后才能够提供符合用户需求的个性化信息服务。

本章试图通过调查和统计分析来回答以下问题:(1)用户需要哪些个性化信息服务。个性化信息服务的内容不是单一的,而是多样化的,到底哪些是用户需要的。(2)用户需要什么样的个性化信息服务。个性化信息服务可以是这样的,也可以是那样的,用户到底需要哪一种。(3)用户需要什么程度的个性化信息服务。(4)个性化信息服务的需求受到哪些因素的影响。是什么因素导致用户中哪部分群体需要,哪部分群体不需要,哪部分群体需要得多,哪部分群体需要得少。

本章分别从用户的个性化信息服务总体需求、隐私保护需求分析、个性化信息服务工具需求、个性化推荐与检索需求及影响用户个性化信息服务需求的因素等方面调查分析图书馆用户个性化信息服务需求。

一、用户个性化信息服务需求调查设计

根据研究问题、国内外相关研究、图书馆个性化信息服务理论、现状和

---

[1] 曹树金、罗春荣、马利霞:《论图书馆个性化服务的几个基本问题》,《大学图书馆学报》2005年第6期,第33—39页。

发展趋势的预测，进行了调查问卷的设计。本章的研究问卷分为六部分：第一部分是调查用户的背景信息，包括性别、年龄、身份和教育程度这四个问题。第二部分是调查用户的图书馆使用行为，包括使用图书馆资源和服务的频率、使用最多的图书馆、经常利用的图书馆服务、经常利用的图书馆资源。第三部分是调查用户的网络使用行为，包括平均每天上网时间、网络使用资历、网络使用能力等问题，为了调查用户是否使用过个性化信息服务（包括但不限于个性化信息服务）和 web 2.0 服务会否对个性化信息服务需求产生显著影响，专门加上是否使用过个性化信息服务、使用过哪些个性化信息服务、是否使用过 web 2.0 服务和使用过哪些 web 2.0 服务这四个问题。前三部分都是背景因素，主要目的是用于探讨这些背景因素对用户的个性化信息服务需求的影响。第四部分是调查用户对图书馆个性化信息服务门户的需求，包括个性化信息环境需求、个性化兴趣与需求建立方式、个性化信息服务功能需求、个性化社区功能需求和个性化推荐与检索性能需求等。第五部分是调查用户对个性化信息服务工具的需求。web 2.0 技术的发展给图书馆个性化信息服务带来了极大的冲击，图书馆除了建立个性化信息服务门户之外，还需要提供多种个性化信息服务工具，直接嵌入到用户经常使用的软件和服务中去，随时随地为用户提供个性化信息服务[1]。第六部分调查用户提供个人信息的意愿和对个人隐私保护政策的需求。参考梁忠的研究，设计了个人信息提供意愿的量表[2]。参考许春漫[3]、施毓琦和吴明德[4]的研究编制了个人隐私保护政策需求的量表。采用里克特 5 点量表来调查用户的需求程度。"1"为非常不需要，"2"为不需要，"3"为一般，"4"为需要，"5"为非常需要。

　　问卷设计好之后先在一定的范围内进行前测，根据前测的结果对问卷进行修正，形成最后的问卷。2008 年 11—12 月实施调查，调查对象包括广州地区的大学图书馆、公共图书馆和科技图书馆三大类型图书馆的用户。为了

---

[1] 图书馆 2.0 工作室：《图书馆 2.0：升级你的服务》，北京，北京图书馆出版社 2008 年版，第 251—276 页。
[2] 梁忠：《电子商务网站消费者个人信息提供意愿研究》，浙江大学硕士学位论文，2008 年。
[3] 许春漫：《试论数字图书馆个性化服务中的个人信息保护》，《图书情报工作》2008 年第 3 期，第 135—138 页。
[4] 施毓琦、吴明德：《大学图书馆网站个人化服务之使用者需求研究》，《大学图书馆》2005 年第 2 期，第 2—25 页。

使样本更具有代表性，在问卷的发放上尽可能涵盖各种类型的图书馆用户和做到随机抽样。在大学图书馆方面，除了在图书馆发放问卷外，我们也委托图书馆承担信息检索课的教师在课堂上进行了问卷的发放和回收工作。本调查共发放纸质问卷 800 份，回收 612 份，扣除无效问卷 69 份，有效问卷为 543 份，净回收率为 67.9%。本调查同时也在 www.my3q.com 发布了网络版问卷，回收有效问卷 29 份，合计此次调查回收有效问卷 572 份。

572 位受访者中，女性居多，有 308 位（53.8%），男性共 264 位（46.2%）；调查对象以 35 岁以下的年轻人为主，其中 18—25 岁最多，占 74.1%，18 岁以下的占 2.1%，36—50 岁的占 3.8%，50 岁以上的比较少，仅占 1%；调查对象的身份以学生为主，占 76.6%，公司与企业员工占 7.2%，教师（包括高校与中小学老师）占 5.9%，科研人员占 2.8%；调查对象的教育程度以本科为主，包括在读学生和已经毕业的，占 67.7%，硕士占 16.1%；博士占 7.2%。其他教育程度的人员相对少一些。

为了保证问卷调查结果的准确性和科学性，有必要考察所设计的问卷是否符合要求，调查的结果是否可信与有效，也就是对调查问卷本身进行效度和信度的评价分析。效度分为内容效度、效标效度和构念效度[①]。本调查以内容效度作衡量。本调查问卷各变量的测量项目都是以国内外学者的研究问卷及相关文献为基础构建的，问卷产生后根据专家的意见进行了反复修改，并进行了前测，因此本调查问卷具有一定的内容效度。本研究利用内部一致信度，通过 Cronbach's Alpha 系数值来分析量表的效度。从表 11 - 1 可知，本问卷所有构面都具备高信度。

表 11 - 1 问卷构面的信度分析

构　　面	Cronbach's Alpha 系数值	有效样本数
个性化信息环境需求	0.824	558
个性化社区功能需求	0.841	570
个性化信息服务功能需求	0.910	545
个人隐私保护政策需求	0.914	567

---

① 曾五一、黄炳艺：《调查问卷的可信度和有效度分析》，《统计与信息论坛》2005 年第 6 期，第 11—15 页。

二、用户个性化信息服务总体需求

(一) 个性化信息服务使用概况

1. 个性化信息服务的使用并不普遍，使用过 my library 的不多

图书馆认为个性化功能非常重要，用户也有类似的看法，但是调查结果显示，个性化服务的使用并不普遍。有 284 位受访者使用过个性化服务，占有效样本数的 49.7%，还有超过一半的受访者没有使用过。

受访者使用过的个性化服务大多不是图书馆提供的。受访者使用最多的是搜索引擎或者门户网站提供的个性化服务，如 Google 的 iGoogle 有 102 位使用，MSN 的 My msn 有 67 位使用，Yahoo 的 My Yahoo 也有 47 位使用。电子商务网站提供的个性化服务也有较多用户，如"我的当当"有 33 位使用，"我的淘宝"有 15 位使用，"我的卓越"有 9 位使用。图书馆提供的个性化信息服务工具 my library 使用得不多，只有 21 位使用过，跟学术有关的个性化信息服务如 PubMed 提供的 my ncbi、aPabi 电子图书提供的个性化信息服务、BIOSIS Previews 数据库提供的个性化信息服务、Google 学术检索提供的个性化信息服务、超星电子图书馆提供的个性化信息服务也分别只有 1 位使用。个性化服务使用的详细情况见表 11-2。

表 11-2　个性化服务使用的情况

个性化服务名称	用户数	个性化服务名称	用户数	个性化服务名称	用户数
iGoogle	102	新浪	5	my ncbi	1
My msn	67	校内	2	myspace	1
My Yahoo	47	aPabi	1	q-zone	1
我的当当	33	Boc	1	阿里旺旺	1
百度	27	boisis previews	1	百谷虎	1
My library	21	countless	1	博客	1
我的淘宝	15	dayoo	1	超星电子图书馆	1
网易	12	Fx168	1	我的豆瓣	1
QQ	10	Google 学术检索	1	我的易趣	1
我的卓越	9	licai18	1	我的账单	1

2. web 2.0 服务使用得比较普遍，博客的使用最广泛

web 2.0 与图书馆 2.0 是近年来在图书馆界非常热门的概念，调查结果显示，web 2.0 使用得还是比较普遍的，将近七成（69.8%）的受访者使用过 web 2.0 服务。在受访者使用过的 web 2.0 服务中，博客的使用最广泛，有 297 位使用，占使用 web 2.0 受访者总数的 74.6%；其次是社会性网络服务，有 147 位使用，占 19.3%；播客有 97 位使用，占 12.8%；维基有 96 位使用，占 12.6%；简易信息聚合（RSS）有 65 位使用，占 8.6%；社会书签工具有 48 位使用，占 6.3%。也有 10 位选择了"其他"，但是只有 2 位给出了其他的具体内容，分别是即时通信工具 QQ 和微博客。

（二）个性化信息服务需求概况

本研究以各项功能需求的平均值为 3.50 及以上代表用户对于个性化功能需求存在共识[①]。研究结果显示，整体而言，调查对象对于图书馆个性化信息服务倾向于需要，总平均值为 3.90。图书馆个性化信息服务的四个方面中，个人隐私保护政策的需求程度最高，总平均值高达 4.23；其次是个性化信息环境需求，总平均值为 3.87；再次为个性化信息服务功能需求，总平均值为 3.83；总平均值最低的是个性化社区功能需求（3.74）。由此可知，调查对象倾向于需要图书馆个性化信息服务，并且对于个性化信息服务的隐私是否得到保障非常重视，个性化信息服务功能的需求程度要比个性化社区环境需求稍低，说明图书馆只是提供个性化信息服务功能满足不了用户需求，用户也需要个性化的信息环境。调查对象对个性化社区功能的需求程度最低，可能与调查对象对图书馆的认知有关。

以下分别就受访者的个性化信息环境需求、个性化社区功能需求、个性化信息服务功能需求的内容、程度以及影响因素叙述研究结果。

1. 个性化信息环境需求

个性化信息环境是一个以使用者为中心，按照使用者自己本身的需求及

---

① 柯君仪、王梅玲：《台湾图书资讯学硕士生就业与能力需求之研究》，《大学图书馆》2007 年第 1 期，第 97—116 页。

喜好自己组织内容的信息空间①。

本研究列出的 12 项个性化信息环境功能中，有 11 项的平均得分超过了 3.5，只有"提供天气预报、网站导航和日历等功能"这一项的平均得分低于 3.5，为 3.47。

"当您登录个性化信息环境后，就可使用个性化信息环境中所有的电子资源（数据库、电子期刊等），而不用在使用每一项资源时都需重新登录"的需求程度最高（4.2）。这个结果与 Nobel、施毓琦和吴明德的研究一致。Nobel 对 HeadLine PIE 个性化信息环境使用者进行的系统评估中，将近九成的使用者希望 HeadLine PIE 增加此项功能②。施毓琦的研究中，这项功能的平均需求程度达到 4.23③。电子资源在图书馆信息资源中所占的比重越来越大，但是这些电子资源的登录地址各不相同，用户只有逐一登录才能够使用相应的电子资源，这样使得用户不厌其烦，所以用户对单点登录、统一检索的需求非常强烈。"系统提供图书馆全部的资源及服务内容供您自己选择"的平均需求程度高达 4.02，说明用户对此功能的需求非常强烈。用户对"个性化信息空间提供收藏夹功能，您可以在其中保存网上内容"、"您可以搜索您收藏的内容"和"您可以对收藏的内容进行分类或主题标注"这三项个性化信息环境功能的平均需求程度分别为 4.05、4.02 和 3.99，说明用户不仅倾向于需要图书馆个性化信息服务系统提供收藏功能，而且也需要搜索和处理功能，对收藏的内容进行查询、加工和处理，以方便日后的使用。"个性化信息环境提供储存空间供您存储个人文件和资料"，平均需求程度为 3.93，说明用户需要此项服务，但是需求的程度要比施毓琦和吴明德研究中低一些，在他们的研究中，此项功能的平均需求程度高达 4.05④。原因

---

① French J C, Viles C L, 1999: "Personalized information environment: an architecture for customizable access to disturbed digital libraries". D-lib Magazine, 5（6）, http://www.dlib.org/dlib/june99/french/06french.html.

② Noble I: "Evaluation report: PIE evaluation phase two", http://www.headline.ac.uk/public/ph2guestreport.pdf.

③ 施毓琦、吴明德：《大学图书馆网站个人化服务之使用者需求研究》，《大学图书馆》2005 年第 2 期，第 2—25 页。

④ 施毓琦、吴明德：《大学图书馆网站个人化服务之使用者需求研究》，《大学图书馆》2005 年第 2 期，第 2—25 页。

可能是现在网络上提供此项服务的网站太多了，所以用户对于图书馆提供此项服务的需求也就没有像以前那样强烈。

据网络用户上网习惯的调查显示，网民 50% 的时间其实是"浪费"在对更新信息的"查找"，而不是对信息的"阅读"和"利用"上[1]。用户将需要的内容订阅到 RSS 阅读器中后，这些内容就会自动出现在用户的阅读器里，用户也不必为了一个急切想知道的消息而不断地刷新网页，因为一旦有了更新，RSS 阅读器就会自己通知用户[2]。使用 RSS 阅读器已成为相当一部分网民的阅读习惯。"提供 RSS 阅读器，您可以订阅自己感兴趣的内容（包括图书馆网站之外的 RSS 源）"的平均需求程度为 3.88，说明用户对此功能存在需求，图书馆除了提供 RSS Feeds 供用户订阅外，也应该在个性化信息环境中嵌入 RSS 阅读器方便用户阅读其他来源的 RSS feeds。"可以采用多种方式登录个性化信息服务系统如您的校园卡卡号、借书证号或者电子邮件地址"的平均需求程度为 3.86，说明用户需要多元化的登录方式。"可以更改个性化信息环境的内容呈现方式，包括背景、颜色、字体及排列方式等"的平均需求程度为 3.72，75.7% 的用户感到需要或者非常需要。说明用户不仅重视具体的个性化信息环境功能，而且对这些功能的呈现形式也有着较高的要求。"可以与别人共享您收藏的内容"的平均需求程度为 3.58，"系统使用 cookies，您不用每次输入账号和密码就可以自动登录"的平均需求程度为 3.54，这两项个性化信息环境功能的需求程度都不是太高，可能是涉及个人隐私保护的原因。

需求程度最低的是"提供天气预报、网站导航和日历等功能"，平均需求程度只有 3.47，说明用户对此功能需求程度不高，这与徐嘉侨的研究基本一致。在他的研究中，医务人员对类似功能的"个人日程表"感到不需要或者非常不需要的比例比感到需要或者非常需要的比例高出 3 个百分点[3]。

2. 个性化社区功能需求

随着网络普及程度的提高和网络资源的丰富，用户不必亲自前往实体图

---

[1] 顾洪洋：《RSS 阅读流行新玩法》，《微电脑世界》2006 年第 8 期，第 168—172 页。
[2] 百度百科：《RSS》，http://baike.baidu.com/view/1644.htm。
[3] 徐嘉侨：《医学图书馆个人化资讯服务需求之研究——以台北荣民总医院图书馆为例》，台北，政治大学硕士学位论文，2004 年，第 139 页。

书馆，甚至都不用上图书馆的网站就可以获取自己需要的信息，在这样的背景下，图书馆还能用什么方式留住用户呢？台湾地区知名的图书馆专业博客Library Views（图书馆观点）给出的答案是图书馆针对所提供的服务或信息来营造（图书馆）社区。他认为"人类本质上就是喜欢群体或社会生活的，喜欢发表自己的看法，也想听听（看看）别人的见解；希望可以从讨论中获益，并且经常回来，这些就是社群的特质[①]"。调查图书馆用户对社区功能的需求情况，有助于图书馆建立更加符合用户需要的图书馆社区，向他们提供符合他们需要的个性化信息服务，增强图书馆用户的黏度。

本研究列出的五项个性化社区功能的平均需求程度都在3.5以上，最高的是3.83，最低的也有3.69。"查找和加入自己感兴趣的图书馆社区"这项功能的平均需求程度最高，有四分之三以上（77.1%）的用户感到需要或者非常需要；"和社区内的成员分享和交流个性化信息环境内容"，此项功能有将近七成（69.4%）的用户感到需要或者非常需要；"依据社区成员的行为向您推荐可能符合您需要的资源和服务"，这项功能也是有将近七成（69.4%）的用户感到需要或者非常需要；"您可以通过站内通信系统与社区内成员进行实时或者非实时交流"这一功能有超过六成五的（66.8%）的用户感到需要或者非常需要，但是也有6.8%的用户感到不需要或者非常不需要，是个性化社区功能中用户感到不需要或者非常不需要比例最高的。究其原因可能是现在用户能够使用的实时或者非实时交流工具较多，所以对图书馆个性化信息服务系统是否提供这项功能不是特别在意。需求程度最低的是"您进行检索时，检索结果显示社区成员的检索情况"，此项功能有将近六成五（64.7%）的用户感到需要或者非常需要，但也有将近三成（29.5%）的用户感到无所谓，有5.6%的受试者感到不需要或者非常不需要。

总的来说，用户对于图书馆个性化社区功能的需求程度较高，图书馆应该改变过去对用户社区的忽视态度及仅仅把自己定位为"数字看门人"的

[①] David Lee King："It's about the Community"，http://www.davidleeking.com/2007/10/02/its--about-the-community.

观点①。

3. 个性化信息服务功能需求

用户对 23 项个性化信息服务功能平均需求程度都在 3.50 及以上，说明用户对每一项具体的功能的需求都存在共识。如表 11-3 所示，平均需求程度排在前四位的是图书到期提醒、图书网上续借、预约图书到书提醒和个人当前借阅状况记录，平均需求程度分别是 4.29、4.27、4.13 和 4.01。这说明用户对于图书馆个性化信息服务的需求首先就表现在对图书借阅服务上的个性化需求上。"校外（馆外）图书馆资源访问"这一功能的平均需求程度排在第五位，平均需求程度为 3.93，有 83.4% 的用户感到需要或者非常需要，只有 4.2% 的用户感到不需要或者非常不需要，说明用户对此功能的需求非常强烈。近几年来，图书馆采购的电子资源逐渐增多，但是这些电子资源一般都只开放给图书馆内或者校园网内的用户使用，但是并不是所有的用户都住在校内或者很方便来图书馆，因此，他们对校外（馆外）图书馆资源访问的需求非常强烈，此次调查的结果也证实了这一点。

表 11-3 个性化信息服务功能需求

排序	个性化信息服务功能	N 有效	N 缺失	均需求程度
1	图书到期提醒	572	1	4.29
2	图书网上续借	571	0	4.27
3	预约图书到书提醒	572	0	4.13
4	个人当前借阅状况记录	572	0	4.01
5	校外（馆外）图书馆资源访问	562	10	3.93
6	个性化新书通报	571	1	3.92
7	个人借阅历史记录	572	0	3.87
8	向图书馆推荐您需要的书刊、电子资源等	569	3	3.87
9	个性化电子期刊最新目次通报	570	2	3.82
10	个性化图书馆活动推荐	571	1	3.82
11	馆际互借申请	570	2	3.82

---

① 图书馆 2.0 工作室：《图书馆 2.0：升级你的服务》，北京，北京图书馆出版社 2008 年版，第 251—276 页。

续表

排序	个性化信息服务功能	N 有效	N 缺失	均需求程度
12	检索结果的导出	569	3	3.80
13	个性化在线信息素养培训课程	569	3	3.80
14	个性化馆藏目录浏览	572	0	3.78
15	图书馆推送信息分级	572	0	3.74
16	个性化参考咨询	572	0	3.69
17	检索结果的收藏	572	0	3.67
18	科技查新申请	562	10	3.63
19	给检索结果加注个性化标签	571	1	3.61
20	图书馆讲座或者培训预约	571	1	3.60
21	留言本	572	0	3.59
22	个人借阅记录分析	570	2	3.54
23	检索结果的评论	572	0	3.50

平均需求程度排在第六位到第八位的分别是："按照用户兴趣与需求的个性化新书通报服务"（平均需求程度为3.92）、"个人借阅历史记录"（平均需求程度为3.87）和"向图书馆推荐您需要的书刊、电子资源等"（平均需求程度为3.87），它们也属于图书馆借阅服务的范畴，再一次说明用户对借阅服务的个性化存在很高的需求。个性化电子期刊最新目次通报（系统根据您的个人兴趣与需求信息，自动推荐电子期刊最新目次）、个性化图书馆活动推荐（系统根据您的个人兴趣与需求信息，自动推荐图书馆相关活动给您，如您需要的数据库培训、展览、讲座等）以及馆际互借申请这三项功能的平均需求程度都为3.82，说明用户对于这几项功能的需求程度也非常高。"检索结果的导出"这项功能的平均需求程度为3.80，但另外三项对检索结果的处理功能"检索结果的收藏"、"给检索结果加注个性化标签"和"检索结果的评论"的平均需求程度分别只有3.67、3.61和3.50，说明用户对于检索结果的处理功能有一定的需求，但是需求程度不是非常高，使用这些功能的主动性和积极性可能达不到图书馆的预期，实际上这些功能对于图书馆的个性化推荐服务有着非常重要的意义，所以图书馆要想办法调动用户的积极性，推动更广泛的用户参与，如在开始推行这项服务的时候可以考虑通过调用当当网和豆瓣等的同一本图书的收藏和评论信息来供用户参考。

1989 年美国图书馆协会关于信息素养的总结报告中指出,要成为具备信息素养的人,必须能够认识到自己什么时候需要信息,并且具备查找、评价和有效利用需求信息的能力（To be information literate, a person must be able to recognize when information is needed and have the ability to locate, evaluate, and use effectively the needed information）[1]。个性化在线信息素养培训课程（系统依据您对特定学科的兴趣与需求,自动推荐该学科的在线信息素养培训教程）的平均需求程度为 3.80,说明用户对于信息素养的培养非常重视,也需要图书馆提供个性化的信息素养培养课程。系统依据您对特定学科的兴趣与需求,自动地列出该学科参考馆员,方便您与馆员的互动交流这样的个性化参考咨询服务、科技查新申请等图书馆高层次服务的平均需求程度分别只有 3.69 和 3.63,说明用户对于这些服务的需求虽然存在共识,但是需求程度都不是太高。

为了找出隐藏在个性化信息服务功能需求变量中的一些更基本的,但又无法直接测量到的隐性变量,我们进行了探索性因子分析。以主成分分析法进行共同因素的萃取,并根据 Kaiser 法以特征值大于 1 作为抽取共同因素个数的原则,利用最大方差法进行正交转轴处理。因子分析对样本数的要求是:（1）样本数不得低于 50,最好是 100 以上;（2）样本数至少是变量数的 5 倍,最好是 10 倍。本研究有效样本数为 572,变量数是 23,符合因子分析的条件。本研究对个性化信息服务需求进行 KMO 与巴特利特球形检验（Bartlett test of sphericity）,以判断是否适合作因子分析。KMO 值是表示取样适切性的系数,因子分析要求 KMO 值至少要 0.6 以上[2]。

如表 11-4 所示,本研究两次因子分析的 KMO 值分别是 0.917 和 0.913,非常适合进行因子分析。之后删除因子负荷量低于 0.5 以及横跨两个构面且因子负荷量大于 0.5 的个性化信息服务功能需求变量,反复进行因子分析,以找出最合适的因子变量。因子分析的过程见表 11-4。第一次因子分析得到了 5 个因子,解释总变异量为 58.378%,删去"个人借阅记录

---

[1] ACRL:"Presidential Committee on Information Literacy:Final Report",http://ala.org/ala/mgrps/divs/acrl/publications/whitepapers/presidential.cfm.

[2] 吴明隆:《SPSS 统计应用学习实务:问卷分析与应用统计》,台北,加桦国际有限公司,2007 年,第 3—10 页。

分析"和"向图书馆推荐您需要的书刊、电子资源等"这两个个性化信息服务功能变量之后再进行因子分析,得到 4 个因子,解释总变异量为 56.979%。因子分析的结果见表 11-5。

表 11-4 个性化信息服务功能需求因子分析过程表

分析过程	得到的因子数量	解释总变异量(%)	KMO 值	Bartleet 球形检验的显著性	删除的个性化信息服务功能需求变量
第一次因子分析	5	58.378	0.917	0.000	个人借阅记录分析,向图书馆推荐您需要的书刊、电子资源等
第二次因子分析	4	56.979	0.913	0.000	

根据各因子项目包括问卷项目的意义和因子负荷量的大小,分别对因子项目进行命名。第一个因子项目命名为定制服务需求,包括六个问卷项目变量,根据因子负荷量高低依次是,个性化电子期刊最新目次通报、个性化图书馆活动推荐、个性化新书通报、个性化参考咨询、个性化馆藏目录浏览和图书馆推送信息分级,解释变异量为 15.676%。第二个因子项目命名为互动服务需求,包括六个问卷项目变量。根据因子负荷量高低依次为,馆际互借申请、个性化在线信息素质培养课程、留言本、科技查新申请、校外(馆外)图书馆资源访问、图书馆讲座或者培训预约,解释变异量为 15.042%。第三个因子项目命名为图书借阅服务需求,包括五个问卷项目变量。根据因子负荷量高低依次为,图书网上续借、个人当前借阅状况记录、图书到期提醒、预约图书到书提醒、个人借阅历史,解释变异量为 14.079%。第四个因子项目命名为检索结果处理需求,包括四个问卷项目变量。根据因子负荷量高低依次为检索结果的收藏、给检索结果加注个性化标签、检索结果的评论、检索结果的导出,解释变异量为 12.182%。四个因子项目累计解释总变异量的 56.979%。个性化信息服务功能需求因子分析结果见表 11-5。

表 11 - 5　个性化信息服务功能需求因子分析结果表

因子项目	问卷项目变量	因子负荷量	累计解释总变异量(%)
定制服务需求	个性化电子期刊最新目次通报	0.731	15.676
	个性化图书馆活动推荐	0.720	
	个性化新书通报	0.706	
	个性化参考咨询	0.646	
	个性化馆藏目录浏览	0.633	
	图书馆推送信息分级	0.550	
互动服务需求	馆际互借申请	0.702	30.718
	个性化在线信息素养培训课程	0.696	
	留言本	0.663	
	科技查新申请	0.662	
	校外(馆外)图书馆资源访问	0.644	
	图书馆讲座或者培训预约	0.603	
图书借阅服务需求	图书网上续借	0.748	44.797
	个人当前借阅状况记录	0.739	
	图书到期提醒	0.733	
	预约图书到书提醒	0.656	
	个人借阅历史记录	0.632	
检索结果处理需求	检索结果的收藏	0.799	56.979
	给检索结果加注个性化标签	0.754	
	检索结果的评论	0.722	
	检索结果的导出	0.599	

(三) 个性化信息服务需求影响因素

采用独立样本 T 检验、单因子方差分析方法等分析性别、年龄、身份、教育程度、图书馆使用行为、网络使用行为、是否使用过网站个性化服务、是否使用过个性化服务、是否使用过 web 2.0 服务等因素对用户图书馆个性化信息服务需求的影响，结果见表 11 - 6。对于存在三个以上项目的影响因素，进一步进行事后分析，找出差异的具体之所在。

如表 11 - 6 所示，性别、年龄、教育程度、图书馆资源和服务使用频率、图书馆资源使用数量、图书馆服务使用数量、平均每天上网时间、网络使用能力等因素对调查者的个性化需求有着显著影响。其中，性别对个性化信息环境整体需求、个性化社区环境整体需求、个性化信息服务功能整体需求、个人隐私保护政策整体需求都产生了显著影响，并且都是女性的需求程度比男性高。网络使用能力对个性化社区功能整体需求、个性化信息服务功能整体需求和个人隐私保护政策整体需求存在显著影响。

表11-6　图书馆用户个性化信息服务需求影响因素的分析结果

影响因素	个性化信息环境整体需求	个性化社区功能整体需求	个性化信息服务功能整体需求	个人隐私保护政策整体需求
性别	女>男	女>男	女>男	女>男
年龄	18—25岁>26—35岁	—	—	—
身份	*	—	*	—
教育程度	本科>硕士	—	—	本科>硕士 本科>博士
图书馆使用频率	*	10次>4—6次	10次>0次 10次>1—3次	—
图书馆服务使用数量	3种>1种	5种及以上>1种	3种>1种	—
图书馆资源使用数量	*	5种及以上>1种	5种及以上>1种 5种及以上>2种	*
平均每天上网时间	—	—	1—2小时>1小时以下 3—4小时>1小时以下 5—6小时>1小时以下 7小时及以上>1小时以下	3—4小时>1小时以下 5—6小时>1小时以下
网络使用资历	—	—	—	—
网络使用能力	—	不熟练>非常不熟练 一般>非常不熟练 熟练>非常不熟练 非常熟练>非常不熟练	不熟练>非常不熟练 一般>非常不熟练 熟练>非常不熟练 非常熟练>非常不熟练	不熟练>非常不熟练 一般>非常不熟练 熟练>非常不熟练 非常熟练>非常不熟练
是否使用过个性化服务	—	—	—	—

— 表示没有显著差异者，*表示有显著差异存在，经Scheffe事后分析并无显著差异存在者。

平均每个星期使用图书馆10次以上、使用5种及以上图书馆服务、使用5种及以上图书馆资源的调查对象分别比平均每个星期使用4—6次、使用1种图书馆服务、使用1种图书馆资源的调查对象对个性化社区功能的需求程度要高。与此类似的是，平均每个星期使用图书馆10次及以上的调查对象比不使用图书馆、平均每个星期只使用1—3次图书馆的调查对象对个性化信息服务功能的整体需求程度高。使用3种图书馆服务的调查对象比使用1种图书馆服务调查对象对个性化信息服务功能的整体需求程度高。使用5种及以上图书馆资源的调查对象比使用1种图书馆资源、使用2种图书馆资源的调查对象对个性化信息服务功能的整体需求程度要高。通过相关分析，发现图书馆使用频率、图书馆服务使用数量、图书馆资源使用数量和个性化信息环境整体需求、个性化信息服务功能整体需求之间都存在正相关关系（见表11-7）。说明使用图书馆的资源和服务越频繁，使用的种类越多，用户就越愿意参与图书馆社区，越愿意使用图书馆个性化信息服务功能。网络使用非常不熟练的调查对象比网络使用不熟练、一般、熟练和非常熟练的调查对象对图书馆个性化社区、个性化信息服务功能的整体需求程度要低。使用网络都非常不熟练，自然对于图书馆社区这样的网络应用的需求程度要低。图书馆个性化信息服务功能中，有很多都要涉及网络的使用，因此使用网络的能力自然会影响到对图书馆个性化信息服务功能的整体需求。

表11-7 个性化需求相关分析

个性化需求影响因素	个性化社区功能整体需求	个性化信息服务功能整体需求
图书馆使用频率	$P = 0.163^{**}, Sig = 0.000$	$P = 0.145^{**}, Sig = 0.001$
图书馆服务使用数量	$P = 0.181^{**}, Sig = 0.000$	$P = 0.288^{**}, Sig = 0.000$
图书馆资源使用数量	$P = 0.181^{**}, Sig = 0.000$	$P = 0.208^{**}, Sig = 0.000$

** 在置信度（双测）为0.01时，相关性是显著的。

（四）研究结论

1. 用户需要个性化信息服务

调查结果显示，调查对象对于图书馆个性化信息服务的整体需求程度为3.90，个性化信息环境的整体需求程度为3.87、个性化社区功能的整体需求程度为3.74、个性化信息服务功能的整体需求程度为3.83。说明用户不论是对于图书馆个性化信息服务的整体,还是对于个性化信息环境、个性化社区功能、个性化信息服务功能都倾向于需要。

2. 图书馆个性化信息服务使用的并不普遍

图书馆个性化信息服务是图书馆在数字信息环境中,主要利用网络和信息技术,获取并分析各用户的信息使用习惯、偏好、背景和要求,从而为用户提供充分满足其个体信息需要的一种集成性信息服务。My library(我的图书馆)是目前图书馆个性化信息服务的主要模式[①]。但是,此次的调查中,只有3.7%的调查对象使用过 My library。这说明图书馆个性化信息服务的使用还不普遍。

3. 用户对个性化信息环境的需求高于对个性化信息服务功能的需求

图书馆个性化信息服务的四大类要素中,个性化信息环境的整体需求程度为3.87,个性化信息服务功能的整体需求程度为3.83。用户对个性化信息环境的需求程度高于个性化信息服务功能。说明用户不仅需要个性化信息服务功能,而且也对用户界面等存在非常高的需求,图书馆个性化信息服务中必须提供用户个性化的信息环境。

4. 用户对图书借阅服务的需求程度要高于其他个性化信息服务功能

因子分析的结果表明,图书馆用户的个性化信息服务功能需求可以分为图书借阅服务需求、定制服务需求、互动服务需求、检索结果处理等四个方面,图书借阅服务的平均需求程度为4.12,定制服务的平均需求程度为3.80,互动服务的平均需求程度为3.76,检索结果处理的平均需求程度为3.65。图书借阅服务的需求程度要远远高于其他个性化信息服务功能的需求程度。

5. 性别、图书馆使用行为、网络使用行为等因素对用户的个性化需求产生显著影响

独立样本 T 检验和单因子方差分析的结果表明,不同性别、图书馆使用频率不同、图书馆服务使用数量不同、图书馆资源使用数量不同、平均每天上网时间不同、网络使用能力不同等的调查对象对图书馆个性化信息服务的

---

① 曹树金、罗春荣、马利霞:《论图书馆个性化服务的几个基本问题》,《大学图书馆学报》2005年第6期,第33—39页。

需求存在显著差异。相对而言，女性、使用图书馆频繁、利用图书馆资源和服务多、平均每天上网时间长、网络使用能力较好的调查对象对图书馆的个性化信息服务需求程度高。

（五）图书馆发展个性化信息服务的建议

根据上述研究结果，提出以下建议供图书馆发展个性化信息服务参考。

1. 图书馆应该提供个性化信息服务以提高图书馆的服务水平

用户的需求是图书馆发展的动力和源泉。本研究结果显示，不论是公共图书馆用户，还是高校图书馆用户和科技图书馆用户，都倾向于需要个性化信息服务。因此，图书馆应该提供个性化信息服务以提高图书馆的服务水平。当然，由于各个图书馆的用户群体不同，因此，用户对个性化信息服务的需求存在一定的差异。所以，图书馆在提供个性化信息服务之前，应当先了解本馆用户群体的个性化需求状况，以方便根据自己的馆情，有针对性地提供个性化信息服务。

2. 图书馆个性化信息服务要超越 My library 模式

虽然 My library 是目前图书馆个性化信息服务的主要模式。但是从调查的情况来看，My library 的使用情况非常不理想。这个结果与钱国富所说的"My library 基本上成了摆设"[1] 大体相符。web 2.0 环境下，用户的行为发生了极大的变化，用户在越来越多的地方寻找自己需要的信息，对信息需求自给自足，图书馆网站的使用呈持续下降的趋势[2]。用户都很少使用图书馆网站，那么基于图书馆网站的 My library 乏人问津也是很自然的事情。所以，图书馆个性化信息服务必须超越 My library 模式，利用用户最常使用的网络服务和网络工具来实现个性化信息服务功能。如使用 RSS、SNS（社会性网络服务）、博客、微博客、图书馆工具条、桌面信息工具等个性化信息服务工具。

3. 应当加强个性化信息服务的宣传和推广

My library 的使用情况不尽如人意，除了 My library 自身的局限之外，还

---

[1] 图书馆 2.0 工作室：《图书馆 2.0：升级你的服务》，北京，北京图书馆出版社 2008 年版，第 251—276 页。

[2] OCLC："Sharing, Privacy and Trust in Our Networked World"，http://www.oclc.org/reports/pdfs/sharing.pdf。

与用户对其的认知不够有关。通过问卷调查中与调查对象的交流我们得知，很多图书馆用户对 My library 都不甚了解，更不用说去使用。符合用户需求的个性化信息服务，如果没有用户的使用，自然也无法发挥出作用。提供了个性化信息服务的图书馆，应该考虑通过多种方式对个性化信息服务进行宣传和推广，如利用用户专题培训、信息素养课程等来告知用户图书馆提供的个性化信息服务功能，吸引更多用户的使用，发挥图书馆个性化信息服务应有的功效。

4. 图书馆个性化信息服务必须重视用户的非功能需求

从调查的情况可知，用户对个性化信息环境的需求程度要高于个性化信息服务功能。这给图书馆个性化信息服务的启示就是，在图书馆个性化信息服务中，必须重视非功能需求，如用户界面、用户环境、用户使用习惯等，要使得图书馆的个性化信息服务易于使用、用户乐于使用。

5. 图书馆个性化信息服务应该重视基础性服务的个性化

调查结果显示，用户对图书借阅的个性化信息服务需求程度是个性化信息服务功能需求中最高的。图书借阅这样的服务是图书馆的基础性服务，就像程焕文教授指出的那样："借借还还"乃图书馆服务之"根"与"本"①。目前，几乎所有的 OPAC 系统都能提供借阅服务的个性化信息服务功能。但是，其中很多功能离用户的需求还是有相当的差距，如新书通报服务，很多都是基于用户的类目定制来实现，但是一般都只提供《中国图书馆分类法》的大类，这样很难反映用户的个性化兴趣与需求，自然满足不了用户的需求。图书馆应该重视借借还还这样基础性服务的个性化，深化服务，以更好地满足用户的需求。

三、用户个性化服务隐私保护需求

获得用户的个性化兴趣与需求是图书馆提供个性化信息服务的前提。图书馆根据用户的个性化兴趣与需求，进行信息过滤或者智能推理，向用户提

---

① 程焕文：《知难行易：高校图书馆服务理念创新之谬见》，http://blog.sina.com.cn/s/blog_4978019f010005yh.html。

供符合其需要的个性化信息服务。用户个性化兴趣与需求通常通过以下两种方式产生：(1) 用户主动提供。用户通过系统提供的输入框手工输入自己的兴趣与需求或者在系统列出来的选项中进行选择。(2) 系统利用智能技术进行挖掘和推导。系统根据用户行为或者相似用户的行为，采用基于合作过滤/社区等智能技术来推导用户的兴趣与需求，比较典型的例子是当当网的"根据浏览历史推荐"。图书馆也可以根据用户的借阅记录和检索历史等来自动推导用户的兴趣与需求[①]。

用户主动提供和定制的信息中存在着非常多个人隐私。如用户注册时填写的年龄、性别、职业、联系方式等信息，用户定制的页面风格和个人偏好信息。用户的信息行为包括用户登录时间、地点、浏览、查询、评论、注释、保存、结果输出等，也涉及个人隐私[②]。

随着用户对个人隐私保护意识的逐步增强，个人隐私保护已经成为图书馆个性化信息服务发展中必须解决的关键问题之一。了解图书馆用户的个人隐私保护需求，有助于图书馆按照用户的需求进行用户个人信息的收集和提供符合用户需求的隐私保护政策，提高用户对个性化信息服务的信任程度，使个性化信息服务发挥出应有的作用。

(一) 个人信息提供意愿

1. 用户愿意提供个人信息，但是提供真实准确信息意愿一般

整体而言，受访者对于个人信息提供意愿的平均认同程度达到 3.61，也就是在一般和同意之间，偏向于同意。在问卷列出来的 5 项个人信息提供意愿中，"我愿意为享受个性化信息服务而在使用的时候登录"的平均认同程度最高，达到 3.86，将近九成（89.5%）的受访者表示同意或者非常同意，只有 5% 的受访者表示不同意或者非常不同意；其次是"我愿意为享受个性化信息服务而注册"，平均认同程度达到 3.79，74.8% 的受访者表示同意或者非常同意，6.8% 的受访者表示不同意或者非常不同意；再次是"我愿意在注册的时候提供个人信息"，平均认同程度达到 3.56，61.7% 的受访

---

① 施毓琦、吴明德：《大学图书馆网站个人化服务之使用者需求研究》，《大学图书馆》2005 年第 2 期，第 2—25 页。

② 戢洣钧：《关于个性化信息服务的隐私保护》，《图书情报工作》2006 年第 2 期，第 49—51、第 83 页。

者表示同意或者非常同意，12.8%的受访者表示不同意或者非常不同意；"我觉得在注册时提供个人信息是可行的"平均认同程度为3.55，排在第4位的是，62.4%的受访者表示同意或者非常同意，14.2%的受访者表示不同意或者非常不同意；"我愿意提供关于本人的真实准确信息"的平均认同程度最低，只有3.30，不到五成的受访者表示同意或者非常同意，表示不同意或者非常不同意的比例高达22.8%。受访者提供个人真实准确信息的意愿与2007年10月OCLC发布的研究报告《网络世界中的共享、隐私与信任》（Sharing, Privacy and Trust in our Networked World）的结果有一些差异。OCLC的研究结果显示："大多数受访者在网站上注册时愿意提供真实的身份。接近2/3或者更多的人在任何网站上注册时'总是'或者'经常'使用真实姓名（65%）、真实电子邮件地址（80%）和真实年龄（81%）。仅有超过一半的人提供他们的真实电话号码"[①]。

从调查结果来看，用户对为享受个性化信息服务而注册和注册之后在使用时登录的认同度非常高，大多用户也愿意在注册的时候提供个人信息，认为提供个人信息是可行的，但是也有相当一部分用户对于提供真实准确的个人信息存在疑虑。图书馆应该想办法消除用户的疑虑。

2. 用户愿意提供多种个人信息，电子邮件地址是用户最愿意提供的

用户愿意提供的个人信息越充分，其享受到的个性化信息服务就越准确。从调查的情况来看，超过六成（61.2%）的受访者愿意提供五种及以上的个人信息，15.4%的受访者愿意提供四种个人信息，9.4%的受访者愿意提供三种个人信息，只愿意提供一种个人信息和两种个人信息的受访者的比例均为6.5%，这说明用户愿意为获得更好的个性化信息服务而提供多种个人信息。

在受访者愿意提供的个人信息中，电子邮件排在首位，513位愿意提供，占回应此问题受访者的90.5%，电话号码排在末位，只有173位，显示用户更希望通过电子邮件获得图书馆的个性化信息服务。此外，有443位愿意提供性别信息，433位愿意提供教育程度信息，396位愿意提供个人兴趣信息，380位愿意提供个人需求信息，也有22位选择了可以提供上述选项

---

① OCLC: "Privacy, Security and Trust", http://www.oclc.org/reports/pdfs/sharing_part3.pdf.

之外的信息,但是只有13位给出了具体内容。这些具体内容包括QQ、MSN、专业、地区、个人可接受费用、简短描述、看书类型、名字、昵称等。

为了解性别、年龄、身份和教育程度等因素与提供个人信息意愿的关联性,分别进行了交叉分析。男性受访者愿意提供的个人信息按照比例从高到低依次为电子邮件(88.5%)、性别(80.5%)、教育程度(72.8%)、个人兴趣(66.7%)、个人需求(57.9%)、职业(55.9%)、电话号码(32.6%)。女性受访者愿意提供的个人信息按照从高到低依次为电子邮件(92.2%)、教育程度(79.4%)、性别(76.1%)、个人需求(74.8%)、个人兴趣(72.5%)、职业(66.0%)、电话号码(28.8%),显示除了在性别这个信息外,女性受访者愿意提供的比例都比男性受访者高。愿意提供职业信息的受访者的比例随着年龄的上升而减少,18岁以下、18—25岁、26—35岁、36—50岁和50岁以上的比例分别是91.7%、64.5%、50.0%、47.6%和33.3%。与其他身份的受访者相比,公司企业员工和科技人员更不愿意提供自己的个人兴趣和个人需求。教育程度为本科、硕士和博士的受访者比高中及以下、大专教育程度的受访者更不愿意提供自己的个人兴趣和个人需求。

3. 人口统计学因素、用户行为等因素对用户个人信息提供意愿没有显著影响

独立样本T检验的结果显示,性别、是否使用过个性化服务和是否使用过web 2.0服务对个人信息提供意愿的认同程度没有产生显著影响。单因子方差分析的结果表明,不同性别、不同年龄、不同身份、不同教育程度、使用图书馆资源和服务的频率不同、平均每天上网时间不同、网络使用资历、网络使用能力的受访者对个人信息提供意愿的认同程度也没有显著差异。即用户的个人信息提供意愿不存在个人差异,用户的个人信息提供意愿没有受到用户行为的影响。影响个人信息提供意愿因素的独立样本T检验/单因子方差分析的具体结果见表11-8。

表 11-8 影响个人信息提供意愿因素的独立样本 T 检验/单因子方差分析结果

影响因素	t 值/F 值	显著性	影响因素	t 值/F 值	显著性
性别	0.347	0.728	平均每天上网时间	1.292	0.272
年龄	0.453	0.770	网络使用资历	0.356	0.840
身份	1.106	0.358	网络使用能力	0.991	0.412
教育程度	1.691	0.151	是否使用过个性化服务	-1.386	0.166
使用图书馆资源和服务的频率	2.022	0.090	是否使用过 web 2.0 服务	-0.713	0.476

(二) 个人隐私保护政策需求

1. 用户强烈需求个人隐私保护政策

个性化隐私保护政策整体的平均需求程度达到 4.23，介于需要和非常需要之间，偏向于需要。七项具体的个人隐私保护政策的平均需求程度都在 4.0 以上。"隐私权保护政策应该明确保证个人信息不被损坏或者被盗用"这项个人隐私保护政策的平均需求程度最高，达到 4.39，91.6% 的受访者对此都感到需要或者非常需要，只有 2.3% 的受访者对此感到不需要或者非常不需要。平均需求程度排在第 2 位的是"隐私权保护政策明确说明争议出现之后的解决办法"，平均需求程度为 4.34，89.9% 的受访者对此感到需要或者非常需要，只有 2.1% 的受访者对此感到不需要或者非常不需要。平均需求程度排在第 3 位的是"您有权浏览、修改和删除您被收集的个人信息资料"，平均需求程度为 4.25，88.6% 的受访者感到需要或者非常需要，只有 2.3% 的受访者感到不需要或者非常不需要。平均需求程度排在并列第 4 位的是"您有权利决定您个人信息的使用范围"和"您有权知道您个人信息的收集、处理、存储与利用的状况"，平均需求程度都为 4.23。"您有权利决定您个人信息的使用范围"这项个人隐私保护政策，89.3% 的受访者感到需要或者非常需要，只有 3.1% 的受访者感到不需要或者非常不需要。"您有权知道您个人信息的收集、处理、存储与利用的状况"这项隐私保护政策，89.2% 的受访者感到需要或者非常需要，只有 2.6% 的受访者感到不需要或者非常不需要。平均需求程度最低的是"收集个人信息时，及时给予您明确的提示，告知您收集个人信息的目的、方式和范围，并提供选择方案，让您选择同意还是不同意"，平均需求程度也有 4.15。对此项个人隐私保护政策，82.5%的受访者感到需要或者非常需要，有高达4.5%的受访者对此感到不需要或者非常不需要，是所有个人隐私保护政策中感到不需要或者非常不需要比例最高的。总的来看，对于个人隐私保护政策，受访者最重视的是个人隐私的安全保障，其次是出现问题之后的解决办法，再次是对个人隐私信息的控制。而对于个人隐私收集的知情同意原则，还有一部分受访者没有太重视。

2. 影响用户个人隐私保护政策需求的因素

从表11-9得知，年龄、身份、使用图书馆资源和服务的频率、网络使用资历、是否使用过个性化服务和是否使用过web 2.0服务都对个人隐私保护政策整体需求没有产生显著影响。性别、教育程度、平均每天上网时间、网络使用能力这几项因素对个人隐私保护政策的整体需求产生了显著的影响。其中教育程度和网络使用能力这两项因素的显著性达到了0.000。

表11-9 影响个人隐私保护政策整体需求因素的独立样本T检验/单因子方差分析结果

影响因素	t值/F值	显著性	影响因素	t值/F值	显著性
性别	-2.861	0.004	平均每天上网时间	2.756	0.027
年龄	1.617	0.168	网络使用资历	0.824	0.510
身份	1.126	0.345	网络使用能力	7.561	0.000
教育程度	5.713	0.000	是否使用过个性化服务	-0.89	0.374
使用图书馆资源和服务的频率	0.527	0.716	是否使用过web 2.0服务	0.851	0.395

独立样本T检验的结果表明，女性受访者对于个人隐私保护政策的整体需求程度要比男性受访者高。使用Scheffe事后比较法发现，教育程度为本科的受访者对个人隐私保护政策的整体需求程度比教育程度为硕士、博士的高。平均每天上网时间3—4小时、5—6小时的受访者比每天上网时间1小时以下的受访者对个人隐私保护政策的整体需求程度高。使用网络不熟练、网络使用能力一般、使用网络熟练、使用网络非常熟练的受访者都比使用网络非常不熟练的受访者对个人隐私保护整体需求程度高。影响个人隐私保护政策整体需求因素的独立样本T检验/单因子方差分析的详细结果见表11-9。

如表11-10所示，个人信息提供意愿和个人隐私保护政策需求之间存在正相关关系，也就是越是愿意提供个人信息的受访者，对个人隐私保护的需求程度也越高。

表 11-10　个人信息提供意愿和个人隐私保护政策需求相关分析表

		个人隐私保护政策需求	个人信息提供意愿
个人隐私保护政策需求	Pearson 相关性	1	0.277**
	显著性（双侧）		0.000
	N	567	560
个人信息提供意愿	Pearson 相关性	0.277**	1
	显著性（双侧）	0.000	
	N	560	565

**表示在 0.01 水平（双侧）上显著相关。

（三）图书馆个性化信息服务隐私保护的建议

1. 制定明确的隐私保护政策

由调查我们知道，用户对隐私保护的需求非常强烈，用户提供真实准确个人信息的意愿不是非常强烈，很有可能是出于对隐私保护的担心，因此图书馆应该制定明确的隐私保护政策。隐私保护政策既可以由单个的图书馆自行设定，也可以由图书馆学会等图书馆专业组织作为行业服务规范统一制定。在制定好隐私保护政策之后，图书馆应该在图书馆网站、图书馆宣传手册、个性化信息服务注册协议等中进行公告，以便让更多的用户知晓和提供反馈意见。用户隐私保护政策内容必须包括用户隐私的安全维护方案、用户隐私争议的有效渠道、个人的权利、个人信息的收集与利用范围等。

2. 采用先进技术保证用户隐私安全

图书馆应该采用先进技术，防止技术漏洞使用户隐私受到侵犯。用户的个人信息都可以由用户自己设定密码进行保护，在数据传输上，使用加密技术对传输的信息进行加密，还可以采用访问控制、身份识别、数字水印、个人隐私偏好平台等技术来保障用户隐私的安全①。

图书馆也可以利用先进技术推广自助服务来减少人为泄露个人隐私信息，保证用户隐私安全。如通过自助借还、自助检索，用户就不用直接面对

---

① 钱雅玲:《浅谈图书馆个性化服务中用户的隐私保护》,《龙岩学院学报》2009 年第 2 期, 第 130—133 页。

馆员，也可以保护用户的相关个性化信息。

3. 开展信息伦理教育，提高馆员的职业道德修养

有了明确的制度，采用了先进的技术，只是做好用户隐私保护的必要条件，不是充分条件。毕竟制度是要人去执行，技术也是由人控制。信息伦理又称信息道德，它是调整人们之间以及个人和社会之间信息关系的行为规范的总和。信息伦理观念和规范的一个重要内容就是对个人隐私的尊重[1]。图书馆应该开展信息伦理教育，使保障用户隐私成为馆员的自觉行动。同时保护隐私也是馆员的基本职业道德要求。我国于 2003 年制定的《中国图书馆员职业道德准则》中也要求图书馆员必须"维护读者权益，保守读者秘密"[2]。

4. 根据用户需求，有针对性地开展个性化信息服务

调查发现，用户最愿意提供的个人信息是电子邮件地址。图书馆在推行个性化信息服务的时候，可以考虑优先通过电子邮件开展个性化信息服务，如通过电子邮件进行个性化信息推送。女性用户比男性用户、本科用户比研究生用户、使用网络非常不熟练的用户比熟练的用户更加重视隐私保护，图书馆可以在用户培训的时候，对这些用户进行重点辅导，消除他们对图书馆个性化信息服务隐私保护的忧虑。

四、用户个性化信息服务工具需求

随着计算机技术和网络技术的发展，特别是 web 2.0 技术的发展，用户的信息行为发生了极大的变化，也给图书馆个性化信息服务带来了极大的挑战。在技术和社会发展的大潮中，图书馆不断地引进新技术、推出新服务，以跟上时代发展的步伐。图书馆很早就使用电子邮件来进行信息推送如图书到期提醒、新书通报等。近年来，图书馆也使用了 RSS、实时交流工具、图书馆工具条等个性化信息服务工具。用户对这些个性化信息服务工具的需求到底怎么样，用户的需求会受到哪些因素的影响，图书馆了解得并不是非常

---

[1] 沙勇忠、王怀诗：《信息伦理论纲》，《情报科学》1998 年第 6 期，第 492—497 页。
[2] 中国图书馆学会：《中国图书馆员职业道德准则（试行）》，北京，北京图书馆出版社 2003 年版，第 1 页。

充分,但是这些对于图书馆更好地按照用户需求进行个性化信息服务工具的开发和使用都非常重要,值得深入研究。

胡小菁将图书馆网站延伸服务分为小书签(Bookmarklet)、用户脚本(user scripts)、工具条(toolbars)、信息推送、第三方服务、与其他系统结合等六类①。钱国富认为图书馆个性化服务可以利用的工具和服务主要有小书签、用户脚本、浏览器插件(Browser plugins)、工具条、桌面插件程序(Widget)、信息推送等②。小书签、用户脚本、浏览器插件的原理类似,且大多数用户对这些专业术语不太熟悉,所以在设计问卷的时候就选择了这三种工具的典型产品 Library Lookup,此外根据目前图书馆的实际使用情况,加上了电子邮件、RSS、手机短信、实时通信工具、社会性网络服务、手机短信、图书馆工具条、迷你博客网站,一共是 9 种工具。大多数用户对电子邮件、RSS、手机短信、实时通信工具有一定的了解,因此在问卷中就直接加上其用途之后询问用户需求的情况;Library Lookup 书签、图书馆工具条、桌面信息工具、社会性网络服务和迷你博客网站这几个工具在问卷中以括号的形式简短地解释其含义。

Library Lookup 是一段小程序,它可以像书签一样加入用户浏览器收藏夹中,在访问图书信息页面(如 Amazon、当当等)时,点击该链接,便可由探知的图书 ISBN 信息检索设置的图书馆的 OPAC,在弹出的窗口中得到图书馆馆藏信息③。

图书馆工具条,是以插件的形式集成在网络浏览器上的一组按钮、图标、菜单、输入区域以及其他的图书馆工具。安装好工具条之后,用户无须进入图书馆网站,就可以快速访问网站内容和使用特定功能,享受图书馆所提供的服务④。清华大学图书馆、北京大学图书馆、北京理工大学图书馆、上

---

① 编目精灵 II——On the Fly:《在图书网站查图书馆目录——也来介绍 Library Lookup 项目》,http://catwizard.blogbus.com/logs/3326213.html.

② 图书馆 2.0 工作室:《图书馆 2.0:升级你的服务》,北京,北京图书馆出版社 2008 年版,第 251—276 页。

③ 编目精灵 II——On the Fly:《在图书网站查图书馆目录——也来介绍 Library Lookup 项目》,http://catwizard.blogbus.com/logs/3326213.html.

④ 王建涛、胡明玲:《工具条在图书馆信息服务中的应用》,《图书情报工作》2007 年第 2 期,第 121—124、第 134 页。

海师范大学图书馆、重庆医科大学图书馆等图书馆都推出了自己的工具条。

桌面信息工具,它是一种桌面插件程序(Widget),Widget 将桌面变成了一个和互联网实时沟通的浏览器,使用桌面信息工具后,用户不用链接任何图书馆网站,而从这个工具里得到所有需要的信息[①]。国家科学图书馆推出的"e 划通"就是一种桌面信息工具。用户可以在浏览网页,利用 word、pdf、ppt、记事本、写字板编辑文档或者撰写电子邮件等应用环境中,通过鼠标划词的方式,即时查询图书馆的馆藏图书及期刊目录(包括联合目录)、各个专业数据库中的期刊全文、Google Scholar 等 Web 搜索引擎、学位论文、科学数据、标准文献、会议文献、专利文献、科技报告、会议预告、课件、设备、专家、科研工具等多种资源类型,获取自己所需要的信息[②]。

社会性网络服务(Social Networking Service)的原理是以一个人为中心,通过一系列工具形成其个人的网络关系群。国外的 MySpace、Facebook、国内的豆瓣、人人网都是社会性网络服务的典型代表。在国外,已经有一些图书馆通过 MySpace、Facebook 提供参考咨询服务。因此,在问卷中设计了用户对通过社会性网络服务提供参考咨询服务的需求的问题。

迷你博客,又称为微博客,是一种可以即时发布消息的类似博客的系统,它最大的特点就是集成化和开放化,用户可以通过手机、IM 软件(gtalk、MSN、QQ、skype 等)和外部 API 接口等途径向微博客发布消息[③]。迷你博客发布的信息一般比较简短。如 Twitter 就限定一次只能够发送 140 个字符。微博客可以用于图书馆进行信息推送,如厦门大学图书馆就通过迷你博客发布信息。

(一)个性化信息服务工具需求

用户对个性化信息服务工具存在一定的需求,但是需求的程度不是特别高。

---

① 图书馆 2.0 工作室:《图书馆 2.0:升级你的服务》,北京,北京图书馆出版社 2008 年版,第 251—276 页。
② 国家科学图书馆:《国家科学图书馆"e 划通"使用手册》,http://desktool.csdl.ac.cn/manual.jsp。
③ 百度百科:"微博客",http://baike.baidu.com/view/1259292.htm。

表 11-11 个性化信息服务工具需求

排序	个性化信息服务工具	有效	缺失	平均需求程度
1	用于推送服务的电子邮件	571	1	3.77
2	Library Lookup 书签	565	7	3.73
3	桌面信息工具	571	1	3.73
4	用于推送服务的 RSS	572	0	3.70
5	用于参考咨询服务的 QQ、MSN 等实时通信工具	572	0	3.69
6	用于参考咨询服务的社会性网络服务	571	1	3.61
7	图书馆工具条	572	0	3.60
8	用于推送服务的迷你博客网站 Twitter 及类 Twitter 的服务饭否等	572	0	3.46
9	用于推送服务的手机短信	572	0	3.45

受访者对于个性化信息服务工具的整体平均需求程度为 3.64，需求程度并不是太高。参考类似的研究，我们以平均需求程度达到 3.5 及以上表示受访者对需求存在共识[①]。受访者对 9 种个性化信息服务工具中的 7 种的需求存在共识。平均需求程度最高的是电子邮件推送服务，68.8% 的受访者感到需要或者非常需要，5.3% 的受访者感到不需要或者非常不需要；其次是 Library Lookup 书签，受访者的平均需求程度为 3.73，69.9% 的受访者感到需要或者非常需要，7% 的受访者感到不需要或者非常不需要，但是有 7 位受访者没有做出回应，可能是对此工具不太了解；受访者对桌面信息工具的平均程度为 3.73，68.8% 的受访者对此感到需要或者非常需要，7.4% 的受访者感到不需要或者非常不需要；受访者对"RSS 推送服务"平均需求程度为 3.70，65.4% 的受访者感到需要或者非常需要，6.9% 的受访者感到需要或者非常不需要，感到无所谓的比例将近三成；用于参考咨询服务的 QQ、MSN 等实时通信工具，用于参考咨询服务的社会性网络服务，受访者对它们的平均需求程度分别为 3.69 和 3.61。受访者对图书馆工具条的平均需求程度是 3.60。用于推送服务的迷你博客网站 Twitter 及类 Twitter 的服务饭否等工具的平均需求程度为 3.46，用于推送服务的手机短信的平均需求程度

---

① 柯君仪、王梅玲：《台湾图书资讯学硕士生就业与能力需求之研究》，《大学图书馆》2007 年第 1 期，第 97—116 页。

为 3.45，说明用户对这两项个性化信息服务工具的需求不存在共识。概括而言，用户对个性化信息服务工具存在一定的需求，但是需求的程度不是特别高。用户对个性化信息服务工具的需求见表 11-11。

（二）影响用户个性化信息服务工具需求的因素

性别、图书馆资源和服务使用频率、图书馆服务使用数量、图书馆资源使用数量、网络使用能力对用户的个性化信息服务工具需求产生显著影响。

表 11-12　影响个性化信息服务工具整体需求的独立样本 T 检验/单因子方差分析结果

影响因素	t 值/F 值	显著性	影响因素	t 值/F 值	显著性
性别	-2.411	0.016	图书馆服务使用数量	3.009	0.018
年龄	0.339	0.852	图书馆资源使用数量	3.709	0.005
身份	1.086	0.371	平均每天上网时间	2.124	0.076
教育程度	0.809	0.520	网络使用资历	1.503	0.200
图书馆资源和服务使用频率	3.505	0.008	网络使用能力	2.555	0.038

如表 11-12 所示，年龄、身份、教育程度、平均每天上网时间、网络使用资历等因素对个性化信息服务工具的整体需求没有产生显著影响。性别、图书馆资源和服务使用频率、图书馆服务使用数量、图书馆资源使用数量和网络使用能力对个性化信息服务工具的整体需求产生了显著的影响。独立样本 T 检验的结果表明，女性受访者对个性化信息服务工具的整体需求程度高；使用 Scheffe 事后分析的结果显示：平均每个星期使用图书馆资源和服务 10 次及以上的受访者比不使用图书馆、1—3 次的受访者对个性化信息服务工具的整体需求程度高；使用图书馆服务三种的受访者比一种的受访者对个性化信息服务工具的整体需求程度高；使用图书馆资源五种及以上、四种的受访者比两种的受访者对个性化信息服务工具的整体需求程度高；使用网络不熟练、熟练的受访者比使用网络非常不熟练的受访者对个性化信息服务工具的整体需求程度高。

对于受访者存在共识的个性化信息服务工具，又对其进行了独立样本 T 检验和单因子方差分析，并且使用 Scheffe 事后分析法，以找出影响个性化信息服务工具具体需求的影响因素，结果见表 11-13。表中 1 代表"用于推送服务的电子邮件"，2 代表"Library Lookup 书签"，3 代表"桌面信息工具"、4代表"用于推送服务的RSS",5代表"用于参考咨询服务的QQ、MSN等实时通信工具",6代表"用于参考咨询服务的社会性网络服务",7代表"图书馆工具条"。年龄、教育程度、平均每天上网时间这三个因素对任何图书馆个性化信息服务工具的需求都没有显著的影响。女性受访者对四项个性化信息服务工具的需求程度比男性受访者高,即"用于推送服务的电子邮件"、"Library Lookup 书签"、"桌面信息工具"、"用于参考咨询服务的QQ、MSN等实时通信工具"。教师比退休人员对"用于参考咨询服务的社会性网络服务"这项个性化信息服务工具的需求程度高。

  平均每个星期使用图书馆资源和服务 1—3 次、7—10 次和 10 次以上的受访者比不使用图书馆资源和服务的受访者对"Library Lookup 书签"的需求程度高,平均每个星期使用图书馆资源 1—3 次、4—6 次、7—10 次和 10 次以上的受访者比不使用图书馆资源和服务的受访者对"图书馆工具条"的需求程度高,说明不使用图书馆资源和服务的用户尝试图书馆新服务的积极性不高。平均每个星期使用图书馆资源和服务 10 次以上的受访者比不使用,使用 1—3 次、4—6 次的受访者对"用于参考咨询服务的 QQ、MSN 等实时通信工具"的需求程度高,说明经常使用图书馆资源和服务的用户更愿意与图书馆进行实时沟通。使用图书馆资源三种、五种的受访者对"用于推送服务的 RSS"、"用于参考咨询服务的社会性网络服务"的需求程度比使用图书馆资源两种的受访者高,说明使用图书馆资源多的用户更倾向于通过新方式获取图书馆的服务。使用网络 1 年的受访者比使用 1—3 年、4—6 年的受访者对"桌面信息工具"的需求程度高,推测可能的原因是新鲜网民对网络的熟悉程度低,更愿意通过桌面来获取信息。使用网络熟练的受访者比使用网络非常不熟练的受访者对"Library Lookup 书签"的需求程度高,使用网络熟练、使用网络非常熟练的受访者对"用于推送服务的 RSS"的需求程度比使用网络非常不熟练的受访者高,原因可能是使用网络熟练对这两种工具熟悉一些。是否使用过个性化服务和是否使用过 web 2.0 服务对个性化信息服务工具整体需求没有产生显著影响。

表 11-13 影响个性化信息服务具体工具需求因素的分析结果

影响因素	1	2	3	4	5	6	7
性别	女＞男	女＞男	女＞男	—	女＞男	—	—
年龄	—	—	—	—	—	—	—
身份	—	—	—	—	—	教师＞离退休人员	—
教育程度	—	—	—	—	—	—	—
图书馆资源和服务使用频率	10次以上＞1—3次	1—3次＞0次 7—10次＞0次 10次以上＞0次	—	—	10次以上＞0次 10次以上＞1—3次 10次以上＞4—6次	—	1—3次＞0次 4—6次＞0次 7—10次＞0次 10次以上＞0次
图书馆服务使用数量	—	3种＞1种	—	—	—	—	—
图书馆资源使用数量	*	*	—	3种＞2种 5种及以上＞2种	—	3种＞2种 5种及以上＞2种	5种及以上＞1种
平均每天上网时间	—	—	—	7小时以上＞1小时以下	—	—	—
网络使用资历	—	—	—	1年＞1—3年 1年＞4—6年	*	—	—
网络使用能力	—	熟练＞非常不熟练	—	不熟练＞非常不熟练 熟练＞非常不熟练	—	—	—

— 表示没有显著差异者，＊表示有显著差异存在，经 Scheffe 事后分析并无显著差异存在者。

独立样本 T 检验的结果表明，使用过个性化服务和没有使用过个性化服务的受访者对个性化信息服务工具的整体需求不存在显著差异（t = 0.458，p = 0.647），使用过 web 2.0 服务的用户和没有使用过 web 2.0 的用户对个性化信息服务工具的整体需求也不存在显著差异（t = 1.043，p = 0.297）。调查之前的预计是使用过个性化信息服务的用户和使用过 web 2.0 服务要比没有使用过的用户对个性化信息服务工具的整体需求要高，因为他们有相关的使用经验和用户体验，但是调查的结果否定了事先的估计。

（三）图书馆个性化信息服务工具开发和利用的建议

1. 加强个性化信息服务工具的宣传和推广力度

好酒也怕巷子深，图书馆也要加强对个性化信息服务工具的宣传和推广力度。在调查中，Library Lookup 书签、桌面信息工具、社会性网络服务这几项个性化信息服务工具尽管在问卷中都给出了注释，但是还是有一些受访者没有给出对他们需求程度的答案。在与部分受访者的交流中，得知主要原因就是不了解这些工具，不好回答，所以干脆就跳过去。图书馆可以网站、公告栏等多种渠道进行广泛的宣传，进行用户培训，以让更多的用户了解和使用图书馆个性化信息服务工具。

2. 加强用户隐私保护，增强用户使用个性化信息服务工具的信心

受访者对用于推送服务的迷你博客网站和手机短信这两项个性化信息服务的需求没有共识，特别是对用于推送服务的手机短信的平均需求程度最低，原因很可能是用户对于隐私保护的担忧。据统计，81.7% 的手机用户或多或少收到过垃圾短信，其中每周收到 40 条以上的竟达到 6.25%。大多数人为了避免垃圾短信干扰而不愿意留下手机号码[①]。图书馆必须制定明确的隐私保护政策，在收集用户个人信息之前获得用户的许可，并且详细说明用户个人信息的用途，制定用户隐私信息的保护方案，降低用户对于隐私保护的忧虑，促进用户放心地使用图书馆个性化信息服务工具。

3. 继续发挥电子邮件的作用，谨慎使用手机短信服务

从调查的结果来看，用户对通过电子邮件提供的推送服务的平均需求程

---

① 孙翌、白永革：《图书馆短信服务系统需求调研与实施对策》，http://www.dlresearch.cn/download/沪苏 20 会议/孙翌.ppt.

度最高，说明图书馆应该重视电子邮件的地位，继续发挥电子邮件这个工具在图书馆个性化信息服务中的作用，向用户推送更加符合用户需求的个性化信息和个性化信息服务。现在已经有很多图书馆开通了短信服务平台，通过手机短信推送过期提醒、新书通报、图书馆新闻与通知等信息。图书馆对于通过短信进行信息服务的热情高涨，但是，用户的需求程度并不是太高。因此，图书馆在推动短信服务平台的建设之前，最好是先进行用户需求调查，了解用户是否需要，需要通过短信推送哪些内容，在什么时间段推送比较好，这样图书馆的手机短信服务才能够有的放矢，发挥出应有的作用。

五、用户个性化推荐与检索需求

个性化检索系统利用信息过滤等技术，可以让不同的用户使用同样的检索策略而得到不同的检索结果。具体而言，个性化检索的性能有：（1）当用户进行检索的时候，系统会按照用户的个性化兴趣与需求以及使用记录，自动对检索条件进行限定，以获取最符合用户需求的信息。（2）个性化信息检索会根据用户的兴趣与需求确定结果的排序方式，将最符合用户需求的信息排在前面。（3）用户可以对检索结果的显示进行定制[①]。

这部分将描述用户对个性化推荐和检索功能的需求情况，探讨影响用户个性化推荐与检索功能需求的因素。

（一）个性化推荐与检索系统需求

1. 资源导航系统需求

图书馆购买的网络资源和网络上免费的学术资源日渐丰富，为了便于用户使用，图书馆投入了相当的人力物力自建或者购买了资源导航系统，提供多途径导航。用户对这些导航途径的需求如何？从调查的情况看，选择最多的途径是按资源类型排列，有 452 位受访者选择，占回应此问题受访者的 80%。其次是按照资源更新时间排列，有 305 位受访者选择，占回应此问题受访者的 54.0%。按照资源名称首字字母或拼音排列，也有 313 位受访者

---

① 施毓琦、吴明德：《大学图书馆网站个人化服务之使用者需求研究》，《大学图书馆》2005 年第 2 期，第 2—25 页。

选择，占回应此问题受访者的 55.4%。按照语种分类排列选择的只有 170 位受访者。由此可知，图书馆应该重点提供按照资源类型分类排列的资源导航系统。图书馆的网络资源可以分为电子图书、期刊、报纸、学位论文、会议论文、科技报告、法律法规、专利、标准、年鉴、参考工具、多媒体资源、免费资源等。

2. 一站式检索系统需求

一站式检索能够提供统一的检索界面和通过多种方式整合尽可能多的资源，让用户不必去熟悉各种资源不同的检索界面和检索语言，使用户能够得到充分的服务。用户希望一站式检索包括哪些资源在内，一站式检索返回每一种资源的数量，用户能够容忍的等待时间、用户希望对检索如何定制，这些对于开发设计或者购买一站式检索工具都有重要意义。

受访者希望一站式检索包括的资源中，普通图书、电子图书、全文电子期刊、学位论文、馆外免费资源（如开放存取期刊）排在前 5 位，分别有 461 位、426 位、383 位、369 位和 294 位选择。这几项资源都有超过 50% 的回应此问题的受访者选择。可能是这几种类型的资源用户使用得较多的缘故。图书馆在开发或者购买一站式检索工具时，至少要能将用户需求较多的资源类型包括进去。

对于一站式检索每一资源返回结果数量这一问题，选择返回每一资源全部结果的比例最高，30.8% 的受访者选择；其次是每一资源返回 25 条结果，26.7% 的受访者选择；选择每一资源返回 50 条结果的受访者比例为 23.9%，选择每一资源返回 100 条的受访者比例为 10.9%，选择每一资源返回 10 条结果的只有 7.7%（见图 11 - 1）。用户对一站式检索工具返回每一资源检索结果的需求呈现多元化的态势。一站式检索工具可以通过将返回结果数量设为用户自行设定来满足用户需求。

从能够容忍等待一站式检索工具进行检索和结果处理的时间来看，受调查者对一站式检索工具的性能要求非常高。将近一半的受访者能够容忍的等待时间是在 1 分钟以下，33.3% 的受访者选择是 1—2 分钟，这两项加起来是有将近八成的受访者能够容忍的等待时间是在 2 分钟以下（见图 11 - 2）。这说明用户希望快的检索速度。一站式检索工具在设计时必须将检索速度放在优先的位置。

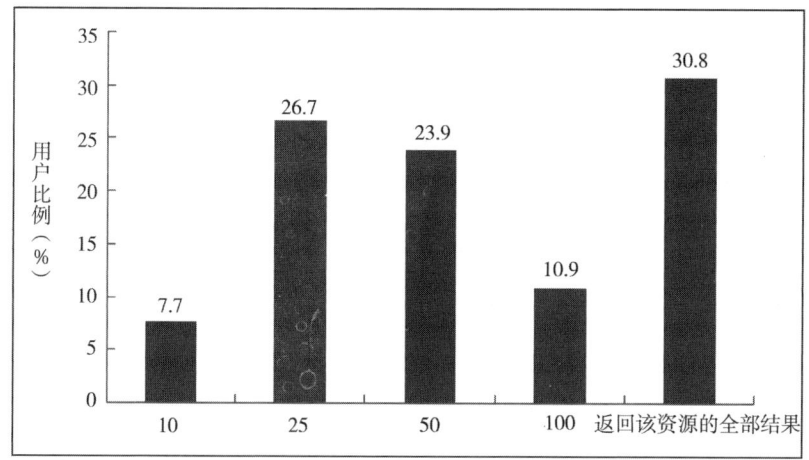

图 11-1 一站式检索每一资源返回结果数量

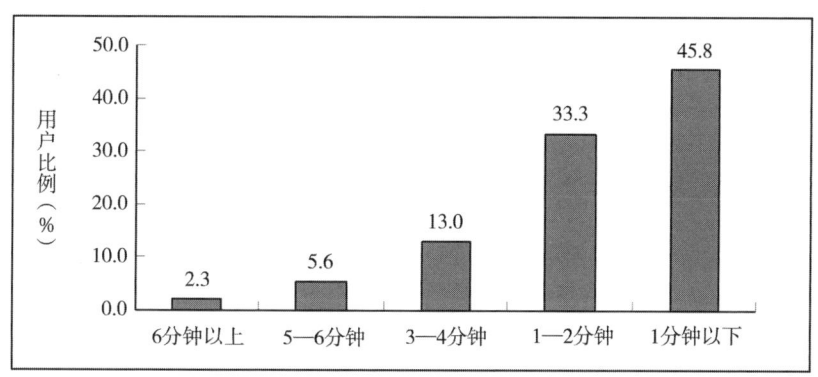

图 11-2 能够容忍等待一站式检索工具进行检索和结果处理的时间

(二) 个性化推荐与检索功能需求

受访者对于 28 项个性化推荐与检索功能总的平均需求程度为 3.80，对于具体功能的平均需求程度都在 3.50 以上。平均需求程度排在前 10 位的有 6 项是推荐性能，4 项是个性化检索性能。这 6 项推荐性能分别是"当系统认为您输入的语词有误时，自动给出纠正提示"、"当您检索时，系统推荐与您检索语词相似的一系列词供您参考"、"根据您的兴趣与需求，提供有关学科或领域用户评价较高的资源列表"、"根据您的兴趣与需求，提供有关学科或领域一定时期内各种资源被利用情况排行榜"、"根据您的兴趣、需求和检索行为等，提供有关学科或领域重要作者发表的文献列表"和

"根据您的兴趣与需求,提供有关学科或领域最多用户推荐的资源",平均需求程度分别为 3.96、3.91、3.87、3.85、3.85、3.84。说明用户对于相关检索、智能纠错这样的推荐性能需求非常强烈。用户评价高、资源被利用的状况好、重要作者发表的文献一般质量较高,说明用户希望系统推荐质量较好的资源。4 项个性化检索性能分别是"图书馆提供的一站式检索中提供尽可能多的可检资源供您勾选"、"图书馆提供多种资源的一站式检索"、"系统根据您的背景、兴趣、需求和检索行为等,为您设置一站式检索的被检资源"和"根据您的背景、兴趣、需求和检索行为等,系统自动提供相应内容深度的检索结果给您",平均需求程度分别为 3.95、3.88、3.85 和 3.82。四项之中一站式检索就占了 3 项,说明用户对于一站式检索的需求非常强烈。其他个性化推荐和检索性能的需求情况见表 11-14。

表 11-14 个性化推荐和检索功能需求

排序	个性化推荐和检索功能	有效	缺失	平均需求程度	标准差
1	当系统认为您输入的语词有误时,自动给出纠正提示	572	0	3.96	0.762
2	图书馆提供的一站式检索中提供尽可能多的可检资源供您勾选	571	1	3.95	0.720
3	当您检索时,系统推荐与您检索语词相似的一系列词供您参考	571	1	3.91	0.712
4	图书馆提供多种资源的一站式检索	571	1	3.88	0.857
5	根据您的兴趣与需求,提供有关学科或领域用户评价较高的资源列表	572	0	3.87	0.768
6	根据您的兴趣与需求,提供有关学科或领域一定时期内各种资源被利用情况排行榜	570	2	3.85	0.729
7	根据您的兴趣、需求和检索行为等,提供有关学科或领域重要作者发表的文献列表	572	0	3.85	0.725
8	系统根据您的背景、兴趣、需求和检索行为等,为您设置一站式检索的被检资源	572	0	3.85	0.780
9	根据您的兴趣与需求,提供有关学科或领域最多用户推荐的资源	572	0	3.84	0.744
10	根据您的背景、兴趣、需求和检索行为等,系统自动提供相应内容深度的检索结果给您	571	1	3.82	0.737
11	根据您的背景、兴趣、需求和检索行为等,系统自动提供相应水平层次的检索结果给您	572	0	3.81	0.764

续表

排序	个性化推荐和检索功能	有效	缺失	平均需求程度	标准差
12	根据您的兴趣与需求,提供有关学科或领域资源被引用次数的排行榜	572	0	3.80	0.781
13	根据您的兴趣、需求和检索行为等,提供有关学科或领域重要机构发表的文献列表	570	2	3.80	0.784
14	根据您的背景、兴趣、需求和检索行为等,系统自动提供相应内容广度的检索结果给您	571	1	3.80	0.766
15	根据您的兴趣与需求,提供有关学科或领域最常用的检索词、检索表达式的排行榜	571	1	3.79	0.750
16	当您需要的是文献中的图表或数据时,系统可以直接提供相应的图表或者数据,而不是文献的全文	570	2	3.79	0.801
17	自然语言检索	570	2	3.78	0.748
18	根据您的兴趣与需求,进行候选资源的推荐	572	0	3.75	0.826
19	根据您的兴趣与需求,提供有关学科或领域历年来被借图书的排行榜	570	2	3.75	0.763
20	根据您的兴趣与需求,提供有关学科或领域资源被下载次数的排行榜	564	8	3.75	0.794
21	自然语句检索	570	2	3.73	0.742
22	系统按照您的兴趣或者需求进行检索结果的排列	571	1	3.72	0.819
23	根据您的兴趣与需求,提供有关学科或领域用户最常使用的标签	571	1	3.69	0.743
24	系统对您的检索过程进行追踪,您可以选择系统追踪和提供数据的内容	570	2	3.69	0.813
25	系统提供相近用户或者同一社群用户最常用的检索词、检索表达式、数据库、期刊等信息供您参考	570	2	3.68	0.786
26	系统提供检索表达式的定制功能,当下一次再使用该检索表达式时,只显示上次检索以来的新增结果	570	2	3.68	0.785
27	系统根据您的个人背景、兴趣和需求中的信息,自动进行检索条件的限定	571	1	3.62	0.912
28	系统提供您的检索趋势分析	572	0	3.59	0.866

73.8%的回应检索定制选择这一问题的受访者选择了定制检索信息的类型,如限定在期刊论文、会议文献、学位论文中的某种或者几种中进行检

索。61.8%的受访者选择了定制默认的检索信息途径，如题名检索、关键词检索等。53.3%的受访者选择了定制检索信息的语种，如限定在中文、英文或者多种语种中进行检索。50.8%的受访者选择了定制检索结果的排序方式，比如是按照时间、相关度还是其他方式等排列检索结果。其他几种检索定制受访者选择的比例都不到50%。这个结果说明，系统在提供检索定制功能时，检索类型定制、默认检索途径定制、默认检索语种定制、检索结果定制这几项应该考虑。

为了探索个性化推荐和检索需求中的共同因素，减少变量的数量，我们也对个性化推荐和检索功能需求进行因子分析。本研究的有效样本数为572，变量数为28，有效样本数为变量数的20多倍，符合因子分析的条件。本研究对个性化信息服务需求进行KMO与巴特利特球形检验（Bartlett test of sphericity），以判断是否适合作因子分析。如表11-15所示，三次因子分析的KMO值分别是0.942、0.912和0.894，非常适合进行因子分析。删除因子负荷量低于0.5以及横跨两个构面且因子负荷量大于0.5的个性化推荐与检索需求变量，反复进行因子分析，以找出最合适的因子变量。第一次因子分析之后删除了"根据您的兴趣与需求，提供有关学科或领域最常用的检索词、检索表达式的排行榜"、"根据您的兴趣与需求，提供有关学科或领域用户最常使用的标签"、"根据您的兴趣与需求，进行候选资源的推荐"、"当您需要的是文献中的图表或数据时，系统可以直接提供相应的图表或者数据，而不是文献的全文"、"系统根据您的背景、兴趣、需求和检索行为等，为您设置一站式检索的被检资源"、"当系统认为您输入的语词有误时，自动给出纠正提示"和"当您检索时，系统推荐与您检索语词相似的一系列词供您参考"这些个性化推荐与检索需求变量。第二次因子分析之后删除了"系统提供相近用户或者同一社群用户最常用的检索词、检索表达式、数据库、期刊等信息供您参考"和"系统提供检索表达式的定制功能，当下一次再使用该检索表达式时，只显示上次检索以来的新增结果"这两项个性化推荐与检索需求变量。

表 11-15　个性化推荐与检索性能需求因子分析过程表

分析过程	得到的因子数量	解释总变异量(%)	KMO 值	Bartleet 球形检验的显著性
第一次因子分析	5	58.004	0.942	0.000
第二次因子分析	4	58.507	0.912	0.000
第三次因子分析	4	61.487	0.894	0.000

因子分析的结果见表 11-16。因子分析得到 4 个因子项目。根据各因子项目包括问卷项目变量的意义和因子负荷量的大小，分别对因子项目进行命名。第一个因子命名为个性化推荐，包括 8 个问卷项目变量，根据因子负荷量的高低，依次为"根据您的兴趣与需求，提供有关学科或领域资源被引用次数的排行榜"、"根据您的兴趣与需求，提供有关学科或领域资源被下载次数的排行榜"、"根据您的兴趣与需求，提供有关学科或领域最多用户推荐的资源"、"根据您的兴趣与需求，提供有关学科或领域用户评价较高的资源列表"、"根据您的兴趣、需求和检索行为等，提供有关学科或领域重要作者发表的文献列表"、"根据您的兴趣与需求，提供有关学科或领域一定时期内各种资源被利用情况排行榜"、"根据您的兴趣、需求和检索行为等，提供有关学科或领域重要机构发表的文献列表"和"根据您的兴趣与需求，提供有关学科或领域历年来被借图书的排行榜"，解释变异量为 21.308%。第二次因子项目命名为检索限定和处理，包括六个问卷项目变量。根据因子负荷量的高低，依次为"系统按照您的兴趣或者需求进行检索结果的排列"、"系统根据您的个人背景、兴趣和需求中的信息，自动进行检索条件的限定"、"系统提供您的检索趋势分析"、"系统对您的检索过程进行追踪，您可以选择系统追踪和提供数据的内容"、"根据您的背景、兴趣、需求和检索行为等，系统自动提供相应内容广度的检索结果给您"和"根据您的背景、兴趣、需求和检索行为等，系统自动提供相应水平层次的检索结果给您"，解释的变异量为 19.067%。第三次因子项目命名为一站式检索，包括 2 个问卷项目变量，分别为"图书馆提供的一站式检索中提供尽可能多的可检资源供您勾选"和"图书馆提供多种资源的一站式检索"，解释的变异量为 10.843%。第四个因子项目命名为自然检索，包括 2 个问卷项目变量，分别为自然语句检索和自然语言检索，解释变异量为

10.270%。四个因子累计解释的总变异量为61.487%。

表11-16 个性化推荐与检索功能需求因子分析结果

因子项目	问卷项目变量	因子负荷量	累计解释总变异量(%)
个性化推荐	根据您的兴趣与需求,提供有关学科或领域资源被引用次数的排行榜	0.801	21.308
	根据您的兴趣与需求,提供有关学科或领域资源被下载次数的排行榜	0.716	
	根据您的兴趣与需求,提供有关学科或领域最多用户推荐的资源	0.681	
	根据您的兴趣与需求,提供有关学科或领域用户评价较高的资源列表	0.642	
	根据您的兴趣、需求和检索行为等,提供有关学科或领域重要作者发表的文献列表	0.625	
	根据您的兴趣与需求,提供有关学科或领域一定时期内各种资源被利用情况排行榜	0.623	
	根据您的兴趣、需求和检索行为等,提供有关学科或领域重要机构发表的文献列表	0.585	
	根据您的兴趣与需求,提供有关学科或领域历年来被借图书的排行榜	0.567	
检索限定和处理	系统按照您的兴趣或者需求进行检索结果的排列	0.774	40.375
	系统根据您的个人背景、兴趣和需求中的信息,自动进行检索条件的限定	0.729	
	系统提供您的检索趋势分析	0.690	
	系统对您的检索过程进行追踪,您可以选择系统追踪和提供数据的内容	0.680	
	根据您的背景、兴趣、需求和检索行为等,系统自动提供相应内容广度的检索结果给您	0.648	
	根据您的背景、兴趣、需求和检索行为等,系统自动提供相应水平层次的检索结果给您	0.631	
一站式检索	图书馆提供的一站式检索中提供尽可能多的可检资源供您勾选	0.801	51.218
	图书馆提供多种资源的一站式检索	0.794	
自然检索	自然语句检索	0.839	61.487
	自然语言检索	0.798	

(三) 影响个性化推荐与检索性能需求的因素

由表 11-17 可知，影响个性化推荐与检索性能整体需求的因素有性别、平均每个星期使用图书馆资源和服务的次数、使用图书馆服务的数量、使用图书馆资源的数量、网络使用能力。其中使用图书馆资源的数量、网络使用能力这两项因素的显著性达到了 0.000。

表 11-17 影响个性化推荐与检索性能整体需求的因素

影响因素	t 值/F 值	显著性
性别	-2.853	0.005
年龄	0.781	0.538
身份	1.574	0.141
教育程度	1.113	0.349
平均每个星期使用图书馆资源和服务的次数	3.421	0.009
使用图书馆服务的数量	2.446	0.046
使用图书馆资源的数量	5.380	0.000
平均每天上网时间	1.756	0.136
网络使用资历	0.299	0.878
网络使用能力	5.348	0.000
是否使用过个性化信息服务	0.057	0.955
是否使用过 web 2.0 服务	-0.087	0.930

由表 11-18 可知，男性对个性化推荐与检索性能整体需求程度比女性低。事后检验的结果显示，平均每个星期使用图书馆资源和服务 1—3 次的受调查者和 10 次以上的受调查者对个性化推荐与检索性能整体需求存在显著差异，平均每个星期使用图书馆资源和服务 10 次以上的受访者比 1—3 次的受访者的需求程度高。使用图书馆资源一种和使用图书馆资源四种的受访者、使用图书馆资源一种和使用图书馆资源五种及以上、使用图书馆资源两种和使用图书馆资源五种及以上的受访者对个性化推荐与检索性能整体需求存在显著差异，使用图书馆资源一种的受访者的需求程度低。使用网络非常不熟悉和不熟悉的受访者、使用网络非常不熟练和一般的受访者、使用网络非常不熟练和熟练的受访者、使用网络非常不熟悉和非常熟练的受访者对个性化推荐与检索性能整体需求存在显著差异，使用网络非常不熟练的受访者的需求程度低。

年龄、身份、使用最多的图书馆、网络使用资历、是否使用过个性化服务和是否使用过 web 2.0 服务对个性化推荐与检索功能的需求没有显著影响。网络使用能力、性别、使用图书馆资源的数量、平均每天上网时间、教育程度、平均每个星期使用图书馆资源和服务的次数和使用图书馆服务的数量是影响个性化推荐与检索功能需求的几项重要因素。这说明图书馆在进行个性化推荐与检索功能的设计时，必须考虑到上述因素对用户个性化需求的影响。

不同性别的受访者对个性化推荐功能需求、一站式检索功能需求、自然检索功能需求存在显著差异，都是女性受访者的需求程度高于男性。教育程度为本科、博士的受访者对个性化推荐功能的需求程度比教育程度为大专的受访者高。教育程度为博士、硕士的受访者对一站式检索功能的需求程度比教育程度为本科的低。平均每个星期使用图书馆资源和服务 10 次以上的受访者比不使用图书馆资源和服务的受调查者、每个星期使用图书馆资源和服务 1—3 次的受访者对个性化推荐功能的需求程度高。使用三种、四种图书馆服务的受访者比使用一种图书馆服务的受访者对一站式检索功能的需求程度高。使用图书馆资源四种、五种及以上的受访者对个性化推荐功能的需求程度比使用一种图书馆资源的受调查者高。使用图书馆资源五种及以上的受访者比使用图书馆资源一种、二种的受调查者对检索结果限定和处理的功能需求程度高。

使用图书馆资源三种、四种、五种及以上的受访者对一站式检索功能的需求程度比使用图书馆资源一种的受调查者高。平均每天上网时间 1—2 小时、3—4 小时和 5—6 小时的受访者比平均每天上网时间 1 小时以下的受访者对个性化推荐功能的需求程度高。平均每天上网时间 1—2 小时、3—4 小时、5—6 小时和 7 小时以上的受访者比平均每天上网时间 1 小时以下的受访者对一站式检索功能的需求程度高。平均每天上网时间 1—2 小时比平均每天上网时间 1 小时以下的受访者自然检索功能的需求程度高。使用网络不熟练、一般、熟练和非常熟练的受访者对个性化推荐功能、一站式检索功能的需求程度比使用网络非常不熟练的受访者高。使用网络不熟练、熟练和非常熟练的受访者对检索结果限定和处理功能需求的程度比使用网络非常不熟练的受访者高。使用一般、熟练和非常熟练的受访者对自然检索功能需求的程度比使用网络非常不熟练的受访者高。

表 11-18 不同背景用户对个性化推荐与检索功能需求差异情况表

影响因素	个性化推荐功能需求	检索结果限定和处理功能需求	一站式检索功能需求	自然检索功能需求
性别	女＞男	—	女＞男	女＞男
年龄	—	—	—	—
身份	—	—	—	—
教育程度	本科＞大专 博士＞大专	—	本科＞硕士 本科＞博士	—
平均每个星期使用图书馆资源和服务的次数	10次以上＞0次 10次以上＞1—3次	—	—	—
使用最多的图书馆	—	—	—	—
使用图书馆服务的数量	—	—	3种＞1种 4种＞1种	—
使用图书馆资源的数量	4种＞1种 4种及以上＞1种	5种及以上＞1种 5种及以上＞2种	3种＞1种 4种＞1种 5种及以上＞1种	5种及以上＞1种
平均每天上网时间	1—2小时＞1小时以下 3—4小时＞1小时以下 5—6小时＞1小时以下	—	1—2小时＞1小时以下 3—4小时＞1小时以下 5—6小时＞1小时以下 7小时以上＞1小时以下	1—2小时＞1小时以下
网络使用资历	—	—	—	—
网络使用能力	不熟练＞非常不熟练 一般＞非常不熟练 熟练＞非常不熟练 非常熟练＞非常不熟练	不熟练＞非常不熟练 熟练＞非常不熟练 非常熟练＞非常不熟练	不熟练＞非常不熟练 一般＞非常不熟练 熟练＞非常不熟练 非常熟练＞非常不熟练	一般＞非常不熟练 熟练＞非常不熟练 非常熟练＞非常不熟练
是否使用过个性化服务	—	—	—	—
是否使用过web 2.0服务	—	—	—	—

— 表示没有显著差异者。

（三）个性化信息推荐和检索工具使用建议

1. 通过资源导航和一站式检索工具组织馆藏文献。分类和检索方式是信息组织中广泛使用的两种工具，为用户所广泛接受和熟悉。根据调查结果，可以按照资源类型、更新时间和首字母排序的方式对资源进行分类导航，同时将用户所常用的纸本书、电子书、电子期刊、学位论文等资源进行统一组织，实现一站式检索并优化检索效率，从而为用户的个性化信息需求提供信息组织的基础。

2. 着重实现检索类型、默认检索途径、默认检索语种、检索结果定制等检索定制方式。通过定制，用户可按照各自的个性化需求对信息进行筛选和重组，通过选择和限定检索的文献类型、检索的字段和途径、语种等获得信息，并通过结果的组织方式和呈现方式的选择对结果进行二次组织和筛选。

3. 综合运用各种个性化推荐和检索工具。除了资源导航、一站式检索、检索定制等功能外，用户还需要自动纠正提示、参考词汇提示、兴趣与需求推荐等的推荐工具。此外，用户对一站式检索的需求程度较高。

4. 提供个性化推荐、检索限制、一站式检索和自然检索四大类个性化功能。本研究对于个性化推荐和检索的因子分析中，发现用户所需的个性化功能可分为个性化推荐、检索限制、一站式检索和自然检索四大类。由此出发设计图书馆的个性化检索功能和推荐服务，可在较大程度上满足用户的个性化检索功能需求。

5. 性别、图书馆资源和服务的使用频率、使用图书馆服务和图书馆资源的数量、网络使用能力等是影响个性化信息推荐和检索工具需求的主要因素。其中，可以针对老用户和有经验的网民设计有针对性和更高级的个性化推荐和检索工具。可从女性用户的角度进行对个性化推荐性能、一站式检索性能和自然检索性能等个性化检索工具进行设计。

第 十 二 章
高校图书馆的信息技术变革需求

信息技术是当代图书馆发展不可或缺的要素之一。有人甚至认为信息技术是推动图书馆进步的根本力量,信息技术的发展变化,就导致了图书馆的产生,也必然导致图书馆的革命[1]。信息技术在图书馆的应用是图书馆界普遍关注的问题。尤其是新技术的应用。朱强等认为新的信息技术驱动是近年来图书馆迅速发展的外因,并呼吁以开放的心态迎接新的信息技术[2]。

在图书馆信息技术应用的探讨中,研究者和实践者始终密切关注用户需求,强调以用户需求为导向。陈全平在评析美国图书馆协会 2010 年出版的《审视未来》报告后认为,技术进步的应用是通过确定有效满足用户需求来达成的[3]。新的信息技术应用不断影响着用户,产生许多新的用户需求,并改变着用户的使用行为;如果我们不紧紧跟上,及时地满足这些新的用户需求,适应用户使用行为的改变,我们就可能失去读者,从而丧失图书馆的立身之本,而面临生存危机[4]。尤其是在 web 2.0 的新信息技术环境下,强调

---

[1] 李金荣:《信息技术是推动图书馆进步的根本力量》,《图书馆论坛》2010 年第 6 期,第 79—183 页。

[2] 朱强等:《以开放的心态迎接新的信息技术——2009 年信息技术在图书馆的应用》,《中国图书馆学报》2010 年第 5 期,第 77—94 页。

[3] 陈全平:《审视未来:图书馆视域中的信息技术和 21 世纪图书馆》,《图书与情报》2010 年第 2 期,第 57—61 页。

[4] 朱强等:《以开放的心态迎接新的信息技术——2009 年信息技术在图书馆的应用》,《中国图书馆学报》2010 年第 5 期,第 77—94 页。

用户参与和体验,信息技术应用更需体现用户的需求①。

综观现有的研究,学界虽然强调图书馆信息技术应用中的用户需求,然而图书馆用户对信息技术的需求并不像对图书馆资源或服务的需求一样直接。图书馆用户对信息技术的需求隐藏于其对资源和服务的需求之中。目前,学界对图书馆用户的信息技术需求的研究较少,而实证研究则更少。

高校图书馆经常是信息技术应用的先行者,本章以中山大学图书馆用户为对象,通过对用户信息技术服务的满意度和需求调查分析,挖掘出高校图书馆用户对图书馆信息技术应用的深层需求。

一、高校图书馆的信息技术环境

随着近年来我国高等教育的蓬勃发展,高校越来越重视图书馆的建设,高校图书馆迎来了蓬勃发展的春天。

在资源方面,高校图书馆拥有丰富的纸质和数字资源。据教育部高校图工委统计②,2009 年,我国平均每所高校购置费约 344 万元。其中,纸质文献资源购置费平均每所高校 230 万元;数字资源购置费平均每所高校 106.5 万元。如何让用户便捷有效地利用如此丰富的纸质和数字资源成为高校图书馆发展的一个重要问题。在服务方面,高校图书馆的用户信息素养相对较高,而且对图书馆服务有更高的需求。高校图书馆需要不断创新服务,以满足用户的需求。

高校图书馆的外部环境正在向"泛在知识环境"发展,移动网络技术、电子书技术,社会网络(social network)、微博博客等,进一步推动了高校图书馆的变革。正如北京大学图书馆馆长朱强所说:目前高校图书馆外部环境是一个"泛在知识环境",图书馆要主动融入"泛在知识环境",积极开展泛在图书馆的构想和建设,满足人们在信息活动中对信息发现、知识产

---

① 刘炜、葛秋妍:《从 web 2.0 到图书馆 2.0:服务因用户而变》,《现代图书情报技术》2006 第 9 期,第 8—12 页。

② 教育部高等学校图书馆工作指导委员会:《2009 年普通高校图书馆主要统计数据》,http://www.tgw.cn/kindeditor/attachment/20110511110617.pdf。

生、知识传播等随时随地的需求①。

对于高校图书馆来说，虽然用户并不会直接对技术发展提出需求，然而受到"泛在知识环境"影响的用户希望更快捷、简单、容易地获取图书馆资源和服务，希望有更佳的用户体验。用户体验影响着用户对图书馆的满意度，也体现了用户对图书馆技术服务的新需求。提高用户的满意度、满足用户的新需求，使用户获得更佳的用户体验成为高校图书馆技术创新的动力。

二、中山大学图书馆用户信息技术需求及满意度调查

近年来，高校图书馆的信息技术创新层出不穷，移动图书馆、资源整合发现系统、Lib 2.0、自助图书馆、云图书馆、关联数据、机构库、虚拟参考咨询、参考咨询机器人等等新技术让馆员应接不暇，也让用户眼花缭乱。但是归根到底，这种种技术创新都是以满足用户需求为目标。在网络环境下，高校图书馆的用户对高校图书馆的这些新技术是否满意，有何需求？高校图书馆的变革是否满足用户的需求？

2011年5月我们对中山大学图书馆用户进行了"中山大学图书馆用户数字资源系统满意度和需求调查"。在调查中，我们主要调查了用户对当前图书馆相关信息技术及系统的需求及满意度，如图书馆网站、无线网络、自助服务设备、数据库系统、资源服务系统等，以及用户对图书馆新信息技术的需求程度，如资源发现系统、移动图书馆、社会化网络等。

中山大学图书馆是一所"985计划"高校图书馆，拥有丰富的文献信息资源和优良的服务环境。本研究以中山大学图书馆为例，通过调查用户对图书馆数字资源系统的满意度和需求，分析高校图书馆乃至图书馆事业的前沿技术需求。

（一）调查问卷的设计

"中山大学图书馆数字资源系统满意度和需求调查"问卷涉及的数字资源系统指的是图书馆所有的与数字资源及数字资源服务相关软硬件，包括图书馆网络、电子阅览室设备、图书馆网站、数据库、多媒体点播系统、自助

---

① 中国青年网：《北京大学正式上线书生移动图书馆》，http://news.youth.cn/sh/201104/t20110406_1540682.htm。

借还书系统、学位论文系统、移动图书馆、OPAC、我的图书馆以及系统提供的帮助咨询渠道等。

问卷分成五部分，分别为：（1）用户基本信息，包括用户的类型、校区、学科等；（2）数字资源系统利用情况，包括现有图书馆数字服务系统的利用和使用频率等；（3）数字资源系统满意度，涉及图书馆主页、电子阅览室、自助借还、无线局域网等的满意度；（4）数字资源系统新需求，包括图书馆主页的设计、资源整合系统、移动图书馆、虚拟社区、微博等的新的通信手段的利用等；（5）用户建议。

问卷内容力求涵盖高校图书馆现有技术和展望未来技术需求趋势。由于问卷篇幅有限，问卷共设置16个问题，其中利用情况和新需求题目多数采用多选题形式作答，满意度则采用刻度选项作答，用户建议则采用开放式文字作答。

（二）样本情况

此次调查通过纸质问卷和网上问卷进行。在中山大学南校区、东校区、北校区和珠海校区共发出500份纸质问卷，收回有效问卷483份；网上调查收回有效问卷517份，有效问卷共1000份。

1000个有效样本中，女性有562位，占56.2%，男性有438位，占43.8%。接受调查的用户中，七成是本科生，将近两成是硕士生，博士生和教师的比例分别为4.8%和2.5%。读者类型的比例基本上与中山大学图书馆实际用户比例相符。按照学科门类划分，接受调查的用户中有44.1%是文科专业，有33.9%是理工科专业，有22%是医科专业，这与中山大学的学科门类相近。中山大学有四个校区，在调查的用户中，南校区的用户占28.1%，北校区用户为19.1%，东校区用户为30.6%，珠海校区用户为22.2%。该比例与中山大学各校区实际规模相当。因此从总体上看，这次调查抽样的样本结构与实际情况基本相符。

（三）调查分析思路

通过调查了解用户当前数字资源服务系统的使用情况，了解用户的满意度，进而了解用户对图书馆新技术的新需求。每部分从用户类型（本科、硕士、博士、教师、其他）和用户专业背景（文、理、医）的双重维度进一步对用户的使用情况、满意度和新需求进行深入详细的比较分析。最后从用户需求的角度探讨高校图书馆信息技术变革的趋势。

三、中山大学图书馆数字资源服务系统的利用情况

(一)图书馆网站使用频率

1. 整体概况

对于用户来说,图书馆的网站是用户网上了解使用图书馆资源的主要途径,在调查中,图书馆网站泛指图书馆主页、图书馆各种网上应用系统、图书馆自建和购买的各种数据库等等。问卷对中山大学图书馆用户使用图书馆网站的频率做了调查。调查结果如表12-1。从表12-1中看出,接近85%的用户每周使用图书馆网站1—2次或以上,其中近半数的用户每周使用图书馆网站4—5次或以上。

表 12-1 用户使用图书馆网站的频率

		频率	百分比(%)	有效百分比(%)	累积百分比(%)
有效	经常(几乎每天)	225	22.5	22.5	22.5
	较多(每周4—5次)	269	26.9	26.9	49.4
	偶尔(每周1—2次)	353	35.3	35.3	84.7
	极少(每月或每学期1—2次)	150	15.0	15.0	99.7
	没访问过	3	0.3	0.3	100.0
	合计	1000	100.0	100.0	

我们将用户使用图书馆网站频率分成5个刻度,"经常"为4,"较多"为3,"偶尔"为2,"极少"为1,"没访问过"为0。用户使用图书馆网站的平均频率为2.56,表明用户平均访问图书馆的频率在较多和偶尔之间。

可见,中山大学图书馆的用户已习惯使用图书馆网站,同时,也说明图书馆网站已成为高校图书馆用户使用图书馆的一个主要的途径。

2. 用户类型比较

调查比较了不同用户类型——本科生、硕士生、博士生、教师及其他用户的图书馆网站使用频率情况,均值比较结果如表12-2。我们发现博士生

使用图书馆网站的频率最高，均值达到 3.56，这表明博士生使用图书馆网站的频率在较多和经常之间，每周使用图书馆网站超过 4—5 次以上。另外从表中看出，使用图书馆网站的频率大致依用户的学历层次呈上升趋势，学历层次越高，使用图书馆网站的频率越高：本科生均值为 2.36，硕士生均值在 3.11，博士生 3.56。教师及其他类型用户的使用频率均值约为 3，说明他们每周都使用图书馆网站。

表 12-2 不同类型用户使用图书馆网站的频率

用户类型	均值	N	标准差
本科生	2.36	758	0.972
硕士生	3.11	157	0.816
博士生	3.56	48	0.649
教师	3.08	25	1.038
其他	3.00	12	1.128
总计	2.56	1000	1.007

对不同类型用户之间使用图书馆网站频率的均值进行方差分析，分析不同类型用户之间使用图书馆网站是否存在显著差异。方差分析及事后比较的结果表明，本科生与硕士生、博士生以及教师，硕士生与博士生，博士生与教师之间的使用频率存在显著差异。

从用户类型的比较可见，用户使用图书馆网站的频率高度，与用户的学习和工作中的信息需求有关，学历层次越高，其学习和工作的信息需求越大，因此他们会更多地利用图书馆，而图书馆网站是他们利用图书馆的主要途径。

3. 专业背景比较

从用户的学科专业背景来分析用户使用图书馆网站的频率，如表 12-3 所示。从表中统计数据看出，理工科用户使用图书馆网站频率较文科和医科用户低，均值只有 2.29。经方差分析得出理工科用户的使用频率与文科和医科用户有显著差异，究其原因，一方面，这可能与专业学科的研究学习方式有关，理工科用户注重实验方法；另一方面，我们需要考虑中山大学图书馆网站中，是否忽视了理工类的信息内容以及信息组织方式不适合理工科学生的使用习惯。

表12-3　不同专业用户使用图书馆网站的频率

专业	均值	N	标准差
文科	2.71	441	0.993
理工科	2.29	339	0.913
医科	2.68	220	1.089
总计	2.56	1000	1.007

（二）使用图书馆主页的主要目的

进一步调查中山大学图书馆用户使用图书馆网站的目的，调查结果如表12-4所示。显然，访问数据库和书目查询是用户使用图书馆主页的主要目的，分别有75.4%和68.1%的用户选择了该目的。这个数据同时也表明用户在使用图书馆网站时，访问数据库资源的比例已经明显超过查找传统纸质馆藏资源的比例。

表12-4　访问图书馆主页的主要目的

		响应		个案
		N	百分比(%)	百分比(%)
访问图书馆主页的主要目的[a]	书目查询	669	35.6	68.1
	访问数据库	741	39.4	75.4
	了解图书馆新闻资讯	75	4.0	7.6
	网上咨询	76	4.0	7.7
	了解图书馆服务与规章制度	36	1.9	3.7
	查询个人借阅情况	270	14.4	27.5
	其他	12	0.6	1.2
总计		1879	100.0	191.1

a 值为1时制表的二分组。

从用户类型来看（见表12-5），虽然访问数据库和书目查询均是本科生、硕士生、博士生、教师等使用图书馆网站的两个主要目的。然而通过横向比较可知，研究型用户，如博士生、硕士生以及教师，访问数据库的比例显著比书目查询的比例高；而对本科生而言，书目查询和访问数据库的比例相当。因此，对于中山大学图书馆用户而言，其学习工作的信息需求决定了他们使用图书馆网站的目的。

表 12-5 用户类型 * 访问图书馆主页的主要目的交叉制表

			访问图书馆主页的主要目的[a]						
			书目查询	访问数据库	了解图书馆新闻资讯	网上咨询	了解图书馆服务与规章制度	查询个人借阅情况	其他
用户类型	本科生	计数	508	519	48	60	29	203	5
		本科生内的(%)	68.5	69.9	6.5	8.1	3.9	27.4	0.7
	硕士生	计数	99	147	12	9	2	44	4
		硕士生内的(%)	63.1	93.6	7.6	5.7	1.3	28.0	2.5
	博士生	计数	32	45	6	2	0	15	1
		博士生内的(%)	66.7	93.8	12.5	4.2	0.0	31.3	2.1
	教师	计数	20	22	5	2	2	5	1
		教师内的(%)	80.0	88.0	20.0	8.0	8.0	20.0	4.0
	其他	计数	10	8	4	3	3	3	1
		其他内的(%)	90.9	72.7	36.4	27.3	27.3	27.3	9.1
总计		计数	669	741	75	76	36	270	12

百分比和总计以响应者为基础。

a 值为 1 时制表的二分组。

而从用户的专业因素观察用户访问图书馆主页的目的,如表 12-6 所示。医科专业用户访问数据库的比例明显比书目查询的比例要高。

表 12-6 专业 * 访问图书馆主页的主要目的交叉制表

			访问图书馆主页的主要目的[a]						
			书目查询	访问数据库	了解图书馆新闻资讯	网上咨询	了解图书馆服务与规章制度	查询个人借阅情况	其他
专业	文科	计数	341	357	37	34	17	131	9
		文科中的(%)	78.0	81.7	8.5	7.8	3.9	30.0	2.1
	理工科	计数	235	211	24	19	8	100	2
		理工科中的(%)	71.6	64.3	7.3	5.8	2.4	30.5	0.6
	医科	计数	93	173	14	23	11	39	1
		医科中的(%)	42.7	79.4	6.4	10.6	5.0	17.9	0.5
总计		计数	669	741	75	76	36	270	12

百分比和总计以响应者为基础。

a 值为 1 时制表的二分组。

(三) 数字资源系统的使用情况

中山大学图书馆数字资源系统包括网络数据库、书目检索、个人图书馆、学位论文系统、文献传递系统、视频点播系统、非书资料系统等。调查的数据表明网络数据库、书目检索和学位论文系统是用户最常用的三个系统（见表12-7）。然而，如视频点播、非书资料系统等多媒体的信息系统的使用情况并不理想。这反映出中山大学图书馆用户对信息系统的需求，很大程度上与信息系统中的资源和数据内容相关，与学习工作相关的研究型内容的信息系统利用率较其他一般性资源内容信息系统要高。

表12-7 用户常使用的图书馆数字资源系统频率

		响应		个案
		N	百分比(%)	百分比(%)
用户常使用的图书馆数字资源系统[a]	网络数据库	721	32.0	72.2
	书目检索	663	29.4	66.4
	个人图书馆	289	12.8	28.9
	学位论文系统	336	14.9	33.6
	文献传递系统	131	5.8	13.1
	视频点播系统	43	1.9	4.3
	非书资料系统(下载随书光盘)	24	1.1	2.4
	都没有使用过	45	2.0	4.5
总计		2252	100.0	225.4

[a] 值为1时制表的二分组。

不同类型用户使用图书馆数字资源系统的情况如表12-8所示。本科生使用数字资源网络数据库的比例明显比博士生、硕士生和教师少；而教师比其他类型用户更常用学位论文系统。

表12-8 用户类型 * 您常使用的图书馆数字资源系统交叉制表

		您常使用的图书馆数字资源系统[a]							
		网络数据库	书目检索	个人图书馆	学位论文系统	文献传递系统	视频点播系统	非书资料系统(下载随书光盘)	都没有使用过
用户类型	本科生 计数	496	499	210	238	81	35	19	42
	本科生内的(%)	65.5	65.9	27.7	31.4	10.7	4.6	2.5	5.5

续表

			您常使用的图书馆数字资源系统[a]							
			网络数据库	书目检索	个人图书馆	学位论文系统	文献传递系统	视频点播系统	非书资料系统（下载随书光盘）	都没有使用过
用户类型	硕士生	计数	146	103	49	61	33	2	3	0
		硕士生内的(%)	93.0	65.6	31.2	38.9	21.0	1.3	1.9	0.0
	博士生	计数	46	32	17	18	10	5	0	1
		博士生内的(%)	95.8	66.7	35.4	37.5	20.8	10.4	0.0	2.1
	教师	计数	23	19	9	15	5	0	1	0
		教师内的(%)	92.0	76.0	36.0	60.0	20.0	0.0	4.0	0.0
	其他	计数	10	10	4	4	2	1	1	2
		其他内的(%)	83.3	83.3	33.3	33.3	16.7	8.3	8.3	16.7
总计		计数	721	663	289	336	131	43	24	45

百分比和总计以响应者为基础。

a 值为 1 时制表的二分组。

从用户的专业角度来看（见表 12-9），网络数据库和书目检索是各专业用户最常用的系统。然而，文科用户使用过学位论文系统的比例远超过理工科和医科用户。

表 12-9 专业 * 您常使用的图书馆数字资源系统交叉制表

			您常使用的图书馆数字资源系统[a]							
			网络数据库	书目检索	个人图书馆	学位论文系统	文献传递系统	视频点播系统	非书资料系统（下载随书光盘）	都没有使用过
专业	文科	计数	334	331	135	213	66	23	12	17
		文科中的(%)	75.7	75.1	30.6	48.3	15.0	5.2	2.7	3.9
	理工科	计数	215	221	112	84	40	12	7	26
		理工科中的(%)	63.4	65.2	33.0	24.8	11.8	3.5	2.1	7.7
	医科	计数	172	111	42	39	25	5	2	2
		医科中的(%)	78.5	50.7	19.2	17.8	11.4	3.7	2.3	0.9
总计		计数	721	663	289	336	131	43	24	45

百分比和总计以响应者为基础。

a 值为 1 时制表的二分组。

（四）数字资源系统的帮助咨询渠道

用户在使用数字资源系统的过程中，或多或少会遇到一些困难，需要寻求帮助。数字资源系统的帮助咨询渠道是数字资源系统的一个重要组成部分，其关系到数字资源系统的有效利用（见表12-10）。

中山大学图书馆用户具有较高的信息素养，在遇到问题时，咨询身边的同学，能解决大部分问题。然而，高校图书馆应充分借助高素质的用户群，发展网上咨询、虚拟参考咨询、虚拟社区网络等多元化、网络化、虚拟化的帮助咨询手段，为用户提供更主动更全面的帮助咨询服务。

表12-10 帮助咨询渠道

		响应		个案
		N	百分比(%)	百分比(%)
使用图书馆数字资源系统遇到问题时你会从哪里获得帮助[a]	电话咨询图书馆	115	6.5	11.5
	到馆找工作人员咨询	411	23.2	41.1
	网上表单提问咨询图书馆	96	5.4	9.6
	咨询同学	615	34.7	61.5
	使用图书馆主页服务指南	320	18.1	32.0
	咨询网络中心	215	12.1	21.5
总计		1772	100.0	177.2

a 值为1时制表的二分组。

比较不同类型的用户（见表12-11），教师较多使用比较直接的帮助咨询渠道——电话和到馆咨询；学生较多咨询同学。

表12-11 用户类型＊帮助渠道交叉制表

			使用图书馆数字资源系统遇到问题时你会从哪里获得帮助[a]					
			电话咨询图书馆	到馆找工作人员咨询	网上表单提问咨询图书馆	咨询同学	使用图书馆主页服务指南	咨询网络中心
用户类型	本科生	计数	52	306	71	490	230	151
		本科生内的(%)	6.9	40.4	9.4	64.6	30.3	19.9
	硕士生	计数	28	69	10	93	63	45
		硕士生内的(%)	17.8	43.9	6.4	59.2	40.1	28.7

续表

			使用图书馆数字资源系统遇到问题时你会从哪里获得帮助[a]					
			电话咨询图书馆	到馆找工作人员咨询	网上表单提问咨询图书馆	咨询同学	使用图书馆主页服务指南	咨询网络中心
用户类型	博士生	计数	14	16	11	26	13	10
		博士生内的(%)	29.2	33.3	22.9	54.2	27.1	20.8
	教师	计数	15	13	3	3	8	8
		教师内的(%)	60.0	52.0	12.0	12.0	32.0	32.0
	其他	计数	6	7	1	3	6	1
		其他内的(%)	50.0	58.3	8.3	25.0	50.0	8.3
总计		计数	115	411	96	615	320	215
百分比和总计以响应者为基础。								

a 值为 1 时制表的二分组。

而比较不同专业的用户（见表12-12），文科用户除了咨询同学的渠道外，使用其他渠道的比例均比其他专业用户多。这说明文科用户使用的帮助咨询渠道比较多。

表12-12 专业 * 帮助渠道交叉制表

			使用图书馆数字资源系统遇到问题时你会从哪里获得帮助[a]					
			电话咨询图书馆	到馆找工作人员咨询	网上表单提问咨询图书馆	咨询同学	使用图书馆主页服务指南	咨询网络中心
专业	文科	计数	66	192	55	252	153	128
		文科中的(%)	15.0	43.5	12.5	57.1	34.7	29.0
	理工科	计数	30	136	18	212	106	54
		理工科中的(%)	8.8	40.1	5.3	62.5	31.3	15.9
	医科	计数	19	83	23	151	61	33
		医科中的(%)	8.6	37.7	10.5	68.6	27.7	15.0
总计		计数	115	411	96	615	320	215
百分比和总计以响应者为基础。								

a 值为 1 时制表的二分组。

（五）中山大学图书馆数字资源系统的利用现状

根据以上的调查结果，可知中山大学图书馆用户对图书馆数字资源系统的利用现状为：

（1）中山大学图书馆用户已习惯使用图书馆网站。

（2）用户使用图书馆数字资源系统主要是获取利用数字资源。

（3）用户使用图书馆数字资源系统的目的和使用功能与用户类型和专业息息相关。

（4）用户获取图书馆数字资源系统的咨询帮助渠道相对较少，传统的帮助咨询渠道仍占主要地位。

四、中山大学图书馆数字资源系统的用户满意度

（一）用户满意概况

在此次问卷中，我们针对中山大学图书馆的软硬件分别调查了解用户的满意度。调查数据见表 12-13 和表 12-14。调查包括四项内容：图书馆主页、电子阅览室、无线局域网以及自助借还书系统。问卷设置刻度，满意 2，一般 1，不满意 -1，没使用过 0。用户的满意度描述如表 12-13 所示。

表 12-13 用户满意度描述统计

	均值	标准差
您对图书馆主页界面和内容是否满意	1.41	0.698
您对图书馆电子阅览室的网络和计算机的软硬件是否满意	0.75	1.003
您对图书馆无线网络是否满意	0.94	0.944
您对图书馆自助借还书系统是否满意	1.16	0.928

数据显示，图书馆主页的满意度最高，满意度均值为 1.41，有超过半数以上的用户表示满意，只有 3.3% 的用户表示不满意。其次，自助借还书系统的满意度为 1.16，表示满意的用户接近 50%，然而没使用过自助借还书系统的用户超过 1/4。再次，无线局域网的满意度只有 0.94，只接近达到一般的程度，只有约 1/3 的用户表示满意，有 8% 的用户表示不满意。最后，电子阅览室的满意度最低，只有 0.75，不足 1/4 的用户表示满意，而有接近二成的用户明确表示不满意。

表 12-14 用户满意度频率统计

		频率	百分比 (%)	有效百分比 (%)	累积百分比 (%)
您对图书馆主页界面和内容是否满意	满意	501	50.1	50.1	50.1
	一般	443	44.3	44.3	94.4
	不满意	33	3.3	3.3	97.7
	没使用过	23	2.3	2.3	100.0
	合计	1000	100.0	100.0	
您对图书馆电子阅览室的网络和计算机的软硬件是否满意	满意	230	23.0	23.0	23.0
	一般	475	47.5	47.5	70.5
	不满意	180	18.0	18.0	88.5
	没使用过	115	11.5	11.5	100.0
	合计	1000	100.0	100.0	
您对图书馆无线网络是否满意	满意	338	33.8	33.8	33.8
	一般	346	34.6	34.6	68.4
	不满意	80	8.0	8.0	76.4
	没使用过	236	23.6	23.6	100.0
	合计	1000	100.0	100.0	
您对图书馆自助借还书系统是否满意	满意	490	49.0	49.5	49.5
	一般	204	20.4	20.6	70.1
	不满意	31	3.1	3.1	73.2
	没使用过	265	26.5	26.8	100.0
	合计	990	99.0	100.0	
	系统缺失	10	1.0		

这四方面的用户满意度，反映出目前中山大学图书馆的用户对图书馆的新网络技术的应用如主页和自助借还书系统相对满意，而对传统的设备和网络基础如无线局域网和电子阅览室并不满意。中山大学图书馆在应用网络新技术的同时，也应该切实维护好图书馆基本的软硬件设备和网络基础。

（二）用户因素对满意度的影响

中山大学图书馆的用户主要有本科生、硕士生、博士生、教师和其他几种类型，用户的专业领域主要是文科、理工科和医科。在调查中，我们特别分析了不同类型、专业的用户对中山大学图书馆数字资源系统的满意度是否有差异。

1. 用户类型

问卷分析采用方差分析和独立样本 t 检验进行不同类型用户满意度的显著性分析。将数据进行方差齐性检验后，经过方差分析，并进行多重比较，结果表明，本科生和硕士生两种不同类型的用户在"图书馆主页界面和内容"的满意度以及"图书馆自助借还书系统"的满意度有明显差异。

表 12-15 不同用户类型的满意度均值比较

用户类型		您对图书馆主页界面和内容是否满意	您对图书馆自助借还书系统是否满意	您对图书馆无线网络是否满意	您对图书馆电子阅览室的网络和计算机的软硬件是否满意
本科生	均值	1.36	1.12	0.92	0.74
	N	758	755	758	758
	标准差	0.709	0.935	0.923	1.005
硕士生	均值	1.58	1.36	1.01	0.73
	N	157	152	157	157
	标准差	0.579	0.850	1.010	1.076
博士生	均值	1.54	1.29	0.94	0.92
	N	48	48	48	48
	标准差	0.798	1.031	0.998	0.871
教师	均值	1.60	1.04	1.16	0.96
	N	25	24	25	25
	标准差	0.707	0.908	1.028	0.841
其他	均值	1.58	1.09	0.83	1.00
	N	12	11	12	12
	标准差	0.515	0.831	1.030	0.603
总计	均值	1.41	1.16	0.94	0.75
	N	1000	990	1000	1000
	标准差	0.698	0.928	0.944	1.003

表 12-15 是不同用户类型的满意度均值比较报告。其中，在"图书馆主页界面和内容"满意度方面，本科生为 1.36，硕士生为 1.58，硕士生的满意度明显比本科生的满意度高。在"图书馆自助借还书系统"的满意度中，本科生为 1.12，硕士生为 1.36，硕士生的满意度明显比本科生的满意度高。究其原因，一方面中山大学图书馆对硕士生用户的培训比本科生的全

面;另一方面硕士生或许更能理解图书馆的主页及自助借还系统的操作。

2. 用户专业背景

比较文科、理工科和医科这三种不同的专业背景,分析他们之间的满意度是否存在显著性差别。我们采用方差分析,在显著水平为 0.05 之上,得出:医科用户与文科用户在图书馆主页、自助借还书系统、无线网络三个方面的满意度存在显著差异。在这三个方面,医科用户的满意度显著比文科用户的满意度要高。医科用户与理科用户在图书馆主页、自助借还书系统以及电子阅览室三个方面的满意度存在显著差异。在这三个方面,医科用户的满意度显著比理工科用户的满意度要高。理工科与文科用户在自助借还书一项的满意度有显著差异,理科用户的满意度显著比文科用户满意度要高。表 12-16 是不同专业用户的满意度均值比较报告。

表 12-16 不同专业用户的满意度均值比较

用户类型		您对图书馆主页界面和内容是否满意	您对图书馆自助借还书系统是否满意	您对图书馆无线网络是否满意	您对图书馆电子阅览室的网络和计算机的软硬件是否满意
文科	均值	1.39	1.00	0.88	0.78
	N	441	439	441	441
	标准差	0.736	0.948	0.954	1.015
理工科	均值	1.37	1.15	0.95	0.68
	N	339	336	339	339
	标准差	0.708	0.945	0.955	1.009
医科	均值	1.52	1.53	1.06	0.82
	N	220	215	220	220
	标准差	0.585	0.741	0.899	0.965
总计	均值	1.41	1.16	0.94	0.75
	N	1000	990	1000	1000
	标准差	0.698	0.928	0.944	1.003

3. 图书馆网站使用频率与图书馆主页满意度的关系

利用方差分析来检验图书馆网站使用频率不同的用户其对图书馆主页的满意度是否存在显著差异,结果见表 12-17。检验发现,极少使用图书馆网站的用户与经常、较多和偶尔使用图书馆网站的用户对图书馆主页的满意度存在显著差异。极少使用图书馆网站的用户比经常、较多和偶尔使用图书馆网站的用户的满意度低。这很可能由于他们对图书馆主页的不了解,造成对图书馆主页的满意度低。

表 12-17　图书馆网站使用频率与图书馆主页满意度之均值对比

访问图书馆网站的频率	均值	N	标准差
经常(几乎每天)	1.44	225	0.724
较多(每周 4—5 次)	1.46	269	0.643
偶尔(每周 1—2 次)	1.43	353	0.671
极少(每月或每学期 1—2 次)	1.27	150	0.774
没访问过	0.33	3	1.155
总计	1.41	1000	0.698

(三) 满意度评价

从满意度的调查数据来看,整体上用户对中山大学图书馆的各种数字资源系统满意度并不理想。比较满意的是图书馆主页及自助借还书系统,而无线网络以及电子阅览室这些基础设施满意度还不到一般的水平。这反映出图书馆在发展新技术的同时,同样要注重基础设施的建设。

分析不同类型用户的满意度,我们发现本科生与硕士研究生在对图书馆主页和自助借还书系统两方面的差异显著,硕士生比本科生的满意度要高。这表明需要加强对本科生的用户培训和咨询帮助,也需要在数字资源系统建设中考虑如何吸引本科生,满足他们的需求。

从不同专业学科背景的用户满意度分析中,我们得到不同专业学科背景的用户对四项图书馆数字资源系统的满意度均有明显差异,尤其是医科用户与文科和理科的用户差异明显。医科用户的满意度比其他学科用户的满意度要高。这表明,一方面,中山大学图书馆的数字资源系统在医学资源和服务的推广和利用相对好;另一方面,中山大学图书馆的数字资源系统需要改进针对文科和理科的服务,包括系统内的信息内容、信息组织方式、页面设计以及咨询帮助方式等。

五、高校图书馆数字资源系统的新需求

随着计算机技术、通信技术的不断发展,用户对高校图书馆的数字资源系统必然提出更新更高的需求。用户的新需求推动了高校图书馆数字资源系统的发展,同时也为图书馆用户利用图书馆资源和服务带来更多的便利。

面对目前微博、社会网络、移动图书馆、资源整合及网页界面革命等的一系列技术变革,图书馆用户是否希望图书馆引入这些新技术来改变现有的图书馆数字资源系统?在调查问卷中,我们就这些热点新技术对用户做了调查。

(一) 网站界面的新需求

目前随着网页编程技术、Ajax 和 Mashup 等网页设计方式的发展,网站界面主要有两种趋势,一种是简洁的界面,甚至简洁到类似 Google、百度等只有一个检索框的界面,一种是像网易、新浪等门户网站一样提供丰富的内容、更多图片和动画。对于图书馆网站而言,网页的点击层次以及服务指南、数据库信息等应如何显示?问卷调查获得数据如表 12-18 所示。

表 12-18 网站界面需求

		响应		个案百分比(%)
		N	百分比(%)	
您对图书馆网站界面有哪些新需求[a]	更简洁的界面	431	22.3	44.2
	类似 Google 的界面	185	9.6	19.0
	减少网页点击层次	380	19.7	39.0
	内容丰富的界面	187	9.7	19.2
	更多图片和动态内容	124	6.4	12.7
	优先显示服务指南	205	10.6	21.0
	优先显示数据库信息	421	21.8	43.2
总计		1933	100.0	198.3

a 值为 1 时制表的二分组。

在选项中,用户最认同的是"更简洁的界面",其次是"优先显示数据库信息"以及"减少网页点击层次"。这反映出用户希望今后的图书馆网站界面是简洁的、架构扁平的,数据库应该是图书馆网站最需要优先显示的内容。值得注意的是,虽然有 44.28% 的用户希望"更简洁的界面",但是用户选择"类似 Google 的界面"只有 19%。由此看出，用户虽然希望有更简洁的界面，但是用户并不希望界面简洁到像 Google 只有一个检索框那样。因此，图书馆需要考虑其网站做到简洁，需要减少用户点击网页的层次，然而网站中也需优先显示一些用户需要的信息，尤其是数据库资源的信息。

（二）数字资源整合工具的需求

高校图书馆数字资源比其他类型的图书馆丰富。特别是，高校图书馆购买很多外文数据库，拥有大量的外文电子期刊及外文电子图书资源。如中山大学图书馆采购的数据库超过 200 多个，其中外文数据库超过 150 个。庞大的中外文数字资源，使得高校图书馆比其他类型图书馆更需要数字资源整合系统。

目前数字资源整合系统主要有联邦检索系统、期刊导航系统、数字资源发现和获取系统等。问卷调查了用户对这些数字资源整合的需求。考虑到用户不一定都能清楚了解这些新的资源整合系统的作用，在问卷中，我们特别对这些系统的功能和作用做了简要说明，并且我们在测试调查的过程中，特别询问受访用户是否能通过简要说明理解几个整合系统的功能作用及之间的区别。经过测试调查情况多次修改简要说明，最后问卷的简要说明绝大多数受访用户反馈能理解。

资源整合系统需求的调查如表 12-19 所示。其中，选择数字资源发现和获取系统的用户最多，接近七成；选择期刊导航系统的用户比例为 66.9%；选择联邦检索系统的用户只有 56.5%，选择都不需要的只有 4.6%。数据表明，用户对数字资源整合系统的需求较大，而且他们的需求更趋向于数字资源发现与获取系统。

表 12-19 资源整合系统的需求频率

		响应		个案百分比(%)
		N	百分比(%)	
您是否需要以下资源整合工具[a]	联邦检索系统	563	28.4	56.5
	期刊导航系统	666	33.6	66.9
	数字资源发现和获取系统	692	34.9	69.5
	其他	13	0.7	1.3
	都不需要	46	2.3	4.6
总计		1980	100.0	198.8

a 值为 1 时制表的二分组。

从用户的专业学科背景来分析哪些学科的用户需要哪种的资源整合系统。表 12-20 中数据表明，文科用户对期刊导航和数字资源发现和获取系统的需求比较大；医科用户更倾向使用数字资源发现和获取系统；理工科用户对这三个资源整合系统的需求明显比文科医科用户的需求少，理工科用户选择都不需求的比例比文科医科用户比例大。

表 12-20 专业 * 资源整合系统需求交叉制表

			您是否需要以下资源整合工具[a]					总计
			联邦检索系统	期刊导航系统	数字资源发现和获取系统	其他	都不需要	
专业	文科	计数	263	336	333	4	12	440
		文科内的(%)	59.8	76.4	75.7	0.9	2.7	
	理工科	计数	163	197	200	3	27	337
		理工科内的(%)	48.4	58.5	59.3	0.9	8.0	
	医科	计数	137	133	159	6	7	219
		医科内的(%)	62.6	60.7	72.6	2.7	3.2	
总计		计数	563	666	692	13	46	996
百分比和总计以响应者为基础。								

a 值为 1 时制表的二分组。

最后，从用户类型角度来分析资源整合系统的需求（见表 12-21）。博士生更倾向于数字资源发现和获取系统，硕士生对这三种系统的需求相当，教师由于已有明确的研究方向和熟悉专业期刊，他们更希望使用期刊导航系统，而本科生对这三个系统的需求都比其他类型用户低。

表 12-21 用户类型 * 资源整合系统需求交叉制表

			您是否需要以下资源整合工具[a]					总计
			联邦检索系统	期刊导航系统	数字资源发现和获取系统	其他	都不需要	
用户类型	本科生	计数	400	507	517	5	41	754
		本科生内的(%)	53.1	67.2	68.6	0.7	5.4	
	硕士生	计数	111	105	112	6	2	157
		硕士生内的(%)	70.7	66.9	71.3	3.8	1.3	

续表

用户类型			您是否需要以下资源整合工具[a]					总计
			联邦检索系统	期刊导航系统	数字资源发现和获取系统	其他	都不需要	
用户类型	博士生	计数	27	28	37	1	0	48
		博士生内的(%)	56.3	58.3	77.1	2.1	0.0	
	教师	计数	15	19	17	0	2	25
		教师内的(%)	60.0	76.0	68.0	0.0	8.0	
	其他	计数	10	7	9	1	1	12
		其他内的(%)	83.3	58.3	75.0	8.3	8.3	
总计		计数	563	666	692	13	46	996

百分比和总计以响应者为基础。

[a] 值为 1 时制表的二分组。

(三) 移动图书馆的需求

近年来，移动网络技术飞速发展，移动终端应用逐渐普及。无论是公共图书馆还是高校图书馆都开始推出移动图书馆系统和服务。高校图书馆用户对移动图书馆需求如何？哪些移动图书馆的功能适合高校图书馆的用户呢？在问卷中，我们对此进行了调查。调查数据如表 12-22 所示。

从调查的数据中，个案百分比总计490%，平均每个用户选择了近5项的移动图书馆功能，这说明用户对移动图书馆的需求反响较大。在所有移动图书馆的功能中，"借书到期短信提醒"功能最受用户欢迎，超过七成用户表示需要该功能；其次"书目查询"、"图书续借"、"电子书阅读"等功能的需求比例也超过六成。然而出乎意料的是，只有不足两成的用户表示需要移动图书馆资讯定制服务，需求最少。

调查数据反映出，用户对移动图书馆有较大的需求，而且对于移动图书馆的功能，用户普遍以实用为原则，借书到期短信提醒、书目查询、电子书阅读等功能比较受欢迎。

表 12-22　移动图书馆的功能需求

		响应		个案百分比(%)
		N	百分比(%)	
您对移动图书馆的功能有哪些需求[a]	书目查询	672	13.8	67.7
	查询借阅记录	518	10.6	52.2
	借书到期短信提醒	705	14.5	71.0
	图书预约	564	11.6	56.8
	图书续借	649	13.3	65.4
	图书荐购	432	8.9	43.5
	电子书阅读	616	12.6	62.0
	图书馆数字资源检索	490	10.1	49.3
	图书馆资讯定制	194	4.0	19.5
	没必要使用移动图书馆	34	0.7	3.4
总计		4874	100.0	490.8

[a] 值为 1 时制表的二分组。

(四) 新网络沟通工具需求

近年来，无论是公共图书馆还是高校图书馆都紧跟潮流，纷纷应用博客、微博、社交网站、QQ、维基、论坛等新的网络沟通工具与用户进行互动交流。然而，用户对这些新的沟通工具需求如何？问卷做了调查，数据如表 12-23。

表 12-23　新网络工具需求

		响应		个案百分比(%)
		N	百分比(%)	
你觉得是否需要下列新网络工具了解图书馆新资讯,或与馆员沟通[a]	微博	420	22.4	42.9
	博客	185	9.9	18.9
	网络社交网站(人人网、开心网等)	348	18.6	35.5
	维基百科	89	4.8	9.1
	论坛 BBS	292	15.6	29.8
	即时通信工具实时咨询(QQ等)	398	21.3	40.7
	都不需要	139	7.4	14.2
总计		1871	100.0	191.1

[a] 值为 1 时制表的二分组。

从表 12-23 中，可以看出微博和即时通信工具最受用户欢迎，选择的用户比例均在四成以上。SNS 社交网站和论坛 BBS 是较受用户欢迎。然而，出乎意料的是，现在很多高校图书馆和公共图书馆开设的博客，在调查中只有 18.9% 的用户表示有需要。这表明图书馆是否需要考虑更多地用微博来代替博客，与用户进行更加实时有效的互动沟通。

表 12-24　专业 * 新网络沟通工具需求交叉制表

		你觉得是否需要下列新途径了解图书馆新资讯，或与馆员沟通[a]							总计
		微博	博客	网络社交网站（人人网、开心网等）	维基百科	论坛 BBS	即时通信工具实时咨询（QQ 等）	都不需要	
专业	文科	计数	207	85	171	43	133	188	51	429
		文科内的(%)	48.3	19.8	39.9	10.0	31.0	43.8	11.9	
	理工科	计数	132	55	85	29	82	120	59	332
		理工科内的(%)	39.8	16.6	25.6	8.7	24.7	36.1	17.8	
	医科	计数	81	45	92	17	77	90	29	218
		医科内的(%)	37.2	20.6	42.2	7.8	35.3	41.3	13.3	
总计		计数	420	185	348	89	292	398	139	979

百分比和总计以响应者为基础。

a 值为 1 时制表的二分组。

表 12-25　用户类型 * 新网络沟通工具需求交叉制表

		你觉得是否需要下列新途径了解图书馆新资讯，或与馆员沟通[a]							总计
		微博	博客	网络社交网站（人人网、开心网等）	维基百科	论坛 BBS	即时通信工具实时咨询（QQ 等）	都不需要	
用户类型	本科生	计数	327	139	296	50	201	290	110	743
		本科生内的(%)	44.0	18.7	39.8	6.7	27.1	39.0	14.8	
	硕士生	计数	62	26	39	26	59	63	16	153
		硕士生内的(%)	40.5	17.0	25.5	17.0	38.6	41.2	10.5	
	博士生	计数	15	11	6	2	12	24	9	46
		博士生内的(%)	32.6	23.9	13.0	4.3	26.1	52.2	19.6	

续表

			你觉得是否需要下列新途径了解图书馆新资讯，或与馆员沟通[a]							总计
			微博	博客	网络社交网站（人人网、开心网等）	维基百科	论坛BBS	即时通信工具实时咨询（QQ等）	都不需要	
用户类型	教师	计数	6	4	3	5	14	12	2	25
		教师内的(%)	24.0	16.0	12.0	20.0	56.0	48.0	8.0	
	其他	计数	10	5	4	6	6	9	2	12
		其他内的(%)	83.3	41.7	33.3	50.0	50.0	75.0	16.7	
总计		计数	420	185	348	89	292	398	139	979
百分比和总计以响应者为基础。										

[a] 值为1时制表的二分组。

我们进一步分析是哪些用户认为更需要这些新网络沟通工具。表12-24比较了不同专业学科背景的用户对各种沟通工具的需求。从中我们看到，文科用户比理工科和医科的用户对网络沟通工具有更多的需求。另外，表12-25比较了不同类型的用户对各种沟通工具的需求，分析数据得出，本科生较喜欢用微博、SNS网络社交网络，而博士生、硕士生和教师比较喜欢即时通信工具及论坛BBS的形式。

六、高校图书馆的信息技术变革

在新的网络环境下，信息技术变革是图书馆发展必须考虑的重要因素。尤其是在用户信息素质较高的高校图书馆，不仅外在的"泛在知识环境"推动高校图书馆的技术变革，而且内在的用户对新技术应用的需求同样推动高校图书馆的技术变革。

（一）信息技术变革以数字资源利用为核心

"资源为王"是许多图书馆尤其是高校图书馆发展的理念之一。高校图书馆的技术变革，始终围绕着数字资源的利用。用户对图书馆变革的需求大部分反映在对资源获取和利用的更加便捷上。从调查中，访问数据库既是用户使用图书馆网站的主要目的，也是用户最常使用的数字资源系统。用户认为图书馆网站需要优先显示数据库的信息。电子书阅读也是用户需求最大的移动图书馆功能之一。可见，用户同样认同"资源为王"的理念，用户需要图书馆技术变革，以更方便地发现、获取和利用数字资源。

（二）信息技术变革创新泛在服务方式

资源和服务是图书馆发展的两大主题。技术的变革为图书馆的服务带来了新的亮点。移动图书馆、SNS、微博、即时通信、虚拟参考咨询、咨询机器人等新技术应用改变了传统的电话、到馆咨询等服务方式。高校图书馆高素质的用户群更能接受这些新技术创新服务，高校图书馆的服务将向泛在服务方式发展。

（三）图书馆资源整合技术是重点

高校图书馆的资源丰富，尤其是外文数字资源，相比起其他图书馆，更有资源整合的需求。高校图书馆用户利用图书馆资源进行研究和学习，对图书馆资源的整合、提高使用效率更具有强烈的需求。图书馆资源整合将是高校图书馆技术创新变革中最需实现的目标之一。高校图书馆需要逐步实现外文资源的整合，中外文资源整合、纸质资源和数字资源的整合。

（四）加强基础设施升级

高校图书馆信息技术的变革，将带来移动图书馆、资源整合系统、微博、自助图书馆、web 2.0等一系列的图书馆新应用。然而，在调查中，用户对电子阅览室、无线局域网这些技术基础设施的满意度较低。在技术不断创新的同时，高校图书馆也不能忽视图书馆技术基础设施的升级改造。高校图书馆如果没有好的终端设备、没有好的网络基础，一切技术应用创新也只能成为空中楼阁。

（五）多元化的个性服务

高校图书馆用户类型主要有本科生、硕士生、博士生、教师等，其学科背景多样。调查中看出，高校不同类型、不同学科背景的用户对图书馆数字资源系统的使用、满意度和需求都有显著的差异。如本科生比硕士生博士生较少用数据库，教师使用学位论文系统较多，本科生较喜欢用微博，文科用户比理科用户更常用数据库，理科用户对资源整合的需求比文科医科用户少。在高校图书馆的技术变革中，需要为这些差异用户提供多元化的服务，让用户选择最适合自己的个性化信息服务。

高校图书馆拥有得天独厚的丰富资源和高素质的用户群，是图书馆事业信息技术创新变革的前沿阵地。高校图书馆的信息技术创新变革既需要围绕资源基础，也需要紧跟信息技术发展，加强技术基础设施升级的同时，实现资源整合，为用户提供多元化的个性服务，最终满足用户的需求，提高用户对图书馆的满意度。

第十三章
广州图书馆用户需求个案研究

公共图书馆是由国家中央或地方政府管理、资助和支持的,免费为社会公众服务的图书馆。公共图书馆面向全社会提供普遍均等的图书馆服务。相比高校和科研系统的图书馆,公共图书馆因社会性、开放性和普遍性,成为国内图书馆事业的中坚力量。随着我国城市化进程的加快和各级政府对文化建设的重视,城市公共图书馆近年来得到蓬勃发展,其发展水平是当今我国图书馆事业的一面旗帜。

广州图书馆具有丰富的纸本和数字资源、一贯优良的服务体系、先进的通借通还网络系统平台,是世界上最大的城市公共图书馆之一,它是当今城市公共图书馆的典型代表。因此,我们选择了广州图书馆作为研究个案,对其作深入而具体的用户需求研究,以期更深入透彻地分析当今城市图书馆用户的需求。

一、城市公共图书馆的变革

随着信息化建设加快,城市的网络基础设施不断改善,网络速度不断提高,网络资源不断丰富,网络应用不断创新,网民数量增长迅速。据中国互联网信息中心统计,2010年底城市网民占总网民数的72.7%[1],其增长速度

---

[1] 中国互联网信息中心:《中国互联网络发展状况统计报告》,http://www.cnnic.cn/research/bgxz/tjbg/201101/P020110221534255749405.pdf.

高于农村网民的增长速度。因此,在这样一个资源丰富、瞬息万变、天涯若比邻的网络环境下,城市公共图书馆成为图书馆变革的先锋,它们不断引进新资源、创新服务形式、应用新技术,务求紧跟时代步伐,融入网络环境,满足用户需求的变化。

(一) 资源丰富与多样

城市图书馆面向的用户群体类型非常广泛,有青少年也有年长者,有下岗工人也有白领职工,有知识分子也有文盲。用户群体的多样性,决定着用户对城市图书馆的信息资源需求也是多种多样的。尤其是在网络环境下,城市图书馆引入丰富多样的资源满足市民的需求:在纸质资源建设的同时加强数字资源建设;提高外文资源的比例;采集多媒体资源;建设具有城市文化特色的特藏资源。

(二) 服务创新与免费

网络环境下的城市图书馆,有了先进的网络和技术作支撑,有了更广阔的服务创新空间。城市内通借通还服务、街区自助借还服务、网上参考咨询、移动图书馆服务、网上预约、电话服务、远程数字图书馆访问,面向政府及企事业单位的信息参考咨询服务等。

近年来,城市图书馆大力推行免费服务。2011年2月10日,文化部、财政部发布《关于推进全国美术馆公共图书馆文化馆(站)免费开放工作的意见》,提出公共图书馆免费开放主要包括:一般阅览室、少年儿童阅览室、多媒体阅览室(电子阅览室)、报告厅(培训室、综合活动室)、自修室等公共空间设施场地免费开放;文献资源借阅、检索与咨询、公益性讲座和展览、基层辅导、流动服务等基本文化服务项目健全并免费提供;为保障基本职能实现的一些辅助性服务如办证、验证及存包等全部免费[①]。

(三) 系统开放与整合

网络环境下的城市图书馆系统朝着整合、开放和互动的方向发展。宁波市图书馆在全市范围内推出了资源整合检索系统,深圳图书馆与深圳市大学城图书馆等几个图书馆构建"图书馆之城"的书目整合检索系统;佛山市

---

① 中央政府门户网站:《文化部、财政部关于推进全国美术馆、公共图书馆、文化馆(站)免费开放工作的意见》,http://www.gov.cn/zwgk/2011—02/14/content_1803021.htm.

图书馆联合各区级图书馆推出了"联合图书馆"系统；广州图书馆在资源检索系统中引入开放网络资源，为读者提供封面、目录、摘要、书评等更丰富的书目信息。部分城市图书馆的门户网站、检索系统、参考咨询系统等嵌入了 web 2.0 思想，面向用户提供开放式的互动平台，如个性化标签、资源评价、兴趣推荐、兴趣组群、资源分享等。

二、广州图书馆用户需求调查设计

尽管城市图书馆的变革让城市图书馆发展日新月异，然而这些变革归根结底是为满足城市图书馆用户不断发展的需求。为深入了解城市图书馆用户对图书馆的需求，2010 年 3 月我们对广州图书馆的用户进行了需求调查研究。

（一）广州图书馆概况

广州图书馆是由广州市政府设立、为所有公众服务的公益性公共文化与社会教育机构，以纸质文献、音像制品、数字资源等各类知识信息记录的收集、整理和存储为基础，提供资源借阅与传递、信息咨询、展览讲座、艺术鉴赏、文化展示和数字化网络服务及公众学习、研究、交流空间，开展社会阅读推广活动。

广州图书馆 1982 年 1 月 2 日开馆，馆舍建筑面积 1.77 万平方米，阅览座位 1758 个，设 13 个阅览室，7 个外借处。广州图书馆在全国较早建立盲人电子阅览室，提供图书、报刊、音像资料、盲文图书的外借、阅览和信息咨询、文献检索、导读、参考等服务；大力推进全民阅读和社会文化教育，积极举办公益展览、讲座、读书活动，形成"羊城学堂"等活动品牌。

广州图书馆新馆于 2006 年 2 月 20 日奠基。新馆占地面积 2.1 万平方米，总建筑面积 10 万平方米。广州图书馆新馆于 2012 年 12 月 28 日向社会公众部分开放，2013 年 6 月 23 日广州图书馆新馆全面开放。新馆馆藏文献 400 万册（件）（广州图书馆总馆藏 574 万册（件）），阅览座位 4000 个，供用户使用的计算机数量 500 台，有线网络节点 4000 个，无线网络覆盖范围 100%。实现藏、借、阅、咨一体化；全面应用无线射频识别技术、文献自动分拣系统、自助服务设备，实现高效精确的典藏管理与便捷服务；设置综合服务区、大众服务区、对象服务区、主题服务区、交流服务区、藏书区等功能区域,具有鲜明时代风格和浓郁岭南人文蕴涵①。

该调查分别对图书馆现有的用户——读者和图书馆潜在的用户——市民进行,从而了解和比较市民和读者对市图书馆的认识和需求。

(二) 调查概况

1. 面向市民的调查

面向市民的调查在广州市五个人流较集中的街头随机向市民发放1000份问卷,回收有效问卷792份。792份有效样本中,有790份提供了性别信息,其中女性有465位,占58.9%,男性有325位,占41.1%。接受调查的市民中,超过六成的年龄为14—25岁,将近三成的年龄为26—40岁,14岁以下和61岁以上的分别只占样本数的4.2%和2.4%。接受调查的市民中,有超过三成的教育程度为大专,27.7%为中专或者高中,26.9%为本科,初中及以下的也有10.8%,研究生只有4.1%。接受调查市民大多数是学生,占40.9%,其次是企事业单位员工,占24.1%,其他类型职业占13.5%,自由职业者也有13.3%,教师、公务员、农民和离退休人员的比例都在4%以下。接受调查的市民中,有38.9%属于该市户籍人员,24.4%为外来务工人员,其他类型也有21.2%,15.5%为短期居留者,说明广州市的外来人口较多。

66.2%的市民使用过广州图书馆,其中10.5%的受访市民每周使用广州图书馆2次以上,23.3%受访市民每月使用广州图书馆1—4次,22.6%的受访市民半年使用广州图书馆1—5次,9.8%的受访市民一年使用广州图书馆1次;只有33.8%的受访市民没有使用过广州图书馆。总体来说,使用过广州图书馆市民的比例较高。

面向市民的调查内容相对精简,主要了解市民对图书馆的认知和日常获取信息的习惯。

2. 面向用户的调查

面向用户的调查在广州图书馆内向读者发放问卷1000份,回收有效问卷727份。727份有效问卷中,男性有345位(有效比例为48.1%),女性有372位(有效比例为51.9%),有10位读者没有选择。接受调查的用户

---

① 广州图书馆:《广图概况》,http://www.gzlib.gov.cn/aboutus/profile.jsp.

中，教育程度为本科的居多，比例为 38.6%；其次是大专，比例是 32.8%，再次是中专或者高中，比例是 19.8%；初中及以下的只有 5.4%，研究生的比例为 3.4%，接受此次调查用户的教育程度要高于市民的教育程度。

面向用户的调查内容比较详细，除了包括市民问卷中对图书馆的认知外，还着重调查用户对城市图书馆的资源、服务及信息系统的需求和满意度。

(三) 调查分析思路

该调查分别获得市民与用户两份调查数据，通过对市民和用户调查数据的比较，分析用户对城市图书馆的认知和使用情况；通过对用户问卷数据的详细分析，了解读者对图书馆的资源、服务和系统的需求。在下面的三到六部分将会详细论述。

三、用户对广州图书馆的认知及使用

(一) 市民和用户对城市图书馆功能的认知

公共图书馆是人类社会文明发展的产物。1994 年《联合国教科文组织公共图书馆宣言》指出："公共图书馆是各地的信息中心，用户可以随时得到各种知识与信息。公共图书馆服务的核心内容是信息、扫盲、教育和文化等方面的任务"[①]。2001 年 7 月联合国教科文组织与国际图联共同出版的《公共图书馆服务》指出，公共图书馆的基本宗旨是通过提供不同形式的资源和服务去满足个人和团体的教育、信息和包括娱乐和休闲在内的个人发展需求[②]。

1. 认知调查情况

我们将广州图书馆的主要功能整理为 16 个选项来了解市民和读者对公共图书馆功能的认知。市民的问卷采用 3 点量表，"1"表示不同意，"2"表示不确定，"3"表示同意。用户的问卷采用 5 点量表，"1"表示同意，"2"表示比较同意，"3"表示一般，"4"表示不太同意，"5"表示不同意。本研究利用内部一致信度，通过 Cronbach's Alpha 系数值来分析量表的信度。用户对广州图书馆各项功能认知量表的 Cronbach's Alpha 值为 0.909，

---

① IFLA：《联合国教科文组织公共图书馆宣言 1994》，http://baike.baidu.com/view/1085353.htm.
② International Federation of Library Associations and Institutions: "The Public library service: IFLA/UNESCO guidelines for development", München, 2001.

市民对公共图书馆各项功能认知量表的 Cronbach's Alpha 值为 0.981，说明这两个量表的信度较高。

表 13-1 用户对广州图书馆各项功能的认知情况

功　能	平均认同程度	标准差	功　能	平均认同程度	标准差
提供丰富的书刊资料供人们阅读	1.19	0.459	帮助人们开发想象力和创造力	1.61	0.832
为人们提供阅读、学习、自修的空间	1.21	0.476	帮助人们了解时事及国家方针政策、政府公开信息	1.65	0.842
收藏和保存文献资源	1.21	0.509	帮助人们了解本地事务、活动和信息	1.68	0.864
为人们的终身学习提供支持	1.28	0.581	帮助人们获得医疗、就业等日常生活信息	1.80	0.927
丰富人们的休闲生活	1.38	0.653	支持人们的社会交往、社区交流活动	1.82	0.970
丰富孩子们的课余生活	1.39	0.676	帮助人们应用计算机和网络	1.83	0.963
培育和支持人们的个人兴趣爱好	1.40	0.673	支持企业和其他单位的业务或研究活动	1.91	0.980
帮助人们了解本地文化和世界文化	1.41	0.680	为政府提供决策参考	2.12	1.103

从调查的结果来看，市民对广州图书馆各项功能的平均认同程度在 2.15—2.21，说明市民对广州图书馆的各项功能倾向于肯定。相比较而言，用户对公共图书馆各项功能认同度更高（见表 13-1）。用户对公共图书馆各项功能的平均认同程度在 1.19—2.12。其中有 15 项的平均认同程度在 2 以下，也就是说用户对于公共图书馆的绝大部分功能都比较认同。其中最认同的功能是"提供丰富的书刊资料供人们阅读"，这与 OCLC 的一项调查结果一致。2005 年年底 OCLC 的研究报告《对图书馆与信息资源的认知》（Perceptions of Libraries and Information Resources）指出"书"是图书馆的品牌，没有别的东西可以替代"书"在图书馆中的地位[①]。国外公共图书馆非

[①] OCLC："Perceptions of Libraries and Information Resources"，http://www.oclc.org/reports/pdfs/Percept_all.pdf.

常重视的终身学习、社区服务、休闲娱乐等功能在这次调查中用户的认同度也都非常高。但是比较而言，国内图书馆非常重视并且视为高端服务的参考咨询和决策服务功能，读者的认同度较低。

表 13-2 列出了用户和市民对广州图书馆功能认同的对比情况。用户和市民对广州图书馆功能的认同排序大多数都较为接近。然而关于"为人们的终身学习提供支持"这项功能，市民的认同程度排序明显比用户低，这说明普通市民并不了解图书馆可以为人们终身学习提供支持，城市图书馆需要加强这方面的宣传，提高市民对图书馆支持终身学习的认同感。

表 13-2 用户和市民对广州图书馆功能的认同排序对比

功能	用户认同度排序	市民认同度排序	功能	用户认同度排序	市民认同度排序
提供丰富的书刊资料供人们阅读	1	3	帮助人们开发想象力和创造力	9	11
为人们提供阅读、学习、自修的空间	2	3	帮助人们了解时事及国家方针政策、政府公开信息	10	11
收藏和保存文献资源	3	6	帮助人们了解本地事务、活动和信息	11	6
为人们的终身学习提供支持	4	14	帮助人们获得医疗、就业等日常生活信息	12	6
丰富人们的休闲生活	5	6	支持人们的社会交往、社区交流活动	13	1
丰富孩子们的课余生活	6	6	帮助人们应用计算机和网络	14	11
培育和支持人们的个人兴趣爱好	7	1	支持企业和其他单位的业务或研究活动	15	16
帮助人们了解本地文化和世界文化	8	3	为政府提供决策参考	16	15

但是对于"帮助人们了解本地文化和世界文化"、"培育和支持人们的个人兴趣爱好"、"支持人们的社会交往、社区交流活动"这三项功能，市民的认知程度排序明显比用户高，这体现出了市民对广州图书馆文化和社交等功能的需求。

2. 功能认知的因子分析

为了找出隐藏在用户对广州图书馆功能认知变量中的一些更基本的，但又无法直接测量到的隐性变量，我们进行了探索性因子分析。以主成分分析法进行共同因素的萃取，并根据 Kaiser 法以特征值大于 1 作为抽取共同因素个数的原则，利用最大方差法进行正交转轴处理。因子分析对样本数的要求是：(1) 样本数不得低于 50，最好是 100 以上；(2) 样本数至少是变量数的 5 倍，最好是 10 倍[①]。此次用户调查的有效样本数为 727，变量数是 16，符合因子分析的条件。

本研究使用 KMO 与巴特利特球形检验 (Bartlett test of sphericity) 来判断是否适合作因子分析。KMO 值是表示取样适切性的系数，因子分析要求 KMO 值至少要 0.6 以上，本研究两次因子分析的 KMO 值分别是 0.900 和 0.899，说明非常适合进行因子分析。之后删除因子负荷量低于 0.5 以及横跨两个构面且因子负荷量大于 0.5 的用户对广州图书馆功能认知变量，反复进行因子分析，以找出最合适的因子变量。第一次因子分析得到 3 个因子，解释的总变异量为 62.190%，第二次因子分析也是得到 3 个因子，解释的总变异量为 62.509%。因子分析的结果见表 13-3。

表 13-3 用户对广州图书馆功能认知的因子分析结果

因子项目	问卷项目变量	因子负荷量	累计解释总变异量(%)
信息中心功能	帮助人们了解时事及国家方针政策、政府公开信息	0.761	28.262
	帮助人们了解本地事务、活动和信息	0.794	
	帮助人们获得医疗、就业等日常生活信息	0.773	
	帮助人们应用计算机和网络	0.711	
	支持人们的社会交往、社区交流活动	0.670	
	支持企业和其他单位的业务或研究活动	0.656	
	为政府提供决策参考	0.705	

[①] 荣泰生：《SPSS 与研究方法》，大连，东北财经大学出版社 2012 年版，第 272 页。

续表

因子项目	问卷项目变量	因子负荷量	累计解释总变异量(%)
教育和文化中心功能	丰富孩子们的课余生活	0.557	50.510
	为人们的终身学习提供支持	0.680	
	培育和支持人们的个人兴趣爱好	0.840	
	帮助人们开发想象力和创造力	0.667	
	帮助人们了解本地文化和世界文化	0.589	
	丰富人们的休闲生活	0.618	
文献中心功能	收藏和保存文献资源	0.771	62.509
	提供丰富的书刊资料供人们阅读	0.820	

因子分析的结果表明，用户认为广州图书馆的功能有：信息中心功能、教育和文化中心功能、文献中心功能。这三大功能与目前国内公共图书馆的定位较为一致。与此结果类似的是用户对该图书馆定位的认知（见表13-4），60.2%的用户认为该图书馆是公益性文化中心，56.4%的用户认为是文献信息资源中心，52.3%的用户认为是该市中心图书馆，40.2%的用户认为是文献信息服务中心，35.4%的用户认为是社会教育机构，35.1%的用户认为是地方文献收集保存中心。

表13-4 用户对广州图书馆的定位认知

		响应		个案百分比(%)
		N	百分比(%)	
您觉得广州图书馆是[a]	文献信息资源中心	377	20.1	56.4
	文献信息服务中心	269	14.3	40.2
	公益性文化中心	403	21.4	60.2
	社会教育机构	237	12.6	35.4
	市中心图书馆	350	18.6	52.3
	地方文献收集保存中心	235	12.5	35.1
	其他	9	0.5	1.3
总计		1880	100.0	281.0

a 值为1时制表的二分组。

3. 娱乐休闲功能的认知

现在国内很多公共图书馆非常重视休闲娱乐功能，想把公共图书馆建设成市民的第二起居室。但是市民在休闲娱乐时会考虑到图书馆吗？对市民的调查结果显示有 37.6% 的受访市民会选择到图书馆休闲娱乐，在所列举的休闲娱乐方式中排在第 4 位（见表 13-5），仅仅次于上网、看电视和看电影，比去公园、听音乐会等的比例要高。这说明市民已经认同图书馆的休闲娱乐功能。

表 13-5 市民的休闲娱乐方式

		响应		个案百分比(%)
		N	百分比(%)	
市民的休闲娱乐方式[a]	看电影	398	16.1	50.4
	看电视	434	17.5	55.0
	上网	603	24.4	76.4
	参观博物馆	91	3.7	11.5
	到文化馆	70	2.8	8.9
	参观科技馆	63	2.5	8.0
	去公园	281	11.4	35.6
	到图书馆	297	12.0	37.6
	听音乐会	117	4.7	14.8
	玩棋牌	93	3.8	11.8
	其他休闲娱乐活动	27	1.1	3.4
总计		2474	100.0	313.6

a 值为 1 时制表的二分组。

（二）用户使用广州图书馆的目的

问卷特别对用户使用广州图书馆的目的进行了调查（见表 13-6），调查结果发现，为了兴趣爱好而使用图书馆的用户比例超过三分之二，为了个人目的获得信息的用户超过一半，明显高出其他目的的选项。这说明了满足个人的兴趣爱好和获得需要信息是用户使用图书馆的两大目的，也是用户对图书馆的期望和需求。城市图书馆的发展变革应该首先满足用户兴趣爱好和信息需求。

另外，选择自修、为了完成学校或课程的作业、为了完成工作任务的用户比例均在 16% 以上，这也是不能忽视的用户需求。

表 13-6 使用图书馆的目的

		响应		个案百分比(%)
		N	百分比(%)	
使用图书馆的目的[a]	为了个人目的获得信息	343	28.1	50.0
	为了兴趣爱好,包括借书、多媒体资源,或听讲座、参观展览	461	37.8	67.2
	为了完成学校或课程的作业	116	9.5	16.9
	为了完成工作任务	112	9.2	16.3
	为了参加针对儿童而举办的活动	27	2.2	3.9
	自修	133	10.9	19.4
	其他目的	27	2.2	3.9
总计		1219	100.0	177.7

a 值为 1 时制表的二分组。

(三) 市民和用户使用广州图书馆的情况

市民和用户对城市公共图书馆的认知反映在他们使用图书馆的情况上。我们通过调查问卷,特别分析了市民和用户不使用或较少使用图书馆的原因。

1. 市民和用户使用广州图书馆的情况

在市民使用图书馆的频率上,有超过五成的市民至少半年使用一次广州图书馆,但也有超过三成（33.8%）的市民没有使用过广州图书馆（见表 13-7）。这表明：一方面,广州图书馆对市民有吸引力,已经形成了一个过半数市民的用户群；另一方面,广州图书馆仍有巨大潜在用户群。

表 13-7 市民使用广州图书馆的频率

		频率	百分比(%)	有效百分比(%)	累积百分比(%)
有效	每周 2 次以上	81	10.2	10.5	10.5
	每月 1—4 次	180	22.7	23.3	33.8
	半年 1—5 次	175	22.1	22.6	56.4
	一年 1 次	76	9.6	9.8	66.2
	没使用过	261	33.0	33.8	100.0
	合计	773	97.6	100.0	
缺失	系统	19	2.4		
合计		792	100.0		

在用户使用广州图书馆的频率上（见表13-8），每月1—3次的用户最多，占38%；其次是每周1—3次的用户占31.3%。而在用户使用图书馆网站的频率上（见表13-9），有超过1/3的用户没有使用过图书馆网站，只有不到半数的用户每月都会使用图书馆网站。由此看出，广州图书馆网站的使用率偏低，这与当今网络环境的不断发展相悖。

表13-8 用户使用广州图书馆的频率

		频率	百分比(%)	有效百分比(%)	累积百分比(%)
有效	每周4次及以上	86	11.8	12.4	12.4
	每周1—3次	217	29.8	31.3	43.7
	每月1—3次	264	36.3	38.0	81.7
	半年1—5次	78	10.7	11.2	92.9
	一年1次	49	6.7	7.1	100.0
	合计	694	95.5	100.0	
缺失	系统	33	4.5		
合计		727	100.0		

表13-9 使用广州图书馆网站的频率

		频率	百分比(%)	有效百分比(%)	累积百分比(%)
有效	每周4次及以上	51	7.0	7.7	7.7
	每周1—3次	79	10.9	11.9	19.5
	每月1—3次	155	21.3	23.3	42.9
	半年1—5次	90	12.4	13.5	56.4
	一年1次	49	6.7	7.4	63.8
	没有使用过	241	33.1	36.2	100.0
	合计	665	91.5	100.0	
缺失	系统	62	8.5		
合计		727	100.0		

将用户使用广州图书馆的频率与用户使用广州图书馆网站的频率做交叉分析（见表13-10），数据表明，用户使用图书馆的频率越高，其使用图书馆网站频率也会越高。尤其是有6.1%的用户每周4次及以上使用图书馆并且每周4次及以上使用图书馆网站。这部分用户已是广州图书馆的核心用户群。

然而值得注意的是，部分经常使用图书馆的用户并没有使用图书馆网站的习惯。在受访的用户中，有超过1/4的用户虽然经常使用广州图书馆（每月1—3次及以上），但没有使用过图书馆网站。这说用户对图书馆的网站认知程度非常不足，图书馆网站的宣传不到位。

表13-10 使用广州图书馆的频率＊使用广州图书馆网站的频率交叉制表

			使用广州图书馆网站的频率						合计
			每周4次及以上	每周1—3次	每月1—3次	半年1—5次	一年1次	没有使用过	
使用广州图书馆的频率	每周4次及以上	计数	40	12	8	6	4	12	82
		总数的（%）	6.1	1.8	1.2	0.9	0.6	1.8	12.4
	每周1—3次	计数	9	48	62	15	5	63	202
		总数的（%）	1.4	7.3	9.4	2.3	0.8	9.5	30.6
	每月1—3次	计数	1	17	76	39	19	98	250
		总数的（%）	0.2	2.6	11.5	5.9	2.9	14.8	37.9
	半年1—5次	计数	0	1	4	27	10	35	77
		总数的（%）	0.0	0.2	0.6	4.1	1.5	5.3	11.7
	一年1次	计数	0	1	5	3	10	30	49
		总数的（%）	0.0	0.2	0.8	0.5	1.5	4.5	7.4
合计		计数	50	79	155	90	48	238	660
		总数的（%）	7.6	12.0	23.5	13.6	7.3	36.1	100.0

2. 用户不使用或较少使用图书馆的原因

问卷设计了两个多选题分别调查市民不使用和很少使用广州图书馆的原因，结果如表13-11和表13-12。

表13-11 市民不使用广州图书馆的原因

		响应		个案百分比（%）
		N	百分比（%）	
没有使用过广州图书馆的原因[a]	不知道广州图书馆	111	10.6	18.8
	没想到要用图书馆	64	6.1	10.8
	不知道到图书馆可以干什么	24	2.3	4.1
	不知道怎么使用图书馆	50	4.8	8.4
	没时间去	246	23.5	41.6

续表

		响应		个案百分比(%)
		N	百分比(%)	
没有使用过广州图书馆的原因[a]	使用其他的图书馆	82	7.8	13.9
	通过其他方式阅读	142	13.6	24.0
	离广州图书馆太远	291	27.8	49.2
	办证需要收费和押金	35	3.3	5.9
总计		1045	100.0	176.5

a 值为 1 时制表的二分组。

表 13-12 市民较少使用广州图书馆的原因

		响应		个案百分比(%)
		N	百分比(%)	
较少使用广州图书馆的原因[a]	使用其他的图书馆	117	11.7	17.3
	没有我需要的资料	62	6.2	9.2
	广州图书馆太拥挤	81	8.1	12.0
	图书馆员服务态度不好	15	1.5	2.2
	有些服务项目要收费	38	3.8	5.6
	工作忙	225	22.6	33.2
	离广州图书馆太远	417	41.9	61.6
	其他原因	41	4.1	6.1
总计		996	100.0	147.1

a 值为 1 时制表的二分组。

结果显示，时间和距离是市民不使用或少使用图书馆的主要原因。分别有 49.2% 和 41.6% 的市民因为距离和时间原因不使用广州图书馆；分别有 61.6% 和 33.2% 的市民因为距离和时间原因较少使用图书馆。这反映了城市紧张的生活中，市民与图书馆的时间和地理上的距离是决定市民是否使用图书馆的主要因素。

其次，其他的阅读方式和信息文献获取途径也是市民不使用或较少使用广州图书馆的原因。分别有 24% 和 13.9% 的市民通过其他方式阅读或使用其他图书馆而不使用广州图书馆，也有 17.3% 的市民因为使用了其他图书馆而较少使用广州图书馆。

另外，对广州图书馆的认知不足也是市民不使用或较少使用图书馆的重要原因。超过30%的市民因为对广州图书馆不了解,不知道广州图书馆、没想到要用图书馆或不知道到图书馆可以干什么等原因而没有使用广州图书馆。也有部分市民认为图书馆太拥挤。然而,这可能是一种认知偏差(因为该图书馆并不拥挤)或是市民对图书馆的资源和服务仍有更高的要求。

另外,从这次调查结果来看,只有5.9%的市民会因为办证需要收费和押金而不使用图书馆,这有点出乎我们的意料。

(四)提高城市图书馆利用率的对策

1. 提高用户对图书馆的认知水平

通过以上对市民和用户的调查我们看出,城市图书馆用户对城市图书馆的认知存在不足和偏差。从上述调查中发现约三成市民并不了解图书馆,不少市民对广州图书馆的功能、服务和资源等方面的认知仍存在一定偏差。

表13-13 用户接收广州图书馆信息的渠道

		响应		个案百分比(%)
		N	百分比(%)	
您通过什么渠道获得广州图书馆的信息[a]	广播电视	89	8.3	12.6
	报纸杂志	177	16.6	25.1
	网站	241	22.6	34.2
	他人介绍	243	22.8	34.5
	学校课程	49	4.6	7.0
	馆内宣传资料	218	20.4	30.9
	其他	51	4.8	7.2
总计		1068	100.0	151.5

a 值为1时制表的二分组。

提高用户对图书馆的认知水平,弥补用户认知上的不足和修正用户认知上的偏差是城市图书馆发展过程中一件任重道远的事情。加强图书馆形象、功能、资源、服务的宣传、培训、交流,使城市图书馆融入市民的工作、学习、生活中,将是提高用户认知水平的有效途径。另外,加强市民的参与感也是一个有效方法,如利用城市志愿者参与图书馆的管理,利用微博、博客等网络应用与市民交流,参与讨论。杭州图书馆在这方面给全国城市图书馆做了很好的示范。

我们对用户接收广州图书馆信息的渠道做了调查,如表13-13。结果发现，他人介绍、网站和馆内宣传资料是用户接收图书馆信息的三个主要渠道。广州图书馆针对这三个途径制定宣传策略最为有效。

2. 创造条件吸引市民使用广州图书馆

上述调查结果显示，距离和时间是市民和用户不使用城市图书馆的两大原因。城市图书馆有必要创造便利的条件吸引更多的市民用户使用城市图书馆。深圳的图书馆之城通过遍布城市街区的 ATM 自助借还书机编织起一张城市图书馆服务网；东莞的集群图书馆模式，通过城市图书馆统一管理城市里图书馆服务机构实现城市图书馆在用户身边；佛山的联合图书馆模式采用与城市里其他图书馆联合服务，扩大城市图书馆覆盖范围，极大地方便了用户利用城市图书馆。广州的图书馆城域网也是一种联合图书馆的模式。这些创新的城市图书馆服务模式缩短了城市图书馆与市民的时空距离，为市民利用图书馆创造了便利条件。

四、用户对广州图书馆的资源需求

（一）资源内容需求的广泛性

表 13-14　市民需要信息的种类

		响应		个案百分比(%)
		N	百分比(%)	
需求信息的种类[a]	医疗	223	11.9	28.7
	住房	233	12.4	30.0
	交通	322	17.1	41.4
	投资理财	264	14.1	34.0
	运动保健	248	13.2	31.9
	烹饪	126	6.7	16.2
	教育培训	396	21.1	51.0
	其他	66	3.5	8.5
总计		1878	100.0	241.7

a 值为 1 时制表的二分组。

问卷对市民对图书馆资源的内容需求做了调查。调查结果如表 13-14，从表中看出，教育培训类型的资源有过半数市民有需求，另外关于投资理财、交通、运动保健、医疗等内容的需求比较平均,个案比例在25%—35%。这表明市民对图书馆的信息需求非常广泛,对各方面的信息都存在需求。因此,公共图书馆在进行信息资源建设时,要注意收集不同主题内容的信息资源以满足市民多样化的信息需求。

(二) 面向用户需求的资源规划

图书馆的馆藏资源规划近年来是图书馆学界研究的热点问题。各图书馆纷纷制定其馆藏资源发展规划。馆藏资源是给用户使用的,因此,制定馆藏资源规划必须考虑用户对资源的需求。在调查中,我们对用户的资源需求做了调查(见表13-15)。结果表明,认为未来5年需要增加热门书刊的比例接近六成,书刊尤其是热门书刊仍然是广州图书馆用户的最大需求,市图书馆就是给市民阅读看书的地方。其次,市民对资源的需求偏向理性实用,各种考试用书、政府信息、地方文献等资源的用户的需求均超过三成。

随着市民用户的外文水平和网络技能的提高,对外文资源、数字资源、音像资料的需求均在33%左右。这说明用户对城市图书馆的馆藏资源需求结构正在发生变化,类型种类趋向多元化。城市图书馆的馆藏资源规划需对这种变化作出适当的调整。

表13-15 广州图书馆应该增加的资源

		响应		个案百分比(%)
		N	百分比(%)	
增加资源[a]	各种考试用书	270	12.3	38.6
	热门书刊	416	18.9	59.5
	动漫资源	185	8.4	26.5
	地方文献	224	10.2	32.0
	政府信息公开资源	234	10.7	33.5
	实物资源	143	6.5	20.5
	外文资源	234	10.7	33.5
	数字资源	227	10.3	32.5
	音像资料	237	10.8	33.9
	其他资源	26	1.2	3.7
总计		2196	100.0	314.2

a 值为1时制表的二分组。

(三) 电子资源需求

数字化阅读已经成为受访市民主导的阅读方式，在对市民的调查中，特别对市民的阅读方式进行了调查。结果如表13-16，结果表明：有将近一半的受访市民（48.3%）只通过数字化的方式进行阅读，有43.2%的受访市民会通过纸本和数字两种方式进行阅读，只有8.5%的市民只通过纸本的方式阅读。

表 13-16 市民的阅读方式

		频率	百分比(%)	有效百分比(%)	累积百分比(%)
有效	仅纸本阅读	67	8.5	8.5	8.5
	仅数字阅读	379	47.9	48.3	56.8
	二者兼而有之	339	42.8	43.2	
	合计	785	99.1	100.0	
缺失	系统	7	0.9		
合计		792	100.0		100.0

在具体的阅读方式，77.4%的受访市民会通过电脑进行阅读，51.9%的受访市民会通过纸本进行阅读，46.8%的受访市民会通过手机进行阅读，13.3%的受访市民会通过电子书阅读器进行阅读。

不同性别市民的阅读方式没有显著的差异，但是不同年龄市民的阅读方式存在显著差异，14—25岁、26—40岁的市民与61岁以上市民的阅读方式存在显著差异。14—25岁、26—40岁的市民比61岁以上市民更多地通过数字化方式阅读。不同教育程度市民的阅读方式也存在显著差异。教育程度为初中及以下的市民与教育程度为大专、本科、研究生的市民对于阅读方式的选择存在显著差异，教育程度为初中及以下的市民更倾向于通过数字化的方式进行阅读。教育程度为研究生的市民与教育程度为中专或者高中的市民对于阅读方式的选择也存在显著差异。学历程度为研究生的市民更倾向于结合使用数字化方式和纸本方式进行阅读。自由职业者与学生、企事业单位员工的阅读方式存在显著差异。自由职业者比学生和企事业单位员工更倾向于通过数字化的方式阅读。

阅读方式的转变，数字化阅读的兴起，图书馆迫切需要提高数字资源的馆藏比例，满足市民数字化阅读的需求。由于采用数字化阅读更多的是

14—40岁的年轻人群、教育程度不高的人群以及自由职业者，因此，城市图书馆在采购数字资源的时候，可侧重于一些热门的、大众化、娱乐消遣类的数字资源。

（四）外文资源需求

表13-17 需要的外文资源种类

		响应		个案百分比（%）
		N	百分比（%）	
需要的外文资源种类[a]	不需要外文资源	59	4.2	8.8
	留学信息	161	11.3	24.0
	工具书	357	25.1	53.1
	文学	255	18.0	37.9
	语言读物	289	20.4	43.0
	学术信息	255	18.0	37.9
	其他外文资源	44	3.1	6.5
总计		1420	100.0	211.3

a 值为1时制表的二分组。

以往，由于用户需求不大，城市公共图书馆很少采购外文资源。然而，随着城市国际化进程的发展，市民不但有学习外语的需求，更有了解外国信息的需求。城市图书馆有必要增加外文资源的比例。然而用户需要哪方面的外文资源？在调查中，用户反馈结果如表13-17。过半数用户有对外文工具书的需求；另外，用户对外文语言读物、学术信息、文学的需求都超过了1/3。这表明现阶段大多数用户对外文资源的需求仍然是学习、阅读类的需要。在对用户文化程度进行交叉分析看出，本科和大专文化程度的用户是外文资源需求的两大群体，城市图书馆在选择外文资源的时候，可以侧重考虑这两个群体的外文水平和需求。

五、用户对广州图书馆的服务需求

（一）服务网络的需求

从上文的分析可知，时间和距离是市民不使用或少使用图书馆的主要原因。因此,城市图书馆要扩大用户群,首先就要考虑如何构建和扩大服务网络方便市民利用图书馆。近年来,城市图书馆从原来单体馆模式逐渐向图书馆服务网络转变,深圳的图书馆之城、东莞的集成图书馆体系、佛山的联合图书馆、广州的图书馆城域网等,多分馆、多联合服务点、多社区馆甚至以ATM自助借还服务系统编织起一张张快捷便利、各有特色的城市图书馆服务网络。

此次调查特别了解了用户对图书馆服务网络的需求。

1. 通借通还服务的需求

通借通还是各地公共图书馆服务体系建设中的重要内容。所谓通借通还,就是对公众提供服务的图书馆组合为一个服务平台,在其中任何一家图书馆用户都可以:(1)查找所有图书馆的馆藏信息和借阅信息;(2)外借所有图书馆的藏书,包括可以预约在哪一家馆取书;(3)在任何一家图书馆还书;(4)上述服务均可通过现场、网络、电话方式实现。作为通借通还服务的延伸,也包括了借还书的上门服务。通借通还服务可以提高公共图书馆服务体系的服务效率,解决用户由于时间、距离和图书馆资源有限而不能使用图书馆资源和服务的限制。我们设计了三个问题来了解用户对此的需求(见表13-18)。用户对于通借通还的需求非常强烈,有73.9%的受访用户表示需要或者非常需要,只有1.5%的受访用户表示不需要;对于图书预约功能的需求更为强烈,有80.6%的受访用户表示需要或者非常需要,只有0.9%的受访用户表示不需要。因为图书馆提供送书上门服务涉及费用的问题,所以用户对此功能的需求程度并不高,只有35%的受访用户表示希望或者非常需要。

从用户的需求来看,实现通借通还是公共图书馆服务体系建设中应该优先考虑的。

表13-18 用户对于通借通还的需求

通借通还功能需求	非常需要	需要	一般	不太需要	不需要
在广州图书馆及其分馆、服务点、区馆的任一馆/点都可以借还所有馆/点的书刊(%)	36.3	37.6	17.4	7.2	1.5
需要的图书不在馆时,可以预约借书(%)	34.6	46	14.2	4.3	0.9
图书馆提供送书上门服务(收取一定的费用)(%)	8.3	26.7	30.8	28.4	5.9

2. 图书馆服务布点的需求

在对市民的调查中，49.2%的受访者认为不使用广州图书馆的原因是离广州图书馆太远，61.6%的受访者认为很少使用广州图书馆的原因是离广州图书馆太远。城市图书馆在进行网点布局时必须考虑到提高网点的交通便利程度，以降低用户的时间成本，让市民可以方便快捷地享用城市公共图书馆的服务。

对图书馆用户的调查表明，90%以上的用户能够接受步行到达最近公共图书馆的时间是30分钟以内，其中14.7%的用户能够接受的最长时间是10分钟以内，37%的用户能够接受的最长时间是15分钟以内（见表13-19）；85.7%的用户能够接受乘车到达最近公共图书馆的时间是30分钟以内，其中12.9%的用户能够接受的最长时间是10分钟以内，30.7%的用户能够接受的最长时间是15分钟以内（见表13-20）。对用户到达该图书馆花费的时

表13-19 可以接受步行到达最近公共图书馆的最长时间

		频率	百分比(%)	有效百分比(%)	累积百分比(%)
有效	10分钟以内	91	12.5	14.7	14.7
	15分钟以内	137	18.8	22.2	37.0
	20分钟以内	146	20.1	23.7	60.6
	30分钟以内	184	25.3	29.8	90.4
	30分钟以上	59	8.1	9.6	100.0
	合计	617	84.9	100.0	
缺失	系统	110	15.1		
合计		727	100.0		

表13-20 可以接受乘车到达最近公共图书馆的最长时间

		频率	百分比(%)	有效百分比(%)	累积百分比(%)
有效	10分钟以内	80	11.0	12.9	12.9
	15分钟以内	111	15.3	17.8	30.7
	20分钟以内	101	13.9	16.2	46.9
	30分钟以内	242	33.3	38.9	85.9
	30分钟以上	88	12.1	14.1	100.0
	合计	622	85.6	100.0	
缺失	系统	105	14.4		
合计		727	100.0		

间和使用该图书馆的频率进行单因子方差分析的结果表明,到达该图书馆的时间对使用该图书馆的频率产生了显著的影响。事后分析的结果表明,到达该图书馆花费的时间在 10 分钟以内的用户比花费 11—20 分钟、21—30 分钟、31—60 分钟、60 分钟以上的用户使用该图书馆的频率高。

调查的结果可以看出城市图书馆的覆盖范围约在步行或乘车 30 分钟的区域。因为 90.4% 的用户接受走路少于 30 分钟的距离;85.9% 的用户接受乘车少于 30 分钟的距离。图书馆应据此覆盖距离,合理设置城市图书馆的分馆、服务点或自助服务点等的分布。

3. 自助图书馆服务布点的需求

自助图书馆服务是近年来城市图书馆发展的新服务。自助图书馆类似于自助银行,用户不必亲临图书馆,不受图书馆开闭馆时间的限制,在任何地方的一台自助图书馆服务机上就能借书、还书、办理借书证,预借。深圳是第一个利用自助图书馆构建服务网络的城市,其后,北京、天津、上海等城市均开始在城市里部署自助图书馆。

表 13-21 自动图书馆布点需求

		响应		个案百分比(%)
		N	百分比(%)	
自动借还书机地点[a]	小区	324	24.0	48.7
	地铁站	461	34.1	69.3
	超市	182	13.5	27.4
	商场	148	10.9	22.3
	学校	219	16.2	32.9
	其他	18	1.3	2.7
总计		1352	100.0	203.3

[a] 值为 1 时制表的二分组。

然而,自助图书馆如何选点?用户希望在哪些地方使用自助图书馆?调查中特别对此自助图书馆服务的布点问题进行访问。调查结果如表 13-21。调查结果显示,地铁站是最受用户欢迎的自助图书馆设置地点,接近七成用户选择了地铁站;也有近半数用户选择小区作为自助图书馆的地点。这符合城市人"两点一线"的快节奏生活规律。因此,城市自助图书馆的布点应首选地铁站和小区。

(二) 免费服务的需求

在对市民的调查中，有5.9%的市民由于办证收费或押金而不使用图书馆。而在对用户的调查中，有58.1%的受访用户认为图书馆办证费用是很合理或者是比较合理，认为不太合理应该降低费用的只有13.4%，认为很不合理应该免费的只有8.8%（见表13-22）。

用户是否接受办证收费是否与用户的收入、职业、年龄有关？我们对用户的收入与用户接受办证收费作了交叉分析、显著性分析，并没发现用户的收入、职业和年龄对是否接受办证收费有显著的影响。

表13-22 办证费用是否合理

		频率	百分比(%)	有效百分比(%)	累积百分比(%)
有效	很合理	125	17.2	18.1	18.1
	比较合理	277	38.1	40.0	58.1
	一般	136	18.7	19.7	77.7
	不太合理,应该降低费用	93	12.8	13.4	91.2
	很不合理,应该免费	61	8.4	8.8	100.0
	合计	692	95.2	100.0	
缺失	系统	35	4.8		
合计		727	100.0		

调查反映出目前市民和用户普遍接受城市图书馆的办证收费。究其原因有：(1) 图书馆收费制度已存在多年，而且在市民用户思想中根深蒂固，市民和用户普遍接受了这个事实；(2) 大多数城市图书馆虽然收费，但收费并不高，相对于城市居民的收入水平来说是低收费；(3) 市民和用户使用图书馆的需求强烈。

然而，调查组认为市民用户普遍接受并不意味着图书馆不需要实行免费。因为：(1) 免费服务更能满足市民和用户对使用图书馆的强烈需要。(2) 公共图书馆是一个政府开办的公益性机构，应该努力实现公民平等利用图书馆的权利。(3) 目前图书馆尤其是城市图书馆存在着相当多的竞争者，市民和用户可以从网络、书店、广播电视等途径以低廉的成本获取需要的资源，图书馆降低收费甚至免费，有可能会巩固用户的忠诚度，吸引更多的低收入用户。

（三）借阅服务的需求

借阅服务是图书馆传统和基本的服务，也是用户最常用的服务之一。用户对图书馆的借阅服务常常有更多的需求。

1. 寻找文献的障碍与服务需求分析

用户到图书馆，大都会去书架上寻找自己需要的书籍。用户对借阅服务的需求，首先反映在如何寻找书籍方面。在调查问卷中，我们对用户寻找文献的困难作了调查，如表 13-23。调查表明，"检索系统显示在馆的图书在书架上找不到"、"书太乱了，不好找"和"不了解图书是怎样排架的"是用户认为找书的三大障碍，选择它们的用户均超过 1/3。

表 13-23 在广州图书馆找书曾遇到的困难

		响应		个案百分比(%)
		N	百分比(%)	
遇到的困难[a]	检索系统不好用,查不到想要的图书	162	14.1	23.5
	检索系统显示在馆的图书在书架上找不到	248	21.5	36.0
	书太乱了,不好找	237	20.6	34.4
	书架标识不清楚,很难找到对应的书架	127	11.0	18.4
	不了解图书是怎样排架的	235	20.4	34.1
	没遇到上述困难,找书很容易	144	12.5	20.9
总计		1153	100.0	167.3

a 值为 1 时制表的二分组。

这三大障碍表明图书馆书籍排架问题既是用户寻书最直接的问题，也是目前城市图书馆借阅服务的软肋。书籍排架问题主要反映在：（1）书籍实物与系统数据不相符；（2）书籍乱架；（3）对排架方式宣传不足，用户不了解排架方式。

这三大障碍共同体现出用户在寻找文献方面的需求：（1）检索系统能

准确显示在馆图书及位置；（2）书籍摆放有序不乱；（3）排架顺序能容易被用户理解。

城市图书馆要解决以上问题，要满足用户的需求，可以从管理和技术方面入手。管理上，加强书架的整序、书籍的盘点，对用户进行宣传和培训使用户理解排架规则等。另外，先进的 RFID 技术为城市图书馆解决此问题提供先进的技术手段。深圳图书馆、陕西省图书馆、广东省立中山图书馆等图书馆纷纷采用 RFID 技术，实现馆藏排架的实时盘点、整序，并向用户提供书籍三维定位导航，能将用户寻找的书籍定位到哪个书架哪一层第几本，并提供到书架的路线图。

城市图书馆的用户群不断扩大，书籍不断丰富，借阅量不断上升，必须从管理和技术的创新才能满足用户方便寻书的需求，提供更好的借阅服务。

2. 借阅规则的人性化需求

用户在图书馆借阅文献必须遵守借阅规则，借阅规则是图书馆和用户之间的服务"合约"。图书馆在制定借阅规则时需要考虑图书馆的实际情况，如馆藏量、用户数、借阅量等；但也不能忽视用户的需求，因为这是图书馆与用户之间共同的承诺。

从用户的角度，他们对城市图书馆的借阅规则有如何的需求。我们在问卷中设计了开放性问题让用户作答。回收的 727 份问卷中，有 356 位用户对此题作答。用户作答的内容主要反映在过期罚款（32%）、借阅册数（23%）、借期延长（20%）、借阅范围（14%）等方面。其中，过期罚款方面用户分歧较大，认为应该提高过期罚款和应该降低过期罚款的用户各约占一半。

以往图书馆的借阅规则多是冷冰冰的规则，要求用户必须遵守。然而用户对借阅规则的意见中，用户提出了对图书馆人性化服务的需求。如在借书即将过期前，图书馆要通过短信、邮件等方式提醒用户；图书馆可以提供网上预约和续借服务；图书馆可以通过网络让用户推荐书籍等；24 小时借还书等。

城市图书馆的变革，用户观念的改变，图书馆的借阅规则也须作出改变。规则不但要提出用户须遵守的内容，还需增加图书馆如何为用户提供贴心的人性化服务。用户在遵守规则的同时也能享受到图书馆人性化的服务。在当今网络技术环境下，图书馆人性化的服务变得更加可行和易操作。

3. 馆藏布局的学科主题聚类化需求

目前，国内很多图书馆都是按照文献类型、载体、语种等分别设立阅览室来进行文献的布局和服务，如设置中文图书室、外文图书室、中文报刊室、电子阅览室等。由表13-24可知，从用户查找和阅读文献的需求来看，用户图书馆更希望按照主题进行资源的组织。有55.6%的受访用户表示希望或者非常希望将"同一学科或主题的中文资源和外文资源保存于同一阅览室"；有48.3%的受访用户表示希望或者非常希望将"同一学科或主题的纸本和多媒体资源放在同一个阅览室"；有47.6%的受访用户希望或者非常希望将"同一学科或主题的图书和报刊书刊放在同一个阅览室"。

在香港的一些图书馆中，中文图书和外文图书是在同一书架混排，中文期刊和外文期刊也是在同一书架混排。但是在我们的调查中，用户不是很支持这样的馆藏布局方式。从调查数据看出，支持将"同一学科或主题的中文期刊和外文期刊在同一书架混排"或支持将"中文图书和外文图书同一书架混排"的受访用户都只有36%左右。

以上结果表明，城市图书馆按照学科和主题进行馆藏的布局将更能满足用户的信息查找和阅读需求，但不必将中文和外文资料混排。

表13-24 用户对于馆藏布局的需求

馆藏布局需求	非常希望	希望	一般	不太希望	不希望
中文和外文资源放在同一阅览室(%)	14.6	41	21.1	13.1	10.2
纸本和多媒体资源放在同一阅览室(%)	12.7	35.6	25	15.7	11
图书和报刊放在同一阅览室(%)	13.8	33.8	22.3	16.8	13.3
中文期刊和外文期刊同一书架混排(%)	10.9	25	21.1	22.6	20.3
中文图书和外文图书同一书架混排(%)	10.3	26.1	17.6	24.6	21.5

（四）参考咨询服务的需求

1. 对参考咨询方式的便利化需求

如表13-25所示，用户在使用资源和服务遇到问题和困难时，最常用的参考咨询方式是当面咨询附近的图书馆员（65.6%）、到服务台咨询（41.0%），但是有高达36.8%的用户会尝试自己解决问题，有9.2%的用户则会放弃使用；此外，也有10.1%的用户会选择到咨询部去咨询，选择电话咨询、实时在线咨询和填写表单咨询的用户分别只有5.0%、4.6%和1.8%。

表13-25 在使用图书馆的时候遇到问题通常会怎么处理

		响应		个案百分比(%)
		N	百分比(%)	
您在使用图书馆的时候遇到问题通常会怎么处理?[a]	当面咨询附近的图书馆员	424	31.3	60.5
	到服务台咨询	292	21.6	41.7
	到咨询部咨询	96	7.1	13.7
	电话咨询图书馆员	65	4.8	9.3
	填写表单咨询	46	3.4	6.6
	实时在线咨询	61	4.5	8.7
	尝试自己解决	262	19.4	37.4
	放弃使用	102	7.5	14.6
	其他方式	5	0.4	0.7
总计		1353	100.0	193.0

[a] 值为1时制表的二分组。

可见，用户倾向于通过就近与图书馆员面对面及时沟通来解决使用过程中的问题，而不是专门到咨询部找参考咨询馆员。所以城市图书馆应该提高全体馆员的素质，让每个馆员都掌握图书馆的基本知识，能回答用户简单的咨询问题，使用户的问题能够及时高效地解决。在此次调查中，选择通过网络进行表单咨询和实时在线咨询的用户不多。这说明网络环境下的今天，用户并没有习惯使用网络来进行咨询。城市图书馆需要对网络咨询进行宣传和推广，引导用户的咨询行为，提高网络咨询的使用量，提升用户对网络咨询的满意度。

2. 免费培训内容需求

为了提高用户对图书馆的认识和提高用户使用图书馆的效率，图书馆对用户开展一系列的免费培训。用户对免费培训的内容有何需求？经过调查，"如何使用图书馆数字资源"是用户最需要的内容，约有七成用户表示需要或非常需要。"如何使用图书馆"、"如何使用图书馆在线目录"等需求均超过六成（见表13-26）。这表明，网络环境下，用户对图书馆的数字资源及网络应用较感兴趣，城市图书馆可以针对性地开展对于数字资源、网络利用图书馆等的免费培训。

表 13-26　免费培训内容需求

免费培训的需求	非常需要	需要	一般	不太需要	不需要
如何使用图书馆(%)	22.5	38.3	25.7	12.9	0.6
如何使用图书馆在线目录(%)	24.3	36.9	26.2	11.8	0.8
如何使用网络(%)	23.8	32	30.2	12.6	1.3
如何使用图书馆的数字资源(%)	28.1	40	22.3	8.9	0.6
如何使用 word、excel、powerpoint 等办公软件(%)	25.3	30.8	29.7	12.3	1.9

3. 对知识共享空间服务整合化的需求

知识共享空间又称信息共享空间。知识共享空间是一种新的高度整合的信息服务模式、服务空间，也是适应人们需求而诞生的一种新的学习模式、学习空间、交流模式、交流空间[①]。知识共享空间最早出现在欧美的大学图书馆，近年来，我国大陆地区的一些高校图书馆也开始了知识共享空间的建设，但是城市图书馆在知识共享空间方面的实践却比较少见。我们设计了用户对知识共享空间功能方面需求的问题来了解用户的需求，为城市图书馆知识共享空间的建设提供参考，结果见表 13-27。

表 13-27　知识共享空间服务整合化的需求

		响应		个案百分比(%)
		N	百分比(%)	
知识共享空间服务整合化的需求[a]	信息咨询台	342	22.8	52.3
	多媒体工作站	296	19.7	45.3
	数字视听区	346	23.1	52.9
	研修室	291	19.4	44.5
	辅导室	187	12.5	28.6
	其他	39	2.6	6.0
总计		1501	100.0	229.5

a 值为 1 时制表的二分组。

53.5%的受访用户希望知识共享空间提供数字视听区，52.3%的受访用户希望提供信息咨询台，45.3%的受访用户希望提供多媒体工作站，44.5%的受访用户希望提供研修室，只有28.6%的受访用户希望提供辅导室。因

---

① 戴维民、孙瑾：《论信息共享空间》，《中国图书馆学报》2007 年第 3 期，第 22—25 页。

此，城市图书馆在进行知识共享空间建设时可以考虑在知识共享空间提供数字视听区、信息咨询台、多媒体工作站、研修室等设施。

六、用户对广州图书馆的信息系统需求

(一) 对移动图书馆系统的全方位需求

所谓移动图书馆系统，是指移动用户通过移动终端设备（如手机、PDA）等，以无线接入方式享受图书馆提供的服务[①]。移动图书馆一般向用户提供图书馆的网站与OPAC、短信提醒服务、短信参考咨询服务、移动图书馆流通服务、移动语音导览和移动馆藏等[②]。

表 13-28 用户对于移动图书馆功能的需求

移动图书馆应用功能需求	有效	缺失	平均需求程度	标准差
图书馆资源检索	642	85	1.71	0.781
图书续借	644	83	1.73	0.786
借阅情况查询	625	102	1.81	0.782
图书预约	636	91	1.83	0.792
数字资源的在线阅读和下载	624	103	1.9	0.894
图书馆视频在线播放和下载	614	113	2.01	0.909
图书馆服务预约	611	116	2.1	0.895
小额支付功能(支付违约金、支付打印复印等费用)	615	112	2.12	0.898
撰写书评	610	117	2.3	0.909

我们将移动图书馆分为比较简单的手机短信服务（用户通过手机接收图书馆推送的信息）和移动应用服务（用户通过移动终端使用图书馆服务）这两种类型来调查公共图书馆用户的需求，结果见表 13-28。

对于通过手机接收的信息类型，70.1%的受访用户希望接收图书到期提醒信息；53.3%的受访用户希望接收预约图书到馆提醒信息；50.8%的受访用户希望接收新书通报信息；39.2%的受访用户希望接收培训和讲座信息；

[①] 黄群庆：《崭露头角的移动图书馆服务》，《图书情报知识》2004 年第 5 期，第 48—49 页。
[②] 陈路明：《国外移动图书馆实践进展》，《情报科学》2009 年第 11 期，第 1645—1648 页。

还有用户提出希望接收图书馆讲座、图书馆动态等方面的信息。总的来说，用户希望通过手机接收到的信息以与图书流通有关的信息为主。

本调查通过一个 5 点的量表来了解用户对公共图书馆移动图书馆应用服务功能方面的需求，"1"为非常需要，"2"为需要，"3"为一般，"4"为不需要，"5"为非常不需要。调查结果显示，用户认为最需要的移动图书馆应用服务功能是图书馆资源检索，平均需求程度为 1.71，86.9% 的受访用户表示需要或者非常需要；85.7% 的受访者表示需要或者非常需要；其次是图书续借，平均需求程度为 1.73；接下来是借阅情况查询，平均需求程度为 1.81，84.2% 的受访用户表示需要或者非常需要；图书预约，平均需求程度为 1.83，82.2% 的受访用户表示需要或者非常需要；数字资源在线阅览和下载，平均需求程度为 1.9，78.5% 的受访用户表示需要或者非常需要。图书馆视频在线播放和下载、图书馆服务预约、小额支付功能和撰写书评等功能的平均需求程度分别为 2.01、2.1、2.12 和 2.3。此外，还有用户提出移动图书馆应提供新书推荐等功能。可见，用户对移动图书馆应用功能方面的需求主要是与资源使用有关的服务，包括纸本资源和数字资源的服务。图书馆在开发或者选择移动图书馆服务时应优先考虑这些方面的功能。

（二）对检索系统易用性的需求

网络环境下的城市图书馆，检索系统是用户利用图书馆寻找资料的重要途径之一。表 13 - 23 中调查数据显示，有 23.5% 的用户认为目前图书馆的检索系统不好用，查不到想要的图书。另外，表 13 - 26 的调查显示，用户最需要的免费培训是"如何使用图书馆在线目录"，表示需要这项培训的用户数超过七成。这两个数据表明，一方面，用户非常希望能了解如何使用检索系统；另一方面，相当一部分用户认为目前的图书馆检索系统并不好用。因此，提高检索系统的易用性成为用户对检索系统的主要需求。检索系统简单易用户可以无师自通，既可减轻图书馆用户培训的压力，也可以提供用户利用图书馆的效率。

七、广州市民阅读行为与公共图书馆使用行为

阅读是人类特有的文明行为和社会现象。可以说，人类文明史就是一部

阅读的历史①。在阅读的过程中，人们所表现出的各种行为，与其自身的思维、知识、能力、伦理等诸多因素有关。公众的阅读行为包括阅读目的、方式与时间等方面，通过阅读，人们可以满足自己对知识的渴求、提升个人素质及增强自身竞争力等目的；目前阅读方式包括纸质与数字阅读，据第九次全国国民阅读调查报道，2011年全国综合阅读率保持上升趋势，数字化阅读率呈快速增长势头，成年国民上网率首次超过半数，达到54.9%②。

2012年党的十八大把"开展全民阅读活动"第一次写进党的政治报告，体现了我党对全民阅读活动的高度重视。城市公共图书馆主要是面向社会、为社会各阶层、各行业的公众服务，辨识所处的社会环境，尤其是调查用户的阅读行为不仅是积极响应党的指导思想，而且是城市公共图书馆开展服务的基础缘由。

2010年3月我们对广州市民的调查结果显示超过三分之一的受访市民没有使用过广州图书馆。为达到跟踪调查，提高公众对城市公共图书馆的使用频度，吸引社会各层面的人员使用图书馆的资源，进一步促进社会阅读和全民终身学习的目的，我们以广州市民为研究对象，采用街头问卷调查法收集数据，分析其阅读行为、对城市公共图书馆的认识及使用行为等特征。

街头问卷调查的时间范围是2013年4月7日至4月17日，街头访问采用定点访问和流动访问两种形式。

（一）样本人口统计学特征

此次街访共发出纸质问卷580份，回收559份，回收率96.38%。其中有效问卷共507份，有效率90.70%。表13-29所示为样本的性别、年龄、文化程度、家庭人均月收入、身份或职业的分布，由于此次街访采用较为严格的随机抽样方法（在8个不同的街访地点，路人每路过10位即选1位发放问卷进行调查），样本覆盖了广州市各个年龄阶层的对象，几乎覆盖社会各个职业身份，基本可以代表广州市民总体，后文将用"市民"代称此次调查所获取的样本。

---

① 王余光：《中国阅读文化史论》，北京，北京图书馆出版社2007年版，第14页。
② 中国文明网：《第九次全国国民阅读调查十大结论》，http://www.wenming.cn/wmzg_qmydhd/zhutihuodong/201204/t20120423_624946.shtml。

表 13-29 样本人口统计

项　　目		频次	百分比(%)	有效百分比(%)
性别	男	230	45.4	45.4
	女	277	54.6	54.6
	合计	507	100	100
年龄	14 岁及以下	8	1.6	1.6
	15—24 岁	154	30.4	30.6
	25—45 岁	239	47.1	47.5
	46—64 岁	64	12.6	12.7
	65 岁以上	38	7.5	7.6
	合计	503	99.2	100
学历	初中及以下	46	9.1	9.6
	中专或者高中	122	24.1	25.4
	大专	140	27.6	29.1
	本科	144	28.4	29.9
	研究生及以上	29	5.7	6
	合计	481	94.9	100
家庭人均月收入	1600 以下	29	5.7	5.9
	1600—3500	178	35.1	36
	3501—6000	161	31.8	32.5
	6001—10000	77	15.2	15.6
	10000 以上	50	9.9	10.1
	合计	495	97.6	100
身份或职业	学生	84	16.6	16.9
	教师	12	2.4	2.4
	专业技术人员	48	9.5	9.7
	公务员	11	2.2	2.2
	企事业员工	120	23.7	24.1
	外来务工人员	42	8.3	8.5
	农民	3	0.6	0.6
	自由职业者	83	16.4	16.7
	离退休人员	61	12	12.3
	其他	33	6.5	6.6
	合计	497	98	100

(二) 用户所处的信息环境

对用户所处信息环境的调查可以为公共图书馆更好地把握整体阅读环境,并在环境中更好定位提供参考。调查内容包括:平均每天上网时长、使用网络搜索引擎的频率、使用图书馆的频率三个方面(见表13-30)。

1. 上网成为市民基本生活内容之一

最近一年里,用户平均每天上网1—7小时的占了将近70%,使用搜索引擎的频率也比较高,不上网的用户群体略小于没用过搜索引擎的群体。比较发现,没去过图书馆的群体(占23.4%)则远大于没用过搜索引擎(占7.7%)或没上网的群体(占5.8%)。与2010年相比,没到过公共图书馆的用户群体略有下降。说明公共图书馆仍然应该加大宣传力度,树立更广泛的图书馆品牌观念,进一步加大市民对公共图书馆的知晓率和使用率,使广州公共文化资源得到市民更多的利用和发挥更大的文化与经济效益。

表13-30 市民所处信息环境

项　　目		频次	百分比(%)	有效百分比(%)
最近一年平均每天上网时间	不上网	29	5.7	5.8
	1小时以下	57	11.2	11.5
	1—3小时	179	35.3	36.1
	3—7小时	163	32.1	32.9
	7小时以上	68	13.4	13.7
	合计	496	97.8	100
最近一年使用搜索引擎的频率	每年1—2次	13	2.6	2.6
	每季度1—2次	13	2.6	2.6
	每月1—3次	44	8.7	8.9
	每周1—3次	99	19.5	20
	每周4次以上	287	56.6	58.1
	没用过	38	7.5	7.7
	合计	494	97.4	100
最近一年去图书馆的频率	每年1—2次	65	12.8	13.3
	每季度1—2次	70	13.8	14.4
	每月1—3次	141	27.8	29
	每周1—3次	76	15	15.6
	每周4次以上	21	4.1	4.3
	没去过	114	22.5	23.4
	合计	487	96.1	100

2. 公共图书馆服务各个阶层的市民，提供均等无差别服务

由调查样本得出，样本涵盖学生、教师、专业技术人员、公务员、企事业员工、外来务工人员、农民、自由职业者、离退休人员及其他等类型，76%的市民每年至少去过1次图书馆，而且不同身份或职业的市民去图书馆的频率如表13-31所示，与样本总体去图书馆的频率分布大致一致。

在众多职业群体中，自由职业者使用图书馆的频率在众多群体中是较低的。值得一提的是，外来务工人员作为城市一大群体，能共同享用广州市政府提供的公共文化资源。可见，城市公共图书馆的服务人群普及面较广，符合联合国教科文组织于1994年颁布的《公共图书馆宣言》指出的"每一个人都有平等享受公共图书馆服务的权利，而不受年龄、种族、性别、宗教信仰、国际、语言或社会地位的限制"这一基本要求。公共图书馆服务所提倡的均等无差异的服务理念落实到位。

表13-31 不同身份或职业者最近一年去图书馆的频率交叉分析

交叉制表		最近一年去图书馆的频率					合计
		每年1—2次	每季度1—2次	每月1—3次	每周1—3次	每周4次以上	没去过	
身份或职业	学生	5	17	18	22	9	9	80
	教师	2	3	6	1	0	0	12
	专业技术人员（医生、律师、科研人员等）	4	9	12	12	0	10	47
	公务员	0	1	6	1	1	2	11
	企事业员工	19	11	30	10	5	38	113
	外来务工人员	7	8	14	2	1	10	42
	农民	1	0	1	0	0	1	3
	自由职业者	18	12	15	10	2	25	82
	离退休人员	3	7	23	15	1	9	58
	其他	4	2	13	3	2	6	30
合计		63	70	138	76	21	110	478

3. 成功激励认知

对成功激励的认知可能会对人的行为产生一定影响,调查结果(见表13-32)显示,被调查者普遍认同接受良好教育对于个人获得成功具有比较重要或非常重要的作用(均值4.45),也普遍认为多阅读对于获得更好的工作/收入具有重要作用(均值4.16)。

表13-32 成功激励认知

项目		频次	百分比(%)	有效百分比(%)
接受良好教育对于个人获得成功(均值:4.45)	非常不重要	3	0.6	0.6
	比较不重要	4	0.8	0.8
	一般	40	7.9	8
	比较重要	168	33.1	33.7
	非常重要	284	56	56.9
	合计	499	98.4	100
多读书对于获取更好的工作/收入(均值:4.16)	非常不重要	3	0.6	0.6
	比较不重要	10	2	2
	一般	82	16.2	16.5
	比较重要	213	42	42.9
	非常重要	189	37.3	38
	合计	497	98	100

(三) 市民阅读行为

对市民阅读行为的调查项目包括:阅读时长、阅读数量、阅读频率、阅读渠道、阅读载体、阅读内容、阅读目的等方面。

1. 阅读时长

阅读时长是阅读行为的一个重要指标,调查结果显示,市民每周阅读时长多于14小时样本有55个,占11.1%;7—14小时的样本有93个,占18.8%;2—6小时的185个,占37.3%;有读但少于2小时的143个,占28.8%;没读过的样本20个,占4%。市民每周阅读2小时以上的样本333个,占67.2%,说明大部分市民每周都有一定的阅读行为。

2. 阅读数量和频率

最近一年里,市民阅读纸质图书的均值为21.6本,阅读电子版图书的均值为18.9本,阅读纸质杂志的均值为20.1本,阅读电子版杂志的均值为

8.7本。

由表13-33可知目前市民阅读介质仍然以传统的纸质阅读为主，是八成多将近九成市民偏爱的阅读方式，但是值得注意的是，从对书、杂志的数字化阅读方式的情况分析来看，电子版图书的阅读率为76.71%，电子版杂志的阅读率为61.09%，数字化阅读方式俨然已成为人们的主要阅读方式之一。近五成人的纸质图书杂志和电子版图书杂志的阅读量是在1—10本，低于韩国、日本、法国、美国等国家的市民平均阅读量。

表13-33 市民阅读数量与阅读频率统计

项目		纸质图书		电子版图书		纸质杂志		电子版杂志	
		频次	百分比(%)	频次	百分比(%)	频次	百分比(%)	频次	百分比(%)
阅读数量	0	10	3.13	68	23.29	31	16.15	107	38.91
	1—10本	186	58.31	140	47.95	43	22.40	118	42.91
	11—20本	47	14.73	45	15.75	57	29.69	28	10.18
	21—30本	27	8.46	13	4.45	18	9.38	8	2.91
	31—40本	10	3.13	1	0.34	8	4.17	1	0.36
	41—50本	25	7.84	13	4.45	18	9.38	12	4.36
	50本以上	14	4.36	12	3.77	17	5.80	1	0.36
阅读频率	每天	8	15.38	9	17.65	6	12.24	8	17.39
	每周1—4次	15	28.85	12	23.53	10	20.41	8	17.39
	每月1—3次	14	26.92	9	17.65	12	24.49	6	13.04
	每季度1—3次	6	11.54	2	3.92	10	20.41	9	19.57
	每年1—2次	6	11.54	7	13.73	6	12.24	3	6.52
	没看过	3	5.77	13	25.49	5	10.20	12	26.09

3. 阅读时间和阅读渠道

（1）阅读时间的选择。如图13-1所示，在阅读时间的选择上，48%的市民会在业余休息、乘坐交通工具等闲散的时间进行阅读，46%的市民随时可能进行阅读，有二成左右的人会在需要及时查阅资料时通过阅读来获得所需内容，然而专门抽时间阅读的人还不到一成，这其中有市民对阅读重视性不够的因素，认为有时间会阅读，如果没有时间也可以暂时不读书，它不是一项必需的任务；同时也有现代社会生活节奏加快，分工细化，人们劳动强度和劳动时间上负荷重的因素，人们读书阅读的时间被日常事务所占用。但结合阅读纸质版与电子版书刊的调查结果，电子版书刊为人们随时随地阅读提供了技术可行性，更多的人利用手持阅读器或阅读工具，在繁忙的生活进程中挤出零星的时间阅读，也侧面反映出人们对阅读的隐性需求，即在潜意识中，还是更愿意用信息的获取来填充时间空隙，而不使"韶光流逝"，这也为图书馆提供移动阅读服务提供了广阔的需求空间和生长机会，为进一步研究探讨移动阅读的推广和资源组织的命题提出了要求。

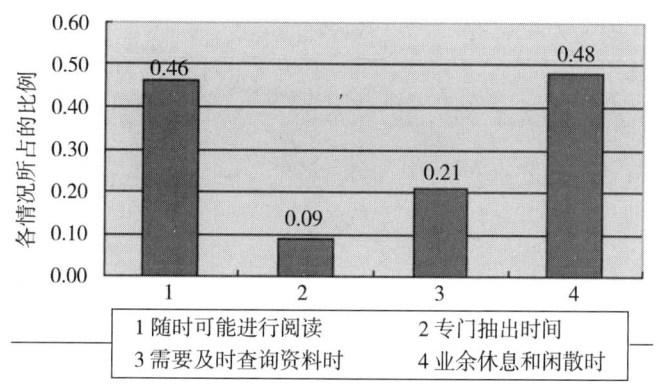

图 13-1 市民阅读时间的选择

（2）阅读渠道的选择。数字化阅读是市民主要阅读方式，图书馆成为市民阅读的主要渠道之一。

市民选择最多的三种阅读渠道是手机阅读、购买纸质图书、电脑在线/下载阅读，分别为 48.13%、45.76%、36.09%，其次是图书馆借阅、电子书阅读器阅读、直接在图书馆阅读，如果把图书馆借阅和直接在图书馆阅读合并为一项通过图书馆这一渠道进行阅读，那么图书馆是市民选择最主要的渠道。到书店租书所占比例极小，租书市场依然存在，但是在选择越来越多、公共图书馆服务越来越普及的环境下，人们选择这种渠道的可能性在减小。

如图 13-2 所示，手机阅读和电脑在线/下载阅读这两种渠道所占比例较高，可以看出市民阅读渠道的数字化现状与趋势，这符合最小努力原则，即人们获取阅读材料时通常会选择最容易获取、花费成本最小的渠道。尽管如此,购买纸质图书这一传统的阅读渠道仍然具有相当大的比重。无论是购买纸质图书、到图书馆借阅还是直接在图书馆阅读,从中都可以看出纸本资源在人们的阅读习惯和阅读感受中,仍然占有重要的一席之地,而且相当一部分人还是更为倾向于纸本阅读,说明传统的阅读方式是有其优势和特点而得以传承存在的,且不会消亡。

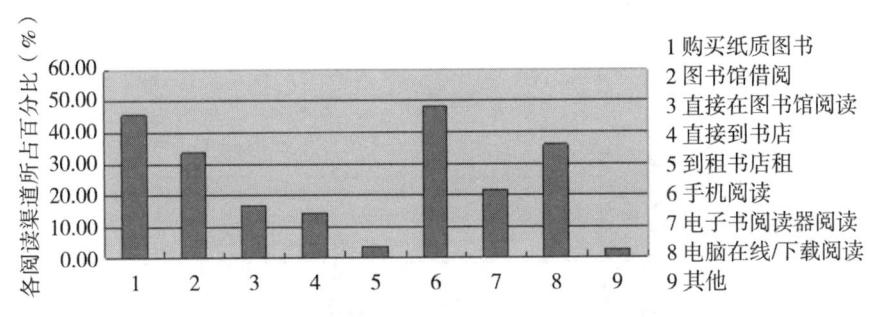

图 13-2　市民的阅读渠道

4. 阅读内容

由表 13-34 可知,市民最喜爱的阅读内容前三项是新闻资讯、时尚娱乐、休闲小说。62.72% 的人最喜爱阅读内容为新闻资讯,说明大多数市民会倾向关注最新信息,了解社会动态。20% 以上的人选择时尚娱乐、休闲小说、生活健康、专业资料,这四种可视为市民阅读的第二主流内容。选择名著传记、经济管理、历史军事、职场励志、学术科研、工具书为阅读内容的市民均超过 10%,这是阅读内容的第三分类。从中可以看出,除了娱乐休闲时事政治等浅阅读外,专业资料、名著传记等的读者仍然占据一定的比重,阅读情况并没有那么悲观。

表 13-34　市民阅读的内容

阅读内容	频次	百分比(%)
新闻资讯	318	62.72
名著传记	90	17.75
经济管理	81	15.98

续表

阅读内容	频次	百分比(%)
历史军事	94	18.54
职场励志	74	14.60
学术科研	64	12.62
时尚娱乐	140	27.61
专业资料	103	20.32
英语学习	43	8.48
生活健康	125	24.65
休闲小说	135	26.63
工具书	52	10.26
诗歌、散文杂记等	39	7.69
社科教育(哲学、心理学)	38	7.50
漫画	23	4.54
其他	12	2.37

市民选择阅读内容范围比较广泛，从阅读资源类型所占比例的排序也能看出，人们更容易和愿意浏览阅读一些短小、快捷，内容简洁明了的信息，这也同时印证了现代人喜欢文化快餐的风格和特征，但是当接受了众多的社会资讯和信息后，总有一部分读者会对现象进行深层次的思考和发掘，探求其中的原因和现象背后的原理和问题所在，因而链式反映出对管理、经济、历史题材内容的阅读，而对于诗歌、散文、哲学、心理学等在内容上逻辑性强，文字篇幅较长且需要反复研读的阅读材料，阅读比例是排在最后的，这也倒映出阅读和写作的金字塔原理，即作品产生的组织原理，是按照读者的阅读习惯改善写作效果。作品中主要思想总是从次要思想中概括出来的，文章中所有思想的理想组织结构也就必定是一个金字塔结构——由一个总的思想统领多组思想。图书馆从上述调查结果中得到许多吸引用户、读者的启示，在资源建设中充分考虑图书的受众面以及不同内容题材的数量结构。

5. 阅读目的

图书馆需要根据市民的不同阅读目的来为其提供相应的阅读资源，以更好地满足用户需求。如表13-35，市民的主要阅读目的最高的三项分别是放松、休闲、娱乐（占77.91%），增加知识开阔眼界（占28.01%）和为研究的项目/论文或工作需要而阅读（占25.84%）。

现代社会竞争激烈，市民需要休闲、娱乐和放松性的阅读活动，大部分人的主要阅读目的是放松休闲娱乐，图书馆可以据此提供休闲娱乐的服务内容和营造舒适的环境满足用户需求，吸引更多的用户使用公共图书馆提供的相关资源。

表 13-35 阅读目的

主要阅读目的	频次	百分比（%）
为研究的项目/论文，或工作需要而阅读	131	25.84
学习英语、计算机等基本技能	68	13.41
完成作业等专业学习需求	112	22.09
放松、休闲、娱乐	395	77.91
掌握使用技能	85	16.77
增加知识开阔眼界	142	28.01
及时了解生活中的具体问题	55	10.85
无聊打发时间	57	11.24
提升个人能力	125	24.65
陪小孩，或辅导小孩	27	5.33
职业发展准备	31	6.11
其他	2	0.39

从市民阅读目的的群体分布分析统计结果（见表 13-36）可以发现，无论月收入多少，市民在阅读目的的分布上都不存在差异。为研究项目/论文或工作需要而阅读的男性占比大于女性，而以放松娱乐休闲与增加知识开阔眼界为阅读目的的性别分布均为女性占比大于男性。0—24 岁的群体中，为研究项目/论文或工作需要而阅读的人数超过了为增加知识开阔眼界而阅读的人数。此次调查研究生及以上学历的样本共 29 个，为研究或工作需要而阅读的人数是 16，非常接近于为放松娱乐休闲而阅读的人数（17），占比将近该人群的一半。专业技术人员（样本总数48）选择以放松娱乐休闲为阅读目的的人数共28，选择为研究或工作需要而阅读的人数共20，两者占比也较为接近，这个群体的阅读目的也是值得关注的。

表 13－36　市民阅读目的群体分布

项　目		放松、娱乐、休闲		增加知识、开阔眼界		研究的项目/论文，或工作需要	
		频次	百分比(%)	频次	百分比(%)	频次	百分比(%)
性别	男	177	44.81	69	48.59	68	51.91
	女	218	55.19	73	51.41	63	48.09
	合计	395	100.00	142	100.00	131	100.00
年龄	14岁及以下	5	1.28	1	0.71	4	3.05
	15—24岁	121	30.87	43	30.50	55	41.98
	25—45岁	182	46.43	72	51.06	57	43.51
	46—64岁	52	13.27	15	10.64	10	7.63
	65岁以上	32	8.16	10	7.09	5	3.82
	合计	392	100.00	141	100.00	131	100.00
学历	初中及以下	36	9.57	4	2.92	5	4.00
	中专或者高中	94	25.00	27	19.71	22	17.60
	大专	120	31.91	44	32.12	35	28.00
	本科	109	28.99	54	39.42	47	37.60
	研究生及以上	17	4.52	8	5.84	16	12.80
	合计	376	100.00	137	100.00	125	100.00
家庭人均月收入	1600以下	23	5.96	5	3.60	10	7.69
	1600—3500	145	37.56	41	29.50	35	26.92
	3501—6000	121	31.35	52	37.41	53	40.77
	6001—10000	60	15.54	30	21.58	17	13.08
	10000以上	37	9.59	11	7.91	15	11.54
	合计	386	100.00	139	100.00	130	100.00
身份或职业	学生	62	15.98	22	15.71	36	27.48
	教师	12	3.09	2	1.43	3	2.29
	专业技术人员(医生、律师、科研人员等)	28	7.22	10	7.14	20	15.27
	公务员	10	2.58	4	2.86	2	1.53
	企事业员工	92	23.71	47	33.57	34	25.95
	外来务工人员	35	9.02	12	8.57	10	7.63
	农民	2	0.52	0	0.00	0	0.00
	自由职业者	66	17.01	19	13.57	16	12.21
	离退休人员	53	13.66	17	12.14	6	4.58
	其他	28	7.22	7	5.00	4	3.05
	合计	388	100.00	140	100.00	131	100.00

6. 影响选择阅读方式的因素

影响市民选择传统阅读方式还是数字阅读方式的原因有很多，并且同时发挥作用的影响因素也有多个。如图 13-3 所示，经济因素是其中最主要的决定性因素。公共图书馆为了吸引更多市民阅读，除了客观的无法控制的时间因素外，还需在提供丰富多样的信息资源的内容，营造浓郁、安静与温馨的阅读环境和氛围，尽力减少市民的阅读经济成本等方面做出努力。

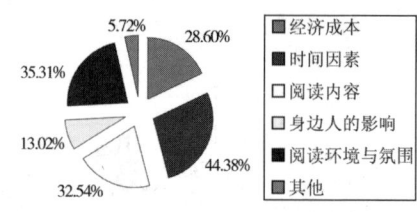

图 13-3　影响市民选择阅读方式的因素

7. 市民阅读时间精力减少的原因

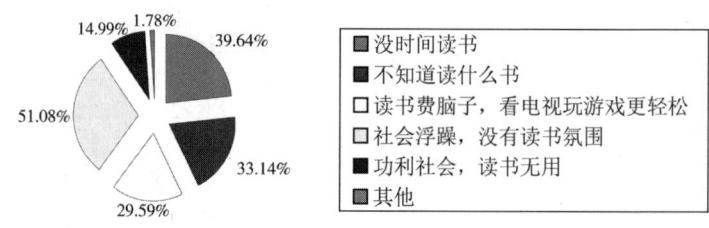

图 13-4　阅读时间精力减少的原因调查

如图 13-4 所示，市民阅读时间、精力减少的可能原因中超过五成的人认为社会浮躁、没有读书氛围是最主要的原因，据此图书馆可以多举办些阅读推广活动，提高市民的读书兴趣，发挥提高公民文化素质公益机构作用，改善读书氛围。有近四成的人认为自己比较没时间，从而在阅读上投入的时间精力减少。有 33.1% 的人不知道读什么书，图书馆可以针对此类人群的具体需求，做一些图书推荐活动，通过网站或微博发布图书推荐、图书简介供读者选择其感兴趣的内容阅读。

表 13-37 市民阅读时间精力减少的原因调查

项目		社会浮躁，没有读书氛围		没时间阅读		不知道读什么书	
		频次	百分比(%)	频次	百分比(%)	频次	百分比(%)
性别	男	119	45.95	74	36.63	70	45.45
	女	140	54.05	128	63.37	84	54.55
	合计	259	100.00	202	100.00	154	100.00
年龄	14岁及以下	2	0.78	1	0.50	8	5.06
	15—24岁	90	35.02	76	37.81	46	29.11
	25—45岁	134	52.14	100	49.75	79	50.00
	46—64岁	23	8.95	16	7.96	17	10.76
	65岁以上	8	3.11	8	3.98	8	5.06
	合计	257	100.00	201	100.00	158	100.00
学历	初中及以下	9	3.60	14	7.29	8	5.44
	中专或者高中	46	18.40	46	23.96	33	22.45
	大专	76	30.40	51	26.56	48	32.65
	本科	103	41.20	64	33.33	47	31.97
	研究生及以上	16	6.40	17	8.85	11	7.48
	合计	250	100.00	192	100.00	147	100.00
家庭人均月收入	1600以下	15	5.93	14	7.04	7	4.61
	1600—3500	86	33.99	72	36.18	51	33.55
	3501—6000	79	31.23	62	31.16	53	34.87
	6001—10000	46	18.18	31	15.58	28	18.42
	10000以上	27	10.67	20	10.05	13	8.55
	合计	253	100.00	199	100.00	152	100.00
身份或职业	学生	48	18.75	40	20.20	32	20.92
	教师	7	2.73	5	2.53	5	3.27
	专业技术人员(医生、律师、科研人员等)	32	12.50	20	10.10	14	9.15
	公务员	5	1.95	5	2.53	4	2.61
	企事业员工	71	27.73	50	25.25	34	22.22
	外来务工人员	20	7.81	17	8.59	8	5.23
	农民	1	0.39	2	1.01	1	0.65
	自由职业者	41	16.02	30	15.15	29	18.95
	离退休人员	16	6.25	16	8.08	15	9.80
	其他	15	5.86	13	6.57	11	7.19
	合计	256	100.00	198	100.00	153	100.00

如表13-37所示，本研究对市民阅读时间精力减少的最主要三种原因进行人群细分。三种原因中，"社会浮躁，没有读书氛围"是大部分群体认同的最主要原因。比较特别的是，女性认为"不知道读什么书"的比例超过男性；14岁及以下的样本共8个，全部选择了"不知道读什么书"，公共图书馆应该为14岁及以下群体多提供阅读指导服务；对初中及以下学历、研究生及以上学历、农民这三个群体来说，"没时间阅读"是最主要的原因。

8. 阅读载体倾向

如图13-5所示，在询问市民"以后将更多选择何种载体进行阅读"时，超过一半的样本选择了"两者兼备"（222个，占52.7%），其次为"传统阅读为主"（131个，占31.1%），最后为"数字阅读为主"（68个，占16.2%）。可见，在网络化、数字化环境下，传统载体的图书杂志受众仍然占较大比重，传统阅读与数字阅读并不冲突，用户更倾向于同时采用两者。这从市民对数字阅读与传统阅读能否满足阅读需求的回答中可以得到印证。公共图书馆在发展数字化与纸质版资源的考虑时，可以根据两种信息资源在市民中应用的重要性，兼并发展两种信息资源。

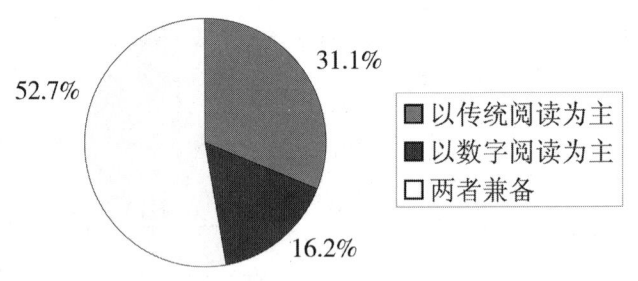

图13-5 市民选择阅读载体的倾向

（四）市民对图书馆的认识与利用

1. 市民心中的公共图书馆

如表13-38所示，市民普遍认为，图书馆是阅读的地方，其收藏与借阅信息资源和终身教育的地位也是被市民所认可的，公共图书馆未来的发展重点应该是推广阅读活动，提供丰富多样信息资源和为市民的终身教育服务。与前述市民使用图书馆的目的、市民阅读渠道选择结果对照可知，公共图书馆是市民的主要阅读渠道之一,市民使用图书馆主要是为了借还图书和文献资料,看重的是图书馆收藏的资源,及其免费借阅服务。

偏向不认可的观点是"图书馆是与人交流的地方",这个结果反映出市民对公共图书馆作为人际交流场所的重要功能的不了解。近年来随着公共文化服务的推进,公共图书馆的功能在不断拓展,公共图书馆服务的内涵与外延均发生了重要变化,有必要让用户更多了解公共图书馆的功能,挖掘和提高公共图书馆的价值。

表13-38 市民心中的公共图书馆

项目	极小值	极大值	均值	标准差
阅读的地方	1	5	4.44	0.961
收藏图书、报纸、杂志、音像资料等信息资源的地方	1	5	4.39	1.002
免费借阅所需图书、音像资料等信息资源的地方	1	5	4.29	1.075
学习、自主进行终身教育的地方	1	5	4.14	1.166
不受时空限制,可以让人随时随地获取所需信息和服务的公益机构	1	5	3.73	1.403
休闲的地方	1	5	3.20	1.468
免费上网或使用电脑的地方	1	5	3.02	1.432
与人交流的地方	1	5	2.74	1.463

2. 市民使用公共图书馆的意愿

"如果得到馆员帮助,让我较快获得所需图书或资料,我会更乐意使用图书馆"的均值为4.14,可见,用户非常认同馆员有效帮助其获得所需信息的重要作用,并会由此而加强其使用图书馆的意愿。得到馆员帮助会乐意使用图书馆的市民的倾向统计见图13-6。

"未来一年我会增加来图书馆的次数"的均值为

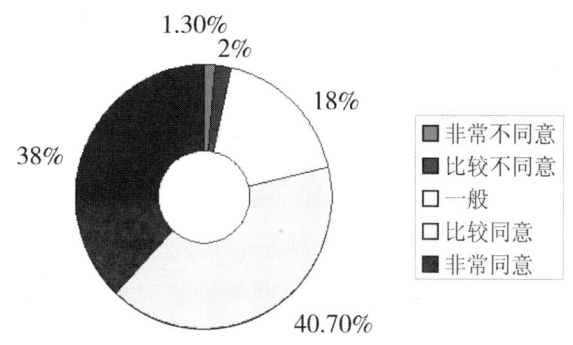

图13-6 得到馆员帮助会乐意使用图书馆的倾向

3.67,程度不算太高,将近37%的市民对此持中立态度,赞同的群体约占47%。市民未来使用图书馆的倾向的统计见图13-7。

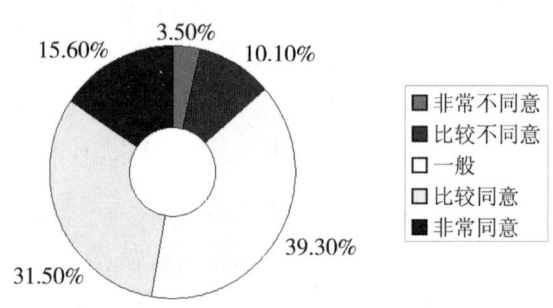

图13-7 市民未来使用图书馆的倾向

3. 市民使用公共图书馆的目的

如表13-39所示,市民使用公共图书馆最主要的三种目的是借阅/归还图书和文献资料(均值4.29)、休闲性阅读(均值3.79)、使用图书馆的数据库(均值3.07)。可见,市民最为看重的是公共图书馆可以提供的资源以及阅读功能。

表13-39 市民使用公共图书馆的目的

	极小值	极大值	均值	标准差
借阅/归还图书、文献资料	1	5	4.29	1.038
休闲性阅读	1	5	3.79	1.329
使用图书馆的数据库	1	5	3.07	1.495
听讲座、参观展览、参加阅读推广活动	1	5	3.02	1.461
借/还音像资料	1	5	2.95	1.479
使用免费上网	1	5	2.94	1.529
参加图书馆针对少年儿童举办的活动	1	5	2.88	1.538
使用电脑	1	5	2.74	1.524
参加会议、培训、社交活动	1	5	2.58	1.387

如表13-40所示,图书馆使用目的因子分析共析出3个因子,第一个因子命名为"使用网络资源",第二个因子命名为"参加特定活动",第三个因子命名为"借还书及休闲阅读"。这三种成分可以解释市民使用公共图

书馆的三大目的。

表 13-40 市民使用公共图书馆的目的分析

因子(命名)	问项	成分 1	成分 2	成分 3
使用网络资源	使用免费上网	0.874	0.202	0.031
	使用电脑	0.831	0.313	0.016
	使用图书馆的数据库	0.733	0.159	0.240
参加特定活动	参加图书馆针对少年儿童举办的活动	0.122	0.822	-0.034
	听讲座、参观展览、参加阅读推广活动	0.208	0.787	0.239
	参加会议、培训、社交活动	0.394	0.719	0.041
借还书及休闲阅读	借阅/归还图书、文献资料	-0.067	0.163	0.811
	休闲性阅读	0.279	-0.032	0.721
解释的总方差(提取方法:主成分分析)		69.838%		

4. 市民使用广州图书馆网站的频率

如表 13-41 所示，超过 64% 的用户没使用过广州图书馆的网站，这个数字高于 2010 年的调查，最近一年使用广州图书馆网站的频率很低，这说明公共图书馆网站还没有成为用户获取信息的门户性通道，同时也侧面地反映出公共图书馆电子资源利用的使用范围还有待提高。这其中有图书馆网页上所整合的资源的服务，也可能有网页信息组织揭示的问题存在，探究具体原因和改进办法还需要对图书馆网页的可用性进行进一步的调查和研究，找出问题的瓶颈和原因所在。

表 13-41 最近一年使用广州图书馆网站的频率

项目		频次	百分比(%)	有效百分比(%)
最近一年使用广州图书馆网站的频率	每年 1—2 次	33	6.5	7
	每季度 1—2 次	40	7.9	8.5
	每月 1—3 次	49	9.7	10.4
	每周 1—3 次	34	6.7	7.2
	每周 4 次以上	10	2	2.1
	没用过	305	60.2	64.8
	合计	471	92.9	100

5. 市民参与图书馆阅读推广活动的概况及认知

(1) 市民参与图书馆举办阅读推广活动的情况

如图13-8所示,对图书馆举办的阅读推广活动,市民参与度不到26%,有近74%的市民从未参与过图书馆举办的各种阅读推广活动。六种活动市民的参与度都低于10%,其中第一个活动"悦读生活"摄影比赛读者参与度不到3%,说明图书馆在图书推广活动宣传和活动内容上要做较大的改进,不仅在活动内容上进行创新,更要在宣传方式与范围上做进一步的扩大,让更多的读者参与进来,才能够真正地发挥应有的作用。

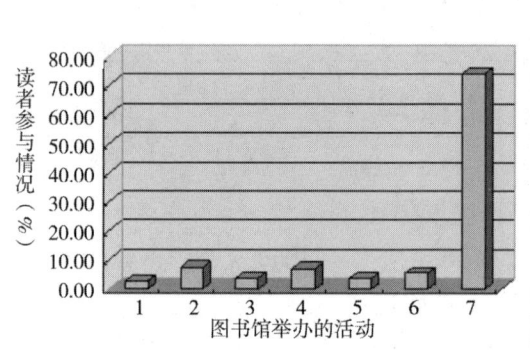

图13-8　市民参与图书馆阅读推广活动概况

(2) 市民对参与图书馆活动的认知

如图13-9所示,参加图书馆活动可以增加阅读兴趣的均值为3.64,参加图书馆活动可增加使用图书馆的频率的均值为3.61,说明用户普遍认同以上两点。

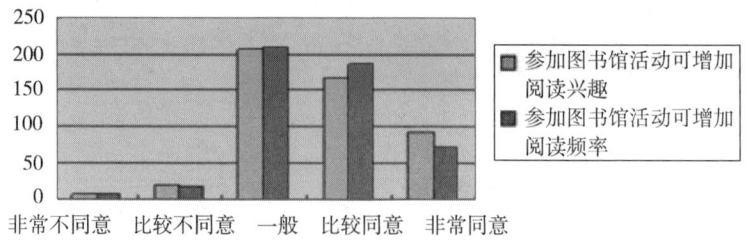

图13-9　市民参与图书馆推广活动情况

6. 市民没使用过广州图书馆的原因

由图 13-10 可知，将近七成的人没去过广州图书馆的原因是没时间和距离图书馆太远。45.14% 人认为找书、借还书等过程麻烦是其不去图书馆的原因之一，这就要通过图书馆自身提高服务质量来消除这一原因导致读者不去图书馆现象。44.44% 的人不去图书馆的原因是可以通过其他方式来满足阅读需求，这也是图书馆目前面临的一个严峻的形势和巨大的挑战。图书馆是因社会的需要而存在的，社会价值是其存在的立命之本，失去了社会需求或被其他的形式和实体所取代，那图书馆就成了无源之水无本之木，而另一方面，社会的发展对人员层次、素质的要求日益增高，终身阅读的理念随着时代文化的发展正日益深入人心，图书馆作为提供读者文化需求、营造文化氛围的重要阵地是有其存在的重要意义和价值的，如何通过提供些特色、贴近人们阅读的服务，来增加对读者的吸引力、来加强用户的依赖度是图书馆一直孜孜探索的问题，图书馆要在人们利用网络、数字化设备可以足不出户的时代，依然与用户紧密地联系在一起，就需要图书馆在资源组织建设、技术层面，在服务的主动性方面多下功夫多做文章，让读者无论何种形式的阅读都离不开图书馆，是图书馆资源组织、服务设计以及技术建设高度综合发展的最高境界。

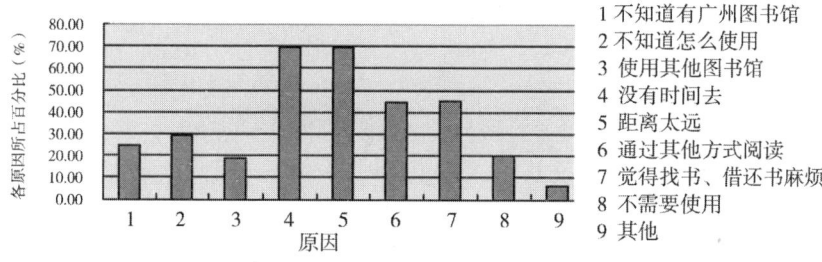

图 13-10　市民没有使用过广州图书馆的原因

八、构建敏捷的城市公共图书馆

以上的调查分析，我们了解到目前城市图书馆的用户——市民和用户对城市图书馆的认知以及在资源、服务和系统方面的需求。然而，在当今瞬息万变的社会环境和网络环境下，市民和用户对图书馆的需求也随之而日新月异。在几年前，电子书才刚面世，市民用户对其还不了解，谈不上需求；但是近年来用户对电子书阅读器借还服务的需求超过图书馆的预计。2009年国家图书馆推出电子书阅读器借还服务时，电子书阅读器一机难求；广州图书馆2010年也推出电子书阅读器借还服务，同样是供不应求。

我们认为，对城市公共图书馆的需求研究不能停留于现有数据的调查分析。我们需要进一步考虑：如何满足市民和用户对城市图书馆的动态需求？我们提出，构建敏捷的城市公共图书馆。

借鉴制造业领域中的敏捷制造概念，敏捷图书馆是指图书馆能够灵敏感知和响应用户的需求，为用户提供便捷、高效的图书馆资源、服务和应用系统。灵敏感知用户的需求和便捷高效的响应是敏捷图书馆的两个特点。而就网络环境下的城市公共图书馆而言，敏捷的城市图书馆应该是灵敏的图书馆、睿智的图书馆、贴心的图书馆和互动的图书馆。

（一）灵敏的图书馆

敏捷的城市图书馆首先要灵敏感知用户的需求，能识别用户细微的需求。灵敏的城市图书馆一方面要提高市民用户的图书馆意识，让他们知道图书馆、利用图书馆进而能充分表达对图书馆的需求；另一方面，城市图书馆需要建立以用户为中心的理念，及时了解用户需求，分析挖掘用户需求，深入洞察用户潜在需求。

1. 加强宣传，改善服务，提升市民的图书馆意识

图书馆意识是人们对图书馆属性和效能的认识，以及对其需求和依存程度的感受。图书馆意识作为社会公众对图书馆的整体认识，反映了社会对图书馆的重视程度，亦是衡量社会公众对图书馆利用能力的尺度[①]。调查中看出，市民图书馆意识的缺乏是造成市民较少使用市图书馆和不使用市图书馆的重要原因。图书馆一方面要利用报纸、电视等传统媒体加强自我宣传，也可以利用网站、博客、社会性网络等新媒体在图书馆内外做好宣传工作，让市民了解公共图书馆的职能，来使用公共图书馆。另一方面，公共图书馆也

---

① 王志军：《呼唤"图书馆意识"》，《山东图书馆季刊》1998年第4期，第69—70页。

需要通过服务来进行宣传,将宣传和服务有机地结合起来,通过市民切身体会来提高他们的图书馆意识。

2. 深入洞察用户需求

图书馆除了通过宣传、咨询服务、意见反馈、用户调查等常规方式来了解用户的需求外,在网络环境下,还可以利用先进的技术手段来洞察用户需求。利用流通借阅日志、用户到馆日志、电子阅览室网络访问日志、数据库访问记录等日志记录进行深入的数据分析,能进一步挖掘潜在的用户需求。利用 RFID 技术,能收集到更多的有用流通阅览数据,如书籍阅览数据、阅览室访问数据、用户阅览数据等,有利于进一步深入挖掘用户需求。

(二) 睿智的图书馆

所谓睿智的图书馆是指城市图书馆的馆藏资源发展需要以用户需求为中心,不仅有丰富的多元化的资源能给用户智慧,而且馆藏发展有长远的规划,富有远见。

1. 丰富的多元化资源

从上述调查看出,市民和用户对城市图书馆资源的内容需求广泛,教育培训、投资理财、交通、运动保健、医疗等都是用户需求的内容;而且用户需求的资源偏向理性实用,各种考试用书、政府信息、地方文献等都有较多需求;数字资源、多媒体资源、外文资源等更是近年来市民不断增加的资源需求。因此,城市图书馆的资源发展应该面向用户需求向多元化方向发展。

2. 长远的馆藏规划

城市图书馆的馆藏资源规划应该要有长远的眼光,根据市民的需求和城市的发展,合理制定 5—10 年甚至更远期的馆藏发展规划,有目标、有步骤、有重点、有特色地建设城市图书馆的馆藏资源。

(三) 贴心的图书馆

上述调查中发现,距离和时间是市民不使用或较少使用城市图书馆的主要原因;而且用户希望图书馆在排架方式、借阅规则、免费服务等方面更加人性化。贴心的图书馆就是解决上述服务的问题,拉近城市图书馆与市民的距离,提供快捷高效而且人性化的图书馆服务,使市民感觉到贴心。

1. 方便快捷的城市图书馆服务网络

到达方便和使用方便是用户对公共图书馆网点布局的普遍要求。从市民对该市图书馆的期望来看,有相当一部分市民希望市图书馆能够多建分馆,这样市民就能就近享受到公共图书馆的资源和服务。如"图书馆太少,希望多建几个"、"不管图书馆开得多小,最重要是要多"、"多建一些图书馆,最好在小区里面"、"多开几家分馆方便市民阅读"、"多开几间连锁"。《公共图书馆建设用地指标》和《公共图书馆建设标准》确立了以"服务人口"为基本依据的公共图书馆建设指标体系,体现了"以人为本"、"普遍均等"的公共文化服务原则[①]。这两项标准提出重点建设与大型馆共享服务、到达方便的中小型图书馆的建设方针也是非常符合我国的国情和市民的期待,所以在今后的公共图书馆建设中,应当贯彻和落实这两项标准,使民众能够更加快捷方便地享受图书馆的服务。

2. 人性化的图书馆服务

网络环境下的城市图书馆不但有更多的发展机遇,也面临着各种挑战。其中一个显著的变化是用户的选择更多,用户的要求更多更高。人性化的服务、直观的主题排架方式、便利的参考咨询服务、免费多样的培训、创新的信息共享空间以及免费的服务,都是市民对网络环境下的城市图书馆更高的服务需求。公共图书馆要想吸引用户、留住用户,最大限度地发挥自己的社会功能,就必须优化自己的服务、创新自己的服务,为用户提供更便捷、更多样、更细致、更体贴的服务。

(四) 互动的图书馆

当今 web 2.0 的网络环境强调的是用户之间的沟通、互动和分享。城市图书馆的发展不应置身于 web 2.0 的潮流之外,更应该顺应此网络潮流积极利用 web 2.0 的新技术,与用户沟通、互动和分享,让用户便捷了解图书馆,让图书馆灵敏感知用户需求。

博客、微博、移动图书馆、RSS 推送、SNS 社区等都可以是城市图书馆与市民用户互动分享的有效手段。杭州图书馆在 2010 年开通了博客和微博,在网上与用户市民沟通互动,收效显著,其微博听众(粉丝)已超过 20 万人[②]。另外,web 2.0 还可以通过开放 API 接口,在图书馆的 OPAC 或网站

[①] 冯守仁:《公共图书馆"用地"与"建设"主要指标解析》,《中国图书馆学报》2009 年第 1 期,第 11—17 页。

[②] 杭州图书馆:《杭州图书馆的微博》,http://t.qq.com/hzlibrary。

上分享其他流行网站的相关信息。如广州图书馆的 OPAC 系统利用豆瓣、当当、Google 等的开放 API 接口，在检索结果中提供到与结果相关的流行网站信息，如图书封面、目录、作者介绍、书评等，受到用户的一致好评。

在广州图书馆用户需求个案研究中，用户（市民和用户）对广州图书馆有了一定程度的认知，在资源、服务以及信息系统方面有着多方面的需求。但用户对图书馆的认知仍有偏差、用户的需求存在着模糊和动态性。从广州图书馆的个案调查分析中，也折射出目前我国城市公共图书馆的用户认知和需求相似现状。以用户为中心的敏捷的图书馆是城市公共图书馆的一个发展方向；灵敏、睿智、贴心和互动是敏捷图书馆的内涵，也是城市公共图书馆发展的趋势。

第十四章
广州市南沙区图书馆用户需求个案研究

广州市南沙区图书馆（以下简称南沙区图书馆）是一所综合性的基层公共图书馆，建筑面积6200平方米，有阅览座位510个，其中少儿阅览座位100个。目前，馆藏近20万册，各类报刊近700种，设有成人图书馆借阅部、少儿图书借阅部、报刊阅览室、电子阅览室、自学室、培训室等功能场室。2012年起南沙区图书馆在企业、社区设立了多个馆外固定流通服务点，并启用了南沙区24小时自助图书馆，为用户提供了更方便快捷的服务。

南沙区图书馆的纸本资源和数字资源都不够丰富，目前也还没有建立完善的服务网络，是基层公共图书馆的典型代表之一。因此，我们选择了南沙区图书馆作为研究个案，对其作深入的用户需求研究，以期更深入透彻地了解当前基层公共图书馆用户的需求。

一、南沙区图书馆用户需求调查设计

（一）调查概况

为了解南沙区图书馆用户的需求，我们对南沙区图书馆的馆内用户、南沙区图书馆设在某企业的集体借书服务点的用户进行了问卷调查，此外，我们还在南沙区的五个街镇进行了市民问卷调查。

馆内调查于2013年11月中旬在南沙区图书馆馆内进行，主要是了解用户使用南沙区图书馆的情况，对南沙区图书馆现有资源和服务的看法以及对南沙区图书馆新增资源和服务的需求情况。此次调查共回收有效问卷285份。

集体借书点用户的调查（以下简称企业调查）在 2014 年 2 月下旬进行，主要目的是了解企业用户使用集体外借服务的状况，对南沙区图书馆分馆形式的需求情况，对图书馆服务的需求情况和企业用户的阅读需求。调查的企业是一家美国财富 500 强的美资企业，有员工近 3000 人。现拥有两个图书室，总体面积达 50 平方米左右，藏书近 3000 册。每周设有固定的开放时间，图书室设有专人管理，并制定了完善的服务流程及管理规定。2012 年 4 月，南沙区图书馆与该企业共建馆外图书流通服务点，采取定期轮换的集体外借方式，向员工提供更多、更新、更广的图书，为企业员工创造了更便利的阅读环境。该企业的情况具有一定的代表性。此次集体借书点用户调查回收有效问卷 62 份。

民众问卷调查于 2014 年 2 月下旬进行，目的是了解民众对公共图书馆功能的认知，图书馆使用情况，对南沙区图书馆分馆布局、服务网点形式和服务的需求。此次调查发放问卷 550 份，回收问卷 460 份，其中有效问卷 453 份。

（二）样本基本特征

馆内用户调查样本的基本特征如表 14-1 所示。性别方面，用户以女性为主，占 62.9%，男性用户占 37.1%。年龄方面，样本的平均年龄为 25.77 岁。南沙区图书馆的馆内用户以年轻人为主，也有部分青少年用户，中年读者和老年读者都较少。读者以青年人居多，占样本总数的 46.3%；其次是青少年，占样本总数的 38.8%；再次是儿童，占样本总数的 10%；中年读者（46—64 岁）和老年读者（65 岁以上）都较少，分别只有 8 位和 6 位。教育程度方面，用户以高中/中专/技校居多，占样本总数的 36.5%；其次是本科，占样本总数的 33%，再次是大专，占样本总数的 14.9%；初中及以下学历的占样本总数的 13.5%，研究生及以上学历的用户非常少，仅占样本总数的 2.1%。从教育程度推论，中小学生是南沙区图书馆重要的用户群体。身份方面，学生是最大的用户群体，占样本总数的 36.4%；企事业员工是第二大用户群体，占样本总数的 21.9%；外来务工人员是第三大用户群体，占样本总数的 11%；自由职业者是第四大用户群体，占样本总数的 9.9%。专业技术人员、公务员、农民和离退休人员的数量都不多。家庭人均月收入方面，1600—3500 元的最多，占样本总数的 33.1%；3501—6000 元的次之，占样本总数的 30.8%；6001—10000 元的第三，占样本总数的 20.4%。家庭人均月收入在

1600 元以下和 10000 元以上的用户数量都较少。

表 14-1 馆内调查样本基本特征

统计量		频次	百分比(%)	有效百分比(%)	累积百分比(%)
性别	男	98	34.4	37.1	37.1
	女	166	58.2	62.9	100.0
	合计	264	92.6	100.0	
年龄	14 岁及以下	28	9.8	10.0	10.0
	15—24 岁	109	38.2	38.8	48.8
	25—45 岁	130	45.6	46.3	95.0
	46—64 岁	8	2.8	2.8	97.9
	65 岁及以上	6	2.1	2.1	100.0
	合计	281	98.6	100.0	
学历	初中及以下	38	13.3	13.5	13.5
	高中/中专/技校	103	36.1	36.5	50.0
	大专	42	14.7	14.9	64.9
	本科	93	32.6	33.0	97.9
	研究生及以上	6	2.1	2.1	100.0
	合计	282	98.9	100.0	
身份	学生	103	36.1	36.4	36.4
	教师	8	2.8	2.8	39.2
	专业技术人员	27	9.5	9.5	48.8
	公务员	5	1.8	1.8	50.5
	企业公司员工	62	21.8	21.9	72.4
	农民	31	10.9	11.0	83.4
	自由职业者	2	0.7	0.7	84.1
	离退休人员	28	9.8	9.9	94.0
	无业/下岗/失业	6	2.1	2.1	96.1
	其他	11	3.9	3.9	100.0
	合计	283	99.3	100.0	
家庭人均月收入（元）	1600 以下	20	7.0	7.7	7.7
	1600—3500	86	30.2	33.1	40.8
	3501—6000	80	28.1	30.8	71.5
	6001—10000	53	18.6	20.4	91.9
	10000 以上	21	7.4	8.1	100.0
	合计	260	91.2	100.0	

民众调查样本的基本特征见表 14-2。与馆内调查相比,民众调查女性所占的比例更高,为 71.6%,男性仅占 28.4%。年龄方面,以年轻人为主,用户的年龄平均为 33.6 岁,比馆内调查样本的平均年龄高 7.8 岁。其中,14 岁以下的儿童有 42 位,占样本总数的 9.5%;15—24 岁的青少年有 44 位,占样本总数的 10%;25—45 岁的青年人有 273 位,占样本总数的 62%;46—65 岁的中年人有 70 位,占样本总数的 15.9%;65 岁以上老年人有 11 位,占样本总数的 2.5%。

民众调查中,超过一半的用户的学历为高中以下,其中高中/中专/技校学历的用户占样本总数的 35.7%,初中及以下学历的用户占样本总数的 27%。大专学历的用户占样本总数的 18.2%,本科学历的用户占样本总数的 17.1%,研究生及以上学历者占样本总数的 2.1%,与馆内调查相比,初中及以下学历的比例高(13.5%),本科学历的比例低(15.9%)。民众调查中,样本中企事业单位员工所占的比例最高,其次是外来务工人员,再次是自由职业者,学生所占的比例排在第四位。样本中有五成多一点的民众的家庭人均月收入为 3500 元以下,其中 12% 的为 1600 元以下,38.5% 的为 1600—3500 元。26.8% 的用户的家庭人均月收入为 3501—6000 元,14.4% 的为 6001—10000 元。家庭人均月收入超过 10000 元的较少,只占样本总数的 8.4%。民众调查样本的家庭人均月收入要低于馆内调查样本的家庭人均月收入。

表 14-2 民众调查样本基本特征

统 计 量		频次	百分比(%)	有效百分比(%)	累积百分比(%)
性别	男	121	26.7	28.4	28.4
	女	305	67.3	71.6	100.0
	合计	426	94.0	100.0	
年龄	14 岁及以下	42	9.3	9.5	9.5
	15—24 岁	44	9.7	10.0	19.5
	25—45 岁	273	60.3	62.0	81.6
	46—64 岁	70	15.5	15.9	97.5
	65 岁及以上	11	2.4	2.5	100.0
	合计	440	97.1	100.0	

续表

统　计　量		频次	百分比(%)	有效百分比(%)	累积百分比(%)
学历	初中及以下	117	25.8	27.0	27.0
	高中/中专/技校	155	34.2	35.7	62.7
	大专	79	17.4	18.2	80.9
	本科	74	16.3	17.1	97.9
	研究生及以上	9	2.0	2.1	100.0
	合计	434	95.8	100.0	
身份	学生	54	11.9	12.4	12.4
	教师	16	3.5	3.7	16.0
	专业技术人员	30	6.6	6.9	22.9
	公务员	6	1.3	1.4	24.3
	企业公司员工	97	21.4	22.2	46.5
	农民	81	17.9	18.5	65.0
	自由职业者	33	7.3	7.6	72.5
	离退休人员	70	15.5	16.0	88.6
	无业/下岗/失业	36	7.9	8.2	96.8
	其他	14	3.1	3.2	100.0
	合计	437	96.5	100.0	
家庭人均月收入（元）	1600以下	50	11.0	12.0	12.0
	1600—3500	161	35.5	38.5	50.5
	3501—6000	112	24.7	26.8	77.3
	6001—10000	60	13.2	14.4	91.6
	10000以上	35	7.7	8.4	100.0
	合计	418	92.3	100.0	

企业调查样本基本特征如表14-3所示。样本以女性为主，所占比例为59.7%，男性比例为40.3%。样本以26—35岁年龄段的人为主，占样本的比例为53.2%；其次是25岁以下年龄段的，占样本的比例为30.6%；36—45岁年龄段的用户占样本的比例为9.7%；46—55岁年龄段的用户占样本的比例为6.5%。用户的学历以高中及以下为主，其中高中以下学历的用户占样本的比例为16.1%，高中/中专学历的用户占样本的比例为53.2%，大专学历的用户占样本的比例为19.4%，本科学历的用户占样本的比例为11.3%。

表 14-3 企业调查样本基本特征

统　计　量		频次	百分比(%)	有效百分比(%)	累积百分比(%)
性别	男	25	40.3	40.3	40.3
	女	37	59.7	59.7	100.0
	合计	62	100.0	100.0	
年龄	25 岁以下	19	30.6	30.6	30.6
	26—35 岁	33	53.2	53.2	83.9
	36—45 岁	6	9.7	9.7	93.5
	46—55 岁	4	6.5	6.5	100.0
	合计	62	100.0	100.0	
学历	高中以下	10	16.1	16.1	16.1
	高中/中专	33	53.2	53.2	69.4
	大专	12	19.4	19.4	88.7
	本科	7	11.3	11.3	100.0
	合计	62	100.0	100.0	

二、南沙区图书馆用户行为分析

(一) 馆内用户图书馆使用行为

1. 到图书馆的频率

如图 14-1 所示，馆内用户到南沙区图书馆的频率较高。39.2%的用户每月到馆 1—3 次；33.2%的用户每周到馆 1—3 次；13.8%的用户每季度到馆 1—3 次；9.5%的用户每周到馆 4 次以上，4.2%的读者每年到馆 1—3 次。

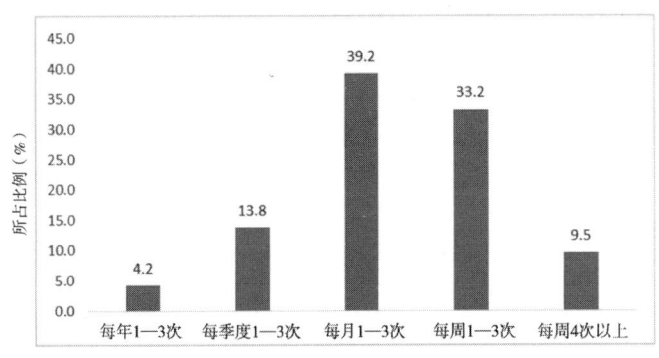

图 14-1 用户到馆频率

2. 使用图书馆网站的频率

用户使用南沙区图书馆网站的频率要远远低于到馆频率。样本中大部分用户都没有使用过图书馆网站。（如图14-2所示）14%的受访者每年使用图书馆网站1—3次，9.7%的受访者每个月使用图书馆网站1—3次，7.2%的受访者每季度使用图书馆网站1—3次，3.2%的受访者每周1—3次使用图书馆网站，只有2.2%的读者每周4次以上使用图书馆网站。

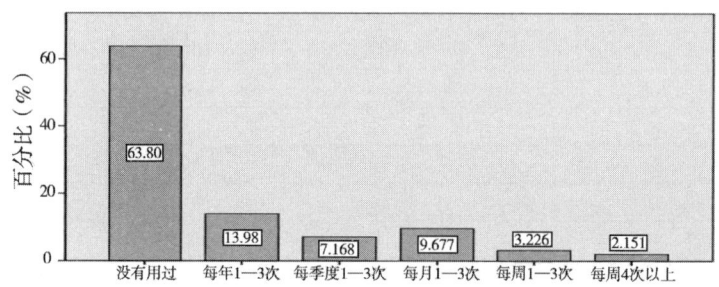

图14-2 南沙区图书馆网站使用频率

3. 到馆方式

如图14-3所示，将近四成的受访者通过步行的方式到图书馆，21.90%的受访者通过公交到图书馆，16.60%的受访者骑单车到图书馆，12.40%的受访者通过自驾的方式到图书馆，坐地铁到图书馆的受访者的比例只有2.80%。

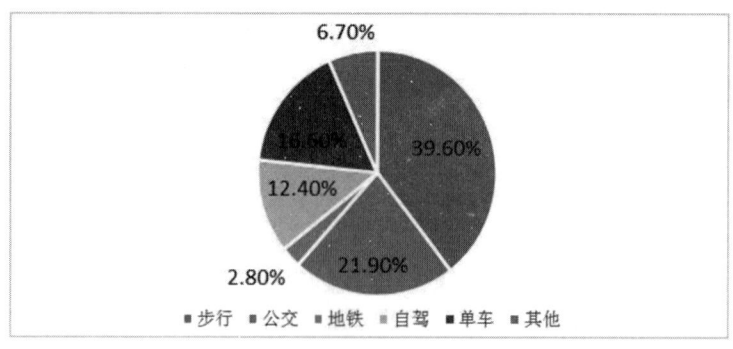

图14-3 到南沙区图书馆的方式

步行到图书馆的用户中，24.1%到图书馆花费的时间是5分钟以内，34.8%到图书馆花费的时间是5—10分钟。通过公交到馆的用户中，54.8%花费时间在20分钟以上，19.4%花费时间是15—20分钟，12.9%花费时间是5—10分钟，12.9%花费时间在5分钟以内。坐地铁到南沙区图书馆的用户，62.5%花费时间在20分钟以上，25%花费时间在15—20分钟，12.5%花费时间在10—15分钟。通过自驾方式到图书馆的用户中，2.9%花费时间在5分钟以内，31.4%花费时间在5—10分钟，20.0%花费时间在10—15分钟，14.3%花费时间是在15—20分钟以内，31.4%花费时间在20分钟以上。骑单车到图书馆的用户中，6.5%花费时间在5分钟以内，30.4%花费时间在5—10分钟，28.3%花费时间在10—15分钟，15.2%花费时间在15—20分钟以内，19.6%花费时间在20分钟以上。据此推算，南沙区图书馆的馆内用户主要是来自附近5千米左右。

4. 使用目的

如图14-4所示，用户使用图书馆的目的，排在首位的是休闲性阅读，平均符合程度为4.19；排在第二位的是借阅/归还图书、文献资料，平均符合程度为4.18；排在第三位的是利用安静的自习空间，平均符合程度为4.09；排在第四位的是完成作业或者任务，平均符合程度为3.50。咨询馆员，使用免费上网、听讲座、参观展览、参加阅读推广活动，使用图书馆的数字资源，借/还音像资料，参加图书馆针对少年儿童举办的活动，无聊、打发时间，参加会议、培训、社交活动，使用电脑、欣赏音像视听作品等目的的平均符合程度分别为2.84、2.72、2.69、2.59、2.53、2.49、2.41、2.26、2.20和2.13。

不同群体利用南沙区图书馆的目的存在差异。学生群体主要是利用南沙区图书馆的空间来完成作业或任务，安静的自习空间的平均认同程度为4.55，完成作业或任务的平均认同程度为4.46，休闲性阅读排在第三位，平均认同程度为4.30，借阅/归还图书、文献资料排在第四位，平均认同程度为4.02。教师群体主要是借阅/归还图书、文献资料，平均认同程度高达4.80，其次是利用安静的自习空间，平均认同程度为4.60，第三是休闲性阅读，平均认同程度为4.50，第四是完成作业或任务，平均认同程度为4.20，第五是参加图书馆针对少年儿童举办的活动，平均认同程度为4.00。

专业技术人员群体主要是借阅/归还图书、文献资料，平均符合程度为4.16，第二是利用安静的自习空间，平均符合程度为4.08，第三是休闲性阅读，平均认同程度为3.84，第四是完成作业或任务，平均认同程度为3.43。公务员群体、企事业单位员工群体、自由职业者群体利用南沙区图书馆的主要目的类似，主要是借阅/归还图书、文献资料，其次是休闲性阅读，再次是利用安静的自习空间。借阅/归还图书、文献资料，公务员群体的平均符合程度为4.80，休闲性阅读，公务员群体的平均符合程度为3.80，利用安静的自习空间，公务员群体的平均符合程度为3.50。借阅/归还图书、文献资料，企事业单位员工群体的平均符合程度为4.20，休闲性阅读，企事业单位员工群体平均符合程度为4.11，利用安静的自习空间，企事业单位员工群体的平均符合程度为3.61。借阅/归还图书、文献资料，自由职业者群体的平均符合程度为4.42，休闲性阅读，自由职业者群体平均符合程度为4.38，利用安静的自习空间，自由职业者群体的平均符合程度为3.64。外来务工人员群体利用南沙区图书馆的主要目的是休闲性阅读，平均符合程度为4.37，第二是借阅/归还图书、文献资料，平均符合程度为4.32，第三是利用安静的自习空间，平均符合程度为3.85。离退休人员群体利用南沙区图书馆的主要目的是借阅/归还图书、文献资料，平均符合程度为4.50，并列排在第二位的是借/还音像资料、休闲性阅读和利用安静的自习空间，平均符合程度均为4.00。

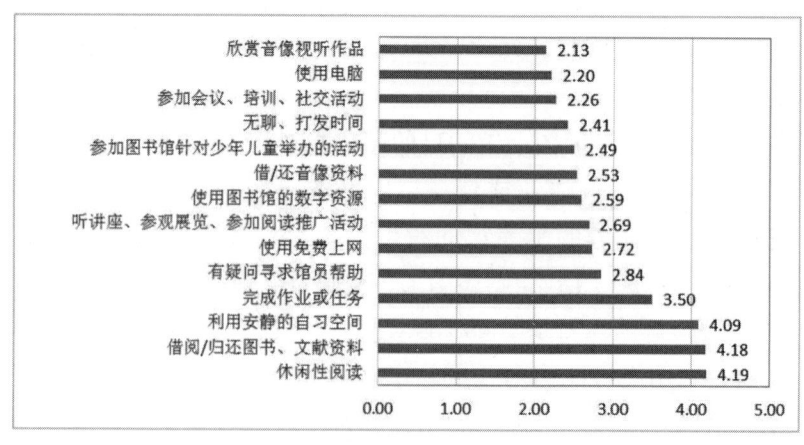

图14-4　用户使用南沙区图书馆的目的

5. 在图书馆停留时间

绝大多数用户在南沙区图书馆的停留时间超过半小时。其中，34.8%的受访者停留时间为30—60分钟，25.3%的受访者停留的时间为120分钟以上，22.7%的受访者停留时间在61—90分钟，只有5.3%的受访者停留时间在30分钟以内。

6. 资源和服务使用情况

如图14-5所示，89.7%的受访者使用纸质图书，48.4%的受访者使用纸质期刊，24.9%的受访者使用纸质报纸，只有8.4%的受访者使用数字资源。说明南沙区图书馆的馆内用户以使用纸质图书为主，利用数字资源的不多。离退休人员群体利用资源的情况与其他用户群体不同，离退休人员群体利用最多的资源类型是期刊，80%的离退休人员利用，其次是纸质报纸，60%的离退休人员利用，纸质图书和数字资源都只有40%的离退休人员利用。公务员群体和自由职业者群体均没有利用过南沙区图书馆的数字资源。

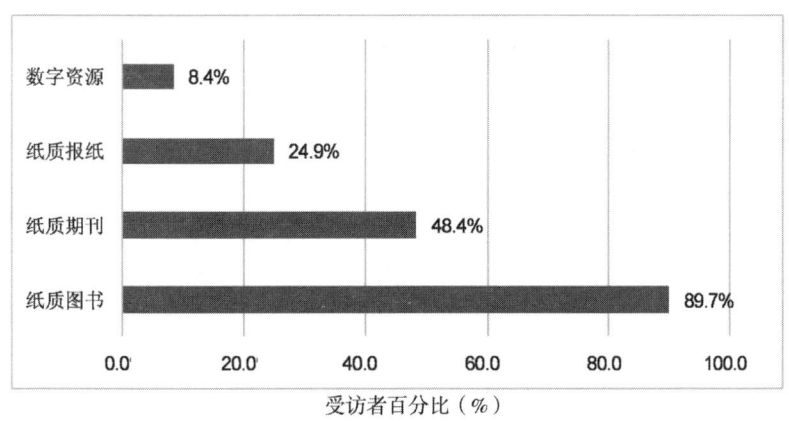

图14-5 用户使用的信息资源类型

如图14-6所示，整体而言，馆内用户使用图书馆服务的频率不高。传统的书刊外借和阅览服务依然是用户使用最多的服务。南沙区图书馆提供的各项服务中，使用频率最高的是图书阅览，平均使用频率为3.47；其次是图书外借，平均使用频率为3.08；排在第三位的是报刊阅览，平均使用频率为2.75，排在第四位的是书目查询，平均使用频率为2.54。通借通还服务、港台、中文工具书及本地文献阅览、电子阅览室网上阅览、读者荐购、图书馆讲座或者活动、读者留言、"南沙区24小时自助图书馆"（自助ATM机）的使用频率都非常低。

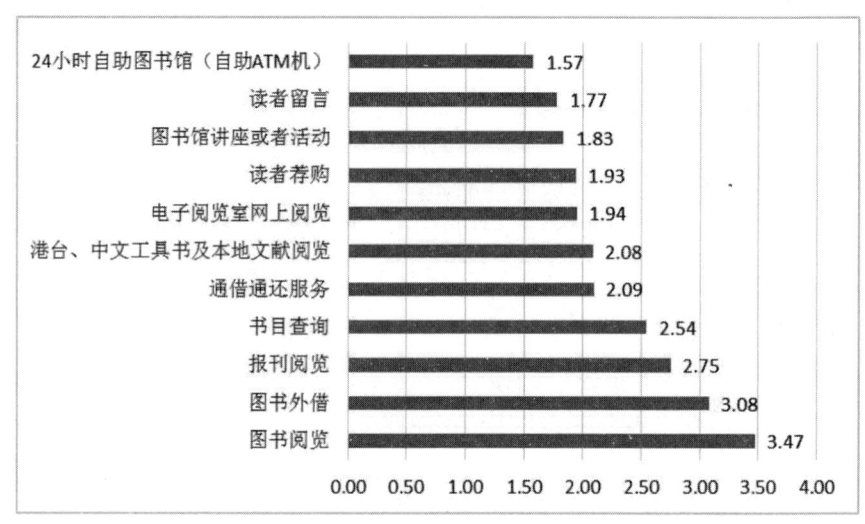

图14-6 图书馆服务使用频率

（二）民众图书馆使用行为

南沙区图书馆是受访民众最多使用的图书馆，47.6%受访者使用过；其次是学校图书馆，33.2%的受访者使用过，也有将近一成的受访者没有使用过任何图书馆。

使用过图书馆的受访者中，有超过一半（51.1%）的受访民众只使用过一家图书馆，28.3%的受访民众使用过两家图书馆，9%的受访民众使用过三家图书馆，只有2%的受访民众使用过的图书馆超过三家。

受访民众使用图书馆的频率不高。每月一次以上的比例最高，比例为36.3%；其次是每周一次以上，比例为19.3%；再次为每季度一次以上，比例为18.4%；也有10.1%的受访民众一年内去过图书馆1—3次。

（三）企业用户图书馆使用行为

将近六成的受访企业用户没有利用过南沙区图书馆的资源和服务，偶尔利用的读者的比例将近三成（27.4%），经常利用的受访者的比例只有16.1%。

南沙区图书馆提供的集体外借服务,将近六成(57.4%)的受访企业没有使用过,只有四成多一点(42.6%)的受访企业用户用过。

三、用户对南沙区图书馆的服务需求

(一)馆内用户服务需求

1. 管理制度需求

(1)借书押金收取。对于押金收取,用户并没有表现出太强烈的反对意见。只有5.7%的受访者认为很不合理,应该免费;有11.7%的受访者认为不太合理,应该降低费用;有高达47.7%的受访者认为合理,15.9%的受访者认为非常合理,19.1%的受访者对此没有意见。

但是,有34.1%的用户同意不收取押金会增加使用图书馆,18.3%的用户非常同意不收取押金会增加使用图书馆,极不同意和不同意的用户的比例分别为2.2%和14.3%。对此表示一般的读者的比例为31.2%。

(2)借阅权限和期限。用户对于借阅权限的意见并不强烈。61.1%的受访者认为目前的借阅权限合理,5.4%的受访者认为非常合理,认为极不合理的受访者的比例只有0.7%,不太合理的受访者的比例为9.6%,23.2%的受访者对此无意见。在认为目前借阅权限不太合理的27位受访者中,11位希望借阅册数提高到10册,5位希望提高到8册,3位希望提高到5册,分别有2位希望提高到7册和6册,分别有1位希望提高到3册、15册、25册和100册。

对于借阅期限,51.4%的受访者认为合理,8.2%的受访者认为非常合理,只有0.4%的受访者认为极不合理,有20.9%的受访者认为不太合理,还有19.1%的受访者无意见。认为借阅期限不合理的受访者中,28位希望借期延长到2个月,27位希望借期延长到3个月,分别有1位读者希望借期延长到4个月和6个月。

(3)开放时间。37.9%的受访者认为报刊阅览室的开放时间不太合理,0.4%的受访者认为报刊阅览室的开放时间极不合理,39.4%的受访者认为报刊阅览室的开放时间合理,5%的受访者认为报刊阅览室的开放时间非常合理。34位受访者希望报刊阅览室的开放时间为9:00—21:00,13位希望时间是9：00—20：00，10位希望是9：00—22：00，8位希望是8：00—18：00。

16.8%的受访者认为电子阅览室的开放时间不太合理，1.8%的受访者认为电子阅览室的开放时间极不合理，38.9%对此无意见，40%认为合理，2.5%认为非常合理。44位受访者提出了延长开放的要求，其中有12位受访者希望电子阅览室周一到周日都开放。

用户对少儿借阅部的开放时间意见较少。50.4%受访者认为开放时间合理，3.6%认为开放时间非常合理，37.7%无意见，7.6%受访者认为不太合理，只有0.7%认为是极不合理。

对于成人借阅部，用户的意见也较多，23.3%的受访者认为不太合理，0.7%的受访者认为极不合理，44.6%的受访者认为合理，6.3%的受访者认为非常合理，24.7%的受访者无意见。11位希望成人借阅部的开放时间为周二到周日9：00—21：00。

2. 咨询方式需求

35.1%的读者在使用南沙区图书馆遇到的困难是不清楚南沙区图书馆提供哪些资源和服务，35.5%的读者遇到的困难是不清楚文献资源的排列和存放问题，23.3%的读者遇到的困难是不会利用数据库等电子资源，但是也有34.1%的读者表示在使用图书馆的时候不存在困难。

当使用图书馆遇到困难时，65.4%的受访者选择到服务台咨询，50.4%的受访者选择当面咨询附近的图书馆员，也有42.5%的受访者会尝试自己解决，只有5.7%的受访者会通过电话咨询图书馆员。有9.3%的受访者会放弃使用。

3. 移动服务需求

智能手机已经成为用户使用最频繁的上网终端，平均使用频率达到3.13，79%的读者使用过平板电脑上网，电脑是用户使用第二频繁的上网终端，平均使用频率达到3，76.4%的读者使用过电脑上网，平板电脑的平均使用频率也有2，54.9%的读者使用过平板电脑上网。

阅读方式方面，用户以纸质阅读和数字阅读兼备为主，超过六成（61.4%）的读者属于这种情况；也有超过三成（32.1%）的读者仍然是以传统纸质阅读为主；只有不到一成（6.4%）的读者以数字阅读为主。

用户使用移动设备的主要用途是看新闻，66.5%的读者选择了此选项；

其次是查找信息，65.1%的读者选择了此选项；再次是浏览博客、微博、空间，52.0%的读者选择了此选项；娱乐、游戏排在第四位，35.9%的读者选择了此选项，阅读电子书排在第五位，28.8%的读者选择了此选项；收发邮件排在第六位，27.4%的读者选择了此选项；下载铃声、图片、视频排在第七位，23.8%的读者选择了此选项。

用户最感兴趣的电子书类型是学习资料，54.7%的读者对此存在需求；其次是畅销新书，54.7%的读者对此存在需求；再次是网络小说，14.7%的读者对此存在需求；学术研究方面的资料，也有20.1%的读者存在需求。

用户愿意通过手机接收的图书馆信息，排在首位的还是图书到期提醒，71.2%的读者愿意接收此类信息；其次是新书通报，65.5%的读者愿意接收此类信息；再次是讲座信息和培训信息，51.7%的读者愿意接收此类信息，第四是预约图书到馆提醒，40.4%的读者愿意接收此类信息。

用户手机使用的操作系统，最多的是安卓，68.1%的读者的手机使用的是此系统；其次是苹果IOS，19.3%的读者的手机使用的是此操作系统；使用windows mobile和诺基亚Symbian操作系统的用户较少，都只有7.8%的读者的手机使用此操作系统。

对于移动图书馆的功能需求，排在前五位的是超期图书催还提醒（平均需求程度3.84）、新书通报（3.78）、图书续借（3.78）、预约书到馆通知（3.62）和图书馆消息通知（3.53）。

阻碍用户使用移动图书馆的因素，排在首位的是网速太慢，57.7%的读者选择了此选项；排在第二位的因素是手机屏幕太小，阅读不方便，40.1%的读者选择了此选项，也有将近四成（38.3%）的读者担心增加手机费用开支而不使用移动图书馆；有四分之一（25.9%）的读者因为觉得操作复杂，输入不便而不想使用移动图书馆，有15.7%的读者认为个人电脑条件好，没必要使用移动图书馆。

4. 需要增加的服务

如图14-7所示，需要增加的服务中，排在首位的是无线上网服务，59.3%的受访者希望增加此项服务；排在第二位的是智慧图书馆，55.7%的受访者希望增加此项服务；排在第三位的是文献复制服务，45.7%的受访者希望增加此项服务；排在第四位的是数字视听区，45%的受访者希望增加此

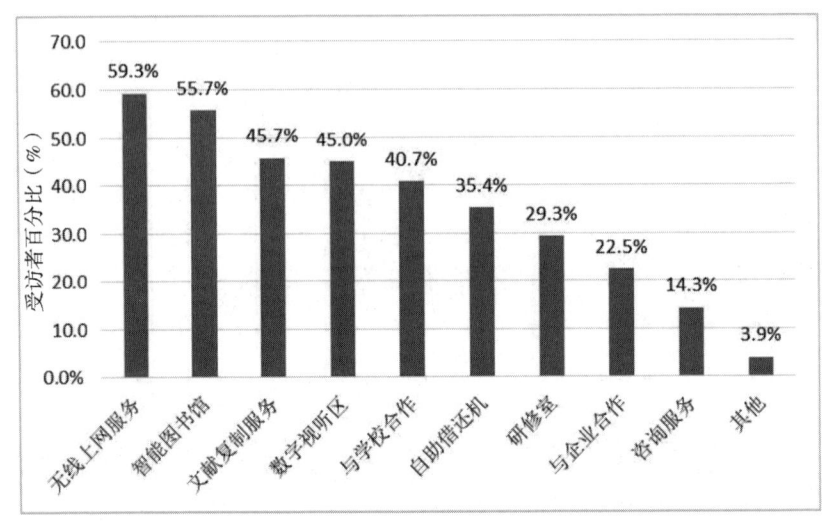

图 14-7 需要增加的服务

项服务；排在第五位的是与学校的合作，40.7%的受访者希望增加此项服务。相比而言，用户对在企业设立阅览室或分馆，将服务送进企业的需求不高，只有22.5%的受访者希望增加此项服务。用户对面向政府机关提供决策咨询服务的需求也不高，只有14.3%的受访者希望增加此项服务。有35.4%的受访者希望提供自助借还机，29.3%的受访者希望提供研修室。学生群体希望南沙区图书馆增加的服务，最多的是无线上网服务，66.7%的学生希望增加此项服务，其次是数字视听区，54.9%的学生希望增加此项服务，再次是与学校合作，在中小学设立阅览室或分馆，将服务送进学校，53.9%的学生希望增加此项服务。教师群体最希望增加的服务是文献复制服务，85.7%的教师希望增加此项服务，其次是与学校合作，在中小学设立阅览室或分馆，将服务送进学校，71.4%的教师希望增加此项服务，第三是无线上网服务和智能图书馆，57.1%的教师希望增加此项服务。专业技术人员群体最希望增加的服务是文献复制服务、无线上网服务和智能图书馆，55.6%的专业技术人员希望增加这几项服务。公务员群体最希望增加的服务是智能图书馆，100%的公务员希望增加此项服务，其次是文献复制服务和自助借还机，60%的公务员希望增加此项服务。企事业单位员工最希望增加的服务是无线上网服务，62.9%的企事业单位员工希望增加此项服务，第二是智能图书馆，59.7%的企事业单位员工希望增加此项服务。外来务工人员群体最希望增加的服务是智能图书馆，54.8%的外来务工人员希望增加此项服务，其次是自助借还书机，38.7%的外来务工人员希望增加此项服务。自由职业者群体最希望增加的服务是智能图书馆，61.5%的自由职业者希望增加此项服务，其次是无线上网服务，51.7%的自由职业者希望增加此项服务。离退休人员群体最希望增加的服务是无线上网服务和智能图书馆，50%的离退休人员希望增加此项服务。

从调查的结果来看，南沙区图书馆应当优先考虑增加图书馆的无线覆盖，提供无线上网服务。重点考虑通过智能图书馆来完善图书馆布点。

由图14-8所知，对于南沙区图书馆举办活动，用户最希望参加的活动是展览，63.1%的受访者希望参加，其次是专家讲座，56.7%的受访者希望参加；再次是亲子阅读活动，33.7%的受访者希望参加。图书馆使用培训这样的活动，只有13.1%的受访者希望参加；征文比赛，也只有16.3%的受访者希望参加。学生群体、专业技术人员群体、公务员群体、企事业单位员工群体、外来务工人员和离退休人员最希望参加的活动是展览和专家讲座。教师群体和外来务工人员最希望参加的活动是专家讲座和亲子阅读活动。

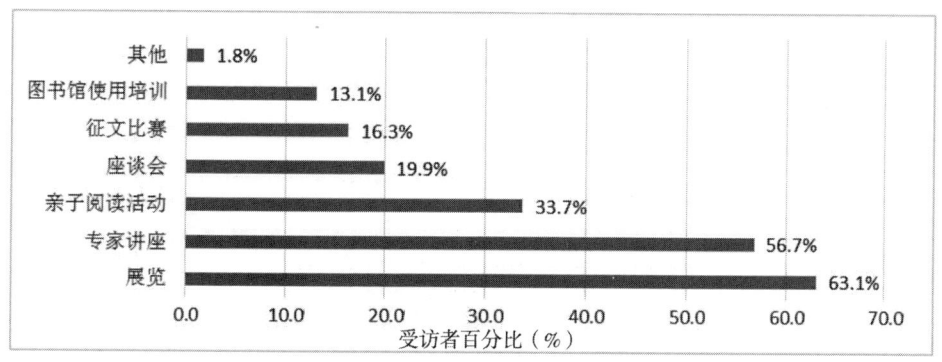

图14-8 图书馆活动需求

对于图书馆微博服务，45%的受访者希望提供互动类信息服务（如开展在线咨询服务，或者就某方面热点话题和读者共同探讨），77.1%的受访者希望提供直接推送类信息服务（如各类型培训讲座通知、最新上架图书推荐、节假日开馆信息的发布等），33.9%的受访者希望提供链接中转推送类信息服务（如将相关信息进行简要介绍并附有超链接地址，进而转发图书馆网站大量内容翔实的信息），也有13.7%的受访者认为图书馆没有必要提供微博服务。

（二）民众服务需求

1. 图书馆服务网络需求

对于分馆的设立，民众需求最高的是在学校设立图书馆，平均需求程度高达4.39；其次是在街道、乡镇设立图书馆和在社区设立图书馆，平均需求程度为4.17；在大型企业设立图书馆的需求程度也有3.89。在馆内调查中，也有41%的读者希望南沙区图书馆与学校合作，在中、小学设立阅览室或分馆，将服务送进学校。

学生、教师、企事业员工、外来务工人员、农民等群体需求最强烈的是在学校设立图书馆，其次是在街道、乡镇设立图书馆，再次是在社区设立图书馆，最后才是在大型企业设立图书馆。专业技术人员需求最强烈的是在社区设立图书馆，其次是在学校设立图书馆，第三是在街道、乡镇设立图书馆，最后是在大型企业设立图书馆。自由职业者、公务员需求最强烈的是在学校设立图书馆，其次是在社区设立图书馆，再次是在街道、乡镇设立图书馆，最后是在大型企业设立图书馆。离退休人员需求最强烈的是在社区设立图书馆，其次是在街道、乡镇设立图书馆，再次是在学校设立图书馆，最后才是在大型企业设立图书馆。

对于分馆的形式，受访民众最需要的是自助借还书机形式，平均需求程度高达4.19；其次是智慧图书馆形式，平均需求程度为4.09，再次是传统的实体图书馆，平均需求程度为4.07。对企业流通点用户的调查表明，读者最希望的企业图书馆的形式是与企业合作建立智慧图书馆，其次是设立自助借还书机，再次是在企业建立阅览室，对于目前的集体外借，企业员工的认同度不高。馆内读者调查也发现，56.1%的读者需要增加智慧图书馆，35.6%的读者需要增加自助借还书机。结合三个方面的调查结果，建议在街道、乡镇主要采用智慧图书馆的模式，在社区、学校和企业主要采用自助借还书机的模式。

对于图书馆到工作或者居住地方的距离，步行的时间平均为16.3分钟以内,公交的时间平均为 14.5 分钟以内,开车的时间为 10.1 分钟以内。无论是步行、公交还是开车,读者的中位数和众数都是 10 分钟,说明大多数用户希望图书馆到工作或者居住地方的距离在 10 分钟以内。

2. 图书馆服务功能需求

用户对通借通还功能有着强烈的需求,读者对身边的图书馆与全区的图书馆通借通还的平均需求程度高达 4.22,对与全市的图书馆通借通还的平均需求程度也有 4.15。用户对于通过电话或网络预约、续借图书也有着较高的需求,读者对此功能的平均需求程度为 4.04。对于数字图书馆和移动图书馆,读者的平均需求程度分别为 4.02 和 3.94,表明用户对这两项功能也有较高的需求。

(三) 企业用户服务需求

如图 14-9 所示,对于企业图书馆的形式,用户最希望的是智慧图书馆,51.9% 的受访者选择此选项;其次是自助借还书机,23.1% 的受访者选择;再次是阅览室,15.4% 的受访者选择;而对于目前南沙区图书馆在企业中采用的集体外借这样的形式,用户对此需求不高,不到 1/10 (7.7%) 的受访者希望企业图书馆采用这样的形式。

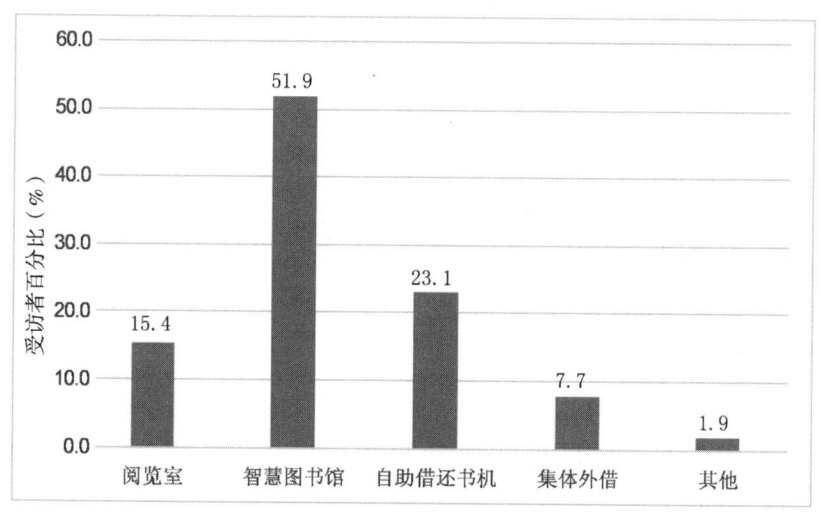

图 14-9 用户希望的企业图书馆的形式

对于南沙区图书馆与企业合作开展的文化活动，用户最需要的还是读书类的活动，其中39.7%的受访者希望举办读书沙龙活动，22.1%的受访者希望举办阅读辅导活动；对于专家讲座，用户也有较高的需求，有将近三成（29.4%）的受访者希望举办专家讲座活动。也有将近1/10（8.9%）的受访者表示不需要南沙区图书馆与企业合作开展文化活动。

绝大多数用户希望南沙区图书馆提供微信/微博服务，87.9%的受访者表示需要，只有12.1%的受访者表示不需要。对于微博/微信服务内容，用户最需要的是直接推送类信息服务，如各类型培训讲座通知、最新上架图书推荐、节假日开馆信息的发布等，将近六成（57.9%）的受访者表示需要；排在第二位的是链接中转推送类信息服务，如将相关信息进行简要介绍并附有超链接地址，进而转发图书馆网站大量内容翔实的信息，将近五成（45.6%）的受访者表示需要；排在第三位的是互动类信息服务，如开展在线咨询服务，或者就某方面热点话题和读者共同探讨，1/3的受访者表示需要。

四、用户阅读需求和阅读行为

（一）民众阅读渠道

购买纸质图书是用户最常利用的阅读渠道，40%的受访民众使用；其次是图书馆借阅，33.2%的受访民众使用；手机阅读也是用户经常使用的阅读渠道，31.6%的受访民众使用；也有将近1/4的受访民众使用电脑在线/下载阅读；书店也是用户使用较多的阅读渠道，23%的受访民众使用；19.5%的受访民众会直接在图书馆阅读；8%多一点的受访民众会通过电子书阅读器阅读；租书店是较少用户使用的途径，只有5.5%的受访民众会通过这样的方式阅读。

对于今后的阅读方式，53.4%的用户会混合使用传统纸质阅读和数字阅读方式，也有34.9%的用户会以纸质阅读方式为主，只有11.6%的用户会以数字阅读的方式为主。

（二）民众阅读内容需求

调查中列出的十种类型的图书，除了一种以外，其他类型的图书都有超过 1/4 的读者需要。需要科学技术类图书用户的比例高于人文社科类图书用户的比例。需要热门图书用户的比例排在最后。

用户需求最多的是生活休闲类的图书，51.2%的受访民众需要；与自己学习、工作有关的书排在第二位，46.7%的受访民众需要；励志与成功类的图书排在第三位，41%的受访民众需要；文学艺术（小说传记等）类的图书排在第四位，38.9%的受访民众需要；少儿图书排在第五位，37.3%的受访民众需要；科学技术类图书排在第六位，33%的受访民众需要；人文社科类图书排在第七位，29.5%的受访民众需要；经济管理类图书排在第八位，29.2%的受访民众需要，考试用书排在第九位，26.4%的受访民众需要，热门图书排在第十位，24.5%的受访民众需要。

就不同年龄段的用户群体而言，儿童群体需要的图书类型，前三位的图书是文学艺术（小说传记等）类图书、少儿类图书和与自己学习、工作有关的图书。青少年群体需要的图书类型，排在前三位的是励志与成功类图书、生活休闲类图书和与自己学习、工作有关的图书。青年群体需要的图书类型，排在前三位的是生活休闲类图书，与自己学习、工作有关的图书和励志与成功类图书。中年群体和老年群体需要的图书类型，排在前三位的是生活休闲类图书、文学艺术（小说传记等）类图书以及与自己学习、工作有关的图书。

（三）企业用户阅读需求

1. 阅读内容需求

绝大多数企业用户都喜欢阅读，其中表示非常喜欢的受访者的比例为13.1%，表示喜欢的受访者的比例为41.9%，表示一般的受访者的比例为37.7%，表示不喜欢的受访者的比例只有6.6%。

生活休闲类图书最受企业用户欢迎，53.2%的受访者喜欢阅读；其次是励志与成功类图书，37.1%的受访者喜欢阅读；再次是文学艺术（小说传记等）图书，32.3%的受访者喜欢阅读；科学技术类图书排在第四位，21%的受访者喜欢阅读；热门图书排在第五位，19.4%的受访者喜欢阅读；经济管理类图书排在第六位，16.1%的受访者喜欢阅读，人文社科类图书排在第七位，12.9%的受访者喜欢阅读，考试用户和业务书籍喜欢阅读的受访者的比例都在10%以下。

2. 阅读途径需求

网上浏览是用户最多利用的阅读途径，68.9%的受访者使用；其次是到图书馆借阅，37.7%的受访者使用；再次是自己购买，24.6%的受访者使用；在书店看是排在第四位的途径，11.5%的受访者使用；找亲友借阅是排在第五的途径，9.8%的受访者使用。

3. 阅读方式

阅读纸本图书仍然是用户主要的阅读方式，53.2%的受访者使用；其次是在手机上阅读，38.7%的受访者使用；再次是在电脑上阅读，32.3%的受访者使用；只有3.2%的受访者会使用专门的电子阅读器阅读。

阅读的文献类型方面，图书和期刊是用户主要阅读的文献类型，都是36.8%的受访者阅读；报纸排在第三位，26.3%的受访者阅读。

4. 影响用户阅读的因素

没有时间看书是影响用户阅读最重要的因素，58.3%的受访者选择了此选项；企业中缺少阅读氛围是影响用户阅读第二位的因素，31.7%的受访者选择了此选项；找不到感兴趣的书和不爱看书是影响用户阅读第三位的因素，11.7%的受访者选择了此选项；没有钱买书也是影响用户阅读的因素之一，10%的受访者选择了此选项。

五、用户对南沙区图书馆的满意分析

（一）馆内用户满意分析

超过一半（52.5%）的馆内用户对南沙区图书馆的文献资源感到满意和非常满意，但是有将近四成（36.8%）的馆内用户感到南沙区图书馆的文献资源质量一般，超过一成的馆内用户对南沙区图书馆文献资源的质量不满意或者非常不满意。由表14-4可知，越是以借还书为使用南沙区图书馆主要目的的馆内用户，其对南沙区图书馆文献资源的质量的满意程度就越低。

如表14-5所示，从馆内用户的满意情况来看，整体而言，馆内用户对南沙区图书馆比较满意。对图书馆环境和图书馆员的服务满意度较高，相对而言，对馆藏资源的质量不是很满意。馆藏期刊种类丰富、馆藏资料满足工作和研究的需要、馆藏资料具有新颖性和时效性等问项的平均满意程度低于 3.5。

表 14 - 4 以借还书为主要使用目的的馆内用户对文献资源的满意情况

借阅/归还图书、文献资料	对文献资源的满意情况均值	N	标准差
很不符合	3.88	8	0.354
较不符合	3.78	9	0.667
不确定	3.45	31	0.810
比较符合	3.42	92	0.829
完全符合	3.38	117	0.879
总计	3.44	257	0.837

表 14 - 5 馆内用户满意情况

问项	有效	缺失	均值	标准差
借书和还书的流程很简便	281	4	4.13	0.721
馆员服务态度亲切且尽力回答问题	283	2	4.08	0.729
借书和还书的记录很准确	282	3	4.06	0.696
馆员熟悉各项服务内容与服务流程	278	7	4.03	0.713
馆员具备耐心与细心的服务精神	281	4	3.95	0.766
馆员协助您找到所需资料	279	6	3.94	0.763
馆员和蔼、面带笑容	281	4	3.93	0.805
阅览座位足够且舒适	281	4	3.89	0.879
图书馆内指引标识清楚	278	7	3.79	0.807
馆藏资料满足休闲的需要	278	7	3.74	0.841
图书馆员熟悉馆外资源,协助读者找到馆外相关资料	275	10	3.73	0.788
举办图书馆利用教育和馆藏资源利用等活动,提高读者使用图书馆的能力	274	11	3.73	0.803
各项设施和检索系统有清楚易懂的使用说明	277	8	3.70	0.834
馆员主动询问并协助读者利用图书馆	280	5	3.66	0.804
网上书刊目录查询系统中馆藏记录很准确	272	13	3.57	0.740
确定应在馆内的资料,在书架上都可以找到	278	7	3.51	0.857
馆藏资料在书架上的位置正确,容易寻找	280	5	3.50	0.916
馆藏期刊种类丰富	277	8	3.49	0.850
馆藏资料满足工作和研究的需要	280	5	3.42	0.821
馆藏资料具有新颖性和时效性	281	4	3.40	0.818

（二）企业用户满意分析

使用过集体外借服务的用户，对此项服务的满意度非常高，表示满意或者非常满意的受访者的比例高达88.5%，只有11.5%的受访者表示一般，没有受访者对此服务不满意。

但是，企业用户对集体外借图书种类的评价并不高，只有将近四分之一（24%）的受访者认为书籍种类全，能够借到所需的书；有将近一半（48%）的受访者认为书籍种类不太全，偶尔找不到所需的书；有将近四分之一（24%）的受访者认为书籍种类少，经常找不到所需的书；也有将近5%的受访者认为书籍种类太少，基本上找不到需要的书。

对于改进集体外借的措施，丰富资源类型和丰富图书种类是用户比较需要的，超过一半（52%）的受访者希望提供丰富的资源类型，如图书、报刊、音像资料、电子资源，将近一半（48%）的受访者希望丰富书籍种类，丰富活动方式如组织读书活动只有16.7%的受访者需要，至于改善服务质量、在企业开展针对员工的讲座和在企业开展针对员工的培训等措施，需要的受访者的比例都在15%以下。

不知道有这项服务是用户没有使用过集体外借排在第一位的原因，37.5%的受访者选择了此选项，没有时间阅读是排在第二位的原因，31.3%的受访者选择了此选项，没有感兴趣的书籍、书籍种类很少是排在第三位和第四位的原因，分别有16.7%和10.4%的受访者选择，选择没有合适的书籍的受访者的比例只有2.1%。

六、南沙区图书馆发展建议

（一）资源建设发展建议

1. 面向用户休闲阅读需求，重点建设纸本书刊

用户的阅读需求概括起来可以区分为学习性阅读和休闲性阅读两大类型。民众需求最多的是生活休闲类的图书，超过半数的民众需要；与自己学习、工作有关的书排在第二位；励志与成功类的图书排在第三位，文学艺术（小说传记等）类的图书排在第四位。

生活休闲类图书最受企业欢迎，其次是励志与成功类图书，再次是文学

艺术（小说传记等）图书，科学技术类图书排在第四位。

读者到南沙区图书馆的目的，排在首位的是休闲性阅读，平均符合程度为4.19。

综上所述，休闲性阅读已经成为公共图书馆阅读的趋势。南沙区图书馆应该根据读者休闲性阅读的趋势而有针对性地进行文献资源建设。

馆内用户调查中，89.7%的用户使用纸质图书，48.4%的用户使用纸质期刊，24.9%的用户使用报纸，只有8.4%的用户使用数字资源。南沙区图书馆提供的各项服务中，使用频率最高的是图书阅览，平均使用频率为3.47；其次是图书外借，平均使用频率为3.08；排在第三位的是报刊阅览，平均使用频率为2.75。也就是说不论是从文献使用还是服务使用方面，纸本书刊都是用户利用的重点。

图书和期刊是企业用户主要阅读的文献类型，都是36.8%的用户阅读；报纸排在第三位，26.3%的用户阅读。

民众对通过电话或网络预约、续借图书有着较高的需求，民众对此功能的平均需求程度为4.04。这也说明了纸质图书是民众主要需求的文献类型。

无论是从读者需求还是读者的实际使用情况，纸本书刊应该还是南沙区图书馆文献资源建设的重点。

2. 提高信息资源建设的质量

没有感兴趣的书籍、书籍种类很少是企业用户没有使用集体外借服务的两个原因。即使是使用过集体外借服务的企业用户，对集体外借图书种类的评价并不高。对于改进集体外借的措施，将近一半（48%）的企业用户希望丰富书籍种类。

馆内调查中，83%的用户认为，提高图书质量、适时更新图书种类可以提高南沙区图书馆的使用率。用户满意调查中也发现，文献资源的数量和质量是读者最不满意的地方。

南沙区图书馆应当重视文献资源建设的质量，提高馆藏的水平，让用户能够在南沙区图书馆找到自己需要的文献资源，实现用户有其书的目标。

（二）服务建设发展建议

1. 服务网络发展建设

（1）重点考虑在学校、乡镇、街道和社区设立分馆。对于分馆的设立，民众需求最多的是在学校设立图书馆,平均需求程度高达4.39;其次是在街道、乡镇和社区设立图书馆,平均需求程度为4.17;在大型企业设立图书馆的需求程度也有3.89。学生、教师、企事业员工、外来务工人员、农民等群体需求最强烈的是在学校设立图书馆,其次是在街道、乡镇设立图书馆,再次是在社区设立图书馆,最后才是在大型企业设立图书馆。专业技术人员需求最强烈的是在社区设立图书馆,其次是在学校设立图书馆,第三是在街道、乡镇设立图书馆,最后是在大型企业设立图书馆。自由职业者、公务员需求最强烈的是在学校设立图书馆,其次是在社区设立图书馆,再次是在街道、乡镇设立图书馆,最后是在大型企业设立图书馆。离退休人员需求最强烈的是在社区设立图书馆,其次是在街道、乡镇设立图书馆,再次是在学校设立图书馆,最后才是在大型企业设立图书馆。

在馆内调查中,也有41%的用户希望南沙区图书馆与学校合作,在中、小学设立阅览室或分馆,将服务送进学校;并且53.1%的学生和71.4%的教师希望如此。比较而言,只有22.7%的用户希望南沙区图书馆与企业合作,在企业设立阅览室或分馆,将服务送进企业,只有41%的企事业单位员工希望如此。

综合民众调查和馆内调查的结果,建议南沙区图书馆考虑分馆布局时,重点考虑在学校、乡镇、街道和社区设立分馆。

(2)重点考虑发展智慧图书馆和自助借还书机。对于图书馆服务网络的形式,民众最需要的是自助借还书机,平均需求程度高达4.19;其次是智慧图书馆,平均需求程度为4.09,再次是传统的实体图书馆,平均需求程度为4.07。需要在学校设立图书馆的民众,对自助借还书机的平均需求程度为4.01,对智慧图书馆的平均需求程度为3.94。非常需要在学校设立图书馆的民众,对自助借还书机的平均需求程度为4.45,对智慧图书馆的平均需求程度为4.36。需要在街道、乡镇设立图书馆的民众,对自助借还书机的平均需求程度为4.07,对智慧图书馆的平均需求程度为3.89。非常需要在街道、乡镇设立图书馆的民众,对自助借还书机的平均需求程度为4.49,对智慧图书馆的平均需求程度为4.54。需要在社区设立图书馆的民众,对自助借还书机的平均需求程度为4.02,对智慧图书馆的平均需求程度为3.92,非常需要在社区设立图书馆的民众,对自助借还书机的平均需求程度为 4.58，对智慧图书馆的平均需求程度为 4.48。需要在大型企业设立图书馆的民众，对自助借还书机的平均需求程度为 4.11，对智慧图书馆的平均需求程度为 4.05，非常需要在大型企业设立图书馆的民众，对自助借还书机的平均需求程度为 4.58，对智慧图书馆的平均需求程度为 4.59。

企业用户最希望的分馆形式是与企业合作建立智慧图书馆，其次是设立自助借还书机，再次是在企业建立阅览室，而对于目前南沙区图书馆在企业中采用的集体外借，只有不到十分之一（7.7%）的用户希望采用这样的形式。

馆内用户调查发现，56.1% 的用户需要增加智慧图书馆服务，35.6% 的用户需要增加自助借还书机服务。其中 52% 的学生需要增加智慧图书馆服务，41.2% 的学生需要增加自助借还书机服务；57.1% 的教师需要增加智慧图书馆服务，42.9% 的教师需要增加自助借还书机服务。

结合三个方面的调查结果，建议南沙区图书馆以智慧图书馆和自助借还书机作为图书馆服务网络的重要组成形式。

（3）建立 15 分钟公共图书馆服务圈。无论是步行、公交还是开车，民众希望图书馆到工作或者居住地方的距离在 10 分钟以内者的中位数和众数都是 10 分钟。

馆内调查中，步行到图书馆的用户中，24.1% 到图书馆花费的时间是 5 分钟以内，34.8% 到图书馆花费的时间是 5—10 分钟。通过公交到图书馆的读者中，19.4% 的用户花费时间是 15—20 分钟，12.9% 的用户花费时间是在 5—10 分钟，12.9% 的用户花费时间在 5 分钟以内。骑单车到图书馆的用户中，6.5% 花费时间在 5 分钟以内，30.4% 花费时间在 5—10 分钟，28.3% 花费时间在 10—15 分钟。

结合民众的期望和用户实际到图书馆花费的时间，南沙区宜建立 15 分钟公共文化服务圈，让用户能够方便地享受图书馆服务。

2. 服务项目发展建设

（1）实现通借通还服务。民众对身边的图书馆与全区的图书馆通借通还的平均需求程度高达 4.22，对与全市的图书馆通借通还的平均需求程度也有 4.15。体现出民众对通借通还服务的强烈需求，因此南沙区图书馆在进行分馆建设时，应当将通借通还服务作为基本的要求来实现。读者对身边图书馆与全区其他图书馆的通借通还服务需求见图14-10,对身边图书馆与全市其他图书馆的通借通还服务需求见图14-11。

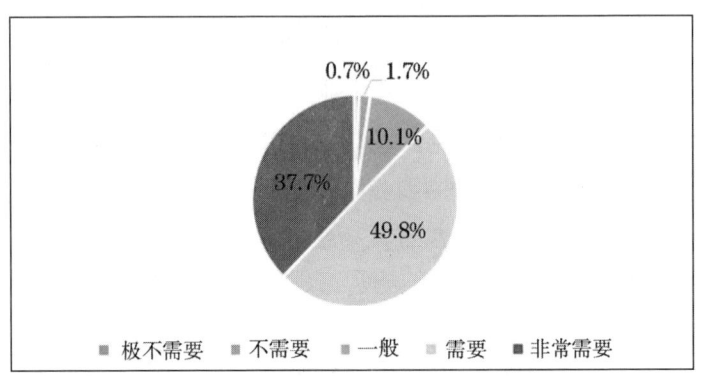

图14-10 对与全区图书馆的通借通还服务需求

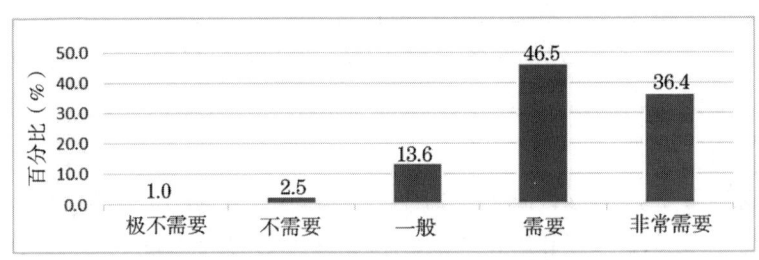

图14-11 与全市图书馆通借通还服务需求

(2) 延长开放时间。用户对南沙区图书馆目前的开放时间不太满意。主要集中在报刊阅览室和成人借阅部。37.9%的用户认为报刊阅览室的开放时间不太合理,0.4%的用户认为极不合理。对于成人借阅部,用户意见也较多,23.3%的用户认为不太合理,0.7%的用户认为极不合理。

南沙区图书馆应延长开放时间来满足用户的需求。

(3) 在时机成熟的时候实行免押金借书。公共图书馆借阅书刊是否收取押金,业界一直存有争议。从调查的结果来看,对于押金收取,用户并没有表现出太强烈的反对意见。只有5.7%的用户认为很不合理,应该免费;有高达47.7%的用户认为合理,15.9%的用户认为非常合理。但是,有

34.1%的用户同意不收取押金会增加使用图书馆，18.3%的用户非常同意不收取押金会增加使用图书馆。

因此，南沙区图书馆可以根据自己的实际情况，在时机成熟的时候停止收取押金，降低用户使用图书馆的门槛，扩大图书馆用户群。

（4）以用户需求为导向重构图书馆网站。图书馆网站是图书馆服务的重要门户，但是从馆内调查的情况来看，南沙区图书馆网站的利用率非常低，将近七成的读者都没有访问过南沙区图书馆网站。可能是因为南沙区图书馆网站当前功能不太完善，主要还是信息发布与介绍，在用户体验、应用服务提供方面还很不够，交互性服务较少。

南沙区图书馆网站建设应该从以内容为中心转为以用户为中心。以方便服务和良好体验为导向进行网站设计。根据读者的使用习惯，获取服务的过程为主线进行网站功能模块设计。此外，还需要改善南沙区图书馆网站的交互性。可以通过在页面上加入 QQ、微博、微信等形式，加强用户与服务提供者的交互性，使读者能及时表达需求，改善读者的服务体验。

（5）提供移动图书馆服务。首先从上网终端来看，智能手机已经成为了用户使用最频繁的上网终端，平均使用频率达到3.13，79%的用户使用过手机上网，平板电脑的平均使用频率也有2，54.9%的用户使用过平板电脑上网。

其次从用户的意愿来看，用户愿意通过手机接收的图书馆信息，排在首位的是图书到期提醒，71.2%的用户愿意接收此类信息；其次是新书通报，65.5%的用户愿意接收此类信息；再次是讲座信息和培训信息，51.7%的用户愿意接收此类信息，第四是预约图书到馆提醒，40.4%的用户愿意接收此类信息。

再次从用户的需求来看，对于移动图书馆的功能需求，排在前五位的是超期图书催还提醒（平均需求程度为3.84）、新书通报（平均需求程度为3.78）、图书续借（平均需求程度为3.78）、预约书到馆通知（平均需求程度为3.62）和图书馆消息通知（平均需求程度为3.53）。民众调查中，民众对移动图书馆平均需求程度为3.94，也显示出民众对移动图书馆的较强需求。

根据用户对移动图书馆的功能需求重点，南沙区图书馆可以先推出移动

OPAC 服务。

（6）开展数字阅读服务。手机阅读是民众经常使用的阅读渠道，也有将近四分之一的民众使用电脑在线/下载阅读。对于今后的阅读方式，53.4%的民众会结合使用传统纸质阅读和数字阅读方式，也有34.9%的民众会以纸质阅读方式为主，只有11.6%的民众会以数字阅读的方式为主。

阅读纸本图书仍然是企业用户主要的阅读方式，其次是在手机上阅读，再次是在电脑上阅读。

馆内用户调查中，用户以纸本阅读和数字阅读兼备为主。

因此，纸本阅读和数字阅读相结合是用户阅读的趋势，南沙区图书馆在做好纸本阅读的同时开展数字阅读服务。

（7）开展图书馆营销和推广工作。南沙区图书馆提供的集体外借服务，将近六成（57.4%）的企业用户没有使用过。不知道有此项服务是用户没有使用过排在第一位的原因。

馆内调查中，35.1%的用户在使用南沙区图书馆遇到的困难是不清楚南沙区图书馆提供哪些资源和服务，35.5%的用户遇到的困难是不清楚文献资源的排列和存放问题，23.3%的用户遇到的困难是不会利用数据库等电子资源，这也表明南沙区图书馆在营销和推广方面还需要继续努力。另一方面，开展图书馆营销活动可以促进图书馆的使用，如43.1%的用户认为加大宣传力度，积极宣传南沙区图书馆的重要性可以提高南沙区图书馆的使用率。

所以，南沙区图书馆应当重视图书馆营销，做好图书馆的宣传和推广活动，让更多的人认识图书馆、了解图书馆。

（8）与时俱进，创新图书馆服务形式。企业用户调查中，绝大多数企业用户希望南沙区图书馆提供微信/微博服务。对于微博/微信服务内容，用户最需要的是直接推送类信息服务，如各类型培训讲座通知、最新上架图书推荐、节假日开馆信息的发布等；排在第二位的是链接中转推送类信息服务，如将相关信息进行简要介绍并附有超链接地址，进而转发图书馆网站大量内容翔实的信息；排在第三位的是互动类信息服务，如开展在线咨询服务，或者就某方面热点话题和读者共同探讨。

馆内用户调查的结果类似，用户最希望提供直接推送类信息服务，其次是提供互动类信息服务，再次是提供链接中转推送类信息服务。

南沙区图书馆可以开通官方的微信/微博账号，主动向用户推送信息，与用户互动，及时解决读者在使用中的问题。微信的公众服务平台分为服务号和订阅号。服务号是面向企业和组织的服务平台。订阅号是面向媒体和个人的服务平台。南沙区图书馆开通微信服务号，供读者检索南沙区图书馆馆藏书目，进行图书续借，网上用户注册认证，查询图书馆提供的活动与讲座信息，向用户提供参考咨询服务。

微信服务号分为三个菜单：

我的图书馆：我要找书、读者证绑定、读者证解绑、读者借阅信息、图书续借、预借查询、图书推荐。

常见问题：开馆时间、如何办证、馆内上网、地址交通、分馆分布、附近的图书馆。

发现：好书推荐、借阅榜、讲座直播间、本周文化活动、本周少儿活动、订阅活动快讯、活动预约、咨询＆反馈。

3. 服务功能定位

公共图书馆是人类社会文明发展的产物。2001年7月联合国教科文组织与国际图书馆协会与机构联合会共同出版的《公共图书馆服务》指出，公共图书馆的基本宗旨是通过提供不同形式的资源和服务去满足个人和团体的教育、信息和包括娱乐和休闲在内的个人发展需求[1]。所谓第三空间是指家庭空间、工作空间以外的社会空间，如咖啡馆等[2]。图书馆应成为第三空间的提法有好几年了。对民众的图书馆功能认知进行因子分析，以主要成分法进行因子的抽取，以最大方差法进行因子的旋转，得到如表14-6所示的结果。因子分析的结果表明，民众认为公共图书馆功能主要有学习空间功能和交流空间功能，公共图书馆作为第三空间的价值得到了用户的认同。由此可见，南沙区图书馆可以在此方面进行努力，争取在市民的生活中发挥越来越重要的作用。要实现南沙区图书馆成为南沙区市民第三空间的目的，首先要对图书馆的物理格局进行科学的划分，增加具备休闲娱乐功能的空间。其次作为第三空间的南沙区图书馆要积极地举办各类用户活动，使用户一方面

---

[1] 陆晓红：《面向公共文化服务的城市公共图书馆体系构建》，《图书情报工作》2009年第17期，第18—22页。

[2] 鲍甬婵：《图书馆：城市的"第三空间"》，《图书馆论坛》2011年第5期，第16—18、第26页。

通过学习新知识增加对图书馆的归属感,另一方面,用户可以通过活动获得社交的机会、拓展社交范围①。

表 14-6 公共图书馆功能认同因子分析

因子项目	问卷项目变量	因子负荷量	累计解释总变异量(%)
学习空间功能	阅读的地方	0.801	30.910
	收藏图书、报纸、杂志、音像资料等信息资源的地方	0.781	
	免费借阅所需图书、音像资料等信息资源的地方	0.762	
	学习、自主进行终身教育的地方	0.616	
交流空间功能	与人交流的地方	0.835	59.869
	休闲的地方	0.821	
	免费上网或使用电脑的地方	0.752	
	不受时空限制,人们能随时随地获取所需信息和服务的公益机构	0.503	

---

① 刘兰:《图书馆"第三空间"营造途径研究》,《图书与情报》2012 年第 5 期,第 99—101 页。

第十五章
结论与建议

本章将概括整个研究的主要结论，进而对图书馆实践提出相应建议。最后，说明本研究实现的创新和存在的不足。

一、研究结论

通过前文关于用户对图书馆的信息资源需求、信息服务需求、信息系统需求、图书馆用户满意等方面的实证研究，以及用户对个性化信息服务的专题研究、中山大学图书馆和广州图书馆、南沙区图书馆的案例研究，我们得到以下主要结论。

（一）图书馆用户需求有特定的结构

对图书馆用户信息资源质量需求和感知量表、信息服务质量需求和感知量表、信息系统质量需求和感知量表因子分析的结果证实，图书馆用户需求可视为由信息资源需求、信息服务需求和信息系统需求这三个元素组成。对图书馆用户信息资源类型需求、信息服务类型需求和信息系统类型需求的相关分析及对图书馆用户信息资源质量需求、信息服务质量需求和信息系统质量需求的相关分析结果表明，信息资源需求、信息服务需求和信息系统需求这三者之间存在正相关关系。

（二）网络环境中图书馆用户行为和需求发生了重要的变化

几次用户需求和满意调查都发现，网络环境中，用户利用图书馆的方式发生了变化，越来越多的用户通过远程的方式使用图书馆甚至只是通过远程的方式使用图书馆。即使是2013年在图书馆内进行的调查,仅使用实体图书馆用户的比例比2011年的调查有了大幅度下降。用户利用图书馆的方式对其各方面的需求都产生了显著影响,也就是用户利用图书馆方式的变化带来了其需求的变化。

2011年和2013年的用户需求和满意调查都发现,网络环境中,图书馆用户的学术类信息资源的载体需求发展到以纸质载体和电子载体兼要为主,用户对电子载体的休闲类信息资源的需求也较为强烈;图书馆用户的阅读方式也在发生变化,数字化阅读越来越普遍;信息资源老化的速度在减慢;图书馆电子资源之外的网络成为图书馆用户日常生活信息主要来源。

网络环境中,用户对于网络信息服务有着较高的需求,特别是教师和研究生等用户群体的需求已经转向为以网络信息服务需求为主。

网络环境中,信息系统需求和信息服务需求之间的相互影响,信息系统需求和信息资源需求之间的相互影响均高于信息资源需求和信息服务需求之间的相互影响。

(三) 图书馆的用户需求强度有待提高

一方面,整体而言,用户对图书馆的需求强度不高。强需求项目在图书馆用户需求中所占的比例不高,中低需求项目在图书馆用户需求中占据主要地位。2011年和2013年两次的调查按照用户的需求强度特征经过聚类分析,都发现图书馆用户可以分为高级用户、边缘用户、普通用户和远程用户。高级用户无论是对信息资源、信息服务还是信息系统,都有较高的需求。边缘用户对图书馆信息资源、信息服务和信息系统的需求都不高。普通用户以使用基础信息服务和基本信息系统为主,以休闲类信息资源需求为主。远程用户主要需求学术类书刊和基本信息系统,主要通过网络使用图书馆服务。因为两次用户需求调查和满意调查的样本结构不同,所以两次调查中各种用户的比例构成不尽相同。但是两次调查都发现,初中及以下、高中/中专/技校学历的用户大多属于边缘用户,本科学历的用户以普通用户为主,研究生及以上学历的图书馆用户主要是远程用户。农民、自由职业者、离退休人员和无业/下岗/失业等身份的图书馆用户大多属于边缘用户。教师以远程用户为主。

另一方面,图书馆面临着与其他信息服务提供者争取用户的局面。2011

年和2013年两次用户需求和满意的调查都发现，虽然网络环境中图书馆仍然是用户学术信息的主要来源，但是图书馆电子资源之外的网络也是图书馆用户学术信息的重要来源。在日常生活信息提供方面，图书馆的竞争对手更多更强大，图书馆不仅要与网络竞争，而且还要与大众媒体、书店、人际渠道等进行竞争。

（四）图书馆的功能没有发生根本性的变化，但是基础服务的地位有所下降

2011年和2013年两次用户需求和满意的调查都表明，图书馆用户信息服务需求位居前3位的都是图书馆基础服务项目，其中书刊阅览服务和书刊外借服务为依托图书馆信息资源而提供的服务，因此，网络环境中图书馆仍然是用户需要的信息资源空间。在广州图书馆的个案调查中，用户对图书馆功能的认知中信息中心功能和文献中心功能仍然是图书馆非常重要的功能。南沙区图书馆馆内用户调查也发现，用户使用最多的服务仍然是传统的书刊外借和阅览服务。但是，我们也要看到，2013年的调查显示，外借服务和阅览服务等基础性服务的地位有所下降，同时，自习服务、上网服务、展览服务等图书馆空间利用服务的需求却在上升。

与国外的研究结论不同的是，本研究发现，虽然图书馆外的自助式参考咨询服务已经成为用户需求程度最高的信息咨询方式，但是自助式咨询服务并没有取代图书馆信息咨询服务。广州图书馆和中山大学图书馆的案例中也同时反映出：网络环境中，用户对图书馆信息咨询服务仍然有着较强的需求，特别是与馆员直接交流的面对面咨询和实时咨询。

（五）提升信息服务质量最能提高用户的满意程度

2011年和2013年的调查都发现，图书馆用户满意是用户的信息资源满意、信息服务满意和信息系统满意三方面共同作用的结果。用户信息资源质量感知和信息资源质量需求的正向差异对用户的信息资源满意有着正向影响，用户信息服务质量感知和信息服务质量需求的正向差异对用户的信息资源满意有着正向影响，用户信息系统质量感知和信息系统质量需求的正向差异对用户的信息资源满意有着正向影响。在信息资源满意、信息服务满意和信息系统满意中，信息服务的满意对用户的整体满意影响最大，因此提升服务质量最能提高用户的满意程度。

(六) 用户的需求存在差异

研究结果显示，用户的性别、年龄、身份、学历、地区、专业、外语水平、网络使用能力等因素是影响其需求的重要因素。年龄、学历、身份、专业、网络使用能力等因素对用户的信息资源需求产生了显著影响。性别、年龄、学历、专业、网络使用能力等因素对用户的信息服务需求产生了显著影响。专业、外语水平和网络使用能力等因素对用户的信息系统需求产生了显著影响。用户所在地区对其大部分信息资源需求、部分信息服务需求和部分信息系统需求存在显著影响。公共图书馆用户的信息资源需求、信息服务需求和信息系统需求的地区差异超过高校图书馆用户。不同级别公共图书馆用户的部分信息资源需求存在显著差异。高校图书馆用户和公共图书馆用户的信息资源需求、信息服务需求和信息系统需求均存在显著差异，一般而言，高校图书馆用户的需求高于公共图书馆用户。网络环境中，个性化信息服务不仅是图书馆差别化服务的体现，同时也满足了用户对图书馆服务提出的更高需求。

广州图书馆和南沙区图书馆的个案研究也发现，发达城市图书馆的用户需求与欠发达的基层图书馆的用户需求也存在差异。

(七) 网络环境中用户高度重视个人隐私保护

图书馆收集和存储了大量的用户信息，其中就包括很多用户隐私信息。从图书馆用户需求和满意调查及个性化信息服务的专题研究发现，在接受图书馆服务和使用图书馆信息系统时，图书馆用户对个人隐私保护非常重视。个性化信息服务涉及更多的个人隐私信息，在个性化信息服务中，用户对个人隐私保护的需求更加强烈。

(八) 公共图书馆用户对免押金借书的需求并不强烈

虽然业界对于公共图书馆是否免押金借书存在较大的争议，但是2011年和2013年的调查都发现，公共图书馆用户对免押金借书的平均认同程度都低于3.5，所以用户对此的需求并不强烈。广州图书馆的个案研究和南沙区图书馆的个案研究也表明，公共图书馆用户并不在意借书是否免押金。由此可知，免押金借书并不是公共图书馆用户的重点关注内容。

(九) 数字化阅读已成为市民的主要阅读方式，但纸本阅读仍然非常重要

阅读是人类特有的文明行为和社会现象。可以说，人类文明史就是一部

阅读的历史。通过阅读，人们可以满足自己对知识的渴求、提升个人素质及增强自身竞争力等目的①。

广州市民和南沙区市民阅读需求的个案研究都表明，诸如手机阅读和电脑在线/下载阅读这样的数字化阅读方式已成为市民的主要阅读方式，但是纸本资源在人们的阅读习惯和阅读感受中，仍然占有重要的一席之地。大多数人在进行数字化阅读的同时也不会放弃纸本阅读，而且相当一部分人还是更为倾向于纸本阅读，这说明纸本阅读方式是有其优势和特点而得以传承存在的。

（十）图书馆是全民阅读的重要阵地

广州市民阅读需求的调查显示，在图书馆借阅和直接在图书馆阅读是市民阅读的最主要的渠道。南沙区市民阅读需求的调查发现，在图书馆借阅和直接在图书馆阅读是超过一半市民的阅读途径。由此可知，图书馆特别是公共图书馆是全民阅读的重要阵地。

二、对图书馆实践的建议

根据研究发现，提出如下建议，供图书馆实践参考。

（一）对图书馆发展战略规划制定的建议

图书馆战略规划是图书馆面向未来确定图书馆使命、远景、目标、战略及实施计划的思维过程与框架②。研究用户需求是图书馆战略规划中的重要环节。根据前文研究的结果，我们提出以下图书馆发展战略规划制定的建议。

1. 图书馆应该调查并依据自己用户的特定需求制定本馆的发展战略规划

由前文可知，公共和高校图书馆用户的需求存在差异，不同地区图书馆用户的需求存在差异，不同级别的公共图书馆用户某些需求也存在差异，具体图书馆的用户需求也有一些自己的特征。而图书馆战略规划的目的就是满

---

① 王余光：《中国阅读文化史论》，北京，北京图书馆出版社2007年版，第14页。
② 盛小平：《大学图书馆战略规划的几个基本问题》，《大学图书馆学报》2009年第2期，第14—18页。

足用户需求,因此,图书馆应该调查并根据本馆用户的特定需求来制定发展战略规划。

2. 图书馆发展战略规划要根据用户需求的变化及时修订

2011年和2013年两次的用户需求和满意调查发现,随着社会环境的变化,用户需求在维持稳定的同时也有一些变化。因此,图书馆发展战略规划应当注意到图书馆内部和外部环境的变化,通过全面的用户调查或者专题的用户调查获知用户需求的变化,根据用户需求的变化及时修订图书馆发展战略规划或者制定专门的发展规划来响应用户需求。

3. 图书馆发展战略规划中应当重视为各种用户群体提供个性化服务

从前文可知,用户的个人特征、图书馆使用特征等对其需求存在显著影响。根据需求特征,用户也可以分为多种类型。因此,图书馆一般存在多个用户群体,这些用户群体有着不同的需求,比如高级用户和边缘用户对图书馆的需求就存在很大差异。图书馆在制定发展战略规划时,应当考虑到不同用户群体的需求,有针对性地向他们提供符合他们需求的个性化服务。

(二) 对图书馆信息资源建设的建议

图书馆信息资源建设面对的问题主要有:(1)信息资源的类型配置。图书馆应该购买哪些类型的信息资源,各种类型信息资源的比例应该如何。(2)信息资源载体的配置。同一种信息类型,既有纸质版,也有电子版,图书馆应该如何选择。(3)信息资源语种的配置。各类型信息资源中哪些应该配备外语语种。(4)信息资源年限的配置。由于各种原因,图书馆的信息资源建设大多存在缺藏问题,比如某份期刊图书馆收藏的年限只有10年,现在因为数据库商已经回溯到创刊期了,图书馆是否需要购买回溯数据库来补全馆藏。我们根据前面的研究发现建议:

1. 重视学术类资源的同时也要关注休闲类信息资源

对于各种类型信息资源的配置问题,图书馆在重视学术性信息资源配置的同时,也要关注报纸、休闲类图书、休闲类期刊等休闲类信息资源的配置,特别是公共图书馆更应该如此。图书馆仍然是用户获取学术信息的主要来源,因此图书馆中学术类信息资源的配备必不可少。

高校图书馆的教师、科研人员、研究生等用户群体需求的信息资源以学术类图书、学术类期刊、学位论文等为主,但是他们对报纸、休闲类图书、休闲类期刊等也有一定的需求；本科生的需求则是以休闲类资源为主。所以高校图书馆不仅要根据教学科研的需要配备学术类信息资源，也要兼顾用户需求，配置一定数量的休闲类信息资源。高校图书馆用户需要的资源以图书、期刊、报纸、工具书、学位论文、会议论文等为主，所以高校图书馆的信息资源建设应该以这些类型信息资源为主，同时根据本馆的实际情况，配备其他类型的信息资源。

公共图书馆用户需要的信息资源主要是在图书、期刊、报纸、工具书等方面，因此，公共图书馆可以将重点放在这几类的信息资源上。从广州市民和南沙区市民的个案研究中我们得知，目前社会尽管竞争压力大，但是市民在选择阅读的内容中仍是以轻松、快速与简单的内容为主，因此，公共图书馆在进行馆藏建设时需要着重考虑目前市民所侧重的新闻资讯、轻松阅读的信息需求，但是公共图书馆作为引导文明城市的文化信息资源收藏中心，还需要起到一定的教育引导作用，引导市民文明的文化意识，也需要在信息资源的休闲性与引导性上兼容并包。

2. 根据资源的类型进行载体的配置

对于各种载体类型信息资源的配置问题，本研究发现，用户对报纸、休闲类期刊和工具书这三种信息资源的需求以纸质载体为主，但是也有相当比例的用户需要纸质载体和电子载体兼备。因此，图书馆对这三种类型信息资源的配置可以仍然以纸质载体为主，但是在情况许可的情况下，可以引入电子阅读器和提供相关的数据库来满足部分用户对电子载体的需求。

对于学位论文、专利文献、标准文献和政府出版物，公共图书馆用户倾向于只需要纸质载体的，所以公共图书馆对于这四种类型信息资源的配备以纸质载体为主就可以满足多数用户的需求。

对于学术类图书、休闲类图书、学术类期刊和会议论文等信息资源，公共图书馆用户倾向于纸质载体和电子载体都需要，但是仅需要纸质载体的用户的比例都高于仅需要电子载体的，所以公共图书馆对四种类型信息资源的配备，最好是能够纸质载体和电子载体都提供，如果做不到两种载体都提供，则提供纸质载体能够满足多数用户的需求。

对于学术类图书、休闲类图书、学术类期刊、会议论文、学位论文、专利文献、标准文献、政府出版物，高校图书馆用户倾向于纸质载体和电子载体都需要，但是就学术类图书、休闲类图书、学术类期刊而言，仅需要纸质载体的高校图书馆用户的比例高于仅需要电子载体的，所以对这三种类型信息资源的配备，高校图书馆以纸质和电子都提供为最佳选择，只提供纸质载体为次佳选择，会议论文、学位论文、专利文献、标准文献、政府出版物方面，仅需要电子载体的高校图书馆用户的比例高于仅需要纸本载体的，因此对这五种类型信息资源的配备，高校图书馆以纸质载体和电子载体都提供为最佳选择，只提供电子载体为次佳选择。研究还发现，教师、专业技术人员等对学术类期刊的需求以电子载体为主，对学术类图书的需求以纸质载体为主，因此高校图书馆和以科研人员为服务对象的科技图书馆，学术类期刊的配置应该加快向电子期刊转型，学术类图书的电子化步伐可能不宜太快。

3. 重视外文信息资源的配置

对于信息资源语种配备的问题，从研究结果来看，对于各种类型信息资源，图书馆用户的需求虽然是以中文为主，但是也有相当多的用户对外文语种信息资源存在需求。所以，最理想的是各种类型的信息资源中外文都能配备。但是有超过四成高校图书馆用户对外文学术类期刊和工具书存在需求，有超过三成的公共图书馆用户对中文学术类期刊和工具书存在需求。具体地，在广州图书馆个案中，外文工具书、预研读物、文学和学术信息成为外文资源的主要需求类型。因此，对于这些类型的信息资源，高校图书馆和公共图书馆应该尽量提供外文语种的，特别是高校图书馆，以满足用户学术研究的需求。

4. 进行学术类信息资源的回溯

对于信息资源年限配置的问题，本研究发现，图书馆用户对于休闲类信息资源的新颖性需求较高，需求的休闲类信息资源的年限较短；对于学术类信息资源的新颖性要求相当低，需求的学术类信息资源的年限较长。特别是网络延缓了信息资源的老化速度。因此，对于图书馆而言，学术类信息资源收藏的年限宜较长，休闲类信息资源只收藏近几年的。如果收藏的学术类信息资源的年限不能满足用户需求，图书馆可以考虑通过购买回溯数据库等方式来补充馆藏。对于休闲类信息资源，特别是报纸，装订之后的报纸占据了图书馆的大量空间，今后随着报纸数据库的发展，图书馆可以考虑购买报纸数据库来满足一部分用户对过报的需求，而将纸质的过报转移到密集书库等地来节省馆藏空间。

5. 尽量减轻用户获取信息资源的经济负担

图书馆用户信息资源效用需求方面，图书馆用户对信息资源的经济性要求较高，因此图书馆应当尽可能免费提供信息资源给用户，实在是不能够免费的，也应当为用户考虑，尽可能减轻用户的经济负担。

除了经济性外，图书馆用户对信息资源的权威性的要求也非常高，因此图书馆在进行资源建设时，必须将信息资源的权威性作为选择资源的重要指标，尽可能选择权威机构、权威出版社、权威作者等出版的信息资源。

（三）对图书馆信息服务开展的建议

在信息服务方面，根据研究结果，我们提出如下建议。

1. 高度重视流通阅览等基础服务

网络环境中，图书馆用户对书刊阅览、书刊外借等传统信息服务还存在很高的需求，所以图书馆应该保持对这些服务的高度重视。随着数字化和网络化的发展，很多图书馆将重心转向数字图书馆建设，图书馆最基础的流通阅览服务不被图书馆领导重视，在流通阅览部门工作的馆员也觉得体现不出自我价值，普遍存在消极心理[1]。图书馆应该为流通咨询服务配备高素质的馆员。流通阅览馆员往往是用户首先接触到的馆员，是用户进入图书馆的门户和引路人[2]。

图书馆用户对馆员服务态度的重视超过服务能力，因此包括流通咨询馆员在内的图书馆工作人员首先要具备良好的服务态度，在与用户的沟通中，使用规范的服务用语，同时也要应用好非语言沟通技巧，使用户感受到图书馆员的用心服务[3]。在图书馆基础服务中，也需要积极引入现代信息技术，提高服务效率，延长服务时间，满足用户对自助服务的需求，比如引入自助借还机、自助图书馆等。2006 年 7 月，深圳图书馆在新馆内外配备了自助借书机。用户对自助服务的欢迎与认可超出了图书馆的预料，不少用户宁愿排队等候，也不愿移步服务台接受人工服务，自助借还量占全馆书刊借还总

---

[1] 刘红：《高校图书馆流通部馆员心理分析及调适》，《前沿》2007 年第 4 期，第 244—246 页。

[2] 郭庆文：《"全科医师"——高校图书馆流通馆员角色辨析》，《图书馆建设》2007 年第 4 期，第 104—106、第 109 页。

[3] 吴江梅：《关注细节服务提升图书馆流通服务质量》，《图书馆》2007 年第 4 期，第 88—90 页。

量的95%以上①。深圳图书馆推出的自助图书馆取得了非常好的服务效益。深圳图书馆自助图书馆自2008年4月23日投入运行服务以来,截至2009年10月底,累计办理用户证15417张,服务用户515798人次,处理文献1248565册次,完成预借送书35076册次。2009年5至10月,40个自助图书馆借书量占深圳图书馆在馆借书量的17.49%,第三季度借书量占全市各级公共图书馆借书量的8.16%②。

2. 大力发展网络信息服务,迈向信息服务的泛在化

在做好基础服务的同时,图书馆也要大力发展网络信息服务。由调查可知,图书馆用户也非常需要电子资源检索、馆藏书刊目录检索、电子资源导航、网络信息导航等网络信息服务。并且网络使用能力越强,对图书馆网络信息服务的需求程度就越高。在调查中,我们还发现,大部分用户都远程使用过图书馆,而远程使用图书馆,主要是利用图书馆的网络信息服务。要实现图书馆服务无处不在的目标,更是离不开网络信息服务。

3. 根据用户需求的变化,进行图书馆实体空间和环境的设计

研究发现,图书馆用户对于提供安静的学习空间、环境整洁舒适、提供激发研究和学习的环境、提供足够且完善的现代化设备和配套设施等在内的服务的有形性比较重视。此外,用户在图书馆实体空间内的活动发生了变化,信息资源的获取只是用户的活动之一,自习、休闲等成为用户的重要活动内容。

古代图书馆的主要功能是收藏图书,其空间设计主要的考虑因素是藏书,近代图书馆非常重视图书的流通功能,在空间设计上图书馆出现了目录室、阅览室、出纳台等图书馆用户活动的空间③。当代图书馆的功能更加丰富,如王世伟提出当代城市图书馆的五大功能定位:城市记忆、市民广场、城市教室、文化中心和共享空间。宁波图书馆和东莞图书馆的功能定位与此类似。宁波图书馆的功能定位为文献保障中心、阅读推广中心、社会学习中

---

① 程亚男:《关于自助图书馆的几个关键词:理念 技术 成本 绩效》,《公共图书馆》2010年第1期,第31—36页。
② 腾讯财经:《三年内深圳将有300个自助图书馆》,http://finance.qq.com/a/20091129/000319.htm.
③ 陈凡男:《回归主体——现代图书馆空间环境设计》,《图书馆学刊》2000年第2期,第57—58页。

心、文化交流中心、信息服务中心、地方文献资源保护与开发中心及区域图书馆中心。东莞图书馆的功能定位为知识信息的集散地、市民终身教育的学校、东莞地方文献的宝库、地区图书馆（室）的中枢和高雅的文化休闲场所[①]。这些图书馆功能定位体现出图书馆功能的传承与创新。图书馆应当关注用户需求的变化，确定图书馆的功能定位，以此作为空间和环境设计的基础。

4. 坚持做好信息咨询工作

研究发现，虽然用户在使用图书馆遇到问题时，首选是到搜索引擎中寻找答案，但是这并不意味着图书馆信息咨询服务已经没有存在的必要了，用户对于图书馆信息咨询特别是面对面的咨询服务还存在较高的需求。因此，图书馆首先要做好当面咨询服务。图书馆信息咨询服务应该向搜索引擎学习，做好自助信息咨询服务。图书馆参考咨询馆员可以提供一个服务平台，其中包括整理好的知识库和常见问题，用户通过这个平台就可以找到自己所需答案，从而实现参考咨询的自助服务[②]。

用户对到百度知道、搜搜问问、新浪爱问知识人等互助式问答网站求助也有很高的要求，说明图书馆用户对这些平台的认同。这些互助式问答网站的优点可以供图书馆学习，如悬赏机制、互动机制和用人机制等。可喜的是，已经有图书馆虚拟参考咨询系统采用了互助式问答网站的这些机制。如广东科技图书馆的虚拟参考咨询与原文传递系统（见图15-1），它采用积分制，获取原文需要支付积分，普通咨询可以悬赏积分，上传原文或回复咨询被采纳为答案可获得积分[③]。平台将于每年初对上一年度参与应答最多的前几名用户进行实物及积分奖励并颁发荣誉证书[④]。在此系统中，专家和普通用户都可以对用户的求助做出回应，提供的答案被求助用户采纳之后，系

---

① 廖小梅：《新馆建设浪潮中的图书馆虚拟空间崛起——城市图书馆空间变奏曲之二》，《图书馆》2011年第2期，第103—104转108页。

② 熊静：《数字参考咨询中自助式服务的理念和实现》，《图书馆杂志》2007年第12期，第26—29页。

③ 广东科技图书馆虚拟咨询与原文传递平台：《关于积分》，http://www.stlib.gd.cn/pingtai01/index.asp num=3.

④ 广东科技图书馆虚拟咨询与原文传递平台：《奖励计划》，http://www.stlib.gd.cn/pingtai01/index.asp num=8.

统就会给应答者相应的积分。

图书馆用户对于实时咨询的需求程度也较高，所以图书馆也应该提供实时咨询服务。实时咨询服务有多种实现方式，如利用 QQ、MSN 等实时交流工具，使用实时参考咨询系统等。

图 15 -1　广东科技图书馆虚拟参考咨询与原文传递平台用户界面

资料来源：截屏于网址 http://www.dlrp.proxy.stlib.cn/dlrp.

虽然用户对表单咨询、留言本咨询等的需求不高，但是这些咨询可能随着新的网络应用如微博和微信等的发展而发展。微博咨询和微信咨询既可以提供实时咨询，也可以提供非实时咨询，其非实时咨询的功能与表单咨询、留言本咨询比较类似。图书馆可以开设官方微博账号，将咨询服务作为微博服务功能的组成部分。图书馆也可以开通微信服务号，提供常见问题解答和咨询等功能。

5. 制定合理的收费标准，降低用户使用的门槛

图书馆用户对免费办证、馆内免费上网、自修室免费等的需求非常强烈。高校图书馆一般都能免费提供这些服务项目，但是也有极少数高校图书馆还在以各种名义对自修室收费，造成了非常不良的影响。这样的收费一定要取消。2011 年 2 月 10 日发布的《文化部、财政部关于推进全国美术馆、公共图书馆、文化馆（站）免费开放工作的意见》（文财务发〔2011〕5

号）明确指出，公共图书馆多媒体阅览室（电子阅览室）免费开放，取消公共图书馆办证费、验证费、自修室使用费。这可谓是顺应民意之举。虽然公共图书馆用户对免押金借书的需求不强烈，但是南沙区图书馆的个案研究表明，如果实行免押金借书，用户有可能增加使用图书馆。从实践来看，免押金借书也可产生良好的社会影响。杭州图书馆、佛山市联合图书馆和广州图书馆的实践都证明了这一点。如佛山市联合图书馆从2011年10月25日实施二代身份证免押金借阅图书服务之后，全市书刊借阅数量明显增加[①]。

用户对超期罚款、丢书赔偿、补证收费和文献复制服务收费能够认同，但是希望收费合理适当。所以对于这些收费项目，图书馆应当慎重地制定收费标准，让收费有理有据，特别是图书馆的文献复制费用，前几年多次出现用户投诉图书馆打印复印等文献复制费用高得离谱的报道。图书馆的文献复制服务收费不宜以盈利为主要目的。

代查代检代译服务、馆际互借/文献传递服务、科技查新服务、决策咨询服务等增值服务的收费有政策支持，图书馆也确实在其中付出了额外的劳动，但是图书馆用户对此认同度不高。图书馆首先要让用户了解这些服务的具体内容和收费的依据，尽量争取用户的理解，其次还要想方设法减轻用户的负担，这方面，中国高校人文社会科学文献中心（CASHL）的文献传递服务的做法值得借鉴，CASHL的文献传递服务本身是收费的，但是每年都会以各种名义推出优惠活动，如2014年3月推出的"文献嘉年华"优惠服务活动，2014年3月11—31日，所有CASHL直通车用户均可享受CASHL馆藏期刊100%补贴[②]。

6. 做好宣传和推广工作，让更多的人利用图书馆

图书馆是因社会的需要而存在的，社会价值是其立命之本，失去了社会需求或被其他的形式和实体所取代，那图书馆就成了无源之水无本之木，而另一方面，社会的发展对人员层次、素质的要求日益增高，终身学习的理念随着时代文化的发展正日益深入人心，图书馆作为提供文化需求、营造文化

---

① 中国文化传媒网：《佛山：凭"二代证"免押金借书》，http://www.ccdy.cn/wenhuabao/qb/201112/t20111228_221216.htm.

② CASHL管理中心：《CASHL十周年 邀您共享"文献嘉年华"》，http://www.cashl.edu.cn/portal/html/article145.html.

氛围的重要阵地是有其存在的重要意义和价值。

调查结果显示,无论是信息资源类型需求、信息服务类型需求还是信息系统类型需求,都与用户使用图书馆的频率呈正相关关系。因此,图书馆要高度重视宣传和推广工作。网络环境中,图书馆的竞争对手众多,因此图书馆必须要做好宣传和推广工作。只有更多的人到图书馆来或者是远程使用图书馆,图书馆的各种资源和服务才会得到更加充分的利用,图书馆的价值也才能更加彰显。

7. 创新活动内容和形式,吸引用户的参与

广州图书馆的案例中,市民参加各种活动的比例均不到10%,将近75%的市民从未参加过公共图书馆举办的各种阅读推广活动,阅读推广活动虽然得到了公共图书馆一定程度的重视,但是用户的知晓率与参与率也较低,效果不太理想。而市民普遍认同参加图书馆举办的阅读推广活动会促进他们对图书馆的使用及提高阅读兴趣,可见,市民对参加阅读推广活动的态度是积极的。图书馆应当更深入细致地了解用户需求,改进每次活动的策划,吸引更多的用户参与到图书馆举办的相关活动中来。

(四) 对图书馆信息系统发展的建议

根据研究获得结果,提出如下图书馆信息系统发展的建议。

1. 引入资源发现系统

研究结果表明,在信息服务类型需求上,用户对馆藏书刊目录查询、电子资源检索、电子资源导航等资源发现服务有着较高的需求;在信息系统类型需求上,用户对馆藏书刊目录检索系统、电子资源/数据库检索服务系统、电子资源统一检索系统等资源发现系统的需求也较为强烈;在信息系统功能需求上,对"不但能检索本馆的信息资源,还能同时检索馆外和互联网的相关信息资源"和"希望一站式检索多个数据库/馆藏目录"等资源发现功能的需求同样非常强。因此,图书馆要积极响应用户的需求,引入资源发现系统,使得用户能够方便快捷地发现和获取包括图书馆信息资源和网络信息资源在内的各种资源。

资源发现系统有统一的元数据索引,通过单一的搜索引擎向用户提供统一的检索和服务,突破了联邦检索系统的技术局限。通过统一的元数据索引,资源发现系统可以实现快捷高效的检索和可靠精准的结果排序。资源发

现系统覆盖的图书馆资源包括图书馆纸本资源、图书馆自建数据库、图书馆购买的电子资源和网络开发获取资源等。资源发现系统提供统一的界面供用户检索和获取图书馆全部资源[①]。

目前图书馆市场上受到较多关注的几个资源发现系统有 Serial Solutions 的 Summon、Exlibris 的 Primo Central、Innovatives 的 Encore、EBSCO 的 EBSCO Discovery Service 等。上海交通大学图书馆是大陆地区第一家正式使用 Primo 系统的图书馆，2009 年他们推出了基于 Primo 的思源探索系统作为各类资源的一站式发现与获取平台[②]。华东师范大学图书馆采用了 Encore[③]。2011 年 11 月，北京大学图书馆启用基于 Summon 的未名学术搜索[④]。

2. 高度重视图书馆信息系统的安全性，做好用户隐私保护工作

2011 年末，国内最大的程序员社区 CSDN 网站因遭遇黑客攻击，600 万用户的登录名及密码被公开泄露，天涯也被曝出 4000 万用户密码遭泄露，同时，人人网、多玩网、猫扑、17173 等网站相继传出被盗用的消息。2011 年 7 月发布的《第 28 次中国互联网络发展状况调查统计报告》显示，2011 年上半年，有过账号或密码被盗经历的网民达到 1.21 亿人[⑤]。

本研究的结果显示，用户对图书馆信息系统的安全性和隐私保护也非常重视，因此图书馆应该制定明确的隐私保护政策，内容包括用户隐私的安全维护方案、用户隐私争议解决的有效渠道、个人的权利、个人信息的收集与利用范围等。图书馆隐私保护政策应该在图书馆网站、图书馆宣传手册、信息系统注册协议等进行公告，以便用户知晓。图书馆应该采用先进技术，防

[①] 聂华、朱玲：《网络级发现服务——通向深度整合与便捷获取的路径》，《大学图书馆学报》2011 年第 6 期，第 5—10、第 25 页。

[②] 孙昱：《基于 Primo 系统的读者调查与分析》，http://flytechnews.blogspot.com/2011/09/primo.html。

[③] 朱本军、聂华：《对下一代图书馆界面的探索与实践》，《大学图书馆学报》2010 年第 4 期，第 5—9 页。

[④] Proquest：《北京大学启用 Serials Solutions Summon 发现服务》，http://www.serialssolutions.com/en/news/detail/serials-solutions-peking-university-summon-simplified。

[⑤] 中国互联网络信息中心：《第 28 次中国互联网络发展状况统计报告》，http://www.cnnic.cn/research/bgxz/tjbg/201107/P020110721502208383670.pdf。

止技术漏洞使用户隐私受到侵犯①。

3. 推动移动服务的实现

调查发现，图书馆用户会通过多种终端设备接入网络，这其中，智能手机和平板电脑的发展令人瞩目。艾媒咨询（iiMedia research）数据显示，2011年中国智能手机用户数为2.23亿，2012年达3.36亿②。为了满足图书馆用户对移动服务的需求，实现图书馆无处不在，图书馆有必要开展移动服务。图书馆移动服务的实现有多种方式，比较常见的有短信服务、WAP网站、二维码应用和客户端③。国内的图书馆移动服务目前以短信服务为主，WAP网站数量正在迅速增长，只有极少数图书馆推出了客户端。2009年，张文彦和张瑞贤调查发现，国内只有国家图书馆、东莞市图书馆、重庆大学图书馆、成都理工大学图书馆、电子科技大学图书馆、湖南理工学院图书馆和泸州医学院图书馆等7家图书馆提供WAP服务④。据宋恩梅和袁琳2010年的调查，提供WAP服务的图书馆数量就已经增长到16家⑤。国家图书馆和上海图书馆分别推出了客户端。中国国家图书馆（以下简称国图）提供的iphone客户端名为"中国国家图书馆用户服务"。国图的iphone客户端提供了国图馆藏资源的检索功能，并向拥有国图用户卡的用户提供借阅信息查询、续借、预约等功能，用户也可通过本应用查看国图的最新公告、讲座预告及各项服务帮助和指南⑥。上海图书馆提供了支持Android（部分智能手机和平板电脑使用的操作系统）和IOS系统（iPhone、iPod Touch、iPad等使用的操作系统）的上海图书馆手机客户端。Android客户端的功能有书目查询、用户卡已借图书查询、用户卡有效期以及卡功能查询、上图讲座查询

---

① 杨涛、曹树金、冯彩芬：《图书馆个性化服务的用户隐私保护需求实证研究》，《图书情报工作》2010年第5期，第55—58页。

② 艾媒咨询：《2012首届中国国际移动终端与手机应用产业峰会专题报道》，http://zt.iimedia.cn/24.html。

③ 高春玲：《解读美国移动图书馆发展的昨天、今天和明天》，《数字图书馆论坛》2010年第11期，第25—32页。

④ 张文彦、张瑞贤：《美中WAP手机图书馆发展现状比较》，《图书馆杂志》2009年第7期，第64—69页。

⑤ 宋恩梅、袁琳：《移动的书海：国内移动图书馆现状及发展趋势》，《中国图书馆学报》2010年第5期，第34—47页。

⑥ Store A：《中国国家图书馆读者服务》，http://itunes.apple.com/cn/app/id411870595 mt=8。

和预定、阅览室开放时间和用户卡功能要求查询等。IOS 客户端的功能除了 Android 客户端的功能外,还增加了展览查询(可以查看当月的展览信息)和分馆导航(可以查询上海市中心图书馆以及各基层服务点的电话、地址、地图位置,并通过 wifi、GPS 定位服务搜索附近一定范围内的分馆信息)这两项功能①。

Zmages 于 2012 年 1 月发表的调查报告显示,只有 4% 的消费者偏好使用零售商提供智能手机和平板电脑的客户端去购物,87% 的消费者偏好零售商使用移动网站和网站去购物②。图书馆用户对于 WAP 网站和客户端的偏好如何、是否与零售商消费者一致还有待于研究。图书馆应该根据用户的需求和自己的实际情况来提供移动服务。

三、研究的创新之处和不足

总体来看,我们研究成果中的图书馆用户需求的构成元素及其相关关系,网络环境中图书馆用户需求的具体特征、差异及影响因素,图书馆用户满意形成过程等,丰富了图书馆用户需求理论的内涵,扩展了图书馆用户满意理论的视角。

我们研究的创新之处主要表现在:

1. 从现有的实践和理论出发,建立图书馆用户需求结构模型,并进行操作性定义,经过实证获得一些有意义的发现

现有研究对图书馆用户需求结构大都只是理论上的阐述,我们以图书馆用户需求构成和信息需求结构的研究成果为基础,建立了包括图书馆用户需求结构模型在内的用户需求研究构架,并给出了各元素操作性定义,通过问卷收集数据对模型进行检验,从而实现了图书馆用户需求结构从理论研究到实证研究的转化,经过实证,证实、修正、产生了一些理论观点。如证实图书馆用户需求是由信息资源需求、信息服务需求和信息系统需求这三个元素组成,不支持图书馆用户需求构成元素之间存在层次关系的观点,发现图书

---

① 上海图书馆:《移动客户端》,http://www.library.sh.cn/mobile/down/index.htm.
② Zmags:"Meet the Connected Consumer:How Tablets, Smartphones and Facebook are Changing the Way Consumers Shop Across Retail Categories",http://media.zmags.com/files/zmags-cc-survey-web.pdf.

馆用户需求构成元素之间存在正相关关系。再如，研究发现，网络环境中，用户并不是对每一种信息资源的载体需求都趋向电子化，用户对报纸、期刊等休闲类资源以及工具书等的载体需求仍然是以纸质为主；图书馆特别是图书馆电子资源在用户的学术信息获取中仍然发挥着重要的作用；对于老年人等用户群体，图书馆还是他们日常生活信息的主要来源；用户对图书馆员服务态度的重视程度高于服务能力；在个性化信息服务需求中，用户对个性化信息环境等非功能性的需求高于对个性化信息服务功能的需求。

2. 将图书馆用户满意区分为信息资源满意、信息服务满意和信息系统满意，发现更清晰的用户满意形成机制

图书馆用户满意模型构建中，现有研究通常没有对图书馆用户满意进行区分，将满意作为一个全局概念，混淆用户对图书馆信息资源、信息服务和信息系统的满意，即使进行了区分，大多也只是将图书馆用户满意区分为对图书馆信息资源的满意和信息服务的满意，只是评估用户对信息资源的满意或者是对信息服务的满意。我们将图书馆用户满意区分为信息资源满意、信息服务满意和信息系统满意，采用回归分析方法进行实证研究。研究表明，图书馆用户满意首先取决于信息服务的满意，而不是信息资源的满意。研究结果对于图书馆提高用户满意有显著的参考价值。

3. 基于个人特征和图书馆使用特征研究图书馆用户需求的影响因素

我们提出从个人特征和图书馆使用特征等方面对图书馆用户需求的影响因素进行全面研究。经过实证分析得出，个人特征和图书馆使用特征的多维度能有效分析目前图书馆用户需求的影响因素。

由于研究条件的限制和种种无法克服的困难，本研究存在一些局限性，主要有：

（1）我们在研究设计和问卷调查过程中考虑了调查对象的代表性问题，但难以做到随机抽样，所以样本中某些用户群体的分布并不是非常平衡，有些用户群体如农民的比例较低。我们专门到农民工图书馆针对这些研究对象进行了调查，但是因为问卷较长，拒答率高，样本中这一类型的用户还是偏少。这给样本的代表性带来了一定的问题。今后的研究可以考虑与相关图书馆、研究所合作，使研究对象的代表性更强。

（2）为了节省问卷的篇幅，《网络环境中图书馆用户需求和满意调查问

卷》的信息资源质量需求和信息质量感知量表、信息服务质量需求和信息服务感知量表、信息系统质量需求和信息系统感知量表采用了同样的问项，在问卷设计中，问项居中，左边是质量需求量表，右边是质量感知量表。在纸本问卷调查中，有部分受访者不理解问卷这样设计的含义，只对一个量表的问项进行了回答。今后的研究可以考虑将两个量表的问项进行不同的表述，分开排列。

（3）图书馆信息资源类型、信息服务类型和信息系统类型较多，对于图书馆信息资源类型，我们只是选择了部分常见的文献类型进行调查。对于信息服务类型和信息系统类型，我们只是通过对985大学图书馆和部分省级公共图书馆的网站调查选择了部分常用的信息服务和信息系统来进行调查，因此在调查的全面性和深度方面存在局限性。今后可以考虑将研究对象限定在特定类型的图书馆用户，以便更加全面地了解用户需求。

附 录 一

网络环境中图书馆用户需求和满意调查问卷

尊敬的先生/女士：

您好！为了让图书馆更好地为您服务，我们需要获得您对图书馆资源、服务和系统等方面的需求和满意情况。请您惠赐 20 分钟左右的时间填写问卷，谢谢！本问卷采用无记名回答，所有的资料仅供学术研究之用，请您放心如实回答。

问卷填写说明：

选择题请在您确定的选项上的字母或者数字上打"√"。填空题请在横线上填写答案。您的确切回答对我们的学术研究会有很大的价值。

一、个人信息

1. 您的性别：
   A. 男　　　　　　　　　B. 女

2. 您的年龄是：
   A. 14 岁以下　　　　　　B. 14—17 岁　　　　　　C. 18—24 岁
   D. 25—45 岁　　　　　　E. 46 岁及以上

3. 您目前的居住地是_____省（自治区/直辖市）_____市（县/区）。

4. 您的教育程度是（包括目前在读的）：
   A. 初中及以下　　　　　B. 高中/中专/技校　　　C. 大专

D. 本科　　　　　　　E. 研究生及以上

5. 您的职业是：

　　A. 学生　　　　　　B. 教师

　　C. 专业技术人员（医生、律师、科研人员等）

　　D. 公务员　　　　　E. 公司企业员工　　　F. 农民

　　G. 自由职业者　　　H. 离退休人员

　　I. 无业/下岗/失业　　J. 其他

6. 您现在从事/学习的专业所属学科门类是（教育程度为大专及以上的才需要回答此题）：

　　A. 人文社科类　　　B. 经济、管理类　　　C. 自然科学类

　　D. 工程技术类　　　E. 医药卫生类　　　　F. 其他门类

7. 您的职称是：

　　A. 无职称　　　　　B. 初级　　　　　　　C. 中级

　　D. 副高级　　　　　E. 正高级

8. 您对外语的熟练程度如何？（如懂多种外语按最熟练的一种填写）

　　A. 一点也不懂　　　B. 懂一些简单的日常单词

　　C. 能进行一般的日常会话

　　D. 能看一些简单的文章　E. 比较熟练地听说读写

9. 上网设备和网络应用使用情况：

上网设备和网络应用使用情况	从不使用	很少使用	有时使用	经常使用	几乎每天用
9.1 电脑上网	1	2	3	4	5
9.2 智能手机上网	1	2	3	4	5
9.3 平板电脑(如ipad)上网	1	2	3	4	5
9.4 搜索引擎(如google、百度)	1	2	3	4	5
9.5 电子邮件	1	2	3	4	5
9.6 即时通信(如QQ、msn等)	1	2	3	4	5
9.7 博客(如新浪博客、QQ空间)	1	2	3	4	5
9.8 微博(如新浪微博、Twitter)	1	2	3	4	5
9.9 社交网站(如开心网、人人网等)	1	2	3	4	5
9.10 论坛/BBS	1	2	3	4	5
9.11 在线百科全书(如维基百科/百度百科等)	1	2	3	4	5

10. 请问最近半年来，您去图书馆的频率是：

    A. 没有去过　　　B. 半年1—3次　　　C. 每月1—3次

    D. 每周1—3次　　E. 几乎每天去

11. 请问最近半年来，您远程使用图书馆（如访问图书馆网站、电子资源等）的频率是：

    A. 没有用过　　　B. 半年1—3次　　　C. 每月1—3次

    D. 每周1—3次　　E. 几乎每天用

12. 您最常使用的图书馆（不包括电子图书馆）是_____？（请填入图书馆的具体名称，如××市图书馆/××大学图书馆/××科技图书馆等）

二、信息资源需求和感知

13—16 各类型信息资源需求

对下列各类型信息资源，请您根据您的使用频率、需求的载体类型、语言类型和时间跨度需求，分别在右边相应的数字上打"√"。注：专利文献是指专利申请文件经国家主管专利的机关依法受理、审查合格后，定期出版的各种官方出版物的总称。标准文献是记录各级各类标准的特种文献。政府出版物是经国际组织或一个国家的中央政府或地方政府许可，由政府机关负责编辑印制的，以公费出版形式，通过各种渠道向政府官员或公众发行的文字、图片以及磁带、软件等出版物。

信息资源类型	13. 使用频率					14. 载体类型需求			15. 语种需求			16. 时间跨度需求				
	从不使用	很少使用	有时使用	经常使用	几乎每天用	纸本	电子	二者都要	中文	外文	二者都要	当年内	五年内	十年内	十五年内	十五年以上
A. 学术类图书	1	2	3	4	5	1	2	3	1	2	3	1	2	3	4	5
B. 休闲类图书	1	2	3	4	5	1	2	3	1	2	3	1	2	3	4	5
C. 学术类期刊	1	2	3	4	5	1	2	3	1	2	3	1	2	3	4	5
D. 休闲类期刊	1	2	3	4	5	1	2	3	1	2	3	1	2	3	4	5
E. 报纸	1	2	3	4	5	1	2	3	1	2	3	1	2	3	4	5

续表

信息资源类型	13. 使用频率					14. 载体类型需求			15. 语种需求			16. 时间跨度需求				
	从不使用	很少使用	有时使用	经常使用	几乎每天用	纸本	电子	二者都要	中文	外文	二者都要	当年内	五年内	十年内	十五年内	十五年以上
F. 工具书（字典辞典年鉴等）	1	2	3	4	5	1	2	3	1	2	3	1	2	3	4	5
G. 会议论文	1	2	3	4	5	1	2	3	1	2	3	1	2	3	4	5
H. 博硕士论文	1	2	3	4	5	1	2	3	1	2	3	1	2	3	4	5
I. 专利文献	1	2	3	4	5	1	2	3	1	2	3	1	2	3	4	5
J. 标准文献	1	2	3	4	5	1	2	3	1	2	3	1	2	3	4	5
K. 政府出版物	1	2	3	4	5	1	2	3	1	2	3	1	2	3	4	5

17—18 对图书馆信息资源质量的需求和满意

下面是对图书馆信息资源质量的描述，请您根据它对您的重要程度和您使用之后的实际感受，分别在左边和右边相应的数字上打"√"。

17. 对您的重要程度					图书馆信息资源质量	18. 您的实际感受				
极不重要	不重要	无所谓	重要	非常重要		极不同意	不同意	一般	同意	非常同意
1	2	3	4	5	A. 我没有遇到过我需要的书刊被全部借出的情况	1	2	3	4	5
1	2	3	4	5	B. 我没有遇到过因为最大用户数已满而导致我无法使用数据库的情况	1	2	3	4	5
1	2	3	4	5	C. 在我需要的学科/主题上，图书馆能够提供多种资源给我（如不同语种的资源，不同载体的资源）	1	2	3	4	5
1	2	3	4	5	D. 图书馆信息资源内容的广度能够满足我的需求	1	2	3	4	5
1	2	3	4	5	E. 图书馆信息资源内容的深度能够满足我的需求	1	2	3	4	5
1	2	3	4	5	F. 图书馆提供的信息资源与我的需求相关	1	2	3	4	5
1	2	3	4	5	G. 图书馆提供的信息资源是权威可信的	1	2	3	4	5
1	2	3	4	5	H. 图书馆能够提供最新的信息资源给我	1	2	3	4	5

续表

17. 对您的重要程度					图书馆信息资源质量	18. 您的实际感受				
极不重要	不重要	无所谓	重要	非常重要		极不同意	不同意	一般	同意	非常同意
1	2	3	4	5	I. 图书馆能够让我获取需要资料的全文	1	2	3	4	5
1	2	3	4	5	J. 图书馆能够让我家中/办公室获取信息资源（如提供远程访问/提供送书上门服务等）	1	2	3	4	5
1	2	3	4	5	K. 图书馆提供简明易懂的指引/标识让我能够轻松获取所需资源	1	2	3	4	5
1	2	3	4	5	L. 图书馆能够让我免费或者以很低的价格获得信息资源	1	2	3	4	5

19. 获取信息资源的渠道

您使用的学术性信息资源和日常生活信息资源最主要的来源是什么，请选择最符合您实际情况的选项，在右边相应的数字上打"√"。大众媒体指电视/广播/报纸等。人际渠道指朋友/老师/同学等。此题是单项选择，每题只需选择一个答案。

信息的首要来源	书店	网络（图书馆电子资源除外）	大众媒体	图书馆纸本资源	图书馆电子资源	人际渠道	其他
19.1 学术信息	1	2	3	4	5	6	7
19.2 日常生活信息	1	2	3	4	5	6	7

三、信息服务需求和感知

20. 图书馆信息服务使用

您使用图书馆以下服务项目的频率如何，请根据您的实际情况，在右边相应的数字上打"√"。

图书馆信息服务项目	从不使用	很少使用	有时使用	经常使用	几乎每天用
20.1 书刊外借	1	2	3	4	5

续表

图书馆信息服务项目	从不使用	很少使用	有时使用	经常使用	几乎每天用
20.2 书刊阅览	1	2	3	4	5
20.3 自习	1	2	3	4	5
20.4 馆内上网	1	2	3	4	5
20.5 讲座/展览	1	2	3	4	5
20.6 参考咨询	1	2	3	4	5
20.7 用户培训(如专题培训/文献检索课/信息素养课程)	1	2	3	4	5
20.8 馆际互借/文献传递	1	2	3	4	5
20.9 文献复制(如打印复印等)	1	2	3	4	5
20.10 视听服务(如看录像/视频等)	1	2	3	4	5
20.11 查论文被收录/引用情况	1	2	3	4	5
20.12 科技查新	1	2	3	4	5
20.13 馆藏书刊目录查询	1	2	3	4	5
20.14 新书通报	1	2	3	4	5
20.15 电话/网上续借	1	2	3	4	5
20.16 电话/网上预约(如预约图书、讲座、服务设施等)	1	2	3	4	5
20.17 电子资源检索	1	2	3	4	5
20.18 电子资源导航(如电子期刊导航、数据库导航)	1	2	3	4	5
20.19 网络信息导航	1	2	3	4	5
20.20 电子资源远程访问	1	2	3	4	5

21. 解决图书馆使用问题的途径

当您在使用图书馆时遇到问题,您希望通过哪些途径解决?请您根据实际情况选择您对各种途径的需求,在右边相应的数字上打"√"。

解决图书馆使用问题的途径	极不需要	不需要	一般	需要	非常需要
21.1 当面咨询图书馆员	1	2	3	4	5
21.2 在图书馆留言板留言	1	2	3	4	5
21.3 打电话咨询图书馆员	1	2	3	4	5
21.4 网上填写图书馆咨询表单	1	2	3	4	5

续表

解决图书馆使用问题的途径	极不需要	不需要	一般	需要	非常需要
21.5 使用图书馆实时咨询	1	2	3	4	5
21.6 求助同学/朋友/老师	1	2	3	4	5
21.7 使用搜索引擎去寻找答案	1	2	3	4	5
21.8 到互助式问答网站求助(如到百度知道、搜搜问问、新浪爱问知识人等提问)	1	2	3	4	5

22. 对图书馆收费的认知

以下是对图书馆服务收费情况的描述，请根据您的意见，在右边相应的数字上打"√"。

图书馆收费情况	极不同意	不同意	一般	同意	非常同意
22.1 办理借书证不应该收费	1	2	3	4	5
22.2 借阅书刊不应该收取押金	1	2	3	4	5
22.3 馆内上网服务不应该收费	1	2	3	4	5
22.4 自修室不应该收费	1	2	3	4	5
22.5 补办借书证可适当收费	1	2	3	4	5
22.6 超期可适当收取违约金	1	2	3	4	5
22.7 丢失书刊可适当收取赔偿款	1	2	3	4	5
22.8 打印复印等可适当收费	1	2	3	4	5
22.9 代查、代检、代译服务可适当收费	1	2	3	4	5
22.10 科技查新服务可适当收费	1	2	3	4	5
22.11 馆际互借/文献传递服务可适当收费	1	2	3	4	5
22.12 决策咨询服务可适当收取费用	1	2	3	4	5

23—24 信息服务质量需求和满意

以下是对图书馆信息服务质量的描述，请您根据它对您的重要程度和您使用之后的实际感受，分别在左边和右边相应的数字上打"√"。注：此题中馆员指图书馆工作人员。

23. 对您的重要程度					信息服务质量	24. 您的实际感受				
极不重要	不太重要	一般	重要	非常重要		极不同意	不同意	一般	同意	非常同意
1	2	3	4	5	A. 提供安静的学习空间	1	2	3	4	5
1	2	3	4	5	B. 环境整洁舒适	1	2	3	4	5
1	2	3	4	5	C. 提供激发研究和学习的环境	1	2	3	4	5
1	2	3	4	5	D. 提供团体学习和研究的环境	1	2	3	4	5
1	2	3	4	5	E. 提供足够且完善的现代化设备和配套设施	1	2	3	4	5
1	2	3	4	5	F. 各种指引和标识设置明确、美观	1	2	3	4	5
1	2	3	4	5	G. 馆员有统一的着装或服务标识	1	2	3	4	5
1	2	3	4	5	H. 馆员真诚地解决用户问题	1	2	3	4	5
1	2	3	4	5	I. 馆员乐意帮助用户	1	2	3	4	5
1	2	3	4	5	J. 馆员快速响应用户要求	1	2	3	4	5
1	2	3	4	5	K. 馆员始终有礼貌地对待用户	1	2	3	4	5
1	2	3	4	5	L. 馆员具备解答用户问题的知识和技能	1	2	3	4	5
1	2	3	4	5	M. 馆员了解用户的需求	1	2	3	4	5
1	2	3	4	5	N. 馆员言行举止职业、规范	1	2	3	4	5
1	2	3	4	5	O. 为用户提供及时的服务	1	2	3	4	5
1	2	3	4	5	P. 图书、杂志、报纸等及时准确归架	1	2	3	4	5
1	2	3	4	5	Q. 用户的个人信息和借阅记录准确、保密	1	2	3	4	5
1	2	3	4	5	R. 有便于每位用户使用的开放时间	1	2	3	4	5
1	2	3	4	5	S. 关注用户的个性化需求	1	2	3	4	5
1	2	3	4	5	T. 及时有效地处理用户的意见和建议	1	2	3	4	5
1	2	3	4	5	U. 开展对用户有帮助的培训和讲座	1	2	3	4	5

四、信息系统需求和感知

25. 图书馆信息系统的使用情况

您使用以下图书馆信息系统的频率如何，请从"从不使用"到"几乎每天用"选择最符合您实际情况的选项，在右边相应的数字上打"√"。

注：随书光盘/非书资料系统主要用于提供馆藏随书光盘/非书资料检索、阅读和远程下载等相关服务。本题中的电子资源/数据库是特指图书馆购买的电子资源/数据库的检索和服务系统。通过电子资源统一检索系统，用户可

以一次检索图书馆的多个数据库。合作参考咨询系统是多个图书馆按一定方式联合起来，在资源协调与共享的基础上通过网络向用户提供咨询服务的系统，如联合参考咨询与文献传递网。手机图书馆，是图书馆提供无线接入方式，用户可以通过手机享受图书馆提供的各项移动服务。安装图书馆工具条后，只要打开浏览器，无须经由图书馆主页，通过点击工具条上的栏目，就可以使用图书馆的资源和服务。

图书馆信息系统	从不使用	很少使用	有时使用	经常使用	几乎每天用
25.1 馆藏书刊目录检索系统	1	2	3	4	5
25.2 图书馆网站	1	2	3	4	5
25.3 随书光盘/非书资料系统	1	2	3	4	5
25.4 电子资源/数据库	1	2	3	4	5
25.5 电子资源统一检索系统	1	2	3	4	5
25.6 多媒体资源点播系统	1	2	3	4	5
25.7 虚拟参考咨询系统	1	2	3	4	5
25.8 原文传递系统（如 CASHL）	1	2	3	4	5
25.9 合作参考咨询系统	1	2	3	4	5
25.10 自助借还机/自助图书馆	1	2	3	4	5
25.11 手机图书馆	1	2	3	4	5
25.12 图书馆工具条	1	2	3	4	5

26. 对图书馆信息系统功能的需求

以下是对图书馆信息系统功能需求的描述，请根据您的意见，在右边相应的数字上打"√"。

图书馆信息系统功能的需求	极不同意	不同意	一般	同意	非常同意
26.1 我希望使用类似 Google 或百度的检索界面	1	2	3	4	5
26.2 我希望系统提供尽可能多的检索途径	1	2	3	4	5
26.3 我希望使用简单检索	1	2	3	4	5
26.4 我希望使用多个条件组合检索	1	2	3	4	5
26.5 我希望系统提供多种检索结果排序方式	1	2	3	4	5

续表

图书馆信息系统功能的需求	极不同意	不同意	一般	同意	非常同意
26.6 我希望系统提供检索结果的分面浏览功能(如按照分类、主题等方式浏览检索结果)	1	2	3	4	5
26.7 我希望系统提供检索结果的二次检索功能(如直接点击结果中的关键词就可以用该关键词再次进行检索)	1	2	3	4	5
26.8 我希望系统提供丰富的书目信息(如书刊的封面、目录、内容摘要、作者介绍等)	1	2	3	4	5
26.9 我希望使用自定义标签对检索结果进行分类和标记	1	2	3	4	5
26.10 我希望系统提供评价功能(如对检索结果的评分、撰写书评等)	1	2	3	4	5
26.11 我希望系统提供用户互动功能(如论坛、SNS社区、兴趣组等)	1	2	3	4	5
26.12 我希望系统能提供信息分享功能(如将信息分享到微博、博客、SNS社区、手机短信等)	1	2	3	4	5
26.13 我希望系统提供智能检索功能(如检索词纠错、检索词建议和相关检索推荐等)	1	2	3	4	5
26.14 我希望系统提供多种资源推荐方式(如提供热门检索、热门下载、热门收藏的资源)	1	2	3	4	5
26.15 我希望使用资源导航浏览信息资源	1	2	3	4	5
26.16 我希望一站式检索多个数据库/馆藏目录	1	2	3	4	5
26.17 我希望图书馆信息系统不但能检索本馆的信息资源,还能同时检索馆外和互联网的相关信息资源	1	2	3	4	5
26.18 我希望图书馆信息系统在不能直接提供全文时,链接到馆际互借和文献传递系统去获取全文	1	2	3	4	5
26.19 我希望图书馆信息系统提供个性化空间(如个性化用户界面设定)	1	2	3	4	5
26.20 我希望图书馆信息系统提供个性化推荐功能(如根据我的使用行为推荐资源、进行检索结果的排序)	1	2	3	4	5
26.21 我希望图书馆信息系统提供网上培训教程,便于用户自我培训	1	2	3	4	5

27—28. 信息系统质量需求

下面的语句描述了图书馆信息系统的质量,请您根据它们对您的重要性和您使用之后的实际感受，在左边和右边的相应数字上打"√"。

27. 对您的重要性					信息系统质量	28. 您的实际感受				
极不重要	不重要	一般	重要	非常重要		极不同意	不同意	一般	同意	非常同意
1	2	3	4	5	A. 我可以从一个检索界面就搜索到来自不同数据库或不同网站的文献	1	2	3	4	5
1	2	3	4	5	B. 我能够快速打开图书馆信息系统的用户界面，即使是使用拨号上网的时候	1	2	3	4	5
1	2	3	4	5	C. 图书馆信息系统能够快速地返回结果给我	1	2	3	4	5
1	2	3	4	5	D. 我能够快速地从图书馆信息系统下载我需要的文献	1	2	3	4	5
1	2	3	4	5	E. 在使用过程中，我没有遇到或者很少遇到图书馆信息系统发生故障的情况	1	2	3	4	5
1	2	3	4	5	F. 图书馆信息系统的操作容易掌握	1	2	3	4	5
1	2	3	4	5	G. 图书馆信息系统的使用说明简明易懂	1	2	3	4	5
1	2	3	4	5	H. 图书馆信息系统的各项功能（如浏览功能/检索功能等）容易了解和使用	1	2	3	4	5
1	2	3	4	5	I. 图书馆信息系统的用户界面清楚明白	1	2	3	4	5
1	2	3	4	5	J. 图书馆信息系统提供使用教程，我可以在使用之前进行自我培训	1	2	3	4	5
1	2	3	4	5	K. 在我使用的过程中，我可以非常方便地从图书馆信息系统中获得指示和帮助	1	2	3	4	5
1	2	3	4	5	L. 图书馆信息系统的各项功能适合我的需求，我没有觉得太多或者太少	1	2	3	4	5
1	2	3	4	5	M. 图书馆信息系统的默认检索途径符合我的需求	1	2	3	4	5
1	2	3	4	5	N. 图书馆信息系统的默认排序结果符合我的需求	1	2	3	4	5
1	2	3	4	5	O. 使用图书馆信息系统是安全的，不会泄露我的个人隐私信息	1	2	3	4	5

五、用户满意

29. 满意情况

下面的语句描述了您对图书馆提供信息资源、信息服务、信息系统的满意情况，请根据您的实际情况，从"极不同意"到"非常同意"之间选择一个合适的答案，在右边的相应数字上打"√"。

满 意 情 况	极不同意	不太同意	一般	同意	非常同意
29.1 我对图书馆提供的信息资源感到满意	1	2	3	4	5
29.2 我很高兴从图书馆找到了我需要的信息资源	1	2	3	4	5
29.3 图书馆的信息资源正好可以解决我的问题	1	2	3	4	5
29.4 图书馆的信息资源对我帮助很大	1	2	3	4	5
29.5 图书馆的服务让我觉得满意	1	2	3	4	5
29.6 图书馆的服务让我觉得高兴	1	2	3	4	5
29.7 图书馆的服务让我觉得满足	1	2	3	4	5
29.8 图书馆的服务让我觉得快乐	1	2	3	4	5
29.9 图书馆的信息系统让我觉得满意	1	2	3	4	5
29.10 图书馆的信息系统让我觉得高兴	1	2	3	4	5
29.11 图书馆的信息系统让我觉得满足	1	2	3	4	5
29.12 图书馆的信息系统让我觉得快乐	1	2	3	4	5
29.13 整体来说,我对图书馆感到满意	1	2	3	4	5
29.14 我使用图书馆的经历是愉快的	1	2	3	4	5
29.15 我使用图书馆的决定是明智的	1	2	3	4	5

问卷填写完毕，请您检查一下问卷填答是否完整，

再次感谢您的支持与帮助！

附 录 二

图书馆用户个性化信息服务与信息组织需求调查问卷

尊敬的女士/先生：

您好！感谢您填写本问卷。本问卷主要是想了解您的个性化信息服务和信息组织需求，为图书馆开展个性化信息服务提供参考。请您根据目前的实际情况填答，完成本问卷大约需要 10—15 分钟。本问卷采取不记名方式进行，问卷数据及分析结果仅供学术研究使用。再次感谢您的支持！

以下问题大多数是选择题，请在选中答案位置的"□"上打√；极少数需要填写的问题，麻烦您写上具体的内容。

注：图书馆个性化信息服务是指图书馆在数字信息环境中，主要利用网络和计算机技术，获取并分析各用户的信息使用习惯、偏好、背景和要求，从而为用户提供充分满足其个体信息需要的一种集成性信息服务。

一、基本背景信息

1. 性别：□男　　　　　　　　□女
2. 年龄：□18 岁以下　　　　□18—25 岁　　　　□26—35 岁
　　　　□36—50 岁　　　　□50 岁以上
3. 身份：□学生　　　　　　□教师　　　　　　□科技人员
　　　　□公司企业员工　　□公务员　　　　　□自由职业、待业
　　　　□离退休人员　　　□其他

4. 教育程度：□高中及以下　　□大专　　　　□本科
　　　　　　　□硕士　　　　□博士

二、图书馆使用行为

1. 您平均每个星期使用图书馆资源和服务的频率如何？（包括亲自到图书馆和访问图书馆网站）
　　□0 次　　　　　　□1—3 次　　　　　□4—6 次
　　□7—10 次　　　　□10 次以上
（如果此题选择 0 次，请直接跳转到第三部分回答）

2. 您使用最多的图书馆是：
　　□高校图书馆　　　□公共图书馆　　　□科技图书馆
　　□其他

3. 您平时经常利用的图书馆服务是：（可多选）
　　□借还书　　　　　□阅览室自修　　　□上网
　　□阅览图书报刊　　□科技查询服务　　□参考咨询服务
　　□其他（请填写）_____

4. 您平时经常利用的图书馆资源有：（可多选）
　　□报纸　　　　　　□期刊　　　　　　□博硕士论文
　　□普通图书　　　　□参考工具书　　　□电子资源
　　□免费网络资源　　□馆际互借
　　□多媒体资料（如录像带、VCD、录音带）
　　□其他（请填写）_____

三、网络使用行为

1. 您平均每天上网的时间：
　　□1 小时以下　　　□1—2 小时　　　　□3—4 小时
　　□5—6 小时　　　　□7 小时以上

2. 您使用网络有多长时间了：
　　□1 年以内　　　　□1—3 年　　　　　□4—6 年
　　□7—10 年　　　　□10 年以上

3. 您使用网络的能力:
　　□非常不熟练　　　　　□不熟练　　　　　　　□一般
　　□熟练　　　　　　　　□非常熟练

4. 您使用过网站提供的个性化服务吗?(例如 Google 的 iGoogle、Yahoo 的 My Yahoo、MSN 的 My msn、My library、我的当当等)
　　□没有使用过　　　　　□使用过,请列出网站名称

5. 您使用过 web 2.0 服务吗?例如维基(wiki)、博客/播客(blog//Pod-Cast)、简易信息聚合(RSS)、社会书签工具(如 del.icio.us)、社会性网络服务(Social Network Software,如校内网 www.xiaonei.com、Facebook 等)
　　□没有使用过　　　　　□使用过

6. 如果在上一题中,您回答的是"使用过",那么请选出以下您使用过的 web 2.0 服务:(可多选)
　　□博客　　　　　　　　□播客　　　　　　　　□维基
　　□简易信息聚合　　　　□社会书签工具　　　　□社会性网络服务
　　□其他,请填写

四、图书馆个性化信息服务门户系统需求

1. 个性化信息环境需求

您可以在个性化信息环境中,按照自己的需求自行组合与设定图书馆网站的服务及各项资源,也就是建立一个属于自己的图书馆网站界面。

请您依据对下列个性化信息环境需求的程度,从"非常不需要"到"非常需要"之间选择一个合适的答案,在相应位置打√。	非常不需要	不需要	无所谓	需要	非常需要
(1) 当您建立个性化信息环境时,系统提供图书馆全部的资源及服务内容供您自己选择	□	□	□	□	□
(2) 个性化信息环境提供储存空间供您存储个人文件和资料	□	□	□	□	□
(3) 您可以更改个性化信息环境的内容呈现方式,包括背景、颜色、字体及排列方式等	□	□	□	□	□
(4) 个性化信息空间提供收藏夹功能,您可以在其中保存网上内容	□	□	□	□	□
(5) 您可以对收藏的内容进行分类或主题标注	□	□	□	□	□

续表

请您依据对下列个性化信息环境需求的程度,从"非常不需要"到"非常需要"之间选择一个合适的答案,在相应位置打√。	非常不需要	不需要	无所谓	需要	非常需要
(6) 您可以搜索您收藏的内容	□	□	□	□	□
(7) 您可以与别人共享您收藏的内容	□	□	□	□	□
(8) 当您登录个性化信息环境后,就可使用个性化信息环境中所有的电子资源(数据库、电子期刊等),而不用在使用每一项资源时都需重新登录	□	□	□	□	□
(9) 提供 RSS 阅读器,您可以订阅自己感兴趣的内容(包括图书馆网站之外的 RSS 源)	□	□	□	□	□
(10) 提供天气预报、网站导航和日历等功能	□	□	□	□	□
(11) 系统使用 cookies,您不用每次输入账号和密码就可以自动登录	□	□	□	□	□
(12) 您可以采用多种方式登录个性化服务系统如您的校园卡卡号、借书证号或者电子邮件地址	□	□	□	□	□

2. 个性化兴趣与需求建立方式

(1) 您愿意怎么样表达您的个性化兴趣和需求?(可多选)

□分类定制　　　　　□主题定制

□系统根据您的使用记录和使用行为,推导您的兴趣与需求

□系统根据类似用户的使用记录和使用行为,推导您的兴趣与需求

(2) 如果系统提供分类定制,您希望是到几级类目?

□一级类目(如《中国图书馆分类法》的 22 个大类)

□二级类目(如 B1 世界哲学,B2 中国哲学,B3 亚洲哲学等)

□三级类目(如 I23 戏剧文学,I24 小说等)

□从最粗到最细类目间任选

(3) 您希望系统通过什么样的方式提供分类定制?

□提供可以展开的分类表,供您从中勾选

□自己输入分类号或者类目名称,系统推荐候选类目和类目名称

□自己输入分类号或者类目名称

(4) 您希望是用什么样的语词来表达您的个性化兴趣与需求?

□规范的主题词　　□关键词　　□自然语句　　□三者都使用

(5) 您希望系统通过什么样的方式提供主题定制？
　　□提供可以展开的主题词表，供您从中勾选
　　□自己输入语词，系统推荐候选主题词
　　□自己输入语词

(6) 您希望用多少个语词来表达您的个性化兴趣与需求？
　　□一个　　□二个　　□三个　　□四个　　□五个及以上

3. 个性化信息服务功能需求

请您依据对下列个性化信息服务功能需求的程度，从"非常不需要"到"非常需要"之间选择一个合适的答案，在相应位置打√。	非常不需要	不需要	无所谓	需要	非常需要
(1) 个人当前借阅状况记录	□	□	□	□	□
(2) 个人借阅历史记录	□	□	□	□	□
(3) 图书网上续借	□	□	□	□	□
(4) 在所借图书即将到期的前几日发出到期提醒	□	□	□	□	□
(5) 预约图书到书提醒	□	□	□	□	□
(6) 系统根据您的个人兴趣与需求信息，自动推荐新书	□	□	□	□	□
(7) 系统根据您的个人兴趣与需求信息，自动推荐电子期刊的最新目次	□	□	□	□	□
(8) 系统根据您的个人兴趣与需求信息，自动推荐图书馆相关活动给您，如您需要的数据库培训、展览、讲座等	□	□	□	□	□
(9) 系统按照您的个人兴趣与需求提供馆藏图书分类目录，例如，对经济有兴趣的，图书分类目录在经济类这一部分就非常详细，其他学科的就可以简化	□	□	□	□	□
(10) 系统依据您对特定学科的兴趣与需求，自动地在个性化信息环境中列出该学科参考馆员，方便您与馆员的互动交流	□	□	□	□	□
(11) 图书馆推送信息分级（如过期通知设定为紧急，一般新闻和通知设为普通）	□	□	□	□	□
(12) 个人借阅记录分析（如您借过的图书各个类目、各个年度图书所占的比例，您的阅读趋势等）	□	□	□	□	□
(13) 检索结果的评论（如给检索出的图书写书评或者进行等级评价）	□	□	□	□	□
(14) 检索结果的收藏（如将检索出的图书和电子期刊等添加到收藏夹）	□	□	□	□	□
(15) 给检索结果加注个性化标签（如用几个词来概括检索出的内容）	□	□	□	□	□

请您依据对下列个性化信息服务功能需求的程度，从"非常不需要"到"非常需要"之间选择一个合适的答案，在相应位置打√。	非常不需要	不需要	无所谓	需要	非常需要
（16）检索结果的导出（如导入到书目记录工具或者导出 excel 文件等）	□	□	□	□	□
（17）向图书馆推荐您需要的书刊、电子资源等	□	□	□	□	□
（18）图书馆讲座或者培训预约	□	□	□	□	□
（19）留言本	□	□	□	□	□
（20）馆际互借申请	□	□	□	□	□
（21）系统依据您对特定学科的兴趣与需求，自动推荐该学科的在线信息素养培训教程	□	□	□	□	□
（22）科技查新申请	□	□	□	□	□
（23）校外（馆外）图书馆资源访问（如 VPN 服务）	□	□	□	□	□

4. 社区功能需求

请您依据对下列社区功能需求的程度，从"非常不需要"到"非常需要"之间选择一个合适的答案，在相应位置打√。	非常不需要	不需要	无所谓	需要	非常需要
（1）您可以查找和加入自己感兴趣的图书馆社区	□	□	□	□	□
（2）您可以和社区内的成员分享和交流个性化信息环境内容	□	□	□	□	□
（3）系统可以依据社区成员的行为向您推荐可能符合您需要的资源和服务	□	□	□	□	□
（4）当您进行检索时，检索结果显示社区成员的检索情况，供您参考	□	□	□	□	□
（5）您可以通过站内通信系统与社区内成员进行实时或者非实时交流	□	□	□	□	□

5. 个性化推荐与检索需求

（1）您希望电子资源导航系统提供哪些浏览途径？（可多选）

　　□按资源名称首字字母或拼音排列　　□按资源类型分类排列

　　□按资源语种排列　　□按资源更新时间排列

（2）您希望图书馆提供的一站式检索工具可以检索到以下哪些资源？（可多选）

　　注：通过一站式检索工具，读者可以根据自己的需要，选择一种或多种资

源（数据库），只要一次输入检索词，便可检索到这些资源的信息。

□普通图书　　　　□古籍图书　　　　□电子图书
□全文电子期刊　　□学位论文　　　　□会议论文
□标准文献　　　　□科技报告　　　　□文摘数据库
□馆外免费资源（如开放存取 OPEN ACCESS 期刊）

（3）您希望一站式检索中每一资源(如每一数据库)返回的结果数量为：

□10　　　　□25　　　　□50　　　　□100
□返回该资源的全部结果

（4）您容忍等待一站式检索工具进行检索和结果处理的时间有多长？

□1 分钟以下　　　　□1—2 分钟　　　　□3—4 分钟
□5—6 分钟　　　　□6 分钟以上

（5）如果系统提供检索偏好定制功能，您希望对以下哪些项目进行定制？（可多选）

□检索信息的类型（如限定在期刊论文、会议文献、学位论文中的某种或者几种中进行检索）
□检索信息的语种（如限定在中文、英文或者多种语种）
□默认的检索信息途径（如是题名检索、关键词检索等）
□默认的检索界面（是简单检索还是高级检索）
□检索信息的时限（如限定在某一年或者某一段时间）
□检索结果的去重条件（如题名、URL 及数据库提供者等）
□检索结果的排序方式（是按照时间、相关度还是其他方式等）

6. 个性化推荐和检索功能需求的程度

请您依据对下列个性化推荐和检索功能需求的程度，从"非常不需要"到"非常需要"之间选择一个合适的答案，在相应位置打√。	非常不需要	不需要	无所谓	需要	非常需要
（1）根据您的兴趣与需求，进行候选资源的推荐（如推荐您在哪几个数据库中检索）	□	□	□	□	□
（2）根据您的兴趣与需求，提供有关学科或领域历年来被借图书的排行榜	□	□	□	□	□

续表

请您依据对下列个性化推荐和检索功能需求的程度，从"非常不需要"到"非常需要"之间选择一个合适的答案，在相应位置打√。	非常不需要	不需要	无所谓	需要	非常需要
（3）根据您的兴趣与需求，提供有关学科或领域一定时期内各种资源被利用情况排行榜（如该学科或领域中各种数据库的使用量、各种电子期刊的使用量）	□	□	□	□	□
（4）根据您的兴趣与需求，提供有关学科或领域最常用的检索词、检索表达式的排行榜	□	□	□	□	□
（5）根据您的兴趣与需求，提供有关学科或领域用户最常使用的标签	□	□	□	□	□
（6）根据您的兴趣与需求，提供有关学科或领域资源被下载次数的排行榜（如全文电子期刊中期刊论文被下载的次数）	□	□	□	□	□
（7）根据您的兴趣与需求，提供有关学科或领域资源被引用次数的排行榜（如全文电子期刊中期刊论文被引用的次数）	□	□	□	□	□
（8）根据您的兴趣与需求，提供有关学科或领域最多用户推荐的资源（如有80%用户推荐的数据库、电子期刊或者具体论文）	□	□	□	□	□
（9）根据您的兴趣与需求，提供有关学科或领域用户评价较高的资源列表（如有80%用户评价为☆☆☆☆的数据库、电子期刊或者具体论文）	□	□	□	□	□
（10）根据您的兴趣、需求和检索行为等，提供有关学科或领域重要作者发表的文献列表	□	□	□	□	□
（11）根据您的兴趣、需求和检索行为等，提供有关学科或领域重要机构发表的文献列表	□	□	□	□	□
（12）系统提供相近用户或者同一社群用户最常用的检索词、检索表达式、数据库、期刊等信息供您参考	□	□	□	□	□
（13）系统提供检索表达式的定制功能，当下一次再使用该检索表达式时，只显示上次检索以来的新增结果	□	□	□	□	□
（14）图书馆提供多种资源的一站式检索（跨库检索）	□	□	□	□	□
（15）图书馆提供的一站式检索中提供尽可能多的可检资源供您勾选	□	□	□	□	□
（16）系统根据您的背景、兴趣、需求和检索行为等，为您设置一站式检索的被检资源（数据库）	□	□	□	□	□
（17）当您需要的是文献中的图表或数据时，系统可以直接提供相应的图表或者数据，而不是文献的全文	□	□	□	□	□
（18）根据您的背景、兴趣、需求和检索行为等，系统自动提供相应内容深度的检索结果给您	□	□	□	□	□

续表

请您依据对下列个性化推荐和检索功能需求的程度，从"非常不需要"到"非常需要"之间选择一个合适的答案，在相应位置打√。	非常不需要	不需要	无所谓	需要	非常需要
（19）根据您的背景、兴趣、需求和检索行为等，系统自动提供相应内容广度的检索结果给您	□	□	□	□	□
（20）根据您的背景、兴趣、需求和检索行为等，系统自动提供相应水平层次的检索结果给您	□	□	□	□	□
（21）当您检索时，系统推荐与您检索语词相似的一系列词供您参考	□	□	□	□	□
（22）当系统认为您输入的语词有误时，自动给出纠正提示	□	□	□	□	□
（23）自然语言检索	□	□	□	□	□
（24）自然语句检索	□	□	□	□	□
（25）系统根据您的个人背景、兴趣和需求中的信息，自动进行检索条件的限定（如限定在哪些语种、哪些年限中）	□	□	□	□	□
（26）系统按照您的兴趣或者需求进行检索结果的排列（如将最符合您个人背景、兴趣和需求的资料排在最前面或者特别加以推荐）	□	□	□	□	□
（27）系统对您的检索过程进行追踪，您可以选择系统追踪和提供数据的内容（如您的检索词和检索表达式，选择的资源类型，检索的途径）	□	□	□	□	□
（28）系统提供您的检索趋势分析（如您经常访问的资源是哪些，您习惯在什么时候检索等）	□	□	□	□	□

五、图书馆个性化信息服务工具需求

图书馆通过提供和利用一些个性化工具，直接嵌入到您所使用的各种软件和网站中去，从而实现随时随处为用户提供图书馆服务。

请您依据对下列个性化信息服务工具的需求程度，从"非常不需要"到"非常需要"之间选择一个合适的答案，在相应位置打√。	非常不需要	不需要	无所谓	需要	非常需要
（1）Library Lookup 书签（使用 Library Lookup 书签，可以在访问网上书店或其他含有图书信息的网页时，探知图书的 ISBN，由 ISBN 即时查询图书馆公共查询系统，从而了解相应图书在图书馆的收藏情况）	□	□	□	□	□

续表

请您依据对下列个性化信息服务工具的需求程度，从"非常不需要"到"非常需要"之间选择一个合适的答案，在相应位置打√。	非常不需要	不需要	无所谓	需要	非常需要
（2）图书馆工具条（它实质上是一种浏览器插件，嵌在浏览器中。比较常见浏览器插件有 Google Toolbar、百度搜霸等，图书馆工具条可以集成图书馆网站的很多功能，如图书馆主页、公共查询系统、电子资源门户）	□	□	□	□	□
（3）桌面信息工具（通过桌面信息工具，用户可以在浏览网页、利用 word、pdf、ppt、记事本或者撰写电子邮件等应用环境中，通过鼠标划词的方式，即时查询图书馆资源和网络信息资源，获取自己所需要的信息）	□	□	□	□	□
（4）用于推送服务的电子邮件（图书馆最新消息、新书通报、预约图书到馆、过期提醒、现刊目次等）	□	□	□	□	□
（5）用于推送服务的 RSS（图书馆最新消息、新书通报、预约图书到馆、过期提醒、现刊目次等）	□	□	□	□	□
（6）用于推送服务的手机短信（图书馆最新消息、新书通报、预约图书到馆、过期提醒、现刊目次等）	□	□	□	□	□
（7）用于推送服务的迷你博客网站 Twitter 及类 Twitter 的服务饭否等（这些网站都允许用户将服务与他们喜爱的 IM 工具绑定，用户就可以在自己的 IM 工具上甚至以手机短信的方式获得图书馆的最新消息）	□	□	□	□	□
（8）用于参考咨询服务的 QQ、MSN 等实时通信工具	□	□	□	□	□
（9）用于参考咨询服务的社会性网络软件（如人人网、FaceBook 等）	□	□	□	□	□

六、个人信息提供及隐私保护需求

要实现个性化信息服务就必须收集用户的个人信息，您愿意提供个人信息吗？明确的个人隐私保护政策可以保护使用者的个人隐私，请问您认为隐私保护政策应该包括哪些内容？

请您依据对下列说法的同意程度，从"非常不同意"到"非常同意"之间选择一个合适的答案，在相应位置打√。	非常不同意	不同意	无所谓	同意	非常同意
（1）我愿意为享受个性化信息服务而注册	□	□	□	□	□
（2）我愿意为享受个性化信息服务而在使用的时候登录	□	□	□	□	□

请您依据对下列说法的同意程度，从"非常不同意"到"非常同意"之间选择一个合适的答案，在相应位置打√。	非常不同意	不同意	无所谓	同意	非常同意
（3）我愿意在注册的时候提供个人信息	□	□	□	□	□
（4）我愿意提供关于本人的真实准确信息	□	□	□	□	□
（5）我觉得在注册时提供个人信息是可行的	□	□	□	□	□

2. 您在注册的时候愿意提供哪些个人信息？（可多选）

　　□电子邮件地址　　　□电话号码　　　□性别
　　□职业　　　　　　　□教育程度　　　□个人兴趣
　　□个人需求　　　　　□其他，请填写具体内容

3. 个人隐私保护政策需求

请您依据对个人隐私保护政策需求的程度，从"非常不需要"到"非常需要"之间选择一个合适的答案，在相应位置打√。	非常不需要	不需要	无所谓	需要	非常需要
（1）收集个人信息时，及时给予您明确的提示，告知您收集个人信息的目的、方式和范围，并提供选择方案，让您选择同意还是不同意	□	□	□	□	□
（2）隐私权保护政策包括限制利用信息的承诺，保证对于所收集的个人信息，只用于收集时所申明的目的	□	□	□	□	□
（3）您有权利决定您个人信息的使用范围	□	□	□	□	□
（4）您有权知道您个人信息的收集、处理、存储与利用的状况	□	□	□	□	□
（5）您有权浏览、修改和删除您被收集的个人信息资料	□	□	□	□	□
（6）隐私权保护政策应该明确保证个人信息不被损坏或者被盗用	□	□	□	□	□
（7）隐私权保护政策明确说明争议出现之后的解决办法	□	□	□	□	□

问卷到此结束，谢谢您答完问卷！

附　录　三

中山大学图书馆用户数字资源服务系统满意度和需求调查问卷

亲爱的读者朋友：你们好！

　　首先感谢您在百忙中参加我们的问卷调查活动！为了更好地了解你们对中山大学图书馆数字资源服务系统的使用情况、满意度及新的需求，我们特地安排了此次调查活动。我们将根据调查结果有针对性地改进图书馆的数字资源及系统建设。此次调查为匿名调查，而且调查结果仅作为研究之用，因此您尽可以放心回答我们的问题。

　　最后，感谢大家对我们工作的支持和配合。谢谢大家！

　　请在下面选项前的"□"中打"√"，在"＿"上填空：

一、读者基本情况

1. 您的性别：
   □男　　　　　　　　　□女
2. 您的身份：
   □本科生　　　　　　　□硕士生　　　　　　　□博士生
   □教师　　　　　　　　□其他＿＿＿＿＿＿
3. 您所在的院系是：＿＿＿＿＿＿，专业是＿＿＿＿＿＿。

二、图书馆数字资源系统利用情况

4. 您访问图书馆网站的频率：

☐A 经常（几乎每天）　　☐B 较多（每周4—5次）
☐C 偶尔（每周1—2次）　☐D 极少（每月或每学期1—2次）
☐E 没访问过

5. 您访问图书馆主页的主要目的是：（可多选）
☐A 书目查询　　　　　☐B 访问数据库
☐C 了解图书馆新闻资讯　☐D 网上咨询
☐E 了解图书馆服务与规章制度
☐F 查询个人借阅情况　☐G 其他，请说明：_____

6. 您常使用的图书馆数字资源系统：（可多选）
☐A 网络数据库　　　　☐B 书目检索
☐C 个人图书馆　　　　☐D 学位论文系统
☐E 文献传递系统　　　☐F 视频点播系统
☐G 非书资料系统（下载随书光盘）
☐H 都没有使用过　　　☐I 其他，请说明：_____

7. 在使用图书馆数据库、无线网等遇到问题时你会从哪里获得帮助？（可多选）
☐A 电话咨询图书馆　　☐B 到馆找工作人员咨询
☐C 网上填单咨询图书馆馆员
☐D 咨询同学　　　　　☐E 使用图书馆主页服务指南
☐F 咨询网络中心

三、满意度调查

8. 您对图书馆主页的界面和内容是否满意？
☐没使用过　　　　　　☐满意
☐一般　　　　　　　　☐不满意，请说明：_____

9. 您对图书馆的电子阅览室的网络和计算机的硬软件是否满意？
☐没使用过　　　　　　☐满意
☐一般　　　　　　　　☐不满意，请说明：_____

10. 您对图书馆无线网络覆盖范围、信号强度以及网络可靠性是否满意？
☐没使用过　　　　　　☐满意

☐一般　　　　　　　　☐不满意，请说明：_____

11. 您对图书馆自助借还书系统是否满意？
　　☐没使用过　　　　　　☐满意
　　☐一般　　　　　　　　☐不满意，请说明：_____

四、新需求调查

12. 您对图书馆主页改版有哪些需求？（可多选）
　　☐A 更简洁的界面　　　　☐B 类似 Google 的界面
　　☐C 减少网页点击层次　　☐D 内容丰富的界面
　　☐E 更多图片和动态内容　☐F 优先显示服务指南
　　☐G 优先显示数据库信息　☐H 其他_____

13. 图书馆购买的数据库约有 150 个，请问您是否需要以下资源整合工具？（可多选）
　　☐A 统一检索系统（一次检索可同时检索多个数据库）
　　☐B 期刊导航系统（将中外文期刊及论文按学科或刊名归类排序，提供检索或浏览）
　　☐C 数字资源发现和获取系统（同时检索图书馆已购买或未购买的多个数据库，以及 Google 学术、开放获取期刊等网上免费学术数字资源，并提供资源获取途径）
　　☐D 其他，请说明：_____
　　☐E 都不需要

14. 如图书馆建立移动图书馆，请问您对移动图书馆的功能有哪些需求？（可多选）
　　☐A 书目查询　　　　　　☐B 查询借阅记录
　　☐C 借书到期短信提醒　　☐D 图书预约
　　☐E 图书续借　　　　　　☐F 图书荐购
　　☐G 电子书阅读　　　　　☐H 图书馆数字资源检索
　　☐I 图书馆资讯定制　　　☐J 其他，请说明：_____
　　☐K 没必要使用移动图书馆

15. 您觉得是否需要提供以下新途径获取图书馆新信息、与馆员沟通？

（可多选）

　　□A 微博　　　　　　　□B 博客
　　□C 网络社交网站（人人网、开心网等）
　　□D 维基百科　　　　　□E 论坛 BBS
　　□F 即时通信工具实时咨询（QQ 等）
　　□G 其他　　　　　　　□H 都不需要

五、意见和建议

16. 在提高图书馆数字资源系统的服务水平方面，您有何好的意见和建议：_____。

感谢您完成问卷，并感谢您对我们工作的支持和配合。谢谢！

附 录 四
市民利用和认识广州图书馆调查问卷

各位街坊：

您好！G市图书馆为了更好地为市民服务，希望了解市民对图书馆的看法和利用情况。请您抽出大约5分钟的时间帮助回答这份问卷，回答问卷时请在您确定的选项前面的□或者相应空格中打"√"，少数时候需要写出文字，答卷是匿名的。谢谢您的合作！

1. 您的性别：
    □男   □女
2. 您的年龄：
    □14岁以下   □14—25岁   □26—40岁
    □41—65岁   □65岁以上
3. 您的文化程度：
    □初中及以下   □中专或者高中   □大专
    □本科   □研究生
4. 您每个月的收入是多少？
    □无收入   □1000元以下   □1000—3000元
    □3001—6000元   □6001—10000元   □10001—20000元
    □20000元以上
5. 您的职业是：
    □学生   □教师   □公务员
    □企事业员工   □自由职业者   □农民

☐离退休人员　　　　　☐其他

6. 您的身份是：
   ☐广州市户籍人员　　☐外来务工人员　　☐短期居留者
   ☐其他

7. 在您的日常生活中，经常需要哪些方面的信息？（可多选）
   ☐医疗　　　　　　　☐住房　　　　　　　☐交通
   ☐投资理财　　　　　☐运动保健　　　　　☐烹饪
   ☐教育培训　　　　　☐其他，请具体说明_____

8. 您通常通过什么样的方式获得自己需要的信息？（可多选）
   ☐看电视、报纸杂志、听广播等　　　　☐向熟人请教
   ☐利用图书馆　　　　☐利用个人的藏书资料　☐上网
   ☐到书店购买相关书籍
   ☐咨询专家　　　　　☐其他，请具体说明_____

9. 您通常通过什么样的方式阅读？（可多选）
   ☐纸张　　　　　　　☐电脑　　　　　　　☐手机
   ☐电子书阅读器　　　☐其他，请具体说明_____

10. 你通常通过什么途径获得自己想阅读的图书报刊？（可多选）
    ☐自己购买　　　　　☐到书店阅读　　　　☐到图书馆阅读
    ☐阅读网络图书报刊　☐其他，请具体说明_____

11. 您在闲暇的时候，经常会参与什么文化休闲活动？（可多选）
    ☐看电影　　　　　　☐看电视　　　　　　☐上网
    ☐参观博物馆　　　　☐到文化馆　　　　　☐参观科技馆
    ☐去公园　　　　　　☐到图书馆　　　　　☐听音乐会
    ☐玩棋牌　　　　　　☐其他，请具体说明_____

12. 您使用广州图书馆的频率？
    ☐每周1—3次　　　　☐每月1—3次　　　　☐半年1—3次
    ☐一年1次　　　　　☐没有使用过

13. 如果您很少使用广州图书馆，原因有哪些？（可多选）
    ☐使用其他的图书馆　☐没有我需要的资料　☐图书馆太拥挤
    ☐图书馆员服务态度不好　☐有些服务项目要收费　☐工作忙

☐ 离 G 市图书馆太远　　☐ 其他，请具体说明_____

14. 如果您没使用过广州图书馆，原因有哪些？（可多选）

　　☐ 不知道有图书馆这样的机构

　　☐ 没想到要用图书馆　　☐ 不知道到图书馆可以干什么

　　☐ 使用其他的图书馆　　☐ 不知道广州图书馆

　　☐ 不知道怎么使用图书馆

　　☐ 没时间去　　　　　　☐ 通过其他方式阅读

　　☐ 离广州图书馆太远　　☐ 办证需要收费和押金

　　☐ 其他，请具体说明_____

15. 您对图书馆的作用有什么看法？

图书馆的作用	同意	不确定	不同意
收藏和保存文献资源			
提供丰富的书刊资料供人们阅读			
帮助人们了解时事及国家方针政策、政府公开信息			
帮助人们了解本地事务、活动和信息			
帮助人们获得医疗、就业等日常生活信息			
帮助人们应用计算机和网络			
丰富孩子们的课余生活			
为人们提供阅读、学习、自修的空间			
为人们的终身学习提供支持			
培育和支持人们的个人兴趣爱好			
帮助人们开发想象力和创造力			
帮助人们了解本地文化和世界文化			
丰富人们的休闲生活			
支持人们的社会交往、社区交流活动			
支持企业和其他单位的业务或研究活动			
为政府提供决策参考			

16. 您对广州图书馆的发展有什么建议？

问卷到此结束，非常感谢您的支持和配合！

附　录　五

广州图书馆读者调查问卷

亲爱的读者：

您好！广州图书馆从 1982 年 1 月 2 日开馆至今，已陪伴读者走过了 28 个春秋。为了改进我们的工作，更好地为您服务，麻烦您回答这份调查问卷。回答此问卷是匿名的，大概需要 15 分钟。衷心感谢您的支持和配合！

问卷填写说明：

1. 回答问卷时请在您确定的选项前面的□或者相应空格中打"√"，少数时候需要您写出文字。

2. 本调查仅作图书馆工作和研究使用，您的如实回答对我们会有很大帮助。

3. 填写完毕后，请将问卷交给发放调查问卷的工作人员。

一、个人情况

1. 您的性别：
   □男　　　　　　　　□女

2. 您的年龄：
   □14 岁以下　　　　□14—25 岁　　　　□26—40 岁
   □41—65 岁　　　　□65 岁以上

3. 您的文化程度：
   □初中及以下　　　　□中专或者高中　　　　□大专
   □本科　　　　　　　□研究生

4. 您居住在：_____市_____区_____街

5. 您每个月的收入是多少？
   □无收入　　　　　　□1000 元以下　　　　□1000—3000 元
   □3001—6000 元　　　□6001—10000 元　　　□10001—20000 元
   □20000 元以上

6. 您的职业是：
   □学生　　　　　　　□教师　　　　　　　　□公务员
   □企事业员工　　　　□自由职业者　　　　　□农民
   □离退休人员　　　　□其他

7. 过去的一年中，您平均每天上网多长时间？
   □7 小时及以上　　　□3—7 小时　　　　　　□1—3 小时
   □1 小时以下　　　　□不上网

8. 您的上网场所？
   □家里　　　　　　　□学校　　　　　　　　□办公室
   □网吧　　　　　　　□图书馆　　　　　　　□随时随地

9. 您通过什么设备上网？（可多选）
   □台式电脑　　　　　□笔记本电脑　　　　　□手机
   □其他，请注明：_____

二、广州图书馆使用和需求情况

10. 您通过什么渠道获得广州图书馆的信息？（可多选）
    □广播电视　　　　　□报纸杂志　　　　　　□网站
    □他人介绍　　　　　□学校课程　　　　　　□馆内宣传资料
    □其他，请注明：_____

11. 请问最近一年内，您到广州图书馆的频率？
    □每周 4 次及以上　　□每周 1—3 次　　　　□每月 1—3 次
    □半年 1—3 次　　　　□一年 1 次

12. 请问您最近一年内，使用广州图书馆网站（http://www.gzlib.gov.cn/）的频率？
    □每周 4 次及以上　　□每周 1—3 次　　　　□每月 1—3 次

☐半年 1—3 次　　　　☐一年 1 次

☐没有使用过 G 市图书馆的网站

13. 您通常使用图书馆的目的是：(可多选)

☐为了个人目的获得信息，如消费、投资和健康等

☐为了兴趣爱好，包括借书、多媒体资源，或听讲座、参观展览

☐为了完成学校或课程的作业

☐为了完成工作任务

☐为了参加针对儿童而举办的活动

☐自修　　　　　　　☐其他，请注明：_____

14. 您对图书馆的作用有什么看法？

图书馆的作用	同意	比较同意	不确定	不太同意	不同意
收藏和保存文献资源					
提供丰富的书刊资料供人们阅读					
帮助人们了解时事及国家方针政策、政府公开信息					
帮助人们了解本地事务、活动和信息					
帮助人们获得医疗、就业等日常生活信息					
帮助人们应用计算机和网络					
丰富孩子们的课余生活					
为人们提供阅读、学习、自修的空间					
为人们的终身学习提供支持					
培育和支持人们的个人兴趣爱好					
帮助人们开发想象力和创造力					
帮助人们了解本地文化和世界文化					
丰富人们的休闲生活					
支持人们的社会交往、社区交流活动					
支持企业和其他单位的业务或研究活动					
为政府提供决策参考					

15. 您通常通过什么方式到广州图书馆？

☐地铁　　　　　　　☐公交　　　　　　　☐步行

☐自行车　　　　　　☐自驾车　　　　　　☐其他

16. 您到广州图书馆花费的时间是:
    □10 分钟以内　　　□11—20 分钟　　　□21—30 分钟
    □31—60 分钟　　　□60 分钟以上
17. 您认为广州图书馆是否需要用二代身份证做借书证?
    □非常需要　　　　□需要　　　　　　□无所谓
    □不太需要　　　　□不需要
18. 目前在广州图书馆办证需要缴费,您认为缴纳的费用是否合理?
    □很合理　　　　　□比较合理　　　　□一般
    □不太合理,应该降低费用
    □很不合理,应该免费
19. 你觉得广州图书馆现在借阅规章制度(如借阅期限、借阅册数、过期处理、丢书处理等)有哪些方面需要改进?
    □(请填写)＿＿＿＿＿＿＿＿＿＿＿＿＿＿＿＿＿＿＿
20. 对同学科不同类型的资源,你是否希望放在同一个书架上混合排列?
    (1) 中文图书和外文图书
        □非常希望　　　□希望　　　　　□一般
        □不太希望　　　□不希望
    (2) 中文期刊和外文期刊
        □非常希望　　　□希望　　　　　□一般
        □不太希望　　　□不希望
21. 对同学科不同类型的资源,你是否希望放在同一个阅览室?
    (1) 中文和外文
        □非常希望　　　□希望　　　　　□一般
        □不太希望　　　□不希望
    (2) 图书和报刊
        □非常希望　　　□希望　　　　　□一般
        □不太希望　　　□不希望
    (3) 纸本和多媒体资源
        □非常希望　　　□希望　　　　　□一般
        □不太希望　　　□不希望

22. 您需要 G 市图书馆提供哪些外文资源？（可多选）
   □不需要　　　　　　□留学信息　　　　　　□工具书
   □文学　　　　　　　□语言读物　　　　　　□学术信息
   □其他，请注明：_____

23. 在接下来的 5 年中，您认为广州图书馆应该增加哪些资源？（可多选）
   □各种考试用书　　　□热门书刊　　　　　　□动漫资源
   □G 市地方文献　　　□政府信息公开资源
   □实物资源（有特色的物品如玩具、奖杯等）
   □外文资源　　　　　□数字资源　　　　　　□音像资料
   □其他，请注明：_____

24. 你在广州图书馆找书，曾遇到以下困难吗？（可多选）
   □检索系统不好用，查不到想要的图书
   □检索系统显示在馆的图书在书架上找不到
   □书太乱了，不好找
   □书架标识不清楚，很难找到对应的书架
   □不了解图书是怎样排架的
   □没遇到上述困难，找书很容易

25. 您在使用图书馆的时候遇到问题通常会怎么处理？（可多选）
   □当面咨询附近的图书馆员
   □到服务台咨询　　　□到咨询部咨询　　　　□电话咨询图书馆员
   □填写表单咨询　　　□实时在线咨询　　　　□尝试自己解决
   □放弃使用　　　　　□其他，请注明：_____

26. 请问您对以下服务的需求情况？
   （1）在广州图书馆及其分馆、服务点、区馆的任一馆/点都可以借还所有馆/点的书刊
   　　□非常需要　　　　□需要　　　　　　　□一般
   　　□不需要　　　　　□完全不需要
   （2）当需要的图书不在馆时，可以预约借书
   　　□非常需要　　　　□需要　　　　　　　□一般
   　　□不需要　　　　　□完全不需要

（3）图书馆提供送书上门服务（收取一定的费用）

  ☐非常需要   ☐需要   ☐一般

  ☐不需要   ☐完全不需要

27. 您希望广州图书馆除文献借阅服务以外，还提供哪些服务？（可多选）

  ☐信息咨询台（解答用户常见的问题）

  ☐多媒体工作站（提供视频音频制作的人员、设备和场所）

  ☐数字视听区（提供多媒体和上网，包括学习和娱乐等方面）

  ☐研修室（提供讨论交流的空间，包括必备的设备）

  ☐辅导室（辅导中小学生的课后作业）

  ☐其他，请注明：_____

28. 您希望自助图书馆放置在哪些地方？（自助图书馆使得用户不必亲临图书馆，不受图书馆开闭馆时间的限制，在街边的一台自助图书馆服务机上就能借书、还书、办理借书证，预借）（可多选）

  ☐小区   ☐地铁站   ☐超市

  ☐商场   ☐学校   ☐其他

29. 您愿意通过手机接收图书馆的哪些信息？（可多选）

  ☐图书到期提醒   ☐预约图书到馆提醒

  ☐讲座信息和培训信息   ☐新书通报

  ☐其他，请注明：_____

30. 如果图书馆开发"移动图书馆"，使得您可以通过移动终端使用图书馆的资源和服务，您对以下功能的需求程度如何？

	非常需要	需要	无所谓	不需要	非常不需要
图书馆资源检索					
撰写书评					
借阅情况查询					
图书预约					
图书续借					
数字资源的在线阅读和下载					
图书馆视频在线播放和下载					
图书馆服务预约					
小额支付功能（支付违约金、支付打印复印等费用）					

其他，请具体说明_____

31. 图书馆免费提供以下培训，您的需求程度如何？

	非常需要	需要	无所谓	不需要	非常不需要
如何使用图书馆					
如何使用图书馆在线目录					
如何使用网络					
如何使用图书馆的数字资源					
如何使用 word、excel、powerpoint 等办公软件					

其他，请具体说明_____

32. 对于图书馆举办的公益性讲座，哪些方面可以吸引您前来听讲座？（可多选）

　　□你感兴趣的主题　　□知名的主讲人
　　□高水平的主持人　　□良好的讲座环境
　　□可以获得选修学分　　□可以获得终身学习证明
　　□可以免费获得讲座内容　□其他，请注明_____

33. 您希望广州图书馆建立哪些主题图书馆？（可多选）
　　□艺术设计　　　　□动漫网游　　　　□粤剧
　　□美食　　　　　　□玩具　　　　　　□广交会
　　□地方文献（地方语言与文化、汽车消费、书籍形式演变、名人手稿）
　　□其他，请注明：_____

34. 请您对广州图书馆进行评价：

项　　目	非常同意	同意	无意见	不同意	极不同意
借书和还书的记录很准确					
借书和还书的流程很简便					
馆藏资料具有新颖性和时效性					
馆藏资料满足工作和研究的需要					
馆藏资料满足休闲的需要					
馆藏期刊种类丰富					
馆藏资料在书架上的位置正确,容易寻找					
确定应在馆内的资料,在书架上都可以找到					
网上书刊目录查询系统中馆藏记录很准确（如显示在馆内、借出、遗失这些状态是无误的）					
复印服务很便利					

续表

项　目	非常同意	同意	无意见	不同意	极不同意
阅览座位足够且舒适					
馆员服务态度亲切且尽力回答问题					
馆员熟悉各项服务内容与服务流程					
馆员主动询问并协助读者利用图书馆					
馆员具备耐心与细心的服务精神					
馆员和蔼、面带笑容					
馆员协助您找到所需资料					
图书馆内指引标识清楚					
各项设施和检索系统有清楚易懂的使用说明					
图书馆员熟悉馆外资源，协助读者找到馆外相关资料					
举办图书馆利用教育和馆藏资源利用等活动，提高读者使用图书馆的能力					
图书馆开放时间合适我的使用					

除以上所列，您对图书馆最不满意的是＿＿＿＿＿＿＿＿＿＿＿＿。

三、对广州图书馆的认识和期待

35. 您可以接受到达最近公共图书馆的最长时间是：

　　步行：

　　　　□10 分钟以内　　　□15 分钟以内　　　□20 分钟以内

　　　　□30 分钟以内　　　□30 分钟以上

　　乘车：

　　　　□10 分钟以内　　　□15 分钟以内　　　□20 分钟以内

　　　　□30 分钟以内　　　□30 分钟以上

36. 您是否知道广州图书馆新馆在哪里？

　　　　□不知道　　　　　□知道在建新馆，但是不知道具体地点

　　　　□在珠江新城

37. 您会去利用广州图书馆新馆吗？

　　　　□不会去　　　　　□一定会去

　　　　□还没有决定，到时候再看

38. 如果现在的广州图书馆在新馆投入使用后继续作为广州图书馆的分馆，您会到哪个图书馆？

　　□中山四路的老馆　　□珠江新城的新馆　　□两个馆都去

39. 广州图书馆新馆设施更好、空间更大（9万平方米）、资源更多，您最期望广州图书馆新馆为您做的是_____。

40. 您希望未来的广州图书馆是什么样的？（可多选）

　　□敏捷的图书馆（对读者的要求响应非常灵敏，读者接受服务非常便捷）

　　□贴心的图书馆　　　□温馨的图书馆　　　□身边的图书馆

　　□智慧的图书馆　　　□时尚的图书馆

　　□其他（请填写）_____的图书馆

41. 您认为以下哪句话，可以代表广州图书馆的形象？

　　□广州图书馆，首善之区的精神圣地

　　□广州图书馆，让生活更美好

　　□广州图书馆，将你与世界的智慧相连

　　□滨江畔，您可以期待更美好的图书馆

　　□在这里，您将开始阅读、学习与发现之旅

　　□智慧源江畔，服务到家门

　　□其他，（请填写）_____

42. 您觉得广州图书馆是：（可多选）

　　□文献信息资源中心　　□文献信息服务中心

　　□公益性文化中心　　　□社会教育机构

　　□广州中心图书馆　　　□地方文献收集保存中心

　　□其他（请填写）_____

问卷到此结束，非常感谢您的支持和配合！

附 录 六
广州市民阅读行为与公共图书馆使用调查问卷

亲爱的读者：

您好！4月23日是世界读书日，为了更好地为您服务，提高我们的服务质量，请您抽出宝贵的15分钟，匿名回答此份调查问卷，衷心感谢您的支持和配合！

问卷填写说明：

1. 请您在确定的选项或者相应空格中打"√"，大部分题为单选题，部分多选题在题后有提示，少数时候需要您写出文字。

2. 本调查仅作图书馆工作和研究使用，您的如实回答对我们会有很大帮助。

3. 填写完毕后，请将问卷交给发放调查问卷的工作人员。

一、个人情况

1. 您的性别：
   □男　　　　　　　　□女
2. 您的年龄：
   □14岁及以下　　　　□15—24岁　　　　□25—45岁
   □46—64岁　　　　　□65岁以上

3. 您的文化程度：
   ☐初中及以下　　　　☐中专或者高中　　　　☐大专
   ☐本科　　　　　　　☐研究生及以上

4. 您的家庭人均月收入大概是多少？
   ☐1600 元以下　　　 ☐1600—3500 元　　　 ☐3501—6000 元
   ☐6001—10000 元　　☐10000 元以上

5. 您的身份或职业是：
   ☐学生　　　　　　　☐教师
   ☐专业技术人员（医生、律师、科研人员等）
   ☐公务员　　　　　　☐企事业员工　　　　　☐外来务工人员
   ☐农民　　　　　　　☐自由职业者　　　　　☐离退休人员
   ☐其他_____

6. 过去一年里，您平均每天上网大概多长时间？
   ☐7 小时及以上　　　☐3—7 小时　　　　　　☐1—3 小时
   ☐1 小时以下　　　　☐不上网

二、阅读行为

7. 您认为接受良好的教育对于个人获得成功：
   ☐非常重要　　　　　☐比较重要　　　　　　☐一般
   ☐比较不重要　　　　☐非常不重要

8. 您认为多读书对于获取更好的工作/收入：
   ☐非常重要　　　　　☐比较重要　　　　　　☐一般
   ☐比较不重要　　　　☐非常不重要

9. 您每周大约用多长时间来阅读？
   ☐多于 14 小时　　　☐7—14 小时　　　　　 ☐2—6 小时
   ☐有读，少于 2 小时　☐没读过

10. 您每年大约读_____本纸质图书，_____本电子版图书；_____本纸质版杂志；_____本电子版杂志；看纸质版报纸的频率大概是_____；看电子版报纸的频率大概是_____。

   （频率可选：A 每天；B 每周 1—4 次；C 每月 1—3 次；D 每季度 1—3

次；E 每年 1—2 次；F 没看过）

（提示：如果您报纸、杂志、图书都不看，请直接跳至第 20 题）

11. 您一般在什么时候进行阅读？（可多选）
    □随时可能　　　　　□专门抽时间
    □需要及时查询资料时　□业余休息、乘坐交通工具等闲散时间

12. 您通常采用的阅读渠道主要是：（可多选）
    □购买纸质图书　　　□图书馆借阅
    □直接在图书馆阅读　□直接到书店看
    □到租书店租　　　　□手机阅读
    □电子书阅读器阅读　□电脑在线/下载阅读
    □其他：_____

13. 您最常阅读的内容是（可多选，最多选 3 项）：_____。
    A 新闻资讯　　　　B 名著传记　　　　C 经济管理
    D 历史军事　　　　E 职场励志　　　　F 学术科研
    G 时尚娱乐　　　　H 专业资料　　　　I 英语学习
    J 生活健康　　　　K 休闲小说　　　　L 工具书
    M 诗歌、散文、杂记等　N 社科教育（哲学、心理学等）
    O 漫画　　　　　　P 其他：_____

14. 您阅读主要是为了（可多选，最多选 3 项）：_____。
    A 为研究的项目/论文，或工作需要而阅读
    B 学习英语、计算机等基本技能
    C 完成作业等专业学习需要（如专业教材、教辅、工具书）
    D 放松、娱乐、休闲
    E 掌握实用技能（如烹饪、化妆、保健、育儿、维修等）
    F 增加知识，开阔眼界（如财经、体育、百科、军事）
    G 及时解决生活中的具体问题（如旅游、法律等）
    H 无聊、打发时间
    I 提升个人能力、修养（如人际关系、交际能力、文化修养）
    J 陪小孩，或辅导小孩
    K 职业发展准备（面试技能、公务员考试、工作相关技能等）

L 其他：_____

15. 以下关于阅读行为的描述，与您的情况相符的有：（可多选）
    □阅读时间比以前减少　　□觉得阅读乐趣减少了
    □手机成为阅读工具之一　□以阅读电子版为主
    □以阅读纸质版为主　　　□同时阅读纸质版和电子版
    □阅读时没有以前专注、投入了
    □更容易获得阅读的资料（包括报纸、杂志、图书等）

16. 您认为，传统阅读（纸质图书报纸杂志等）能满足您的阅读需求：
    □非常同意　　　　□比较同意　　　　□一般
    □比较不同意　　　□非常不同意

17. 您认为，网络阅读或数字阅读能满足您的阅读需求：
    □非常同意　　　　□比较同意　　　　□一般
    □比较不同意　　　□非常不同意

18. 您认为影响您选择传统阅读还是数字阅读的因素是：（可多选）
    □经济成本　　　　□时间因素　　　　□阅读内容
    □身边人的影响　　□阅读环境与氛围　□其他：_____

19. 您认为，以后您将更多选择：
    □传统阅读为主　　□数字阅读为主　　□两者兼备

20. 您认为有一部分人在阅读上投入的时间、精力减少的原因是：（可多选）
    □没时间读书　　　　　□不知道该读什么书
    □读书费脑子，看电视玩游戏更轻松
    □社会浮躁，没有读书氛围
    □功利社会，读书无用　□其他（请说明）：_____

三、对图书馆的认识与利用

21. 最近一年里，您大概多久使用一次网络搜索引擎（如百度，google 等）：
    □每周 4 次以上　　□每周 1—3 次　　□每月 1—3 次
    □每季度 1—2 次　　□每年 1—2 次　　□没用过

22. 最近一年里,您大概多久去一次图书馆(包括学校图书馆、公共图书馆及科学图书馆):

　　□每周 4 次以上　　□每周 1—3 次　　□每月 1—3 次
　　□每季度 1—2 次　　□每年 1—2 次　　□没去过

23. 您经常使用的图书馆有:(可多选)(如果您没去过图书馆,请跳至第 25 题)

　　□G 市图书馆　　□各区图书馆　　□省图书馆
　　□学校图书馆　　□其他市的图书馆

24. 图书馆的藏书能否满足您的阅读需求?

　　□完全能满足　　□基本可满足　　□一般
　　□基本不能满足　　□完全不能满足

25. 如果图书馆员能很好地帮助我,让我较快地找到所需图书、资料,我会更乐意使用图书馆:

　　□非常同意　　□比较同意　　□一般
　　□比较不同意　　□非常不同意

26. 如果图书馆员能很好地帮助我,让我较熟练地查找所需信息,我会更乐意使用图书馆:

　　□非常同意　　□比较同意　　□一般
　　□比较不同意　　□非常不同意

27. 您参加过图书馆举办的以下哪些活动?(可多选)

　　□"悦读生活"摄影比赛　□儿童绘本阅读推广
　　□"广州记忆"特色数据库阅读推广
　　□书香岭南·阅读大使　□廉洁读书月活动
　　□"名人谈读书"展览　□都没参加过

28. 您认为,参加图书馆举办的活动,可以增加您的阅读兴趣:

　　□非常同意　　□比较同意　　□一般
　　□比较不同意　　□非常不同意

29. 您认为,参加图书馆举办的活动,可以增加您对图书馆的利用频率:

　　□非常同意　　□比较同意　　□一般
　　□比较不同意　　□非常不同意

30. 请问您知道广州图书馆（新馆或旧馆）的位置或地址吗？
　　□都知道　　　　　□知道旧馆　　　　　□知道新馆
　　□都不知道

31. 请问您有办理广州图书馆的借书证，或用身份证免费开通广州图书馆的借书功能吗？
　　□都有　　　　　　□办了借书证
　　□用身份证开通了借书功能　　　　　□都没有

32. 如果您没使用过公共图书馆，原因是：（如果您使用过，则不用回答本题）
　　□不知道有公共图书馆　　□不知道怎么使用　　□使用其他图书馆
　　□没时间去　　　　　　　□距离太远　　　　　□通过其他方式阅读
　　□觉得找书、借还书等过程麻烦　　　　　　　□不需要使用
　　□其他：_____

33. 最近一年里，您大概多久使用一次广州图书馆的网站？
　　□每周4次以上　　　□每周1—3次　　　□每月1—3次
　　□每季度1—2次　　　□每年1—2次　　　□没用过

34. 通常情况下，您从出发地到附近的公共图书馆距离：
　　□非常近　　　　　□比较近　　　　　□一般
　　□比较远　　　　　□非常远

35. 未来1年内您会增加来公共图书馆的次数：
　　□非常同意　　　　□比较同意　　　　□一般
　　□比较不同意　　　□非常不同意

36. 4月23日是世界读书日，如果图书馆在4月份举办一系列阅读推广活动，您会很乐意参加：
　　□非常同意　　　　□比较同意　　　　□一般
　　□比较不同意　　　□非常不同意

请您依据自己的实际情况，从"很不符合"到"完全符合"之间选择一个合适的答案，在相应位置打√。	完全符合	比较符合	不确定	较不符合	很不符合
37. 您到图书馆的目的是：（如果您没有到过任何类型的图书馆，请跳至第 38 题）					
（1）借阅/归还图书、文献资料	5	4	3	2	1
（2）借/还音像资料	5	4	3	2	1
（3）使用图书馆的数据库	5	4	3	2	1
（4）使用免费上网	5	4	3	2	1
（5）使用电脑	5	4	3	2	1
（6）欣赏音像视听作品	5	4	3	2	1
（7）参加会议、培训、社交活动	5	4	3	2	1
（8）听讲座、参观展览、参加阅读推广活动（如保健、摄影知识推广等）	5	4	3	2	1
（9）休闲性阅读	5	4	3	2	1
（10）参加图书馆针对少年儿童举办的活动	5	4	3	2	1
（11）有疑问寻求馆员帮助	5	4	3	2	1
（12）利用安静的自习空间	5	4	3	2	1
（13）完成作业或任务	5	4	3	2	1
（14）无聊、打发时间	5	4	3	2	1
38. 在您看来，图书馆是：					
（1）收藏图书、报纸、杂志、音像资料等信息资源的地方	5	4	3	2	1
（2）免费借阅所需图书、音像资料等信息资源的地方	5	4	3	2	1
（3）阅读的地方	5	4	3	2	1
（4）学习、自主进行终身教育的地方	5	4	3	2	1
（5）免费上网或使用电脑的地方	5	4	3	2	1
（6）休闲的地方	5	4	3	2	1
（7）与人交流的地方	5	4	3	2	1
（8）不受时空限制，可以让人随时随地获取所需信息和服务的公益机构。	5	4	3	2	1
（9）其他（请说明）：_____					

39. 最后，请您提出对 G 市图书馆的建议（请填写）：_____。

非常感谢您的支持和配合，问卷到此结束！请您将问卷交回给相关工作人员，谢谢！

附 录 七
南沙区图书馆读者调查问卷

尊敬的女士/先生：

为了让南沙图书馆更好地为您服务，我们需要了解您对图书馆的需求、利用和认识，请您惠赐 20 分钟左右的时间填写问卷，谢谢！本问卷采用无记名回答，所有的资料仅供图书馆业务使用，请您放心如实回答。

问卷填写说明：选择题请在您确定的选项上的字母或者数字上打"√"。填空题请在横线上填写答案。您的确切回答对南沙图书馆的发展会有很大的价值。

一、个人信息

1. 您的性别：
   □ 男　　　　　　　　　□ 女
2. 您的年龄是：_____岁
3. 您目前的居住地是_____区_____镇/街道。
4. 您的教育程度是（包括目前在读的）：
   □ 初中及以下　　　　　□ 高中/中专/技校　　□ 大专
   □ 本科　　　　　　　　□ 研究生及以上
5. 您的职业是：
   □ 学生　　　　　　　　□ 教师
   □ 专业技术人员（医生、律师、科研人员等）
   □ 公务员　　　　　　　□ 企事业员工　　　　□ 外来务工人员

☐农民　　　　　　　☐自由职业者　　　　☐离退休人员
☐其他，请注明＿＿＿＿＿＿＿

6. 您的家庭人均月收入大概是多少？（单位：人民币元）
　　☐1600 以下　　　　☐1600—3500　　　　☐3501—6000
　　☐6001—10000　　　☐10000 以上

二、图书馆使用情况

7. 请问最近一年里，您到南沙区图书馆的频率是：
　　☐每年 1—3 次　　　☐每季度 1—3 次　　☐每月 1—3 次
　　☐每周 1—3 次　　　☐每周 4 次以上

8. 请问最近一年里，您访问南沙区图书馆网站的频率是：
　　☐没有用过　　　　　☐每年 1—3 次　　　☐每季度 1—3 次
　　☐每月 1—3 次　　　☐每周 1—3 次　　　☐每周 4 次以上

9. 您通常到南沙区图书馆的方式是：
　　☐步行　　　　　　　☐公交　　　　　　　☐地铁
　　☐自驾　　　　　　　☐单车　　　　　　　☐其他

10. 您到南沙区图书馆花费的时间？（②③④选项的起点包括在内，止点不包括在内，如 5—10 分钟，包括 5 分钟，不包括 10 分钟）
　　①5 分钟以内　　　　②5—10 分钟　　　　③10—15 分钟
　　④15—20 分钟　　　　⑤20 分钟以上

11. 您到南沙区图书馆的目的是什么？请您依据自己的实际情况，从"很不符合"到"完全符合"之间选择一个合适的答案，在相应位置打"√"。

	完全符合	比较符合	不确定	较不符合	很不符合
11.1 借阅/归还图书、文献资料	5	4	3	2	1
11.2 借/还音像资料	5	4	3	2	1
11.3 使用图书馆的数字资源	5	4	3	2	1
11.4 使用免费上网	5	4	3	2	1
11.5 使用电脑	5	4	3	2	1
11.6 欣赏音像视听作品	5	4	3	2	1

续表

	完全符合	比较符合	不确定	较不符合	很不符合
11.7 参加会议、培训、社交活动	5	4	3	2	1
11.8 听讲座、参观展览、参加阅读推广活动	5	4	3	2	1
11.9 休闲性阅读	5	4	3	2	1
11.10 参加图书馆针对少年儿童举办的活动	5	4	3	2	1
11.11 有疑问寻求馆员帮助	5	4	3	2	1
11.12 利用安静的自习空间	5	4	3	2	1
11.13 完成作业或任务	5	4	3	2	1
11.14 无聊、打发时间	5	4	3	2	1

12. 每次来南沙区图书馆，您在这里停留的时间大约有多久？
　　□30 分钟以内　　　　□30—60 分钟　　　　□61—90 分钟
　　□91—120 分钟　　　　□120 分钟以上

13. 南沙区图书馆的文献资源您用过的有？（可多选）
　　□纸质图书　　　　□纸质期刊　　　　□纸质报纸
　　□数字资源（如万方数据库、龙源期刊等）

14. 您认为南沙区图书馆的文献资源是否满足您的需求？
　　□非常满足　　　　□满足　　　　□一般
　　□不满足　　　　□非常不满足

15. 接下来的 3 年里，您认为南沙区图书馆应该增加哪些文献资源？（可多选）
　　□各种考试用书　　□热门书刊　　　　□动漫资源
　　□南沙地方文献　　□政府信息公开资源　□外文资源
　　□数字资源　　　　□音像资料
　　□其他，请注明：＿＿＿＿＿＿

16. 对于南沙区图书馆提供的服务，您使用的频率如何？

图书馆服务项目	从不使用	很少使用	有时使用	经常使用	几乎每天用
16.1 图书外借	1	2	3	4	5
16.2 图书阅览	1	2	3	4	5
16.3 报刊阅览	1	2	3	4	5
16.4 港台、中文工具书及本地文献阅览	1	2	3	4	5
16.5 电子阅览室网上阅览	1	2	3	4	5
16.6 "南沙区24小时自助图书馆"（自助ATM机）	1	2	3	4	5
16.7 书目查询	1	2	3	4	5
16.8 通借通还服务（如在南沙图书馆借广州图书馆的书）	1	2	3	4	5
16.9 读者荐购	1	2	3	4	5
16.10 读者留言	1	2	3	4	5
16.11 图书馆讲座或者活动（如阅读欣赏会）	1	2	3	4	5

17. 您希望南沙区图书馆除文献借阅服务以外，还提供哪些服务？（可多选）

　　□文献复制服务（如打印、复印、扫描等）
　　□无线上网服务（图书馆提供wifi，读者可以在馆内通过手机等设备上网）
　　□数字视听区（提供多媒体和上网，包括学习和娱乐等方面）
　　□研修室（提供讨论交流的空间，包括必备的设备）
　　□在图书馆旁和人多的其他地方设立智能图书馆，不需人员值班，读者凭卡可每天24小时借还书和阅览
　　□选择人流多的地方设立更多的馆外自动借还书机（ATM图书机），读者凭卡可随时借还书
　　□与学校合作，在中、小学设立阅览室或分馆，将服务送进学校
　　□与企业合作，在企业设立阅览室或分馆，将服务送进企业
　　□面向政府机关提供决策咨询服务
　　□其他，请注明：_____

18. 您在使用南沙区图书馆过程中遇到的困难有哪些？（可多选）
　　□不清楚南沙图书馆提供哪些资源和服务
　　□不会利用数据库等电子资源
　　□不清楚文献资源的排列和存放位置
　　□没有困难

19. 您在使用南沙区图书馆的时候遇到问题通常会怎么处理？（可多选）
　　□当面咨询附近的图书馆员　　　　　　□到服务台咨询
　　□电话咨询图书馆员　　□尝试自己解决　　□放弃使用
　　□其他，请注明：_____

20. 如果南沙区图书馆组织读者活动，您最希望参加哪些类型的活动？（可多选）
　　□专家讲座　　　　　□座谈会　　　　　□展览
　　□南沙图书馆使用培训　　□征文比赛　　　□亲子阅读活动
　　□其他，请注明：_____

21. 您认为哪些措施可以提高南沙区图书馆的利用率？（可多选）
　　□提高图书质量，适时更新图书
　　□加大宣传力度，积极宣传南沙图书馆
　　□提高馆员素质，提升业务能力
　　□合理安排服务时间　　□多开展读者活动
　　□其他，请注明：_____

22. 南沙区图书馆目前借书需要 100 元（A 证）或 50 元（B 证）的保证金，您的看法如何？
　　□非常合理　　　　　□合理　　　　　　□无意见
　　□不太合理，应该降低费用
　　□很不合理，应该免费

23. 如果南沙区图书馆借书不需要保证金，我会更乐意使用南沙区图书馆。
　　□非常同意　　　　　□同意　　　　　　□一般
　　□不同意　　　　　　□极不同意

24. 南沙区图书馆目前 A 类证件最多可借图书或光盘 5 册（件），B 类证件最多可借图书或光盘 3 册（件），您的看法如何？

□非常合理　　　　　□合理　　　　　　□无意见
　　□不太合理，你期望的外借册数为 _____ 册（件）
　　□很不合理

25. 南沙区图书馆目前的借期为一个月（可续期1个月），您的看法如何？
　　□非常合理　　　　　□合理　　　　　　□无意见
　　□不太合理，你期望的外借期限为 _____ 月
　　□很不合理

26. 目前南沙区图书馆报刊阅览室的开放时间为9：00—18：00，您的看法如何？
　　□非常合理　　　　　□合理　　　　　　□无意见
　　□不太合理，你期望的开放时间为 _____ 时到 _____ 时
　　□很不合理

27. 目前南沙区图书馆电子阅览室的开放时间为周六、周日：9：30—12：00和14：00—17：00，您的看法如何？
　　□非常合理　　　　　□合理　　　　　　□无意见
　　□不太合理，您期望开放时间为周 _____ 到周 _____，
　　_____ 时到 _____ 时
　　□很不合理

28. 目前南沙区图书馆少年儿童借阅部的开放时间为周二至周五12：00—18：00及周六、周日9：00—18：00，您的看法如何？
　　□非常合理　　　　　□合理　　　　　　□无意见
　　□不太合理，您期望开放时间为周 _____ 到周 _____，
　　_____ 时到 _____ 时
　　□很不合理

29. 目前南沙区图书馆成人图书借阅部的开放时间为周二至周日9：00—18：00及周二、周四晚18：00—21：00，您的看法如何？
　　□非常合理　　　　　□合理　　　　　　□无意见
　　□不太合理，您期望开放时间为周 _____ 到周 _____，
　　_____ 时到 _____ 时
　　□很不合理

30. 您觉得南沙区图书馆现有的空间布局如何？
　　□非常合理　　　　　□合理　　　　　　□无意见
　　□不合理　　　　　　□极不合理

31. 以下上网设备，您使用的频率如何？请从"从不使用"到"几乎每天用"之间选择最适合您实际情况的选项。

上网设备应用使用情况	从不使用	很少使用	有时使用	经常使用	几乎每天用
31.1 电脑上网	1	2	3	4	5
31.2 智能手机上网	1	2	3	4	5
31.3 平板电脑（如 ipad）上网	1	2	3	4	5

32. 您认为，以后您将更多选择：
　　□传统纸质阅读为主　　□数字阅读为主　　□两者兼备

33. 目前您使用的个人移动设备主要用于：（可多选）
　　□查找信息　　　　　□看新闻　　　　　□收发邮件
　　□博客、微博、空间
　　□娱乐、游戏　　　　□下载铃声、图片、视频
　　□阅读电子书　　　　□其他

34. 您对感兴趣阅读电子图书的内容包括：（可多选）
　　□网络小说　　　　　□畅销新书　　　　□学术研究
　　□学习资料　　　　　□其他

35. 您愿意通过手机接收图书馆的哪些信息？（可多选）
　　□图书到期提醒　　　□预约图书到馆提醒
　　□讲座信息和培训信息　□新书通报
　　□其他，请注明：＿＿＿＿＿＿

36. 您的移动设备使用什么样的操作系统？（可多选）
　　□苹果 IOS　　　　　□安卓 Android
　　□微软 windows mobile　□诺基亚 Symbian
　　□其他（如：Java）

37. 如果南沙图书馆推出"移动图书馆"服务，使得您可以通过移动终端使用图书馆的资源和服务，您对以下功能的需求程度如何？

移动图书馆功能	极不需要	不需要	一般	需要	非常需要
37.1 图书馆消息通知	1	2	3	4	5
37.2 新书通报	1	2	3	4	5
37.3 超期催还提醒	1	2	3	4	5
37.4 预约书到馆通知	1	2	3	4	5
37.5 讲座活动通知	1	2	3	4	5
37.6 馆藏图书检索	1	2	3	4	5
37.7 图书预约	1	2	3	4	5
37.8 图书续借	1	2	3	4	5
37.9 撰写书评	1	2	3	4	5
37.10 个人借阅情况查询	1	2	3	4	5
37.11 图书荐购	1	2	3	4	5
37.12 阅读电子图书	1	2	3	4	5
37.13 阅读电子期刊全文	1	2	3	4	5
37.14 图书馆视频在线播放和下载	1	2	3	4	5
37.15 图书馆服务预约	1	2	3	4	5
37.16 小额支付功能（支付违约金、支付打印复印等费用）	1	2	3	4	5
37.17 读者咨询	1	2	3	4	5

其他，请具体说明 37.18 _____

38. 您认为可能会阻止您使用移动图书馆的原因是什么？（可多选）
　　□增加手机费用开支　　□网速太慢
　　□手机屏幕太小，阅读不方便
　　□操作复杂，输入不便，不想使用
　　□个人电脑条件好，没必要使用手机

39. 您希望图书馆通过微博开展哪些服务？（可多选）
　　□直接推送类信息服务（如各类培训讲座通知、最新上架图书、节假日开馆信息等）
　　□链接中转推送类信息服务（如将相关信息进行简要介绍并附有超链接地址，进而转发图书馆网站大量内容翔实的信息）

□互动类信息服务（如开展在线咨询服务，或者就某方面热点话题和读者共同探讨）

□图书馆没有必要提供微博服务

三、图书馆满意情况

40. 请您对南沙区图书馆进行评价，请选择最符合您实际情况的选项：

项　目	极不同意	不同意	一般	同意	非常同意
40.1 借书和还书的记录很准确	1	2	3	4	5
40.2 借书和还书的流程很简便	1	2	3	4	5
40.3 馆藏资料具有新颖性和时效性	1	2	3	4	5
40.4 馆藏资料满足工作和研究的需要	1	2	3	4	5
40.5 馆藏资料满足休闲的需要	1	2	3	4	5
40.6 馆藏期刊种类丰富	1	2	3	4	5
40.7 馆藏资料在书架上的位置正确，容易寻找	1	2	3	4	5
40.8 确定应在馆内的资料，在书架上都可以找到	1	2	3	4	5
40.9 网上书刊目录查询系统中馆藏记录很准确（如显示在馆内、借出、遗失这些状态是无误的）	1	2	3	4	5
40.10 阅览座位足够且舒适	1	2	3	4	5
40.11 馆员服务态度亲切且尽力回答问题	1	2	3	4	5
40.12 馆员熟悉各项服务内容与服务流程	1	2	3	4	5
40.13 馆员主动询问并协助读者利用图书馆	1	2	3	4	5
40.14 馆员具备耐心与细心的服务精神	1	2	3	4	5
40.15 馆员和蔼、面带笑容	1	2	3	4	5
40.16 馆员协助您找到所需资料	1	2	3	4	5
40.17 图书馆内指引标识清楚	1	2	3	4	5
40.18 各项设施和检索系统有清楚易懂的使用说明	1	2	3	4	5
40.19 图书馆员熟悉馆外资源，协助读者找到馆外相关资料	1	2	3	4	5
40.20 举办图书馆利用教育和馆藏资源利用等活动，提高读者使用图书馆的能力	1	2	3	4	5

问卷到此结束，再次感谢您的支持！

参考文献

[1] 陈雅芝：《信息检索》，清华大学出版社 2005 年版。
[2] 戴龙基：《文献资源发展政策研究》，北京大学出版社 2007 年版。
[3] 顾文佳：《信息检索与利用》，经济科学出版社 2001 年版。
[4] 国家教委高教司：《读者服务与研究教学大纲》，高等教育出版社 1996 年版。
[5] 胡昌平：《信息服务与用户》，武汉大学出版社 2007 年版。
[6] 黄长著：《网络环境下图书情报学科与实践的发展趋势》，社会科学文献出版社 2010 年版。
[7] 黄方正、王可权：《图书馆管理词典》，知识出版社 1994 年版。
[8] 金炳华：《马克思主义哲学大辞典》，上海辞书出版社 2003 年版。
[9] 李广建：《数字时代的图书馆网络信息系统》，北京图书馆出版社 2006 年版。
[10] 李桂华：《当代公共图书馆用户：需求、行为与结构》，四川大学出版社 2010 年版。
[11] 刘燕权、孟楚麟、李桂苏：《变化中的图书馆》见储荷婷、张茵：《图书馆信息学》，中国人民大学出版社 2007 年版。
[12] 娄策群：《信息管理学基础》，科学出版社 2005 年版。
[13] 鲁黎明：《图书馆服务理论与实践》，北京图书馆出版社 2005 年版。
[14] 孟连生：《科技文献信息溯源——科技文献信息检索教程与学科资源实用指南》，高等教育出版社 2006 年版。
[15] 荣泰生：《SPSS 与研究方法》，东北财经大学出版社 2012 年版。
[16] 唐少清：《项目评估与管理》，清华大学出版社 2005 年版。

[17] 图书馆2.0工作室编:《图书馆2.0:升级你的服务》,北京图书馆出版社2008年版。

[18] 王邵平:《图书情报词典》,汉语大词典出版社1990年版。

[19] 吴明隆:《SPSS统计应用学习实务:问卷分析与应用统计》,台北,加桦国际有限公司2007年版。

[20] [美国] Charles H B、Stephen P H:《图书馆学研究方法:技术与阐释》,吴彭鹏译,书目文献出版社1987年版。

[21] 姚新如、刘迅芳:《现代图书馆读者服务》,海洋出版社,2006年版。

[22] 叶鹰:《情报学基础教程》,中国科学出版社2006年版。

[23] 袁琳:《读者服务的组织与管理》,武汉大学出版社1998年版。

[24] 袁世全、冯涛:《中国百科大辞典》,华夏出版社1990年版。

[25] 张涵:《图书馆读者》,见中国大百科全书总编辑委员会,中国大百科全书出版社1993年版。

[26] 张怀涛、索传军、代根兴:《网络环境与图书馆信息资源》,郑州大学出版社2002年版。

[27] 中国图书馆学会:《中国图书馆员职业道德准则(试行)》,北京图书馆出版社2003年版。

[28] 周文骏:《图书馆学情报学词典》,书目文献出版社1991年版。

[29] 朱德全:《教育研究方法》,重庆出版社2006年版。

[30] 白榕:《高校图书馆开展个性化信息服务的调查研究——以天津科技大学图书馆为例》,《图书馆建设》2009年第4期,第54—58页。

[31] 包家元:《我院临床医师情报需求的调查分析》,《中国医院管理》1992年第10期,第37—39页。

[32] 鲍甬婵:《图书馆:城市的"第三空间"》,《图书馆论坛》2011年第5期,第16—18转26页。

[33] 毕九江:《新世纪图书馆服务论》,《图书馆》2000年第6期,第46—48转51页。

[34] 蔡捷:《我国农业图书情报用户需求调查与分析》,《中国图书馆学报》1994年第1期,第14—21页。

[35] 曹树金、罗春荣、马利霞:《论图书馆个性化服务的几个基本问题》,

《大学图书馆学报》2005年第6期,第33—39页。

[36] 曾繁绢、李宗翰:《图书馆电子资源整合查询系统评估之研究》,《图书资讯学刊》2008年第1/2合期,第111—142页。

[37] 曾五一、黄炳艺:《调查问卷的可信度和有效度分析》,《统计与信息论坛》2005年第6期,第11—15页。

[38] 查先进、陈明红:《信息资源质量评估研究》,《中国图书馆学报》2010年第2期,第46—55页。

[39] 昌建纳等:《综合性大学图书馆用户文献信息需求调查分析》,《图书情报工作》2004年第8期,第44—47页。

[40] 陈凡男:《回归主体——现代图书馆空间环境设计》,《图书馆学刊》2000年第2期,第57—58页。

[41] 陈冠年:《论读者需求》,《大学图书馆》2004年第2期,第100—121页。

[42] 陈乐明、王瑞菊:《从博士生学位论文的引文看其文献需求》,《图书馆理论与实践》1995年第1期,第18—21页。

[43] 陈路明:《国外移动图书馆实践进展》,《情报科学》2009年第11期,第1645—1648页。

[44] 陈敏:《医科学生情报需求的现况与对策——同济医大85—88级学生利用图书馆的调查》,《同济医科大学学报(社会科学版)》1990年第1期,第79—83页。

[45] 陈全平:《审视未来:图书馆视域中的信息技术和21世纪图书馆》,《图书与情报》2010年第2期,第57—61页。

[46] 陈维、阮海红:《基于读者需求的高校图书馆信息共享空间构建研究——以浙江传媒学院图书馆为例》,《情报杂志》2010年第2期,第148—152页。

[47] 陈熠、袁曦临、刘忠斌:《南京图书馆用户信息需求和信息行为调研》,《新世纪图书馆》2013年第3期,第87—91页。

[48] 陈玉珍、苏洪泰、鲁少玲:《莱阳农学院教学科研人员情报需求状况的调查报告》,《莱阳农学院学报(社会科学版)》1993年第1期,第91—95页。

[49] 程亚男:《关于自助图书馆的几个关键词:理念 技术 成本 绩

效》,《公共图书馆》2010 年第 1 期,第 31—36 页。

[50] 戴维民、孙瑾:《论信息共享空间》,《中国图书馆学报》2007 年第 3 期,第 22—25 页。

[51] 董小英:《教育科技用户对互联网使用情况的调查分析》,《大学图书馆学报》1999 年第 5 期,第 38—45 页。

[52] 范并思:《论公共图书馆的收费服务》,《图书馆》2011 年第 3 期,第 6—8 页。

[53] 范铮:《工科教授图书、情报需求的调查研究》,《大学图书馆通讯》1984 年第 1 期,第 18—24 转 10 页。

[54] 方胜华、王俊杰、韩真:《高校教师对现代图书馆信息服务需求及利用现状调查分析》,《图书馆杂志》2008 年第 11 期,第 45—48 页。

[55] 费业昆:《高校情报用户需求调查与初步分析》,《情报学刊》1991 年第 3 期,第 192—196 转 22 页。

[56] 冯守仁:《公共图书馆"用地"与"建设"主要指标解析》,《中国图书馆学报》2009 年第 1 期,第 11—17 页。

[57] 傅雅秀:《从科学传播的观点探讨"中央研究院"生命科学专家的资讯寻求行为》,《图书馆学刊》1996 年第 11 期,第 133—163 页。

[58] 甘利人、李莉、谢兆霞:《图书馆网站用户满意度模型的构建与应用》,《情报学报》2010 年第 1 期,第 159—168 页。

[59] 高春玲:《解读美国移动图书馆发展的昨天、今天和明天》,《数字图书馆论坛》2010 年第 11 期,第 25—32 页。

[60] 高荣华、郑德俊、张友华:《面向科研创新的高校图书馆信息服务需求调查与分析》,《情报杂志》2010 年第 4 期,第 173—177 转 184 页。

[61] 龚花萍:《网络环境下国家社科信息政策与法规的内容研究》,《情报杂志》2002 年第 9 期,第 2—4 页。

[62] 顾洪洋:《RSS 阅读流行新玩法》,《微电脑世界》2006 年第 8 期,第 168—172 页。

[63] 桂胜、田北海:《读者阅读需求与公共图书馆馆藏建设——以湖北省图书馆的读者调查为例》,《中国图书馆学报》2006 年第 3 期,第 103—107 页。

[64] 郭庆文:《"全科医师"——高校图书馆流通馆员角色辨析》,《图书馆建设》2007年第4期,第104—106转109页。

[65] 郭瑞芳、张昳:《网络环境下高校图书馆读者信息需求调查分析与对策研究》,《情报探索》2010年第7期,第127—129页。

[66] 郭献民、林守一:《企业科技人员情报需求状况的调查》,《图书情报工作》1984年第4期,第7—11页。

[67] 郝群等:《基于用户调查的研究型高校IC构建设想——以复旦大学江湾校区图书馆为例》,《图书情报工作》2007年第11期,第114—116转14页。

[68] 郝素梅等:《山西省农科院农业科技人员情报需求调查》,《农业图书情报学刊》1992年第1期,第34—37页。

[69] 何东红、王超湘:《了解读者需求 提高服务水平——地方社科院图书馆读者调查问卷分析》,《情报资料工作》2006年第6期,第96—99转107页。

[70] 何晓萍、胡小飞、王敏:《加强图书馆内涵建设 提高信息服务水平——南昌大学图书馆读者问卷调查分析》,《现代情报》2008年第4期,第118—122页。

[71] 贺培燕:《网络环境下高校读者阅读需求研究》,《江西图书馆学刊》2004年第1期,第27—29页。

[72] 胡丽荣:《高校医学生对图书馆的网络信息需求调查与分析》,《图书馆论坛》2009年第3期,第134—136转172页。

[73] 胡小菁:《论新一代OPAC的理念与实践》,《中国图书馆学报》2006年第5期,第67—70转75页。

[74] 黄连庆、黄海岩、段巧云:《地方院校图书馆读者信息需求与利用》,《图书馆论坛》2004年第2期,第65—67页。

[75] 黄群庆:《崭露头角的移动图书馆服务》,《图书情报知识》2004年第5期,第48—49页。

[76] 黄兆奎:《西部公共图书馆免费开放研究——以泸州市公共图书馆系统为例》,《图书馆》2011年第2期,第114—116页。

[77] 戢渼钧:《关于个性化信息服务的隐私保护》,《图书情报工作》2006

年第 2 期，第 49—51 转 83 页。

[78] 冀宪武等：《山西省农科院图书馆读者调查分析》，《农业图书情报学刊》2010 年第 5 期，第 181—184 页。

[79] 金更达、高跃新：《图书馆用户需求层次研究》，《图书馆杂志》2004 年第 6 期，第 24—26 转 23 页。

[80] 康思本：《网络环境下广东高职读者信息需求调查与分析》，《图书馆论坛》2008 年第 3 期，第 170—173 页。

[81] 柯君仪、王梅玲：《台湾图书资讯学硕士生就业与能力需求之研究》，《大学图书馆》2007 年第 1 期，第 97—116 页。

[82] 雷顺利：《基于用户满意度的高校图书馆馆藏资源评价模型构建》，《情报科学》2010 年第 1 期，第 76—80 页。

[83] 雷永立：《图书馆收费：历史、现实和理性的思考》，《图书馆论坛》2002 年第 6 期，第 18—20 转 35 页。

[84] 李传海：《大连硅酸盐行业科技人员情报需求初步调查分析》，《情报学刊》1992 年第 3 期，第 190—196 页。

[85] 李广建：《小型专业图书馆的数字图书馆建设》，《图书情报工作》2008 年第 1 期，第 100—104 页。

[86] 李国新：《公共图书馆"免费开放"的内容、范围与边界》，《图书馆》2011 年第 6 期，第 59—61 页。

[87] 李惠萍、苏谚：《餐旅管理领域学生的资讯寻求行为探讨》，《大学图书馆》2004 年第 1 期，第 147—166 页。

[88] 李金荣：《信息技术是推动图书馆进步的根本力量》，《图书馆论坛》2010 年第 6 期，第 79—183 页。

[89] 李力：《对工科高校图书馆主要用户群文献需求与利用的调查与研究——安徽工学院图书馆用户调查报告摘选》，《图书馆》1996 年第 5 期，第 48—50 页。

[90] 李睿、邵长远：《以读者为中心的 OPAC 现状及发展方向——以汇文系统 4.0 版本为例》，《山东图书馆学刊》2010 年第 1 期，第 48—50 页。

[91] 李杉：《国家图书馆 Web OPAC 用户调查分析》，《国家图书馆学刊》2005 年第 4 期，第 42—45 页。

[92] 李树春、刘文俊:《内蒙古农牧学院师生情报需求情况的调查研究》,《内蒙古农牧学院学报》1986 年第 4 期,第 113—125 页。

[93] 李晓东、刘素清、肖珑:《高校研究人员学术信息资源利用及信息查寻行为的调查与分析——以北京大学图书馆用户调查为例》,《数字图书馆论坛》2009 年第 1 期,第 25—42 期

[94] 李晔、刘华山:《问卷调查过程中的常见问题与解决办法》,《教育研究与实验》2006 年第 2 期,第 61—64 页。

[95] 李哲等:《西京医院图书馆读者信息行为和需求调查》,《中华医学图书情报杂志》2013 年第 4 期,第 45—49 页。

[96] 力晓蓉等:《四川省卫生系统中医疗科研管理人员医学情报需求的调查分析及对策》,《医学情报工作》1998 年第 2 期,第 7—10 页。

[97] 连丽红、李彭元、唐德羽:《第三军医大学不同年龄段读者信息需求调查》,《预防医学情报杂志》2008 年第 10 期,第 808—811 页。

[98] 廖小梅:《新馆建设浪潮中的图书馆虚拟空间崛起——城市图书馆空间变奏曲之二》,《图书馆》2011 年第 2 期,第 103—104 转 108 页。

[99] 林惠美、陈昭珍:《大学生对图书馆行动服务需求之研究》,《图书与资讯学刊》2010 年第 5 期,第 36—46 页。

[100] 林玲君:《艺术教师资讯行为之研究:以国立艺术学院为例》,《大学图书馆》2000 年第 2 期,第 115—131 页。

[101] 林颂坚:《信息需求与信息科技的拥有与使用之关联分析》,《图书馆学与资讯科学》2006 年第 2 期,第 42—54 页。

[102] 刘红:《高校图书馆流通部馆员心理分析及调适》,《前沿》2007 年第 4 期,第 244—246 页。

[103] 刘兰:《图书馆"第三空间"营造途径研究》,《图书与情报》2012 年第 5 期,第 99—101 页。

[104] 刘绍荣、朱莉:《高校图书馆读者咨询服务的现状调查与对策分析——以复旦大学图书馆为例》,《图书情报知识》2005 年第 2 期,第 37—39 页。

[105] 刘炜、葛秋妍:《从 web 2.0 到图书馆 2.0:服务因用户而变》,《现代图书情报技术》2006 年第 9 期,第 8—12 页。

[106] 刘云鹏:《互联网时代公共图书馆网络服务模式探究》,《情报资料工作》2009年第2期,第100—102页。

[107] 刘兹恒、王植:《对研究生读者的调查与分析》,《大学图书馆通讯》1984年第1期,第25—29页。

[108] 卢秀婷:《区域及地区医院医师资讯需求与资讯需求之探讨:以HINT使用者为例》,《中国图书馆学会会报》2003年第12期,第109—124页。

[109] 陆峻波、夏惠芸:《在网络环境下不同信息用户群信息需求与教育研究》,《云南农业大学学报(社会科学版)》2011年第6期,第65—68页。

[110] 陆晓红:《面向公共文化服务的城市公共图书馆体系构建》,《图书情报工作》2009年第17期,第18—22页。

[111] 罗春荣:《电子馆藏评估:内容与方法》,《图书馆论坛》2006年第1期,第5—8页。

[112] 吕俊生:《科技用户信息需求及服务模式研究》,《图书馆建设》2002年第6期,第25—28页。

[113] 马慧琴、吴家瑛、左开银:《石河子地区农业科研人员情报需求与情报行为的调查分析》,《情报杂志》1990年第4期,第97—100转46页。

[114] 马建华、夏文正:《从文后参考文献看我国化学家的文献需求》,《图书情报工作》2001年第7期,第55—56页。

[115] 茆意宏、武立斌、黄水清:《图书馆手机服务系统的建设:需求调查与分析——以南京地区图书馆为例》,《图书馆工作与研究》2008年第12期,第55—58页。

[116] 默秀红:《高校图书馆文献信息服务需求调查分析》,《情报理论与实践》2008年第5期,第751—752转755页。

[117] 聂华、朱玲:《网络级发现服务——通向深度整合与便捷获取的路径》,《大学图书馆学报》2011年第6期,第5—10页转25页。

[118] 齐虹:《用户信息需求立体结构模型探讨》,《档案学通讯》2009年第2期,第32—35页。

[119] 齐军、曹福年:《天津市医药科技人员情报需求调查分析》,《情报学

刊》1989年第3期，第42—46页。

[120] 钱雅玲：《浅谈图书馆个性化服务中用户的隐私保护》，《龙岩学院学报》2009年第2期，第130—133页。

[121] 乔冬敏、于丽萍：《新信息环境下高校图书馆用户信息需求调查分析》，《图书与情报》2010年第4期，第91—93转99页。

[122] 沙勇忠、王怀诗：《信息伦理论纲》，《情报科学》1998年第6期，第492—497页。

[123] 邵长远、李睿、李永先：《基于用户需求分析的高校手机图书馆建设策略》，《图书馆学研究》2013年第12期，第19—22页。

[124] 盛小平：《大学图书馆战略规划的几个基本问题》，《大学图书馆学报》2009年第2期，第14—18页。

[125] 施国洪、岳江君、陈敬贤：《我国图书馆服务质量测评量表构建及实证研究》，《中国图书馆学报》2010年第4期，第37—46页。

[126] 施毓琦、吴明德：《大学图书馆网站个人化服务之使用者需求研究》，《大学图书馆》2005年第2期，第2—25页。

[127] 时月娇、穆丽娜、刘磊：《网络环境下影响高校用户信息需求满足率的因素与对策——对南京高校图书馆用户调查的分析思考》，《农业图书情报学刊》2008年第5期，第13—16页。

[128] 史小平：《中央党校图书馆读者信息需求调查》，《中共中央党校学报》2000年第1期，第122—127页

[129] 束漫、刘洪辉：《广州图书馆用户调查分析》，《现代情报》2007年第1期，第138—141页。

[130] 宋恩梅、袁琳：《移动的书海：国内移动图书馆现状及发展趋势》，《中国图书馆学报》2010年第5期，第34—47页。

[131] 宋琼玲：《从使用者需求探讨大学图书馆之发展——以台大农学院为例》，《大学图书馆》1990年第1期，第147—164页。

[132] 苏小凤：《大学图书馆即时数位参考咨询服务之使用者需求与态度》，《图书馆学与资讯科学》2007年第2期，第48—63页。

[133] 谭振坤：《深圳公共图书馆读者需求调查报告——以深圳南山图书馆为例》，《图书馆》2010年第3期，第68—71页。

[134] 田雅娟等：《利用变异系数概念比较分析图书馆服务的不同用户群差异》，《图书情报知识》2010 年第 1 期，第 90—94 页。

[135] 涂文波：《大学图书馆数字资源需求与服务的读者调查及分析》，《大学图书馆学报》2008 年第 5 期，第 82—89 页。

[136] 王冰：《数字信息资源的需求及利用调查分析》，《时珍国医国药》2009 年第 12 期，第 3183—3185 页。

[137] 王翠萍、张莹：《国内外图书馆资源及其利用研究综述》，《情报资料工作》2009 年第 1 期，第 48—51 页。

[138] 王海英、张晓苗、汪其英：《高校图书馆升级 OPAC 之探讨——基于贵州大学图书馆 OPAC 用户调查分析的个案研究》，《贵州师范学院学报》2011 年第 1 期，第 42—44 页。

[139] 王红玲、张齐增、林宁：《网络环境下图书馆用户信息需求调查分析》，《图书馆论坛》2005 年第 2 期，第 29—34 页。

[140] 王楠等：《甘肃省科技文献需求调查与分析》，《情报杂志》2005 年第 10 期，第 125—126 转 129 页。

[141] 王石生：《科研人员文献需求的调查与分析》，《中国图书馆学报》1996 年第 2 期，第 11—13 页。

[142] 王余光：《中国阅读文化史论》，北京图书馆出版社 2007 年版，第 14 页。

[143] 王志军：《呼唤"图书馆意识"》，《山东图书馆季刊》1998 年第 4 期，第 69—70 页。

[144] 王子舟：《图书馆如何重塑自身的公益形象——有关图书馆收费问题的讨论》，《图书馆建设》2005 年第 6 期，第 5—11 页。

[145] 魏育辉、刘健：《馆藏评价方法研究概述》，《图书馆建设》2010 年第 9 期，第 16—18 页。

[146] 吴江梅：《关注细节服务提升图书馆流通服务质量》，《图书馆》2007 年第 4 期，第 88—90 页。

[147] 吴礼志：《高校图书馆读者培训需求的调查与分析——以华中师范大学为例》，《图书馆界》2014 年第 1 期，第 71—75 页。

[148] 吴政叡：《社区居民图书馆需求调查：以板桥市文化局图书馆附近区

域为例》,《书艺》2003 年第 5 期,第 1—11 页。
[149] 习万球:《中美大学图书馆用户教育的发展研究》,《图书馆论坛》2005 年第 3 期,第 4—7 页。
[150] 肖珑、张宇红:《电子资源评价指标体系的建立初探》,《大学图书馆学报》2002 年第 3 期,第 35—42 转 91 页。
[151] 肖玥、蒋楠:《泛在图书馆读者需求调查分析——以南京地区高校图书馆为例》,《图书馆学研究》2013 年第 6 期,第 66—72 页。
[152] 谢坤生:《农业科研人员的情报需求调查及其分析》,《上海农业学报》1994 年第 4 期,第 69—74 页。
[153] 熊静:《数字参考咨询中自助式服务的理念和实现》,《图书馆杂志》2007 年第 12 期,第 26—29 页。
[154] 徐立群:《科研人员的情报需求与情报行为——浙江省农业科学院图书馆用户调查分析》,《农业图书情报学刊》1989 年第 4 期,第 21—25 页。
[155] 许美惠:《技专院校图书馆网站使用者资讯需求与使用研究》,《大学图书馆》2007 年第 2 期,第 125—142 页。
[156] 徐璞英:《按照用户需求调整社科信息服务策略——浙江省四大系统图书馆读者信息需求调查》,《大学图书馆学报》2007 年第 2 期,第 56—63 页。
[157] 徐身新、戴惠珍:《卫生管理干部情报需求调查与分析》,《医学情报工作》1993 年第 6 期,第 31—34 页。
[158] 徐志玮、郑建瑜:《高校化学学科用户对纸本/电子期刊需求研究——以中山大学化学学科用户为例》,《图书情报知识》2010 年第 4 期,第 44—50 页。
[159] 许淑君、江志斌:《网络环境对组织创新的影响研究》,《工业工程与管理》2005 年第 1 期,第 64—67 页。
[160] 续玉红、盛玲玉、王玉芹:《掌握读者需求 提高服务质量——2004 年国家农业图书馆读者调查报告》,《农业图书情报学刊》2005 年第 12 期,第 59—63 页。
[161] 闫静波、李玉玲:《适应用户需求的图书馆知识服务》,《图书馆学研

究》2010 年第 11 期，第 68—71 页。

[162] 严永康：《图书馆资源的概念及构成辨析》，《情报资料工作》2003 年第 5 期，第 22—23 页。

[163] 杨木容、黄如花：《面向科技创新的科研人员信息需求的调查与分析》，《图书馆论坛》2009 年第 5 期，第 144—146 转 45 页。

[164] 杨毅等：《电子资源建设与利用的读者调查——由读者调查结果分析读者利用电子资源的方式与倾向》，《大学图书馆学报》2006 年第 6 期，第 39—48 转 60 页。

[165] 叶庆玲：《护理人员资讯寻求行为研究》，《大学图书馆》2000 年第 2 期，第 93—114 页。

[166] 于第、王秀惠：《技术学院餐旅类学生资讯需求及资讯寻求行为之研究——以景文技术学院为例》，《景文技术学院学报》2001 年第 11 期，第 1—13 页。

[167] 余春：《国内图书馆新型 OPAC 的实践与思考——以深圳大学、厦门大学图书馆为例》，《图书馆学研究》2010 年第 8 期，第 59—62 页。

[168] 袁琳、林城龙：《信息需求多元化与图书馆藏书发展政策》，《图书情报工作》1999 年第 4 期，第 43—45 页。

[169] 原小玲、贾君枝、朱丹：《山西省农民信息需求调查研究》，《情报科学》2009 年第 8 期，第 1194—1198 页。

[170] 张力治、陆忠正：《对兵器工业科研、教学人员科技文献需求的初步调查》，《兵工情报工作》1984 年第 2 期，第 13—26 页。

[171] 张玫：《广州市公共图书馆为农民工服务研究》，《图书馆杂志》2007 年第 1 期，第 34—38 转 9 页。

[172] 张乃贞：《大同工学院研究生资讯寻求行为调查研究》，《大同学报》1998 年第 28 期，第 403—411 页。

[173] 张天俊：《高校教师文献需求的调查与分析》，《情报资料工作》1997 年第 4 期，第 16—18 页。

[174] 张文彦、张瑞贤：《美中 WAP 手机图书馆发展现状比较》，《图书馆杂志》2009 年第 7 期，第 64—69 页。

[175] 张新兴、杨志刚：《高校图书馆数据库用户满意指数模型——假设与

检验》,《图书情报工作》2010 年第 3 期, 第 76—80 页。
[176] 张艳芳:《神秘顾客法:突破 LibQUAL + 本土化制约因素的对策》,《图书情报工作》2010 年第 9 期, 第 35—38 页。
[177] 张玉辉:《高职院校图书馆读者文献信息需求调查与思考》,《湖南环境生物职业技术学院学报》2007 年第 2 期, 第 67—70 页。
[178] 张志平、邵燕:《试论网络环境下音视频数据库的配置建设——从读者的现实需求谈音视频资源服务》,《图书馆理论与实践》2010 年第 2 期, 第 11—14 页。
[179] 赵瑾、厉莉、孙玉玲:《研究生用户群体图书馆利用情况的调查分析——以中国科学院国家科学图书馆为例》,《图书馆建设》2007 年第 6 期, 第 93—96 页。
[180] 赵荣、王妍、魏晨:《OPAC 用户专业学科需求调研及其改进途径》,《图书馆建设》2009 年第 8 期, 第 24—28 页。
[181] 赵雅馨:《微信息环境下的图书馆用户需求调研》,《图书情报工作》2013 年第 8 期, 第 17—21 转 39 页。
[182] 赵勇戈:《我院教师研究生读者需求状况的调查分析》,《武汉体育学院学报》1990 年第 2 期, 第 81—84 页。
[183] 钟晶晶、游毅、索传军:《新信息环境下数学文献老化趋势及影响因素新探》,《情报杂志》2011 年第 12 期, 第 36—42 页。
[184] 周带娣、常青:《高校图书馆读者文献需求的调查与分析》,《图书馆》1998 年第 4 期, 第 69—72 页。
[185] 周旖:《试析"信息资源评估"与"信息资源质量评估"》,《图书馆建设》2006 年第 3 期, 第 40—43 页。
[186] 朱本军、聂华:《对下一代图书馆界面的探索与实践》,《大学图书馆学报》2010 年第 4 期, 第 5—9 页。
[187] 朱丹:《高校文献资源现状与用户需求调查分析》,《山东商业职业技术学院学报》2005 年第 3 期, 第 93—96 页。
[188] 朱凯、翁燕令、王瑞芳:《我站部分科技人员情报需求调查报告》,《医学情报工作》1988 年第 3 期, 第 23—26 页。
[189] 朱强等:《以开放的心态迎接新的信息技术——2009 年信息技术在图

书馆的应用》,《中国图书馆学报》2010年第5期,第77—94页。
[190] 蔡松益:《应用差异理论来探讨影响放射线部门使用PACS系统之满意度——以台湾区域级以上医院实际建置经验为例》,中正大学硕士学位论文,2008年。
[191] 陈澄瑞:《图书馆网站功能需求与服务研究——以国家图书馆为例》,大同大学硕士学位论文,2008年。
[192] 简莉婷:《台湾地区哲学领域学者资讯行为之研究》,天主教辅仁大学硕士学位论文,2009年。
[193] 蒋亚琳:《美国研究型大学图书馆的信息服务研究》,西南大学硕士学位论文,2009年。
[194] 李瑞霖:《台湾会计师事务所服务品质缺口实证分析》,暨南大学博士学位论文,2006年。
[195] 李逸文:《资讯寻求行为研究:以实践大学设计学院学生为例》,淡江大学硕士学位论文,2000年。
[196] 林彩凤:《国防科技人员资讯寻求之研究》,中兴大学硕士学位论文,2007年。
[197] 林明宏:《技专校院图书馆个人化资讯服务之研究——以台中技术学院图书馆为例》,中兴大学硕士学位论文,2001年。
[198] 林瑞玉:《以顾客使用和满意度的观点探讨传统图书馆与电子图书馆服务比较之实证研究》,东海大学硕士学位论文,2002年。
[199] 林彣瑾:《公共图书馆使用者对信息需求及寻求行为之研究》,彰化师范大学硕士学位论文,2002年。
[200] 林钰雯:《从LibQUAL+™探讨我国大学图书馆服务品质评量》,中兴大学硕士学位论文,2006年。
[201] 欧阳崇荣:《图书馆自动化系统评估模式之建立与应用》,"中央大学"博士学位论文,2001年。
[202] 邱敏鉴:《数位学习网站满意度情景因素及影响因素之研究》,台湾科技大学硕士学位论文,2009年。
[203] 吴耀庭:《中华电信基层从业人员资讯需求之研究》,玄奘大学硕士学位论文,2007年。

［204］徐佩君：《澎湖地区民众资讯需求与图书资讯服务之分析与评估》，台湾大学硕士学位论文，2005年。

［205］张凯：《高校图书馆用户满意度研究》，河南大学硕士学位论文，2009年。

［206］钟心瑜：《应用差异理论探讨使用者持续使用网站之行为意图》，中正大学硕士学位论文，2006年。

［207］IFLA：《联合国教科文组织公共图书馆宣言1994》，http：//baike.baidu.com/view/1085353.htm。

［208］百度百科："RSS"，http：//baike.baidu.com/view/1644.htm。

［209］百度百科："微博客"，http：//baike.baidu.com/view/1259292.htm。

［210］编目精灵II——On the Fly：《在图书网站查图书馆目录——也来介绍Library Lookup项目》，http：//catwizard.blogbus.com/logs/3326213.html。

［211］程焕文：《知难行易：高校图书馆服务理念创新之谬见》，http：//blog.sina.com.cn/s/blog_4978019f010005yh.html。

［212］广州图书馆：《广图概况》，http：//www.gzlib.gov.cn/aboutus/profile.jsp。

［213］国家科学图书馆：《国家科学图书馆"e划通"使用手册》，http：//desktool.csdl.ac.cn/manual.jsp。

［214］杭州图书馆：《杭州图书馆的微博》，http：//t.qq.com/hzlibrary。

［215］何正权：《大学图书馆向学生"卖"座位 学生投诉其乱收费》，http：//www.ha.xinhuanet.com/add/meiti/2004—12/11/content_3371697.htm。

［216］教育部高等学校图书馆工作指导委员会：《2009年普通高校图书馆主要统计数据》，http：//www.tgw.cn/kindeditor/attachment/20110511110617.pdf。

［217］教育部高等学校图书情报工作指导委员会：《教育部高校图书馆事实数据库系统》，http：//libdata.scal.edu.cn/。

［218］李兵：《提醒：警惕披着"管理"外衣的"霸王行为"》，http：//www.ha.xinhuanet.com/add/wssf/2004—12/15/content_3391299.htm。

［219］彭一苇：《华中农业大学图书馆明码标价出租自习室》，http：//news.

cnhubei. com/ctdsb/ctdsbsgk/ctdsb18/201103/t1633939. shtml.

[220] 孙翌、白永革：《图书馆短信服务系统需求调研与实施对策》，http://www. dlresearch. cn/download/沪苏20会议/孙翌. ppt.

[221] 孙昱：《基于Primo系统的读者调查与分析》，http://flytechnews. blogspot. com/2011/09/primo. html.

[222] 王波：《2006年高校图书馆发展报告》，http://www. scal. edu. cn/sites/default/files/attachment/tjpg/20111209084814. pdf.

[223] 王波：《2007年高校图书馆发展报告》，http://www. scal. edu. cn/sites/default/files/attachment/tjpg/20111209084841. pdf.

[224] 王波：《2008年高校图书馆发展报告》，http://www. scal. edu. cn/sites/default/files/attachment/tjpg/20111209084900. pdf.

[225] 王波：《2009年高校图书馆发展报告》，http://www. scal. edu. cn/sites/default/files/attachment/tjpg/20111209084930. pdf.

[226] 王波：《2010年高校图书馆发展报告》，http://www. scal. edu. cn/sites/default/files/attachment/tjpg/20111212163935. doc.

[227] 王波等：《2011年高校图书馆发展报告》，http://www. scal. edu. cn/sites/default/files/attachment/tjpg/20130109081426. pdf.

[228] 王波等：《2012年高校图书馆发展报告》，http://www. scal. edu. cn/sites/default/files/attachment/tjpg/2012fazhanbaogao. pdf.

[229] 新华网：《国家"十一五"时期文化发展规划纲要》，http://news. xinhuanet. com/politics/2006—09/13/content_5087533. htm.

[230] 郑巧英：《构筑数字图书馆互动立体化服务环境》，http://202. 114. 9. 60/dl6/pdf/22. pdf.

[231] 中国互联网信息中心：《中国互联网络发展状况统计报告》，http://www. cnnic. cn/research/bgxz/tjbg/201101/P020110221534255749405. pdf.

[232] 中国青年网：《北京大学正式上线书生移动图书馆》，http://news. youth. cn/sh/201104/t20110406_1540682. htm.

[233] 中国文明网：《第九次全国国民阅读调查十大结论》，http://www. wenming. cn/wmzg_qmydhd/zhutihuodong/201204/t20120423_624946. shtml.

[234] 中华人民共和国教育部：《普通高等学校本科教学工作水平评估方案（试行）》，http://www.moe.edu.cn/publicfiles/business/htmlfiles/moe/moe_307/200505/7463.html.

[235] 中央政府门户网站：《文化部、财政部关于推进全国美术馆、公共图书馆、文化馆（站）免费开放工作的意见》，http://www.gov.cn/zwgk/2011—02/14/content_1803021.htm.

[236] 周继武：《国家图书馆借书记》，http://www.southcn.com/weekend/culture/200410150013.htm.

[237] 周宇：《国家图书馆怎么成了经济特区》，http://zqb.cyol.com/content/2005—03/22/content_1053481.htm.

[238] Christie K, Barbara G: "*IFLA Public Library Service Guidelines*", Walter de Gruyter, 2010.

[239] Gregory L V: "*Selecting and managing electronic resources: A how-to-do-it manual for librarians*", NewYork, Neal Schuman Publishers, 2000.

[240] Hurd M J: "*Models of scientific communications systems*", Medford, Information Today, 1996.

[241] Kotler P, Keller K L: "*Marketing management*", New Jersey, Prentice Hall, 2006 12th ed, 25.

[242] Michalos C A: "*Essays on the Quality of Life*", Berlin, Springer, 2003.

[243] Nicholas D, Herman E: "*Assessing information needs in the age of the digital consumer*", London, Routledge, 2009.

[244] Andaleeb S S, Simmonds P L, 1998: "Explaining user satisfaction with academic libraries: strategic implications", *College and Research Libraries*, 59(2), 156 – 167.

[245] Bailey E J, Pearson W S, 1983: "Development of a tool for measuring and analyzing computer user satisfaction", *Management Science*, 29(5), 530 – 545.

[246] Bharati P, Chaudhury A, 2004: "An empirical investigation of decision-making satisfaction in web-based decision support systems", *Decision Support Systems*, 37(2), 187 – 197.

[247] Bhattacherjee A,2001:"An empirical analysis of the antecedents of electronic commerce",*Decision Support Systems*,32(2),201-214.

[248] Bunge A C,1999:"Reference Services",*The Reference Librarian*,31(66),185-199.

[249] Byrne S,Bates J,2009:"Use of the University Library,Elibrary,VLE,and Other Information Sources by Distance Learning Students in University College Dublin:Implications for Academic Librarianship",*New Review of Academic Librarianship*,15(1),120-141.

[250] Cadotte E R,Woodruff R B,Jenkins R,1987:"Expectations and Norms in Models of Consumer Satisfaction",*Journal of Marketing Research*,24(3),305-314.

[251] Chiu M C,Hsu H M,Sun S Y,et al.,2005:"Usability,quality,value and e-learning continuance decisions",*Computers and Education*,45(4),399-416.

[252] Chowdhury G G,2002:"Digital libraries and reference services:Present and future",*Journal of Documentation*,58(3),258-283.

[253] Churchill G A,Surprenant C,1982:"An Investigation into the Determinants of Customer Satisfaction",*Journal of Marketing Research*,19(4),491-504.

[254] Clougherty L,Forys J,Lyles T,et al.,1998:"The University of Iowa Libraries' undergraduate user needs assessment",*College and Research Libraries*,59(6),571-583.

[255] Colborne D,Summers A,Desjardins J,1999:"Client satisfaction and utilization of electronic and traditional library services",*Bibliotheca Medica Canadiana*,20(4),173-177.

[256] Curtis K L,Weller A C,Hurd J M,1997:"Information-seeking behavior of health sciences faculty:the impact of new information technologies",*Bulletin of the Medical Library Association*,85(4),402-410.

[257] Delgadillo R,Lynch P B,1999:"Future historians:their quest for information",*College and Research Libraries*,60(3),245-259.

[258] Delone H W,Mclean R E,1992:"Information systems success:the quest

for the dependent variable", *Information Systems Research*, 3(1), 60-95.

[259] Delone W H, Mclean E R, 2003: "The DeLone and McLean model of information systems success: A ten-year update", *Journal of Management Information Systems*, 19(4), 9-30.

[260] Devaraj S, Fan M, Kohli R, 2002: "Antecedents of B2C channel satisfaction and preference: validating e-commerce metrics", *Information Systems Research*, 13(3), 316-333.

[261] Ghaphery J, 2002: "My Library at Virginia Commonwealth University: Third Year Evaluation", *D-Lib Magazine*, 8(7/8).

[262] Goodhue L D, 1998: "Development and Measurement Validity of a Task-Technology Fit Instrument for User Evaluations of Information System", *Decision Sciences*, 29(1), 105-138.

[263] Gowda V, Shivalingaiah D, 2009: "Attitude of research scholars towards usage of electronic information resources: A survey of university libraries in karnataka", *Annals of Library and Information Studies*, 56(3), 184-191.

[264] Han L, Goulding A, 2003: "Information and reference services in the digital library", *Information Services and Use*, 23(4), 251-262.

[265] Harwood N, Bydder J, 1998: "Student expectations of, and satisfaction with, the university library", *The Journal of Academic Librarianship*, 24(2), 161-171.

[266] Hayden H, Obrien T, Rathaille O M, 2005: "User survey at Waterford Institute of Technology Libraries: How a traditional approach to surveys can inform library service delivery", *New Library World*, 106(1/2), 43-57.

[267] Hemminger M B, LU D, Vaughan K, et al., 2007: "Information seeking behavior of academic scientists", *Journal of the American Society for Information Science and technology*, 58(14), 2205-2225.

[268] Hernon P, Calvert P, 2005: "E-service quality in libraries: Exploring its features and dimensions", *Library and Information Science Research*, 27(3), 377-404.

[269] Jankowska M A, 2004: "Identifying university professors' information needs

in the challenging environment of information and communication technologies", *The Journal of Academic Librarianship*, 30(1), 51 – 66.

[270] Jarvelin K, Pertti V, 1990: "Content analysis of research articles in library and information science", *Library and Information Science Research*, 12(4), 395 – 421.

[271] Julien H, 1996: "A Content Analysis of the Recent Information Needs and Uses Literature", *Library and Information Science Research*, 18(1), 53 – 65.

[272] Julien H, Duggan L J, 2000: "A longitudinal analysis of the information needs and uses literature", *Library and Information Science Research*, 22(3), 291 – 309.

[273] Kuruppu U P, Gruber M A, 2006: "Understanding the information needs of academic scholars in agricultural and biological sciences", *The Journal of Academic Librarianship*, 32(6), 609 – 623.

[274] Landrum H, Prybutok R V, 2004: "A service quality and success model for the information service industry", *European Journal of Operational Research*, 156(3), 628 – 642.

[275] Lapidus M, 2003: "Library Services for Pharmacy and Health Sciences Students: Results of a Survey", *The Journal of Academic Librarianship*, 29(4), 237 – 244.

[276] Liew L C, Ng N S, 2006: "Beyond the notes: A qualitative study of the information-seeking behavior of ethnomusicologists", *The Journal of Academic Librarianship*, 32(1), 60 – 68.

[277] Locke E A, 1969: "What is job satisfaction?", *Organizational Behavior and Human Performance*, 4(4), 309 – 336.

[278] Maceviciute E, 2006: "Information needs research in Russia and Lithuania, 1965—2003" *Information Research: an International Electronic*, 11(3).

[279] Magal R S, 1991: "A model for evaluating information center success", *Journal of Management Information Systems*, 8(1), 91 – 106.

[280] Martensen A, Gronholdt L, 2003: "Improving library users' perceived quality, satisfaction and loyalty: an integrated measurement and management sys-

tem", *The Journal of Academic Librarianship*, 29(3), 140 – 147.

[281] Maughan D P, 1999: "Library resources and services: a cross-disciplinary survey of faculty and graduate student use and satisfaction", *The Journal of Academic Librarianship*, 25(5), 354 – 366.

[282] Mckinney V, Yoon K, Zahedi F, 2002: "The Measurement of Web-Customer Satisfaction: An Expectation and Disconfirmation Approach", *Information Systems Research*, 13(3), 296 – 315.

[283] Mick K C, Lindsey N G, Callahan D, 1980: "Toward usable user studies", *Journal of the American Society for Information Science*, 31(5), 347 – 356.

[284] Oladokun S O, Aina O L, 2009: "Library and Information Needs and Barriers to the Use of Information Sources by Continuing Education Students at the University of Botswana", *Information Development*, 25(1), 43 – 50.

[285] Oliver L R, Swan E J, 1989: "Consumer perceptions of interpersonal equity and satisfaction in transactions: a field survey approach", *The Journal of Marketing*, 53(2), 21 – 35.

[286] Oliver L R, 1980: "A cognitive model of the antecedents and consequences of satisfaction decisions", *Journal of Marketing Research*, 17(6), 460 – 469.

[287] Oliver L R, Rust T R, Varki S, 1997: "Customer delight: Foundations, findings, and managerial insight", *Journal of Retailing*, 73(3), 311 – 336.

[288] Parasuraman A, Zeithaml A V, Berry L L, 1985: "A conceptual model of service quality and its implications for future research", *The Journal of Marketing*, 49(4), 41 – 50.

[289] Parasuraman A, Zeithaml A V, Berry L L, 1988: "SERVQUAL: A multiple-item scale for measuring consumer perceptions of service quality", *Journal of Retailing*, 64(1), 13 – 40.

[290] Patterson G P, Johnson W L, Spreng A R, 1997: "Modeling the determinants of customer satisfaction for business-to-business professional services", *Journal of the Academy of Marketing Science*, 25(1), 4 – 17.

[291] Pinto M, Fernández-ramos A, 2010: "Spanish Faculty Preferences and Us-

age of Library Services in the Field of Science and Technology", Portal: *Libraries and the Academy*, 10(2), 215 – 239.

[292] Pitt L F, Watson R T, Kavan C B, 1995: "Service quality: a measure of information systems effectiveness", *MIS Quarterly*, 19(2), 173 – 187.

[293] Premsmit P, 1990: "Information needs of academic medical scientists at Chulalongkorn University", *Bulletin of the Medical Library Association*, 78(4), 383 – 387.

[294] Rehman S U, Mahmood K, Arif M, et al., 2009: "Are users satisfied with library services? The case of Punjab University Library", *Pakistan Journal of Library and Information Science*, 40(1), 22 – 28.

[295] Rod-Welch L J, Weeg B E, Caswell J V, Kessler T L, 2013: "Relative Preferences for Paper and for Electronic Books: Implications for Reference Services, Library Instruction, and Collection Management", *Internet Reference Services Quarterly*, 18(3 – 4), 281 – 303.

[296] Rupp-Serrano K, Robbins S, 2013: "Information-seeking habits of education faculty", *College and Research Libraries*, 74(2), 131 – 142.

[297] Sathe N A, Grady J L, Giuse N B, 2002: "Print versus electronic journals: a preliminary investigation into the effect of journal format on research processes", *Journal of the Medical Library Association*, 90(2), 235 – 243.

[298] Shaheen M, Eisenschitz T S, Anwar M A, 1999: "Library use pattern of Malaysian agricultural scientists", *Libri*, 49(4), 225 – 235.

[299] Shelburne W A, 2009: "E-book usage in an academic library: User attitudes and behaviors", *Library Collections, Acquisitions and Technical Services*, 33(2), 59 – 72.

[300] Shi X, Holahan J P, Jurkat P M, 2004: "Satisfaction formation processes in library users: understanding multisource effects", *The Journal of Academic Librarianship*, 30(2), 122 – 131.

[301] Spreng R A, Mackenzie S B, Olshavsky R W, 1996: "A Reexamination of the Determinants of Consumer Satisfaction", *The Journal of Marketing*, 60(3), 15 – 32.

[302] Taylor S R,1968:"Question-negotiation an information-seeking in libraries",*College and Research Libries*,29(3),178-194.

[303] Tesch D,Jiang J J,Klein G,2003:"The Impact of Information System Personnel Skill Discrepancies on Stakeholder Satisfaction",*Decision Sciences*,34(1),107-129.

[304] Tiratel D R S,2000:"Accessing information use by humanists and social scientists:A study at the Universidad de Buenos Aires, Argentina",*The Journal of Academic Librarianship*,26(5),346-354.

[305] Tse D K,Wilton P C,1988:"Models of Consumer Satisfaction Formation:An Extension",*Journal of Marketing Research*,25(2),204-212.

[306] Wang Y S,2003:"Assessment of learner satisfaction with asynchronous electronic learning systems",*Information and Management*,41(1),75-86.

[307] Wilson D T,1981:"On user studies and information needs",*Journal of Documentation*,37(1),3-15.

[308] Woo H,2005:"The 2004 user survey at the University of Hong Kong libraries",*College and Research Libraries*,66(2),115-135.

[309] Yi Z,2007:"International student perceptions of information needs and use",*The Journal of Academic Librarianship*,33(6),666-673.

[310] Mohammed Nasser Al-Suqri:"Information needs and seeking behavior of social science scholars at Sultan Qaboos University in Oman:A mixed-method approach",Emporia State University Ph. D Dissertation,2007.

[311] Sagar V V:"A digital library success model for computer science student use of a meta-search system",Virginia Polytechnic Institute and State University Master thesis,2006.

[312] Shi X:" An examination of information user satisfaction formation process",Stevens Institute of Technology Doctor thesis,2000.

[313] Yasir Nasser Al-Saleh. :"Graduate students' information needs from electronic information resources in Saudi Arabia",Florida State University Ph. D Dissertation,2004.

[314] ACRL: "Presidential Committee on Information Literacy: Final Report", http://ala. org/ala/mgrps/divs/acrl/publications/whitepapers/presidential. cfm.

[315] Anthonia E O, Boma B O, Okon H I: "Student Characteristics and Use of Library Services in the University of Uyo", http://www. webpages. uidaho. edu/-mbolin/omehia-obi-okon. pdf.

[316] David Lee King: "It's about the Community", http://www. davidleeking. com/2007/10/02/its-about-the-community/.

[317] Head A J, Eisenberg M B: "Balancing Act: How College Students Manage Technology While in the Library during Crunch Time", http://projectinfolit. org/pdfs/PIL_Fall2011_TechStudy_FullReport1. 1. pdf.

[318] Housewright R, Schonfeld RC, Wulfson K: "Ithaka S + R US faculty survey 2012", http://www. sr. ithaka. org/sites/default/files/reports/Ithaka_SR_US_Faculty_Survey_2012_FINAL. pdf.

[319] Noble I: "Evaluation report: PIE evaluation phase two", http://www. headline. ac. uk/public/ph2guestreport. pdf.

[320] OCLC: "Environmental Scan: Pattern Recognition", http://www. oclc. org/reports/escan/downloads/escansummary_ch_OCLC_images. pdf.

[321] OCLC: "Perceptions of Libraries and Information Resources", http://www. oclc. org/reports/pdfs/Percept_all. pdf.

[322] OCLC: "Privacy, Security and Trust", http://www. oclc. org/reports/pdfs/sharing_part3. pdf.

[323] OCLC: "Sharing, Privacy and Trust in Our Networked World", http://www. oclc. org/reports/pdfs/sharing. pdf.

[324] Schonfeld C R, Ross H: "Faculty Survey 2009: Key Strategic Insights for Libraries, Publishers, and Societies", http://www. ithaka. org/ithaka-s-r/research/faculty-surveys-2000-2009/Faculty%20Study%202009. pdf.

[325] The Advisory Board Company: "Redefining the Academic Library: Managing the Migration to Digital Information Services", http://www. infotodayblog. com/tcc-images/Provosts-Report-on-Academic-Libraries2. pdf.

索 引

CALIS 28,29
CASHL 28,29,480,481
FRBR 86
Ithaka 46,47,48,71,73
JISC 235
LibQUAL+™ 103—107,111,112
library 2,12,28,32,39,41—43,47,48,50,52,53,58,59,62,65,67—70,72,75—77,79,84,86,100,108,113,115,199,202,208,231,260,319,322,331,332,341,343—345,347,390,437,484
OCLC 1,69,70,235,332,334,391
OPAC 14,15,29,67,68,71,78,86,87,116,136,232,238,333,341,362,414,437,466
RFID 409,436
RSS 6,30,67,86,87,320—322,332,340,341,343—345,437
SERVQUAL 91,103—107
SNS 6,332,382—384,437
SULCMIS 86
web 2.0 317,320,328,332,336—338,340,345,347,356—358,360,384,388,437

B

边缘用户 149—151,275,276,314,470,474
便利性 53,54,98
标准文献 34,40,74,114,138,142—144,148,153,158,159,161—166,176—180,182,184—186,188—190,192,194,195,270,271,276,278,294,298,300,301,305,306,309,312,342,475
不相关 135
不一致理论 75,92
布尔逻辑检索 68

C

参考咨询 8,15,17,18,27,29,30,62—65,72,75,84,114—116,136,139,140,142—144,148,206,210,225,228,229,231,232,272—274,282,286,287,325—328,342—345,362,370,384,387,388,392,411,412,414,437,467,471,478,479

查收查引 30,116,118,139,140,142—144,148,205,206,225,272,273,282

差异理论 89,91—96

成本性收费认同 216—220,223,295

传统服务 15,30,72,115,116

传统阅读 427,429

D

单因子方差分析 120,176,197,215,239,248—251,255,259,290,293,328,331,336—338,344,406

当面咨询 62,63,116,206—208,216,283,294,411,412,451,478

电话咨询 62,63,115,116,206,207,216,283,295,370,371,411,412,451

电子服务 107,115

电子馆藏 101

电子期刊 28,29,38,41,105,115,116,201,321,324,325,327,328,349,359,378,475

电子图书 42,61,71,75,116,319,349,378

电子文献 38,42,62,68,74,115

电子邮件咨询 62,63,116

电子阅览室 12,362,372,373,375,376,384,387,388,410,436,439,448,451,480

电子资源 19—21,29,34,39—45,49,53,58,63,68,70—72,74,75,79,81,85,108,110,111,117,119,120,141—149,151,153,165,171,175—180,183,187—190,192,195,197,199—202,204,207—209,211,212,235—239,241,254,277,279—281,287—289,293,294,305,313,316,321,327,328,331,332,334,409,439,458,468,474,478,479,486,490,494

电子资源采购费 19,20

电子资源导航 117,138—146,148,198,200—202,205,206,270,272,273,281,282,477,481

电子资源服务系统 314

电子资源检索 68,116,138—146,148,198,200—202,205,206,229,270,272,273,281,282,477,481

电子资源统一检索系统 138,140—146,148,228,229,231,270,

273，274，286，287，481

电子资源远程访问　139，140，142，143，148，202，205，206，272，273，282

电子资源整合查询系统　108

定题服务　8，17，30，68，115

定性研究　3

独立样本 T 检验　120，176，197，215，238，249，293，297，299，328，331，336—338，344，347，374

读者荐购　17，449

多媒体服务　30

多媒体资源点播系统　140，142—144，228，229，231，273，274，286，287

F

非书资料系统　29，141—144，148，228，229，231，273，274，286，287，368

非正式渠道　46

负向差异　96，255，259，290

G

高级信息系统需求　140，149，240—242，244—246，273，274，299，306，307，310

高级用户　149—151，275，276，314，470，474

个性化推荐与检索功能　348，349，355，357

个性化信息服务　3—6，28，64，66，67，76，89，113，118，242，250，253，254，294，323—342，346，347，349—354，360，363，391，477，480，494

个性化信息服务工具　5，6，316，317，319，332，340，342—345，347

个性化信息服务功能　5，65，235，242，245，317，318，320，323—328，330—333，485

个性化信息环境　5，65，317，318，320—323，328—332，485

公共图书馆标准　12

公共文化服务体系　10，11

古籍文献修复　30

馆藏目录查询　61，62，115

馆藏评估　97，100，101，103

馆藏书刊目录查询服务　138—148，200，205，229，270，272，273，282

馆藏书刊目录检索系统　137，140—148，228—231，247，270，273，274，286，287，314，481

馆藏资源发现　200，230，281

馆际互借　28—30，61，67—69，75，82，101，114—116，139，142，206，209，210，212，216，217，227，232，234，239，272，273，282，284，287，288，295，296，324，325，327，328，480

馆际互借系统　28，30

馆内上网　72，116，139—141，143—

145,206,209,211,216,217,
227,270,271,282—284,295,
296,314,467

馆舍建设 18,21

馆员辅助型信息咨询需求 216—220,
223—225,295,298,302,310

光盘数据库 41,115

国际标准化组织 87

国际图书馆协会联合会 12

国家农业科学图书馆 62

国家图书馆 11—17,28,42,67,
85,238,311,435,483,484

H

合作参考咨询系统 143—146,236,
239,280,281,293,294

环境需求 83,320

环境因素 55

回归分析 121,134,248,251,252,
255—260,291—293,485

汇文 67,86

J

机构仓储系统 29

机构典藏系统 29

基本信息系统需求 140,149,240—
242,244—246,273,274,310,
313

基础服务免费认同 216—219,223,
226,295,298,299,302,306,
310

基础信息服务需求 139,146,149,

217,220,222,223,226,272,
274,298,302,306

基础性服务 197,227,281,314,
333,471

极弱相关 135

集体外借 17,114,440,449,455,
456,460—463,466

技术质量 106

教学参考书系统 29

教育部高校图书馆事实数据库 10,
18,21,27

教育程度 43,57,238,317,318,
328,329,335—338,344,346,
356—358,389,390,403,440

教育需求 83

结构方程模型 77

结果处理功能需求 240,296,299,
304

借阅服务 58—60,62,65,66,69,
324,325,327,331,333,408—
410,430

聚类分析 132,148,149,269,274,
470

K

卡方分析 121,165,176,178,180,
182,184,186,187,189,192,
193,195,293,298,301,305,
308,312

科技报告 34,40,342,349

科技查新 30,69,116,139,141,
143,205,206,209,210,212,

216，217，225，227，272，273，
282，284，295，296，325—328，
480

L

理工类用户　185
连续出版物　34，157
联合国教科文组织公共图书馆宣言　390
联合目录　15，17，28，342
联合图书馆　387，401，404，480
联合知识导航系统　15
联机网络数据库　41
流动图书馆　15
流通服务　58—60，75，414，439，
440，477

M

美国图书馆协会　326，360
美国质量管理协会　103
描述性统计　3，119，120

N

内容维度　80—83，197

P

普通用户　149—151，275，276，314，
470，479

Q

期刊导航系统　378
期刊目次检索　27
期望不一致　76

期望一致理论　89，92—94，96
汽车图书馆　15，114
强相关　135
强需求　137，141—148，153，229，
247，269，270，466，470
情报所　47
情感需求　83
求知性需求　32
全国国民阅读调查　416
全面免费开放　12
全文期刊数据库　38

R

人际渠道　50，114，116，172，173，
178，281，309，470
认知维度　80—82
弱相关　135
弱需求　137，138，141，145，146，
229，270

S

设备需求　82
社科院图书馆　34，37，40，43，48，
51，52，68，69
实时咨询　62，63，116，206—208，
216，283，295，381—383，471，
479，480
实体图书馆　38，59，70，115，117，
129，130，138，146—148，169，
170，192—194，199，208，222，
225，226，245，246，251，268，
269，322，455，463，469

手机图书馆 15，66，140，147，229，232，273，274，277，286，287，483

书刊导读 30

书刊外借 12，59，137，139—148，197，198，204，206，270，272，273，282，448，471，476

书刊阅览 59，137，139—148，197—200，204，206，270，272，273，282，471，476

数据库导航系统 29

数据库检索 61，62，65，69，138，140—146，148，228，229，231，270，273，274，286，287，481

数字信息资源 3，62

数字阅读 277，403，416，427，429，451，457，466

数字资源 15，17，39，43，45，113，119，170，368—370，374—380，383—388，390，391，393—395，409—411，419—422，443，446，453，455，469

数字资源导航系统 15

数字资源统一检索系统 15

随书光盘系统 29

T

特种文献 35，141，147—149，154，155，171，182—184，186，188，190，192，194，196—198，200，278，281—285，305，307，308，312，314，315，318

特种文献需求 138，144，149，177，178，181，183，184，187，192，194，271，274，297，300，307

通借通还服务 387，405，448，464

图书馆工具条 6，30，140，142，228，231，274，286，287，332，340，341，343—345

图书馆管理词典 114

图书馆环境 1，75，77，83，105，106，214，285，459

图书馆空间 66，83，198，200，281，314，471，478

图书馆门户网站 13，67，71，78，116，118，136，137，140—148，228—231，247，270，273，274，286，287

图书馆门户网站系统 81，121，141，143—153，235—239，277，280，281，293，294

图书馆收费 84，208—211，215，217，408

图书馆网站 10，13—18，29，30，34，38，59，61，62，65，67，70，72，105，107，108，115，116，118，317，321，322，332，333，339，341，342，348，362—366，372，375—377，383，397，398，432，445，454，457，465，467，483

图书馆学情报学词典 8，9，82

图书馆之城 387，401，404

图书荐购 30，381

图书捐赠系统 29

图书情报词典 7
图书情报机构 7,47
图书推荐系统 29

W

外借服务 8,58—61,72,114—116,277,471
外文期刊 35—37,411
外文文献 44,45,74
外文资源 162,278,384,387,402—404,410,411,436,476
网络参考咨询系统 15
网络电子型 43
网络服务 6,29,115,116,205,320,332,341—345,347,388
网络资源导航系统 15
网上参考咨询服务 17
网上图书馆 129,130,148,170,192—194,225,226,245,246,251,269
网上续借 116,139—145,148,206,271,282,323,324,327,328
网上预约 30,116,139,140,142,143,206,271,282,387,410
网上预约系统 30
网站导航系统 29
文化信息资源共享工程 11
文科用户 369,371,375,379,383,384
文献传递 15,17,27—29,115,116,139,142,206,209,210,212,216,217,227,232,234,239,272,273,282,284,287,288,295,296,368,480
文献传递系统 15,28,119,120,240,241,246,294,295,304,375
文献代查代检 27
文献复制 75,114—116,139,142—144,206,211,227,272,273,282,452,453,480
文献满足率 28
文献外借 12
文献阅览 59,448
文献载体 40,78,300
文献资源购置费 18—21,361
我的图书馆 15,30,331,362,467

X

系统使用 65,89,90,107,228,231,235,287,322
系统质量 4,87,89—91,94,96,97,107—110,112,113,120,121,130,132,133,135—137,236—238,240,241,243—246,254—260,288—290,292,293,299,304,307,314,469,471,486
相关分析 120,132,135—137,330,339,469
效度 104,130,131,318
效用维度 4,81,197
新书通报系统 29
新书推荐 17,18,65,415
信度 104,130,131,133,136,137,254,318,330,390,391

信息查寻　32，38，55，59，62，70，72

信息查寻行为　39，56，61，72

信息产品满意　260

信息存储　1

信息服务类型　5，86，87，120，121，135—139，143，148，197，204，205，215，218—221，223—226，270—272，274，281，282，293，294，298，302，306，310，312，469，481，486

信息服务类型需求　89，91，123，124，138—143，153，203，210，211，222，224—226，228，230，231，233，277—279，281，288，289，301，306，309，313，317，320，477，489，490

信息系统质量感知　98，100，112，116，124，133，136，261—263，265—267，297—300，479

信息系统质量需求　91，98，101，112，113，115，116，123，124，133，135，136，138—140，243—245，247，248，250—253，261—263，265，267，295—301，307，311，314，477，479，494

信息服务质量感知　94，96，97，109，113，121，130，132，133，254—257，259，260，290—292，471

信息服务质量需求　87，94，97，109—111，113，120，121，130，132，133，135—137，197，212，213，215，217—221，223，225，226，254—257，260，284，285，290—293，302，469，471，486

信息共享空间　36，50，413，437

信息鸿沟　200

信息系统成功模型　89—91，93—95，101，108

信息系统类型需求　79，86，87，120，121，135—138，140，148，149，228—230，243，270，273，274，286，293，294，299，304，310，313，469，481

信息系统用户研究　31

信息行为　31，34，36，39，40，42，46，48，55，72，277，333，340

信息中心　47，89，126，128，266，386，390，393，394，471，482

信息资源老化　165，166，470

信息资源类型需求　84，87，120，121，135—138，148，152，156，178，180，183，184，186，188，190，192，194，196，270，271，274，276，293，294，300，307，311，469，481

信息资源质量感知　94，96，97，109，113，121，130，132，133，254—256，259，260，290，291，471

信息资源质量评估　97—100，103

信息资源质量需求　87，94，97，101，109—111，113，120，121，130，132，133，135—137，167，169，177，179，181，183，185，189，

191，193，194，254—256，260，278，279，290，291，293，297，300，304，311，312，469，471，486

行业协调 28

休闲类期刊 117，138，139，141—148，153—156，158—162，165，166，176—180，182，184—186，188—190，192，194，195，270，271，276，278，294，298，300，301，305，308，312，474，475

休闲类图书 117，137—139，141—148，153—162，165，166，176—180，182，184，186，187，189，190，192，194，195，270，271，276—278，294，297，298，301，305，308，312，458，461，474，475

休闲阅读 42，431，432，461

虚拟参考咨询 30，64，66，119，120，139，143，144，146，235，239，280，281，293，294，369，377，391，487，488

需求不一致 76

需求结构 3—5，80—82，87，89，132，402，484，485

需求强度 132，137，138，141—148，157，229，269，270，277，314，470

学科导航系统 29

学科服务 30

学术类期刊 117，138，139，141—145，147，148，155，156，158—163，165—167，176—180，182，184—186，188—190，192，194，195，270，271，276，278，294，298，300，301，305，308，309，312，474—476

学术类图书 117，137—139，141—148，153，155，156，158—167，176—180，182—184，186—189，192—195，270，271，276，278，294，298，300，301，305，308，312，474，475

学术类资源 162，181，278，294，297，300，307，308，311，312，474

学术书刊需求 138，149，177，178，181，183，184，187，192，194，271，274，297，312

学术信息 38，48，50—52，59，170—172，178，180，182，184—186，188，190—192，194—196，280，298，301，306，309，312，314，404，470，474，476，485

Y

研究性需求 32，78，153，155，156，196

一站式检索系统 15，349

移动服务 62，66，286，314，451，483，484

移动图书馆 66，361—363，377，380，381，384，387，414，415，437，452，456，465，466，483

因子分析 121，132—134，138—140，148，176，177，215—217，239，240，252，270—274，294—297，326—328，331，353—355，359，393，394，431，467—469

用户结构 132，148，150，269，270，275

用户满意模型 4，5，75，76，79，80，89，93—95，121，248，251，260，485

娱乐性需求 32

元搜索系统 108

原文传递 17，27，69，116，140—142，148，228，232，273，274，286，287，479

原文传递系统 143，144，146，153，235，239，280，281，293，294，487

远程用户 149—151，275，276，314，470

阅读频率 420，421

阅读渠道 420—423，429，457，466

阅读数量 420，421

阅读行为 415，416，420，457

阅读需求 34，35，39，41，411，429，434，440，457，458，461，472，473

阅览服务 8，58—61，72，114—116，198，448，471，477

Z

在线百科全书 117，127，128，267，268

增值服务收费认同 216—219，223，295，298，302，310

整体满意 73，76，94，96，97，109，114，120，121，130，248—252，254，258—260，289，292，293，299，304，307，311，313，314，471

正式渠道 46

正向差异 95，96，255，256，259，290，471

政府出版物 34，114，138，141，143，144，148，157，160—163，165，166，176—178，180，182，184—186，188—190，192，194，195，270，271，276—278，294，298，301，306，308，309，312，475

纸本期刊 38

纸本图书 41，42，70，458，466

纸本阅读 403，423，466，472

纸本资源 41—43，56，70，77，105，114，170，171，173，175，178，180，186，192，194，280，281，309，415，423，439，472，482

纸质期刊 71，448，461

纸质文献采购费 19，20

智慧图书馆 452，455，456，463

中等程度相关 135

中美数字图书馆高级研讨班 1

中文期刊 35—37，411

中文图书 38—40，410，411

中文文献 44—46，74

中需求 137，138，141—148，229，

270

专利文献 2, 34, 40, 74, 114, 138, 142, 153, 158, 159, 161—166, 176, 178—180, 182—186, 188—190, 192, 194, 195, 270, 271, 276, 278, 294, 298, 300, 301, 305, 306, 308, 309, 312, 342, 475

资源导航系统 15, 348

资源远程访问系统 29

资源整合检索系统 29, 387

自助借还机 140, 143, 144, 147, 228, 229, 231, 270, 273, 286, 287, 453, 463, 477

自助图书馆 15, 136, 140, 143, 144, 147, 228, 229, 231, 270, 273, 286, 287, 362, 384, 407, 439, 449, 477

自助型信息咨询需求 216—220, 223, 224, 295, 298, 302

后　记

　　这部书稿的出版，经过了两次重要的评审，无论是国家社科基金课题的结项评审，还是国家社科基金文库的申报评审，评审专家对课题成果和文库书稿既给予了充分的肯定，也提出了睿智的建议，使这部著作得以更加完善并与读者见面。在此，我谨代表我的团队对各位评审专家表示深深的谢意！

　　黄长著教授不仅在这部书稿写作中给予过许多鼓励和指导，而且在付印之际盛情赐序。他的大家风范和对后学的关怀令我们感动不已，因此，我和我的团队想在此表达衷心的感谢！

　　这部著作的内容主要是我所主持的国家社科基金课题"网络环境中图书馆用户需求结构的实证研究"的成果，同时也包括了我所主持的广东省哲学社会科学规划课题"个性化服务需求与检索系统信息组织研究"、广州图书馆委托课题和南沙区图书馆委托课题的部分成果。这些课题都是由相应团队完成的，因此，这部著作是集体劳动的结晶。杨涛副研究馆员是我指导的第一位博士研究生，也是两个纵向课题的最主要完成人之一，他的博士学位论文的主要内容已经融入这部著作之中。陈忆金副教授和司徒俊峰副研究馆员是有关的纵向和委托课题中的主要参与者，其贡献也已包含在该书中。韦景竹副教授是我的学院同事，她是两项委托课题的最主要完成人之一，她的付出为这部著作增色良多。我们的团队中，还有许多没有署名的同事、同学对该著作完成提供过各种各样的帮助。我非常高兴有机会在这里对我的团队成员说声谢谢！

　　与这部著作相关的几个课题有一个共同的特点，就是通过问卷调查收集数据，从而对图书馆用户需求进行实证分析。因此，在问卷的设计印制、发放回收、编码录入、统计分析过程中，有不少的学生、朋友提供过很多帮助，我在此再一次表示感谢！

在我完成一个又一个的课题，写出一页又一页的书稿过程中，我几乎没有承担任何家务，但能够享受美好的生活。所以，我要感谢我的夫人，感谢我的女儿！

曹树金

二〇一四年十二月二十八日

图书在版编目（CIP）数据

网络环境中公共图书馆和高校图书馆用户需求实证研究／曹树金，杨涛等著. -- 北京：学习出版社，2015.4
（国家哲学社会科学成果文库）
ISBN 978-7-5147-0531-7

Ⅰ.①网… Ⅱ.①曹…②杨… Ⅲ.①网络环境－公共图书馆－读者服务－研究②网络环境－院校图书馆－读者服务－研究 Ⅳ.①G252

中国版本图书馆CIP数据核字（2015）第043439号

网络环境中公共图书馆和高校图书馆用户需求实证研究
WANGLUO HUANJINGZHONG GONGGONGTUSHUGUAN HE GAOXIAOTUSHUGUAN YONGHU XUQIU SHIZHENG YANJIU

曹树金　杨　涛　陈忆金　司徒俊峰　韦景竹　著

责任编辑：李　岩　宋　飞
特约编审：白树枫
技术编辑：周媛卿
封面设计：杨　洪

出版发行：学习出版社
　　　　　北京市崇外大街11号新成文化大厦B座11层（100062）
　　　　　010-66063020　010-66061634　010-66061646
网　　址：http://www.xuexiph.cn
经　　销：新华书店
印　　刷：北京鹏润伟业印刷有限公司

开　　本：710毫米×1000毫米　1/16
彩　　插：1
印　　张：37.75
字　　数：598千字
版次印次：2015年4月第1版　2015年4月第1次印刷
书　　号：ISBN 978-7-5147-0531-7
定　　价：92.00元

如有印装错误请与本社联系调换